FC -I-76L
(VD-)

HANDBUCH DES GEOGRAPHIEUNTERRICHTS

HANDBUCH DES GEOGRAPHIEUNTERRICHTS

Gründungsherausgeber:
Helmuth Köck, Bockenem

Koordinierende Herausgeber:
Dieter Böhn, Kitzingen; *Dieter Börsch*, Urbar; *Helmuth Köck*, Landau

Die Herausgeber der einzelnen Bände:
Dieter Böhn, Kitzingen; *Dieter Börsch*, Urbar; *Wolf Gaebe*, Königswinter;
Helmuth Köck, Landau; *Hartmut Leser*, Basel; *Heinz Nolzen*, Stegen; *Eike W. Schamp*, Frankfurt/M.;
Wolfgang Taubmann, Bremen; *Dieter Uthoff*, Stromberg

Wissensch. Redakteur:
Diether Stonjek, Georgsmarienhütte

Mitarbeiter:
Janine Ackermann, Basel; *Klaus Aerni*, Bern; *Volker Albrecht*, Dietzenbach; *Ulrich Ante*, Würzburg;
Gerhard Bahrenberg, Bremen; *Heiner Barsch*, Potsdam; *Konrad Billwitz*, Greifswald; *Josef Birkenhauer*, Seefeld;
Hans-Heinrich Blotevogel, Bochum; *Hans Böhm*, St. Augustin; *Dieter Böhn*, Kitzingen; *Dieter Börsch*, Urbar;
Michael Boßmann, Bonn; *Peter Bratzel*, Stutensee; *Toni Breuer*, Regensburg; *Ekkehard Buchhofer*, Marburg;
Hans Joachim Büchner, Ingelheim; *Jochen Bürkner*, Göttingen; *Holger Damm*, Osnabrück; *Louis Degen*, Basel;
Birgit Dreyhaupt, Kierspe; *Edgar Enzel*, Mülheim-Kärlich 2; *Gerd Feller*, Bremen; *Klaus Frantz*, Innsbruck;
Wolf Gaebe, Königswinter; *Folkwin Geiger*, Merzhausen; *Klaus Gießner*, Eichstätt; *Hermann Goßmann*, St. Peter;
Günter Haase, Leipzig; *Friedhelm Hädrich*, Kirchzarten; *Roswita Hantschel*, Langen; *Josef Härle*, Wangen;
Marin Hasler, Bern; *Jürgen Hasse*, Bunderhee; *Günter Heinritz*, München; *Wilfried Heller*, Göttingen;
Lutz Holzner, Milwaukee; *Manfred Hommel*, Bochum; *Jürg Hosang*, Basel; *Armin Hüttermann*, Marbach;
Hermann Jäger, Würzburg; *Dieter Jesgarz*, Meckenheim; *Volker Kaminske*, Pfinztal;
Franz-Josef Kemper, Bonn; *Hans Kienholz*, Bern; *Gerhard Kirchlinne*, Bonn; *Werner Klohn*, Vechta;
Peter Knoth, Bonn; *Helmuth Köck*, Landau; *Brigitte Kugler*, Halle; *Wolfgang Kuls*, Bonn;
Heinrich Lamping, Frankfurt/M.; *Wolfgang Latz*, Linz; *Hans Dieter Laux*, Meckenheim; *Hartmut Leser*, Basel;
Christoph Leusmann, Bonn; *E. Lipinsky*, Bonn; *Ulrich Lipperheide*, Bonn; *Jörg Maier*, Bayreuth;
Verena Meier, Basel; *Rolf Meincke*, Greifswald; *Bernhard Metz*, Teningen; *Holger Möller*, Dresden;
Ingo Mose, Vechta; *Jürgen Newig*, Flintbek; *Heinz Nolzen*, Stegen; *Wilfried Nübler*, Gundelfingen;
Reinhard Paesler, Gröbenzell; *Eberhard Parlow*, Basel; *Gert Ratz*, Weingarten; *Theo Rauch*, Berlin;
Wolfgang Reimann, Niederkassel-Rheidt; *Sybille Reinfried*, Zürich; *Armin Rempfler*, Wangen b. Olten;
Wolfgang Riedel, Eckernförde; *Hans-Gottfried von Rohr*, Hamburg; *Ursula Rom*, Aachen;
Hans-Jörg Sander, Königswinter; *Eike Wilhelm Schamp*, Frankfurt/M.; *Ludwig Schätzl*, Hannover;
Daniel Schaub, Basel; *Irmgard Schickhoff*, Frankfurt/M.; *Konrad Schliephake*, Würzburg;
Karl-Ludwig Schmidt, Frankenthal; *Wulf Schmidt-Wulffen*, Hannover; *Fritz Schmithüsen*, Baden-Baden;
Kai Schrader, Basel; *Hermann Schrand*, Münster; *Jürgen Schultz*, Aachen; *Heinz Schürmann*, Hahnheim;
René Sollberger, Basel; *Dietrich Soyez*, Saarbrücken; *Jörg Stadelbauer*, Mainz;
Diether Stonjek, Georgsmarienhütte; *Monika Suter*, Muttenz;
Wolfgang Taubmann, Bremen; *Dietbert Thannheiser*, Hamburg; *Elke Tharun*, Frankfurt/M.;
Ulrich Theißen, Dortmund; *Günter Thieme*, Königswinter; *Eckhard Thomale*, Karlsruhe;
Dieter Uthoff, Stromberg; *Helmer Vogel*, Kürnach; *Karl Vorlaufer*, Düsseldorf; *Stefan Waluga*, Bochum;
Jürgen Weber, Bayreuth; *H.-J. Wenzel*, Osnabrück; *Herbert Wetzler*, Staufen; *H.-W. Windhorst*, Vechta;
Klaus Windolph, Hannover; *Wilfried Wittenberg*, Karlsruhe; *Christoph Wüthrich*, Basel

AULIS VERLAG DEUBNER & CO KG · KÖLN

HANDBUCH DES GEOGRAPHIE-UNTERRICHTS

BAND 11

UMWELT:
Geoökosysteme und Umweltschutz

Herausgegeben von:
Hartmut Leser

Verfaßt von:
Janine Ackermann, Klaus Aerni, Konrad Billwitz, Louis Degen, Michael Geiger,
Klaus Gießner, Günter Haase, Martin Hasler, Jürgen Hasse, Jürg Hosang,
Hans Kienholz, Helmuth Köck, Brigitte Kugler, Hartmut Leser, Rolf Meincke,
Eberhard Parlow, Sibylle Reinfried, Armin Rempfler, Daniel Schaub,
Kai Schrader, René Sollberger, Monika Suter, Dietbert Thannheiser,
Klaus Windolph, Christoph Wüthrich

AULIS VERLAG DEUBNER & CO KG · KÖLN

Die Deutsche Bibliothek – CIP-Einheitsaufnahme

Handbuch des Geographieunterrichts / Grüdnungshrsg.: Helmuth Köck
Koordinierende Hrsg.: Dieter Böhn … Mitarb.: Volker Albrecht …
– Köln Aulis Verl. Deubner
Teilw. mit Angabe Mitarb.: Ulrich Ante - Literaturangaben

11. Umwelt: Geoökosysteme und Umweltschutz /
hrsg. von Hartmut Leser. Verf. von Janine Ackermann … – 1997
ISBN 3-7614-1773-X

Zu den Autoren

Ackermann, Janine, Dipl.-Geogr.
Basel
Aerni, Klaus, Professor Dr.
Geographisches Institut der Universität Bern
Billwitz, Konrad, Professor Dr. rer. nat.
Geogr. Institut, Ernst-Moritz-Arndt-Universität
Greifswald
Degen, Louis, Dipl.-Geogr.
Geographisches Institut der Universität Basel
Geiger, Michael, Dr. rer. nat.
Institut für Geographie, Universität Koblenz-Landau
Gießner, Klaus, Professor Dr.
Katholische Universität Eichstätt
Haase, Günter, Professor Dr. rer. nat.,
Leipzig
Hasler, Martin, Dr. phil.
Geographisches Institut der Universität Bern
Hasse, Jürgen, Professor Dr. rer. nat. habil.
Institut für Didaktik der
Johann Wolfgang von Goethe-Universtität
Frankfurt/Main
Hosang, Jürg, Dr. phil. II.
Geographisches Institut der Universität Basel
Kienholz, Hans, Dr. phil.
Geographisches Institut der Universität Bern
Köck, Helmuth, Professor Dr. rer. nat. Dr. phil. habil.
Universtität Koblenz-Landau

Kugler, Brigitte, Diplomlehrerin
Halle/Saale
Leser, Hartmut, Professor Dr. rer. nat.
Geographisches Institut der Universität Basel
Meincke, Rolf, Prof. Dr. paed.
Geogr. Institut, Ernst-Moritz-Arndt-Universität
Greifswald
Parlow, Eberhard, Professor Dr. rer. nat.
Geographisches Institut der Universität Basel
Reinfried, Sibylle, Dr. rer. nat.
Geographisches Institut der ETH Zürich
Rempfler, Armin, Dipl.-Geogr. und Oberlehrer
Wangen b. Olten
Schaub, Daniel, Dr. phil. II
Geographisches Institut der Universität Basel
Schrader, Kai, lic. phil.
Geographisches Institut der Universität Basel
Sollberger, René, Dipl.-Geogr. und Oberlehrer
Basel
Suter, Monika, cand. geogr.
Muttenz
Thannheiser, Dietbert, Prof. Dr. rer. nat.
Institut für Geographie, Universität Hamburg
Windolph, Klaus, Studienrat
Gehrden
Wüthrich, Christoph, Dr. phil. II.
Geographisches Institut der Universität Basel

Die Anschriften aller Autoren finden Sie auf der Seite 395.

Best.-Nr. 8111
© AULIS VERLAG DEUBNER & CO KG · KÖLN 1997
Einbandgestaltung: Atelier Warminski, Büdingen
Satz: Gebr. Garloff GmbH, Magdeburg
Druck und Weiterverarbeitung: Konrad Triltsch, Graph. Betrieb GmbH, 97070 Würzburg
ISBN 3-7614-1773-X

Inhaltsverzeichnis

Vorwort

Die Themen Ökologie, Umwelt, Umweltschutz sind seit Jahren nicht nur in aller Munde, sondern auch Gegenstand des Geographieunterrichts. Auch in verschiedenen Derivaten des Geographieunterrichts, den Sach-, Welt- und Gemeinschaftskunden, wurden diese Themen aufgegriffen. Desgleichen hat der Biologieunterricht wenigstens zum Teil die Umwelt- und Ökologieproblematik aufgearbeitet. Vor diesem Hintergrund unternimmt der Band „Umwelt: Geoökosysteme und Umweltschutz" den Versuch, fachliche Grundlagen für Lehrerinnen und Lehrer bereitzustellen.

Dabei geht es nicht darum, dem Band „Umwelt" des „Handbuches des Biologieunterrichts/Sekundarbereich I" (*Eschenhagen, Kattmann* und *Rodi*, Hrsg. 1991) Konkurrenz zu machen. Die dort im Untertitel verzeichnete Thematik „Umweltbeziehungen – Ökosysteme – Umweltschutz" wird aus biologisch-ökologischer Sicht behandelt. Im vorliegenden Band dagegen wurde ganz bewußt die geowissenschaftliche Perspektive in den Mittelpunkt gestellt. Sie kommt allgemein, und zwar nicht nur im Fachbereich Bioökologie, sondern auch in sonstigen Umweltbetrachtungen und die Umwelt betreffenden Entscheidungen, zu kurz. In Politik und Öffentlichkeit wird zwar immer auf die Bedeutung der „Mutter Erde", der „Gaia", als Lebens- und Wirtschaftsraum hingewiesen. Die ökologisch orientierte Geowissenschaft und die Geographie vermissen jedoch eine angemessene Berücksichtigung dieser Sachverhalte bei planerischen, umweltschützerischen und politischen Entscheidungen.

In diesen Diskrepanzen drücken sich vor allem Defizite im geoökologischen Grundwissen aus. Dem muß durch einen geoökologisch gewichteten Erd-, Sach- und Umweltkundeunterricht – findet er nun im Rahmen des Geographieunterrichtes oder in seinen Äquivalenten statt – abgeholfen werden. Dabei ist klar, daß dies ein langer Prozeß ist. Auch wenn er für die Lehrerschaft mühsam erscheint, sollte ihm doch gefolgt werden, um zur Herausbildung eines ökologischen Bewußtseins beizutragen. Darin sollten alle Perspektiven ökologischen Denkens und Handelns, also auch die geoökologischen, angemessene Beachtung finden.

Daraus geht hervor, daß es hier um Komplementarität geht und nicht um die Setzung, daß Geoökologie die allein „richtige" Perspektive der Umweltbetrachtung darstellt. Eine wirkliche Umweltbetrachtung ruht mindestens auf zwei Säulen – der bioökologischen und der geoökologischen. Beide finden sich in der Umweltrealität integriert wieder und nicht als Modelle der Fachwissenschaften, die gewöhnlich andere Bereiche als den eigenen aus der Umweltbetrachtung ausblenden. Die Umwelt begegnet dem Menschen weder als Biosystem noch als Geosystem, sondern als ein komplexes, ganzheitlich (holistisch) funktionierendes Umwelt(öko)system, das in seiner Gesamtheit den Lebens-, Wirtschafts- und Erlebnisraum des Menschen bildet.

Im vorliegenden Band wird den dargelegten Überlegungen, auch denen zur Komplementarität, wie folgt Rechnung getragen:

- Die Teile 1 und 2 stellen allgemeine geoökologisch-fachwissenschaftliche Grundlagen bereit. Sie sollen Einsicht in die geoökologischen Modell- und Systemüberlegungen bieten, die für die Umwelterkennung und -kennzeichnung von fundamentaler Bedeutung sind. Beide Teile sollen aber auch die Beziehungen zwischen Geographie und Geoökologie und dem ökologischen Denken in Öffentlichkeit und Praxis diskutieren.
- Teil 3 stellt regionale Beispiele aus der Lebensumwelt des Menschen dar. Es handelt sich dabei um Ausschnitte aus der komplexen Umweltrealität. Die fachwissenschaftlich gewichtete Darstellung hat die Funktion, Lehrerinnen und Lehrern einen ersten – in sich geschlossenen – Überblick über einen geoökologischen „Fachgegenstand" zu geben.
- Im Teil 4 werden die Grundlagen und die Beispiele der ersten drei Teile unterrichtlich aufgearbeitet. Das geschieht bewußt nicht systematisch, weil nicht allen Lehrplanstrukturen in Deutschland, Österreich und der Schweiz Rechnung getragen werden kann. Die Fülle der Möglichkeiten soll aufgezeigt werden, aus der dann – wie mit einem Baustein – in das Gebäude des eigenen Lehrplans hineingegangen werden kann. Die Spannweite reicht von einer Bastelarbeit („Wir basteln ein

Ökosystem") bis zur Projektwoche mit humangeographisch-landeskundlicher Perspektive („Projektwoche Einsiedeln [Schwyz] – Landschaftsökologie in einer offenen Lernform"). Alle Beispiele wurden erprobt, auch die Bastelarbeit („Ökosystem") oder das Brettspiel („Naxos") sind im wahrsten Wortsinne „begreifbar" vorhanden.

Der Bandherausgeber dankt zunächst einmal dem Verleger, Herrn W. Deubner, für die intensive und engagierte Anteilnahme an dem Buchprojekt. Großer Dank gilt auch Herrn Kollegen Köck, dem federführenden Werkherausgeber, für die enge und gute Kooperation und die fachlich interessanten Auseinandersetzungen. Den Autorinnen und Autoren des Bandes sei herzlicher Dank für die Bereitschaft zur Mitarbeit gesagt, auch für die Geduld, die durch das Warten auf diesen oder jenen Beitrag aufgebracht werden mußte. Es ist erfreulich, daß trotz unterschiedlicher Interessenlagen der Autorschaft, terminlicher Nöte und bunter konzeptioneller Vorstellungen ein erstaunlich homogenes Werk entstanden ist.

Der Bandherausgeber möchte sich auch gern bei der Belegschaft des Geographischen Instituts der Universität Basel bedanken, die in gewohnt bewährter Manier auf allen möglichen Ebenen mitgeholfen hat, daß der Herausgeber seinen Pflichten nachkommen konnte. Besonders sei jenen gedankt, die für abgesprungene Kapitelbearbeiter kurzfristig und bereitwillig kompetente Beiträge lieferten – heute durchaus keine Selbstverständlichkeit mehr.

Ein Teil der Gedanken dieses Bandes resultiert aus geoökologischen bzw. landschaftsökologischen Forschungs- und Ausbildungsprojekten des Geographischen Instituts der Universität Basel. Eine Reihe von Veranstaltungen (Praktika, Seminare, Exkursionen) hatte direkt oder indirekt umwelterzieherische Ziele. Von deren Erreichen – durch intensive studentische Mitarbeit – profitierte auch dieser Band. Daß einige Mitarbeiter dieses Bandes nicht nur in der Schule tätig sind, sondern auch ihre Ausbildung an jenen Instituten erfahren haben, an denen auch der Herausgeber tätig war, darf mit besonderer Genugtuung verzeichnet werden.

Basel, Frühjahr 1997   *Hartmut Leser*

Gliederung des Gesamtwerkes
HANDBUCH DES GEOGRAPHIEUNTERRICHTS

0 Zur Arbeit mit diesem Buch (*Hartmut Leser*)

Mit Abbildung 0/1 kann sich der Nutzer des Buches einen ersten graphischen Überblick über den Inhalt verschaffen. Gleich gehaltene graphische Übersichten stehen am Anfang eines jeden Hauptkapitels (Abb. 1/1, 2/1, 3/1 und 4/1). Die Bilder dieser Abbildungen nehmen die Inhalte der Unterkapitel auf und drücken sie in Kurzüberschriften aus.

Auch dieses Buch nützt am meisten, wenn es von Anfang bis Ende durchgearbeitet wird. Trotzdem soll der eher eiligen Leserschaft ein Fingerzeig gegeben werden, wie Wesentliches rasch erfaßt werden kann. Unterstellt sei, man möchte unverzüglich seinen Geographieunterricht – im Sinne dieses Buches – verstärkt auf Umwelt und Geoökosysteme zentrieren, ohne daß viel Zeit für die vollum-

Abb. 0/1
Übersicht über den Inhalt dieses Buches
(Entwurf: *H. Leser*)

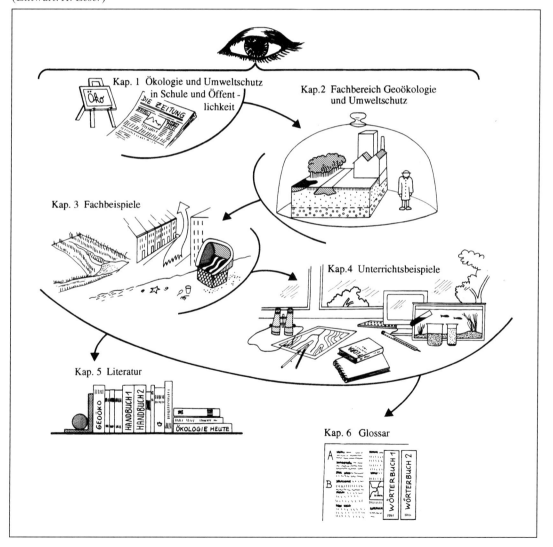

1

fängliche Buchlektüre bereitsteht. Für diesen Fall werden folgende Arbeitsschritte vorgeschlagen:

(1) Studium der oben erwähnten Abbildungen mit den graphischen Überblicken. (Vielleicht findet man etwas, was sofort zur Lektüre reizt – die Bilder sollen ja ermuntern und zur Lektüre motivieren.)

(2) Lektüre des Kapitels 1, weil dort die Basisprinzipien des ökologischen Denkens, seine fachliche Ordnung und seine Bedeutung für den Geographieunterricht und die Öffentlichkeit dargestellt sind. Dies ist im Grunde ein „politisches", vor allem auch ein fachpolitisches Kapitel.

(3) Lektüre des Kapitels 2.1, um die im Buch verwandten Definitionen kennenzulernen, die heute – in dieser Form – Allgemeingut sind, deren Inhalte und Ordnung aber immer noch nicht überall und von jedem beachtet werden. (Das gilt leider und gerade auch für die Wissenschaftler, die sich viel weniger als Praktiker und Schulleute um Begriffssauberkeit bemühen.)

(4) Lektüre des Kapitels 2.2.4.2, um die „Didaktischen Linien eines ökologie- und umweltzentrierten Geographieunterrichts" zu erfassen. Damit bekommt man eine Brücke zwischen Theorie der Geoökologie und Landschaftsökologie auf der einen und der Schulgeographie und ihren Unterrichtszielen auf der anderen Seite.

Mit den Schritten (1) bis (4) sind fachliche und didaktische Prinzipien – sozusagen „theoretisch" – erfaßt. Den Einstieg in die Unterrichtspraxis versucht man anschließend in einem Zwei-Schritt-System:

(5) Lektüre der Kapitel 4.2.1 mit 4.3. Hier finden sich knappe, aber wichtige unterrichtsstrukturierende und unterrichtsgestaltende Hinweise.

Anschließend müßte eigentlich der Einstieg in den praktischen Unterricht mit den Fallbeispielen erfolgen. Wenig hilfreich wäre jetzt der Verweis auf alle Unterkapitel von 4.3 (Geoökologische Projektarbeit), denn dies würde bedeuten, sich direkt mit der Materialfülle auseinanderzusetzen. Damit ist den Eiligen nicht gedient. Wer gleichwohl rasch Ideen – und werden sie nur zum Gegenprüfen der eigenen Einfälle benötigt! – sucht, der wende sich

(6) den „Geoökologischen Arbeitsweisen" zu. Dort zuerst Kapitel 4.4 lesen und sich im folgenden dessen Teilkapiteln zuwenden.

Schließlich folgt der gar nicht so kleine „Rest", der bekanntlich die Hauptaufgabe des Lehrpersonals darstellt – die Unterrichtspraxis. Sie wird natürlich auch von der wohlmeinendsten Autorschaft den Lehrerinnen und Lehrern nicht abgenommen. – Was ebenfalls weder der Herausgeber noch die Autoren der Leserschaft abnehmen können und wollen, ist die eigentliche Lektüre des Buches. Bereits im Vorwort erfolgt der Hinweis auf umfassendes Lesen und Arbeiten und auf die Komplementarität zum „Handbuch des Biologieunterrichts, Sekundarbereich I, Band 8: Umwelt". Diesen Band mitzuverwenden ist nicht zwingend, aber von Vorteil, weil erst dadurch die Ökologie- und Umweltsachverhalte in jener Breite abgedeckt sind, die fachliche Einseitigkeit ausschließt. Und diese paßt am allerwenigsten zu einem umwelt- und ökosystemzentrierten Unterricht. ...

1 Einführender Teil

Ökosystemansatz und Umweltschutz als Thema von Schule, Öffentlichkeit und Wissenschaft (*Hartmut Leser*)

Geographie als Schul- und Hochschulfach setzt sich mit Themen auseinander, von denen zahlreiche tagtäglich auch in den Massenmedien behandelt werden: Hunger, Entwicklungsländerproblematik, Naturkatastrophen, Klimawandel, Tragfähigkeit der Erde, Bevölkerungswachstum, Altlasten und Umweltschäden.
Die Auseinandersetzung mit diesen Problemen im Geographieunterricht, ob systematisch oder exemplarisch, stellt eine fachliche und intellektuelle Herausforderung dar, denn die Breite der schul-

Abb. 1/1
Übersicht über den Inhalt von Kapitel 1
(Entwurf: *H. Leser*)

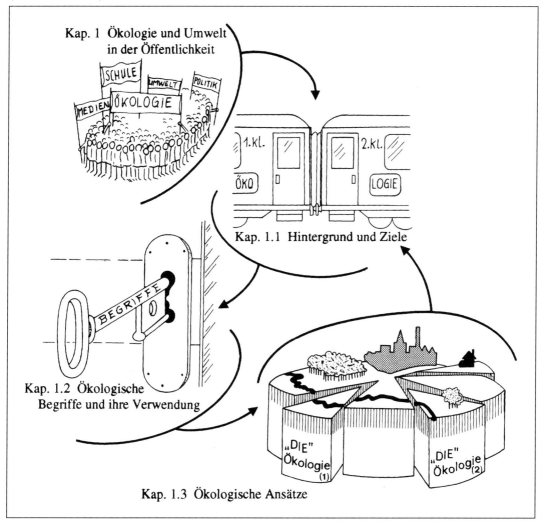

3

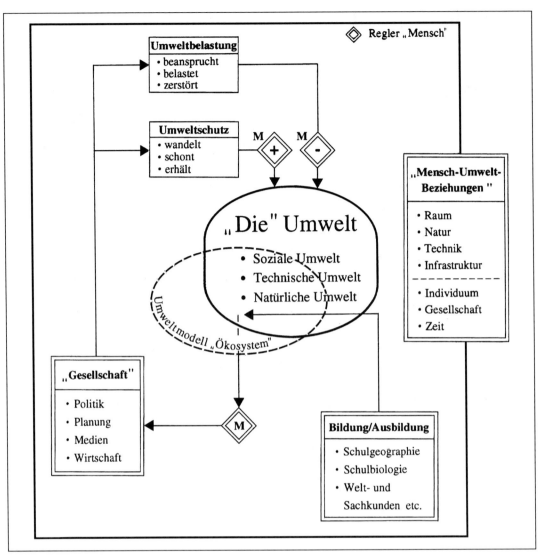

Abb. 1/2
Der Zusammenhang Mensch-Umwelt und der Platz der Schulgeographie
(Entwurf: *H. Leser*)

geographisch relevanten Themen fordert Übersicht, Systematik, Aktualität, Gewichtung, Problembewußtsein, Hintergrundkenntnis und Sachkompetenz, aber auch Darstellungsgeschick.

Was für die Schulgeographie gilt, gilt in gleicher Weise für den Alltag. Die obengenannten Probleme bewegen Politiker, Planer, Umweltschützer, Techniker, Naturforscher und Bürger. Also müssen auch sie Überblick, Hintergrundwissen und Fachkompetenz besitzen, um Fundiertes dazu sagen oder sachlich begründete Entscheidungen treffen zu können. Hier ist die Schulgeographie, neben verwandten Fächern, gefordert, Bildung und Ausbildung zu besorgen.

Die Schulgeographie besitzt somit neben ihrer allgemeinen gesellschaftlichen Bedeutung auch eine besondere:

Sie vermittelt zwischen (Abb. 1/2)

– Umweltforschung und Umweltpolitik,

4

1 - 4 Bio- und geoökologische Modelle   5 - 8 Synthetische Modelle

1 Bioökologisches Standortmodell   5 Allgemeines Mensch-Umwelt-Modell

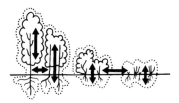

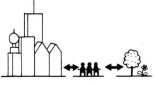

2 Geoökologisches Standortmodell   6 Landschaftssynthesemodell

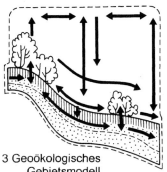

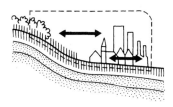

3 Geoökologisches
  Gebietsmodell   7 Modell Natur-Gesellschaft-Technik

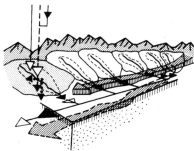

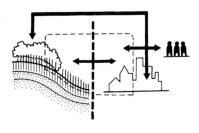

4 Geoökologisches Globalmodell   8 Geophysiologisches Globalmodell

Abb. 1/3 a/b
Ideen und Vorstellungen vom Umweltsystem
(verändert nach *H. Leser* 1991 b, S. 43)

- fachwissenschaftlichen Grundlagen und Bürger („Schüler"),
- Anwendern und Nutzern ökologisch-geographischen Wissens und Denkens und der von Normen und Setzungen bestimmten Gesellschaft.

Ihnen allen geht es um Umweltschutz und Umweltpolitik, die beide von Raum-Zeit-Denken, früheren und heutigen Raumentwicklungen und Ökosystemzuständen, Natur- und Kulturlandschaftsveränderungen und dem Sozialverhalten ethnischer, religiöser oder nationaler Gruppen nicht zu trennen sind.

Aus diesen Überlegungen leitet sich auch der didaktische Stellenwert des vorliegenden Bandes ab: Die Basis bilden der Ökosystemansatz und der Gedanke vom Schutz unserer Umwelt. Es handelt sich jedoch nicht um einen ausschließlich naturwissenschaftlichen Ansatz, sondern um einen „ökologischen Ansatz i. w. S" (z. B. *Stoddart* 1970), der ganzheitlich vorgeht und den Funktionszusammenhang Umwelt-Mensch umfaßt. Dieser Ansatz lehrt das integrative Denken in der Schule, aber auch außerhalb dieser. In der Politik oder der Raumplanung muß, genauso wie in der Schulgeographie, von der Vorstellung ausgegangen werden, daß die Lebensraumrealität als komplexes System funktioniert und demzufolge auch als ein solches modelliert werden muß. Die Modellierung, die man sich als verschiedene Arten der „Abbildung" bzw. Darstellung (Abb. 1/2) vorstellen kann, verwendet in der Schulgeographie das Geoökosystem bzw. das Landschaftsökosystem (*Leser* 1991 a). Das Geoökosystem hat Modellcharakter für komplexe Umweltsysteme von Teilen oder Ganzheiten der Lebensraumrealität.

Die Geographie ist eine Raum-Mensch-Wissenschaft und man kann sie als Umweltwissenschaft definieren (*K. Areni* 1988, *H. Leser* 1991 a, b). Nach *Neef* (1979) beschäftigt sie sich mit dem Zusammenhang „Natur/Technik/Gesellschaft", der als System in einem bestimmten Territorium funktioniert. Das Systemverhalten richtet sich sowohl an Naturgesetzen aus als auch an Regelungen der Gesellschaft. Darauf nehmen die raumwissenschaftlichen Modelle der Landschaftsökologie Bezug, z. B. das „Modell der Territorialstruktur" (*Leser* 1982) oder das „Total Human Ecosystem" (*Naveh & Lieberman* 1984). Zwischen Geoökologie, Landschaftsökologie und Geographie bestehen daher enge Zusammenhänge. Sie gründen sich nicht nur auf den gemeinsamen Gegenstand „Umwelt", „Raum", „Landschaft", „Biogeosphäre" (die Begriffe werden – auch interdisziplinär – alternativ gebraucht) etc., sondern auf
- dessen Betrachtung als System Mensch-Umwelt, also als komplexes Wirkungsgefüge,
- die dimensionsbezogen (nach der „Theorie der geographischen Dimensionen"; *Neef* 1967, *Leser* l991 a) geschieht und
- die aus interdisziplinärer Sichtweise heraus erfolgt.

Ursprünglich spielte diese Art der Umweltbetrachtung allein in der Landschaftsökologie bzw. Geoökologie (*Troll* 1939, 1950; *Schmithüsen* 1942, 1976) eine Rolle. Die Geographie (*Weigt* 1979; *Leser* 1980) bewegte sich, nach einer Spezialisierungsphase, wieder aus dem einzelfaktoriellen Denken heraus und wandte sich neuerlich ihrem ureigenen Gegenstand, der Landschaft, der Umwelt, dem Geoökosystem bzw. Landschaftsökosystem, zu. Natürlich kann man sowohl der Geoökologie als auch der Landschaftsökologie facheigene Sichtweisen zuschreiben. Wegen der auf die Gesamtheit der Umwelterscheinungen und -beziehungen gerichteten Betrachtung kommt diesen beiden Gebieten jedoch „Fachbereichscharakter" zu. Der ökologische Umwelt-Ansatz steht demzufolge über den separativen Ansätzen der geographischen Teilgebiete (z. B. Geomorphologie, Bodengeographie, Wirtschaftsgeographie, Sozialgeographie).

Aus dem Blickwinkel der Fachwissenschaft Geographie, aber auch aus jenem der Schulgeographie, kommt daher dem Fachbereich Geoökologie/Landschaftsökologie eine Leitfunktion zu. Sie erklärt sich aus der integrativen Betrachtungsweise, welche die reale Raum-Umwelt – einschließlich ihrer formalen Inhalte („Strukturelemente") und ihrer Funktionsbeziehungen („Prozesse") – als von Mensch und Gesellschaft besetzten Raum definiert. Der muß verstanden werden, um in Umweltpolitik (und in Politik überhaupt) und Umweltschutz sachgerecht entscheiden und handeln zu können.

Demzufolge führt von den fachwissenschaftlichen Erfahrungen und Erkenntnissen ein direkter Weg zu einem zukunftsbezogenen Handeln in Planung und Politik. Das bedeutet, daß der Geoökologie/Landschaftsökologie – vermittelt im schulgeographischen Unterricht – auch eine ethische und soziale Bedeutung für den Menschen, die Gesellschaft und die Umwelt heute und für die Zukunft zukommt.

Fazit:
Ökosystemansatz, geographische Raumlehre und Umweltschutz erweisen sich als zentrale Themen von Schule und Öffentlichkeit, weil ihre grundlegende Bedeutung erkannt und inzwischen allgemein akzeptiert ist. Zuständig für deren wissenschaftliche Grundlegung ist der Fachbereich Geoökologie bzw. Landschaftsökologie. Er liefert die inhaltlichen und methodischen Grundlagen für Umweltschutz und Umweltpolitik. Die Schulgeographie muß sich dieses Zusammenhanges bewußt sein und ihm im Unterricht Rechnung tragen.

1.1 Aufgabe, Konzeption und organisatorische Struktur einer Geoökosystem- und Umweltlehre im Unterricht

Schon in den frühen 70er Jahren fand der Geoökosystemansatz über sein geographiedidaktisches Korrelat der Umwelterziehung, bzw. des ‚Umweltschutzes‘ Eingang in die geographiedidaktische Diskussion (vgl. etwa *Habrich* 1975; *Hagel* 1972, 1974; *Nolzen* 1972) wie auch in die reformierten Lehrpläne und Schulbücher (z. B. „Geographie“, Klett, 1971 ff; „Welt und Umwelt“, Westermann, 1972 ff). Allerdings waren es nicht nur das damals einsetzende allgemeine ökologische Problembewußtsein sowie der „geographiedidaktische Eigenwert des Geoökosystemdenkens“ (*Köck* 1986, S. 200), die dies bewirkten. Vielmehr muß man die damalige schnelle Verbreitung des geoökologischen Ansatzes im Geographieunterricht auch „als Reaktion und Antwort auf die im Zuge der Reform des Geographieunterrichts aufgetretene Legitimationsnot und dadurch Vernachlässigung physisch-geographischer Ziele und Inhalte bzw. auf die komplementär dazu erfolgte einseitige sozial-

Abb. 1.1/1
Fachwissenschaften untereinander – Abgrenzen oder Öffnen?
(Entwurf: *H. Leser*)

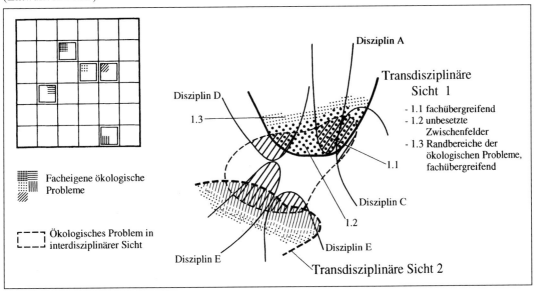

7

geographische Orientierung des Geographieunterrichts verstehen. Während der sozialgeographische Ansatz dabei die Grundorientierung für den anthropogeographischen Bereich bildete, wurden die physisch-geographischen Ziele und Inhalte unter geoökologischem Vorzeichen gesehen, legitimiert, rehabilitiert und so neu ins Spiel gebracht." (*Köck* 1986, S. 200).

Für die unterrichtliche Umsetzung dieses Geoökosystemansatzes sind, analog zur geographischen Wissenschaft, eine Reihe von Grundsätzen und Sachverhalten relevant. *Leser* (1991a, S. 544) nennt: Raumfunktionalität, Systemzusammenhang, Zusammenhang Natur-Technik-Gesellschaft, Raumgrößenordnungen und Dimensionsstufen der Systeme. Sie finden sich auch in den „Grundprinzipien der schuldidaktischen Behandlung von Problemen der Umwelt und der Landschaftsökologie" (*Leser* 1991a, S. 548) wieder: Systemprinzip, Aktualitätsprinzip, Anthropoprinzip, Umweltschutzprinzip, Betroffenheitsprinzip, Exemplarisches Prinzip, Themenprinzip und Handlungsprinzip.
Für den geoökologischen Zusammenhang von besonderer Bedeutung ist dabei vor allem das Systemprinzip; denn es stellt den Schlüssel zu geoökologisch verträglichem Denken und Handeln bzw. Verhalten dar. In diesem Sinne liegt es nach *Köck* (1985, S. 18) „auf der Hand, daß die unterrichtliche Handhabung des Systemdenkens/-verhaltens am besten im Sinne eines Unterrichtsprinzips erfolgt. Entsprechend ist prinzipiell jeder zu behandelnde Raumsachverhalt Lern- und Übungsfeld für Systemdenken und -verhalten." Ähnlich fordert auch *Schröder* (1992, S. 151–152) systemares und ökologisches Denken und Verhalten als Unterrichtsziel: „Die Systemlehre sollte bei der Konzeption von Lehr- und Studienplänen viel stärker als bisher als Ordnungsrahmen herangezogen werden: Das Üben vernetzten Denkens über Fach- und Disziplingrenzen hinweg ist eine wichtige Randbedingung für das Erlernen von Einzelfakten und deren problemorientierter Verknüpfung. ... Die ... Schulen und ... Universitäten [sollten] dem Menschen nicht nur die Folgen seiner Eingriffe in den Naturhaushalt aufzeigen, sondern ... auf ein sachlich und ethisch begründetes Verhalten hinwirken."
Um ein solches Verhalten aufzubauen, muß vor allem das ganzheitliche Funktionieren der Geoökosysteme in der Umwelt vermittelt werden. Gerade das als Raum-Zeit-Mensch-Phänomen 1.1/2) beschriebene Geoökosystemmodell eignet sich dazu hervorragend als didaktisches Instrument:

– Es stellt die Subsysteme nicht separativ, sondern als Teile eines Funktionsganzen dar.
– Es belegt den räumlichen Charakter der Geoökosysteme und damit der Umwelt.
– Es macht den Entwicklungsaspekt der Umwelt deutlich, der auf verschiedenen Zeitachsen verfolgt werden kann (erdgeschichtlich bis Monate/Wochen).

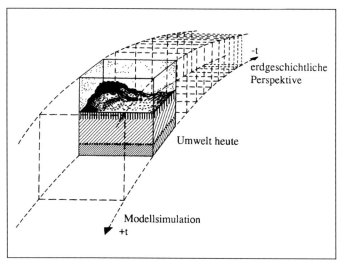

Abb. 1.1/2
Geoökosysteme als Raum-Zeit-Phänomen
(Entwurf: *H. Leser*)

– Es zeigt die Einflußnahme des Menschen bzw. der Gesellschaft auf das Umweltsystemverhalten.
– Es zeichnet sich durch eine hohe Anschaulichkeit aus, die auch den Schüler Beziehungen zur erlebten Umweltrealität herstellen läßt.

Die methodische, theoretische und auch ethische Bedeutung der Geoökosystem- und Umweltlehre liegt aber auch noch auf anderen Ebenen. Diese werden zwar auch von den Fachwissenschaften (z. B. Geomorphologie, Biologie, Bodenkunde, Sozialgeographie) angesprochen, doch geschieht dies überwiegend aus facheigener Sicht und mit allenfalls indirektem Bezug zur Realität des Gesamtökosystems der Umwelt. Folgende Sachverhalte werden wesentlich plausibler, wenn sie auf das Gesamtgeoökosystem bezogen werden:
– Zusammenhang Leben-Umwelt im Sinne einer gegenseitigen und unauflösbaren Abhängigkeit.
– Eigenwert der natürlichen Umwelt und ihrer Bestandteile, begründet durch die von Menschen unabhängige Existenz (‚primäres Milieu‘), wie sie allen elementaren Naturfunktionen und Naturelementen zukommt.
– Technologische Eingriffsmöglichkeiten des Menschen in die Natursysteme, verbunden mit der Gefahr einer exponentiellen Steigerung der Eingriffe bis hin zu irreversiblen Schäden und Uweltkatastrophen.
Daraus lassen sich verschiedene ethische Normen entwickeln, z. B. die des verantwortungsvollen Umgangs mit Natur- und Umweltsystemen, verbunden mit dem Gedanken „Nutzen-Wandeln-Schonen“. Diese Aspekte von Geoökosystem- und Umweltlehre gehen zwar weit über die schulgeographische Sachvermittlung hinaus, aber sie ist ohne diese nicht denkbar. Umgesetzt stellt die Norm eines verantwortlichen Umgangs mit natürlichen wie allerdings auch anthropogenen Umweltsystemen spätestens seit den 70er Jahren den Kern der umweltdidaktischen Philosophie des *Geographieunterrichts* dar. Die öffentlichkeitspolitischen Weiterungen und Folgen ergeben sich dann in vielen Bereichen des allgemeinen und öffentlichen Lebens. Konkrete Fälle wären mindestens die vielzitierte „Ökologische Planung“ oder die mindestens ebenso oft genannte „Ökologische Politik“. Beide Bereiche können erst wirksam werden, wenn Geoökosystem- und Umweltlehre bewußtseinsmäßig und allgemein Effekte zeigen.
Zahlreiche Autoren haben mittlerweile Grundlagen für einen umweltbezogenen, ökologischen Prinzipien folgenden Geographieunterricht erarbeitet (unter anderem *Aerni* 1988; *Bätzing* 1991; *Beck* [1980]; *Freise* 1985–1987, 1990, 1993; *Habrich* 1975, 1977; *Hagel* 1972, 1974, 1976; *Hasse* 1976; *Hausmann* 1979; *Hendinger* 1977, 1978; *Kersberg* 1991 a, b; *Köck* [Hg.] 1980, 1985; *Stein* 1983; *Voigt* 1980). Am differenziertesten wie auch weitreichendsten, freilich auch am wenigsten bekannt, ist dabei wohl *Freise*s Aufsatz, weshalb dieser im folgenden etwas näher dargestellt wird. So nimmt *Freise* (1993) das *Neef*'sche Grundpostulat der geographischen Theorie Natur-Technik-Gesellschaft – im „Lernbereich Natur-Kultur-Gesellschaft“ auf. In diesem „Integrationsbereich“ wird aus didaktischen und lernpsychologischen Gründen dem regionalen Aspekt gegenüber der Globalbetrachtung ein Vorrang eingeräumt. Ähnlich diesem hier vorliegenden „Handbuch“ wird dem Projekt, der Fallstudie, dem Geländepraktikum, dem Experiment und dem kommunikativen Simulationsspiel große didaktische Bedeutung beigemessen.
Zu diesem Zweck wird (siehe auch *Windolph* 1993) ein „Fachbereich Umwelt“ vorgeschlagen, der sich jedoch nicht als neues „Überfach“ versteht. Vielmehr agiert er in den bestehenden Fächern, z. B. der Geographie oder der Biologie, um eine verstärkt problem- und handlungsorientierte Sicht der Umweltsituationen zu vermitteln. Damit wird der Geographieunterricht nicht nur interdisziplinär geöffnet, sondern auch in Richtung Politik (politische Relevanz von Umweltproblemen und von Handlungen) und Öffentlichkeit. Weitere Brücken sind möglich zu naturwissenschaftlichen Nachbardisziplinen (und teilweise Schulfächern), wie Physik und Chemie, die sich mit Hintergründen von Prozessen in der Umwelt beschäftigen. Brücken sind auch möglich zu Medizin und Psychologie (Wechselwirkungen des Organismus mit der Umwelt, im Sinne der Humanökologie), aber auch zu

Soziologie, Geschichte und Sozialpsychologie oder den Planungs- und Gestaltungsfächern wie Architektur, Landespflege, Kunst und Stadtplanung (die sich der nachhaltigen Gestaltung, Entwicklung und Nutzung von Lebensraumelementen und Lebensräumen zuwenden und die wiederum – via Ästhetik und Erlebnispsychologie – die Verbindung zu den Sozialwissenschaften herstellen).

Die Grundstruktur des „Fachbereiches Umwelt" und des „Lernbereiches Natur-Kultur-Gesellschaft" (orientiert vor allem an *Freise* 1985–1988, 1990, 1993) macht diese Vielfalt der Möglichkeiten, aber auch die notwendigen Ziele und die möglichen Schwerpunktsetzungen deutlich:

a) Der „Fachbereich Umwelt" (kurz: FBU) als organisatorisch-perspektivisches Instrument für den geoökosystem- und umweltzentrierten (geographischen) Unterricht:
   – Der FBU stellt fächerübergreifend die methodischen Rahmenbedingungen her.
   – Der FBU entwickelt Kooperationsstrukturen zwischen den in der Umweltforschung aktiven Naturwissenschaften, der Geographie und den Gesellschaftswissenschaften.
   – Der FBU konzipiert die Ansätze, Methoden und „Gegenstände" der Landschaftsökologie als integrative Mitte des Unterrichts.
   – Der FBU organisiert Lehrerteams und schulstufenspezifische „Teammodelle Umwelt", um den umweltzentrierten (geographischen) Unterricht praktizieren zu können.
   – Der FBU fördert den auf außerschulische Institutionen bezogenen umwelt- und geoökosystemzentrierten (geographischen) Projektunterricht.
   – Der FBU setzt sich für die Verwirklichung eines breiten Spektrums praktischer Geländearbeit im Rahmen des geoökosystem- und umweltzentrierten (geographischen) Unterrichts ein.

b) Die didaktische und methodische Konzeption als „Lernbereich Natur-Kultur-Gesellschaft" (kurz: LBNKG; orientiert sich vor allem an *Freise* 1987):
   – Interdisziplinarität
     Der LBNKG bemüht sich um interdisziplinäre Betrachtungsweise, die den Rahmen der „geographischen" Landschaftsökologie und der Geographie überschreitet und vermehrt Nachbarfächer miteinbezieht („Brückenschlag-Physiogeographie und Kulturgeographie", „Interdisziplinärer Brückenschlag").
   – Gestaltungsflexibilität
     Der LBNKG intendiert eine flexible Handhabung von Inhalts- und Methodenentscheidungen, die sich an der Thematik, der aktuellen Lernsituation und der Schülergruppe orientieren. Aktualität eines Umweltproblems, Betroffenheit und Interesse werden berücksichtigt.
   – Realitätsbezogenheit
     Der LBNKG berücksichtigt die kulturellen und gesellschaftlichen Bedingtheiten der Umweltsituation, d. h. Lernen dient „der Erhaltung und Herstellung jener Komplexität, die für eine kritische und zugleich realitätsbezogene Abbildung des gesellschaftlichen Lebens in der Schule erforderlich ist." (*Freise* 1987).
   – Instrumentale Funktion von Grundlagenwissen
     Im LBNKG haben geoökologische Prozesse, Methoden, Fakten und Problembereiche ebenso wie aus anderen Wissensbereichen entlehnte, für die Thematik relevante Aspekte dienende Funktion, d. h. „sie dienen ... der Interpretation, Erklärung und Erhellung von komplexen, die Lebenswirklichkeit betreffenden Zusammenhängen ... Naturwissenschaftliche Fakten und Zusammenhänge sind darin zwar durchaus ‚didaktisch reduziert' aber nicht im Sinne einer ‚Verkleinerung' oder Verkürzung der fachwissenschaftlichen Systematik, sondern ‚reduziert' auf das Maß, das zum Verständnis der jeweiligen Zusammenhänge notwendig ist." (*Freise* 1987). – Beispiel: Die Detailgenauigkeit der Einführung in den Bodenwasserhaushalt oder in die Bodenchemie ist themen- und problemabhängig und nicht grundsätzlich festlegbar.
   – Integrationsbereich zum Verständnis der Lebenswirklichkeit

„Der LBNKG ... ist als ‚Integrationsbereich‘ für lebensweltliche, ‚Natur‘ betreffende Sachverhalte und Wissenschaften aufzufassen, der die Funktion hat, den Lernenden die Interpretation und die Deutung der Lebenswirklichkeit zu ermöglichen, sie die ‚Mächte‘ erkennen zu lassen, die auf diese einwirken, sie vereinnahmen, beeinflussen oder verändern, und darüber hinaus den Blick auf die individuellen und kollektiven Handlungsmöglichkeiten in ihr zu lenken.“ (*Freise* 1987).

– Räumlicher, regionaler und ökosystemarer Aspekt
Der LBNKG berücksichtigt den ökosystemaren Ansatz und die ökologisch-großmaßstäbige Raumbetrachtung der Landschaftsökologie. Dieser Ansatz umfaßt den regionalen Aspekt, der sich auf die Schulumgebung, aber auch auf die Schulferne bezieht (sofern diese in der topischen Betrachtungsdimension – also von der Raumgröße her intellektuell und schuldidaktisch erfaßbar – angegangen wird).

– Projektarbeit im Gelände
Der LBNKG bevorzugt die umweltproblembezogene Projektarbeit an Sachverhalten in der Region der Schule.

– Verbindung von naturwissenschaftlichem und umweltschützerischem Aspekt
Der LBNKG verbindet den naturwissenschaftlichen Aspekt mit dem des praktischen Umweltschutzes vor gesellschaftspolitischem Hintergrund. Daraus leiten sich Handlungsansätze ab, die wiederum Handlungen auslösen.

– Aspekt der Betroffenheit und Aktualität
Der LBNKG berücksichtigt Thematiken, die in der Lebenswirklichkeit der Schüler eine Rolle spielen. Aktualität und Betroffenheit gehen oft von wenig spektakulären Umweltproblemen vor der Schultür aus.

– Prinzip des Exemplarischen
Der LBNKG mißt dem Prinzip des Exemplarischen besondere Bedeutung zu. „Exemplarisch sind Erfahrungen und Lernprozesse, in denen Schüler die Möglichkeiten zum Handeln in und gegenüber der Natur und zur Entwicklung bewußter, selbstverantworteter Entscheidungen und Urteile haben ... Exemplarisch ist dabei die Erkenntnis, daß solidarisches Handeln Aussicht auf Erfolg haben kann ... Exemplarisch sind auch Lern- und Unterrichtsprozesse, in deren Mittelpunkt die Frage nach dem Verhältnis zwischen Naturwissenschaften und naturwissenschaftlichen Technologien und der vorfindlichen Natur steht.“ (*Freise* 1987).

– Moderation und Lernen statt Lehre
Der LBNGK ist im Gegensatz zum geschlossenen Lehr- und Lernsystem des Fachunterrichts ein offenes System. Hier sind die Lehrer nicht mehr „allein verantwortliche Planungsinstanz. Sie sind vielmehr Mitorganisatoren, die Angebote und Vorschläge machen, die Methoden- und Medienentscheidungen vorbereiten, während die die Lernprozesse weitertragenden Entscheidungen von allen Beteiligten getroffen werden“. (*Freise* 1987).

– Grundlagen und Systematik
„Im LBNKG läßt sich kein verbindlicher Grundlagenkatalog und eine daran gebundene Vermittlungssystematik formulieren. Vielmehr ‚grundlegend‘ ist hier einerseits die didaktisch begründete Art und Weise des Vorgehens, d. h. die dabei angeeignete Methode, einen Sachverhalt (analytisch) zu erschließen. ‚Grundlegend‘ für den in Frage stehenden Sachverhalt sind andererseits die durch Analyse ermittelten, ihn konstituierenden Fakten und Zusammenhänge.“ (*Freise* 1987).

– „Analytisch“ sind dabei die Arbeits- und Lernprozesse, die mit den Untersuchungsansätzen der Schüler beginnen und die sich in der Suche nach Antworten fortführen (*Freise* 1987).

– An die Analyse schließt sich die Phase der „Systematisierung“ an, in der die gefundenen „Antworten“ „nach sinnstiftenden Gesichtspunkten, die dem Sachverhalt adäquat sind, geordnet, zusammengefaßt, miteinander vermittelt (werden): Das anfänglich Fragliche wird in eine vorhandene Ordnung gebracht und auf die Lebenswirklichkeit bezogen“. (*Freise* 1987).

– Wissenschaftsorientierung

Wissenschaftsorientiert ist im LBNKG nicht die Übernahme von Inhalten und Methoden der Fachwissenschaft. Vielmehr ist das offene und zugleich „ungesichert" erscheinende Verfahren zur Ermittlung und Aneignung sogenannt „grundlegenden" Wissens (themenbezogenes, didaktisches Konzept, Analyse, Systematisierung) „die Voraussetzung für die Wissenschaftsorientierung der angestrebten Unterrichtsprozesse ... Wissenschaftsorientiert ist nämlich die Art und Weise des Vorgehens, der Herstellung von mehr Sachkenntnis und mehr Transparenz, auch des Absehens von Wissen, das im konkreten Fall nichts zur Erhellung eines Sachverhaltes beizutragen vermag". (*Freise* 1987).

c) Der „Fachbereich Umwelt" bzw. der „Lernbereich Natur-Kultur-Gesellschaft" gehören zusammen. Sie repräsentieren einen handlungs- und verständnisorientierten organisatorisch-methodischen Ansatz. Mit ihm können Umweltprobleme und Umweltstrukturen nicht nur erkannt („erfaßt") und beschrieben („dargestellt") werden, sondern er bereitet durch seinen realitätsnahen Gegenstands- und Handlungsbezug auch die frühere oder spätere politische Handlungsfähigkeit der Schüler vor.

– Dazu kann ein ökologie- und umweltzentrierter Geographieunterricht – orientiert er sich am „Fachbereich Umwelt" und am „Lernbereich Natur-Kultur-Gesellschaft" – wesentliche Substanz liefern, selbst bei einer deutlich geographisch-landschaftsökologischen Schwerpunktsetzung.

– Die Lernbereichskonzeption läßt sich – gemäß Beispielen dieses „Handbuches" – außerordentlich vielfältig anwenden, weil innerhalb eines aktuellen, regionalisierten, thematischen Rahmens alle theoretischen und methodischen Prinzipien (einzeln oder kombiniert) angewandt werden können. Für den Rahmen eignen sich am besten relativ kleine (d. h. thematisch und regional begrenzte) Beispiele. Ihre unterrichtliche Aufarbeitung erfolgt idealerweise in Gestalt umweltproblemorientierter Fallstudien.

Mit Bezug auf die fachwissenschaftlichen Grundlagen der geographischen Landschaftsökologie bzw. der Geoökologie, jedoch auch auf die schuldidaktisch-landschaftsökologischen Prinzipien, wird hier – als Beispiel – für die „Natur-Dimension"

– Landschaft/Landschaftsökosystem/Ökosystem
ein grober Inhaltsraster skizziert:
– Begriffe: Ökosystem/Ökotop – Geoökosystem/Geoökotop – Landschaftsökosystem/Landschaft
– Wasserhaushalt: Roter Faden im Labyrinth des Landschaftsökosystems
– Relief: Ein „Schalter" („Regler") im Geoökosystem des Landschaftshaushaltes
– Klima: Schlüssel zum Energie- und Wärmehaushalt der Ökosysteme
– Boden: Wesentliche Substanz der Landschaft und ökologisches Hauptmerkmal
– Vegetation und Fauna: Die Lebensgemeinschaften im Ökosystem
– Möglichkeiten, die Umwelt verschieden zu modellieren: Ökosystem, Geoökosystem und Landschaftsökosystem – verschiedene Systemmodellansätze, angewandt auf die Umwelt

So oder so ähnlich kann geographischer Umweltunterricht konzipiert sein: „Umwelt", „Landschaft" oder „Ökosystem" werden nicht nur als Begriffe dargestellt, sondern als erfahrbare, z. T. im wahrsten Wortsinne „begreifbare" Modelle. Die Schulpraxis hat dabei das Recht, sich ganz pragmatisch des Begriffs- und Methodenapparates der Wissenschaft – sozusagen „frei" – zu bedienen, soweit dies zur Erfüllung des didaktischen Auftrags erforderlich ist. Wichtig ist die Beziehung zur „Geographischen Realität" (*Neef* 1976, 1979), die dem Schüler durch Fallbeispiele aus der Planung, dem Umweltmanagement, der Rekultivierung, dem Technischen Umweltschutz, der Landschaftspflege oder dem Boden- oder Naturschutz plausibel gemacht werden kann. Durch den Sachzusammenhang „Sachproblem in der Umwelt", „Geoökosystemanalyse" und „Umweltmanagement" wird für den Schüler nicht nur ein Erkenntnisnetz geknüpft, sondern er wird auch an die ökonomische und politische Umweltrealität herangeführt.

Geoökosystem- und Umweltlehre sind also nicht nur reine Sachgebietslehren, sondern sie vermitteln auch „Haltung", weil sie das Denken – und damit auch das Verhalten – ändern können. Denken und Verhalten des Schülers und Bürgers müssen im Einklang mit der Empfindlichkeit der Geoökosysteme in der Umwelt stehen. Dazu müssen deren Struktur und Verhalten in Zeit und Raum bekannt sein, besonders die Labilität:

Oberstes Ziel einer Geoökosystem- und Umweltlehre im Geographieunterricht ist demnach so zu wirken, daß es zwischen der Geoökosystemtheorie der Fachwissenschaft, allgemeiner Umweltlehre – wo und von wem auch immer betrieben und vermittelt – und dem Verhalten der Schüler bzw. Bürger keine Diskrepanzen mehr gibt, das Verhalten mithin geoökosystemadäquat ist.

Sobald dieses Ziel erreicht ist, stehen Mensch und Gesellschaft der „Natur", wie der Umweltgesamtheit anders gegenüber, gehen sie mit Hunger, Fremdvölkern, Naturgefahren und -katastrophen, Entwicklungsländern, Umweltverschmutzungen etc. anders um. Erst dann werden sowohl Ökologische Planung als auch Ökologische Politik möglich. Daraus resultiert schließlich der grundsätzlich andere Umgang mit dem Planeten Erde, dessen Fragilität in seinen Teilsystemen und als Gesamtsystem durch nachhaltige schonende Nutzung, Planung und Gestaltung Rechnung getragen wird.

Fazit:
Das Gesamtumweltsystem gibt im täglichen Erleben seiner Entwicklungen und der anthropogenen Eingriffe Anlaß zur Sorge. Der Fachwissenschaftler flüchtet sich in Spezialitäten, die sich nicht mehr auf die schuldidaktische Ebene übertragen lassen. Die an sich bestehende gegenseitige Abhängigkeit von Fachwissenschaft und Schulgeographie muß erkannt werden, d. h. auch der Fachwissenschaftler muß vermehrt auf das Geoökosystem-Gesamtmodell – als Raum-Zeit-Mensch-Phänomen – hinarbeiten. Umwelt und Lebensraum funktionieren nur als Gesamtheit und werden auch als solche erlebt. Diese Gesamtheit muß daher in Geoökosystemforschung und Umweltschutz, aber auch in dem Schulfach, das dies alles lehrt, zum zentralen Gegenstand werden. Dafür kann man als didaktisches Instrument den methodisch-organisatorischen Ansatz „Fachbereich Umwelt" und „Lernbereich Natur-Kultur-Gesellschaft" verwenden. Beide setzen interdisziplinär an, können jedoch von einem umwelt- und geoökosystemzentrierten Geographieunterricht ohne weiteres getragen werden.

1.2 Ökologische Begriffe in Öffentlichkeit und Massenmedien

In Öffentlichkeit und Massenmedien wurde die Umwelt- und Ökologieproblematik reichlich einhundert Jahre nach den Begriffsbildungen „Ökologie", „Biozönose" und „Ökosystem" durch *Haeckel* (1866), *Moebius* (1877) und *Woltereck* (1928), *Tansley* (1935; ihm wird der Ökosystem-Begriff zugeschrieben, er zitiert zwar zahlreiche deutschsprachige Arbeiten, nicht jedoch die entscheidende von *Woltereck*) wahrgenommen. Der Zeitpunkt läßt sich exakt terminieren: Es ist die Zeit nach der ersten Ölkrise, also nach 1974.

In den nun einsetzenden öffentlichen Diskussionen über Ökologie und Umwelt, in den Bürger- und Parteibewegungen, bediente man sich dieser Begriffe. Es geschah unbefangen und – aus der Sicht der ökologischen Disziplinen – auch unüberlegt. Die Begriffe füllten sich mit allen möglichen Bedeutungen und bewegten sich vom ursprüglichen Inhalt weg – oder standen diesem z. T. diametral gegenüber. Auch lassen sich seit 1974 bis heute sachliche Defizite im ökologischen Denken und Handeln der Öffentlichkeit wahrnehmen. Dem Geographieunterricht können diese allenfalls insofern mitangelastet werden, als er bis Anfang der 70er Jahre zumindest keine programmatisch verstandene Umwelterziehung betrieben hat. Bis die dann jedoch massiv einsetzende Umwelterziehung durch den Geographieunterricht (vgl. 1.1) öffentlichkeitswirksam werden konnte, brauchte es naturgemäß eine Reihe von Jahren. Wenngleich kaum beweisbar, so wird man dennoch behaupten dürfen, daß das heutige Ökologie- und Umweltbewußtsein der Öffentlichkeit wesentlich auch durch den Geographieunterricht mitaufgebaut worden ist.

In den Schullehrbüchern änderte sich demgegenüber die Situation kaum: In der Biologie wurde der klassische, biologisch gewichtete Ökosystem- und Ökologiebegriff verwandt, der aber vom Ursprung des Gedankens bei *Haeckel* (1866) und *Moebius* (1877) bereits abwich. Das heißt, der holistische, auch das Abiotische und den Menschen miteinbeziehende Grundgedanke der Ökologie war im Fach Biologie inzwischen verlorengegangen.

In der Geographie stellt sich dies etwas vielfältiger dar. Der von *Troll* (1939) geprägte Begriff „Landschaftsökologie" faßte in der Fachwissenschaft und in zugewandten Praxisbereichen Fuß, jedoch nur bedingt in der Schulgeographie. Sie gewann in den sechziger und siebziger Jahren an humangeographisch-sozialgeographischem Profil, vernachlässigte aber die naturwissenschaftlich begründete ökologische Betrachtungsweise. Sie konnte sich dabei auf die Gebräuche der Physischen Geographie verlassen, die in Deutschland noch stark geomorphologisch geprägt war und den landschaftsökologischen Ansatz vernachlässigte. Nur in der damaligen DDR wurde in großem Umfang geographisch-landschaftsökologisch geforscht und gelehrt. In der Fachwissenschaft Westdeutschlands wurde die Ökologie- und Umweltproblematik zu einem Zeitpunkt aufgegriffen, als die öffentliche Diskussion schon viel weiter war und dort seitens der Geographie nicht deutlich gemacht wurde, daß eine Schulgeographie eigentlich sehr viel zur Umwelt- und Ökosystemproblematik beizutragen hätte.

Die zahlreichen Defizite im ökologischen Denken und Handeln, die man seit 1974 bis heute in der Öffentlichkeit feststellen kann, müssen z. T. auch der Schulgeographie – und damit auch der Fachwissenschaft selber – angelastet werden. Hier wurden Zeichen der Zeit nicht wahrgenommen. Im Unterricht wurde ein Umwelt- und Weltbild vermittelt, das durch andere Problemgewichtungen als Ökosysteme, Tragfähigkeit, Umweltbelastungen, Landschafts- und Umweltschutz oder ökologische Standortfragen definiert war.

Vielleicht war sich die Schulgeographie – und damit, wie schon gesagt, der gesamte Fachbereich Geographie – darüber nie im klaren, welche Bedeutung Geographie als „Schlüsselfach" (*Köck* 1991) eines umwelt- und ökosystemzentrierten Unterrichts haben kann. Es wurde möglicherweise auch unterschätzt, welche Rolle ein solcher Schulunterricht in der – im wahrsten Wortsinne „Volksbildung" spielen kann und muß. Als die Lehrbücher die ökologischen Begriffe und die Umweltproblematik aufgriffen, war die öffentliche Diskussion schon wieder weiter bzw. bei anderen Themen, auch ökologischen Spezialthemen, angelangt.

Im übrigen darf man sich nicht durch das Episodenhafte von Themen in den Massenmedien täuschen lassen, und man darf dieses erst recht nicht zur Leitlinie schulischer Themenbehandlung werden lassen. In den Jahren zwischen 1980 und 1990 beherrschten, und zwar nacheinander, die Nordsee, die Alpen, der Himalaya, das Klima, der Treibhauseffekt, die Bodenerosion, dann wieder das Klima, schließlich – nach 1990 – die Tragfähigkeitsproblematik die Massenmedien. Bei systematischer Ausgestaltung des Geographieunterrichts mit der Geoökosystem- und Umweltschutzproblematik wäre das Fach Schulgeographie demzufolge zu jedem Zeitpunkt aktuell gewesen.

Fazit:
- Umwelt- und Ökologiethemen genießen seit 1974 das permanente Interesse der Öffentlichkeit, auch wenn die Sach- und Regionalschwergewichte wechseln.
- Die Schulgeographie geht nur bedingt auf diese Themen ein, weil sie sich von fachinternen Image-Diskussionen auf Seitenwege einer umweltbezogenen Schulerdkunde hat drängen lassen.
- In der Fachwissenschaft haben die Umweltthemen und -methodiken seit langem Fuß gefaßt, die Rezeption durch die Schulgeographie erfolgte jedoch nur bedingt, was nicht allein seine Ursache in Lehrplänen oder Lehrmitteln hat, sondern im Ausbildungs- und Interessenstandard der Lehrergenerationen begründet liegt, die z. Z. Unterricht geben.
- Es besteht für umweltwissenschaftliche und ökologische Themen nicht nur ein „Markt" schlechthin, sondern die Schulgeographie muß die Notwendigkeit sehen, die Ökologie- und Umweltschutzproblematik in Erziehung und Bildung zum Dauerthema zu machen.

Mit der sachgerechten und begrifflich sauberen Behandlung von Umwelt- und Ökologiethemen, unter Berücksichtigung moderner ökologischer Ansätze und Methoden, kann der Geographieunterricht einen bedeutsamen Beitrag zur Bildung von Staatsbürgern, speziell auch Politikern, Medienschaffenden und Planern leisten. In vielen Bereichen der Öffentlichkeit bestehen Bedarf und Notwendigkeit, mit sauberen, d. h. präzisen und wohlerklärten ökologischen Begriffen zu arbeiten. Es gilt, das Bewußtsein der Öffentlichkeit für Begriffssauberkeit und Begriffssicherheit zu schärfen. Dazu gehört auch, im Unterricht den Zusammenhang zwischen Begriff, Begriffsinhalt und -sauberkeit, Begriffsverwendung auf der einen Seite und Verstehen, Denken und Handeln auf der anderen Seite herauszuarbeiten.

In allen Lebensbereichen und auf allen Raumgrößenebenen lassen sich Fehlentwicklungen der Umwelt und Fehlentscheidungen im politisch-planerischen Bereich ausmachen. Diese sind das zwangsläufige Resultat jener begrifflichen Defizite, die von den Fachgebieten begründet wurden, die sich eigentlich mit Ökologie und Umwelt in der Schule – als Bildungs- und Ausbildungsstätte – beschäftigen sollten. Im Geographie- und Biologieunterricht sind daher ökologische Begriffe und Raumbeispiele aufzugreifen und miteinander in Beziehung zu bringen. Erst wenn ein solcher Unterricht Breitenwirkung entfaltet hat, wird sich im Denken der Planer, Politiker und Medienschaffenden etwas ändern, und erst dann werden auch jene Entwicklungen einsetzen, welche die Tragfähigkeit des „Raumschiffes Erde" gewährleisten. Schlagwörter wie „Ökologische Politik" oder „Ökologische Planung", die seit einigen Jahren in aller Munde sind, könnten dann einen sachlichen Hintergrund bekommen und eine Füllung erfahren, welche die damit handelnden Politiker und Planer in die Lage versetzen, eine wirkliche ökologische Politik und eine wirkliche ökologische Planung zu betreiben. Dies alles ist aber nur dann möglich, wenn in der Schule ökologisches und zugleich raumbezogenes Denken gelehrt wird.

> Die gesamte Öffentlichkeit, repräsentiert durch Bürger, Politiker, Medienschaffende und Planer, muß sich dessen bewußt sein, daß ihr „Gegenstand" und Lebensraum Umwelt erst dann richtig funktioniert, wenn er sachgerecht behandelt wird. Das muß zuerst und vor allem terminologisch geschehen, weil erst dann methodisch richtig gehandelt werden kann: Begriffsinhalt – Denken – Planen – Entscheiden – Handeln – dies ist eine Funktionskette, in welcher die Schule das erste, und womöglich entscheidende Glied darstellt.

1.3 Der Geoökosystemansatz in der Geographie und die ökologischen Ansätze in den Wissenschaften überhaupt

Die von den in Frage kommenden Fachwissenschaften dafür angebotenen Möglichkeiten waren allerdings gering, denn lange Zeit haben sie „ihren" Gegenstand ängstlich gegen Nachbarfachgebiete abgegrenzt (Abb. 1.1/1). Auch die Geographie verfuhr so. Die Folge war, daß zwar von mehreren Disziplinen am gleichen Gegenstand gearbeitet wurde (z. B. Boden: Bodengeographie und Bodenkunde; Klima: Klimageographie und Meteorologie; Gesellschaft: Sozialgeographie und Soziologie; Wirtschaft: Wirtschaftsgeographie und Nationalökonomie), daß aber in jeweils anderen Sachkategorien gedacht und die Gegenstände in unterschiedlichen Detaillierungsgraden betrachtet wurden. Daraus resultierten unterschiedliche Fachgebiets-Terminologien (Kap. 1.2), die z. T. bis heute noch nicht übereinstimmen und verschiedenartige Ergebniskategorien, zu ganz diversen Anwendungsmöglichkeiten außerhalb der Wissenschaften – bieten.

Mit der „Entdeckung" der Umwelt und ihrer Problematiken, innerhalb derer der jeweilige Fachgegenstand (z. B. Boden, Relief, Siedlung, Verkehr) bekanntlich immer nur einen Teilsachverhalt darstellt, waren diese methodischen Probleme nicht gelöst, denn es wurde wie bisher weitergeforscht. Auch die Modellierung der Umwelt als System (systemanalytische Vorgehensweise der Umweltforschung) führte nicht weiter, da nur Subsysteme aus dem Gesamtumweltsystem (Kap. 2.1) untersucht wurden. Zwischen dem „facheigenen" und einem sachlich benachbarten Umwelt-Subsystem stellte man keine Beziehungen her. Stattdessen verfestigten sich die methodischen Unzulänglichkeiten, die Ergebnisdifferenzen und die Begriffsverschiedenheiten. Sprachliche, inhaltliche, methodische und

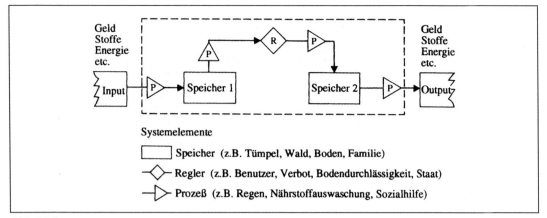

Abb. 1.3/1
Was man so alles als System betrachten kann – oder: Das allgemeine Modell eines Systems
(Entwurf: *H. Leser*)

anwendungspraktische Konfusionen waren die Folgen. Das „Begriffswirrwarr", das auf dem Umwelt- und Ökosystemsektor herrscht, wurde von *Leser* (1991 b) diskutiert und kritisiert.

Da die Umwelt nun aber nicht in Subsystemen, sondern als Ganzheit funktioniert, sollte die Forschung dem in den einzelnen Fächern Rechnung tragen. Diesen Umweltsystem-Gedanken gilt es in den Wissenschaften zu verfolgen und über einschlägige Schulfächer wie Geographie und Biologie in weiten Kreisen der Bevölkerung zu vermitteln. Dabei geht es auch darum, die „Ökologische Realität" – im Sinne der „Geographischen Realität" *Neefs* (1967) – als Umweltsystem zu modellieren und die Beziehungen Gesellschaft-Umwelt als Funktionsgefüge so zu beschreiben, daß daraus ökologisch begründete und ethisch vertretbare Handlungen resultieren können. Die Schulgeographie muß daher zunächst einmal eine Haltung vermitteln, die Schüler gegenüber der Umwelt einnehmen können.

Blickt man in der Biologie und Geographie bis in das letzte Jahrhundert zurück, fällt auf, daß dort schon sehr frühzeitig Begriffe gebraucht wurden, die heute noch (oder inzwischen wieder) Bestandteil der Fachsprachen sind. Es handelt sich um Begriffe, die heute sowohl in verschiedenen Anwenderbereichen ökologischer Fragestellungen und Ergebnisse (z. B. Raumordnung, Stadtplanung, Landschaftspflege, Landeskultur) als auch in neuen Fachwissenschaften – den verschiedenen „Bindestrich-Ökologien" (z. B. Klimaökologie, Hydroökologie, Sozialökologie, Stadtökologie) – zum Allgemeingut gehören. Diese Begriffe werden in Kap. 2.1 definiert und in diesem Band durchgängig verwandt.

Die Begriffsverwendung in den Geo- und Biowissenschaften differierte zwar, doch bestand bei grundlegenden ökologischen Begriffen über Inhalt und Umfang Einigkeit. Dazu gehörten die Basisdefinitionen von Umwelt, Ökosystem, Biozönose, Biosphäre, Ökotop, Biotop etc. Auch disziplinäre Begriffsspezialisierungen orientierten sich an diesen Basisdefinitionen.

Zu beginnen ist mit Kritik und den Begriffen „Ökologie", „Ökosystem" und „System". In den Wissenschaften war – im weiteren Sinne – schon immer das Verfahren der Systemanalyse üblich. Dazu bedurfte es nicht erst der Kybernetik. Erst mit den richtungsweisenden Arbeiten von *Forrester* (1968, 1971) wurden diese Gedanken von den – damals noch nicht so genannten – Umweltwissenschaften aufgegriffen. Dazu zählen alle Raum-, verschiedene Geo- und fast alle Biowissenschaften. Bei der Begriffsverwendung entstanden sehr rasch Konfusionen, weil die Begriffe „System" und „Ökosystem" nicht genau auseinandergehalten wurden und damit die Grundlage für die inhaltlich und begrifflich falsche Gleichsetzung von Systemanalyse und Ökologie gelegt wurde.

16

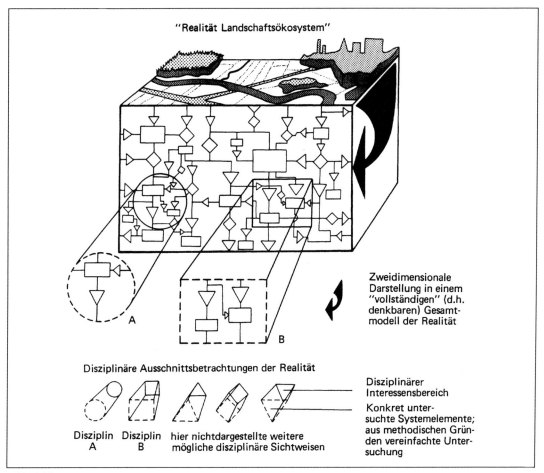

Abb. 1.3/2
Realität und Modell und verschiedene Möglichkeiten der Modellbetrachtungen
(aus: *H. Leser* 1991 a, S. 20)

Jedes Ökosystem ist ein System, das mit der Methode „Systemanalyse" erforscht werden kann, aber nicht jedes System ist ein Ökosystem.

Ein System besteht aus mehreren Elementen, die miteinander in Beziehung stehen (Abb. 1.3/1). Diese Elemente können abiotisch oder biotisch sein, es kann sich aber auch um technische oder infrastrukturelle Elemente handeln. Lichtschalter, Badezimmer, Familie, Stadt, Fluggesellschaft, Drehbank, Tümpel, Baum, Wald, Berg – alle diese „Gegenstände" weisen die Merkmale des Systems auf.
Für jede Systembetrachtung der genannten Beispiel„systeme" muß ein Randbedingungsfeld definiert werden. Die Betrachtung der Familie erfolgt anders als die der Fluggesellschaft und diese wiederum anders als die des Waldes. Die Systemanalyse stellt daher auch nichts anderes dar als diese Randbedingungen zu definieren und dann eine Methodik zu entwickeln, um die Systembetrachtung („Systemanalyse") durchzuführen. *Mosimann* (in *Leser* 1991a; hier verändert) sieht eine Systemabbildung charakterisiert durch:
– die gewählte Betrachtungsebene,
– die Art der Elemente und Parameter,

- den Verbund der Elemente und Parameter,
- die Vielfalt der in die Systembildung einbezogenen Merkmale,
- die Art der im System betrachteten Prozesse,
- die Art der Verknüpfungen (Wirkung, Wechselwirkung, Rückkopplung),
- die Systemgrenzen und
- die berücksichtigten Außeneinflüsse.

Das System wird als Modell aus der komplexen Realität „herausgezogen" (Abb. 1.3/2). Forscher und Praktiker verwenden bei diesem „Herausziehen" – also einem gedanklichen Vereinfachen und Darstellen bzw. Abbilden – die eben genannten Bedingungen und Merkmale. Der ganze Vorgang wird Modellbildung („Modellieren") genannt.

Ökologische Betrachtungen, die sich auf die Umwelt beziehen, haben demnach eine Fülle von Elementen und Beziehungen zu berücksichtigen. Sie können aber von diesem Wirkungsgefügekomplex stark abstrahieren und sich einem Element, einer Elementgruppe oder bestimmten Einzelprozessen im System zuwenden. Dies wird für die Wissenschaft als Spezialisierung bezeichnet.

Aus diesen allgemeinen systemtheoretischen Überlegungen resultieren wichtige Erkenntnisse für die Ökologie bzw. jene Fachbereiche, die ökologisch forschen, denken und darstellen. Erkenntnisse wären:

- Man muß sich darüber klar sein, daß Elementforschung vom Gedanken der Kennzeichnung des Gesamtsystems wegführt.
- Man kann aber auch Element- oder Einzelprozeßforschung sehr bewußt betreiben – und zwar im Hinblick auf das Gesamtsystem.
- Man kann seine – spezialisierte oder ganzheitlich orientierte – Einzelelement- oder Einzelprozeßforschung als „ökologisch" bezeichnen; beide Forschungsrichtungen und die gewonnenen Ergebnisse unterscheiden sich jedoch voneinander.

Diese Problematik ist weder in der Biologie noch in anderen ökologisch forschenden Fachbereichen genügend durchdacht. Der Begriff „ökologisch" kann reiner Etikettenschwindel sein, wenn darunter so spezialisiert geforscht wird, daß nur noch dem Spezialisten die Beziehung zum Gesamtsystem klar wird. Das erklärt, daß es eine anscheinend unübersehbare Literatur zum Thema „Ökosystem" gibt, die tatsächlich aber überwiegend Einzelelement- oder Einzelprozeßforschung am oder im Ökosystem darstellt, ohne daß nun dessen Gesamtfunktionen erklärt oder belegt werden.

Weiterhin gilt, daß sich Ökosysteme in der räumlichen Realität (Kap. 2.2.3) anordnen. Es gilt also, nicht nur die Hauptsubsysteme Bios, Geos und Mensch zu berücksichtigen, sondern deren Raumbeziehungen und Raumwirkungen zu erkennen und darzustellen. Damit ist eigentlich sehr klar gesagt, was Ökosysteme sind und womit Ökologie sich beschäftigt (Kap. 2.1).

> Ökologie ist eine Wissenschaft, die sich mit den Ökosystemen in der Umwelt beschäftigt und die demzufolge über einen Raumbezug verfügt.

In den verschiedenen ökologisch arbeitenden Disziplinen sind diese Erkenntnisse nur bedingt Allgemeingut. Die methodisch bequeme Flucht in die Spezialität am bzw. im Ökosystem lenkt von der Notwendigkeit ab, Ökosysteme in der Lebensraumwirklichkeit als Funktionsganzheiten zu kennzeichnen. Hier haben die verschiedenen Ökologien massive Defizite zu verzeichnen. Allein die Geoökologie, Teile der Bioökologie und die landschaftsökologisch arbeitende Biogeographie beziehen sich auf die „Theorie der geographischen Dimensionen" und berücksichtigen, sowohl bei der Erfassung und Aufnahme als auch bei der Darstellung der Ökosysteme (Landschaftsökosysteme, Geoökosysteme, Bioökosysteme) und der Ergebniswiedergabe den Raumcharakter.

Selbst weite Teile der Biologie arbeiten heute unterhalb der topischen Dimension und leisten – zweifelsohne – Grundlagenforschung, die im weiteren Sinne ökologisch relevant ist. Die methodische Entfernung zum realen Ökosystem ist oft sehr groß und der Bezug gelegentlich nicht mehr zu erkennen. Dieser Umstand erschwert vor allem den Praktikern außerhalb der Wissenschaft die Anwendung bioökologischer Ergebnisse, die z. T. auch zu wenig ökofunktional – im Sinne des Gesamtökosystems – sind, weil sie die Beziehungen zum Abiotischen vernachlässigen.

Damit soll nicht eine „wirkliche" und eine „falsche" Ökologie beschworen werden, sondern es soll lediglich auf die verschiedenartigen – oft verwirrend zahlreichen – ökologischen Ansätze hingewiesen werden, denen die verschiedensten Wissenschaften nachgehen. Für den Praktiker, aber auch für den Nachbarwissenschaftler, und erst recht für den Geographie- oder Biologielehrer, wäre es einfacher, wenn jede ökologische Arbeit „ihren" Gegenstand graphisch in einem Gesamtmodell des Ökosystems plazieren würde. Dann wären Größenordnungen, funktionale Bedeutung, auch Reichweite der Ergebnisse in Zeit und Raum etc. klargestellt. Klarheit kann nur zustandekommen, wenn alle am Ökosystem Forschenden saubere Begriffe verwenden. Wenn beispielsweise am Biosystem gearbeitet wird, dann ist dies ein Subsystem des Ökosystems und nicht das „Ökosystem an sich". Diese Begriffszuordnungen und -klärungen werden in Kap. 2.1 dieses Bandes vorgenommen.

Aus obigen Überlegungen resultieren folgende Merksätze:

1. „Die" Ökologie gibt es nicht, wohl aber verschiedene Fachgebiete („Ökologien"), die am Ökosystem forschen.
2. Der Begriff „Ökosystem" beschreibt ein räumlich manifestes Funktionssystem großer Komplexität, das über seine Teile erforscht wird, die genau zu kennzeichnen sind.
3. Die Vielfalt der ökologischen Forschungsansätze ist kein Manko, im Gegenteil, nur sie wird der ökologischen Vielfalt in der realen Umwelt gerecht.
4. Aus Gründen der Verständigung mit Nachbarwissenschaften, Praktikern, Schule und Öffentlichkeit muß aber sehr präzise gesagt werden, welcher Ansatz befolgt wird.

Daß Begriffsunsauberkeiten in den Wissenschaften die Regel sind, bedeutet nicht immerwährenden und unabänderlichen Gebrauch schiefer und falscher Begriffe. An die Verantwortung der Schule, besonders auch einer geoökologisch ansetzenden Schulgeographie, dem entgegen zu wirken, wurde bereits in Kap. 1.2 erinnert. Die Schulgeographie ist in hohem Maße methodisch, inhaltlich und von der theoretischen Fachbegründung her in der Lage, einen zentralen Beitrag zum Verständnis der ökologischen Umweltforschung und ihrer Begriffe zu leisten.

Abb. 1.3/3
Naturräumliche Gliederung und Naturräumliche Ordnung – Raumgliederungsverfahren im Wandel
(zu Tab. 1.3/3; aus: *H. Leser* 1991a, S. 213)

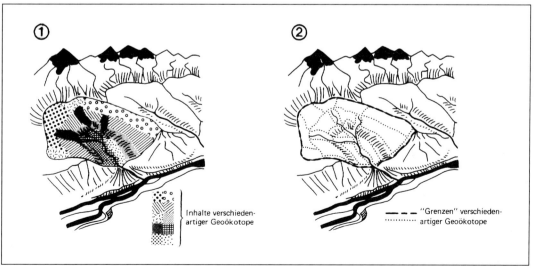

Tab. 1.3/1: Vergleich von Merkmalen der Naturräumlichen Gliederung und der Naturräumlichen Ordnung (zu Abb. 1.3/3)

Methodisch-methodologische Merkmale	Naturräumliche Gliederung (NG)	Naturräumliche Ordnung (NO)
Ansatz?	deduktiv	induktiv
Praktisches Vorgehen?	„Weg von oben"	„Weg von unten"
Physiognomisches oder physiologisches Vorgehen?	physiognomisch	landschaftshaushaltlich („physiologisch")
Arbeitsmaßstäbe?	alle, aber nicht bis zur topischen Dimension gemäß NO	vor allem große und größte Maßstäbe, besonders topische Dimension
Gliederungs- bzw. Aufnahme-kriterien/-merkmale?	1. Relief, 2. Gewässer, 3. Vegetation, 4. Boden	statische und dynamische Merkmale der Geoökosysteme, je nach funktioneller Bedeutung
Darstellung von Inhalten oder Grenzen?	Grenzen graphisch, Inhalte verbal	Inhalte direkt quantitativ/semiquantitativ; Grenzen indirekt und von sekundärer Bedeutung
Hierarchische Ordnung?	der Naturräumlichen Einheiten	der Subsysteme und Systeme
Typenbildung?	formale Begründung	Darstellung von Haushaltstypen
Quantitativer Charakter?	bedingt bis fehlend	ausgeprägt vorhanden
Bezeichnungen der ausgeschiedenen Gebiete?	Landschaftsnamensystematik	Symbolsystematik, basierend auf den geoökologischen Raummerkmalen
Praxisbezug?	beschränkt vorhanden: Kleine Maßstäbe zahlreich, aber kaum praktischer Bedarf; in großen Maßstäben zu grobe Aussagen	generell gewährleistet; Aussageschwerpunkte in großen und größten Maßstäben

(Entwurf: *H. Leser*)

Mit dem Modell des Geoökosystems (Kap. 2.2) bietet sich ein in hohem Maße geeigneter und didaktisch attraktiver Gegenstand an, ökologisch zu lehren und zu denken. Da sich im Geoökosystemmodell: Natur, Mensch, Gesellschaft, Technik, Raum und Zeit vereinigen, sollte das Geoökosystem einen Basisbegriff der Schulgeographie darstellen, der – auch außerhalb der naturwissenschaftlich gewichteten Unterrichtsteile – eingesetzt werden kann.

> Mit dem Geoökosystemansatz verfügt die Schulgeographie über ein durchgängiges methodisches Prinzip, das sich auch in Nachbarfächern (z. B. der Biologie) oder in Sachkunde- und Umweltlehren ohne große Modifikationen einsetzen läßt.

In der Geoökologie und Landschaftsökologie als Teilbereiche der Geographie wurde nicht von Anfang an in gleicher Weise gearbeitet, wie es heute der Fall ist (*Finke* 1986, *Leser* 1991a). Zwar änderte sich an dem holistischen Ansatz, wie ihn *Troll* (1939, 1950) oder *Schmithüsen* (1942, 1976) vorgegeben hatten, nichts Grundsätzliches, aber es war ein Methodenwandel zu verspüren. Er drückte sich am ehesten im Wandel der Raumgliederungsverfahren aus (Abb. 1.3/3 und Tab. 1.3/1). Die Naturräumliche Gliederung (*Klink* 1972, 1980, 1982) wurde bis in die sechziger Jahre hinein qualitativ und deduktiv betrieben. Das Verfahren bezeichnete man als „Weg von oben", d. h. große Raumeinheiten wurden in immer kleinere unterteilt, wobei man mit wechselnden qualitativ-beschreibenden Raummerkmalen arbeitete. Die Naturräumliche Ordnung (*Richter* 1967) hingegen setzt induktiv an, d. h. sie beschritt den „Weg von unten". Ausgangspunkt bildeten die räumlich-ökologischen Verhältnisse vor Ort, die mit naturwissenschaftlichen Methoden quantitativ auf Zustand und Verlauf der Prozesse gekennzeichnet wurden.

Dieser Ansatz und seine methodischen Konsequenzen wurden vor allem in der früheren DDR entwickelt, vor allem von *Neef, Richter* und *Haase* sowie deren Mitarbeitern und Schülern. Zugleich enthielt diese Perspektive der Geoökosystemforschung auch eine praktische Komponente. Die Ergebnisse waren u. a. für die Anwendung in der Regionalplanung, der Landeskultur, der Rekultivierung und der Agrarplanung vorgesehen (u. a. *Haase* et al. 1991). Dies führte dann zur Begründung einer landschaftsökologischen Methodik, die u. a. von *Leser* (1976 bzw. 3. Auflage 1991) und *Mosimann* (1984) zusammenfassend dargestellt wurde. Diese Methodik wurde als „Geoökologischer Arbeitsgang" bezeichnet, der von der landschaftsökologischen Vorerkundung über die Landschaftsökologische Komplexanalyse zur Laborarbeit führt. Es schließt sich ein umfangreicher Syntheseschritt an, der verschiedene Darstellungsverfahren landschaftsökologischer Forschungsergebnisse umfaßt und der neuerdings bei der Digitalen Geoökologischen Karte endet.

Dies alles dokumentiert einen Wandel von Methodik und Arbeitsweisen in der Geoökologie und Landschaftsökologie, der zugleich einem disziplinhistorischen Wandel entspricht. Verschiedene Autoren, u. a. auch *Weichhart* (1975) wiesen schon vor der allgemeinen „Ökologisierung der Öffentlichkeit" auf die engen funktionalen Beziehungen hin, die zwischen den belebten und unbelebten Elementen der Raumrealität bestehen, wobei den „Aktoren", also den raumfunktional wirksamen Individuen und gesellschaftlichen Gruppen, in den Umweltsystemen eine Reglerfunktion zukommt. *Weichhart* sprach von einer „Ökogeographie" und einem „ökogeographischen Ansatz" der Raum- bzw. Umweltforschung, zu welchem gerade von der natur- und humanwissenschaftlich gewichteten Geographie wesentliche Beiträge kommen können.

Dieser „ökogeographische" Ansatz bietet, auch wenn man ihn inhaltlich auf einen geoökologischen Ansatz verengt, zahlreiche methodische Möglichkeiten, die bis in den interdisziplinären Bereich hineinragen. Sicherlich bestehen für den Ansatz gewisse Grenzen gegen „reine" Human- und Geisteswissenschaften hin, vor allem wenn diese ihren Gegenstand „an sich" behandeln. Sobald Politik, Wirtschaft, Bevölkerung, Religion, Verkehr etc. in einen räumlich-funktionalen Kontext gestellt werden, bestehen enge Beziehungen zu Funktion und Struktur des Geoökosystems. So gesehen weist der geoökologische Ansatz mehr Möglichkeiten als Begrenzungen auf.

Gegenüber den Naturwissenschaften verhält es sich ähnlich: Physikalische, chemische und biologische Umweltsachverhalte können sehr leicht in den Geoökosystemansatz einbezogen werden. Erstere spielen als Erklärungshintergründe der Ökosystemfunktionen eine gewichtige Rolle, letztere stellt das biotische Potential der Umwelt dar, ohne das ein Geoökosystem weder definiert noch erklärt werden kann. Sobald die Forschung dieser Naturwissenschaften einen Bezug zur Raumrealität finden, ergeben sich noch weitere Beziehungen: Mit ihrer Hilfe können die Geoökosystemfunktionen zeitlich, räumlich, inhaltlich (stofflich, energetisch, biotisch), strukturell und funktional wesentlich differenzierter dargestellt werden. Diese Zusammenarbeitsmöglichkeiten funktionieren vor allem dann, wenn den Nachbarwissenschaften der räumliche Ansatz als methodische Brücke angeboten wird. Auch die Schulfächer sollten untereinander solche Kontakte herstellen.

Bei den Begriffsklärungen in Kap. 2.1 wird auch auf die „Theorie der geographischen Dimensionen" zurückzukommen sein. Sie verfügt über eine allgemeine Gültigkeit, weil sie eine Grundkategorie raumwissenschaftlichen Denkens repräsentiert:

Die „Theorie der geographischen Dimensionen" besitzt
- methodische Bedeutung, weil sie die Arbeitsweisen gegenstandsgerecht einsetzen läßt;
- methodologische Bedeutung, weil sie die disziplinären Zweckmäßigkeitsgrundsätze begründet, nämlich Gegenstände bzw. Raumsachverhalte bestimmter Größenordnungen zu behandeln oder aus der Betrachtung auszuscheiden;
- praktische Bedeutung, weil sie dem Praktiker (auch dem Schulpraktiker) ökologische Sachverhalte gewichten läßt, die dann von ihm verwendet oder nicht verwendet werden;

- interdisziplinäre Bedeutung, weil sie auf das Verbindende zwischen verschiedenen Fachbereichen hinweist, die sich mit räumlich-ökologischen Problemen beschäftigen;
- innerfachliche Bedeutung, weil sie die humanökologischen und die landschaftsökologischen Ansätze zur „Begegnung am/im Raum" veranlassen kann.

Bei der „Theorie der geographischen Dimensionen" geht es nicht nur um geographische Betrachtungsgrößenordnungen. „Geographie" steht hier für „Raum" bzw. Raumfunktionalität. Insofern handelt es sich damit um ein Basispostulat raumbezogenen ökologischen Denkens, das nicht nur für die Geographie allein Gültigkeit besitzt, sondern für alle sich als Umweltfachbereiche verstehenden Wissenschaften. Es gilt demnach für alle Ökologien, Raumwissenschaften, Anwenderbereiche außerhalb der Planung, Politik und die Planung selber. In der Geographie muß bedacht werden, daß dieses Basispostulat zwar in der raumbezogenen (Feld-)Forschung eine sehr große Rolle spielt, daß es aber auch in der Lehre als didaktisches Prinzip eingesetzt werden kann. Das gilt sowohl für die Hochschule als auch für die Schule, wenn dort raum-funktionale ökologische Umweltsachverhalte vermittelt werden sollen. Die Größenordnungskategorisierung nach der „Theorie der geographischen Dimensionen" hilft der Lehre, ökologische und geographische Probleme schul- und altersstufenspezifisch aufzubereiten und an die Lernenden in begreifbarer Form heranzutragen.

Fazit:
Der Geoökosystemansatz hat in der Geographie Tradition und er fand – wenngleich ausgedünnt – auch in die Schulerdkunde Eingang. Der Methodikwandel der Geoökologie wurde außerhalb der Fachwissenschaft nur z. T. mitvollzogen, woraus Defizite im raumbezogenen Handeln und Verstehen resultierten. Sie spielen sowohl in der Schule als auch in der außerschulischen Praxis, vor allem aber in der Planung und in der Politik eine sehr große Rolle. Es besteht ein Nachholbedarf, der nicht einfach mit „Theoriedefizit" umschrieben werden kann, sondern der sich sehr genau bezeichnen läßt: Begriffe werden nicht sicher und sauber verwandt und daher wird auch mit ungeeigneten Methoden gearbeitet. Sie wiederum führen zu „unpassenden", teilweise eben realitätsfernen Ergebnissen. Der Zusammenhang Forschung – Schule – Ausbildung – Denken – Maßnahmen (der Planung, der Politik) wurde bisher zu wenig von der Fachwissenschaft Geographie und der Schulgeographie bedacht.

2 Allgemein-geoökologischer Teil

Der Fachbereich Geoökologie/Landschaftsökologie/Umweltschutz
(*Hartmut Leser*)

Abb. 2/1
Übersicht über den Inhalt von Kapitel 2
(Entwurf: *H. Leser*)

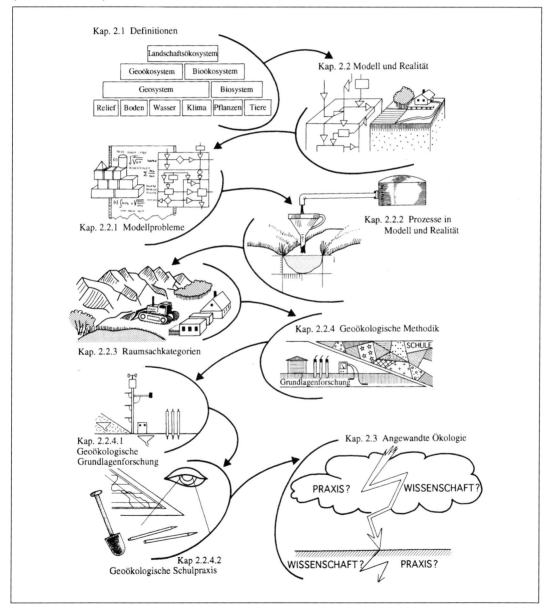

23

Der Zusammenhang Ökologie/Umwelt/Umweltschutz wird in verschiedenen Fachbereichen behandelt. In deren Zentrum befindet sich der Fachbereich Landschaftsökologie (*Finke* 1986; *Leser* 1991 a), der zu wesentlichen Teilen von der Geoökologie repräsentiert wird. Das gilt sowohl für die Grundlagenforschung als auch für die anwendende Praxis, die von der Raumplanung bis zum Umweltschutz reicht.

Geographiedidaktisch kann dieser sehr komplexe Zusammenhang auf den Titel dieses Bandes „Umwelt: Geoökosysteme und Umweltschutz" reduziert werden. Alle wesentlichen Sachverhalte bleiben erhalten, fachspezifische oder anwendungspraktische Details werden nur bedingt aufgegriffen.

Der Teil 2 liefert allgemeine fachliche Grundlagen, die im regionalen Teil 3 ebenso aufgegriffen werden wie im unterrichtspraktischen Teil 4. In den Teilen 3 und 4 geht es nicht um Vollständigkeit, sondern um den Hinweis auf die Fülle der geographiedidaktischen Möglichkeiten, die sich mit dem Thema Umwelt/Geoökosysteme/Umweltschutz verbinden.

Die allgemeinen fachlichen Grundlagen dafür werden in diesem Band in folgendem Rahmen vermittelt:
- Begriffsklärungen/Definitionen (Kap. 2.1),
- Modellprobleme/Geoökosysteme (Kap. 2.2.1 und 2.2.2),
- Raumsachkategorien (Kap. 2.2.3),
- Arbeitsweisen (Kap. 2.2.4),
- Angewandte Ökologie/Praxis (Kap. 2.3).

Die theoretische Basis *aller* Kapitel bildet folgender Gedanke: „Die" Ökologie gibt es nicht (*Leser* 1991 b), sondern aus dem klassischen Ökologiegedanken heraus haben sich seit dem letzten Jahrhundert verschiedene „Ökologien" entwickelt. Es waren zunächst Biologen (*Haeckel* 1866, *Moebius* 1877), die eine Ökologie postulierten, die nicht nur Abiotisches und Biotisches als Funktionszusammenhang begriff, sondern die auch die räumlichen Wirkungen und raumbedingten Beziehungen miteinschloß.

Vor diesem Hintergrund erweisen sich Geoökologie und Landschaftsökologie, die bereits hier und nicht erst in Kapitel 2.1 definiert werden, als zentrale Bestandteile einer „Ökologie im weiteren Sinne":

Geoökologie:
Die Nachbarwissenschaft der Bioökologie, die sich aus geographisch-geowissenschaftlicher Sicht mit dem Haushalt der Geoökosysteme („Landschaftshaushalt") in seiner räumlichen Ausprägung, also seiner Horizontal- und Vertikalstruktur, beschäftigt.

Landschaftsökologie:
Der Fachbereich, der sich mit den Wechselwirkungen im System Mensch-Umwelt, die als Faktoren des Landschaftsökosystems bezeichnet werden, beschäftigt. Diese Faktoren repräsentieren sich funktional und visuell in der „Landschaft", also in einer komplexen Territorialstruktur. Deren Vielfalt erforschen, unterschiedlich gewichtet, verschiedene Fachgebiete, so daß in der landschaftsökologischen Forschungs- und Anwendungspraxis aus methodischen Gründen immer nur mehr oder weniger umfassende Ausschnitte aus dem Landschaftsökosystem untersucht werden. Das geschieht sowohl für wissenschaftliche als auch für praktische Zwecke der Planung und der Nutzung der Landschaft. Auch unter didaktischem Aspekt kann immer nur ein räumlicher oder funktioneller Ausschnitt aus dem Modell aufgegriffen und präsentiert werden.

Diese Definitionen sind nicht als Abgrenzung, sondern als Hinweis darauf zu verstehen, daß der ökofunktionale Gedanke Beziehungen zwischen belebten und unbelebten Elementen auf verschiedenen Dimensionsebenen aufdecken kann. Geoökologie und Landschaftsökologie tun dies jeweils für sich nach unterschiedlichen Kriterien. Beide bewegen sich dabei, und dies ist didaktisch wichtig, auf der normalen Sinneserfahrungsebene des Menschen – also jener, die ihm Vorstellungen vom Raum und dessen Funktionieren, aber auch vom menschlichen Agieren im Raum vermittelt.

Eine der untersten ökologischen Betrachtungsebenen befindet sich im Fachbereich Mikrobiologie ohne Mensch, ohne Raum. Die auf raumfunktionale Sachverhalte abzielenden Ökologie-Bereiche

Geoökologie und Landschaftsökologie stehen hingegen am anderen Ende der Größenordnungsskala. Hier gehört zu großen Teilen auch die Bioökologie hin, vor allem dann, wenn sie von einem biogeographisch-funktionalen Ansatz ausgeht.

Damit wird zugleich deutlich, daß die raumbezogenen Ökologien keine Führungs- oder Sonderrolle spielen. Sie stellen aber auch keine peripheren Ansätze ökologischen Denkens und Arbeitens dar. Ein besonderes methodisches Gewicht kommt ihnen insofern zu, als vor allem sie den räumlichen Betrachtungsaspekt der Ökologie repräsentieren, der auf den meisten Dimensionsebenen speziellen ökologischen Forschens aus disziplinären Gründen keine Bedeutung hat oder der aus der Betrachtung allmählich herausfiel. Der „Raumbeitrag" der Geoökologie zur allgemeinen ökologischen Betrachtung der Umwelt und der Gesamterde ist jedoch unabdingbar, denn er stellt einen „Realitätsbeitrag" dar: Die Umwelt – in Kap. 2.1 wird sie noch genauer definiert – erweist sich als ein dreidimensionales Wirkungsgefüge. Diesem Raumfunktionscharakter muß seitens der Ökologien in Forschung und Lehre Rechnung getragen werden, damit Ökologie auch in der Praxis stattfinden kann, die vorzugsweise Gegenstände behandelt, die Raumkategorien darstellen. Im übrigen ist und bleibt das „ökologische Wirkungsgefüge im Raum" zentraler Gegenstand diverser Raum- und Geowissenschaften – also auch solcher, die sich nicht ausdrücklich als Ökologie bezeichnen.

Geoökologie und Landschaftsökologie sind vom Begriff her Bezeichnungen von Fachbereichen. Ihre Ansätze, Methodiken und Ergebnisse sind für zahlreiche Wissenschafts- und Praxisbereiche bedeutsam. Man kann Geoökologie und Landschaftsökologie als Wissenschaft betreiben, man kann ihre Perspektiven aber auch als Sichtweisen verstehen, die ihren Einsatz in allen möglichen Wissenschafts-, Praxis- und Lebensbereichen finden.

Fazit:
Die Geoökologie deckt weite Bereiche der Umwelt- und Ökologiefragestellungen ab, soweit diese raumbezogen sind. Sie stellt eine der Weiterentwicklungen des Ökologie-Konzepts dar, dessen Grundstrukturen nach 1850 in der Biologie entstanden. Durch den Raumbezug erweist sich die *Geoökologie als Schlüsselbereich* zwischen Geowissenschaften, biologischen Ökologieansätzen und Anwendungspraktiken in Planung, Raumordnung und Umweltschutz.

2.1 Begriffliches Ausgangssystem

Die Geoökologie geht von großen und kleinen Räumen aus. Diese werden als ökologische Wirkungsgefüge begriffen, die „in sich" funktionieren, die aber auch untereinander in Funktionszusammenhängen stehen. Innerhalb der Geoökologie und ihrer Sachverhalte stellt die Systemlehre ein zentrales Konzept dar.

Einer der allgemeinen Grundsätze der Systemlehre lautet, daß Systeme zweckgerichtet („willkürlich") abgrenzbar sind. Dieser Grundsatz kommt dem Lehrer entgegen, weil er damit freie Hand dafür hat, ob er bei der Betrachtung von Landschaftsfunktionen mit deren Einzelelementen oder mit dem gesamten Landschaftsökosystem beginnt. Im folgenden werden zunächst die allgemeinen Systembegriffe bereitgestellt, dann die Systembegriffe der Geoökologie.

Allgemeine Systembegriffe

Ein *System* ist der Zusammenhang von Dingen, Vorgängen und/oder Teilen, die eine funktionale Einheit darstellen, die – gewissen Regeln folgend – ein geordnetes Ganzes bilden. – Ein *System* ist eine Menge von Elementen und eine Menge von Relationen, die zwischen diesen Elementen bestehen, wobei die Relationen die Systemstruktur repräsentieren.

Systeme bestehen aus Systembestandteilen, die man auch als „*Systemelemente*" bezeichnet (Abb. 2.1/1). (In ökologischen Fachbereichen werden diese Bestandteile in der Regel als „Faktoren" des

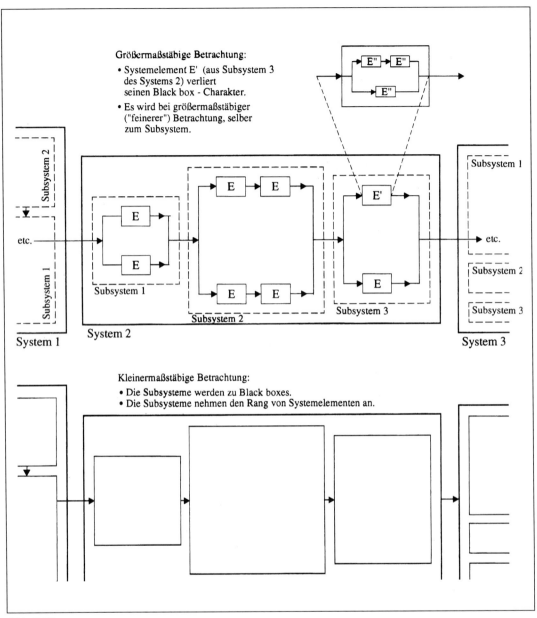

Größermaßstäbige Betrachtung:
- Systemelement E' (aus Subsystem 3 des Systems 2) verliert seinen Black box - Charakter.
- Es wird bei größermaßstäbiger ("feinerer") Betrachtung, selber zum Subsystem.

Kleinermaßstäbige Betrachtung:
- Die Subsysteme werden zu Black boxes.
- Die Subsysteme nehmen den Rang von Systemelementen an.

Abb. 2.1/1
Systemelemente, System, Systemhierarchie – und was ist ein „Kompartiment"?
(Entwurf: *H. Leser*)

Systems umschrieben.) – Auch Regler und Prozesse eines Systems stellen im allgemeinen Sinne *Systemelemente* dar.

Aus ganzheitlicher Sicht können auch umfassendere Funktionsbereiche eines Systems als *Systemelemente* bezeichnet werden. Dafür werden die Begriffe Kompartiment und Subsystem verwandt. (Der Kompartimentbegriff hat auch noch andere Bedeutungen.)

In der Umweltrealität treten Systeme immer in einem komplizierten räumlichen Zusammenhang auf. In den Geo- und Biowissenschaften folgt die Systembetrachtung meist dem Hierarchieprinzip.

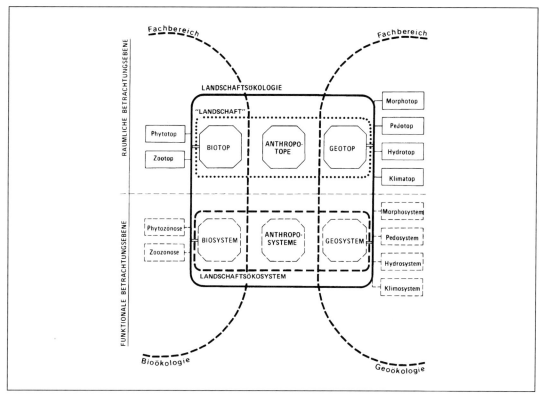

Abb. 2.1/2
Ordnungsraster funktionaler und räumlicher Öko-Begriffe und die Fachbereiche Bioökologie, Geoökologie und Landschaftsökologie
(aus: *H. Leser* 1991 a, S. 145)

Man spricht von *Systemhierarchien*: Eine Systemhierarchie setzt sich aus mindestens zwei, meist aber mehreren Systemen zusammen, so daß sich eine Unter- und eine Überordnung ergibt. Das dabei übergeordnete System kann dann als System höherer Ordnung betrachtet werden, das wiederum mit gleichrangigen Systemen zu Systemen noch höherer Ordnung gekoppelt sein kann. Die Struktur der Systemhierarchie setzt jedoch bereits auf einem niedrigeren Niveau an. Das zeigt schon die Einordnung des Systemelementes: Die Systemelemente treten zu Kompartimenten zusammen, die wiederum Subsysteme bilden (können), die wiederum in einem System zusammenwirken.

Sowohl der Gedanke der inneren Hierarchie der Systembestandteile als auch der von der Hierarchie ganzer System-Familien ist letztlich eine modelltheoretische Vorstellung. Ihre Bedeutung liegt in der Strukturierung der komplexen Umwelt(-systeme) für die „Abbildung" (Darstellung) in Schule, Praxis, Öffentlichkeit und Wissenschaft (Theorie und Forschung). Der Gedanke der Systemhierarchie wird nun aufgegriffen und auf die verschiedenen Ökosystembegriffe angewandt.

Geoökologische Systembegriffe

Nicht nur im allgemeinen Sprachgebrauch, sondern auch in der Literatur werden Begriffe wie Öko-system, Biotop, Phytozönose, Hydrosystem, Geoökosystem, Ökotop etc. durcheinander gebracht, obwohl die Inhalte seit langem definiert sind und sich auf bestimmte Dimensions- bzw. Hierarchie-stufen in der Betrachtung („Modellierung") von Umweltsystemen oder deren Teilen beziehen. Mit Abb. 2.1/2 wird dies belegt. Sie bietet auch für die nachfolgenden Begriffe einen Ordnungsraster.

Das Begriffsdurcheinander schließt aber auch Fachgebietsbezeichnungen (z. B. Ökologie) mit ein. Daher muß, bevor die Systeme definiert werden, eine Basisunterscheidung getroffen werden: So ist die *Ökologie* kein Fachgebiet, sondern die Haushaltslehre eines Ökosystems. Entsprechend ist die Lehre von den Funktionen des Haushaltes eines Waldes, die Ökologie des Waldes. Dabei stellt das *Ökosystem* eine Funktionseinheit dar. In diesem Sinne bilden die ökologischen Funktionsbeziehungen der am Wald beteiligten belebten und unbelebten „Systemelemente" zusammen das „Ökosystem Wald". Unter *Ökotop* schließlich versteht man eine Raumeinheit, in der ein Ökosystem funktioniert. Das „Ökosystem Wald" existiert in der Realität des Raumes; es ist räumlich als „Waldökotop" repräsentiert.

Weil mit der Definition „System" begonnen wurde, beginnen die ökologischen Begriffsdefinitionen mit den Funktionseinheiten. Dabei wird vom Kleinen zum Großen und zugleich vom Einfachstrukturierten zum Komplexeren vorgegangen, also vom „Systemelement Geoökofaktor" über das Subsystem zum Ökosystem. Dann folgen Spezialdefinitionen, die begriffliche Differenzierungen darstellen, und zwar Geoökosystem/Bioökosystem – Landschaftsökosystem – Umweltsystem. Die Systemelemente im Modell des Geoökosystems sind die kleinsten Bestandteile, die normalerweise in der Geoökologie modelliert werden. Sie werden in der Forschung nicht mit den Landschaftsfaktoren (Klima, Wasser, Boden, Pflanzen etc.) gleichgesetzt, auch wenn das auf den unteren Schulstufen aus didaktischen Gründen notwendig und richtig ist.

Geoökofaktoren sind Bestandteile des Geoökosystems, die im allgemeinen Sprachgebrauch auch als Landschafts-, Landschaftshaushalts-, Natur- oder Umweltfaktoren bezeichnet werden. Man gliedert sie in biotische (Mensch, Tier, Pflanze) und abiotische (Gestein und sonstiger oberflächennaher Untergrund, von im Maximum einigen Metern Mächtigkeit, in dem sich die ökologisch bedeutsamen Prozesse der Verwitterung sowie der Boden-, Reliefformen- und Sedimentbildung abspielen, Georelief, Boden, Klima, Wasser). Im Modell des Geoökosystems treten die Bestandteile als Speicher, Regler oder Prozesse auf (Kap. 2.2). In der Landschaftsökologie wird für die Geoökofaktoren auch der Begriff „Partialkomplex" gebraucht. Er stellt eine andere, differenziertere Modellierungsstufe dar. Er weist auf den komplexen Charakter des einzelnen Geoökofaktors, z. B. des Bodens oder des Klimas, als Teil- oder eben Subsystem im Geoökosystem hin.

Ein *Subsystem* stellt in einem System eine größere, d. h. komplexere Funktionseinheit dar, die aus forschungspraktischen Gründen für sich allein modelliert wird. Im Modell des Geoökosystems wären das Pedosystem oder das Klimosystem solche Subsysteme. Es schließen sich nun (gegenüber *Leser* 1991 a, b) vereinfachte Subsystemdefinitionen für die Geoökofaktoren Georelief, Boden, Wasser und Klima und die biotischen Faktoren Pflanze und Tier an:

Morphosystem: Die Funktionseinheit der im Morphotop zusammenwirkenden ökologischen und geomorphogenetischen Prozesse, die am oberflächennahen Untergrund ablaufen, die von den Merkmalen des Georeliefs (z. B. der Hangneigungsstärke) gesteuert werden und die zur Herausbildung der Formen eines räumlich abgrenzbaren Morphotops führen.

Pedosystem: Die Funktionseinheit der im Pedotop zusammenwirkenden ökologischen und pedogenetischen Prozesse, die von den physikalischen und chemischen Eigenschaften und Merkmalen des Substrats gesteuert werden und die zur Herausbildung der für den räumlich abgrenzbaren Pedotop typischen Bodenform (Böden mit gleichem Bodentyp und gleichem Ausgangsmaterial) führen.

Hydrosystem: Die Funktionseinheit der im Hydrotop zusammenwirkenden hydrologischen Prozesse, die von oberflächennahem Untergrund, geomorphographischen Merkmalen sowie Dichte und Struktur der Phytomasse geregelt werden und die zur Herausbildung eines räumlich strukturierten Wasserhaushaltes führen.

Klimosystem: Die Funktionseinheit der im Klimatop zusammenwirkenden klimatischen Prozesse, die vom klimatischen In- und Output, von geomorphographischen Merkmalen, von physikalischen Merkmalen des oberflächennahen Untergrundes sowie der Bodenbedeckungsart geregelt werden und die zur Herausbildung eines räumlich strukturierten Klimahaushaltes führen.

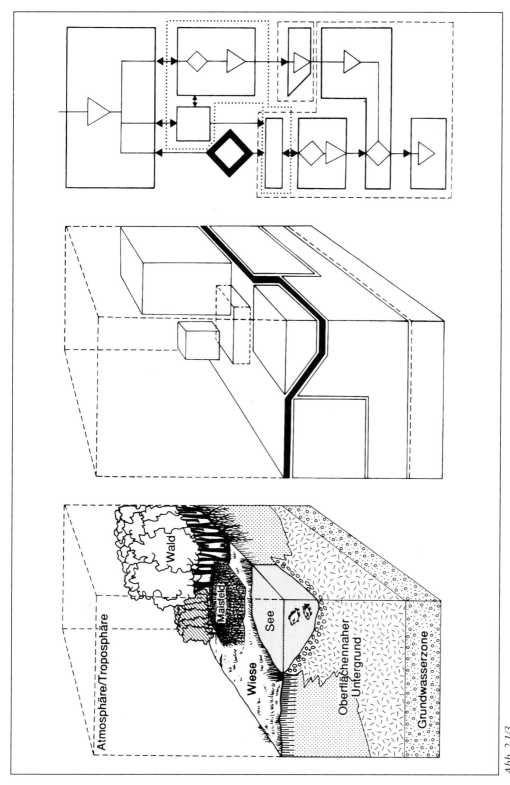

Abb. 2.1/3
Modell eines „allgemeinen" Ökosystems bzw. Geoökosystems: Von der kompartimentierten Realität zum Regelkreismodell des Geoökosystems
(Entwurf: *H. Leser*)

Phytozönose: Eine Gemeinschaft von in der Regel höheren Pflanzen, die einen Phytotop bildet und die man als eine Lebenseinheit höherer Ordnung begreift. Sie hängt wesentlich vom abiotischen Potential des Geosystems ab und muß die gleiche potentiell natürliche Vegetation aufweisen, die durch einen Gesellschaftskomplex von Ersatzgesellschaften der aktuellen Vegetation beschrieben wird.

Zoozönose: Eine Gemeinschaft von in der Regel höheren Tieren, die einen Zootop bildet, innerhalb dessen sie durch Nahrungsketten verflochten ist. Gewöhnlich ist die Zoozönose Bestandteil der Biozönose im Sinne des Biosystems.

Diese Subsysteme ordnen sich in die ökologische Systemhierarchie ein: Sie bilden zusammen das *Ökosystem* (Abb. 2.1/3), das – je nach Verwendungszweck – spezifische Definitionen erfahren kann. Die Basisdefinition lautet: Eine sich aus abiotischen und biotischen Faktoren des Ökotops zusammensetzende Funktionseinheit der realen Umwelt, die – als Ausschnitt aus der Geobiosphäre – ein sich selbst regulierendes Wirkungsgefüge darstellt, dessen stets offenes stoffliches und energetisches System sich in einem dynamischen Gleichgewicht befindet. Diese sehr allgemeine Definition wird in der Praxis von den verschiedenen Verwendern anders gewichtet, ohne daß jedoch ihre hauptsächlichen Inhalte verloren gehen. Hauptverwender solcher Spezialdefinitionen sind die verschiedenen Geo- und Biowissenschaften, ihnen zugewandte Praxisbereiche (z. B. Raumordnung, Landespflege), Fachbereiche der Landschaftsökologie und des Umweltschutzes. Geographie mit Geoökologie und Landschaftsökologie arbeiten mit dem Begriff „Geoökosystem" (Abb. 2.1/4), Biologie, Biogeographie und Bioökologie mit dem Begriff des „Bioökosystems" (Abb. 2.1/5):

Dabei versteht man unter einem *Geoökosystem* die Funktionseinheit eines real vorhandenen Ausschnittes aus der Geobiosphäre, die ein selbstregulierendes Wirkungsgefüge abiotischer und darauf eingestellter biotischer Faktoren bildet, das als ein stets offenes stoffliches und energetisches System mit einem dynamischen Gleichgewicht bezeichnet werden kann. Die Betrachtungsweise ist vorwiegend geowissenschaftlich-abiotisch.

Ein *Bioökosystem* ist demgegenüber die Funktionseinheit pflanzlicher und/oder tierischer Lebensgemeinschaften, welche im Bioökotop zusammenwirken, in dem sie als ein selbstregulierendes Wirkungsgefüge auftreten, das als ein stets offenes stoffliches und energetisches System mit einem dynamischen Gleichgewicht bezeichnet werden kann. Dieses wird zu wesentlichen Teilen von den abiotischen Randbedingungen geregelt. Die Betrachtungsweise ist hauptsächlich biologisch.

Da kaum noch ein Ökosystem der Erde keine anthropogenen Einflüsse aufweist, ist bei allen Ökosystemforschungen und – modellierungen direkt oder indirekt der Mensch als „Faktor" enthalten. Durch seine stofflichen, energetischen und mechanischen Wirkungen funktioniert er als Regler. Speziellere Definitionen stellen diesen Sachverhalt der anthropogenen Regelung viel stärker heraus als die allgemeinen Ökosystem-, Geoökosystem- oder Bioökosystemdefinitionen.

Das *Landschaftsökosystem* ist ein Ausschnitt aus der Ökosphäre der Erde, das als hochkomplexes stoffliches und energetisches System naturbürtiger, anthropogen veränderter und anthropogener Faktoren, Regler und Prozesse – die miteinander in direkten und indirekten Beziehungen stehen – realisiert ist; das Landschaftsökosystem weist eine übergeordnete einheitlich gerichtete Systemfunktion und eine übergeordnete Systemstruktur auf, die in verschiedenen Dimensionen betrachtet werden kann; das System befindet sich in einem dynamischen Gleichgewicht, es verfügt über gewisse Amplituden seiner „Verhaltensweisen" und wird in räumlich relevanten Größenordnungen untersucht, die aus forschungs- und anwendungspraktischen Gründen gelegentlich auch unterschritten werden. Das Landschaftsökosystem wird aus Gründen der Methodik und der Fachbereichsinteressen zweckgerichtet abgegrenzt, gleichwohl aber als Ausschnitt der Realität untersucht, bewertet und beplant. Das Landschaftsökosystem ist räumlich manifest; es repräsentiert einen Landschaftsraum, kurz: eine Landschaft.

Dem Begriff Landschaftsökosystem fast entsprechend ist der Begriff *„Umweltsystem"*. Jedoch wird er unschärfer und zugleich vielfältiger verwendet. Sein Inhalt hängt von der jeweiligen Füllung des Begriffes „Umwelt" ab, auf den die betreffende Definition von „Umweltsystem" hinweist. Danach

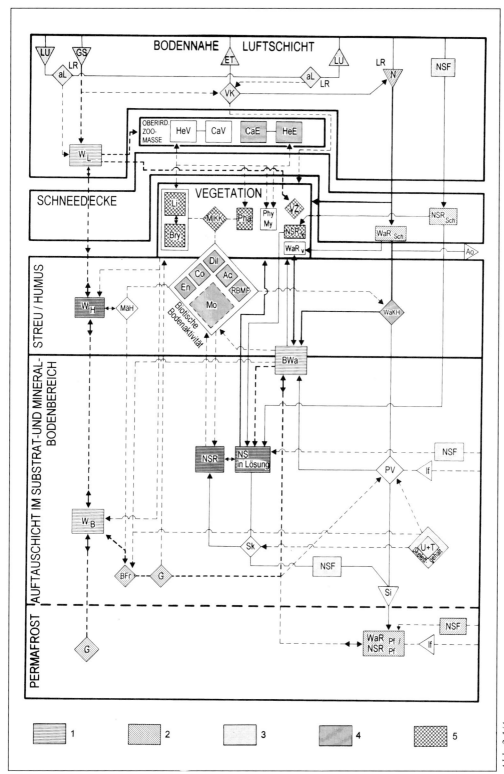

Abb. 2.1/4
Modellbeispiel eines Geoökosystems aus der Polarforschung – Arbeit an den Kompartimenten, aber im Team!
(aus: *H. Leser* et al. 1993c, S. 8)

31

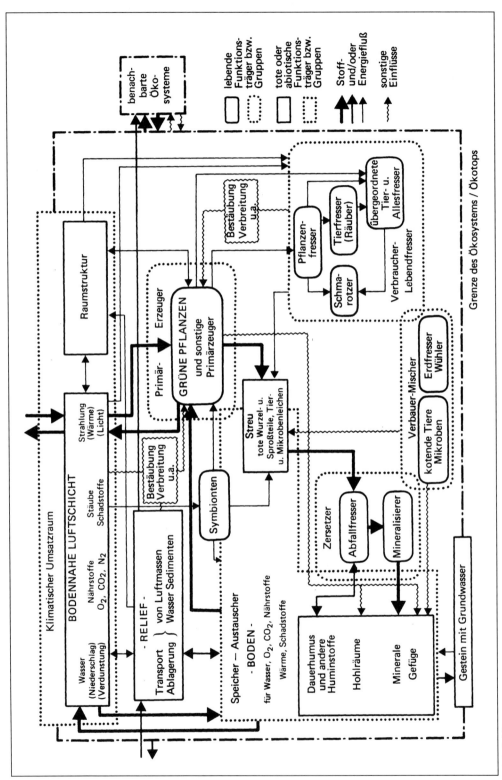

Abb. 2.1/5
Modellbeispiel eines *Bioökosystems*
(nach: *K. F. Schreiber* 1985 aus *H. Leser* 1991a, S. 179)

stellt das Umweltsystem eine Modellidee eines komplexen, quasi allumfassenden Systems dar, das in der Forschung, Planung und Politik unterschiedlich differenziert und kompartimentiert wird und das in enger Beziehung zur jeweils zugrunde gelegten Umweltdefinition steht.

In allen Definitionen für die verschiedenen Systemmodelle wird darauf hingewiesen, daß alle Systeme „im *Raum* vorkommen", daß also die Wirkungen und Faktoren der einzelnen Systeme räumlich manifest sind. Die darauf bezogenen Begriffe der untersten räumlich relevanten Betrachtungsdimension können an der Endsilbe „-top" erkannt werden. Wenn man wieder auf der untersten Ebene der Ökosystembetrachtung beginnt, dann wären dies für die räumlichen Manifestationen der Subsysteme Morphosystem, Pedosystem, Hydrosystem, Klimosystem, Phytozönose und Zoozönose die Begriffe Morphotop, Pedotop, Hydrotop, Klimatop, Phytotop und Zootop. Allgemein gilt der Top in der Geoökologie als nach Inhalt und Funktion homogene räumliche Grundeinheit. Die einzelnen Top-Klassen werden dann wie folgt definiert:

Morphotop: Die für geomorphologische und geoökologische Betrachtungen relevante kleinste, in sich homogene geomorphologische Raumeinheit, die von einheitlich verlaufenden Prozessen des *Morphosystems* bestimmt und durch geomorphographische Merkmale definiert wird, die dem Morphotop eine einheitliche Ausprägungsform verleihen.

Pedotop: Die für pedologische und geoökologische Betrachtungen relevante kleinste bodenräumliche Einheit, die von einheitlich verlaufenden pedogenetischen und ökologischen Prozessen bestimmt wird, die im Pedosystem zusammenwirken, woraus eine einheitliche Bodenform als Homogenitätskriterium des Pedotops resultiert.

Klimatop: Für klima- und geoökologische Betrachtungen relevante kleinste klimaräumliche Einheit, die von einheitlich verlaufenden klimatischen Prozessen des topischen Klimosystems bestimmt ist, so daß dem Klimatop eine einheitliche Ausprägungsform zukommt.

Hydrotop: Die für hydro- und geoökologische Betrachtungen relevante kleinste hydrologische Raumeinheit, die von einheitlich ablaufenden und einheitlich gerichteten Prozessen des Hydrosystems bestimmt ist und die demzufolge ein einheitliches Wasserhaushaltsregime aufweist.

Phytotop: Eine kleine Raumeinheit mit einer in der topischen Dimension als homogen betrachteten Ausstattung mit Pflanzen, also einer Phytozönose.

Zootop: Eine kleine Raumeinheit mit einer in der topischen Dimension als homogen betrachteten Zoozönose, wobei die Zoozönose auf den Phytotop eingestellt sein kann, so daß sich ein Biotop modellieren läßt.

Damit ist auch klargestellt, daß ein Biotop mit seiner Biozönose („Biosystem") eine Raumeinheit darstellt, die funktionsmäßig über Nahrungsketten und andere biologische Beziehungen miteinander vernetzte Tiergemeinschaften und Pflanzengesellschaften enthält. Bei Begriffssauberkeit kann „Biotop" nicht auf nur pflanzlich oder nur tierisch definierte Lebensräume topischer Dimension bezogen werden.

Zwischen dem Biotop- und dem Ökotop-Begriff bestehen bei salopper Anwendung durchaus Übergänge, bei Beachtung der korrekt definierten Basissubsysteme und deren räumlichen Repräsentanten muß jedoch der *Ökotop* umfassender definiert werden. Danach ist der Ökotop die räumliche Manifestation des Ökosystems, das von tendentiell einheitlich verlaufenden stofflichen und energetischen Prozessen bestimmt wird, so daß man in der topischen Dimension den Ökotop nach Inhalt und Struktur als homogen betrachtet und damit als real abgrenzbare Raumeinheit darstellt, die aus geo- und landschaftsökologischer Sicht als die eigentliche naturräumliche Grundeinheit betrachtet werden muß. Entsprechend diesem Muster gilt auch für Geoöko-, Bioöko- und Landschaftsökosystem, daß für sie – gemäß der Wirkung und der Reichweite ihrer Systemfunktionen – räumliche Repräsentanten modelliert werden können. Das wären die Begriffe Geoökotop, Bioökotop und „Landschaftsökotop"; letzterer wird im allgemeinen Sprachgebrauch mit „Landschaft" umschrieben.

Noch allgemeiner kann man die reale ökologische Gesamterscheinung, in der wir und mit der wir leben, als „Umwelt" – als eine Um-Welt, eine Welt um uns herum – bezeichnen. Im Hinblick auf deren zentrale theoretische, methodische und praktische Bedeutung ist eine Auseinandersetzung damit jedoch noch erforderlich. Dies geschieht zweckmäßigerweise durch Gegenüberstellungen verschiedener Umweltdefinitionen. Deren Vielfalt macht dann auch deutlich, weshalb im Öko-Bereich, in der Öffentlichkeit, aber auch in Wissenschaften, Politik und Planung so viele Mißverständnisse über Ökologie und Umwelt herrschen. Auf diese Problematik wurde schon in den Kapiteln 1 mit 1.1 bis 1.3 eingegangen.

Folgende Umweltdefinitionen sind möglich (nach *Leser* et al. 1993a und b, leicht verändert):
Umwelt ist die allgemeine Bezeichnung für die Lebensumwelt von Organismen und charakterisiert damit jenen Bereich, in dem sich das Leben von Mensch, Tier und Pflanze abspielt.

Diese Definition kann man biologisch zentrieren:
Die Umwelt ist die gesamte Umgebung eines Organismus oder einer Organismengruppe, die von einem Wirkungsgefüge abiotischer, biotischer und anthropogener Faktoren ausgemacht wird, zu denen der Organismus (die Organismen) in direkten oder indirekten Wechselbeziehungen steht (stehen), deren Qualität für die Existenz und das Wohlbefinden des/der Lebewesen(s) entscheidend ist.

Weiterhin kann die Umwelt selber zum Mittelpunkt der Definition gemacht werden:
Die Umwelt ist das Milieu, in dem sich Lebewesen aufhalten und zu dem sie in vielfältigen Wechselwirkungen stehen oder auf die sie einseitig intensiv einwirken können, so daß es zu unerwarteten Reaktionen im Umweltsystem kommt.

Von diesen drei Umwelt-Basisdefinitionen ausgehend wird Umwelt in den verschiedensten Wissenschafts- und Praxisbereichen ganz unterschiedlich definiert. Es handelt sich um Spezialdefinitionen, die für ihren jeweiligen Bereich Gültigkeit besitzen, in anderen Bereichen aber nur bedingt oder gar nicht akzeptiert werden können. Die Begriffsverwender sagen dies nur selten oder nie (manchmal sind sie sich der eingeengten Begriffsbedeutung auch gar nicht bewußt), so daß daraus die in Kapitel 1 und 2 mehrfach angesprochene Begriffsverwirrung resultiert.
– In der Biologie und Bioökologie reduziert man den Begriff Umwelt z. T. auf eine „Minimalumwelt", welche nur den Komplex der unbedingt notwendigen Ökofaktoren in der unmittelbaren Umgebung eines Organismus umfaßt, so daß dieser lediglich überleben und sich vermehren kann.
– In verschiedenen Geo- und Biowissenschaften, vor allem solchen, die mit Raumbezug arbeiten und einen in der Landschaftsökologie bzw. Geoökologie verankerten Ansatz verfolgen, wird unter Umwelt das Bioökosystem, das Geoökosystem und/oder das Landschaftsökosystem verstanden. Die begrifflichen Unterschiede beruhen in dem Betrachtungsmodell, dem die jeweilige Wissenschaft nacharbeitet.
– In der Geographie sowie in Angewandter Geographie, Angewandter Ökologie und Angewandter Landschaftsökologie wird die Umwelt komplex, aber unter verschiedenen Schwerpunkten betrachtet. Man unterscheidet dann eine natürliche bzw. physische, eine soziale oder kulturelle und eine technische Umwelt.
– Dabei repräsentiert die natürliche Umwelt die Gesamtheit der abiotischen und biotischen Ökofaktoren bzw. Landschaftshaushaltsfaktoren, wie sie im Ökosystem bzw. Landschaftsökosystem modelliert werden.
– Die soziale Umwelt umfaßt die gesellschaftlichen, politischen und wirtschaftlichen Rahmenbedingungen des menschlichen Lebens, wobei diese Betrachtung die natürlichen bzw. naturbürtigen Grundlagen des Lebens oft gänzlich unberücksichtigt läßt.
– Die technische Umwelt stellt die technogenen und technisch-infrastrukturellen Rahmenbedingungen des menschlichen Lebens dar, die direkte oder indirekte Auswirkungen auf die Umwelt und somit ihre Qualität („Lebensqualität") haben und die somit den Zustand der Ökosysteme bzw. Landschaftsökosysteme in der Umwelt anthropogen verändern.
Bei vielen Umwelt-Definitionen wird kaum oder gar nicht auf die Raumgrößenordnungen Bezug genommen. Auch dies belegt die großen Definitionsfreiräume, in welche die Umwelt-Begriffe einge-

bettet sind. Anders hingegen die geo- und bioökologischen Begriffsklärungen, die alle auf die Raumgrößenordnung, innerhalb derer das jeweilige System funktioniert, Bezug nehmen. Die „Theorie der geographischen Dimensionen", die vor allem von *Neef* (1967) diskutiert wurde, bildet in der Geoökologie eine wichtige Grundlage bei der Ausscheidung von ökologischen Grundeinheiten und für deren hierarchische Ordnung.

Der Begriff „geographische Dimensionen" bedarf einer Erläuterung:

– „Geographisch" bedeutet „räumlich", im Sinne von lagerelational, und bezieht sich demzufolge auf den ökologischen Ansatz der Geographie bzw. der Geoökologie.

– „Dimension" bedeutet „Maßstabsbereich", für den eine homogene inhaltliche Aussage möglich ist, in dem eine gleiche methodische Behandlung erfolgt und für den gleiche methodische Ziele angestrebt werden.

Die als kleinste, in sich homogene Bausteine der Landschaft definierten geoökologischen Grundeinheiten werden der topischen Dimension zugeordnet. Für diese werden auch die Topen der einzelnen Geoökofaktoren ausgewiesen, also Morphotop, Pedotop, Klimatop, Hydrotop, Phytotop und Zootop. Die *topische Dimension* ist also jene geographische Betrachtungsdimension, in der geoökologische Grundeinheiten ausgeschieden werden, die einen homogenen Inhalt aufweisen, also gleiche Arealstruktur und gleiches Wirkungsgefüge, d. h. einen einheitlichen stofflichen und energetischen Haushalt, der den biotischen Kompartimenten mehr oder weniger einheitliche („homogene") Umweltbedingungen bietet.

Während die Tope sich in der Größenordnung von einigen 10 Quadratmetern bis zu etwa einem Hektar bewegen, sind die Choren von wesentlich größerer Ausdehnung. Bei ihnen handelt es sich um Kleineinzugsgebiete, Einzelberge, Höhenzüge, größere Täler, während die Tope durch Quellmulden, Hangstücke, kleine Flußterrassen, Senken in der Talsohle etc. repräsentiert werden.

Mehrere Tope bilden eine Chore, die demzufolge eine heterogene Struktur – jedenfalls gegenüber einer geoökologischen Grundeinheit – aufweist. Dies entspricht wiederum dem Prinzip der Systemhierarchie. Die *chorische Dimension* betrachtet mithin Ökotopgefüge, die sich aus homogenen topischen Raumeinheiten zusammensetzen. Auf der chorischen Betrachtungsebene ist das Areal gegenüber den Topen zwar heterogen, gegenüber größeren räumlichen Einheiten jedoch wird es als homogen definiert. Das Areal der Chore verfügt über eine einheitliche Struktur, die mit Hilfe des Musters der in der Chore enthaltenen geoökologischen Grundeinheiten bestimmt wird.

Die „Theorie der geographischen Dimensionen" umfaßt noch die regionische und die geosphärische Dimension.

In der *regionischen Dimension* werden Raumtypen beschrieben, die mit Makrorelief-, Makroklima- und Vegetationsmerkmalen geoökologische Großräume festlegen.

Die *geosphärische Dimension* bezieht sich auf die Landschaftszonen, die Kontinente und die Gesamterde, besitzt also globale Reichweite. Großräumige Merkmale und Funktionszusammenhänge dienen der Ausweisung bzw. Charakterisierung, z. B. Vegetations- und Klimazonenmerkmale oder Windsysteme bzw. gesamtirdischer Strahlungshaushalt oder globale Struktur der Atmosphärischen Zirkulation.

Fazit:

Das Kapitel „Definitionen" legt eine Begriffshierarchie zugrunde und definiert die Begriffe in Gruppen, um ein Denk-, Ableite- und Orientierungsmuster zu schaffen. Nach den allgemeinen Begriffen der Systemlehre werden bei den Öko-Begriffen zunächst jene definiert, die sich auf die Ökosystemfunktion beziehen („-system"), danach jene, die den Raumcharakter ausdrücken („-top"). Der Stellenwert der Begriffe wird erläutert und – vor allem beim Begriff „Umwelt" – auf alternative Definitionen hingewiesen. Diese gründen sich auf die fachspezifischen Interessen an der Umwelt und sind nicht immer aufeinander abgestimmt. Daraus resultieren Mißverständnisse in der Öffentlichkeit, die durch einen begrifflich korrekten Geographieunterricht allmählich abgebaut werden können. Der Geographie, als Raum- und Strukturwissenschaft, kommt – vor allem in Gestalt ihrer Geoökologie – eine wichtige Mittlerrolle zwischen den verschiedenen Umweltdisziplinen sowie geo- und biowissenschaftlichen Fachbereichen zu.

2.2 Das Modell des Geoökosystems und die Realität

2.2.1 Modell und Modellierungsproblematik (*Jürg Hosang*)

2.2.1.1 Modellierung von Umweltsystemen

Ein Modell ist eine abstrakte Abbildung der Realität. Das Ziel eines Modells besteht darin, bestimmte Aspekte der Wirklichkeit aufzuzeigen. Daraus ergibt sich, daß ein Modell immer ein reduziertes Konstrukt ist, das mit seinem Vorbild gewisse Gemeinsamkeiten aufweist, sich in anderen Belangen aber davon unterscheidet.

Um zu einem geoökologischen Modellbegriff zu kommen, muß auf die in Teil 1 gelieferten Grundlagen zurückgegriffen werden. Demnach sind Geoökosysteme Landschaftsausschnitte, und als solche

Abb. 2.2.1/1
Längen- und Zeitskalen von Prozessen, welche die Geowissenschaften untersuchen
(Entwurf: *J. Hosang*)

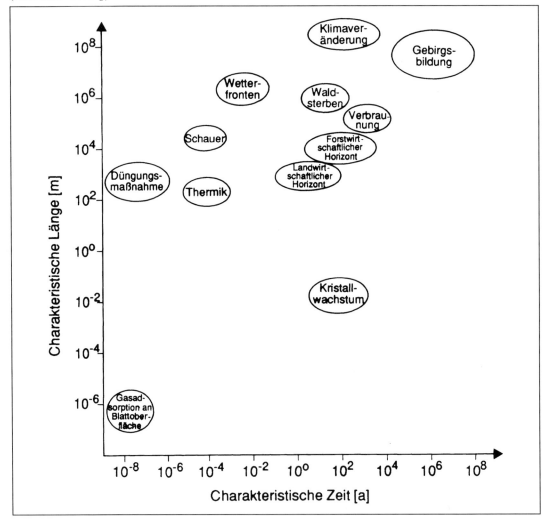

dreidimensionale stofflich-energetische Wirkungsgefüge. Ein Geoökosystemmodell muß die in einer Landschaft vertretenen vielfältigen Strukturen und Prozesse, sofern sie für den Zweck des Modells relevant sind, angemessen beschreiben. Die Wahl eines bestimmten Modells legt nicht nur fest, welche Phänomene in diese Beschreibung eingehen, sondern auch, auf welchen Längen- und Zeitskalen sie erfolgt (*Leser*, 1991 a).

Die Umwelt wird bestimmt durch das Zusammenwirken von biotischen, abiotischen und anthropogenen Faktoren. Folgende Aspekte können als entscheidende Merkmale von Umweltsystemen festgehalten werden:

(a) Umweltsysteme unterliegen einer zeitlichen Dynamik und

(b) sind räumlich heterogen.

(c) Jedes Umweltphänomen verfügt über eine charakteristische Skala in Raum und Zeit (vgl. Abbildung 2.2.1/1).

(d) Umweltsysteme sind komplex: sie bestehen aus einer sehr grossen Zahl von Komponenten, die miteinander wechselwirken und

(e) Selbstorganisationsphänomene zeigen.

Aus den genannten Merkmalen ergibt sich für die Analyse und Modellierung von Umweltsystemen eine Reihe von Schwierigkeiten. Die unter (d) und (e) angesprochenen Probleme stellen sich – wenn auch auf einer anderen Ebene – auch in den Basis-Naturwissenschaften, z. B. in der Physik: die Teilchenzahl in Gasen oder Flüssigkeiten ist viel zu groß, für eine explizite Beschreibung der einzelnen Teilchen. Das Problem wird durch die Einführung sogenannter makroskopischer Variablen umgangen. Eine solche makroskopische Variable ist der Druck. Er ist definiert als Produkt aus der Anzahl Partikel in einem Gasvolumen, ihrer Maße, ihrer mittleren Geschwindigkeit und einer Proportionalitätskonstante. Der Übergang von den Variablen der Partikel zu den Variablen größerer Gasvolumen entspricht dem Übergang von der klassischen zur statistischen Mechanik. Auch Selbstorganisationsphänomene wie etwa Konvektionsbewegungen werden im allgemeinen nicht detailliert beschrieben, sondern lediglich aufgrund ihrer Wirkung (z. B. der Geschwindigkeit mit der Temperatur- oder Konzentrationsausgleich stattfindet).

Vereinfachungen ähnlicher Art sind in der Bodenphysik notwendig, um z. B. die Wasserleitfähigkeit eines Bodens zu charakterisieren. Die Geometrie des Porenraums im Boden wird als zu kompliziert angesehen, um detailliert beschrieben werden zu können, und man benutzt als makroskopische Variable die hydraulische Leitfähigkeit. Diese Größe wird typischerweise an Volumen von einigen $100 \, cm^3$ gemessen. In der Populationsbiologie wird – auch dies entspricht dem Übergang von „mikroskopischer" zu „makroskopischer" Betrachtung – nicht das Verhalten von Individuen, sondern von ganzen Populationen studiert.

Diese Bemerkungen könnten den Eindruck erwecken, das Komplexitätsproblem stelle sich gar nicht, wenn nur immer die richtigen „makroskopischen Variablen" benutzt werden. Die Schwierigkeit liegt aber darin, daß diese im Fall von Umweltsystemen vielfach nie theoretisch definiert wurden und daß auch die Meßgeräte zu ihrer Charakterisierung fehlen. Konkreter Ausdruck dieser Schwierigkeit ist, daß Umweltphänomene oft mit Ansätzen beschrieben werden, deren Gültigkeit nur unter Laborbedingungen, d. h. an Systemen viel kleinerer Ausmaße als denen einer Landschaft, getestet wurden. Das Verhalten der Landschaft wird dann durch lineare Kopplung der lokalen Modelle beschrieben, was nur im Fall relativ einfacher Umweltphänomene befriedigend gelingt.

Zeitliche Dynamik (a) und Systemeigenschaften, die vom Ort abhängig (b) sind, sind typische Gegebenheiten in den Naturwissenschaften. Man benutzt normalerweise partielle Differentialgleichungen, um solche Probleme zu formulieren. In diesen werden die Veränderungsraten der gesuchten Größen – z. B. als Funktion von Gradienten im Raum – formuliert. Bei bekannten Anfangs- und Randbedingungen kann dann die gesuchte Variable als Funktion von Raum und Zeit als Lösung der Differentialgleichung gefunden werden. Damit Differentialgleichungen als Modelle der Wirklichkeit praktisch brauchbar sind, müssen

- die Anfangszustände des Systems (Anfangsbedingungen),
- das Verhalten der gesuchten Größen an den Rändern des Systems (Randbedingungen) und
- die Parameter des Systems, d. h. die charakteristischen (physikalischen, chemischen oder biologischen) Regelgrößen des Systems

bekannt sein.

Während dies unter kontrollierten Bedingungen oft keine Probleme bietet, sind die genannten Erfordernisse unter Freilandbedingungen keineswegs immer erfüllt. So kann auch mit größtem Aufwand keine vollständige Information über das Verhalten von Umweltvariablen und -parametern in größeren Raumausschnitten erhoben werden. Daraus ergibt sich, daß die Anfangs- und Randbedingungen bestenfalls an diskreten Punkten, aber niemals kontinuierlich bekannt sind. Dasselbe gilt auch für die Systemparameter. Von den Stützstellen, wo diese Größen bekannt sind, muß also interpoliert werden, um zu vollständiger Information zu kommen.

Wie stark nun solche Lücken bei den Anfangs- und Randbedingungen und bei den Systemparametern die Möglichkeiten der Modellierung einschränken, wird von
- der geforderten Aussagegenauigkeit des Modells und
- der Sensitivität des Modells bezüglich der lückenhaften Größe abhängen.

Überdies bestehen beträchtliche Unterschiede bei der Interpolierbarkeit verschiedener Größen. Während etwa der Grundwasserstand meist relativ genau über ein begrenztes Gebiet zu interpolieren ist, ergeben sich z. B. bei den Durchlässigkeitseigenschaften von Böden und Gesteinen meist große Probleme.

Eine weitere typische Eigenschaft von Umweltsystemen liegt darin, daß man in einem Raum-Zeit-Ausschnitt immer ein sehr breites Spektrum von Skalen repräsentiert findet. Die Analyse eines Prozesses erfolgt in der Naturwissenschaft üblicherweise durch experimentelle Nachbildung unter mehr oder weniger kontrollierten Bedingungen. Solche Beobachtungen finden auf einer typischen Skala statt, d. h. Phänomene, die verglichen mit dieser Skala zu hohe oder zu niedrige Frequenzen aufweisen, fallen aus der Betrachtung – das Skalenspektrum wird durch die Messungen gefiltert. Bei der Untersuchung bleiben also generell Einflüsse, die außerhalb der Beobachtungsskala liegen, unberücksichtigt.

Anhand zweier sehr unterschiedlicher Beispiele werden nun einige Charakteristika der Modellierung von Umweltsystemen gezeigt.

a) Hydrologische Einzugsgebiete

Im folgenden werden verschiedene Ansätze gezeigt, mit denen der Gerinneabfluß aus einem Einzugsgebiet beschrieben werden kann. Dabei werden, von sehr einfachen Modellen ausgehend, zunehmend kompliziertere Modelltypen besprochen. Die einfachste Möglichkeit der Abflußbeschreibung besteht darin, auf eine explizite Beschreibung der Prozesse im Einzugsgebiet zu verzichten und nur den Input (Niederschlag) und den Output (Abfluß) das Systems zu analysieren. Jeder Input erzeugt eine charakteristische Systemantwort. Sie ergibt sich aus der Transformation (Abflußbildung) des Inputs im Einzugsgebiet.

Beschreibungen dieser Transformationseigenschaft des Einzugsgebietes werden Transferfunktions- oder Impulsantwortmodelle genannt. Sie sind geeignet, um lineare Systeme zu beschreiben. In einem linearen System werden Eingangssignale mit Amplituden, die gegenüber einem Standardsignal verändert sind, in Ausgangssignale transformiert, die um denselben Faktor modifiziert sind. Außerdem werden aus einander überlagerten Eingangssignalen überlagerte Ausgangssignale erzeugt. Lineare Systeme sind in den verschiedensten Bereichen von Naturwissenschaft und Technik verbreitet. Transferfunktionsansätze werden z. B. in der Elektrotechnik zur Beschreibung elektronischer Schaltkreise, in der chemischen Verfahrenstechnik zur Analyse von Misch- und Reaktionssystemen und in der Wissenschaft beim Studium verschiedenster Ausbreitungsvorgänge eingesetzt.

Für Systeme von der Art hydrologischer Einzugsgebiete ist die Linearitätsannahme natürlich eine grobe Vereinfachung. Der Prozeß der Abflußbildung ist so komplex, daß er bei Überschreiten kritischer Schwellenwerte von Systemvariablen oder -parametern eine neue Qualität annehmen kann. Dies kann sich in der Aktivierung von normalerweise unbenutzten Fließpfaden äußern. Oberflächenabfluß und schnelle Infiltration im Boden werden z. B. bei Überschreiten kritischer Niederschlagsintensitäten ausgelöst. Die Tragweite dieser Probleme wird daran deutlich, daß für die Prognose von Spitzenhochwassern – etwa zur Planung gewässerbaulicher Maßnahmen – oft auf Transferfunktionen zurückgegriffen wird, die bei mittleren oder hohen, aber nicht bei katastrophalen Hochwassern bestimmt wurden. Das geht darauf zurück, daß solche Extremereignisse in normalen Beobachtungsreihen nicht oder nur unterrepräsentiert sind. Die Konsequenzen sind offensichtlich: Die Linearitätsannahme wird verletzt, weil eben bei Katastrophenereignissen exzessiver Oberflächenabfluß oder schnelle Infiltration auftreten können. Die Prognose wird dann in der Regel den Spitzenabfluß unterschätzen und/oder sein Eintreten für einen zu späten Zeitpunkt vorhersagen.

Abbildung 2.2.1/2 zeigt die prinzipiellen Schritte, die bei der Entwicklung eines Transferfunktions-Abfluß-Modells zu leisten sind. Als Datengrundlage sind Niederschlags- und Abflußmessungen nötig. Die Systemantwort als Reaktion auf einen Standardinput von z. B. 1 cm Niederschlag wird durch eine zeitabhängige Funktion nachgebildet, die von einem oder mehreren Parametern abhängt. Diese Wahl einer parametrischen Funktion zur Beschreibung der Realität wird als Parametrisierung bezeichnet. Die Parameter des Modells (in der Abbildung als a und b bezeichnet) bestimmen die Form der Funktion (a beispielsweise die Verzögerung des Abflußmaximums gegenüber dem auslösenden Niederschlag und b die Breite der Abflußwelle). Aufgabe der Eichung oder Modellkalibrierung ist nun die optimale Wahl der Systemparameter. Weil die Parameter keine physikalische Bedeutung haben und damit auch nicht direkt meßbar sind, müssen sie aus Abflußdaten geschätzt werden. Die Parameter werden als optimal angesehen, wenn die Unterschiede zwischen Daten und Modell minimal werden. Ein so geeichtes Modell kann für Vorhersagezwecke eingesetzt werden, indem das zu beschreibende Niederschlagsereignis als Überlagerung von verstärkten oder abgeschwächten Standardinputs aufgefaßt und dementsprechend eine zusammengesetzte Systemantwort bestimmt wird.

Der Vorteil von solch einfachen Modellen besteht in ihren geringen Datenanforderungen. Abflußprognosen sind selbst dann möglich, wenn nie spezifische Daten erhoben wurden und lediglich die im Rahmen wasserwirtschaftlicher Routineprogramme gemessenen Größen Niederschlag und Abfluß vorliegen. Außerdem sind Transferfunktionsmodelle mathematisch relativ einfach zu formulieren.

Abb. 2.2.1/2
Schritte bei der Erstellung eines Niederschlags-Abfluß-Modells
(Entwurf: *J. Hosang*)

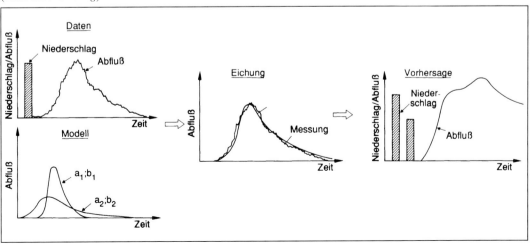

Das oben angesprochene Problem, das Verhalten nichtlinearer Systeme zu beschreiben, ist grundsätzlich nur über eine explizite Beschreibung der abflußbildenden Prozesse zu lösen. Eine solche, am Einzelprozeß orientierte Vorgehensweise hat darüber hinaus den Vorteil, daß abflußwirksame Veränderungen im Einzugsgebiet, wie z. B. großflächige Entwaldungen, in ihren Konsequenzen wenigstens grob prognostizierbar sind, weil die Vegetationswirkungen (Interception und Verdunstung) im Modell explizit beschrieben werden. In solchen Modellen werden die Teilglieder des Wasserhaushaltes (Interception, Bestandsniederschlag, Infiltration, Verdunstung und laterale Fließprozesse im gesättigten und ungesättigten Bereich des Untergrundes) ganz oder teilweise mit empirischen oder physikalisch begründeten Ansätzen modelliert. Der Gerinneabfluß – als Resultierende – ist dann nur noch eine unter vielen modellierten Größen des Wasserhaushaltes. Auch physikalisch begründete Modelle enthalten immer gewisse empirische Teile – sei es, weil das naturwissenschaftliche Verständnis für eine detaillierte Prozeßbeschreibung fehlt oder weil die benötigten Parameter räumlich und zeitlich nicht hoch genug aufgelöst bekannt sind.

Ein Beispiel für ein sehr weit entwickeltes physikalisch begründetes Einzugsgebietsmodell ist SHE (Système Hydrologique Européen). Die modellierten Teilprozesse und die Gliederung des Einzugsgebietes in diskrete Teilflächen und -volumen zeigt Abbildung 2.2.1/3. Der an sich bestechende Gedanke, den Abflußprozeß analytisch zu beschreiben, entpuppt sich bei näherem Hinschauen aber auch auf diesem Weg als unerreichbar. Ein ideales physikalisch begründetes Modell würde ausschließlich auf direkt meßbaren Parametern beruhen und könnte daher prinzipiell ohne Messung der Zielgrößen, allein durch Messung der Parameter, kalibriert werden. Alle Arbeiten mit SHE zei-

Abb. 2.2.1/3
Grundstruktur des hydroökologischen SHE-Modells
(verändert nach: *K. J. Beven* et al. 1980, S. 409)

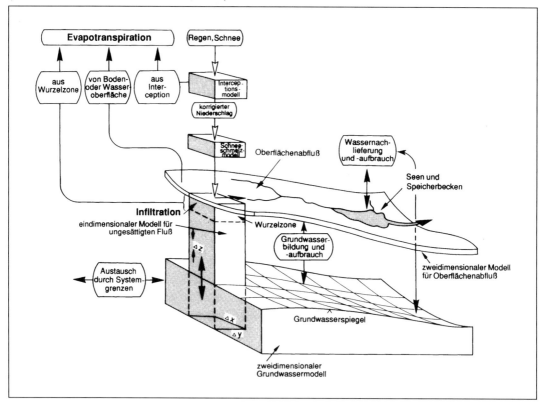

gen aber, daß sich der Vorteil physikalisch begründeter Parameter oft stark relativiert, weil sich auf Anhieb, d. h. allein mit gemessenen Parametern, oft völlig falsche Nachbildungen der Realität ergeben. Die Arbeit besteht dann darin, die gemessenen Parameter so zu verändern, daß die Kluft zwischen modellierten und gemessenen Daten verkleinert wird. Erst wenn dies in zufriedenstellender Weise geglückt ist, kann das Modell für die Vorhersage eingesetzt werden. Das führt zur grotesken Situation, daß bei Simulationen mit physikalisch begründeten Modellen oft Parameter eingesetzt werden, die mit den ursprünglich gemessenen Werten nur noch wenig gemeinsam haben. Damit sind also – wie bei rein empirischen Modellen oft auch hier lange Meßreihen zur Modelleichung erforderlich. Letztlich bedeutet dies natürlich, daß der Modellansatz Schwächen hat. Sie können – wie oben bereits angeführt – in einem fehlenden Prozeßverständnis liegen, z. B. bei der schnellen Infiltration, oder die an sich bekannte Komplexität eines Prozesses wird aus technischen oder Aufwandsgründen reduziert. So gibt es bis heute keine Einzugsgebietsmodelle, die die gesättigte und ungesättigte Wasserbewegung im Untergrund dreidimensional vollständig beschreiben. Zwei Gründe sind dafür verantwortlich: der Rechenaufwand ist zu groß, als daß für größere Gebiete die riesigen Gleichungssysteme noch exakt genug lösbar wären und der Aufwand für die Erhebung ausreichender Informationen z. B. über die Wasserleitfähigkeit, die im dreidimensionalen Fall als richtungsabhängige Größe mit sechs voneinander unabhängigen Komponenten auftritt (Tensor zweiter Stufe), ist undenkbar hoch. Die Frage, wie komplex ein Modell sein soll, um noch effektiv zu sein, wird z. B. von *Kirkby* et al. (1987) diskutiert. Wird eine gute Abflußprognose als Qualitätskriterium zugrundegelegt, so schneiden komplizierte, d. h. hoch parametrisierte Modelle schlecht und sehr einfache Modelle gut ab. Wird hingegen der Erkenntniswert des Modells ebenfalls berücksichtigt – also die typische Situation in der Wissenschaft, so ist es eher umgekehrt. Das Ziel des Modelleinsatzes diktiert also sehr maßgebend die Komplexität des Ansatzes, und die meisten Fragen der Modellqualität sind nur vor diesem Hintergrund zu diskutieren.

b) *Populationsdynamik*

Die Entwicklung einer Population von Organismen – dies können Pflanzen oder Tiere aller Art sein, kann mit sehr unterschiedlich komplexen Ansätzen beschrieben werden. Die einfachste Möglichkeit besteht darin, die Individuenzahl mit konstanter Wachstumsrate (Differenz zwischen Geburts- und Sterberate) zunehmen zu lassen. Der Zuwachs der Population pro Zeiteinheit ist dann immer das Produkt von augenblicklicher Individuenzahl und Wachstumsrate. Ein solches Wachstum kann durch eine einfache Differentialgleichung beschrieben werden. Ihre Lösung kann man explizit angeben: Sie ist eine Exponentialfunktion, weshalb ein solcher Wachstumsprozeß auch als exponentielles Wachstum bezeichnet wird.

Wie realistisch ist ein solch einfaches Modell der Populationsentwicklung? Gewisse Situationen lassen sich damit offensichtlich angemessen beschreiben. So zeigt sich, daß exponentielles Wachstum, etwa die Entwicklung der Erdbevölkerung über längere Zeiträume, die Anfangsstadien der Vermehrung von Organismen in neubesiedelten Gebieten oder Mikroorganismenwachstum unter Laborbedingungen gut charakterisiert werden. Die Situation ungehemmten Wachstums ist allerdings höchstens in Phasen anzutreffen, in denen die Tragfähigkeit des Lebensraumes (hinsichtlich Platz, Nahrung, Licht, Wasser u. a.) deutlich unterschritten ist. Früher oder später wird dies nicht mehr gegeben sein. Die innerspezifische Konkurrenz nimmt dann zu, und die Wachstumsraten demzufolge ab. Ein solches ressourcenbegrenztes Wachstum, bei dem neben der Wachstumsrate auch die Kapazität des Lebensraums als Systemparameter eingeht, wird logistisches Wachstum genannt. Es wird durch eine um einen Term erweiterte Differentialgleichung beschrieben, die aber ebenfalls noch einfach analytisch lösbar ist. Weitere Komplikationen ergeben sich aus der Alters- und Geschlechtsstruktur der Population. Ihnen wird dadurch Rechnung getragen, daß die Population in verschiedene Alters- oder Geschlechtsklassen, mit jeweils unterschiedlichen Geburten- und Sterberaten, aufgeteilt wird.

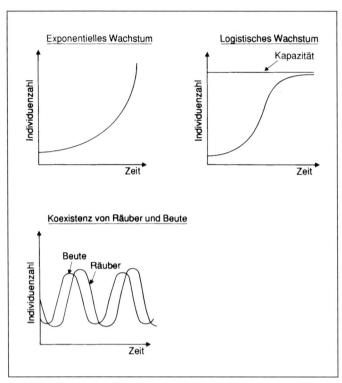

Abb. 2.2.1/4
Typische Populationsentwicklungen im Laufe der Zeit
(Entwurf: *J. Hosang*)

Bisher bezogen sich alle Bemerkungen auf isolierte Populationen. Mehr Realitätsnähe ist durch eine Beschreibung der Interaktionen der Population mit anderen Arten zu erreichen. Typische Formen der Interaktion sind etwa Konkurrenz um gemeinsame Ressourcen, Symbiose, Räuber-Beute- oder Wirt-Parasit-Beziehungen. Grundsätzliches läßt sich am Räuber-Beute-Modell zeigen, das von *Volterra* (1926) entwickelt wurde. Die Zeitentwicklung der Beute- und der Räuberspezies wird durch je eine Gleichung beschrieben. Die Veränderung der Anzahl Beuteindividuen pro Zeitschritt ist gleich dem logistischen Wachstum abzüglich eines Terms, der die Reduktion der Beute aufgrund des Gefressenwerdens durch den Räuber beschreibt. Dieser Ausdruck ist proportional zum Produkt von Beute- und Räuberdichte. Die Veränderungsrate der Räuberpopulation entspricht einem exponentiellen Wachstum und einer Zunahme aufgrund des Fressens der Beute. Dieser Ausdruck ist wiederum dem Produkt von Beute- und Räuberdichte proportional (vgl. Abbildung 2.2.1/4).

Dieses Modell ist noch immer viel zu stark vereinfacht, als daß es die realen Verhältnisse quantitativ wiedergeben könnte. Es liefert aber Einsicht in das qualitative Verhalten zweier koexistierender Populationen. Reale Systeme mit vielen Arten werden in der modernen Populationsökologie durch entsprechend kompliziertere Gleichungssysteme simuliert. Die abiotischen Ressourcen des Populationswachstums werden teilweise ebenfalls explizit, also als ortsabhängige Größen, in solche Modelle einbezogen (vgl. z. B. *Merriam* et al. 1991).

Ohne diese Schritte auszuführen, kann man festhalten, daß zunehmende Realitätsnähe und Detailtreue – wie im Fall von Einzugsgebietsmodellen – über

(a) zunehmende mathematische Schwierigkeiten bei der Formulierung und Lösung der Gleichungen und

(b) zunehmenden Aufwand bei der Erhebung realistischer Felddaten erkauft wird.

Größerer mathematischer Komplexität (a) ist nicht einfach durch leistungsfähigere Computer beizukommen. Vielmehr fehlen auf dem Gebiet der Mathematik vielfach noch Kenntnisse darüber, wie

Fragen der Stabilität von Lösungen oder der Sensitivität bezüglich Anfangsbedingungen oder Modellparametern im Fall von Vielkomponentensystemen allgemein angegangen werden können. Punkt (b) spricht die Schwierigkeit an, Felddaten in genügender Qualität und Quantität zu erheben. Sowohl für die Eichung als auch für die Validierung des Modells müßen solche Daten vorliegen. Prinzipiell gilt, daß mit der Komplexität des Modells seine Datenanforderungen steigen. Dies führt zu der Situation, daß bei der Entwicklung aufwendiger Modellsysteme meist noch eine Eichung für eine Situation stattfindet, dann aber oft Zeit und Geld fehlen, um weitere aufwendige Meßprogramme zur Erhebung guter Felddaten durchzuführen, wie es für einen wirklichen Modelltest nötig wäre. Sehr oft endet die Arbeit an einem neuen Modell nach der Entwicklung, d. h. nach der wissenschaftlichen Phase. Für die Praxis wäre es allerdings notwendig, rigorose Modelltests durchzuführen; dies ist – gerade bei komplizierten Modellen – noch nicht oft getan worden.

2.2.1.2 Schwierigkeiten bei der Modellierung von Umweltsystemen

Bei den Ausführungen zu den Umweltmodellen wurden verschiedene Problempunkte immer wieder erwähnt, ohne sie konkret zu erörtern. Dies soll nun nachgeholt werden:

a) Unvereinbarkeit der Prozeß- und Skalenvielfalt eines Umweltsystems in einem Modell
Umweltsysteme wurden als Hierarchien von Teilsystemen dargestellt. Die übergeordneten Systeme setzen dabei Rahmenbedingungen für das Verhalten der untergeordneten Systeme. Diese können ihrerseits aber auch das Verhalten der übergeordneten Systeme beeinflussen. Veränderungen des Klimasystems als grobskalige Phänomene werden z. B. auch an räumlich und zeitlich untergeordnete Umweltsysteme weitergegeben und führen in diesen zu Änderungen, die in ihrer kumulativen Wirkung dann wiederum auf das Klima rückwirken. Alle Formen der Analyse von Umweltsystemen (Experimente, Modelle) finden auf typische Raum- und Zeitskalen statt: Phänomene, die diesen Skalen über- oder untergeordnet sind (sub- oder supraskalige Phänomene), können nicht beschrieben werden – sie äußern sich im Rahmen einer bestimmten Analyse als über- oder untergeordnete Störungen (Trends oder „Rauschen"). Außerdem stehen alle Umweltsysteme in Wechselwirkung mit ihrer Umgebung und werden dadurch in komplexer Weise beeinflußt. Die Kunst des Modellierens besteht darin, die „wichtigen" Umgebungsfaktoren zu berücksichtigen und die „unwichtigen" zu vernachlässigen. Welche Faktoren dabei „wichtig" bzw. „unwichtig" sind, hängt selbstverständlich von den Vorgaben des Modells ab. Aber selbst das aufwendigste und komplizierteste Modell wird nicht alle möglichen Einflüsse beschreiben können. Die Vielfalt der Prozesse muß also reduziert werden.
Die Ausschnitthaftigkeit des Modells (hinsichtlich der Skalen und hinsichtlich der Prozesse) führt dazu, daß Modelle immer nur bestimmten Ansprüchen genügen können: Ein gutes didaktisches Modell eines Phänomens kann ein sehr schlechtes wissenschaftliches Modell sein und umgekehrt. Ein Modell für die globale Klimaentwicklung ist ungeeignet, um kleinskalige Klimaänderungen nachzubilden. Daher ist es auch nicht möglich, auf der Grundlage von Globalmodellen Aussagen z. B. über die Veränderung der Dürrehäufigkeiten in Gebieten von Größen weit unterhalb der räumlichen Auflösung des Modells zu machen. Das Bewußtsein um die Gültigkeitsbereiche und räumliche und zeitliche Skala eines Modells ist sehr oft wichtiger als die Entscheidung für ein spezifisches Modell.

b) Fehlendes Systemverständnis
Die Kenntnis der in Umweltsystemen ablaufenden Prozesse ist selbst auf der qualitativen Ebene nicht vollständig. Am deutlichsten wird dies vielleicht an komplexen Phänomenen wie dem Waldsterben. Weil Baumschäden als komplexe Reaktionen auf die Milieubedingungen angesehen werden, wurden verschiedene Hypothesen entwickelt, welche die Mechanismen der Schädigung erklären sollen. Die Sichtweisen dieser Waldschadenshypothesen sind teilweise diametral verschieden, so daß die Kernpunkte einer Hypothese in einer anderen nicht oder nur schwach gewichtet

auftreten. Einzelfaktoren, die zur Erklärung des Phänomens herangezogen werden, sind etwa die Wirkung von Luftschadstoffen, Bodenversauerung und Metalltoxizität, Witterungs- und Klimaeinflüsse, Schädlingsbefall, Nährstoffversorgung und Bewirtschaftungsweise.

Trotz einer Fülle von Einzelergebnissen zur Wirkung jedes einzelnen dieser Faktoren greifen solch einzelfaktoriellen Erklärungen des Phänomens zu kurz und die Einsicht, daß Waldschäden aus dem komplexen Zusammenwirken dieser verschiedenen Faktoren entstehen, hat sich heute durchgesetzt (z. B. *Schmidt-Vogt* 1989). Erst aus der additiven und synergetischen Wirkung der Einzelursachen sind die Schädigungen in ihrem Ausmaß erklärbar. Modelle solch komplexer Phänomene sind Ausdruck der gängigen Hypothesen und somit ständiger Veränderung unterworfen.

Neue experimentelle Erkenntnisse müßen in neuen Modellen formuliert werden. Das Experiment dient also im Fall von nicht vollständig verstandenen Systemen nicht nur der Beschaffung quantitativer Informationen (z. B. Bestimmung von Systemparametern), sondern auch der Gewinnung neuer Einsichten in die qualitative Funktionsweise des Systems (z. B. bisher unberücksichtigte Prozesse).

c) Rechenprobleme

Quantitative Beschreibungen von Umweltsystemen basieren üblicherweise auf mathematischen Formulierungen. Dies gilt sowohl für statische als auch für dynamische Systeme. Ein Problem der Reliefmodellierung ist es z. B., aus einer gegebenen Konfiguration von Stützpunkten, also Geländehöhen, die typischerweise auf einem regelmäßigen Raster liegen, Reliefcharakteristika – wie Neigung, Exposition oder Wölbungen – flächendeckend auszuweisen. Solche Probleme werden normalerweise mit der Sprache der analytischen Geometrie, der Vektoranalysis und der Differentialrechnung formuliert. Die mathematischen Verfahren sind vielfach noch relativ einfach, trotzdem stellen sich bereits zwei typische Probleme der Modellierung von Umweltsystemen: Information über die Geländehöhen ist nur an diskreten Punkten und nicht kontinuierlich über die ganze Reliefoberfläche vorhanden. Aus diesem Grund werden alle abgeleiteten Größen mehr oder weniger stark von der Realität abweichen. Diese Abweichungen, die aufgrund nichtkoninuierlicher Information zustandekommen, werden Diskretisierungsfehler genannt. Je geringer die tolerierbare Abweichung des Geländemodells von der Realität ist, desto dichter müßen die Stützstellen des Reliefs beieinander liegen. Dies führt unmittelbar zum zweiten Problem: Genaue Berechnungen, etwa der Hangneigungen, beruhen auf einer grossen Zahl von Höhenpunkten und sind damit rechenintensiv.

Diese einander bedingenden Probleme – großer Rechenaufwand bei hohen Genauigkeitsansprüchen – treten verschärft bei der Modellierung dynamischer Systeme auf. Diese werden in Wissenschaft und Technik üblicherweise durch Differentialgleichungen modelliert. Dynamische Systeme, deren Variablen nicht vom Ort abhängig sind, können durch gewöhnliche Differentialgleichungen beschrieben werden. Sind die Systemvariablen vom Ort abhängig (sog. verteilte Systeme), wird das System durch partielle Differentialgleichungen beschrieben. In Differentialgleichungen treten Ableitungen von Funktionen (z. B. Konzentration, Temperatur, Wassergehalt) von unabhängigen Variablen (z. B. Zeit, Ort) auf. Eine Differentialgleichung lösen bedeutet, eine Funktion (also z. B. die Temperatur) zu finden, welche die Gleichung erfüllt. Die Differentialgleichung allein ist noch nicht eindeutig lösbar. Es sind Zusatzbedingungen notwendig, die den Anfangszustand und die Ränder des Systems spezifizieren.

Für die meisten praktisch interessanten Differentialgleichungen können keine geschlossenen Ausdrücke als Lösung angegeben werden. Andere Fälle sind zwar geschlossen lösbar, aber nur für spezielle Anfangs- und Randbedingungen, die in der Natur höchstens annäherungsweise zu finden sind. Im allgemeinen müßen Differentialgleichungen daher numerisch gelöst werden. Dazu wird das zu beschreibende System diskretisiert, d. h. die gesuchten Variablen werden nicht kontinuierlich, sondern nur zu bestimmten Orten und Zeiten betrachtet. Jeder dieser Lösungspunkte wird iterativ aus räumlich und zeitlich benachbarten Punkten berechnet. Diese Diskretisierung entspricht dem Übergang von der Differential- zur finiten Differenzen-Darstellung der Gleichung.

Etwas weiter gefaßt kann festgehalten werden: Die meisten praktisch interessanten Differentialglei-chungen mit realistischen Anfangs- und Randbedingungen können nicht exakt, sondern nur nähe-rungsweise gelöst werden. Die Qualität der Näherungslösung hängt vom numerischen Lösungs-schema ab und von der Feinheit der Diskretisierung. Für genaue Lösungen sind numerisch stabile Lösungsverfahren und genügend feine Diskretisierungen (also z. B. kleine Zeitschritte oder eine feine räumliche Auflösung) notwendig. Numerisch stabile Verfahren erfordern ebenso wie eine feine Diskretrisierung einen hohen Rechenaufwand. Trotz der enormen Leistungsfähigkeit moder-ner Rechner sind der numerischen Modellierung großer Systeme also Grenzen gesetzt. Diese Gren-zen sind keineswegs theoretischer Natur. Für Modelle, die im Wetterdienst eingesetzt werden, oder auch solche, wie das oben erwähnte SHE-Modell, müßen immer wieder Kompromisse zwischen Re-chenzeit und Speicherbedarf einerseits und gewünschter zeitlicher und räumlicher Auflösung und numerischer Präzision, andererseits gefunden werden.

d) Chaotisches Systemverhalten
Die Naturwissenschaften waren lange Zeit beherrscht von der Idee des eindeutigen Zusammenhangs zwischen Ursache und Wirkung. Als strenge Kausalität wird dabei das Prinzip „Gleiche Ursachen ha-ben gleiche Wirkungen" bezeichnet. In den experimentellen Wissenschaften wird infolge der Unmög-lichkeit, eine Ursache exakt zu reproduzieren, die strenge Kausalität zugunsten der schwachen Kau-salität aufgegeben. Diese entspricht dem Prinzip „Ähnliche Ursachen haben ähnliche Wirkungen". Untersuchungen der Dynamik von nichtlinearen Systemen haben nun aber gezeigt, daß diese schwa-che Kausalität unter gewissen Bedingungen verletzt wird. Interessanterweise ist solch irreguläres Verhalten nicht auf Systeme mit vielen Variablen beschränkt, vielmehr tritt es auch in einfachen Sy-stemen – wie einem getriebenen Pendel – auf. Dies zeigt klar, daß nicht eine große Anzahl von Frei-heitsgraden (Variablen), sondern vielmehr die Nichtlinearität des Systems die notwendige Bedin-gung für das Auftreten von solch irregulärem Verhalten ist.
Irreguläres Verhalten im oben genannten Sinn, d. h. eine Systemdynamik, die in empfindlicher Weise von den Anfangsbedingungen abhängt, wird als deterministisches Chaos bezeichnet. Als de-terministisch gilt dieses Verhalten deshalb, weil die Naturgesetze, welche das normale, nichtchaoti-sche Systemverhalten beschreiben, nicht verletzt sind, als chaotisch deshalb, weil infolge der großen Sensitivität des Systems bezüglich der Anfangsbedingungen keine Prognosen der Entwicklung des Systems möglich sind. Im Rückgriff auf die Bemerkungen des letzten Abschnittes ließe sich auch sa-gen: Leicht veränderte Anfangsbedingungen führen zu einer völlig anderen Lösung der Differential-gleichung, die das System beschreibt.
1963 entdeckte der amerikanische Meteorologe *Lorenz*, daß sein Modell für thermische Konvektion völlig andere Ergebnisse lieferte, als er (versehentlich) Berechnungen mit leicht geänderten An-fangsbedingungen durchführte. Weil das Gleichungssystem von *Lorenz* (1963) prinzipielle Eigen-schaften atmosphärischer Strömungen beschreibt, wurde aus seinen Ergebnissen die Unmöglichkeit abgeleitet, das Wetter über größere Zeiträume als einige Tage vorauszusagen. Dies findet seinen Niederschlag im Begriff „Schmetterlingseffekt", der ausdrückt, daß kleinste Ursachen – etwa durch den Flügelschlag eines Schmetterlings verursacht – das Wettergeschehen an einem völlig anderen Ort bestimmen können. Bis 1970 blieben die Erkenntnisse von *Lorenz* so gut wie unbeachtet. Seither häufen sich – auch in den Geowissenschaften – die Erkenntnisse über chaotische Dynamik nichtli-nearer Systeme. In der Geoökologie beschäftigte sich bislang damit nur *Kempel-Eggenberger* (1993). Diese neuen Einsichten falsifizieren die klassischen Ansätze keineswegs, sie zeigen aber, daß Mo-dellresultate mit Vorsicht zu interpretieren sind.

e) Räumliche und zeitliche Variabilität von Variablen und Parametern
Die Systemparameter und Variablen von Umweltsystemen zeigen typischerweise eine große zeitli-che und räumliche Variablität. Aus prinzipiellen Gründen ist es unmöglich, Information über diese

Größen in der wünschenswerten Dichte zu erheben. Es ist dann notwendig, die an bestimmten Orten oder zu bestimmten Zeiten vorliegende Information zu inter- oder zu extrapolieren. Dies hat zur Konsequenz, daß z. B. bei atmosphärischen Strömungssimulationen Windfelder als Anfangsbedingungen angenommen werden müssen, die mit gewissen Unsicherheiten behaftet sind, oder bei der Simulation von Grundwasserkörpern muß lückenhafte Information über die Wasserdurchlässigkeit des Untergrundes durch geeignete Verfahren verdichtet werden. Diese Tatsache stellt vielen Modellen in den Geowissenschaften große methodische Probleme. Diese führen dazu, daß ein fertig entwickeltes Modell keineswegs den Endpunkt einer Modellierung darstellt. Sehr oft ist die Beschaffung und Aufbereitung von Informationen über die Anfangs- und Randbedingungen des Systems sowie die Eichung des Modells, dh. die Messung oder Schätzung der Modellparameter, der aufwendigste Teil der Modellierung.

Fazit:
Nach grundlegenden Bemerkungen zur Modellierung wurden spezifische Probleme der modellmäßigen Beschreibung von Umweltsystemen dargestellt. Die Schwierigkeiten, die sich bei der Modellierung von Umweltsystemen stellen, ergeben sich aus Wirkungen sub- oder supraskaliger Phänomene auf den betrachteten Gegenstand, aus einer mangelhaften Kenntnis der Prozesse, aus numerischen Schwierigkeiten oder chaotischem Systemverhalten.

2.2.2 Modelle in Wissenschaft, Technik, Schule und Öffentlichkeit (*Jürg Hosang*)

2.2.2.1 *Prozeßforschung in den Umweltwissenschaften*

Die unterschiedlichen Sichtweisen des Umweltsystems manifestieren sich am eindrücklichsten in der Vielfalt der heute im Umweltbereich tätigen Wissenschafts- und Technikdisziplinen. Die Spanne reicht von den klassischen Umweltdisziplinen Biologie, Geologie, Meteorologie und Geographie bis hin zu einer fast unüberblickbaren Vielzahl neuerer Disziplinen und Subdisziplinen wie Umweltchemie, Umweltphysik sowie angewandten Fachbereichen wie Ressourcenbewirtschaftung, Land- und Forstwirtschaft, Landespflege und Umwelttechnik. Für jeden dieser Bereiche liegt eine andere Konzeption des Umweltbegriffes und dementsprechend eine andere Vorstellung eines Umweltmodells zugrunde. Daraus resultieren unterschiedliche Interpretationen von Begriffen wie „genau", „umfassend" und „prozeßbezogen". Diese Hintergründe müßen immer beachtet werden, wenn irgendwo in Wissenschaft oder Praxis ein Modell als „Umweltmodell" bezeichnet wird. Einige Aspekte dieser Sachverhalte werden in diesem Kapitel beleuchtet. Insbesondere soll auf Modellvalidierung, Datenanforderungen, Modellübertragung in Zeit und Raum und, daraus abgeleitet, auf Möglichkeiten und Grenzen der Modellierung eingegangen werden.

Gemäß dem heute dominierenden Wissenschaftsverständnis werden komplexe Systeme untersucht, indem man sie in ihre Bestandteile zerlegt und auf diese Weise separativ analysiert. Wenn eine befriedigende Kenntnis der einzelnen Teile erreicht ist, werden die Bestandteile wieder zu einem Ganzen synthetisiert. Die Aufgliederung eines Systems kann erfolgen, indem die einzelnen Teilprozesse eines komplexen Prozeßgeschehens isoliert werden oder indem ein kleiner Ausschnitt eines Systems als repräsentativ für das Ganze angesehen und isoliert wird. Im Fall von komplexen Systemen greift dieses Vorgehen oft zu kurz. Dies beruht vornehmlich auf zwei Ursachen.

1. Komplexe Systeme sind definitionsgemäß mehr als die Summe ihrer Teile, d. h. sie zeigen Nichtlinearität – abgesehen davon ist es oft sehr aufwendig, auch nur die wenigen genannten „wichtigsten" Prozesse eines großen Systems quantitativ zu untersuchen.
2. Umweltsysteme sind räumlich heterogen – es müßte also eine große Zahl von Untersuchungen an Ausschnitten des Systems, durchgeführt werden, um dieser Heterogenität Rechnung zu tragen.

Eine Alternative zur skizzierten Strategie, das System auf der Basis seiner Subsysteme zu analysieren, ist die Beschreibung des Gesamtsystems ohne explizite Mitberücksichtigung der Teilprozesse.

Allerdings darf nicht verschwiegen werden, daß auch eine solche Analyse methodische Probleme stellt. So kann der Wasser- oder Stofftransport in einer normalen Laborbodensäule relativ problemlos untersucht werden. Dieselben Beobachtungen auf der Ebene des Feldmaßstabs verlangen aber grundsätzlich andere Beobachtungstechniken: Theoretisch wäre ein sehr großes Lysimeter (ein im Boden eingebauter Sammeltrichter) denkbar. Ein solches Gerät ist ohne starke Störung des Bodens allerdings nicht einzubauen. So bleibt nur die Möglichkeit, natürliche „Lysimeter" auszunutzen, die sich z. B. in kleinen Einzugsgebieten mit homogenen hydrogeologischen Eigenschaften und einem hydraulisch dichten Untergrund finden. Auch Pflanzen sind als Individuen im Topf relativ gut zu untersuchen. Für einen ganzen Wald scheidet die Möglichkeit, auf diese Weise z. B. Nadelverluste noch explizit zu quantifizieren dagegen aus. Der Schädigungsgrad kann auf dieser Ebene nur noch mittels Fernerkundung, z. B. Infrarotphotographie, quantifiziert werden.

2.2.2.2 Grenzen von Modellen

Trotz der bestechenden Möglichkeiten, die Modelle für das Verständnis, die Prognose und die Steuerung des Verhaltens von Umweltsystemen bieten, sind ihnen doch Grenzen gesetzt. Diese Grenzen sind verschiedener Art und gehen letztlich auf
– fehlende Kenntnisse der relevanten Prozesse,
– mangelnde Information über die steuernden Parameter und
– technische Begrenzungen
zurück. Diese Probleme äußern sich darin, daß Modellaussagen mehr oder weniger stark von der Realität abweichen. Falls die Modelle einem rein wissenschaftlichen Zweck genügen sollen, so ist dieses Verhalten zwar unbefriedigend, zieht aber weiter keine Konsequenzen nach sich. Anders sieht es in praktischen Anwendungssituationen aus. Das Versagen eines Wettermodells oder eines Grundwassermodells kann weitreichende Konsequenzen haben, falls Entscheidungen darauf gestützt werden. Es ist daher wichtig, die Ungewißheit von Modellprognosen abzuschätzen und in eine Entscheidungsfindung einzubeziehen. Grundsätzlich sollte bei kritischen Entscheidungen die „sichere Seite" eingehalten werden. Der Aufwand, ein Modell zu entwickeln, zu eichen und prognostisch einzusetzen, ist groß und oft wird Expertenwissen ein höherer Stellenwert beigemessen, weil es oft schneller verfügbar ist und die Aussagequalität nicht wesentlich schlechter, als die eines (auch guten) Modells ist.
Eine zentrale Schwierigkeit der Modellierung geht darauf zurück, daß Modelle in Situationen zuverlässige Resultate liefern müssen, die sich von derjenigen bei der Entwicklung des Modells unterscheiden. Wird das Modell unter diesen veränderten Bedingungen verändert, so müßte streng genommen sichergestellt werden, daß es noch Gültigkeit hat, d. h., es müßte eine neue Validierung des Modells stattfinden. Dies wird bei der Modellanwendung allerdings meist unterlassen und angenommen, daß das Prozeßgeschehen durch das Modell vollständig beschrieben wird.
Ein weiteres Problem liegt darin, daß bei einer Modellanwendung oft keine spezifisch auf die Modellanforderungen ausgerichteten Daten vorhanden sind. Es muß dann mit Daten gerechnet werden,
– die auf einer anderen Skala (also zeitlich oder räumlich höher oder niedriger aufgelöst) erhoben wurden als der Modellskala oder
– die nicht meßbar sind oder nicht gemessen wurden und daher nur grob abgeschätzt oder extrapoliert sind.
Teilweise werden Modelle – mangels Alternativen – auch zur Beschreibung von Phänomenen eingesetzt, die von der Skala des Modells abweichen. Viele praktische Probleme – dies sollte bedacht werden – lassen sich durch Erfahrung oder Expertenwissen ebenso gut oder sogar besser lösen als durch Modellieren – insbesondere wenn die Datenbasis für die Modellierung ungenügend ist oder die Aussageebene des Modells nicht mit der Skala des Problems übereinstimmt.

Eine Gesellschaft, deren Alltag stark von Technik und analytischem Denken bestimmt wird, neigt dazu, allem, was zahlenmäßig gefaßt ist, zu vertrauen. Dies erstreckt sich über viele Lebensbereiche und umschließt auch den Umgang mit komplexen Systemen wie der Umwelt. Die zunehmende (Über-)Nutzung der natürlichen Ressourcen und Umweltbelastungen machen die Festlegung von Belastbarkeitsschwellen, bei deren Überschreiten das System (irreversibel) geschädigt wird, erforderlich. Die Umwelt würde dann so bewirtschaftet, daß die Belastungsgrenze nicht überschritten und dennoch eine intensive Nutzung erreicht wird.

Eine solche Nutzungsoptimierungsstrategie verkennt allerdings, daß – abgesehen von ethischen und philosophischen Überlegungen – bei weitem nicht der notwendige Kenntnisstand und die technischen Möglichkeiten vorhanden sind, um solche Belastbarkeitsgrenzen zu bestimmen. Es ist vielleicht eine Ironie des Schicksals, daß viele „große Fragen", welche die Entwicklung der Umwelt unter verschiedenen Nutzungsweisen betreffen, auch mit den komplexesten der vorhandenen Modellen nicht beantwortet werden können und in diesem Bereich wieder Intuition, gesunder Meschenverstand und Erfahrung wichtig sind. Der Glaube weiter Teile der Öffentlichkeit, daß komplexe Systeme durch Modelle durchschaubarer und damit letztlich steuerbar werden, trifft zumindest in diesem letzten Punkt nicht zu.

Teilweise wird die Unmöglichkeit, komplexes Systemverhalten vorauszusagen, auch eingesehen. Um mindestens das Mögliche zu realisieren, wird dann eine separative, auf den Einzelaspekt zielende Analyse vorgenommen, also in Bereichen, in denen quantitatives Arbeiten eher möglich ist. Grundwasserbelastungen sind z. B. einfacher zu simulieren als sehr komplexe Phänomene wie Waldsterben. Der Wert solcher Einzelaspekt-Untersuchungen ist unbestritten, denn oft fokussieren die Belastungen irgendwelcher Nutzungs- und Bewirtschaftungsformen klar auf einen einzelnen Sachverhalt.

Solche Spezialanalysen dürfen aber nicht darüber hinwegtäuschen, daß sie eben nicht das Umweltsystem insgesamt beschreiben, und gegenseitige Abhängigkeiten zwischen den einzelnen Kompartimenten sind zwar oft schwer oder nicht durchschaubar, aber deshalb nicht so unwichtig, daß man sie nicht erfassen müßte. Generell sollte die Prämisse sein, die Umweltwirkungen eines Einflußes umfassend zu untersuchen und zwar auch dann, wenn gewisse Sachverhalte nicht modellmäßig beschreibbar sind. Es ist also nicht von den technisch-wissenschaftlichen Möglichkeiten auszugehen, sondern vielmehr von den wichtigen Fragen, die sich im Zusammenhang mit einem konkreten Problem stellen. Ein Teil dieser Fragen wird dann modellmäßig faßbar sein, ein anderer eben nicht.

Ein weiterer Punkt in diesem Zusammenhang ist, daß ein einmal entwickeltes Modell – und sei es noch so ausgereift – keineswegs problemlos auf andere Situationen angewendet werden kann. Es wurde bereits darauf hingewiesen, daß die Modellkalibrierung (also die Anpassung des Modells an einen Standort) und die Erhebung geeigneter Datensätze für Simulationen oft ebenso aufwendig sind wie die Entwicklung des Modells selber. Dies zeigt sich v. a. bei komplexen (und damit hochparametrisierten) Modellen. Sie bestechen gerade die nichtwissenschaftliche Öffentlichkeit durch die vielen Eingangsgrößen und berücksichtigten Gegenstände, sie erfordern aber, um ihre Möglichkeiten auszuschöpfen, auch mehr und bessere Daten als einfache Modelle. Sind diese Daten nicht in geeigneter Form vorhanden und müßen sie daher grob abgeschätzt oder aus anderen Situationen übertragen werden, so ist es meist nicht mehr sinnvoll, das Modell einzusetzen. Es sollte stattdessen dann eher ein einfacherer Ansatz verwendet werden.

Diese kritischen Bemerkungen dürfen nicht den Eindruck erwecken, Modelle könnten keinen Beitrag zur Lösung der anstehenden Umweltprobleme leisten. So sind die Negativwirkungen von nicht nachhaltigen Bewirtschaftungsweisen nur über Modelle zu erkunden, soll nicht das „Experiment" im Realmaßstab durchgeführt und damit eine u. U. irreversible Schädigung der Umwelt riskiert werden. Darüber hinaus ist durch die didaktische Wirkung von Modellen die Herausbildung eines ökologischen Bewußtseins zu erreichen oder zu unterstützen. Damit ist die didaktische Eignung eines Modells angesprochen. Im Gegensatz zu Wissenschaft und Technik müßen didaktisch gute Modelle nicht so sehr quantitativ richtige Resultate liefern als vielmehr Einsichten in prinzipielle Funktionsweisen, in die Qualität eines Umweltsystems. Die aufwendige Modelleichung kann also entfallen, und der anschaulichen Aufbereitung der Modellergebnisse vermehrt Beachtung geschenkt werden.

2.2.2.4 Modelle in der Schule

An die Schlußbemerkungen des letzten Kapitels schließt der Einsatz von Modellen auf allen Schulstufen an. Auf der didaktischen Ebene werden Modelle i. d. R. eingesetzt, um etwas sonst nicht Erkennbares anschaulich abzubilden. Im Anschluß an frühere Hinweise muß gerade hier wieder betont werden, daß Modellen der Umweltrealität die Gefahr anhaftet, für die Realität selbst gehalten zu werden und nicht für deren vereinfachte und verkürzte Abbildungen. Modelle sollten also als Konzepte eingesetzt werden, die Sachverhalte des Systems klarmachen. Sie sollten dann aber einer umfassenderen Sicht weichen, welche die Begrenzungen der Modell-Sicht aufzeigt.
Für Schulzwecke sollte zwischen physikalisch ähnlichen und physikalisch unähnlichen Modellen unterschieden werden. Physikalisch ähnliche Modelle sind konkrete Repräsentationen, unähnliche Modelle dagegen abstraktere mathematische oder graphische Abbilder der Wirklichkeit.
Im folgenden werden für beide Klassen von Modellen Beispiele vorgeführt und deren Eignung für den Schulunterricht dargestellt. Die zitierten Beispiele sollten nicht ohne spezifische Vorbereitung des Lehrers eingesetzt werden. Modellversuche müßen vor der Demonstration mindestens einmal getestet werden. Mit den erwähnten Computermodellen sollte der Lehrer ebenfalls über das Niveau des Schulunterrichts hinaus bekannt sein, damit Hintergrundinformationen zur Funktionsweise und zu den Annahmen des Modells vorliegen. Anschaulichkeit ist zwar eine faszinierende Seite von Modellen, jedoch würde ein rein phänomenologischer Modelleinsatz den Möglichkeiten der Modelle nicht gerecht.

a) Physikalisch ähnliche Modelle

Alle Beispiele verstehen sich als Grundideen und Anregungen, die modifiziert und fast beliebig kompliziert und erweitert werden können. Bei allfälligen Erweiterungen sollte aber bedacht werden, daß die Isolation eines Vorgangs etwas Typisches für ein Modell ist und z. T. gerade seine Berechtigung ausmacht, weil dadurch Komplexität überhaupt erst faßbar wird.

Modellversuch zur Grundwasserverschmutzung (Abbildung 2.2.2/1)
Eine einfache Möglichkeit, Grundwasserbelastungen verständlich zu machen, bietet ein durchsichtiger Kasten – etwa ein Aquarium, das mit sandigem Material gefüllt ist und das etwa bis in halbe

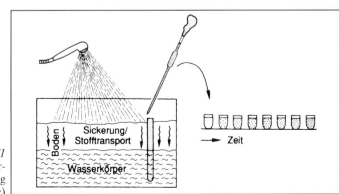

Abb. 2.2.2/1
Experiment zur Grundwasserverschmutzung: Versuchsanordnung
(Entwurf: J. Hosang)

Höhe mit Wasser zu füllen wäre (*Stein* 1991). An der Oberfläche wird dann ein Farbstoff (geeignet ist z. B. Methylenblau) entweder punktuell oder auf einem größeren Areal ausgebracht. Eine punktförmige Applikation ist eher geeignet, das Auslaufen eines Tanks darzustellen, eine flächenhafte eher dazu, Grundwasserbelastungen mit Düngestoffen oder Pestiziden aus der Landwirtschaft aufzuzeigen. Der Farbstoff wird dann durch simulierte Niederschläge (z. B. Gießkanne oder Duschenbrause verwenden) in den Wasserkörper transportiert. Je nach Eigenfarbe des Sandes und Art und Verdünnungsverhältnis des Farbstoffs ist die Verfärbung des Wassers nicht ohne weiteres zu sehen. Es ist dann sinnvoll (und der Versuch gewinnt damit auch an Realitätsnähe), ein Rohr oder einen Schlauch, der bis in den Wasserkörper hineinreicht, anzubringen. Mit dieser Vorrichtung wird eine Wasser-Entnahmestelle, also z. B. ein Brunnen, nachgebildet. Durch das Rohr wird dann periodisch Wasser aus dem Wasserkörper entnommen und seine Färbung untersucht. Die Entnahme geschieht durch eine einfache Pumpe (z. B. Wasserstrahlpumpe oder Pipette).

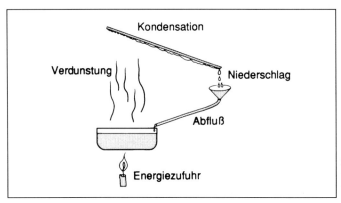

Abb. 2.2.2/2
Experiment zum Wasserkreislauf in der Atmosphäre: Versuchsanordnung
(Entwurf: *J. Hosang*)

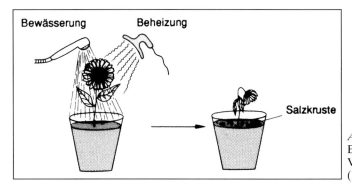

Abb. 2.2.2/3
Experiment zur Versalzung des Bodens: Versuchsanordnung
(Entwurf: *J. Hosang*)

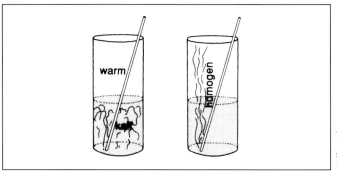

Abb. 2.2.2/4
Experiment zur Schichtung der Atmosphäre: Versuchsanordnung
(Entwurf: *J. Hosang*)

Modellversuch zum Wasserkreislauf (Abbildung 2.2.2/2)
Eine Veranschaulichung des Wasserkreislaufes läßt sich über ein offenes Wasservorratsgefäß, daß z. B. einen Ozean symbolisiert erreichen. Durch Energiezufuhr über eine Heizplatte wird dann die Verdunstung angeregt. In der Natur erfolgt die Zufuhr von Verdunstungsenergie durch Strahlungs-energie. Eine vor dem Versuch abgekühlte Glasscheibe wird als Kondensationsfläche verwendet. Sie entspricht in der Natur der höheren Atmosphäre. An dieser Kondensationsfläche wird die durch die Heizplatte zugeführte Energie wieder frei. Wird die Glasplatte geneigt, so kann das kondensierte Wasser abtropfen (Niederschlag) und über einen Trichter und einen Schlauch (Abfluß) wieder ins Vorratsgefäß zurückgeführt werden. Damit schließt sich der Wasserkreislauf.

Modellversuch zur Bodenversalzung (Abbildung 2.2.2/3)
Bodenversalzung als typisches Problem der Bewässerungslandwirtschaft in ariden Gebieten kann in einfacher Weise simuliert werden. Salzhaltiges Wasser (geeignet sind z. B. KCl oder NaCl) wird über die Gießkanne einem Boden zugeführt. Dieser kann sich in einem Blumentopf oder einem größeren Gefäß befinden. Nach der Bewässerung werden mit einem Heizstrahler die Verdunstung und der ka-pillare Aufstieg des Bodenwassers angeregt. Dies wird mehrmals wiederholt. Nach einigen Bewässe-rungsserien kristallisiert an der Bodenoberfläche das im Wasser gelöste Salz aus. Die physiologische Schädlichkeit hoher Salzkonzentrationen kann an einer Pflanze, die im Gefäß wächst, illustriert wer-den. Sie wird bei den hohen Salzkonzentrationen bald zu welken beginnen, weil ihre Saugleistung (Differenz zwischen osmotischem Saugdruck und Zellwanddruck) nicht ausreicht, um bei den hohen osmotischen Potentialen des Bodenwassers Wasser aufzunehmen. Diesen Versuch zeigt Abbildung 2.2.2/3.

Modellversuch zur Gegenüberstellung stabile – labile Atmosphäre (Abbildung 2.2.2/4)
Die Wirkung von Inversionswetterlagen auf die Ausbreitung von Schadstoffen in der Atmosphäre kann ideal mit folgendem Versuch demonstriert werden (*Nolzen* 1988): In einem von zwei hohen Glas- oder Plexiglasgefäßen wird eine thermische Luftschichtung erzeugt, indem die obere Hälfte des Luftvolumens im Gefäß mit einem Tauchsieder erhitzt wird. Die Wirkung dieser Inversion wird in der Folge demonstriert. Dazu wird in beide Gefäße in die jeweils untere Luftschicht über einen Trink-halm Zigarettenrauch (oder ein gut sichtbares Gas) als Schadstoff eingeblasen. Beim Aufheizem des Gefäßes und beim Einblasen des Rauchs ist darauf zu achten, daß die Sperrschicht nicht durch die Luftbewegung zerstört wird – der Trinkhalm sollte daher bereits im Gefäß stehen. Während der Ziga-rettenrauch im stabil geschichteten Luftkörper anfänglich im kalten, unteren Teil des Gefäßes ver-bleibt, steigt er im anderen Gefäß rasch auf und verdünnt sich – ein eindrückliches Beispiel für den Effekt der Luftschichtung auf Transport- und Durchmischungsvorgänge in der Atmosphäre.

b) Physikalisch unähnliche Modelle
Nebst physikalischen Abbildungen der Realität bestehen vielfältige Möglichkeiten, andere Typen von Modellen, wie Bild- oder mathematische Modelle, einzusetzen. Für beide Kategorien sollen im folgenden Beispiele genannt werden.

Modellierung des Populationswachstums
In Kapitel 2.2.1.1 wurde auf einige Ansätze zur Beschreibung des Wachstums einer Population von Organismen eingegangen. Hier werden nun die analytischen Formeln angegeben, die einen solchen Wachstumsprozeß beschreiben. Diese Formeln entsprechen Lösungen der Differentialgleichungen, die den Wachstumsprozeß charakterisieren und sind mit einem Taschenrechner problemlos rechen-bar. Im Fall unbegrenzten Wachstums lautet die Gleichung

$$p\,(t) = p_0 \exp\,(r\,[t-t_0])$$

wobei p die Anzahl der Organismen ist, p_0 die Anfangspopulation, r die Wachstumsrate (Anzahl Or-ganismen pro Zeitschritt), t die Zeit und t_0 die Anfangszeit.

Ein realistischeres Modell berücksichtigt die Kapazitätsgrenzen des Systems und kann als

$$p\,(t) = \frac{K\,p_0\,\exp\,(r\,[t-t_0])}{K - p_0 + p_0\,\exp\,(r\,[t-t_0])}$$

geschrieben werden. Dabei steht K für die Tragfähigkeit (Kapazität) des Lebensraumes. Berechnet man nach diesen Formeln zeitliche Wachstumsverläufe, so erhält man Kurven, wie sie qualitativ in Abbildung 2.2.1/6 dargestellt sind.

Modellierung der Sickerwasserbewegung

Der Sickerwasserfluß im Boden kann mit einem sehr einfachen Modell nachgebildet werden. Dazu wird der Boden gedanklich in eine Anzahl von Kompartimenten gegliedert. Soll ein Boden von einer Mächtigkeit von einem Meter beschrieben werden, so kann er z. B. in eine obere Schicht von 30 cm Dicke und eine untere Schicht von 70 cm Dicke gegliedert werden. Eine feinere Aufgliederung ist möglich, vergrößert aber den Rechenaufwand. Jeder einzelnen dieser Schichten wird dann ein Wasserhaltevermögen zugeordnet. Dieses Wasserhaltevermögen wird in der Dimension L^3/L^2 angegeben also z. B. $1/m^2$ oder in der Dimension L, also z. B. mm, was gerade $1/m^2$ entspricht. Realistische Speichervermögen für einen sandigen Boden liegen bei etwa 5 mm, und bei 45 mm für einen Tonboden, jeweils auf eine Schicht von 10 cm Dicke bezogen. Ein Sandboden von einem Meter Mächtigkeit hätte also ein Speichervermögen von 50 mm. Der Niederschlag wird ebenfalls in mm oder in $1/m^2$ angegeben, die Verdunstung vernachlässigt oder direkt vom Niederschlag subtrahiert. Jedes der Kompartimente hat einen Anfangswassergehalt, und im ersten Kompartiment wird bei jedem Zeitschritt die gefallene Niederschlagsmenge hinzuaddiert. Falls damit die Wasserhaltekapazität des Kompartiments überschritten wird, läuft das übrige Wasser in das nächste Kompartiment, wo es ebenfalls zum aktuellen Wassergehalt addiert und mit dem Speichervermögen verglichen wird. Liegt der aktuelle Wassergehalt über dem Speichervermögen, findet Sickerung aus dem Boden statt, sonst nicht.

Mit diesem Modell kann ein Eindruck von der Funktion des Bodens als Wasserspeicher und Sickerkörper gewonnen werden, wenn das geschilderte Rechenschema für längere Zeiträume durchgerechnet wird. Werden darüber hinaus Annahmen über Niederschlag und Verdunstung getroffen, so kann ein Jahresgang der Versickerung berechnet und damit z. B. die Grundwasserneubildung erklärt werden. Auf einem programmierbaren Taschenrechner oder einem PC ist das Verfahren sehr einfach zu programmieren – eine sinnvolle Maßnahme, um sich bei längeren Simulationsläufen das Rechnen von Hand zu ersparen.

Didaktische Simulationsmodelle

Nebst wissenschaftlichen Simulationsmodellen gibt es solche, deren Hauptaugenmerk weniger auf korrekter quantitativer Wiedergabe der Realität als vielmehr auf qualitativen Aspekten liegt. Solche Modelle eignen sich dann für didaktische Zwecke, wenn sie einfach zu bedienen sind und Möglichkeiten zur graphischen Ergebnisdarstellung besitzen. Diese Anforderungen erfüllen einige kommerzielle PC-Programme, von denen nun zwei prominente Vertreter herausgegriffen und kurz charakterisiert werden sollen: „SimEarth" und „Ökolopoly".

„SimEarth"(*Bremer* 1990) ist ein Planetensimulator, der die zeitliche Entwicklung auf einem realen oder erdachten Planeten beschreibt. Die beschriebene Epoche (z. B. Neuzeit oder ganze Erdgeschichte) ist wählbar. Steuerentscheidungen (z. B. das Ansiedeln neuer Pflanzengesellschaften, Veränderungen in der chemischen Zusammensetzung der Atmosphäre oder die Anordnung von Land- und Wassermaßen) können vom Benutzer selbst getroffen werden. Die Wirkung dieser Entscheidungen auf den weiteren Verlauf der Erdentwicklung kann direkt beobachtet werden, indem der sich bei der Simulation ergebende Zustand der Teilsysteme Geosphäre, Hydrosphäre, Atmosphäre, Biosphäre und Zivilisation kontinuierlich verfolgt wird. Dazu wird zwischen verschiedenen Anzeigemodi desselben Erdausschnittes geschaltet und je nach Bedarf eine eher groß- oder eher kleinmaß-stäbige Perspektive eingenommen. Das Wertvolle am Modell ist, daß viele Naturgesetzlichkeiten qualitativ realistisch nachgebildet werden, so z. B. Klimaeffekte, die von Spurengasen (z. B. CO_2, CH_4) oder geänderten Albedoverhältnissen herrühren. Verschiedene Szenarien (z. B. Wirtschafts-weisen des Menschen) können so durchgerechnet und in ihren Konsequenzen beurteilt werden.

Die Möglichkeit, Managemententscheidungen in ihren Auswirkungen auf das Verhalten von kom-plexen Systemen zu studieren, ergibt sich auch bei „Ökolopoly" (*Vester* 1990). Gegenstand der Be-trachtung sind nun aber nicht die ganze Erde oder mindestens größere Teile von Kontinenten, son-dern einzelne Staaten, und dies nur über kürzere Zeiträume (einige Jahre). Wahlweise wird ein In-dustrie-, Entwicklungs- oder Schwellenland ausgewählt und für jedes Jahr eine Anzahl von Investitionsentscheidungen in den Bereichen Umwelt-, Bevölkerungs- und Bildungspolitik getrof-fen. Diese beeinflußen – über das „gesellschaftliche Wohlbefinden" und die Politik – die Akzeptanz des Managements und damit die Möglichkeiten der Einflußnahme. Je nach Auswirkungen erhält der Spieler schließlich eine Beurteilung seiner Fähigkeit, vernetzt zu denken.

Die genannten Simulationsmodelle sind geeignet, das Verhalten komplexer Systeme verständlich zu machen. Kybernetische Sachverhalte wie Nichtlinearität, Rückkopplung und Gleichgewicht werden auf spielerischem Weg erfahren. Es muß allerdings davor gewarnt werden, die Programme als reine Spiele einzusetzen. Der Erkenntnisgewinn durch die Programme wie auch die Faszination, die von den komplizierten Interaktionen der verschiedenen Systemelemente ausgeht, sind wesentlich

Abb. 2.2.2/5
STELLA-Simulationsmodell für den Wasser- und Stickstoffhaushalt eines Ackerbodens
(Entwurf: *J. Hosang*)

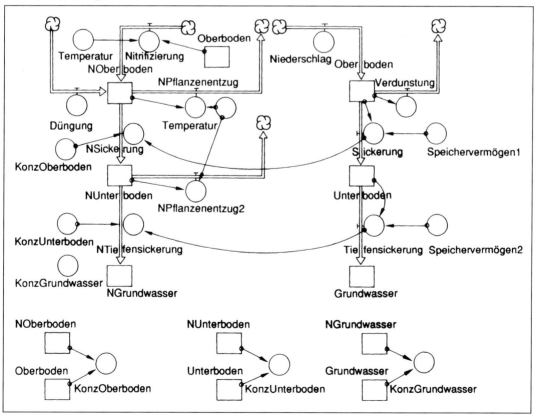

größer, wenn ein grundlegendes Verständnis für die Spiele vorher im Unterricht erarbeitet und so hinter die Kulissen der Programme gesehen wird. So eingesetzt, können didaktische Simulationsmodelle und Simulationsspiele manchen ,Aha'-Effekt auslösen.

Modellierungsumgebung „Stella"
Eine ganz andere Kategorie von didaktischem Werkzeug wird durch „Stella" (High Performance Systems 1990) repräsentiert. Diese Modellentwicklungsumgebung erlaubt es, ohne mathematische Vorkenntnisse selbst Modelle zu bauen, wobei graphische Symbole, die untereinander verbunden werden, die Systemelemente repräsentieren (Speicher, Flüsse und Regler). Wenn ein gedankliches Konzept existiert, wie ein dynamisches System funktioniert, so kann es auf diese Weise einfach nachgebildet werden. Das graphische Resultat ist eine symbolische Systemabbildung (Abbildung 2.2.2/5). Ein Anwendungsbeispiel aus der Geo- bzw. Agrarökologie lieferte *Heeb* (1991).
Computerintern wird das Bild des Systems durch Differenzengleichungen repräsentiert, die bei Simulationen gelöst und die Ergebnisse graphisch oder in Tabellenform dargestellt werden. Es entfällt also das Programmieren der Gleichungen selbst, lediglich über die Verknüpfung der Systemelemente müßen beim Benutzer Ideen vorhanden sein. Einschränkend ist zu bemerken, daß mit „Stella" nur ortsunabhängige Systeme, also nur zeitliche Veränderungen beschrieben werden können (also nur gewöhnliche Differentialgleichungen gelöst werden können). Auch oder gerade im Fall von „Stella" muß aber betont werden, daß es ohne grundlegendes Verständnis der „Mathematik hinter dem System" nicht geht. Aus diesem Grund eignet es sich für den Schuleinsatz nur bedingt, d. h. nur bei genügend mathematischen Grundlagen auf Seiten der Schüler, und wenn die Möglichkeit eines intensiven Arbeitens gegeben ist, also z. B. in Blockkursen oder Praktikumswochen.

Fazit:
Dieses Kapitel sollte zeigen, daß Modelle in zahlreichen Lebensbereichen und traditionell auch in der Schule routinemäßig eingesetzt werden. Ein Querschnitt durch die Ansätze zur Beschreibung von Umweltsystemen zeigte einerseits die Vielfalt der Möglichkeiten der Modellierung, andererseits aber auch einige spezifische und generelle Grenzen von Modellen. Schließlich wurden Anregungen gegeben, wie Modelle als didaktische Werkzeuge im Schulunterricht eingesetzt werden können.

2.2.3 Erd- und Lebensräume als Geoökosysteme (*Helmuth Köck*)

Nachdem Geoökosysteme in den Kapiteln 2.2.1 und 2.2.2 unter dem Aspekt ihrer Modellnatur behandelt wurden, wird in diesem Kapitel gefragt, ob und inwiefern reale Erd- und Lebensräume als Geoökosysteme interpretiert werden können. Als Erdräume gelten dabei alle Systeme bzw. Gefüge zwei- oder dreidimensionaler geosphärischer Lagebeziehungen. Als Lebensräume werden demgegenüber solche Lagesysteme verstanden, die mittelbar oder unmittelbar dem Lebensvollzug dienen. Außer räumlich geschlossen (kontingent), wie zum Beispiel eine Stadt, können Erd- und Lebensräume auch räumlich disloziert sein, wie z. B. der durch die Metropolen der Erde bzw. deren Lagemerkmale konstituierte Raum. Je nach vorherrschenden und damit kennzeichnenden Sachmerkmalen lassen sich die unterschiedlichsten Erd- oder/und Lebensraumtypen unterscheiden, so etwa die Geosphäre, Kontinente, Staaten, Städte, Industrieregionen, Agrargebiete, Böden, Wälder, Flüsse, Seen, Meere, Küstenräume, Gebirge, Klimagebiete, Freizeit- und Erholungsräume, usw.
Inwiefern sollen die so verstandenen Erd- oder/und Lebensräume nun aber, wie in der Überschrift dieses Kapitels angekündigt, als Geoökosysteme betrachtet werden? Sind sie es denn nicht? Ja und Nein!
– Ja insoweit, als die einzelnen Erd- bzw. Lebensräume tatsächlich die Merkmale aufweisen, die für Geoökosysteme definierend und damit kennzeichnend sind. Dazu gehören vor allem die inneren wie die äußeren funktionalen Verflechtungen in Gestalt von Abhängigkeits- sowie Input-Output-Rela-

tionen, die Strukturbeziehungen in Form von An-/Ordnungsmustern, die ökologischen Haushalts- und damit Gleichgewichtsbeziehungen.

– Nein bzw. genauer: nicht nur dagegen insofern, als dieselben Erd- bzw. Lebensräume außer geoökosystemaren auch noch andere Eigenschaften aufweisen. Demnach kann man sie außer als Geoökosysteme z. B. auch als ästhetische Ensembles, als historische Stätten, als Wirtschaftsraumtypen etc. betrachten. Will man – wie in diesem Kapitel – also die geoökosystemaren Eigenschaften von Erd- bzw. Lebensräumen untersuchen, so blendet man deren sonstige Merkmalsschichten aus und sieht an ihnen nur dasjenige, was aus geoökosystemarer Sicht von Belang ist. Mithin sieht man einen Raum dann als das, was die Betrachtungsperspektive ‚Geoökosysteme‘ vorgibt. Von daher sind Geoökosysteme „kognitive Konstrukte und beinhalten als solche schon eine Interpretation der realen Welt durch den Menschen“. Oder umgekehrt: Es gibt in der erdräumlichen Realität „keine (Geoöko-)Systeme in dem Sinne, wie Menschen diese interpretieren“, sondern „Realitätsausschnitte werden vom Menschen als (Geoöko-)Systeme behandelt“ (*Klaus* 1985, S. 1; vgl. auch *Schwarz* 1980, S. 2). Damit entspricht dieser Ansatz der klassischen Idee vom Modell einer – wie auch immer bestehenden – Struktur.

2.2.3.1 *Kriterien für den Geoökosystemcharakter von Erd- und Lebensräumen*

Im folgenden wird also der Frage nachgegangen, ob bzw. inwiefern Erd- bzw. Lebensräume – neben anderem – auch Geoökosysteme sind und mithin – neben anderem – auch als Geoökosysteme betrachtet werden können. Dazu werden einige wichtigste Erd- bzw. Lebensraumklassen beispielhaft daraufhin überprüft, ob in ihnen die für Geoökosysteme kennzeichnenden Merkmale verwirklicht sind. In Anlehnung an *Huggett* (1980, v. a. S. 1–14), *Klaus* (1980; 1985), *Klink* (1972; 1980), *Klug* und *Lang* (1983, v. a. S. 22–40), *Leser* (1991 a, v. a. S. 54–67, 120–143) und *Mosimann* (1984, S. 13–20) wie auch an Kapitel 2.2.1 und 2.2.2 müßten die betreffenden Räume zunächst relative Gesamtheiten von Elementen sein. Diese müßten zueinander wie auch zu Elementen oder Elementgesamtheiten ihrer jeweiligen Außenwelt in funktionalen bzw. Verhaltensbeziehungen stehen. Dabei müßten die Innenbeziehungen die Außenbeziehungen an Intensität deutlich übertreffen, so daß sich die betreffenden Elementgesamtheiten – analog etwa der Beziehung Familie-Außenwelt – von der Außenwelt als strukturell mehr oder weniger geschlossene, funktional jedoch gleichwohl offene Einheiten abgrenzen (lassen).

Die Innenbeziehungen stellen dann sogenannte Abhängigkeitsrelationen dar. Darunter sind ein- oder mehrseitige Wirkungen der Elemente aufeinander zu verstehen. Sie sind Ausdruck und Folge des Umsatzes bzw. der Verarbeitung der vom jeweiligen System aufgenommenen Masse, Energie oder Information und bestehen im Reagieren, Speichern, Regeln, Aufnehmen, Abgeben, Bewegen, Fließen etc. Demgegenüber stellen die systemerhaltenden Außenbeziehungen Input-Output-Relationen dar. Darunter wird die Eingabe (Input) bzw. Abgabe (Output) von Masse, Energie oder Information aus der Außenwelt in das betreffende System bzw. von diesem an die Außenwelt verstanden. Außer diesen Funktions- bzw. Verhaltensbeziehungen müßten die betreffenden Räume auch Strukturrelationen aufweisen. Denn ohne funktionsadäquate innere wie äußere Struktur- bzw. Ordnungsbeziehungen können die betreffenden Elementgesamtheiten nicht funktionieren (vgl. etwa die Anordnung der Bestandteile einer Uhr). Im einzelnen sind dies Beziehungen der Größe, des Gewichts, der Menge, des Abstands, der Lage usw. Über die bisher genannten Eigenschaften hinaus müßten die jeweiligen Räume schließlich noch die ‚ökologische Eigenschaft‘ aufweisen. Diese gilt dann als gegeben, wenn die betreffenden Räume bzw. Elementgesamtheiten stofflich-energetischen Haushaltsbeziehungen und -gesetzlichkeiten unterliegen und ein schwach um einen mittleren Wert schwankendes dynamisches Gleichgewicht bzw. ein Fließgleichgewicht zwischen Inputs und Outputs anstreben bzw. aufweisen.

Diese durch Funktions-, Struktur- sowie Haushaltsbeziehungen gekennzeichneten Elementgesamtheiten müßten dabei je nach Betrachtungsebene dreierlei zugleich sein können: einerseits System, andererseits Untersystem (Element) eines Obersystems, schließlich Obersystem von Untersystemen (Elementen). Auf diese Weise würden sie dann das Kriterium der hierarchischen Systemintegration erfüllen (siehe dazu Abb. 2.1/1).

Als geoökosystemar konstitutive Merkmale und zugleich Prüfkriterien gelten für die weiteren Ausführungen somit: der Charakter einer Elementgesamtheit, die innere wie äußere Verflochtenheit, die innere wie äußere Strukturiertheit bzw. Geordnetheit, die ökologische Haushalts- bzw. Gleichgewichtsbeziehung sowie die hierarchische Integration.

2.2.3.2 Die Geosphäre als Geoökosystem

Betrachtet man zunächst die Geosphäre insgesamt, den größtmöglichen Erd- bzw. Lebensraum also, so sind die Elemente dieser Elementgesamtheit deren sechs Einzelsphären: Litho-, Pedo-, Hydro-, Bio-, Atmo- und Anthroposphäre. Aufgrund der dichten Beziehungen zwischen diesen sphärischen Elementen stellt die Geosphäre ein zu ihrer Außenwelt mehr oder weniger gut abgegrenztes integriertes Wirkungsgefüge dar (*Schmithüsen* 1976, S. 71, 76–78), „das an jedem Punkte der Erdoberfläche dieses Zusammenspiel aller irdischen Sphären aufweist" (*Neef* 1967, S. 11). So wirkt zum Beispiel die Lithosphäre auf die Pedosphäre (Gestein als Ausgangssubstrat der Bodenbildung, Reliefenergie als bodenbildungsrelevanter Faktor, etc.), die Hydrosphäre (Gesteinshärte und Erodierbarkeit, Reliefstruktur und Abflußregime, etc.), die Anthroposphäre (Reliefstruktur und Siedlungsgründung oder Verkehrswegeführung, Gestein als Baumaterial, etc.) oder die Atmosphäre (Reliefstruktur und Niederschlag, Temperatur, Wind, Luftdruck, etc.). Die Atmosphäre etwa beeinflußt ihrerseits sämtliche übrigen Einzelsphären (Verwitterung und Abtragung von Gesteinen, Durchfeuchtung oder Ausblasung des Bodens, Wasserkreislauf, Klimaelemente und Lebensraum, etc.). Gleiches gilt für die Anthroposphäre, die umgekehrt selbst wiederum von allen übrigen Sphären beeinflußt wird. Und so weiter. Und so weiter.

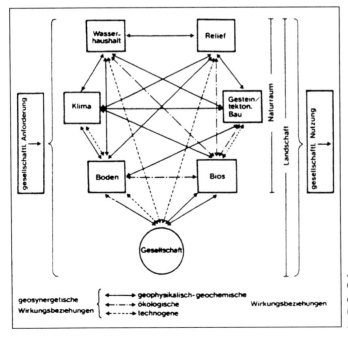

Abb. 2.2.3/1
Geosphärische Verflechtungsstruktur der wichtigsten Umwelt-Kompartimente (verändert nach *G. Haase* aus *H. Klug & R. Lang* 1983, S. 6)

56

Dabei ist diese Wechselwirkung zwischen den einzelnen Sphären jedoch nicht nur vertikal, sondern, wenngleich dann vielfach indirekter Natur, auch horizontal gegeben. Beispiele hierzu sind die äolische oder fluviale horizontale Verfrachtung und Ablagerung von Lockermaterial, die marine Trans- und Regression, der eiszeitliche Rückgang und das nacheiszeitliche Wiedervordringen von Vegetation, der äolische, fluviale oder horizontale Transport von Schadstoffen, Luftmassen, etc. In letzter Konsequenz stehen „alle geographischen Erscheinungen und alle regionalen Ausschnitte der Erdoberfläche ... in einem gesamtirdischen Zusammenhang". „Es existiert kein Teil der Erdoberfläche, der nicht in gesamtirdische geographische Beziehungen eingebunden wäre" (*Neef* 1967, S. 25). Mit *Vester* (1990) muß man die Welt als „vernetztes System" interpretieren (Abb. 2.2.3/1).

Im Vergleich zu dieser dichten Binnenverflechtung ist die Außenverflechtung der Geosphäre räumlich wie zeitlich relativ weitmaschig. Von außen auf die Geosphäre gerichtete Inputs sind dabei etwa Sonneneinstrahlung, kosmische Strahlung, Gravitation, Meteoriteneinfall, magmatische Konvektionsströme aus dem Erdmantel, Ozeanbodenbildung, endogene Krustenverformung etc. Als Outputs der Geosphäre sind zu interpretieren zum Beispiel die Subduktion ozeanischer Kruste in den Erdmantel, die Grabenbildung, der Kreislauf der Gesteine (teilweise), der Vulkanismus, die Gravitation, die Raumfahrt etc.

Dieses innere wie äußere funktionale Zusammenwirken spielt sich in einem sachlich-räumlichen Struktur- und Ordnungsgefüge ab. Für die innere Ordnung der Geosphäre ist dabei die vertikale Überlagerung bzw. Integration der Einzelsphären dominant. Daneben spielen aber auch horizontale Ordnungsmerkmale eine Rolle wie etwa die Land/Meer-Verteilung oder die geozonale Ordnung von Böden, Klima und Vegetation. Die außenwärtige Ordnungsbeziehung der Geosphäre ist dagegen durch Umlagerung des Erdmantels sowie durch die Integration der Erde/Geosphäre in das Sonnensystem gekennzeichnet. Zugleich stellen diese Ordnungsrelationen wiederum teils Bedingungen, teils Folgen der funktionalen Relationen dar.

Schließlich ist das Wirkungssystem Geosphäre auch durch ökologische Haushaltsbeziehungen geprägt. Diese weisen unter ausschließlich natürlichen Bedingungen intern wie außenwärts ein dynamisches Fließgleichgewicht auf (Strahlungsbilanz, Wasserbilanz, Biomassenbilanz, Gravitationsbilanz, isostatische Bilanz, tektonische Bilanz, etc.); durch anthropogene oder physiogene Wirkung erfahren sie jedoch partielle Gleichgewichtsstörungen (Waldsterben, Ozonloch, Grabenbildung, Meteoritenkrater etc.). Letztlich ist auch die hierarchische systemare Integration durch die Geosphäre erfüllt: So kann diese außer als System auch als Subsystem übergeordneter Systeme (Sonnensystem, Galaxie) oder als Obersystem untergeordneter Systeme (Einzelsphären) betrachtet werden. Kann somit die Geosphäre insgesamt (auch) als Geoökosystem interpretiert werden, so gilt dies notwendig auch für sämtliche ihrer Teilräume. An einigen Raumklassen soll dies beispielhaft erläutert werden. Als Beispiele dienen die Staaten, die Flüsse und die Städte.

2.2.3.3 Staaten als Geoökosysteme

Größenstufenabwärts bietet sich zunächst die Betrachtung der Staaten an. Wenngleich deren Interpretation als Geoökosysteme ungewöhnlich erscheinen mag und insofern eine perspektivische Erweiterung etwa gegenüber *Schwinds* (1972) ‚Allgemeiner Staatengeographie' darstellt, so ist sie gleichwohl begründet und im Interesse der Lebensraumerhaltung längst überfällig.

So stellen auch Staaten – wenngleich willkürlich definierte – Elementgesamtheiten dar. Im Sinne des ‚Geographischen Inhalts des Staatsgebietes' *Schwinds* rechnen dazu bekanntlich die Elementklassen Georelief und Bodenschätze, Böden und Vegetation, Gewässer und Klima, Bevölkerung und Siedlungen, Agrar- und Industriewirtschaft oder Infrastruktur und administrative Gebietsgliederung.

Sodann bestehen zwischen diesen Elementen funktionale bzw. Verhaltensbeziehungen. Für diesen Zusammenhang relevante Abhängigkeits- bzw. Binnenrelationen wären die Wechselbeziehungen zwischen Rohstoffvorkommen und Energieversorgung oder Industriestruktur, zwischen wirtschaftlichem Entwicklungsstand und Umweltsituation oder Infrastruktur, zwischen Wirtschaftsverfassung und Bodennutzungs- oder Betriebsstruktur, zwischen Verkehrspolitik/-struktur und verkehrsbedingter Umweltbelastung, zwischen Staatsform und raumwirksamer Staatstätigkeit, zwischen den administrativen Gebietseinheiten innerhalb der sowie zwischen den einzelnen Gliederungsebenen, zwischen Waldbesitzform und Waldwirtschaft/-ökologie, zwischen Eigentums- sowie Baurecht und Siedlungsentwicklung, u. v. a. m.

Als Außen- bzw. Input-Output-Beziehungen sind demgegenüber signifikant: Rohstoff- und Energieversorgung im internationalen Verbund, zwischenstaatliche Güter-, Verkehrs- und Personenströme, grenzüberschreitende Umweltbelastungen zu Land, zu Wasser und in der Luft, staatenübergreifende wasserwirtschaftliche Maßnahmen, internationale Flüchtlingsströme und deren staatlich getragene Regulierung, grenzüberschreitende Raumplanung und Raumproblemlösung, u. a. m.

Was demgegenüber die Struktur- und Ordnungsrelationen betrifft, so weisen die Elemente und Elementbeziehungen staatlicher Systeme sowohl intern wie extern eine Reihe geoökosystemar signifikanter staatlich bestimmter oder zumindest beeinflußter räumlicher Ordnungsprinzipien auf.

So ist es etwa für Verkehrserschließung, Verkehrsströme, Güterströme, Landverbrauch, Umweltbelastung, Wasserversorgung, Infrastrukturausstattung, Touristenströme etc. innerhalb eines Landes von bestimmender Bedeutung, ob das betreffende Land zentralistisch oder föderal, absolutistisch oder demokratisch, bundesstaatlich oder als Staatenbund, mono- oder polyzentrisch verfaßt und organisiert ist. Auch die angestrebte innerstaatliche räumliche Ordnung etwa des Siedlungssystems, der Bevölkerung oder der Industrie ist in hohem Maße eine Funktion auch der jeweiligen Staatsform und hat ihrerseits wiederum Rückwirkungen auf die ökologische Qualität und Funktion eines Landes; die möglichen raumstrukturellen Alternativen mögen hier in Konzentration, dezentraler Konzentration, Dekonzentration oder Dispersion o. ä. bestehen. Analoges gilt hinsichtlich der oft staatlich regulierten räumlichen Ordnung der Wälder, der Verkehrswege, der Kern- oder Heizkraftwerke, o. a. m. Ein weiteres für die raumfunktionale innerstaatliche Ordnung wie auch die hier verfolgte Fragestellung relevantes Ordnungsprinzip bildet schließlich die hierarchische Raumorganisation innerhalb von Staaten. Weitere für diesen Zusammenhang signifikante raumbezogene Parameter sind die Größe der Staatsfläche oder Staatsbevölkerung, die Dichte von Bevölkerung oder Verkehr, Flächenanteil und räumliche Anordnung geomorphologischer, boden- oder klimaspezifischer Gebietstypen etc.

Im Blick auf die außenwärtige räumliche Ordnung ist v. a. die Lagebeziehung zu anderen Staaten oder Staatensystemen, zu Meeren und Ozeanen, zu Boden- und Vegetations-, Klima- und Windzonen, zu Meeresströmungen oder supranationalen Gebirgs- und Flußsystemen für die ökosystemare Situation eines Landes von Belang.

Daß staatliche Elementgesamtheiten nun intern wie untereinander auch ökologischen Haushaltsbeziehungen unterliegen und somit auch aus dieser Sicht als Geoökosysteme betrachtet werden können, belegen die zahlreichen inner- wie zwischenstaatlichen Umweltzerstörungen, wie zum Beispiel die Klima- oder Waldschädigungen, ebenso wie die Bemühungen, diese zu beheben oder zu vermeiden, die zwischenstaatlichen Abkommen über die Nutzung des Wassers grenzüberschreitender Flüsse oder Seen, u. a. m. Rohstoff- und Energiebilanzen, Luftschadstoff- und Waldschadensbilanzen, Wassergütemessungen, inner- wie zwischenstaatliche Verkehrsbilanzen u. a. m. geben Auskunft über die ökologische Situation im jeweiligen Staatsgebiet bzw. Hinweise auf gegebenenfalls erforderliche und staatlich zu initiierende Stabilisierungsmaßnahmen.

Schließlich erfüllen Staaten als Systeme auch das Merkmal der hierarchischen Systemintegration, da sie in sich hierarchieabwärts in administrativ-raumfunktionale Subsysteme untergliedert und hierarchieaufwärts meist in übergeordnete Staatensysteme integriert sind. Mithin können Staaten durchweg sowohl als Systeme wie auch als Obersysteme von Untersystemen und meist auch als Untersysteme von Obersystemen betrachtet werden.

2.2.3.4 Flüsse als Geoökosysteme

Als weiteres, wiederum eine Dimensionsstufe niedriger angesiedeltes Beispiel für den Geoökosystemcharakter von Erd- bzw. Lebensräumen sollen nun die Flüsse herangezogen werden (vgl. *Härle* 1992; *Nehring* 1992; *Wilhelm* 1992). Wie kaum eine andere Raumerscheinung unterliegen sie vielfältigster Nutzung durch den Menschen (Siedlungs-, Wirtschafts-, Verkehrs-, Erholungs-, Versorgungsraum etc.) und stellen somit eines der lebensräumlich bedeutendsten Teilsysteme der Geosphäre dar. Wenngleich der Einzelfluß auf den ersten Blick eher Element denn Elementgesamtheit zu sein scheint, so ist er jedoch gleichwohl auch als Elementgesamtheit anzusprechen. Elemente sind dabei außer dem Wasser selbst bzw. dessen Molekülen sowie dem Flußbett vor allem Schwebstoffe, Geschiebefracht oder Tiere, Pflanzen und Mikroorganismen. Aufgrund ihrer hohen funktionalen wie strukturellen Integration und Dynamik treten die einzelnen fluvialen Elemente bzw. Elementklassen allerdings weniger deutlich in Erscheinung als die Elemente der meisten anderen Typen von Geoökosystemen.

Abb. 2.2.3/2
Schema der Abhängigkeiten und Funktionsbeziehungen in einer Fließgewässer-Biozönose
(nach: *B. Nehring* 1992, S. 32)

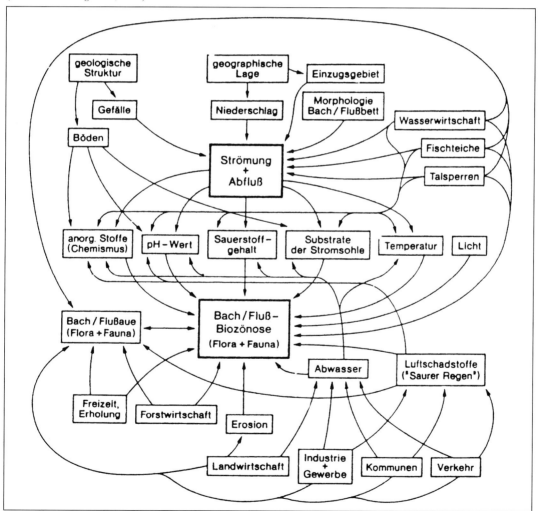

Zwischen diesen Elementen bestehen vielfältige funktionale bzw. Verhaltensbeziehungen (vgl. auch Abb. 2.2.3/2): So verändert das fließende Wasser durch Erosion und Akkumulation das Flußbett; dieses seinerseits wirkt durch die erfahrene Veränderung wiederum auf das Fließverhalten und damit auf Erosions- und Akkumulationsleistung und -weise des Wassers verändernd zurück. Geringe Fließgeschwindigkeit erhöht die Sedimentations-/Akkumulationsrate, die ihrerseits das Gefälle ausgleicht, Ansiedlung von Pflanzen ermöglicht und durch beides die Fließgeschwindigkeit zusätzlich herabsetzt. Der Sauerstoffgehalt von Flüssen beeinflußt deren Selbstregulierungsfähigkeit sowie Tierbestand. Die Funktionskette ließe sich ohne weiteres verlängern.

Desgleichen bestehen auch zwischen einem Fluß und seiner Umgebung vielfältige Wechselbeziehungen (Abb. 2.2.3/2). Soweit diese natürlicher Art sind, belassen sie den Fluß in seinem dynamischen Gleichgewicht. Zu nennen sind hier beispielhaft die Wechselbeziehung zwischen Fluß und Wasserkreislauf mit Verdunstung, Niederschlag und Abfluß, der Stoffaustausch mit der Flußaue über das Grund- oder Oberflächenwasser, die Zufuhr von Bestandteilen der Ufervegetation, die Zufuhr von Wasser aus Nebenflüssen oder aus der Schneeschmelze. Sind diese Wechselbeziehungen dagegen anthropogener Natur, überschreiten die Inputs vielfach die Selbstregulierungsfähigkeit der Flüsse und führen so zu zeitweiliger oder dauerhafter Gleichgewichtsstörung. Einwirkungen bald verträglicher, bald unverträglicher Art sind dabei u. a. Uferbebauung, Kanalisierung, Schadstoff- und Abwassereinleitung, Laufregulierung, Stauhaltung etc.

Ökologische Reaktionen der Flüsse bestehen dann zum Beispiel in der Zunahme von Anzahl und Höhe der Hochwasser, im Fischsterben, in der Eutrophierung stiller Partien, in der Erschwernis der Wiederaufbereitung des Wassers für Trink- und Brauchwasser, in der Wasserstandsänderung mit entsprechenden Folgen für Ufervegetation, Aue oder Schiffahrt. Angesichts dieser vielfach erheblichen Überbeanspruchung verwundert es nicht, daß gerade Flüsse am häufigsten ökologisch kritische Zustände aufweisen und Maßnahmen zur Stabilisierung erforderlich machen. Was die Struktur- bzw. Ordnungsbeziehungen von Flüssen betrifft, so sind sie – läßt man anthropogene Einflüsse zunächst einmal außer Acht – rein naturgesetzlich bestimmt und speziell physikalisch-chemischer bzw. biotischer Art. Zu nennen sind hier – mit Blick auf die innere räumliche Ordnung – die Längszonierung von Struktur und Funktion der Lebensgemeinschaften, die vertikale Schichtung von Temperatur, Fracht oder Lebewesen, vertikale wie horizontale Zirkulationsstrukturen, Fließgeschwindigkeitsgefälle vom Stromstrich zu den Rändern, Strömungs-, Transport- und Sauerstoffabnahme bzw. Akkumulationszunahme von der Quelle zur Mündung etc. Die außenwärtige Ordnung wird demgegenüber bestimmt durch die Integration der Flüsse in die catenaförmige Ordnung von Flußaue oder Flußtal, in die Ordnung des jeweiligen Abflußregimes, in die Hierarchie des zugehörigen Flußsystems, in das regionale oder überregionale System der Flüsse, in das Georeliefsystem, durch die Ausrichtung auf die zugehörige Erosionsbasis, o. ä. m.

Zugleich ergibt sich aus dem Gesagten im Blick auf die vertikale hierarchische Integration, daß jeder Fluß in der Regel außer als System auch als Subsystem des jeweils übergeordneten Flußsystems betrachtet werden kann. Darüber hinaus ist er aber zugleich auch Obersystem, und zwar der in ihm integrierten Teil- bzw. Subsysteme wie Wasser, Bett, Fauna, Flora etc. bzw. der in ihn mündenden Nebenflüsse.

2.2.3.5 Städte als Geoökosysteme

Ein letztes und größenmäßig erneut eine Stufe kleineres Beispiel bilden die Städte. Rein quantitativ stellen sie den wichtigsten Lebensraum überhaupt dar, und qualitativ sind sie Hauptmotor des Menschheitsfortschritts wie allerdings auch Hauptverursacher der Menschheitsprobleme.

Städte werden länger schon als Geoökosysteme betrachtet (vgl. z. B. *Adam* 1984; 1985; 1988; *Barner* 1983, pass.; *Köck* 1992, S. 48–58; *Leser* 1991 a, S. 426–435). Ihr Charakter als Elementgesamtheit ist

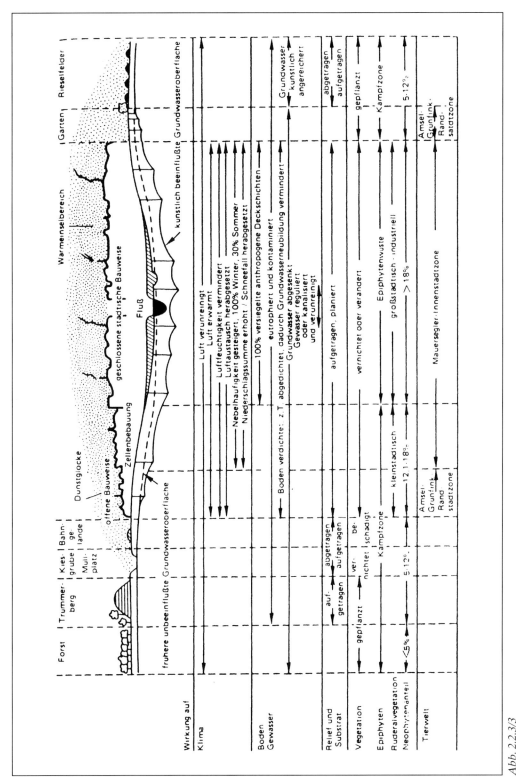

Abb. 2.2.3/3
Geoökofaktoren und deren Wirkungsbereiche im Geoökosystem Stadt
(aus: *H. Leser* 1991 a, S. 426, nach verschiedenen Autoren verändert)

dabei leicht einsehbar: Häuser und Gebäude der unterschiedlichsten Funktion, Stadtviertel unterschiedlichsten Typs, Straßen, Grünflächen, Verkehrsmittel, Personen u. v. a. m. stellen die wichtigsten innerstädtischen Elementklassen dar und aggregieren sich aufgrund ihrer räumlichen Vergesellschaftung augenscheinlich zur Elementgesamtheit Stadt.

Auch die stadtspezifischen funktionalen Beziehungen, und zwar Binnen- ebenso wie Außenbeziehungen, sind großenteils unmittelbar beobachtbar. Binnenverflechtungen werden dabei durch die Verkehrs-, Passanten-, Beschäftigten-, Versorgungs-, Güter-, Schadstoff-, akustischen Ströme etc. mit ihren jeweiligen geoökosystemar relevanten Wirkungen hergestellt. Gespeist wird dieses innerstädtische Verflechtungssystem durch entsprechende Inputs der städtischen Umwelt in Gestalt von wiederum Verkehrs-, Güter-, Luft-, Energie-, Wasser-, Beschäftigten-, Versorgungsströmen etc. Entlastung der Stadt erfolgt dagegen durch entgegengesetzten Verlauf einiger der genannten Ströme, die dann die Qualität von Outputs annehmen, sowie weiterhin durch Schadstoff-, Abfall-, Touristenströme usw. mit für die Umwelt vielfach belastenden Wirkungen.

An räumlichen Struktur- und Ordnungsprinzipien dieser Elemente bzw. Elementbeziehungen sind u. a. zu nennen: das konzentrische, das sektorale, das mehrkernige, das radiale, das Gradient-, das Kreislauf-, das Gitterprinzip. Dabei gelten die meisten der genannten Prinzipien sowohl für die Binnen- als auch für die Außenbeziehungen der Stadt. Daß dieses innerstädtische wie stadtübergreifende Funktions- und Strukturgefüge teils physiogenen, teils anthropogenen ökologischen Haushaltsbeziehungen unterliegt, wird am offenkundigsten durch die Abweichungen von deren dynamischem Mittelwert: Verkehrsinfarkt, Dunstglocke, Smog, Bodenversiegelung, Grundwasserabsenkung und -verschmutzung, gesundheitsschädlicher Lärmpegel, Wärmeinsel, Hitzestreß o. a. m. sind wohl die bekanntesten Beispiele (Abb. 2.2.3/3). Vor diesem Hintergrund ist es denn nur folgerichtig, wenn sich die Stadtplanung in zunehmendem Maße als ökologische Stadtplanung versteht.

Als Geoökosystem ist die Stadt – im Sinne des Hierarchisierungskriteriums – einerseits zugleich Obersystem; denn in sich läßt sie sich auf mehreren Ebenen in Subsysteme untergliedern. Andererseits ist die Stadt jedoch auch Untersystem, wobei als Obersystem dann das jeweilige regionale oder überregionale Städtesystem, der übergeordnete Natur- oder Kulturraum, der Stadt-Umland-Verbund u. ä. m. gelten können.

2.2.3.6 Fazit

Als Fazit dieser Skizze von nach Art und Größe unterschiedlichen Klassen von Erd- bzw. Lebensräumen – stellvertretend für letztlich alle Erd- bzw. Lebensraumklassen – kann angesehen werden:
- Jeder Erd- bzw. Lebensraum stellt (auch) ein Geoökosystem dar, da er die für Geoökosysteme konstitutiven Merkmale Elementgesamtheit, Binnen- wie Außenverflechtung, Strukturiertheit bzw. Geordnetheit sowie ökologische Haushalts- und Gleichgewichtsbeziehung aufweist. Näher konkretisiert wurde dies hier am Beispiel der Geosphäre als oberstem System sowie an den Subsystemklassen Staat, Fluß und Stadt.
- Erhaltung oder Wiederherstellung des Fließgleichgewichts des jeweiligen Erd- bzw. Lebensraumes sind nur möglich unter der Voraussetzung dessen Verständnisses als Geoökosystem und des daraus abgeleiteten geoökosystemar verträglichen Raumverhaltens.
- Zu diesem Zweck muß jedes beabsichtigte Raumverhalten im Sinne einer Simulation bzw. Prognose auch daraufhin getestet werden, welche Reaktionen es im jeweiligen Erd- bzw. Lebensraum vermutlich auslösen wird, ob die gegebenenfalls zu erwartenden Reaktionen systemverträglich sind, wie das geplante Raumverhalten gegebenenfalls zu ändern ist, falls mit systemunverträglichen Reaktionen gerechnet werden muß, etc.

Wie fern der Mensch solch idealem Raumverhalten allerdings noch ist, zeigt in erschreckendem Maße der heutige und erst recht wohl der zukünftige Zustand der Erde. Um so offenkundiger aber ist, daß an der Befähigung und Erziehung des Menschen zu geoökosystemar verträglichem Raumverhalten eben deshalb kein Weg vorbeiführt.

2.2.4 Methodik geoökologischen Forschens (*Armin Rempfler*)

Ausgangspunkt und Voraussetzung geoökologischer Grundlagenforschung ist das *systemtheoretische Verständnis* von Geo- und Biosphäre (siehe dazu Kap. 1 und 2.2.3). Vor diesem Hintergrund geht es im folgenden zunächst darum, das Verständnis dieses Forschungsansatzes zu vermitteln, in-

Abb. 2.2.4/1
Das Geoökosystem als zentraler Gegenstand geoökologischer Grundlagenforschung
(Entwurf: *A. Rempfler*)

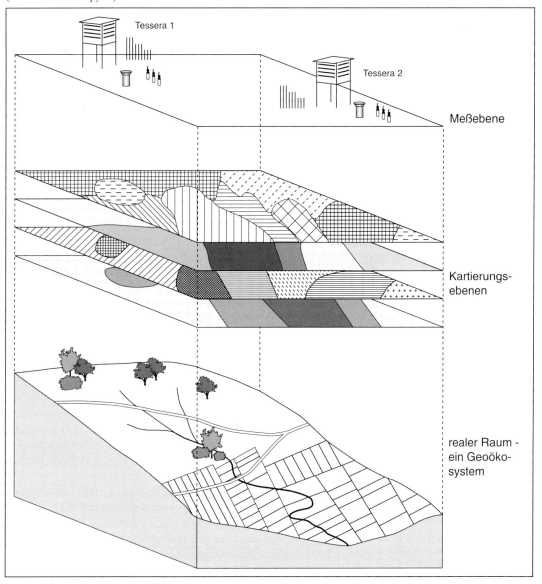

dem die wesentlichen methodischen Grundzüge moderner geoökologischer Forschung sowie die Grundprinzipien der Denkweise, welche ihnen zugrunde liegen, dargestellt werden (Kap. 2.2.4.1). Anschließend werden Ideen und Vorschläge zusammengetragen, wie die geoökologische Denkweise ins Schulzimmer getragen werden könnte (Kap. 2.2.4.2).

Die geoökologische Grundlagenforschung definiert das *Geoökosystem* im Sinne eines dreidimensionalen Ausschnittes der Landschaftshülle der Erde als zentralen Forschungsgegenstand (Abb. 2.2.4/1). Sie zielt darauf ab, den beiden Grunddimensionen eines solchen Systems, der *Strukturdimension* einerseits und der *Prozeßdimension* andererseits, gerecht zu werden. Das heißt, daß die Strukturmerkmale eines Geoökosystems überwiegend mit Kartiertechniken erfaßt und zum Teil mit Labormessungen ergänzt werden. Es kann sich dabei sowohl um relativ stabile Merkmale wie Georelief, Boden oder Vegetation handeln als auch um weniger stabile wie Nährstoffreserven im Boden oder Mächtigkeit einer Schneedecke. Die strukturelle Erfassung gibt Aufschluß darüber, mit welchen Elementen ein System ausgestattet ist und wie diese organisiert und miteinander verknüpft sind. Die Prozeßmerkmale eines Geoökosystems werden demgegenüber in erster Linie durch Messung erfaßt, daneben allerdings auch, soweit möglich, kartiert. Da aber Merkmale wie Luft- und Bodentemperatur, Bodenfeuchtegang oder Nährstoffkonzentration in der Bodenlösung nicht weitflächig faßbar sind, werden mehrere sog. „*Tesserae*" oder „*Meßgärten*" errichtet. Diese sind mit einer Fülle von Meßgeräten in weitgehend identischer Zusammenstellung ausgestattet. Sie liefern punktuelle Aussagen über horizontal und vertikal gerichtete Prozesse im System, welche für das Funktionieren der Stoff- und Energieaufnahme, deren Umsatz und Abgabe verantwortlich sind. Sie geben auch Aufschluß darüber, welche Input-Output-Beziehungen vorhanden sind, wie die Prozesse geregelt werden, ob Gleichgewichtsstörungen vorhanden sind und wie die System-Outputs auf die Systemumwelt wirken. Durch die Tatsache, daß die Strukturmerkmale eines Systems auf diese Weise weitflächig, die Prozeßmerkmale aber nur punktuell bekannt werden, entsteht ein entscheidendes methodisches Problem. Es kann nicht ausgeblendet, sondern muß überwunden werden, denn die Geoökologie ist an deren gegenseitigen *Wechselbeziehungen* besonders interessiert. Möglichkeiten zu einer ausgedehnteren Erfassung einzelner Prozeßmerkmale ergeben sich durch die Ergänzung der Tesserae mit temporären, z. T. „wandernden" Meßnetzen oder mit Catena-Serien, d. h. Meßgeräteinstallationen als Hangabfolgen. Immer häufigere Anwendung zur Lösung dieses Problems finden auch Fernerkundungsmethoden sowie geostatistische Verfahren.

So vielschichtig wie die Datenerhebung in der geoökologischen Forschung ist, erweist sich die Ergebnisdarstellung. Geoökologische Sachverhalte werden überwiegend kartographisch präsentiert. Die meist *großmaßstäbigen Karten* (1 : 10000 und größer) liefern parzellenscharfe Aussagen über strukturelle Einzelmerkmale (z. B. Bodentypen), über Merkmalskomplexe (z. B. Bodenformen) bis hin zu Angaben über geoökologische Prozeßmerkmale (z. B. Wasserhaushalt). Die an den Tesserae untersuchten Standorttypen werden nach strukturellen Merkmalen und nach Prozeßkennwerten in genormten Standortblättern graphisch dargestellt und zur *Standortkartei* zusammengefaßt. Es handelt sich dabei um die zentrale Datensammlung der geoökologischen Untersuchung. Über diese statischen Beschreibungen hinaus zeigen *geoökologische Funktionsanalysen* dynamische Zusammenhänge im Geoökosystem auf. Die *geoökologische Synthese* kennzeichnet schließlich den Systemzusammenhang und das Systemverhalten des gesamten Geoökosystems. Fernziel dieser Synthese ist eine *quantitative Modellierung* von Geoökosystemen auf realer Datengrundlage und deren Simulation (siehe dazu Kap. 2.2.1 und 2.2.2).

Das vielschichtige Vorgehen bei der Datenerhebung und Ergebnisdarstellung stellt ein methodisches Grundprinzip der geoökologischen Systemforschung dar. Es macht es möglich, so hochkomplexe Gebilde, wie es Geoökosysteme sind, annähernd zu erfassen und darzustellen. Die Bedeutung dieses Grundprinzips liegt in der Erkenntnis, daß einzelne geoökologische Sachverhalte in ihrem ganzen Ausmaß nur unter Berücksichtigung ihrer *Systemeigenschaft* verstanden werden können. Dies gilt sowohl für physiogene Sachverhalte wie etwa Bodenbildung oder Grundwasserneubildung als auch für anthropogene wie Bodenversiegelung, Bodenerosion oder Grundwasserverschmutzung. Bedeutender noch ist die Erkenntnis, daß der Mensch als Bestandteil, Nutzer und Gestalter von Geoökosystemen (Kap. 2.2.3) auf deren Fortbestand und Funktionieren angewiesen ist. Folglich muß er seinen Beitrag dazu leisten, um Systemfunktionen aufrechtzuerhalten und -störungen zu beheben. Dies setzt systemadäquates Verhalten und die Kenntnis voraus, wie die jeweiligen Systeme ausgestattet sind und funktionieren.

Fazit:
Die geoökologische Grundlagenforschung liefert aufgrund ihres *vielschichtigen* und *systemaren* Ansatzes wichtige Erkenntnisse über die *strukturelle Ausstattung* von Geoökosystemen, die darin ablaufenden *Prozesse* sowie über deren *Wechselbeziehungen*. Damit bietet sie der Schule interessante Ansatzpunkte sowohl auf didaktischer als auch auf methodischer Ebene.

2.2.4.1 Geoökologische Grundlagenforschung

Die geoökologische Grundlagenforschung ist ein multidisziplinärer Fachbereich und hat sich aus den Traditionsfächern Geographie und Biologie enwickelt. Arbeiten der Biogeochemie, Geoökolo-

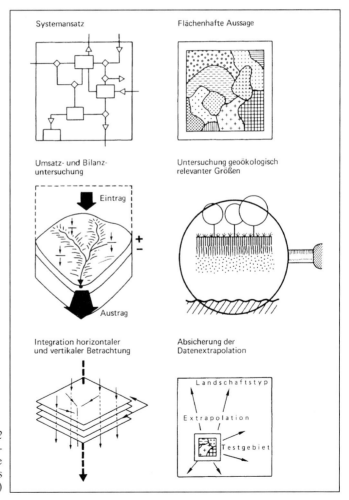

Abb. 2.2.4/2
Methodische Grundprinzipen der Landschaftsökologischen Komplexanalyse
(verändert nach *T. Mosimann* aus *H. Leser* 1991a, S. 325)

gie, Hydro-, Klima- und Pedoökologie sind oft untrennbar miteinander verknüpft und lassen sich nicht eindeutig einem Bereich zuordnen. Im Gegensatz zu den Fächern Geographie und Biologie, die einigermaßen konsequent den *raumbezogenen* ökologischen Ansatz verfolgen, verlieren andere Fachrichtungen oft den Raumbezug; zudem arbeiten sie häufig zu separativ und rücken damit von der Grundidee der *gesamtheitlichen (holistischen)* Betrachtung der Umweltsysteme ab.

Basismethodiken zur näheren Erforschung der Struktur- und Prozeßdimension eines Geoökosystems bilden bei *Mosimann* (1984) und *Leser* (1991a) die *„Landschaftsökologische Komplexanalyse"* und der *„Geoökologische Arbeitsgang"*.

a) Die *„Landschaftsökologische Komplexanalyse"* (LKA)

Die LKA ist zentrales Forschungsprinzip der Geoökologie mit dem Ziel, das Wirkungsgefüge eines Geoökosystems als Funktionseinheit zu erfassen und möglichst weitgehend quantitativ darzustellen. Sie verfügt über gewisse, immer wiederkehrende *methodische Grundprinzipien*, die auch bei problembezogenen methodischen Schwerpunktsetzungen von Einzeluntersuchungen berücksichtigt werden (Abb. 2.2.4/2):

- Die LKA basiert auf dem *Systemansatz*. Das Geoökosystem wird als Wirkungsgefüge von Speichern (z. B. Boden), Reglern (z. B. Georelief) und Prozessen (z. B. Niederschlag) erfaßt.
- *Wasser- und stoffhaushaltliche* Betrachtungen stehen im Mittelpunkt geoökologischer Untersuchungen. Wasserhaushaltsumsätze und -bilanzen bilden die Voraussetzung für stoffhaushaltliche Umsatz- und Bilanzbestimmungen.
- Der raumbezogene Ansatz der LKA integriert *horizontale* und *vertikale* ökologische Funktionszusammenhänge. Der Einzelstandort und seine Untersuchung in Meßgärten stellen dabei nur einen methodischen Teilschritt im Rahmen der Gesamtuntersuchung eines Geoökosystems dar.
- Die LKA verlangt eine *flächenhafte Aussage*, die in ihrer Dichte dem Arbeitsmaßstab entspricht. Diese Forderung gilt sowohl für die strukturelle („statische") Ausstattung des Untersuchungsgebietes als auch für die „dynamischen" Prozeßkennwerte.
- Das Arbeiten in der topischen Dimension (vgl. Kap. 2.1) erfordert ein *dimensionsbezogenes* Instrumentarium und liefert *dimensionsbezogene* Ergebnisse. Nur bestimmte Größen haben auf dieser Maßstabsebene geoökologische Relevanz und werden deshalb erhoben:
  - Strukturgrößen wie Reliefeigenschaften, Gründigkeit, Nährstoffreserven, etc.;
  - Prozeßgrößen mit Kennwertcharakter wie Bodenfeuchte, Nährstoffkonzentration in der Bodenlösung, Bodentemperatur, etc.;
  - Bilanzgrößen wie Niederschlag, Abfluß, Verdunstung, etc.
- Für die überwiegend punktuell erfaßten Meßdaten stellt sich das *Extrapolationsproblem*. Im Rahmen der LKA werden die an den Tesserae erhobenen Daten auf die entsprechenden, strukturell gleichartigen Flächen übertragen. Hilfe bieten auch zusätzliche Meßnetze, Fernerkundungsdaten und geostatistische Verfahren.

b) Der *„Geoökologische Arbeitsgang"* (GAG)

Der GAG repräsentiert den *konkreten Arbeitsablauf* der LKA und wird damit zum Kernstück der geoökologischen Methodik. Seine methodischen Grundprinzipien wurden bereits in Kapitel 2.2.4 kurz erläutert und sollen hier eingehender betrachtet werden (Abb. 2.2.4/3):

- Mit der *landschaftsökologischen Vorerkundung* erfolgt eine erste Kontaktnahme mit dem Arbeitsgebiet, in der Grobaufnahmen vorgenommen werden. Mit Hilfe allgemeiner Regionalkenntnisse und bereits vorhandenen (Karten-)Materials werden erste großmaßstäbige Karten entworfen, um die Konzeptphase vorzubereiten.
- In der Konzeptphase wird ein graphisches Konzeptmodell in der Form eines *Standortregelkreises* formuliert (Abb. 2.2.4/4). Der Regelkreis dient als Arbeitsplan und bestimmt mit den Vorerkundungen die Auswahl der Tesserae und der damit verbundenen Meßpläne, eventuelle Meßnetze und Catenen sowie detaillierte Kartierungen.

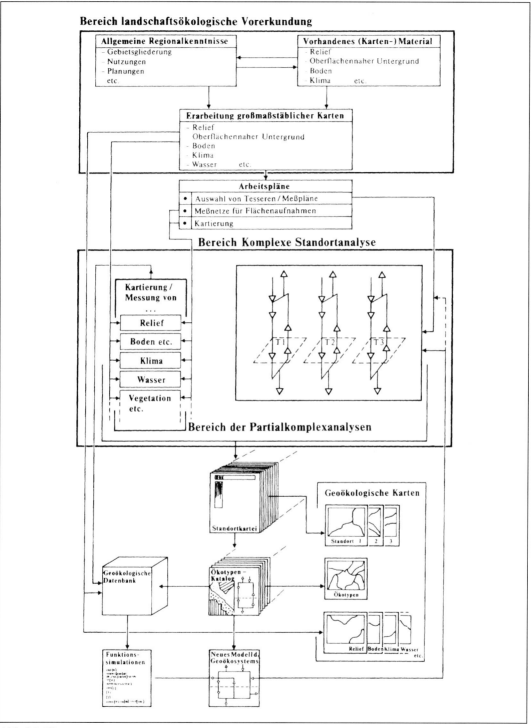

Abb. 2.2.4/3
Methodische Grundprinzipien des Geoökologischen Arbeitsganges
(aus: *H. Leser* 1983, S. 220)

– Kernstück der Hauptphase bildet die *Komplexe Standortanalyse*. Mittels dieser Analyse werden an dem für eine geoökologische Raumeinheit repräsentativen Standort Prozesse in ihrem horizontalen und vertikalen Funktionszusammenhang ermittelt. Die Repräsentativität bezieht sich auf Strukturmerkmale wie Relief- und Höhenlage, Exposition, Boden- und Vegetationsmerkmale, etc. Meßplatz ist die Tessera (Abb. 2.2.4/5). Erfahrungsgemäß werden etwa fünf bis sechs Tesserae eingerichtet, um die wichtigsten Strukturtypen eines geoökologischen Arbeitsgebietes zu repräsentieren, wobei die maximale Größe eines sinnvoll betreubaren Gebietes in der gemäßigt-humiden Klimazone bei etwa 10 km^2 liegt.

– Parallel zur Feldarbeit laufen *Laborarbeiten* (bodenphysikalische und -chemische Analysen, Wasseranalysen) und die *Partialkomplexanalysen*. Die entsprechenden Partialkomplexe sind als im Geoökosystem modellierbare Schichten im Standortregelkreis definiert (vgl. Abb. 2.2.4/4: Bodennahe Luftschicht, Schneedecke, Vegetation, Auftauschicht im Substrat- und Mineralbodenbereich, etc.) und werden nun detailliert erfaßt. Sie dienen zur Ausscheidung klimatischer, hydrologischer, vegetationsgeographischer, bodengeographischer, u. a. Raumeinheiten.

– Geoökologische „Beschreibungen" in Form von *Partialkomplexkarten* (Geomorphologische Karte, Bodenkarte, etc.) und Standortblättern (Abb. 2.2.4/6) stellen den ersten Schritt der Auswertungsphasen dar. Die Zusammenfassung von Standortblättern zur *Standortkartei* war in der frühen Phase der modernen Geoökologie das eigentliche Arbeitsziel; heute bildet diese Art der Ergebnisdarstellung einen zentralen Baustein der weiteren Auswertearbeit.

– *Geoökologische Funktionsanalysen* geben Aufschluß über die Wasser- und Stoffbilanzen eines Standorts (Abb. 2.2.4/7) oder eines ganzen Einzugsgebietes sowie über die Beziehungen zwischen den gemessenen Prozeßgrößen und den kartierten Strukturmerkmalen.

– Die *geoökologische Synthese* stellt den letzten Schritt in der Auswertungsphase dar. Dazu gehören die *Ökotypenkarten*, in denen regelhaft auftretende *Geoökotope* als räumliche Vertreter des Geoökosystems ausgeschieden werden. Ebenfalls an diese Stelle gehören der *„gefüllte" Standortregelkreis* (Abb. 2.2.4/8) sowie sämtliche *quantitative Modelle*. Die Bedeutung dieser abschließenden Synthese liegt in
  – der Ordnung: Ausscheidung von Geoökosystemtypen;
  – der Zusammenfassung: Integration der geoökologischen „Beschreibungen" und Funktionsanalysen zu einer Gesamtdarstellung;
  – der Abstrahierung: Beschreibung der wesentlichen geoökologischen Ordnungsfaktoren und Funktionsmechanismen.

c) Verbindungen der geoökologischen Grundlagenforschung zu Umweltschutz und Schule
Die geoökologische Grundlagenforschung besitzt aufgrund ihres Forschungsgegenstandes (Geoökosystem = Umweltsystem) und ihrer Ziele sowie aufgrund ihrer entwickelten Methoden enge Verbindungen mit dem Umweltschutz (vgl. Kap. 2.3). Ihre Ergebnisse sind streng naturwissenschaftlich erarbeitet und immer raumbezogen; sie beziehen sich auf Größenordnungen, die der allgemeinen Arbeitsebene des Praktikers entsprechen. Zudem sind sie quantitativ, prozeßbezogen, flächenhaft und in verschiedener Weise kombinierbar; hieraus ergibt sich eine *vielseitige Anwendbarkeit*. Die geoökologischen Grundlagen sind aber oft nur in mangelnder Weise übertragbar, weil die „praktische" Seite die Ziele und Schwerpunkte ihrer Arbeit nicht auf die Theorien, Methoden und Modelle der Forschung ausrichtet oder weil die „theoretische" Seite eine praxisorientierte Bewertung ihrer Grundlagen unterläßt.
Eine ähnliche Gefahr droht bei der Anwendung von geoökologischen Methoden in der Schule: Im Zentrum sollen *nicht die Methoden um ihrer selbst willen* stehen; sie dürfen lediglich ein *Mittel* sein, um das *Interesse am funktionalen Verständnis von Geoökosystemen zu wecken* und dadurch zu lernen, (selber) erarbeitete Ergebnisse zu bewerten und daraus praktische Handlungsmöglichkeiten abzuleiten. Wenn Lehrerinnen und Lehrer die geoökologische Denkweise erfolgreich in die Schule

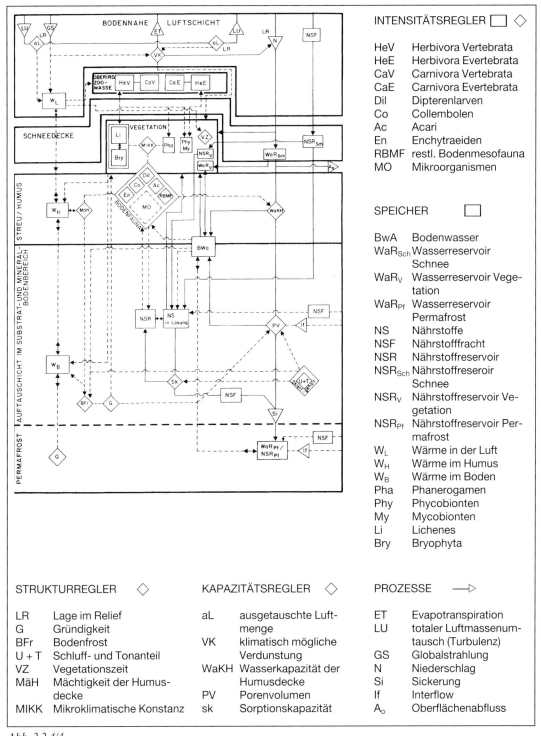

INTENSITÄTSREGLER ▢ ◇

HeV	Herbivora Vertebrata
HeE	Herbivora Evertebrata
CaV	Carnivora Vertebrata
CaE	Carnivora Evertebrata
Dil	Dipterenlarven
Co	Collembolen
Ac	Acari
En	Enchytraeiden
RBMF	restl. Bodenmesofauna
MO	Mikroorganismen

SPEICHER ▢

BwA	Bodenwasser
WaR$_{Sch}$	Wasserreservoir Schnee
WaR$_V$	Wasserreservoir Vegetation
WaR$_{Pf}$	Wasserreservoir Permafrost
NS	Nährstoffe
NSF	Nährstofffracht
NSR	Nährstoffreservoir
NSR$_{Sch}$	Nährstoffreseroir Schnee
NSR$_V$	Nährstoffreservoir Vegetation
NSR$_{Pf}$	Nährstoffreservoir Permafrost
W$_L$	Wärme in der Luft
W$_H$	Wärme im Humus
W$_B$	Wärme im Boden
Pha	Phanerogamen
Phy	Phycobionten
My	Mycobionten
Li	Lichenes
Bry	Bryophyta

STRUKTURREGLER ◇

LR	Lage im Relief
G	Gründigkeit
BFr	Bodenfrost
U + T	Schluff- und Tonanteil
VZ	Vegetationszeit
MäH	Mächtigkeit der Humusdecke
MIKK	Mikroklimatische Konstanz

KAPAZITÄTSREGLER ◇

aL	ausgetauschte Luftmenge
VK	klimatisch mögliche Verdunstung
WaKH	Wasserkapazität der Humusdecke
PV	Porenvolumen
sk	Sorptionskapazität

PROZESSE ⟶

ET	Evapotranspiration
LU	totaler Luftmassenumtausch (Turbulenz)
GS	Globalstrahlung
N	Niederschlag
Si	Sickerung
If	Interflow
A$_o$	Oberflächenabfluss

Abb. 2.2.4/4
Beispiel eines Standortregelkreises – Arbeitsplan für geoökologische Feldforschung in der Hocharktis
(verändert nach *H. Leser* aus *A. Rempfler* 1989, S. 17)

69

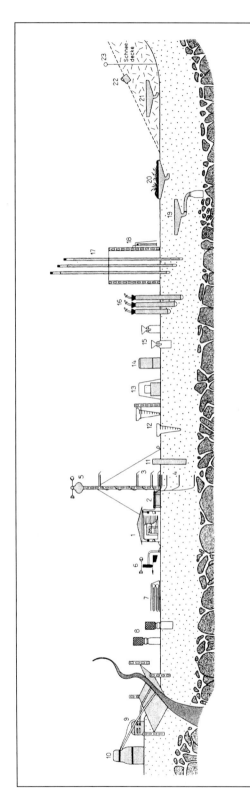

1. Wetterhütte mit Thermohygrograph, Max.-/Min.-Thermometer, Thermistor, Feuchtesonde. Höhe: 10–15 cm über Bodenoberfläche (BOF). – 2. Drei SQUIRREL-Datalogger für Wetterhütte, Luft- und Bodentemperatur. – 3. Vier SQUIRREL-Luftthermistoren mit Strahlungsschutz. h = 0, 15, 20, 120 cm ü. BOF. – 4. Vier SQUIRREL-Bodenthermistoren. Bodentiefe (BT): 1, 10, 25 bzw. 30, 35, bzw. 60 cm. – 5. Windwegmesser in 150 cm h (an anderer Tessera auch WOELFLE-Windschreiber). – 6. SQUIRREL-Windwegmesser und -richtungsmesser. h = 50 cm. – 7. Max.-/Min.-Thermometer mit Strahlungsschutz. h = Bodenoberfläche. – 8. Nebelfänger nach GRUNOW. h = 30 und 50 cm. – 9. ISCO-Flowmeter (Modell 2870). – 10. ISCO-Sampler (Modell 2700). – 11. Grundwasserstandsrohr. t = 10 bis 30 cm. – 12. DIEM-Regenmesser. h = 5 und 40 cm. – 13. Drei Tankevaporimeter nach MOSIMANN. h = 20 cm. – 14. HELLMANN-Regenmesser. h = 45 cm. – 15. Sammler für Niederschlagswasserproben. h = 20 und 30 cm. – 16. Neun bis zwölf Saugkerzen. Immer je drei in 10, 15 bzw. 20, 30, 40 bzw. 45 cm t. – 18. PICHE-Evaporimeter mit Strahlungsschutz. h = 10 cm. – 19. Boden-Trichterlysimeter. t = 10 bis 20 cm. – 20. Vegetations-Trichterlysimeter. t = 5 bis 8 cm unter Vegetationsschicht. – 21. Schnee-Trichterlysimeter. Variable Höhe, je nach Schneedeckenmächtigkeit, jedoch immer möglichst oberflächennah. – 22. Entnahmestelle für Oberflächenschneeproben. – 23. Punkt für Schneehöhenmessung.

Abb. 2.2.4/5
Einrichtung eines geoökologischen Meßplatzes („Tessera") – Beispiel Hocharktis (nach: *A. Rempfler* 1989, aus *H. Leser* et al. 1993c, S. 10)

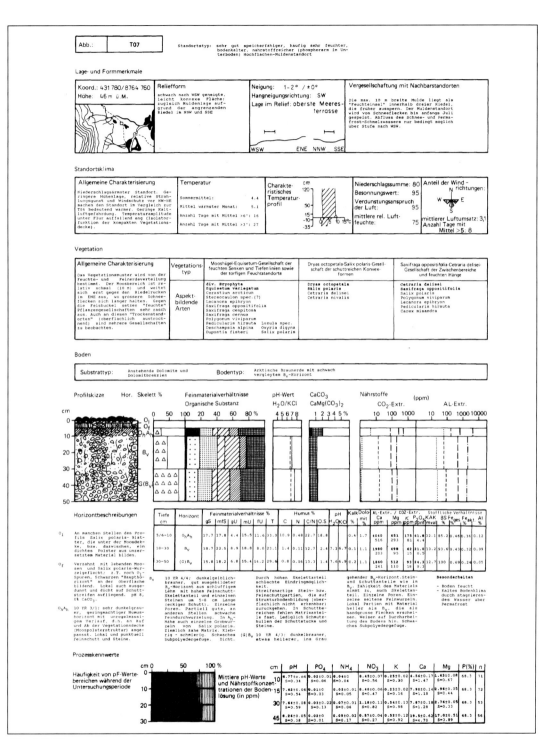

Abb. 2.2.4/6
Geoökologisches Standortaufnahmeblatt-Ergebnisdarstellung und Ergebnisübersicht. Ein Beispiel aus der Hocharktis
(aus: A. Rempfler 1989, S. 26/27)

71

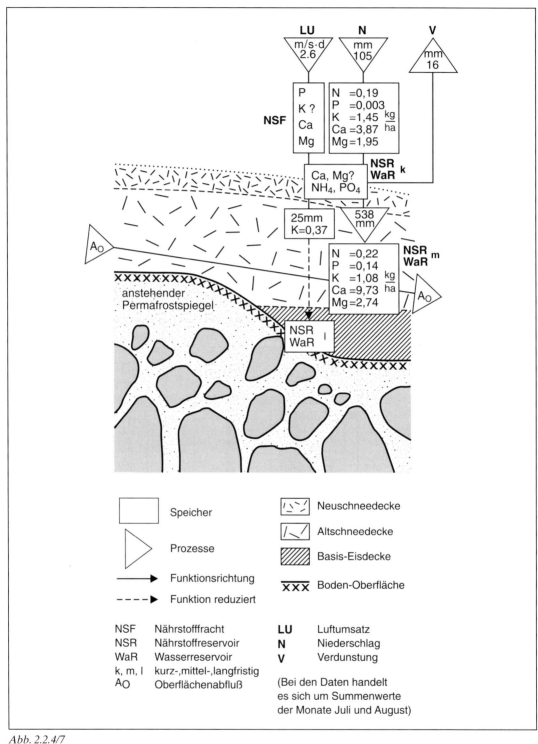

Abb. 2.2.4/7
Wasser- und Stoffbilanz einer Schneedecke – Ausschnitt aus dem Standortregelkreis für die Hocharktis
(verändert aus *A. Rempfler* 1989)

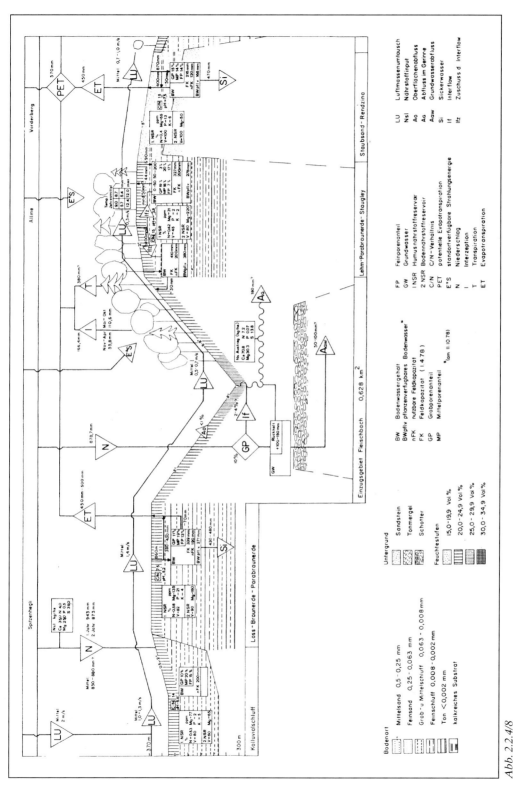

Abb. 2.2.4/8
Der „gefüllte" Standortregelkreis – Arbeitsergebnis aus einer mitteleuropäischen Lößlandschaft
(verändert aus *T. Mosimann* 1980, Kartenband, Abb. 46)

73

Tab. 2.2.4/1: Unterschiede zwischen geoökologischer Grundlagenforschung und geoökologischer Arbeitspraxis auf der Schulstufe

Grundlagenforschung	Schulebene
Wissenschaftstheoretischer Bezug	Thematischer Bezug
Umfassende Quantifizierung von Geoökosystemen	Qualitative Darstellung von Grundprinzipien der Funktionsweise von Geoökosystemen
Breiter Methodenkatalog	Qualitative und quantitative Reduktion der Methoden (Erfassen des Prinzips; „anschaulich und exemplarisch")
Mehrjährige Feldarbeit	Einwöchige Geländepraktika (im Idealfall)
„Erforschung von Grundlagen"	Umsetzung „eigener Felddaten" in planerisch-landespflegerische Maßnahmen (Problem lösen lernen; Betroffenheit wecken)
Naturwissenschaftliche Basis	Mensch im Mittelpunkt der Betrachtung

Entwurf: *A. Rempfler*

tragen möchten, müssen sie sich im klaren darüber sein, daß *wesentliche Unterschiede zwischen geoökologischer Grundlagenforschung und geoökologischer Arbeitspraxis auf der Schulebene* bestehen (Tab. 2.2.4/1). Nur so können sie durch einen, je nach Schulstufe stark vereinfachten Ansatz den Basischarakter geoökologischen Denkens wahren, ohne die wissenschaftliche Methodik überzustrapazieren.

Fazit:
Mit der *„Landschaftsökologischen Komplexanlyse"* und dem *„Geoökologischen Arbeitsgang"* werden zwei methodische Kernpunkte der geoökologischen Feldforschung beleuchtet. Bei ersterem wird von der Prämisse ausgegangen, daß die Geoökofaktoren Klima, Georelief, Boden, Wasser und Bios zu wesentlichen Teilen die Geoökosysteme ausmachen. Entsprechend werden *allgemeingültige Grundprinzipien* formuliert, die dieser geofaktoriellen Zusammensetzung Rechnung tragen und eine naturwissenschaftlich exakte Untersuchung gewährleisten. Der zweite Kernpunkt umfaßt ein *konkretes Methodenpaket*, das die allgemeingültigen Grundprinzipien berücksichtigt und sich aus zahlreichen Einzelarbeitsschritten zusammensetzt. Er weist diverse Beziehungen zu naturwissenschaftlichen Nachbardisziplinen auf und bedient sich zusätzlicher Methodiken wie Laboranalytik, EDV- und GIS-Technik. Das Prinzip des umfassenden geoökologischen Ansatzes birgt mannigfaltige *Umsetzungsmöglichkeiten für den Umweltschutz und die Schule*. Dies bedingt einerseits eine stärkere Ausrichtung der „praktischen" Seite auf das Forschungsgeschehen, andererseits eine Filterung der Forschungsergebnisse, um praxisnahe Konzepte anzubieten.

2.2.4.2 Geoökologische Arbeitspraxis auf der Schulebene

Die Ausführungen in Kapitel 2.2.4.1 geben einen Einblick in die methodische Breite der Geoökosystemforschung. Es ist zu betonen, daß es nicht darum geht, die dargestellten Methoden der Grundlagenforschung auf schulisches Niveau umzusetzen. Dieses Kapitel zeigt, auf welche Weise geoökologische Themen in der Schule bearbeitet werden und wie man diese erweitern oder anders gewichten kann.

a) Zur Problematik des gegenwärtigen geoökologischen Arbeitens in der Schule
Härle (1980, S. 481) stellt ein *„geoökologisches Defizit"* in der Schulgeographie fest und nennt die allgemeinen Kennzeichen, welche der Behandlung geoökologischer Fragen in der Schule eigen sind:
– Starke *Dominanz von Einzel-Umweltthemen*, v. a. Abfallproblemen i. w. S., wie Müll, Lärm, Wasser- und Luftverschmutzung, bei deren Behandlung die Systemimmanenz zu wenig oder gar nicht deutlich wird.

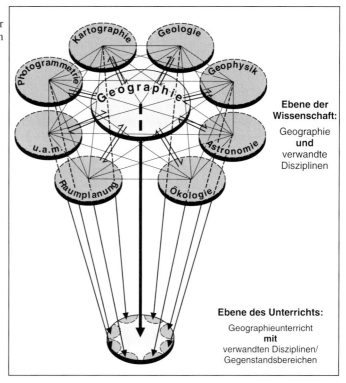

Abb. 2.2.4/9
Geographie zentriert Ergebnisse der Einzeldisziplinen und vermittelt sie im Unterricht
(aus: *H. Köck* 1992, S. 184)

Im Diagramm:

Kartographie — Geologie — Photogrammetrie — Geophysik — **Geographie** — Astronomie — u.a.m. — Raumplanung — Ökologie

Ebene der Wissenschaft:
Geographie **und** verwandte Disziplinen

Ebene des Unterrichts:
Geographieunterricht **mit** verwandten Disziplinen/ Gegenstandsbereichen

– Bevorzugung spektakulärer Umweltprobleme in *Fernräumen* (Bodenversalzung am Indus, Alaska-Pipeline, Tankerunfälle), denen der Bezug zu Nahräumen fehlt; dabei wird oft vergessen, daß schleichende Zerstörungen fast vor unserer Haustüre stattfinden (z. B. Bodenerosion).
– *Anfügung* von Umweltthemen an den bestehenden Lehrplan, anstatt sie in die bestehenden Inhalte (Agrarwirtschaft, Verkehr, Energie und Raumplanung, etc.) zu integrieren.
– *Fehlende Gesamtsicht*, die mehrere Einzelbelastungen eines Raumes miteinschließt; sicherlich ist dabei die Schulstufe zu berücksichtigen.
– *Unzureichende erzieherische Komponente*, um ein kritisches umweltgerechtes Verhalten zu fördern (z. B. durch eigene Lösungsansätze).
– Generell *niedriger Stellenwert von Umweltproblemen*, wie Lehrpläne, Medien, Publikationen und Umfragen zeigen.

Hinzugefügt werden muß die häufige *Beschränkung auf die biotische Lebensumwelt*, bei der die ästhetisierende Betrachtung übergewichtet wird, während der *abiotische Bereich* und dessen Funktionsgefüge auf einfache Randbedingungen reduziert werden. Es soll hier nicht der Eindruck entstehen, daß die Sensibilisierung der Schülerinnen und Schüler für die Schönheiten der Natur abzulehnen sei – im Gegenteil –, nur darf es nicht allein bei solchen Betrachtungen bleiben. Genauso problematisch ist aber eine Überfrachtung des Unterrichts mit fachwissenschaftlichen Begriffen und Inhalten.

Sucht man nach den *Gründen für diese Defizite*, so sind die Antworten vielfältig (vgl. u. a. *Leser* 1991 b, S. 546):
– Eine fundierte geoökologische Fachausbildung fehlt häufig. Das geoökologische Denken wird an vielen Hochschulen zu einseitig behandelt oder ganz vernachlässigt.
– Die zentrale Bedeutung geoökologischen Denkens in zahlreichen Bereichen des Geographieunterrichts wird von vielen Geographielehrerinnen und -lehrern verkannt.

- Eine einseitig historisch-geomorphogenetisch forschende Physische Geographie führte zu arbeitstechnischen und methodischen Defiziten, die ökosystembezogenes quantitatives Arbeiten verhinderten und sich entsprechend auf die Schule auswirkten.
- Eine schuldidaktische Aufbereitung geoökologischer Arbeitsmittel und Themen durch die Fachwissenschaft fehlt weitgehend. Entsprechend dünn fällt die Behandlung von Umweltproblemen in Lehrmitteln und Atlanten aus.

Nach *Köck* (1992, S. 183) kommt dem Geographieunterricht die Bedeutung eines *„Schlüsselfaches"* u. a. im Sinne eines *geo- und raumwissenschaftlichen Zentrierungsfaches* zu (Abb. 2.2.4/9). Gemeint ist damit, daß die Geographie zahlreiche Erdsachverhalte wie Geologie, Kartographie oder Raumplanung im Unterricht erschließen muß, für die es keine eigenständigen Unterrichtsfächer gibt. Darüber hinaus spricht *Köck* von einem *geoökowissenschaftlichen Zentrierungsfach* und sieht darin die Bedeutung und Chance des Faches, systembezogenes Denken und Handeln zu vermitteln. Da der Geographieunterricht die Schülerinnen und Schüler als oberste Qualifikation zu *kompetentem Raumverhalten* (*Köck* 1992, S. 184) befähigen will, ist eine stufengerechte und lebenspraktische Erfassung der geoökosystemaren Eigenschaft der jeweiligen Unterrichtsgegenstände unabdingbar. Systemdenken und -verhalten können einerseits *Ziel* des Geographieunterrichts im Sinne einer *aufzubauenden Qualifikation* sein, andererseits auch *Unterrichtsprinzip* (*Härle* 1980, S. 485; *Köck* 1985, S. 18) im Sinne einer nach Maßgabe jeweils gegebener Bedingungen zu befolgenden Maxime.

b) Perspektiven für geoökologisches Arbeiten in der Schule

Um es nochmals zu sagen: Es geht nicht darum, einen neuen Fachbereich „Geoökologie" innerhalb der Schulgeographie zu schaffen. Vielmehr soll die geoökologische Denkweise die Schülerin und den Schüler *zu Raumverhaltenskompetenz befähigen*, also zur *Fähigkeit, in räumlichen Systemen und damit einbezogen in räumlichen Strukturen und Prozessen zu denken und zu handeln* (*Köck* 1985, S. 18). Damit wird das Geoökosystem zum Sachgegenstand, an welchem die Lebensraum- und Umweltproblematik entwickelt werden kann. Ausgehend von dieser Voraussetzung hat *Leser* (1991 b, S. 548) *acht Grundprinzipien* formuliert, die bei der schuldidaktischen Behandlung von Umweltproblemen zu berücksichtigen sind:

– *Systemprinzip*

Die Geoökologie als Umweltsystemlehre zeigt die Vernetzungen im Wirkungsgefüge der Landschaft und erarbeitet Modelle der Wirklichkeit. Diese stellen Ausschnitte aus der realen Umwelt dar, die sich in stufengerechter Vereinfachung in der Schule behandeln lassen. Praktische Anregungen hierzu bietet z. B. das etwas stark biologisch gewichtete Handbuch „Integrierte Naturlehre" (*Kyburz-Graber* u. a. 1991), das für die Sekundarstufe I konzipiert wurde, oder im Band 8 („Umwelt") des „Handbuchs des Biologieunterrichts, Sekundarbereich I" (*Eschenhagen* u. a. 1989).

– *Aktualitätsprinzip*

Die Geoökologie behandelt vor allem die erlebbare Realität der Umwelt und wählt ihre Beispiele entsprechend aus der aktuellen Lebensraum- und Umweltproblematik aus (z. B. Auswirkungen der Bodenversiegelung in der Stadt; siehe *Ernst* 1991).

– *Anthropoprinzip*

Der Mensch steht im Mittelpunkt der Betrachtung, auch wenn die Geoökologie auf naturwissenschaftlichen Grundlagen beruht. Eine Verengung geoökologischer Fragestellungen auf bloß naturwissenschaftlich definierte Systemzusammenhänge wäre didaktisch nicht relevant. Der Mensch ist es, der die Geoökosysteme direkt oder indirekt durch Nutzung, Belastung und Ausbeutung verändert (z. B. Auswirkungen eines Flughafens; siehe *Oberweger* 1992).

– *Umweltschutzprinzip*

Die Geoökologie beschäftigt sich auch mit dem Leistungsvermögen des Naturhaushaltes in der Landschaft. Ausgehend vom Anthropoprinzip werden Fragen der Nutzung und Übernutzung, der Belastung und Belastbarkeit sowie der Regenerationsfähigkeit der Landschaft behandelt. Dies führt zum Umweltschutzgedanken und zur Erziehung zu einem umweltgerechten Verhalten (z. B. Ableitung von Wassersparmaßnahmen aus einem Grundwassermodell; siehe *Stein* 1991).

– *Betroffenheitsprinzip*

Die behandelten Umweltprobleme sind auch aus dem Lebens- und Erfahrungsbereich der Schülerinnen und Schüler zu nehmen, um Einsichten in die Umweltproblematik zu vermitteln und das Verhalten entsprechend zu ändern. Durch Betroffenheit kann ein umweltgerechtes Verhalten ausgelöst werden.

– *Exemplarisches Prinzip*

Die Fülle von Faktoren in Umweltsystemen und die Komplexität ihres Zusammenwirkens verlangt nach anschaulichen und exemplarischen Beispielen. Viele geoökologische „Gegenstände" sind dafür geeignet, weil sie substantiell vorhanden sind (Boden, Georelief, Wasser, etc.). Ihre Auswahl und die Ausführlichkeit der Behandlung hat stufenspezifisch zu geschehen, läßt sich aber grundsätzlich auf allen Schulstufen verwirklichen (z. B. Grundwassermodell; siehe *Stein* 1991).

– *Themenprinzip*

Die Prinzipien der wissenschaftlichen Geoökologie brauchen nur beim Lehrer als Hintergrundwissen vorhanden zu sein. Zentrale Unterrichtsthemen in der Schule hingegen sind die Raumproblematik, die Funktionalität der Geoökosysteme, die Vernetzung der Prozesse und die anthropogene Regelung. Diese lassen sich auch an thematischen Beispielen einfacher Art stufenspezifisch aufarbeiten und vermitteln. (Für das Beispiel „Bach" liefern *Härle* 1991, *Becker* 1991 oder SBN 1992 Material.)

– *Handlungsprinzip*

Die geoökologischen Themen lassen sich im Idealfall im Gelände durch konkretes Arbeiten am Objekt erfassen. Damit werden sich die Schüler gleichzeitig über die Realität der in den Themen gefaßten Probleme bewußt. Sie können die Möglichkeiten und Grenzen von Planung, Umweltschutz und Umweltforschung erkennen. Sie können auf einfache Weise im Gelände beobachten, messen und experimentieren. Handlungsorientierter Unterricht läßt sich aber auch im Schulzimmer bewerkstelligen, indem Rollenspiele entwickelt, aktuelle Zeitungsartikel und Filme bearbeitet, Modelle gebastelt werden (siehe dazu Kap. 4.5.1) oder experimentiert wird (siehe dazu Kap. 4.5.3).

Das methodische *Prinzip der Landschaftsökologischen Komplexanalyse* (vgl. Kap. 2.2.4.1) – die Erfassung des Geoökosystems mit einem Komplex verschiedenartiger Einzelarbeitsweisen, die problembezogen aggregiert werden – läßt sich ebenfalls bei der Bearbeitung zahlreicher Themen anwenden. Bei konkreten Schülerarbeiten im Gelände wird das *Schwergewicht* allerdings in der *Erfassung der strukturellen Ausstattung* liegen.

Entsprechende Anleitungen zur Anwendung von geoökologischen Feldmethoden im Unterricht geben *Windolph* u. a. (1986). Eine Konzentration auf die Kennzeichnung struktureller Merkmale bietet sich sowohl aus arbeitstechnischen als auch aus didaktischen Überlegungen an:

– Der Ausstattungstyp läßt sich mit stark vereinfachten Meß-, Beobachtungs- und Kartierungsmethoden, die auch Schülerinnen und Schülern zugänglich sind, im Rahmen einer Projektwoche oder einzelner Tage erarbeiten.

– Der Ausstattungstyp ist visuell wahrnehmbar und damit „anschaulich", vorausgesetzt, daß grundlegende geofaktorielle Kenntnisse vorhanden sind.

– Ausgehend vom Ausstattungstyp lassen sich, wiederum mit vereinfachten Methoden, Aussagen über das Leistungsvermögen des Landschaftshaushaltes ableiten und damit Bewertungen vornehmen.

Darüber hinaus sind *Einfachstmethoden zur Prozeßmessung* (Temperaturen, Niederschlag, Abfluß, etc.) realistisch einsetzbar. Bei der Auswahl der zu erfassenden Prozeßgrößen ist neben allfälligen Anschaffungs- und Betreuungsproblemen vor allem zu beachten, daß damit ein augenfälliger Zusammenhang zum Ausstattungstyp gegeben ist. Verschiedene Handbücher geben Anleitungen zum Bau einfacher Meßgeräte (z. B. Klimameßgeräte bei *Suter* und *Rohrer* 1982), die u. U. auch fachübergreifend im Werkunterricht hergestellt werden können.

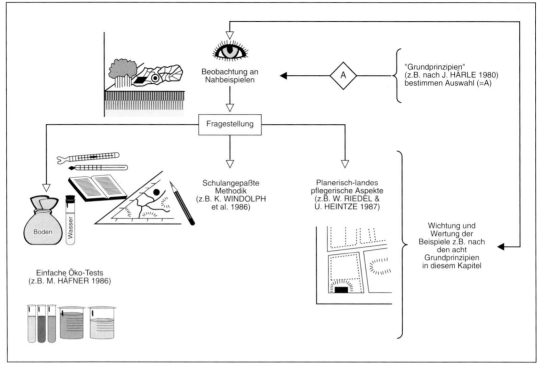

Abb. 2.2.4/10
Geoökologisches Arbeiten auf Schulstufe nach einem Buch- und Material-Baukastensystem
(aus: *H. Leser* 1991a, S. 593)

Das Konzept der „*Geoökologischen Karte 1 : 25000*" (*Leser* und *Klink* 1988) und deren *Bewertung* (*Marks* u. a. 1989) sehen prinzipiell die gleiche Vorgehensweise vor mit dem Ziel, den aktuellen Zustand der Geofaktoren in der Landschaft aufzunehmen – dies geschieht in erster Linie durch Kartierungen – und im Hinblick auf das Leistungsvermögen der landschaftlichen Funktionen und Potentiale zu bewerten. Das praktische Beispiel in Kapitel 3.1.4 soll zeigen, daß sich das gleiche Konzept mit starker Vereinfachung auch für Schulzwecke verwenden läßt. Für den planerisch-landespflegerischen Entscheid, der die Betroffenheit der Schülerinnen und Schüler wecken und zu einem umweltgerechten Verhalten erziehen kann, geben *Riedel* und *Heintze* (1987) sowie *Jüdes* u. a. (1988) mit ihren Handbüchern, die beide für Schleswig-Holstein konzipiert wurden, allgemein verwendbare Arbeitsanleitungen.

Denkbar ist auch eine *experimentelle Vertiefung* der Geländearbeiten im Labor. Möglichkeiten dazu zeigt z. B. das „Öko-Testbuch" von *Häfner* (1986) auf, das einfache Analyseverfahren und Experimente zu den Themenkreisen Luft, Pflanze, Boden und Wasser vorschlägt. Ähnliche Anleitungen vermitteln *Kortmann-Niemitz* (1990) und *Weber* (1991). Ein praktisches Beispiel zur Gewässeruntersuchung gibt *Fechner* (1991). Das Kapitel 4.4.1 dieses Bandes leitet zu Bodenexperimenten an.

Die Abb. 2.2.4/10 faßt die Ideen zur Realisierung einer modernen Geoökologie auf der Schulebene unter Berücksichtigung der diskutierten Grundprinzipien zusammen. Gemeinsames Ziel dieser möglichen Vorgehensweisen ist es, Schülerinnen und Schülern klarzumachen, daß mit jeder menschlichen Tätigkeit im Raum zugleich auch die damit verbundene Umweltbelastung berücksichtigt werden muß; dabei soll nicht bloß eine Einzelbelastung erkannt werden, sondern mehrere oder alle in einem Raum vorkommenden Belastungen, um daraus die Gesamtbelastung zu beurteilen und entsprechende Maßnahmen abzuleiten.

Fazit:

Der Geographieunterricht ist heute mehr denn je gefordert, seinen *Beitrag zum Umweltschutz* zu leisten, indem er ein Umweltbewußtsein herausbildet: Schülerinnen und Schüler werden sich der Störanfälligkeit, der begrenzten Belastbarkeit und Endlichkeit von Geoökosystemen bewußt. Daraus erkennen sie die *Notwendigkeit systemangepaßten Verhaltens* und bauen entsprechende Verhaltensmuster auf (*Köck* 1985, S. 16). Es kommt zu *umweltgerechtem Verhalten aus einem prinzipiellen Landschaftsverständnis heraus*, aber auch aus einer *Sensibilisierung für die Ausgewogenheit einer intakten Landschaft.* Nach *Härle* (1980, S. 486) „darf Umwelterziehung dem Schüler die Natur nicht bloß wissenschaftlich-technisch-funktional vorstellen, sondern muß ihn für die landschaftliche Harmonie sensibilisieren, damit er weiß, was es zu erhalten gilt, daß es sich lohnt, dafür sich einzuschränken ...". Schülerinnen und Schüler erkennen, daß Vorbeugen besser ist als die technokratische Behandlung von Symptomen. Sie entwickeln die Fähigkeit und Bereitschaft, sich für die Erhaltung und Pflege natürlicher oder naturnaher Geoökosysteme oder deren Rückführung in naturnahe Zustände einzusetzen. Dabei wissen sie aber, daß Umweltschutz resp. Umweltpflege etwas Ganzheitliches bedeutet und nur greifen kann, wenn *alle Umweltfaktoren* – die *abiotischen, biotischen und anthropogenen* – berücksichtigt werden. Wenn all dies erreicht ist, hat die Geographiedidaktik als ein „Element der Politischen Bildung" (*Hasse* 1982, S. 321) reüssiert.

2.2.5 Beispiel für die Dokumentation eines geoökologisches Modellgebietes: Rehburger Berge-Steinhuder Meer – die geoökologischen Grundzüge einer Landschaft (*Klaus Windolph*)

Geoökologische Modellgebiete sind datengefüllte Beispielräume für die Einführung in komplexere Grundlagen der Geoökologie. Sie haben Repräsentativcharakter für den jeweiligen Landschaftsraum. Umfassende ökosystemare Betrachtungen von Landschaften sind nur in der Oberstufe möglich. Das hier vorgestellte Modellgebietsbeispiel läßt sich jedoch stark vereinfacht auch in unteren Stufen verwenden. Dazu sind die Materialiengraphiken entsprechend für den Verwendungszweck auszudünnen.

2.2.5.1 Das Modellgebiet im Überblick

Das Modellgebiet Rehburger Berge-Steinhuder Meer liegt nahe dem wichtigsten Naherholungsgebiet der Stadt Hannover (35 km nordwestlich von Hannover, 7 km westlich des Steinhuder Meeres). Seine geoökologische Ausstattung ist typisch für den landschaftlichen Übergang zwischen Geest, Moor und Bergland mit einer bemerkenswerten Landschaftsästhetik. Touristische Erschließung, landwirtschaftliche Intensivnutzung und Landschafts- und Naturschutz konkurrieren hier miteinander. Das Modellgebiet ermöglicht somit einen exemplarischen Einblick in die geoökologische Landschaftsrealität in Norddeutschland. Die landschaftliche Einordnung des Gebietes ist Abbildung 2.2.5/1 zu entnehmen.

Das Modellgebiet ist 3 km lang und 1 km breit (Abbildung 2.2.5/2). Im Süden wird es von den markanten Erhebungen der Schichtkämme der Rehburger Berge (161 m über NN.) begrenzt, die hier den nördlichsten Ausläufer des Niedersächsischen Berglandes bilden. Ihre nördlichen Hänge und das gesamte übrige Gebiet sind in der Elster-Kaltzeit und im Drenthe-Stadium der Saale-Kaltzeit vom skandinavischen Inlandeis überfahren worden. Die ausgeprägten Endmoränen als nördliche Begrenzung des Gebietes und lückenhafte Geschiebelehmdecken der Grundmoränen an den Hängen der Rehburger Berge stammen von den Gletschern. Der weitaus größte Teil des Gebietes wird von glazifluviatilen Sanden und Kiesen (5–50 m Mächtigkeit) eingenommen.
Die Meerbach-Senke in der Mitte des Gebietes ist von holozänen Flußsanden, Flugsanden und Moorbildungen überdeckt.
Das Modellgebiet läßt sich wie folgt gliedern:
1. Der nördlichste Teil des Gebietes umfaßt die kuppigen Kies-Sand-Höhen der Rehburger Stauchendmoräne (55 m über NN.) mit lockerem Kiefernwald (Standort I).

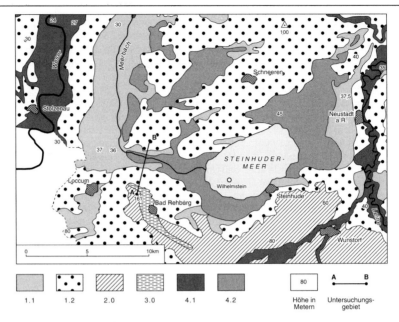

Landschaftstyp 1: Maritim-Subkontinentale Flachlandregion

1.1 Grundwassernahe, ebene Geest mit frischen bis nassen, grundwasserbeeinflußten Sandböden / Gley-Podsole, Gley-Braunerden, Gleye und Anmoorgleye

1.2 Grundwasserferne, ebene bis hügelige Geest mit trockenen bis frischen, oft lehmig-schluffigen Sandböden / Podsol-Braunerden

Charakterisierung:

mittelfeuchtes Klima: mittlere Jahresniederschläge (N=650-700 mm), mittlere relative Luftfeuchte (F=81 %), mittlere Lufttemperatur (T=Jahresdurchschnitt 8,4° C), mittlere Jahrestemperaturschwankungen (TA=16,4° C); klimatische Wasserbilanz mit mittlerem Wasserüberschuß (WB=+200 bis 300 mm/Jahr) und mittlerem bis hohem Defizit im Sommerhalbjahr (WB= - 50 bis -75 mm). **Vegetation:** mittlere bis lange Vegetationszeit (VZ=220 Tage/Jahr). **Relief:** ebenes bis welliges Relief, gegliedert durch schmale Täler, weite Niederungen und herausragende hügelige Endmoränen- und Dünenzüge; Höhenlage vorwiegend 20-60 m über NN. **Böden:** vorwiegend Sandböden. **Landschaft:** abwechslungsreiche Geestlandschaft mit Acker-, Grünland- und Waldnutzung auf engräumig wechselnden Böden.

Landschaftstyp 2: Subkontinentale Bergvorland-region

2.0 Ebene bis flachwellig wellige Bördenrandzone mit frischen, oft staunassen, lehmigen Schluffböden- und Lehmböden / Parabraunerden, Braunerden und Pseudogleye

Charakterisierung:

verhältnismäßig trockenes Klima: geringe N=550-650 mm, geringe F=79 %, T= 8,5° C, rasche Erwärmung im Frühjahr, gelegentlich Föhneinfluß, mittlere TA=16,8° C; WB mit geringem/sehr geringem Überschuß < +200 mm/Jahr, WB im Sommerhalb-jahr mit hohem/sehr hohem Defizit < -75 mm; lange/sehr lange VZ=230 Tage/Jahr. **Relief:** ebenes bis flachwelliges Relief, schwach gegliedert durch einzelne schmale Täler und Höhenzüge; Höhenlage 60-100 m über NN. **Böden:** vorwiegend Schluffböden aus mächtigem Löß mit hoher nutzbarer Feldkapazität; auch Geschiebelehmböden. **Landschaft:** einförmige Bördenlandschaft mit überwiegender Ackernutzung auf großflächig einheitlichen, vorwiegend guten Böden.

Landschaftstyp 3: Submontane Berglandregion

3.0 Mittel bis steilhängiges Bergland mit mäßig trockenen, vereinzelt staunassen, steinigen, lehmigen Verwitterungsböden (Sandstein, verbreitet mit Schluff und Tonstein in Wechsellagerung, z.T. mit Gehängelehmdecke) / Braunerden und Pseudogley-Braunerden im Wechsel mit Rankern.

Charakterisierung:

mittelfeuchtes Klima: mittlere N>650 mm, mittlere F=81 %, mittlere T=8,5° C, mit zunehmender Höhenstufe bis 7,5 ° C abnehmend, mittlere/ hohe TA= 16,3-17,5 ° C; WB mit geringem bis mittlerem Wasserüberschuß (+100-300 mm/Jahr) und mittlerem bis hohem Defizit im Sommerhalbjahr -50 bis -75 mm. **Vegetation:** lange VZ mit 220-230 Tage/Jahr, mit zunehmender Höhenstufe kürzer 220-200 Tage/Jahr. **Relief:** durch schmale Täler gegliederte Höhenlagen von 80-160 m über NN, umgeben von mittelsteilhängigen Kämmen. **Böden:** engräumig wechselnde, meist steinige Böden, verbreitet mit Hang- und Staunässe. **Landschaft:** sehr abwechslungsreiche Mittelgebirgslandschaft mit Waldnutzung bei stark wechselndem Relief, Klima und Boden.

Landschaftstyp 4: Talauen und Moore

4.1 Talauen, z.T. mit Überflutungsgefahr mit frischen, in tieferen Lagen feuchten bis nassen, grundwasserbeeinflußten, fruchtbaren, lehmigen Schluff- und schluffigen Tonböden mit Sand und Kies im Untergrund / Auenböden

4.2 Moore mit feuchten bis nassen, meist entwässerten Hoch- und Niedermoorböden, meist mit Sand im Untergrund / Hochmoore, Niedermoore, Anmoorgleye

Charakterisierung:

Klima: abweichend von den umliegenden Klimaregionen stark von Grund-und Oberflächenwasser beeinflußt, insbesondere Nebelbildung und Spätfrostgefährdung in Abhängigkeit von Entwässerung und Luftbewegung. **Vegetation:** mittlere bis lange VZ=210-230 Tage/Jahr. **Relief:** weitgehend eben. **Böden:** in den Talauen in Abhängigkeit vom Einzugsgebiet unterschiedliche Böden, meist mit stark schwankendem Grundwasser, z.T. mit Überflutungsgefahr, sowie vorwiegend nasse Moorböden. **Landschaft:** von Grund- und Oberflächenwasser geprägte Landschaften, teils einförmig, teils abwechslungsreich, mit Grünland- und Ackernutzung, örtlich Wald und Ödland.

Abb. 2.2.5/1

Raumeinheiten und ihre geoökologischen Inhaltsmerkmale in der Umgebung des Modellgebietes Rehburger Berge-Steinhuder Meer

(stark verändert nach „Bodenkundliche Standortkarte 1 : 200 000" Blatt Hannover 1974)

Maßstab: 1 : 25000

Quelle: TK 25,
Bl 3521 Rehburg

0   500   1000m

Abb. 2.2.5/2
Lage der Repräsentativstandorte I, II und III im Modellgebiet Rehburger Berge-Steinhuder Meer
(Kartengrundlage: Verkleinerung der Topographischen Karte 1:25 000, 3521 (1978). Vervielfältigung mit Er-
laubnis des Herausgebers: Landesvermessung und Geobasisinformation Niedersachsen, (LGN) B4-605/97)

2. Daran schließt sich nach Süden der ebene Talbereich der Meerbachniederung mit Resten einer holozänen
   Niedermoordecke an (37 m über NN.), der als Weide genutzt wird (Standort II).
3. Die Rehburger Berge im Süden gehören schon zum Niedersächsischen Bergland (hier 80 m über NN). Auf
   Blättertonsteinen mit einer Hanglehmdecke wächst junger Laubwald (Standort III).

Die ausgewählten Standorte I, II und III sind Repräsentativstandorte, die die Ökotope des Modellgebietes
charakterisieren.

Standort I kennzeichnet die hügelige, grundwasserferne Geest mit den Stauchendmoränen der Glaziilland-
schaft (Landschaftstyp 1.2 in Abbildung 2.2.5/1), Standort II repräsentiert die ebenen Senken der Flußsande
und Moore (Landschaftstyp 4.2 in Abbildung 2.2.5/1) und Standort III steht für die Ökotope des Berglandes
(Landschaftstyp 3.0 in Abbildung 2.2.5/1).

Die ausgeprägten Talauen des Leine-Wesersystems und die Bördenlandschaften (Landschaftstypen 4.1 und
2.0 in Abbildung 2.2.5/1) liegen weit außerhalb des Modellgebietes.

81

STANDORTANGABEN (Auswertung der Geländeaufnahme)   Standort-Nr.: I

LAGE- UND FORMMERKMALE

Höhe   :   55 m

Neigung   :   1,4 °

Exposition   :   S

Lage im Relief :   Kuppe

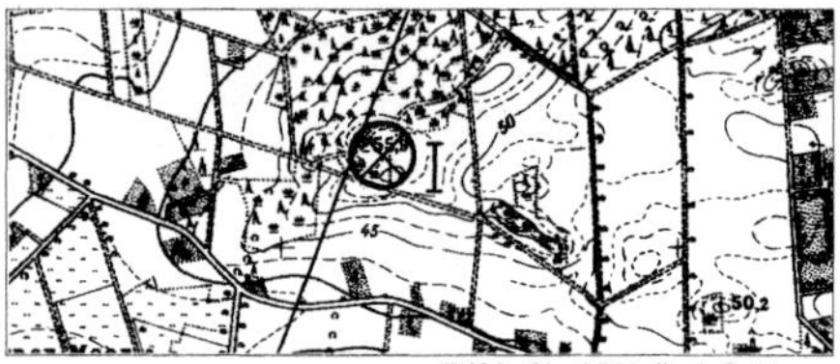

TK25 Bl. 3521 Bad Rehburg

Reliefformtyp :

schwach geneigter Kuppenbereich

(Profil 15-fach überhöht)

Höhe über N.N.

55

37

WASSERHAUSHALT

Art der Sickerung (Hangwasser, Interflow, Staunässe)

witterungbedingte Schwankung der Feuchte im Oberboden mit relativ starker Wasserspeicherung. Bei ungehinderter Sickerung in die Tiefe Beschleunigung des Durchfeuchtungs- und Ausschöpfungsvorganges.

Grundwasserstand (min/max) : 15,5-15,7 m u. GOF

Sickerwassermenge   :   101 mm (32 % von N)

Bodenfeuchteregime (BFR) : Mäßig-Trocken-Sickerwasser-BFR

Ökologischer Feuchtegrad : mäßig-trocken bis mäßig-frisch

STANDORTKLIMAWERTE

Niederschlagsmenge   :   316 mm

Besonnungssummenwert
(Stufe)   :   130 kcal/cm²/Jahr
                        (normal, Kl. III)

Mittlere Bodenober-
flächentemperatur (±0cm) :   14,4 °C

Mittlere
Humustemperatur (-5cm) :   12,8 °C

Geländeklimatyp   : Normalstandort

GEOLOGIE

glazifluviatile Sande und Kiese

Deckschichtmächtigkeit :   40 cm

VEGETATION und NUTZUNG

lichter Kiefernwald (Kiefernheide).
Zeigerwerte : Lichtzahl 6,5, Temperaturzahl 5,3, Kontinentalzahl 3,6, Feuchtezahl 4,7, Reaktionszahl 4,0, Stickstoffzahl 4,7

Abb. 2.2.5/3
Beispiel des ausgefüllten Standortblattes für Standort I.
(Entwurf: *K. Windolph* unter Verwendung von Daten von *V. Prasuhn* 1986, formal orientiert an *T. Mosimann* 1990, S. 49)

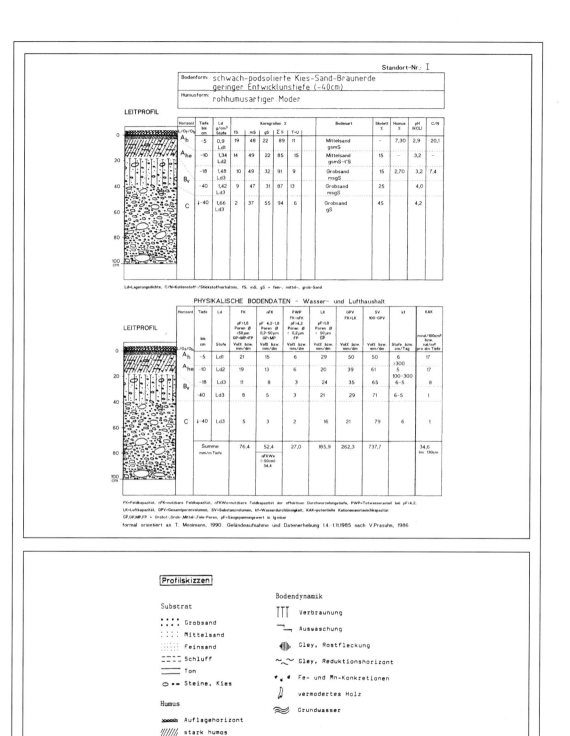

Standort-Nr.: I

Bodenform: schwach-podsolierte Kies-Sand-Braunerde geringer Entwicklunstiefe (-40cm)

Humusform: rohhumusartiger Moder

LEITPROFIL

Horizont L/Of/Oh	Tiefe bis cm	Ld g/cm³ Stufe	fS	mS	gS	ΣS	T+U	Bodenart	Skelett %	Humus %	pH (KCL)	C/N
Ah	-5	0,9 Ld1	19	48	22	89	11	Mittelsand gsmS	–	7,30	2,9	20,1
Ahe	-10	1,34 Ld2	14	49	22	85	15	Mittelsand gsmS-t'S	15	–	3,2	–
Bv	-18	1,48 Ld3	10	49	32	91	9	Grobsand msgS	15	2,70	3,2	7,4
	-40	1,42 Ld3	9	47	31	87	13	Grobsand msgS	25		4,0	
C	↓-40	1,66 Ld3	2	37	55	94	6	Grobsand gS	45		4,2	

(Korngrößen %)

Ld=Lagerungsdichte, C/N=Kohlenstoff-/Stickstoffverhältnis, fS, mS, gS = fein-, mittel-, grob-Sand

PHYSIKALISCHE BODENDATEN – Wasser- und Lufthaushalt

LEITPROFIL

Horizont	Tiefe bis cm	Ld Stufe	FK pF>1,8 Poren Ø <50µm GP+MP+FP VolX bzw. mm/dm	nFK pF 4,2-1,8 Poren Ø 0,2-50µm GP+MP VolX bzw. mm/dm	PWP FK-nFK pF>4,2 Poren Ø <0,2µm FP VolX bzw. mm/dm	LK pF>1,8 Poren Ø >50µm GP VolX bzw. mm/dm	GPV FK+LK VolX bzw. mm/dm	SV 100-GPV VolX bzw. mm/dm	kf Stufe bzw. cm/Tag	KAK mval/100cm³ bzw. val/m² pro dm Tiefe
Ah	-5	Ld1	21	15	6	29	50	50	6 >300	17
Ahe	-10	Ld2	19	13	6	20	39	61	5 100-300	17
Bv	-18	Ld3	11	8	3	24	35	65	6-5	8
	-40	Ld3	8	5	3	21	29	71	6-5	1
C	↓-40	Ld3	5	3	2	16	21	79	6	1
Summe mm/m Tiefe			76,4	52,4 nFKWe (-50cm) 34,4	27,0	185,9	262,3	737,7		34,6 bis 130cm

FK=Feldkapazität, nFK=nutzbare Feldkapazität, nFKWe=nutzbare Feldkapazität der effektiven Durchwurzelungstiefe, PWP=Totwasseranteil bei pF4,2.
LK=Luftkapazität, GPV=Gesamtporenvolumen, SV=Substanzvolumen, kf=Wasserdurchlässigkeit, KAK=potentielle Kationenaustauschkapazität
GP,GP,MP,FP = Grobst-,Grob-,Mittel-,Fein-Poren, pF=Saugspannungswert in lg mbar
formal orientiert an T. Mosimann, 1990. Geländeaufnahme und Datenerhebung 1.4.-1.11.1985 nach V.Prasuhn, 1986

Profilskizzen

Substrat
⁝⁝⁝ Grobsand
⁝⁝⁝ Mittelsand
▦ Feinsand
═══ Schluff
─── Ton
○•— Steine, Kies

Humus
⤫⤫⤫ Auflagehorizont
////// stark humos
///// schwach humos

Bodendynamik
TTT Verbraunung
⌐ Auswaschung
⫴ Gley, Rostfleckung
~~ Gley, Reduktionshorizont
•, ◂ Fe- und Mn-Konkretionen
ↆ vermodertes Holz
≈≈ Grundwasser

Abb. 2.2.5/3 a/b (Fortsetzung)

Vegetationsansprache nach Ellenberg (1991)

Ökologische Zeigerwerte
L = Lichtzahl, T = Temperaturzahl, K = Kontinentalzahl.
F = Feuchtezahl, R = Reaktionszahl, N = Stickstoffzahl.

Rotbuchenwald	Fuchsschwanz-Glatthafer Wiese	Kiefernheide
L: 5,5 Halbschattenpflanzen	L: 6,9 Halblicht- und Lichtpflanzen	L: 6,5 Halbschatten-Halblichtpflanzen
T: 5,2 Mäßigwärmezeiger	T: 4,4 Mäßigwärmezeiger	T: 5,3 Mäßigwärmezeiger
K: 3,3 ozeanisch-subozeanisch	K: 3,4 ozeanisch-subozeanisch	K: 3,6 (ozeanisch)-subozeanisch
F: 5,6 Frische-Feuchtezeiger	F: 5,4 Frische-Feuchtezeiger	F: 4,7 Trocknis-Frischezeiger
R: 5,0 Mäßigsäurezeiger	R: 6,3 Mäßig-Schwachsäurezeiger	R: 4,0 eher Säurezeiger
N: 6,0 gute Stickstoffversorgung	N: 6,1 gute Stickstoffversorgung	N: 4,7 eher stickstoffarm

Besondere Kennzeichen des Bestands

B = Baumschicht, Str = Strauchschicht.
Kr = Krautschicht

Rotbuchenwald

Höhe (m)	Deckungsgrad %
B 10–20 m	85%
Str	—
Kr 0–0,3 m	10 %

Dichter, nicht durchrasteter Bestand; ermöglicht nur eine geringe Ausbildung der Krautschicht. Buschwindröschen/Anemone nemorosa. Einblütiges Perlgras/Melica uniflora. Gemener Frauenfarn/Athyrium filix-fem. Gemener Wurmfarn/Dryopteris filix-mas und Flattergras/Milium effusum charakterisieren den Standort.

Fuchsschwanz- Glatthafer Wiese

Höhe (m)	Deckungsgrad %
B	m
Str	m
Kr 0–0,5m	100%

Futterwiese mit starker Düngung und Dominanz der Gräser aus typischen Saatmischungen.
Klassencharakterarten:
Wiesen-Fuchsschwanz/Alopecurus pratensis.
Wolliges Honiggras/Holcus lanatus und Gemeines Rispengras/Poa trivialis.

Kiefernheide

Höhe (m)	Deckungsgrad %
B 5–9 m	50%
Str 1–5 m	2%
Kr 0–0,5 m	85%

Lockerer Bestand mit lichtbedürftigen Pflanzen. Heidekraut/Calluna vulgaris;Geringe Artenzahl in der Krautschicht.
Dominante Art Drahtschmiele/Avenella flexuosa auf schlechten Moder- Humusformen.

Standortklima (Bestandsklima)

Rotbuchenwald: T min : 7,3°C, T max : 22,2°C, Tø : 14,6°C
N 286, 165 ETp, 31, LU 0,41

Fuchsschwanz-Glatthafer Wiese: T min : 3,5°C, T max : 24,4°C, Tø : 16,2°C
N 398, 414 ETp, LU 2,02

Kiefernheide: T min : 5,6°C, T max : 23,6°C, Tø : 15,2°C
N 316, 200 ETp, 19, LU 0,47

Höhen: 30m, 55m, 37m

T min = mittleres Temperaturminimum (+ 1m)
T max = mittleres Temperaturmaximum (+ 1m)
Temperaturprofil (ermittelt durch Invertzucker-Methode)
—— = effektive Temperatur (eff °C) im April
- - - = effektive Temperatur (eff °C) im Jul
Tø' = monatliche Mitteltemperatur (eff °C) von April – Oktober
N = Niederschlagssumme in 1m Höhe (mm)
LU = mittlere Windgeschwindigkeit in 1,5m Höhe (m/s)
I = Interzeptionsverlust (% von N)
ETp = potentielle Evaporation Tankevaporimeter in 1m Höhe (mm)

Abb. 2.2.5/4
Geoökosystemprofil mit den drei Standorten. Teil 1: Vegetation und Standortklima (Rehburger Berge – Steinhuder Meer) Aufnahmezeitraum 1.4.–1.11.1985 (Entwurf: K. Windolph unter Verwendung von Daten und Graphiken von V. Prasuhn 1986)

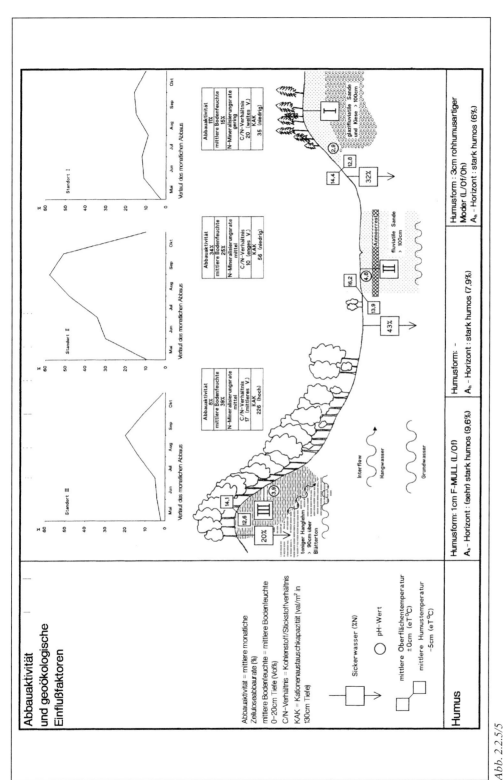

Abb. 2.2.5/5
Geoökosystemprofil mit den drei Standorten. Teil 2: Bodenökologischer Zustand und biotische Abbauaktivität (Rehburger Berge – Steinhuder Meer, Aufnahmezeitraum 1.4.–1.11.1985)
(Entwurf: *K. Windolph* unter Verwendung von Daten und Graphiken von *V. Prasuhn* 1986)

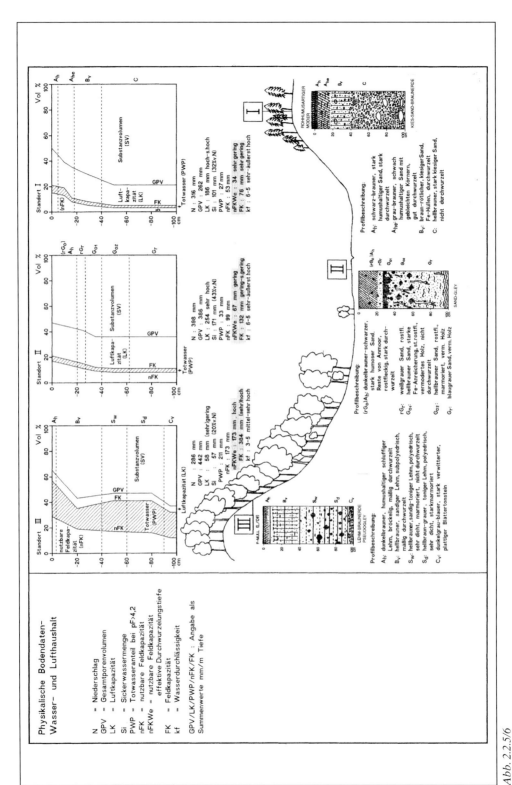

Abb. 2.2.5/6

Geoökosystemprofil mit den drei Standorten. Teil 3: Bodenformen und Bodenmerkmale (Rehburger Berge –Steinhuder Meer, Aufnahmezeitraum 1.4.–1.11.1985)

(Entwurf: *K. Windolph* unter Verwendung von Daten und Graphiken von *V. Prasuhn* 1986)

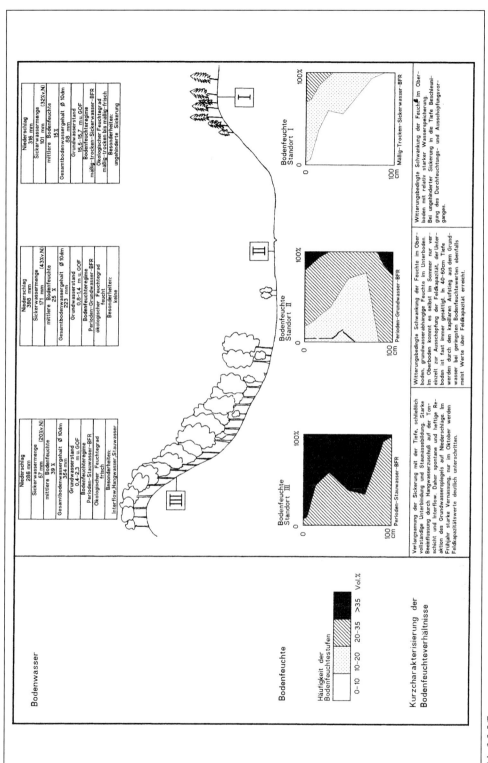

Abb. 2.2.5/7
Geoökosystemprofil mit den drei Standorten. Teil 4: Bodenfeuchtehaushalt der Standorte (Rehburger Berge –Steinhuder Meer, Aufnahmezeitraum 1.4.–1.11.1985)
(Entwurf: *K. Windolph* unter Verwendung von Daten und Graphiken von *V. Prasuhn* 1986)

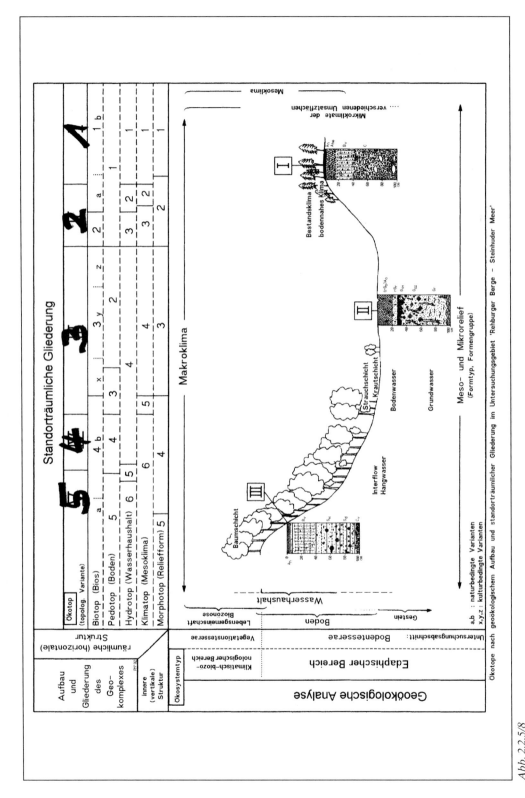

Abb. 2.2.5/8
Ausscheidung der Geoökotope aufgrund der horizontalen und vertikalen Strukturmerkmale
(stark verändert nach *G. Haase* 1967 und *V. Prasuhn* 1986)

88

Die geoökologischen Grundzüge des Modellgebietes werden in Standardgraphiken (siehe auch Kap. 4.3.4) dargestellt, die auch für andere Modellgebiete Verwendung finden können: die Standortangaben-Blätter (mit Abbildung 2.2.5/3 wird hier nur Standort I aus Abbildung 2.2.5/2 dokumentiert), die Geoökosystemprofile zu den relevanten Funktionszusammenhängen (Abbildung 2.2.5/4–7) und das ökologische Profil mit der standorträumlichen Gliederung (Abbildung 2.2.5/8). Diese Materialien reichen zum Verständnis der geoökologischen Situation des Gebietes im Unterricht auch ohne praktische Geländekenntnis aus.

Sie ermöglichen eine außerordentlich intensive Auseinandersetzung insbesondere mit den komplexen ökosystemaren und standorträumlichen Zusammenhängen. Nicht alle Sachverhalte können dabei hinreichend erörtert werden.

Wichtige Voraussetzung für das Verständnis ist allerdings die Kenntnis einer Reihe geoökologischer Grundlagen, die vor oder während der Arbeit mit den Modellgebiets-Materialien vermittelt werden müssen. Bodenkundliche Grundkenntnisse besonders auch zum Bodenwasser- und Lufthaushalt sind unerläßlich. Die biochemischen Umsatzprozesse im Boden, mikroklimatische Wirkungen von Wind, Temperatur, Verdunstung und Besonnung (siehe auch Kap. 3.1.2) und die ökologischen Zeigerwerte (*Ellenberg* 1991 und Kap. 4.3.1) sollten bekannt sein, können aber auch am Modellgebiet erlernt werden. Die Theorie des Ökosystembegriffes und seiner räumlichen Entsprechung, des Ökotops, sollte inhaltlich und methodisch eingeführt worden sein (*Leser* 1984 sowie Kap. 2.1) und kann dann am Modellgebiet konkret vertieft werden.

Die Arbeit am Modellgebiet erfolgt im Idealfall als Geländepraktikum (siehe dazu Kapitel 4.3.4). Dann lassen sich die vorgelegten Materialien kritisch ergänzen und in allen Einzelheiten vor dem Hintergrund eigener Anschauuung diskutieren. Im Normalfall, d. h. ohne Geländepraktikum, ermöglicht die Arbeit mit den Modellgebietsmaterialien einen exemplarischen standorträumlichen Einblick in die geoökologisch-komplexen Grundzüge einer Landschaft und stellt somit die unabdingbare integrativ-ganzheitliche Phase zum Abschluß eines Geoökologiekurses dar.

Die Arbeit am Modellgebiet geschieht primär an den Geoökosystemprofilen (Abbildung 2.2.5/4 bis 2.2.5/7), an denen die Funktionszusammenhänge erörtert werden. Genauere Standortangaben können dazu den Standortdokumentationen (hier: Abbildung 2.2.5/3 a und b für Standort I) entnommen werden, mit deren Hilfe insbesondere auch die physikalischen Bodendaten des Wasser- und Lufthaushaltes zur Einübung von Grundkenntnissen zu dieser Thematik nutzbringend herangezogen werden können. Generell erfolgt die Arbeit am Modellgebiet standortbezogen. Am ausgewählten Standort

– wird die geoökologische Ausstattung analysiert und dabei Grundkenntnisse zu den Subsystemen der Ökosysteme und ihren Verflechtungen vertieft,
– wird die Datenbasis zu den standörtlichen Ökosystemen in ihrer Begrenztheit kritisch hinterfragt und mit den schulischen Datenermittlungswegen bei eigener Feldarbeit verglichen,
– werden die theoretischen Kenntnisse zur ökotopischen Raumordnung angewandt.

Die Datenbasis ist aus *Gerold* et al. (1985) und primär *Prasuhn* (1986) für den Schulgebrauch entwickelt worden. Wichtig ist zu berücksichtigen, daß keine Jahreswerte vorliegen, sondern Summenwerte oder Durchschnittswerte für den Meßzeitraum vom 1. April bis 1. November 1985. Die Mehrzahl der Daten ist auch über ein Schulgeländepraktikum ermittelbar. Bei der Erstellung der Standortangabenblätter (Abbildung 2.2.5/3) ist im Bodenteil zwar auf Laboranalysen (*Prasuhn* 1986) zurückgegriffen worden, doch sind die bodenanalytischen Angaben zur Korngrößenzusammensetzung, zum Humusgehalt und zum pH-Wert mit hinreichender Genauigkeit auch von Schülern selbst im Gelände ermittelbar. Die physikalischen Bodendaten des Wasser- und Lufthaushaltes (Abbildung 2.2.5/3) sind mit der Ungenauigkeit der Tabellen-Rechenverfahren bewußt mit schüleradäquaten Mitteln bestimmt worden. Es ist für das Verständnis dieser wichtigen Sachverhalte sehr zu empfehlen, die Erstellung dieser Tabellen von den Schülern für die einzelnen Standorte selbst vornehmen und die Ergebnisse diskutieren zu lassen. Dabei kann die Bedeutung der bodenphysikalischen

Parameter am besten begriffen und dann in ihrer geoökologischen Relevanz am Geoökosystemprofil Teil 3 (Abbildung 2.2.5/6) erkannt werden.

2.2.5.3 Geoökologische Funktionszusammenhänge im Modellgebiet

Geoökosystemprofil Teil 1: Vegetation und Standortklima (siehe Abbildung 2.2.5/4, vergl. *Prasuhn* 1986)

An allen Standorten kann von einem etwa gleichen Witterungsverlauf ausgegangen werden. Die standortklimatischen Differenzierungen erklären sich aus den unterschiedlichen Ausstattungsmerkmalen insbesondere der Relieflage und des Vegetationstyps. Die Bedeutung des Windes (LU) für die Evaporation (ETp) wird im Standortvergleich deutlich: Hohe mittlere Windgeschwindigkeiten führen zu hohen Verdunstungswerten.

Der Standort II in völlig windoffener Freilandlage mit den höchsten Luftumsatzraten zeigt die höchsten Evaporationswerte. Die hohe monatliche Lufttemperatur und die hohen mittleren Temperaturmaxima verstärken den Verdunstungsprozeß. Die Temperaturverhältnisse sind die typischen eines Freilandstandortes: Den hohen Maxima, den hohen Monatsmitteln und den großen Temperatursprüngen im Thermoprofil in Erdbodennähe stehen die größten Auskühlungseffekte des Modellgebietes insbesondere infolge nächtlicher Ausstrahlung mit den niedrigsten mittleren Temperaturminima gegenüber. Die ebenen feuchten Wiesen des Standortes II sind daher insbesondere in den Übergangsjahreszeiten häufig von Nebel geprägt.

Die Standorte I und III als Waldstandorte sind mikroklimatisch vom Charakter des Bestandes geprägt. Das Stammraumklima des lichten Nadelwaldes auf Standort I ist im Vergleich zum dichteren Rotbuchenbestand des Standortes III weniger ausgeprägt, so daß auch die mikroklimatischen Gegensätze zum Freiland nur abgeschwächt in Erscheinung treten.

Am Standort III mit dichtem Rotbuchenwald und einem Deckungsgrad von 85 % treten bei niedrigsten Luftumsätzen, niedrigsten mittleren Monatstemperaturen, niedrigsten mittleren Temperaturmaxima, höchsten mittleren Temperaturminima und im Vergleich ausgeglichensten (geringe Amplituden) Thermoprofilen die niedrigsten Evaporationwerte auf. Die Dichte des Bestandes führt allerdings zu den höchsten Interzeptionswerten.

Geoökosystemprofil Teil 2: Bodenökologischer Zustand und biotische Abbauaktivität (Abbildung 2.2.5/5, vergl. *Prasuhn* 1986)

Der Zelluloseabbau des Bodens charakterisiert den wichtigsten Teil der bodenbiologischen Gesamtaktivität. Da dieser Parameter einfach meßbar ist, eignet er sich besonders gut als Maß für die Intensität der standörtlichen Abbauprozesse (*Prasuhn* 1986, S. 177). Die Höhe der Abbauraten ist an den Standorten I, II und III von völlig unterschiedlichen geoökologischen Faktorenzusammenhängen abhängig.

Standort I:

Der Zelluloseabbau steigt mit zunehmender Bodenoberflächen- und Humustemperatur. Diese Werte liegen im Vergleich zu Standort III hier etwas höher. Doch hat die Bodentemperatur hier nur einen geringen Einfluß. Die geringe Bodenfeuchte (15%) wirkt sich nicht auf die Abbauaktivität aus. Entscheidenden Einfluß nimmt das Nährstoffmilieu: Die sehr niedrigen pH-Werte (pH 2,9), das weite C/N-Verhältnis (20) und die geringe Stickstoff-Mineralisierungsrate lassen die geringe Abbauaktivität erkennen. Der rohhumusartige Moder als Humusform bekräftigt den Befund.

Standort II:

Die hohen Abbauraten ergeben sich aus den günstigen Nährstoffverhältnissen auf den gedüngten Weiden und dem mutmaßlichen Einfluß der hier etwas höheren Bodenoberflächen und Humustemperaturen auf die Abbauaktivität. Die Bodenfeuchteverhältnisse sind hier für die Abbauaktivität sekundär.

Standort III:

Bei niedrigem pH-Wert (pH 3,9), mittlerem C/N-Verhältnis (17), aber hohem Tongehalt (30 % im Ah-Horizont), hoher potentieller Kationenaustauschkapazität (KAK = 226 val/m^2 bis 130 cm Tiefe) und mittlerer Mineralisierungsrate ist die Nährstoffversorgung des Standortes relativ günstig. Sie wird jedoch durch die hohen Bodenwassergehalte (39 % mittlere Bodenfeuchte) negativ beeinflußt. Die Abbauaktivität wird durch die relativ niedrigen Bodentemperaturen und die schlechten Belüftungsverhältnisse (Luftkapazität gering bis sehr gering) bei hohen Bodenfeuchtegehalten insbesondere im Frühjahr beschränkt. Die geringmächtige Humusauflage verstärkt diesen Negativeffekt noch. Im Spätsommer ist die Wirkung der Negativfaktoren eingeschränkt, so daß die relativ günstigen Nährstoffbedingungen zu einem deutlichen Anstieg der Abbauaktivität führen.

Geoökosystemprofil Teil 3: Physikalische Bodendaten – Wasser- und Lufthaushalt, (Abbildung 2.2.5/6, vergl. *Prasuhn* 1986)

Standort I

Die schwach-podsolierte Kies-Sand-Braunerde hat auf ausgespülten kiesigen Schmelzwassersanden nur eine geringe Entwicklungstiefe erreicht (– 40 cm). Die Ahe-Bv-Horizontfolge zeigt Podsolierungsansätze.

Der rohhumusartige Moder (L/0f/0h) und der Ah-Horizont (stark humos) sind bei sehr lockerer Lagerung (Ld 1) durch eine zwar geringe, aber im Vergleich zu den tieferen Horizonten relativ günstige Feldkapazität (FK 21 mm/dm) und eine sehr hohe Luftkapazität (LK 29 mm/dm) charakterisiert. Das Gesamtporenvolumen erreicht hohe Werte (GPV 50 mm/dm, nach *Prasuhn* 1986 sogar 65 mm/dm). Wasser kann daher gut aufgenommen und insbesondere in Oberflächennähe auch noch mittelmäßig gespeichert werden. Das zeigen auch die relativ hohen Werte der nutzbaren Feldkapazität im A-Horizont bis 10 cm Tiefe (nFK 13–15 mm/dm), die hier schon circa 50 % der nutzbaren Feldkapazität des gesamten effektiven Wurzelraumes (nFKWe 34,4 bis 50 cm Tiefe) erreichen. Der übrige Boden hat nur eine geringe bis sehr geringe Feldkapazität (5 mm/dm < FK < 11 mm/dm), Wasser kann in dem grobsandigen Substrat mit hohem Skelettanteil und geringer Profilmächtigkeit nur in sehr geringen Mengen gespeichert werden und fließt rasch durch die zahlreichen Grob- und Gröbstporen in den kiesigen Untergrund ab (die Wasserdurchlässigkeit ist hoch bis äußerst hoch).

Feldkapazität des gesamten Profils (FK 76,4 mm/10 dm) und nutzbare Feldkapazität des effektiven Wurzelraumes (nFKWe [– 50 cm] 34,4 mm) sind sehr gering. Die Nährstoffversorgung ist bei sehr niedrigem pH-Wert (2,9 < pH < 4,2), sehr hohem Sandanteil (85–94 %), ungünstigem C/N-Verhältnis im Ah-Horizont (C/N > 20) und geringer Kationenaustauschkapazität (KAK 34,6) als schlecht einzustufen.

Standort II

In der Talebene hatte sich an diesem Standort eine Niedermoordecke gebildet, die durch Flußregulierung, Entwässerung und Grundwasserabsenkung heute nur noch reliktisch (rGo- und rGr-Horizont) vorhanden sind. Der hohe Humusgehalt (6 Vol.-%) im Ah-Horizont ist ein weiterer Hinweis auf den ehemaligen Anmoorgley. Der heutige Boden ist ein Sand-Gley mit ausgeprägten Eisenanreicherungen und Verdichtung und Verkittung im G01-Horizont (– 30 cm Tiefe) infolge des Grundwasserstandes.

Abgesehen von zahlreichen Resten vermodernden Holzes ist das Substrat ein homogener Mittelsand mit sehr hohem Gröbstporenanteil (24 mm/dm < LK < 27 mm/dm). Im Ah-Horizont werden die ungünstigen Bedingungen durch den hohen Humusgehalt etwas verbessert (FK 20 mm/dm, nFK 16 mm/dm).

Insgesamt ist die Feldkapazität gering bis sehr gering (FK 132 mm/10 dm), die nutzbare Feldkapazität des effektiven Wurzelraumes ist gering (nFKWe [– 60 cm] 67 mm). Dennoch ist eine ausreichende Wasserversorgung durch den hohen Grundwasserstand (in 90–120 cm Tiefe) gegeben.

Der hohe Grundwasserstand schränkt die Durchlüftung und Sauerstoffzufuhr des Bodens erheblich ein, so daß der Standort für die ackerbauliche Nutzung ausfällt. Die intensive Grünlandnutzung mit starker Düngung führt im humusreichen Ah-Horizont zu einer günstigen Nährstoffversorgung, die durch den ebenfalls günstigen pH-Wert (pH 4,9) und das günstige C/N-Verhältnis (C/N 10) unterstrichen wird. Mit der Tiefe nimmt diese günstige Nährstoffversorgung schnell ab.

Standort III

Der Lehm-Braunerde-Pseudogley wird maßgeblich durch die Substratverhältnisse geprägt. Die dünne (90 cm) Hanglehmschicht wird von einer stark verwitterten Blättertonschicht unterlagert. Die Verdichtungen (Ld 3–4) im unteren Teil der Lehmschicht führen zu Stauwasserbildung, Hangwasserzufluß und Interflow. Niederschläge führen zu einem schnellen Anstieg des Grundwasserspiegels, der in trockeneren Phasen wieder absinkt (60 bis – 240 cm Tiefe).

Die Porenvolumenverhältnisse sind bei sehr geringer Lagerungsdichte (Ld 1) und sehr hohem Humusgehalt (9,6 Vol.-%) nur im sehr geringmächtigen Ah-Horizont relativ günstig. Die sehr hohe Feldkapazität (FK 57 mm/dm) wird allerdings in ihrer Effizienz durch den sehr hohen möglichen Totwasseranteil (PWP 28 mm/dm) und die geringe Luftkapazität (LK 7 mm/dm) eingeschränkt. Dennoch ist die nutzbare Feldkapazität hier noch hoch (29 mm/dm).

Im Unterboden wirkt sich der Blättertonstein mit einem extrem hohen Feinporenanteil negativ auf den Luft- und Wasserhaushalt des Bodens aus. Die nutzbare Feldkapazität (nFK 19–12 mm/dm) nimmt mit der Tiefe ebenso kontinuierlich ab wie die Durchlüftung und Durchwurzelung (LK 2 mm/dm).

Die Feldkapazität des gesamten Bodens ist mittel bis hoch (383,6 mm/10 dm), die nutzbare Feldkapazität des effektiven Wurzelraumes (nFKWe [– 10 dm] 173 mm) trotz des hohen Feinporenanteils bzw. möglichen Totwasseranteils (PWP 210,6 mm/10 dm) ebenfalls hoch.

Die Nährstoffgehalte sind infolge der hohen Ton- und Schluffgehalte (75–96 %) und damit der hohen potentiellen Kationenaustauschkapazität (KAK 226,2) sehr hoch, bleiben aber in ihrer Wirkung praktisch auf die Humusdecke(L-, Of-, Ah-Horizonte) beschränkt. Diese ist jedoch trotz des engen C/N-Verhältnisses (C/N 9,6), bei niedrigem pH-Wert (pH 3,9) nur sehr geringmächtig, weil infolge der starken Laubverwehung nur sehr wenig organische Substanz anfällt.

Geoökosystemprofil Teil 4: Bodenfeuchtehaushalt der Standorte (Abbildung 2.2.5/7, vergl. *Prasuhn* 1986)

Standort I

Bodenfeuchteregime (BFR) der Kies-Sand-Braunerde: Mäßig-Trocken-Sickerwasser-BFR: mäßig trocken bis mäßig frisch

Der Feuchteverlauf im Oberboden schwankt stark mit den Niederschlagsereignissen. Die äußerst hohe Wasserdurchlässigkeit (kf 6) ermöglicht einen ungehemmten Sickerungsprozeß und damit eine schnelle Reaktion der Bodenfeuchte auf den Niederschlag.

Die Rohhumusauflage und der hohe Humusgehalt im A-Horizont tragen neben den relativ günstigen Porenvolumenverhältnissen zu einer relativ starken Wasserspeicherung im Oberboden bei. Die Bodenfeuchteamplitude ist daher mit 0–35 Vol.-% in der Humusschicht relativ groß, während sie im Unterboden auf 0–10 Vol.-% sinkt. In 1 m Tiefe liegen 100 % der Bodenfeuchtegehalte bei nur 0–10 Vol.-%. Hier wirken sich die ungünstigen Speichereigenschaften des Grobsandes (94 % des Feinbodens) und der Skelettanteil (45 %) deutlich aus.

Insgesamt ist der Boden durch schnelle Durchfeuchtung und schnelle Ausschöpfung geprägt. Die Feldkapazität wird nur selten erreicht.

Standort II

Bodenfeuchteregime (BFR) des Sand-Gleys: Perioden-Grundwasser-BFR: wechselfeucht

Es lassen sich drei völlig unterschiedliche Bodenfeuchteschichten im Profil feststellen.

Der im gesamten Profil einheitliche Mittelsand ist dafür nicht ursächlich. Er trägt im Oberboden durch seine äußerst hohe Durchlässigkeit (kf 6–5) zu einer raschen Reaktion der Bodenfeuchte auf

Niederschlagsereignisse bei. Durch die relativ günstigen Porenvolumenverhältnisse und den hohen Humusgehalt werden zu über 70 % relativ hohe Feuchtegehalte von über 20 Vol.-% erreicht, womit die Feldkapazität von maximal 20 Vol.-% überschritten wird. Es kommt somit im Oberboden nur selten zu sommerlicher Ausschöpfung.

Im Unterboden bewirkt der nahe unter der Oberfläche stehende Grundwasserspiegel (0,8 bis 1,2 m u. GOF) durch direkten Grundwassereinfluß oder kapillaren Aufstieg, daß der Boden während der gesamten Vegetationsperiode gesättigt ist. Die Bodenfeuchtegehalte liegen während des gesamten Aufnahmezeitraumes, also zu 100 %, über 20 Vol.-% und überschreiten damit deutlich die Feldkapazitätswerte der tiefen Horizonte (FK 11 Vol.-%).

Die geringsten Bodenfeuchtegehalte werden in einer Tiefe von 40–60 cm erreicht. Aber auch hier ist eine Austrocknung selten.

Standort III

Bodenfeuchteregime (BFR) des Lehm-Braunerde-Pseudogleys: Perioden-Stauwasser-BFR: frisch

Die Zweischichtigkeit der Substrate des Profils überträgt sich auf die Bodenfeuchtesituation. Die Bodenfeuchtegehalte sind in der Humusschicht infolge der günstigen bodenphysikalischen Gegebenheiten hoch. Im Unterboden werden auf der tonreichen stauenden Schicht durch Stauwasser, Hangwasser und Interflow ebenfalls hohe Bodenfeuchtewerte erreicht.

Die meist vorherrschende Bodenfeuchtestufe von > 35 Vol.-% überschreitet oder erreicht die Feldkapazitätswerte der Bodenhorizonte (32 Vol.-% < FK < 57 Vol.-%). Nur in niederschlagsarmen Jahreszeiten wird die Feldkapazität unterschritten und der Permanente Welkepunkt erreicht.

Ergänzende und zusammenfassende bodenwasserhaushaltliche Funktionszusammenhänge im Standortvergleich:

Bodenfeuchte und Porenverhältnisse
Die Porenverteilung des Bodens wirkt sich wesentlich auf die Wasserleitfähigkeit und somit auf die Infiltrationsrate, die Tiefensickerung und den kapillaren Aufstieg des Wassers aus. Die Bodenfeuchte wird daher primär von der Anzahl, der Größe und Form der Poren und von ihren Volumenverhältnissen geprägt.
Die Sand-Standorte I und II zeigen hohe Durchlässigkeit (kf 5–6), geringe Speicherfähigkeit (FK/nFKWe 1–2) und niedrige Bodenfeuchtegehalte.
Der Lehm-Ton-Standort III mit mittlerer Durchlässigkeit (kf 3) und mittlerer bis hoher Speicherfähigkeit (FK/nFKWe 3–4) weist vorrangig hohe Bodenfeuchtegehalte auf.

Bodenfeuchte und Niederschlag
Die Wirkung des Niederschlags auf die Bodenfeuchte ist in erster Linie von der Verteilung, der Intensität und der Dauer der Niederschläge abhängig, über die hier keine Daten vorliegen.
An den Sand-Standorten I und II mit hohen Sickerwasserraten (32 bzw. 43 % von N) wirkt sich ein Niederschlagsereignis nur kurzfristig auf die Bodenfeuchte aus. Nach Niederschlägen ist die Bodenfeuchtezunahme besonders deutlich in der Humusschicht.
An Standort III führt Niederschlag aufgrund der größeren Speicherfähigkeit und der geringeren Sickerung (20 % von N) zu am längsten anhaltender Durchfeuchtung.
Die Bodenfeuchte an Standort II ist durch Grundwasser, an Standort III durch Grund-, Stau-, Hang- und Interflowwasser geprägt, so daß sich Niederschläge nur bedingt in Bodenfeuchtezunahmen erkennen lassen.

Bodenfeuchte und Grundwasser
An Standort II wirkt sich der hohe Grundwasserspiegel stets auf den Bodenwasserhaushalt aus. Hohe Grundwasserstände im April und September „führen zu einer Überlagerung von Versickerung und kapillarem Aufstieg und zu einer Vernässung des Bodens." (*Prasuhn* 1986, S. 174). An Standort III führen Zuschüsse durch Interflow und Hangwasser zu hohen Grundwasserständen und wassergesättigten Böden. Interflow, Hang- und Stauwasser tragen zu einer verzögerten Wirkung des Niederschlags auf die Bodenfeuchte durch verlangsamte Tiefensickerung und stauende Wirkung der unteren Schichten des Bodens bei.

Bodenfeuchte und Vegetation
An Standort I bindet der Auflagehumus (rohhumusartiger Moder) einen großen Teil der Niederschläge und vermindert eine tiefreichende Bodenverdunstung. Die Austrocknung des Unterbodens in Phasen mit negati-

ver klimatischer Wasserbilanz (Niederschlag < Verdunstung) wird durch den Bodenwasserverbrauch der Bäume und die Interzeptionsverluste in der Wachstumsphase verursacht.

Charakteristisch für Standort II ist der hohe Bodenfeuchtegehalt in der Humusschicht (– 20 cm). Hier garantieren die hohen Humusgehalte eine gute Wasserspeicherung. Die Wiesenvegetation stellt einen Feuchtigkeitsspeicher und einen Verdunstungsschutz dar. Sie wirkt ausgleichend auf die Bodenfeuchte und verzögert das Austrocknen des Oberbodens.

An Standort III decken die tiefreichenden Wurzeln der Rotbuchen ihren Wasserbedarf vorwiegend aus dem Grundwasser. In Phasen negativer klimatischer Wasserbilanz und fallender Grundwasserstände kann es aufgrund der stärkeren Bodenverdunstung bei nur dünner Humusschicht (F-Mull/Ah-Horizont – 3 cm) und fehlender Krautschicht zu einer Austrocknung in 20 cm Tiefe kommen. Die stauende Tonschicht im Unterboden garantiert dort jedoch eine gleichmäßige Bodenfeuchte.

2.2.5.4 Die Ökotope: Standorträumliche Gliederung des Modellgebietes

Die eingehende Analyse der Geoökosystemzusammenhänge führt abschließend zur Problematik der topischen Ordnung des Modellgebietes. An Abbildung 2.2.5/8 wird deutlich, daß die Repräsentativstandorte I, II und III nicht alle Ökotope des Gebietes charakterisieren. Mindestens zwei weitere Ökotope lassen sich ausweisen (vergl. *Gerold* et al. 1985, Abb. 1 im Anhang).

Die Geoökosystemanalyse an den Repräsentativstandorten läßt nun die Parameter deutlich werden, die für die Charakterisierung der Standortökosysteme und damit der zugehörigen Ökotope geeignet sind. Entscheidende Parameter für die Charakterisierung der Standortökosysteme:

1. Durchlässigkeit des Bodens (Art der Sickerung, Speicherfähigkeit)
2. Bodenwasserhaushalt (Bodenfeuchteregime)
3. Nährstoffversorgung und Abbauaktivität
4. Geländeklima/Bestandsklima.

Die Auswahl dieser Parameter muß gründlich diskutiert und problematisiert werden. Dabei wird klar, daß sich die Standortangaben in den Normblättern (hier als Muster nur Abbildung 2.2.5/3 a und b), um einige Angaben (Abbauaktivität) in den Geoökosystemprofilen ergänzt (Abbildungen 2.2.5/4 bis 2.2.5/7), als Parameter eignen.

Ökotop durch Standort I repräsentiert:
1. Durchlässigkeit: Hohe Durchlässigkeit der Deckschicht, ungehemmte Sickerung, relativ starke Wasserspeicherung nur im Oberboden.
2. Bodenwasserhaushalt: Schnelle Durchfeuchtung und schnelle Ausschöpfung, Mäßig-Trocken-Sickerwasser-Bodenfeuchteregime: mäßig trocken bis mäßig frisch.
3. Nährstoffversorgung und Abbauaktivität: Schlechte Nährstoffversorgung, Nährstoffmangel, geringe Abbauaktivität.
4. Geländeklima/Bestandsklima: Normalstandort mit wenig ausgeprägtem Bestandsklima.

Ökotop durch Standort II repräsentiert:
1. Durchlässigkeit: Hohe Durchlässigkeit der Deckschicht, verzögerte Sickerung, relativ starke Wasserspeicherung im Oberboden, anstehendes Grundwasser im Unterboden.
2. Bodenwasserhaushalt: Gute Wasserversorgung des Bodens mit nur seltener Ausschöpfung, Perioden-Grundwasser-Bodenfeuchteregime: feucht.
3. Nährstoffversorgung und Abbauaktivität: Günstige Nährstoffverhältnisse (Düngung), hohe Abbauaktivität.
4. Geländeklima: Normal-Freilandstandort mit starkem Windeinfluß.

Ökotop durch Standort III repräsentiert:
1. Durchlässigkeit: Mittlere Durchlässigkeit der Deckschicht, verzögerte Sickerung durch stauende Schicht, mittlere bis hohe Speicherfähigkeit.
2. Bodenwasserhaushalt: Staunässebildung, Hangwasser, Interflow und anstehendes Grundwasser, Perioden-Stauwasser-Bodenfeuchteregime: frisch.

3. Nährstoffversorgung und Abbauaktivität: Sehr hohe Nährstoffgehalte, relativ günstige, durch Bodenwasser in der Wirksamkeit eingeschränkte Nährstoffversorgung, geringe, nur im Spätsommer verbesserte Abbauaktivität.
4. Geländeklima: Ausgeglichenes Bestandsklima.

Modellgebiete wie das Beispiel Rehburger Berge-Steinhuder Meer liegen bisher kaum vor, weil integrative landschaftsökologische bzw. geoökologische Forschung in der topischen Dimension nur wenig betrieben wurde und sich die zahlreichen Untersuchungen von speziellen Aspekten des Geoökosystems kaum als Datengrundlage für Modellgebiete eignen. An mehreren Hochschulstandorten wird aber inzwischen topisch gearbeitet, so daß künftig auch der Schulgeographie topische Gebietsdaten bereitstehen. In der Erarbeitung weiterer Modellgebietsbeispiele liegt eine besonders wichtige Aufgabe.

Fazit:
Geoökologische Modellgebiete sind datengefüllte Beispielräume für die Einführung in komplexere Grundlagen der Geoökologie.
Die Modellgebiete sind repräsentativ hinsichtlich ihrer ökologischen Ausstattung, ihrer ökologischen Funktionszusammenhänge und ihrer Umweltentwicklung.
Die Umweltdatenerfassung der Modellgebiete erfolgt standortbezogen nach Normparametern (Modellgebiet Rehburger Berge-Steinhuder Meer Abb. 2.2.5/3 a und b). Die Umweltzusammenhänge der Modellgebiete werden an charakteristischen Stoffbeständen und Prozessen der Systemkompartimente verdeutlicht und damit die Ökotopgliederung erfaßt (Modellgebiet Rehburger Berge-Steinhuder Meer Abb. 2.2.5/4 bis 8).
Die Umweltdaten der Modellgebiete werden in einem künftigen Arbeitsschritt mit Hilfe Geographischer Informationssysteme (GIS) digital für den Schulgebrauch aufbereitet (Umweltdatenbank). Die didaktischen Umweltinformationssysteme sind als Fallstudie ohne eigene Gebietskenntnis des Benutzers einsetzbar, ermöglichen Simulationen von Systemeingriffen und Visualisierung kausaler Datenzusammenhänge.

2.3 Geoökologie/Landschaftsökologie/Umweltschutz als Angewandte Ökologie in der Praxis (*Hartmut Leser*)

Mit den Kapiteln 1, 2 und 2.1 wurde darauf hingewiesen, daß sowohl der Fachbereich Geoökologie/Landschaftsökologie als auch die Definitionen der Gegenstände, mit denen sich die Geoökologie beschäftigt, einen zentralen Platz im Denken und Handeln des Menschen in der Umwelt einnehmen. Auch die Definitionsmöglichkeiten des Begriffes Umwelt (Kap. 2.1) machen plausibel, daß zahlreiche – um nicht zu sagen alle – Bereiche von Politik, Wirtschaft, Planung, Naturwissenschaft, Medienwesen etc. sich in irgendeiner Form mit Ökologie und Umwelt sowie Ökosystem- und Umweltschutz auseinandersetzen. Man kann daher fast alle Glieder der heutigen Gesellschaft als Abnehmer, Nutzer und Anwender von ökologischen Erfahrungen und Erkenntnissen bezeichnen. Sie betreiben also alle in irgendeiner Form Angewandte Ökologie (Abb. 2.3/1).
Die Betrachtung dieser Sachverhalte ist in einem Geographielehrerhandbuch aus mehreren Gründen erforderlich:
– Der Lehrer arbeitet an der Schnittstelle zwischen Wissenschaft (Forschung) und Praxis (Anwendung). Er hat das Feld für beide Bereiche zu bereiten.
– Der Lehrer muß die Begriffsinhalte kennen, um im Graubereich Wissenschaft/Öffentlichkeit (z. B. Massenmedien)/Praxis ordnend und damit klärend und verständnisschaffend zu wirken.

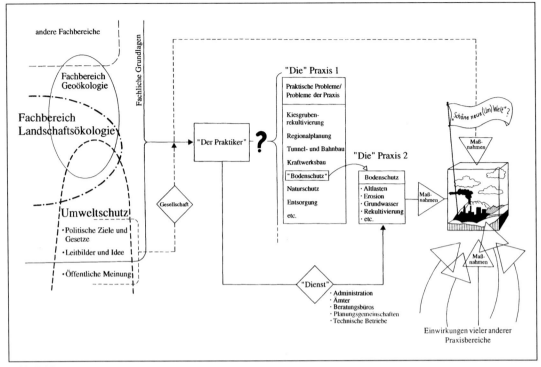

Abb. 2.3/1
„Die Praxis" oder: Wo findet denn nun eigentlich „Angewandte Ökologie" statt?
(Entwurf: *H. Leser*)

2.3.1 Wissenschaft und Praxis

Wissenschaft und Praxis werden sehr oft als konträr gegenübergestellt. Um Verständnisbrücken bemüht man sich sehr wenig bis gar nicht. Mehr irrational als logisch begründet wird dem im vielzitierten Elfenbeinturm sitzenden Wissenschaftler „der" Praktiker gegenübergestellt. In der Realität gibt es jedoch den praktischen Wissenschaftler genauso wie den realitätsfremden Praktiker, so wie dem esoterisch angehauchten Wissenschaftler wissenschaftliches Ignorantentum beim Praktiker gegenüberstehen kann. Diese vom jeweils anderen „Lager" vergebenen Einschätzungen sollen aber nur von eigenen Schwächen ablenken.

Daher wird folgende Hypothese aufgestellt:

– „Die" Praxis gibt es nicht, es gibt jedoch in den Umweltökosystemen zahlreiche Probleme, die man als „praktische Probleme" bezeichnen kann. (Abb. 2.3.1/1 und Abb. 2.3.1/2)

– „Praktische Probleme" sind Sachverhalte in der Umwelt und ihren Landschafts- bzw. Geoökosystemen, die von Mensch und Technik beeinflußt werden und die einer anthropogenen Regelung bedürfen. Die anthropogene Regelung hat verschiedene *Ziele*:

– Herstellen oder Wiederherstellen der Ökosystemfunktionsfähigkeit, z. B. bei ausgebeuteten Tagebauen.

– Herstellen oder Wiederherstellen der Selbstregenerationsfähigkeit, um nachhaltiges Funktionieren der Ökosysteme in der Umwelt zu gewährleisten, z. B. in durch Flurbereinigung ausgeräumten Intensivlandwirtschaftsgebieten.

Die „praktischen Probleme" werden von den Institutionen außerhalb der Wissenschaft gelöst, ohne daß es – in der Mehrzahl der Fälle – zu direktem Einsatz von Wissenschaft (im Sinne von Forschung

96

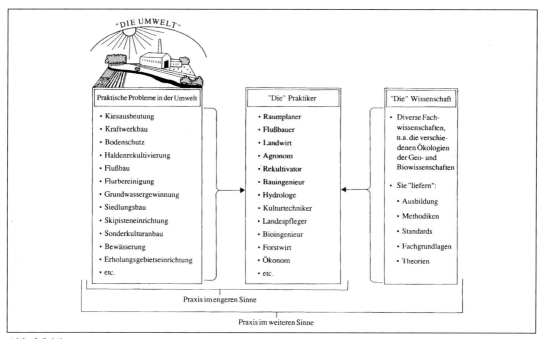

Abb. 2.3.1/1
„Die" Praxis: Das sind einfach „praktische Probleme", an denen Praktiker und Wissenschaftler arbeiten – wenn auch nicht gemeinsam!
(Entwurf: *H. Leser*)

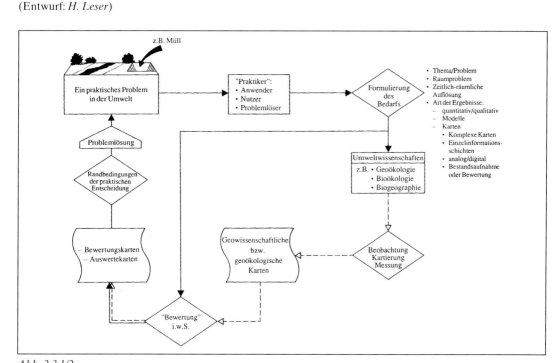

Abb. 2.3.1/2
„Die" Praxis, der Geoökologe und die geoökologische Arbeit für „die Praxis"
(Entwurf: *H. Leser*)

am praktischen Problem/Objekt) kommt. Es wird jedoch Wissenschaft angewandt, und zwar in Form von bereits vorliegenden Ergebnissen sowie von in der Wissenschaft entwickeltem und getestetem „Handwerkzeug" (z. B. Kartieranleitungen, Raumkennzeichnungsmethoden, Bodenschutzmaßnahmen).

Die Praxis zeichnet sich durch eine Anzahl von Basisschwierigkeiten aus:
– Problemfülle,
– („Innere") Komplexität der Einzelprobleme,
– Vernetzung der Einzelprobleme untereinander.

Hinter „der Praxis" verbergen sich zahllose Ansätze, die oft willkürlich und selektiv eingesetzt werden. Das hängt vom Ausbildungsstandard, dem Interesse des Individuums „Praktiker", der Zufälligkeit des Innehabens eines Amtes, dem politischen Stellenwert einer Dienststelle, der Budgethöhe und vielen anderen Zufälligkeiten ab. Selbst bei der Bearbeitung ökologischer Teile praktischer Probleme hängt Vieles vom Zufall ab. Ansatz und eingesetzte Methodik unterscheiden sich, je nachdem ob z. B. der Planer ein Geograph, ein Biologe, ein Forstwirt, ein Ökonom oder ein Soziologe ist. Die Problemlösung kann also unterschiedliche fachliche Gewichte aufweisen.

Die o. a. Struktur praktischer Probleme wird von fast allen Praktikern, gleich welcher Herkunft, so gesehen. Den methodisch kleinsten gemeinsamen Nenner stellt bei ihrer Bewältigung der systemanalytische Ansatz dar. Er trägt der Komplexität der Umweltprobleme am ehesten Rechnung. Zum methodischen Dilemma wird diese Situation jedoch erst dadurch, daß der systemanalytische Ansatz im allgemeinen Sprachgebrauch als „ökologischer Ansatz" (*Stoddart* 1970) bezeichnet wird. Er meint mit „ökologisch" lediglich „systemanalytisch". Nicht jedes System ist ein Ökosystem, aber jedes Ökosystem kann systemanalytisch erfaßt werden. Nicht jeder systemanalytische Ansatz ist ein ökologischer Ansatz. Der ökologische Charakter systemanalytisch anzugehender Probleme in der Umwelt kann nur mit Hilfe der Definitionen für die verschiedenen Ökosysteme (Kap. 2.1) abgeschätzt und gekennzeichnet werden. Nicht jedes technische Problem in der Umwelt ist ja eo ipso ein ökologisches Problem; es kann aber ein solches sein oder über ökologische Komponenten verfügen. Im Sinne einer – auch technisch – wirklich sauberen Problemlösung muß jedoch der ökologische Teil des Problems erkannt, ausgewiesen, methodisch handhabbar gemacht und schließlich auch gelöst werden.

Wenn in den Massenmedien „Umweltprobleme" geschildert werden, handelt es sich entweder um technisch unbefriedigende Lösungen in der Umwelt oder um die Nichtberücksichtigung naturwissenschaftlich-ökologischer Aspekte bei der Lösung technischer oder infrastruktureller Probleme in der Umwelt. Eine methodisch bedeutsame Variation ergibt sich zusätzlich dadurch, daß diese unzureichenden Lösungen lokale bis globale Wirkungen haben können, d. h. es kommt noch (differenzierend) die Raumkomponente des ökologischen Problems hinzu (Kap. 2.1 und 2.2.3). Allgemeiner formuliert: Viele gesellschaftliche und/oder ökonomische Probleme im Wirkungsgefüge Mensch-Umwelt-Mensch verfügen über eine naturwissenschaftlich-ökologische Grundlegung.

Der Praktiker behandelt das soziale, das technische oder das ökonomische Problem in der Umwelt, erkennt vielleicht auch eine politische Entscheidungsnotwendigkeit, aber er stößt oft nicht bis zur naturwissenschaftlichen Basis des Problems vor, wo manchmal der Schlüssel zu seiner Gesamtlösung liegt. Das bedeutet beispielsweise, politische Entscheidungen, etwa die Dauer von Entwicklungshilfemaßnahmen, nicht an Wahlperioden oder anderen „unökologischen" Kriterien zu bemessen, sondern an Ökosystemfunktionen, -merkmalen und -entwicklungstendenzen (etwa der Dauer der Herstellung der ökologischen Selbstregenerationsfähigkeit oder der Entwicklung einer minimalen Vegetations- oder Pflanzendecke). Das wären dann im übrigen politische Entscheidungen, die das Prädikat „Ökologische Politik" verdienen würden.

Der für Geoökologie und Umweltschutz forschende Wissenschaftler weiß, daß es keine Schuldsprüche über „die Praktiker" geben kann: Denn in diesen Basisschwierigkeiten, die hier vor allem im Hinblick auf die Praktiker dargestellt wurden, begegnen sich ökologisch arbeitende Wissenschaften („Ökologien") und die verschiedensten Praxisbereiche („die Praxis") – beide setzen an ähnlich strukturierten Problemen an, beide wissen um die Begrenztheiten der Methoden, und beide kennen die relative Gültigkeit der erarbeiteten Ergebnisse und Lösungen.

Dieser Begegnungsbereich von wissenschaftlich und praktisch arbeitenden Ökologen heißt „Angewandte Ökologie". Wegen seiner Wirksamkeit im öffentlichen Leben und damit in der Umwelt darf er als von zentraler öffentlichkeitspolitischer und erzieherischer Bedeutung bezeichnet werden. Demzufolge muß er begrifflich, methodisch und handlungspraktisch auch Gegenstand der Schulgeographie sein. Im geringsten Fall stellt er unabdingbares Hintergrundwissen für den Lehrer dar.

Fazit:
„Die Praxis" ist ein heterogenes Gebilde. Dieses setzt sich aus „Ausführern", „Politikern" und Interessengruppen der Gesellschaft (Bauern, Stadtbevölkerung, Automobilclubs, Naturschützer, Industrielle, Wissenschaftler etc.) zusammen.
Mit „Praxis" bzw. „Praktiker" wird vor allem der „Ausführer", der „Anwender" bezeichnet, der konkret am praktischen Umweltproblem (Kanalisierung, Bodenschutz, Flurbereinigung, Kraftwerkbau, Skipistenplanierung, Kiesabbau etc.) tätig ist. Von seinem individuellen Problemverständnis, Wissen und Durchsetzungsvermögen hängt es ab, ob die ökologische Komponente des praktischen Problems erkannt, aufgenommen und behandelt wird. Die umweltzentrierte Schulgeographie bildet nicht nur „mündige Staatsbürger", sondern damit auch die Praktiker aus!

2.3.2 Angewandte Ökologie

Die Angewandte Ökologie zentriert die verschiedenen Ökologien, die diversen Anwenderbereiche der Praxis (einschließlich des Umweltschutzes), die Entscheidungspraxis der Politik und die Ausbildung des Staatsbürgers in Schule und Hochschule. So gesehen könnte Angewandte Ökologie wissenschaftliches Fachgebiet, Anwenderbereich und Betrachtungsperspektive zugleich sein. Ziel dieses Kapitels ist eine Klärung dieser Frage. Sie kann durch eine Definition „Angewandte Ökologie" vorgenommen werden.

Um Angewandte Ökologie definieren zu können, ist auszugehen von
– den Öko-Definitionen (Kap. 2.1),
– dem Modell des Geoökosystems (Kap. 2.2) und
– dem Hintergrundwissen um die Raumsachkategorien (Kap. 2.2.3).

Bei den Definitionen wurde gesagt, daß „Umwelt" zwar verschieden modelliert und damit auch verschieden definiert werden kann, daß solche Definitionen jedoch der ökologischen Realität im Raum Rechnung tragen müßten. Für die Definition einer Angewandten Ökologie ist daher von den umfassenderen und zugleich raumbezogen gewichteten Umwelt- und Ökosystemdefinitionen auszugehen (z. B. Ökosystem- oder Geoökosystem- oder Landschaftsökosystem-Definition). Nur sie stellen sicher, daß das komplexe und zugleich komplizierte, im Raum manifestierte Wirkungsgefüge Mensch-Umwelt in seinen wesentlichen Strukturen erfaßt wird.

Beim Skizzieren des ökologischen Arbeitens in den Wissenschaften wurde bereits auf die verschiedenen Wissenschaften hingewiesen, die – zusammengefaßt als „Ökologien" bezeichnet – sich mit ökologischen Fragestellungen beschäftigen. Wie schon beim Ökosystemmodell fällt also auch bei seiner Anwendung in der Praxis die Vielfalt der Möglichkeiten auf. Dabei ist festzuhalten, daß es mehrere ökologisch arbeitende Wissenschaften (oder deren Teilbereiche) gibt, die ähnlich der Geoökologie bzw. der Landschaftsökologie ansetzen. Dazu gehören – neben vielen anderen – Agrarökologie, Landespflege, Bodenökologie, Biogeographie, Hydroökologie etc.

Die Gemeinsamkeit des Ansatzes besteht in folgenden Sachverhalten:
– Man arbeitet im/am Raum.
– Die Ökosysteme werden holistisch (gesamthaft) modelliert, enthalten also alle funktional wesentlichen Subsysteme.

– Es wird die Zeitachse berücksichtigt, auf der sich Ökosysteme im Raum entwickeln. Ohne die Entwicklungsgeschichte sind die aktuellen Ökosystemzustände nicht verständlich.
– Man bezieht die anthropogenen Wirkungen auf die Ökofunktionalität der Umwelt in die Betrachtungen mit ein oder stellt sie gar in den Mittelpunkt des wissenschaftlichen und/oder praktischen Problems.

Bevor der Begriff „Angewandte Ökologie" definiert wird, leitet sich aus dem in allen Kapiteln von Teil 1 und 2 Gesagten ab:

– Angewandte Ökologie als Wissenschaft: Sie ist sicherlich keine Disziplin im Sinne eines Einzelwissenschaftsgebietes, wohl aber ein vielfältiger Bereich fachlicher Interessen ganz unterschiedlicher Herkunft und Position. Die Angewandte Ökologie ist also ein Fachbereich.
– Angewandte Ökologie in der Praxis: Bei den Anwendern ökologischer Gedanken und Methoden zeigt sich eine fast unüberschaubare Vielfalt, die nicht sinnvoll zu ordnen ist, bei der aber auf verschiedenen Problemlösungsebenen ökologisch – im Sinne des ökologischen Ansatzes und der Ökosystemdefinition folgend – gearbeitet werden muß. Die Angewandte Ökologie erstrebt praktisch relevante Gedanken, Methoden und Problemlösungen.
– Angewandte Ökologie als Betrachtungsperspektive: Wenn mit „Betrachtung" das Erkennen der Vielfalt der ökologischen Realität im Raum gemeint ist, dann hat das allgemeine Ökosystemmodell (und damit die Ökosystemdefinition) dafür die methodisch-methodologische Grundlage zu liefern. Die Angewandte Ökologie ist jene Betrachtungsperspektive, welche den unterschiedlichsten Bereichen der Praxis den ökologischen Ansatz der Problemlösungen sichert.

Zunächst ist der Fachbereichscharakter der Angewandten Ökologie zu diskutieren. Es wurde schon gesagt, daß es kein Fach gibt, das man als „die" Angewandte Ökologie bezeichnen könnte. Das würde nicht nur der Problemfülle angewandt-ökologischer Fragestellungen und der Methodenvielfalt widersprechen, sondern auch dem modernen Bild der Wissenschaft (Abb. 1.1/1). Auch dem innerfachlichen Bild einer modernen Geographie, wie es *Bartels* (1968) für die „Geographie des Menschen" zeichnete, würde das nicht entsprechen. Die von *Neef* (1967, 1979) verwendeten Begriffe der „Geographischen Realität" und des real existierenden Zusammenhanges von „Natur, Technik und Gesellschaft" in der Umwelt zielen ebenfalls darauf ab, Funktionszusammenhänge im Raum und deren anthropogene Prägung in ihrer Vielgestaltigkeit zu erfassen. Dabei wird ausdrücklich gesagt, daß eine streng fachliche Zuordnung nicht möglich ist, auch wenn z. B. die Geographie – auch als Schulgeographie (*Köck* 1991) – bedeutsame Teile dieser Basisgedanken sehr kompetent vermitteln kann. Die „Angewandte Geographie" von *von Rohr* (1990) oder die auf Anwendung abzielende „Landschaftsökologie" von *Finke* (1986) bringen dies ebenfalls zum Ausdruck.

Wegen der Vielfalt der Realität, der Komplexität des hochauflösbaren Ökosystemmodells, der Uferlosigkeit der praktischen ökologischen Probleme in der Umwelt verbietet sich eine einzelfachliche Zuordnung der Angewandten Ökologie. Es gibt aber Disziplinen, die das Instrumentarium dafür vermitteln, daß man angewandt-ökologisch arbeiten kann. Oft – aber nicht nur – handelt es sich dabei um die sogenannten klassischen Geo- und Biowissenschaften (oder um Teile dieser). Sie arbeiten dann für die Angewandte Ökologie, wenn sie

– ökofunktional ansetzen,
– fachlich integrativ vorgehen,
– komplex modellieren,
– historisch denken,
– raumbezogen arbeiten,
– mit ihrem Wirken das Ziel verfolgen, in der Landschaft funktionstüchtige 1 : 1-Wirkungen zu erzielen,
– und bei der praktischen Problemlösung multidisziplinär denken und handeln.

Aus all dem leitet sich eine neue Definition des Begriffes Angewandte Ökologie ab, die nicht nur für die Wissenschaften oder die Praxisbereiche gültig ist, sondern die auch in der Schulerdkunde als didaktisch-inhaltliches Handwerkszeug Verwendung finden muß.

Angewandte Ökologie:
Sie stellt einen *Fachbereich* und eine *Betrachtungsperspektive* für Wissenschaft und Praxis dar, der bzw. die von einem komplexen Landschaftsökosystemmodell ausgeht, dem das Wirkungsgefüge *Natur-Technik-Gesellschaft* zugrunde liegt, aus dem heraus praktische Probleme der Nutzung und Beanspruchung von Landschaftsökosystemen der Umwelt modelliert werden. Deren ökosystemare Funktionalität steht im Mittelpunkt, unabhängig davon, ob die Landschaftsökosysteme „natürlich" sind oder vom Menschen mehr oder weniger stark beansprucht, verändert, belastet oder zerstört wurden. Ziel ist die Kennzeichnung des aktuellen Ökosystemzustandes im Hinblick auf seine Weiterentwicklung durch bestehende oder künftige Nutzungen. Diese Bestandsaufnahmen werden durch die Grundlagenforscher, Anwender und Nutzer erstellt und – vor allem von den Nutzern – in praktische Maßnahmen der Raumordnung, -planung und -gestaltung sowie des Menschen-, Ökosystem- und Umweltschutzes umgesetzt.

Den Schulgeographen kann man sicherlich nicht als Angewandten Ökologen bezeichnen. Aber die Schulgeographie und mit ihr die Geoökologie haben enge Beziehungen zu einem so definierten Fachbereich. Er setzt im weitesten Sinne landschaftsökologisch-geographisch an und schließt damit das Fachgebiet Geoökologie mit ein, das seine praktischen Wirkungen im Umweltschutz entfalten kann. Der Lehrer sollte sich daher motiviert sehen, auch die Anwendungsaspekte der Ökologie bzw. Geoökologie intellektuell aufzunehmen und für sich aufzuarbeiten, damit sie direkt oder indirekt im Unterricht zu vermitteln sind.

Die „Beispiele geosystemarer Prozesse und Lebensräume" (Kap. 3) geben dafür von wissenschaftlicher Seite her Anregung. Die aktuellen Probleme der Angewandten Ökologie bzw. der Anwendung von Geoökologie im Umweltschutz finden sich in den Massenmedien, vor allem in den Tageszeitungen, dokumentiert. Man kann sie auswerten und mit Literatur und Anschauungsmaterial schulstufengerecht aufbereiten.

Quellen für aktuelle Themen:
– Wissenschaftsseiten der überregionalen Tageszeitungen (z. T. in Beilagen enthalten).
– Nachrichtenberichte der Tageszeitungen über Aktualitäten in Entwicklungs- oder Industrieländern.
– Themenschwerpunkte (Titelgeschichten) in Wochenzeitungen/-zeitschriften.

Willkürliche Auswahl von Themen, die dem Umwelt-, Umweltschutz-, Geoökosystem- und Angewandte Ökologie-Gedanken gerecht werden:
– Hungersnöte am Horn von Afrika.
– Auftauen des Permafrostes unter Blockgletschern und Rutschungen.
– Waldbrände in der Garigue-Landschaft Südfrankreichs.
– Bodenerosion im Himalaya.
– Altlasten und Bodenverseuchung in Alt-Industriegebieten.
– Tagebaue als Deponiestandorte.
– Naturschutz und Landschaftsrekultivierung um den Rhein-Main-Donau-Kanal.
– Vulkanausbrüche, Aschewolken und Klimaveränderungen.
– Landschafts- und Klimawandel seit dem Leben des „Ötzi".
– Bodenversalzungen in ariden Bewässerungsgebieten.
– Ausräumung der Agrarlandschaft durch Flurbereinigung.
– Standortwahl für Kraftwerke.
– Skipistenplanierungen in den Alpen und Bodenerosion.
– Extreme Sommertrockenheiten in Mitteleuropa.
– etc.

Fazit:
Geoökologie in der Schule zu betreiben bedeutet, im Geographieunterricht auf die Anwendung von Ökologie hinzuarbeiten. Schulgeographie ist zwar keine „Angewandte Ökologie", sie vermittelt aber methodische und methodologische Grundlagen für ökologisches Denken und Handeln. Da in der heutigen und künftigen Le-

benspraxis Umwelt- und Ökologieprobleme immer wieder anstehen – unabhängig davon, ob Schüler im späteren Leben einmal in Bildung, Wissenschaft, Politik, Planung oder anderen Bereichen tätig sein werden –, hat die Schulgeographie darauf hinzuarbeiten. Das heißt, sie muß Verständnis und Handwerkszeug vermitteln, damit bei der Gestaltung und beim Schutz der Umwelt bewußt und sachgerecht gehandelt werden kann.

3 Regionalgeographischer Teil

Beispiele geosystemarer Räume und Prozesse unterschiedlicher Größenordnung – „Wissenschaft im Lebensraum des Menschen" (*Hartmut Leser*)

Die Kapitel des Teils 3 umfassen Beispiele in unterschiedlichen räumlichen und funktionalen Größenordnungen bei ganz verschiedenen Inhalten. Die Beispiele sind „Fallbeispiele", thematisch oder regional bestimmte Einzelfälle. Die Themen zeigen aber, daß es sich um Fälle handelt, die auf der Erde häufig vorkommen, so daß sie in gewissem Maße repräsentativ sind. Die Beispiele sind also echte Fallbeispiele, keine Sonderfälle.

Abb. 3/1
Übersicht über den Inhalt von Kapitel 3
(Entwurf: *H. Leser*)

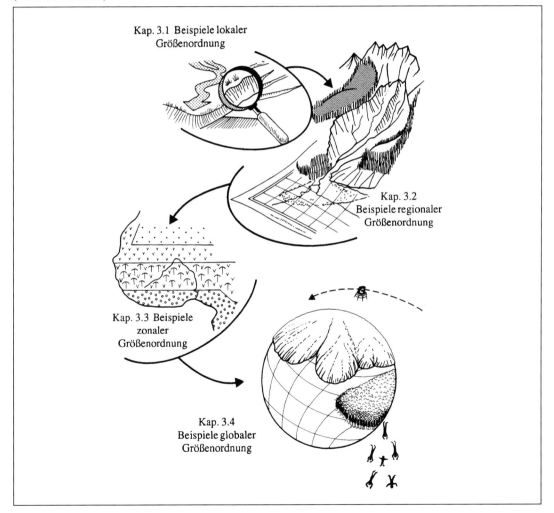

Gerade im Unterricht, der wesentlich vom exemplarischen Prinzip lebt, hat das gut gewählte und richtig plazierte Beispiel eine wichtige Funktion. Diese wird oft unterschätzt, so daß das Zufallsbeispiel dominiert, dem dann nicht nur der didaktische Hintergrund fehlen kann, sondern dem es oft auch an der gründlichen fachwissenschaftlichen Aufarbeitung mangelt. Daher wollen die hier vorgestellten Fallbeispiele als „Muster" dienen, die auf verschiedenste Weise und mit anderem Material nachvollzogen werden können.

In der Geographie und Ökologie spielt sodann die Größenordnung des zu betrachtenden Gegenstandes eine große Rolle. Größenordnung („Dimension") bedeutet nicht nur Ausmaß, also Größe im engeren Sinne, sondern auch, was in welchem Umfang und mit welcher Intensität betrachtet/untersucht wird. Das entscheiden Forscher, Lehrer, Praktiker. Dieses Entscheiden kann auch als „Modellieren" bezeichnet werden: Man macht sich ein gedankliches Konzept für die Erfassung des Gegenstandes (siehe dazu Kap. 2.2.1 und 2.2.2). In den ökologischen Disziplinen und in der Geographie sind diese „Gegenstände" Räume oder Raumausschnitte, deren „ökologisches" Funktionieren betrachtet wird (siehe dazu Kap. 2.2.3).

Die Betrachtung erfolgt an einem sachlichen und räumlichen Ausschnitt der Umwelt. Diese wird – auch in der Geoökologie – als Funktionszusammenhang zwischen Natur, Gesellschaft und „Technik" – als Möglichkeit der Einflußnahme auf die Natur – verstanden. Leitlinien dafür sind die „Theoretischen Grundlagen der Landschaftslehre" (*Neef* 1967), die eine „Theorie der geographischen Dimensionen" umfaßen, welche für die Methodik der Geoökologie und der „Landschaftsökologie" (*Leser* 1991) von zentraler Bedeutung ist. Sie bildet nämlich den methodischen Filter dafür, was mitbetrachtet bzw. was aus der Betrachtung ausgeschlossen wird.

Dieser „Theorie" folgt hier auch die Gliederung der fachwissenschaftlichen Beispiele. Lokalen Beispielen in der topischen Dimension folgen regionale in chorischer Größenordnung. Die zonalen Beispiele bilden dann die Vorstufe zu den globalen in geosphärischer Größenordnung (siehe auch Kap. 2.1).

3.1 Lokale Beispiele in topischer Größenordnung

„Global denken – lokal handeln" – dieser inzwischen zum Allgemeingut gehörende Spruch greift die Eckpunkte ökologischen Funktionierens auf: Vor Ort, am Punkt, im begrenzten Raum erfolgende Handlungen können – bedachte oder unbedachte – globale ökologische Wirkungen entfalten. In der Geographie wurde dieser Funktionszusammenhang zwischen lokalen und globalen ökologischen Prozessen nicht immer beachtet. Erst mit der „Theorie der geographischen Dimensionen" (s. dazu Kap. 2.1) rückte diese Größenordnungs- und Wirkungsproblematik in den Interessenkreis von Geographie, Biologie und Ökologie.

In den traditionellen Top-Begriffen („Ökotop", „Hydrotop", „Biotop", „Soziotop", „Pedotop" etc.) ist die Idee der topischen Dimension enthalten. Denn gemeint sind kleinere Räume, Raumausschnitte oder auch Raum„punkte", in denen sich ökologisches Geschehen abspielt. Solche geographische Örtlichkeiten topischer Dimension können sein: eine kleine Delle im Hang, eine Kiesgrube, eine Höhle, ein Hangsegment, ein Tälchen, ein Tümpel, eine Hecke, ein kleines inselartiges Feldgehölz, eine Mulde, eine kleine hügelartige Kuppe.

Der Gedanke ist aber noch weiterzuführen, in die Beobachtung und Forschung hinein. Gerade das Beispiel Bodenerosion (Kap. 3.1.1) zeigt sehr gut, daß dieser geomorphologisch-geoökologische Prozeß nur vor Ort, also in großem Maßstab, sachgerecht erfaßt werden kann, auch wenn die Einzelphänomene zonal zusammentreten und dann eine zerstörte Landschaftszone bilden können. Auch schuldidaktisch sind dies zwei verschiedene Ebenen: Da ist einerseits der Hinweis auf das weltweite Phänomen der Bodenerosion, das uns in den Medien präsentiert wird – aber eben abstrakt, ohne direkte Anschauung, vielleicht auch nur indirekt ausgedrückt durch den Hinweis auf Nahrungsmittel-knappheit und Hungerkatastrophen. Andererseits ist da die Ebene der Anschauung, nämlich dort, wo Bodenerosion „passiert", also auf den Äckern, auf denen man die Bodenerosion konkret beob-achten, messen und kartieren kann.

Ein zweites anschauliches Beispiel ist das des Gelände- und Mikroklimas (Kap. 3.1.2). Es geht um die Darstellung von kleinräumigen, auch direkt beobachtbaren Klimawirkungen – ebenfalls in der Größenordnung des (topischen) Kleinraumes, des Weinberges, der Obstplantage, der windumtosten Kleinkuppe oder der Geländemulde mit Kaltluft. Im Gegensatz zum Großklima ist das Kleinklima didaktisch leichter faßbar, vor allem auf unteren Schulstufen, da nicht nur mit Beobachtungen, son-dern auch mit einfachen Experimenten gearbeitet werden kann. Auch vom Gelände- und Mikro-klima her läßt sich eine Beziehung zum Großklima – und damit zu anderen geographischen Dimen-sionsstufen – herstellen.

Das dritte Beispiel in topischer Größenordnung (Kap. 3.1.3) greift den Gedanken der Stoffe (Pflan-zennährstoffe, Schadstoffe) in der Umwelt auf. Hier kann das Beachten der topischen Dimension durch die Schulgeographie sehr viel zum Verständnis der Umweltfunktionen – z. B. eben des Stoff-haushaltes der Landschaft – beitragen. Es muß erklärt werden, daß sich die Stoffflüsse im Raum (Bo-den, Wasser, Luft) abspielen und somit naturwissenschaftlich exakt erfaßbar sind, aber auch, daß die Stoffe durch Medien hindurchgehen (Boden) oder von ihnen getragen werden (Wasser, Luft), also verschiedene Bestandteile des Geoökosystems von diesen Stoffumsätzen betroffen sind. Auf diese Weise werden Schlagwörter wie „Saurer Regen" konkret und plausibel.

3.1.1 Bodenerosion (*Daniel Schaub*)

Unter dem Begriff *Bodenerosion* werden alle durch menschliche Bewirtschaftung ausgelösten oder verstärkten Formen und Auswirkungen des Abtrags von Boden durch Wasser und Wind zusammen-gefaßt. Da die dadurch entstandenen Schäden (Bodendegradierung, verminderte Ernteerträge etc.) im Mittelpunkt stehen, wird „Erosion" hier in stark verallgemeinernden Weise für eine Abfolge un-terschiedlicher Teilprozesse bis hin zur Ablagerung (Akkumulation) des erodierten Bodenmaterials verwendet (vgl. *Bork* 1988).

Bodenerosion ist ein geoökologischer Prozeß mit weitreichenden Folgen im Lebens- und Wirt-schaftsraum des Menschen (Bodenverlust, verringerte Nahrungsproduktion, Hungerkatastrophen). Die Bodenerosion in der Landschaft kann direkt als Geoökosystem modelliert werden, weil in ihr alle Geoökofaktoren wirksam sind. Umgekehrt kann der Geoökosystemansatz am Beispiel der Bo-denerosion erläutert werden .

Im Unterricht kann der Gegenstand Bodenerosion bei allen Boden- und Landwirtschaftsthemen einbezogen werden. Für mitteleuropäische Verhältnisse sind Sonderkulturen und Hackfrüchte, ins-besondere Mais, zu beachten. Durch Beobachtung und Kartierung von Erosionsschäden nach Ge-witterregen (Ausmessen von Erosionsformen und Akkumulationskörpern), eventuell verbunden mit der Befragung von Landwirten, läßt sich das Problem des Bodenabtrags anschaulich erfassen. Als Fernbeispiele bieten sich besonders Steppen- und Savannegebiete sowie der Bereich der Feuchttropen an. Aufgearbeitet werden kann dies durch Bild- und Zeitungsauswertung oder Film-betrachtung. Der Erosionsprozeß selbst läßt sich mit einfachen Sandkastenexperimenten (s. Abb. 3.1.1.2/5) darstellen.

Der Geoökosystem- und Umweltschutzbezug ergibt sich durch die Rolle des Bodens als Substanz der Landschaft und Träger der Nahrungsfrüchte. Bodenschutz ist somit gleichzeitig auch Geoökosy-stemschutz. Ökologischer Druck, mit der Konsequenz erhöhter Abtragsraten, wird durch verschie-dene Nutzungsarten und Wirtschaftsweisen in Abhängigkeit der Klimazone differenziert, die gesell-schaftspolitischen Hintergründe (Ertragssteigerung!) sind jedoch überall die gleichen.

Tab. 3.1.1.1/1: Durchschnittliche jährliche Bodenabtragsraten unter verschiedenen Landnutzungen im Lößgebiet des schweizerischen Hochrheintals

	Messjahre	durchschn. jährlicher Bodenabtrag [kg ha^{-1}]	Minimale und maximale Jahressumme [kg ha^{-1}]
Wintergetreide	43	1 953	0 – 14 600
Mais	16	3 193	0 – 17 485
Zuckerrüben	11	699	0 – 3 660
Ackergemüse	6	14 275	3 596 – 37 132
Raps	3	20	0 – 55

aus: *D. Schaub* 1989, S. 108

3.1.1.1 Bedeutung und Prozeß der Bodenerosion

Infolge der Bodenerosion geht vor allem der humushaltige oberste Teil des Bodens verloren, d. h. die *belebten* und damit wertvollsten Bestandteile. Bodenabtrag ist damit eines der bedrohlichsten globalen Umweltprobleme, weil der Boden als Grundlage der menschlichen Nahrungsproduktion direkt gefährdet wird. Nach Angaben der UNO Umwelt- und Entwicklungskonferenz (UNCED) 1992 in Rio de Janeiro (Brasilien) gehen pro Jahr weltweit 70000 km^2 Ackerland (das entspricht der Fläche von Bayern) durch Bodenerosion verloren.

Bodenerosion ist ein komplizierter Prozeß, über dessen Erscheinungs- und Schadensbild das Zusammenwirken verschiedener Einflußfaktoren entscheidet. Die Komplexität des Prozeßgefüges beruht darin, daß die beteiligten Faktoren in ihrem zeitlichen und räumlichen Auftreten eine sehr große Variabilität besitzen und nicht unabhängig voneinander wirken, sondern durch verschiedene Rückkoppelungen miteinander verbunden sind. Die Bodenerosion ist daher ein typisches Beispiel eines geosystemaren, geoökologischen Prozesses, der in topischer Dimension (siehe dazu Kap. 2.1) wirksam auftritt. Bodenerosionsforschung muß entsprechend jeweils am konkreten Beispiel, also „vor Ort" stattfinden. Ziel ist immer die *Abtragsverminderung*; daraus ergibt sich auch ein direkter Anwendungsbezug der Grundlagenforschung.

Bodenerosion ist vor allem aber ein ökologisches Problem. Neben der Schädigung des Bodenprofils auf der betroffenen Anbaufläche selbst wirkt sie auch durch den *Stoffeintrag* in benachbarte Ökosysteme und in das Gewässernetz. Maßnahmen der Erosionsverminderung müssen daher *ganzheitlich* konzipiert sein; sie dienen nicht nur dem Bodenschutz, sondern auch dem Gewässerschutz. Daher bilden Boden- und Wasserkonservierung eine Funktionseinheit.

Erosion ist ein natürlicher geomorphologischer Vorgang. Die natürliche Abtragung kann aber infolge der menschlichen Bewirtschaftung erhöht bzw. beschleunigt werden, wenn durch die Nutzung für kürzere oder längere Zeit die Vegetationsdecke entfernt wird, die die Bodenoberfläche ansonsten vor der angreifenden Wirkung von Wind, Regentropfen und abfließendem Wasser schützt. Bodenerosion ist somit, natürlich in unterschiedlichem Ausmaß, vor allem eine *Begleiterscheinung* jeglicher Stufe und Form des Ackerbaus. Landwirtschaftliche Kulturen, die den Boden nur unvollständig bedecken, weisen entsprechend auch hohe Abtragsbeträge auf (Tab. 3.1.1.1/1).

Der Niederschlag in Form von Regen – auf Winderosion soll hier nicht eingegangen werden – ist der eigentliche *Auslöser* der Bodenerosion. Neben der Niederschlagsmenge ist dabei, sowohl langfristig wie kurzfristig, die zeitliche Verteilung der Niederschlagsereignisse (die Niederschlagsintensität) von Bedeutung. Darauf beruhend wurden verschiedene empirische Methoden zur Berechnung der Erosionswirksamkeit des Regens (Erosivität) entwickelt. Am verbreitetsten ist dabei der R-Faktor aus der „Allgemeinen Bodenabtragsgleichung" nach *Wischmeier* und *Smith* (1978), mit dessen Hilfe die potentielle Erosionsgefährdung durch Niederschlag auch kartographisch dargestellt werden kann (Abb. 3.1.1.1/1).

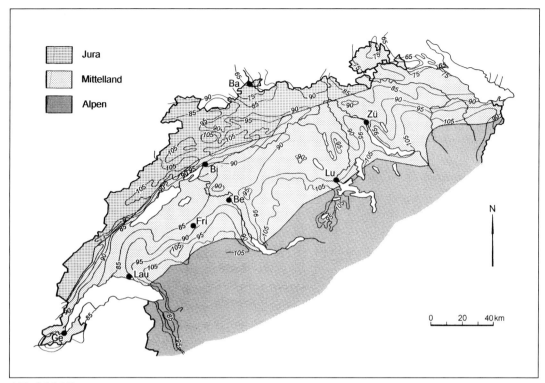

Abb. 3.1.1.1/1
„Isoerodenkarten" für die nördliche und mittlere Schweiz – ein kartographisches Modell der Erosivität
(aus: *D. Schaub* 1989, S. 191)

Niederschlagseigenschaften werden durch die globalen Klimaverhältnisse bestimmt. Die höchsten Regenintensitäten finden sich in tropischen und subtropischen Zonen der Erde, daher ist dort die potentielle Erosionsgefahr am höchsten. Daß dabei semiaride Gebiete zu den besonders stark gefährdeten Zonen gehören, ist kein Widerspruch zum bisher Gesagten: Das Ausbleiben von Niederschlag während Trockenperioden läßt nur spärlichen Vegetationswuchs zu, so daß die Bodenbedeckung lückenhaft bleibt. Die Erdoberfläche befindet sich damit in einem erosionsanfälligen Zustand bzw. die Erosionswirksamkeit pro Einheit Niederschlag der anschließenden Regenzeit wird größer. Das bedeutet, daß – statistisch gesehen – der Zusammenhang zwischen Niederschlag und Bodenabtrag nicht besonders hoch zu sein braucht, da sich die übrigen Prozeßfaktoren, die zusammen die Erosionsdisposition bzw. den Erosionswiderstand des Geländes ausmachen, stark modifizierend auswirken.

Einer dieser Faktoren ist der *Erosionswiderstand* des Bodens selbst, die Erodibilität. Diese wird durch die vom Ausgangsmaterial (z. B. Kalkstein, Löß, Mergel, Schotter) geprägten Bodeneigenschaften, wie Korngrößenzusammensetzung (Sand, Schluff, Lehm, Ton), mineralische Zusammensetzung (Kalkgehalt, Tonminerale etc.), Humusgehalt und Bodengefüge, bestimmt. Generell sind humusarme, schluff- und feinsandreiche Böden aufgrund ihres geringen inneren Zusammenhaltes (geringe Aggregat- bzw. Gefügestabilität) am stärksten erosionsgefährdet. Sie vermögen den aufprallenden Regentropfen wenig Widerstand entgegenzusetzen, wodurch sich an der Bodenoberfläche rasch eine feine, aber undurchlässige Verschlämmung oder Verkrustung bildet. Dadurch wird das Versickern des Niederschlagswassers in den Boden sehr stark herabgesetzt, das überschüssige Wasser fließt oberflächlich ab und kann erodierend wirken.

Tab. 3.1.1.1/2: Aggregatstabilität als Indikator der Abtragswiderständigkeit des Bodens, angegeben für experimentelle Bedingungen

Nr.	Bodenart	Wasserstabile Aggregate > 1 mm (in %)	Suspendiertes Material < 0,25 mm (in %)	Kohlenstoffgehalt (in %)
1	lehmiger Ton	71	14	3,0
2	lehmiger Ton	73	16	2,8
3	lehmiger Ton	77	15	3,8
4	toniger Lehm	66	12	3,1
5	lehm. Schluff	17	35	1,4
6	lehm. Schluff	4	55	1,0
7	lehm. Schluff	4	58	0,8
8	lehm. Schluff	4	46	1,1
9	schluff. Lehm	4	39	1,5

nach *V. Prasuhn* 1991

Im Gegensatz zu Niederschlag und Boden, die als naturgegeben hingenommen werden müssen und sich durch den Menschen kaum beeinflussen lassen, sind die Prozeßfaktoren Hanglänge und Hangneigung durch Feldeinteilung und Flurstruktur vorgegeben. Bodenerosion beginnt bereits bei schwacher Neigung (ab 2 Grad) einzusetzen. Die Abtragsgefährdung steigt mit zunehmender Hanglänge bzw. Hangneigung, weil sich dadurch die Transportkraft des abfließenden Wassers erhöht. Eine bedeutende Wirkung besitzt auch die Oberflächengestalt. Beispielsweise kann sich in Hangmulden Oberflächenabfluß konzentrieren und dort linienhaft zu schweren Schäden führen (Abb. 3.1.1.1/2). Eine Intensivierung der Landwirtschaft ist meist mit einer Zunahme der Schlaggröße und damit der Erhöhung der wirksamen Hanglänge verbunden. Außerdem lassen sich große Schläge kaum der Hanggestalt anpassen.

Noch vor wenigen Jahren galt Bodenerosion vor allem als Problem der Subtropen und Tropen (aufgrund der klimatischen Verhältnisse), sowie von Gebieten extrem intensivierter Landwirtschaft (Mittlerer Westen der U.S.A., russische Steppengebiete). In jüngster Zeit wurde aber auch eine deutliche Zunahme in *Mitteleuropa* festgestellt, allgemein als Folge von Landnutzungsänderungen und Intensivierung der landwirtschaftlichen Produktion. Dazu gehören beispielsweise die ungeheure Ausdehnung der Anbaufläche der schlecht bodendeckenden Ackerfrucht Mais in den letzten 40 Jahren, erosionsfördernde Änderungen der Flurstruktur (Zunahme der erosiven Hanglänge)

Abb. 3.1.1.1/2
Typischer Erosionsschaden auf einem Lößacker im Hochrheintal (Schweiz) (Foto: *D. Schaub*)

oder eine gestiegene mechanische Belastung des Bodens durch schwere Maschinen und veränderte Pflugtechniken, die den Erosionswiderstand des Bodens vermindert.

Besonders erosionsgefährdet ist dabei das Gebiet des *europäischen Lößgürtels*, das sich in den tiefe-ren Lagen quer von Nordfrankreich über Belgien, Mittel- und Süddeutschland, Tschechien, Slowa-kien, Ungarn, Rumänien in die Ukraine und Südrussland erstreckt (Diercke Weltatlas 1988, S. 115). Aufgrund des günstigen Reliefs und der potentiell hohen Fruchtbarkeit der Lößböden wird hier in-tensiver Ackerbau betrieben. Gleichzeitig sind Lößböden ihrer charakteristischen Körnung wegen aber sehr abtragsanfällig (Tab. 3.1.1.1/2). Daher kann es in solchen Gebieten auch bei relativ gerin-ger Regenerosivität und vergleichsweise sanfter Oberflächengestalt zu hohen Abtragsbeträgen kommen (Abb. 3.1.1.1/2). Die natürliche Erosion ist unter mitteleuropäischen Verhältnissen extrem gering. Gemäß langjährigen Messungen des Schwebstoffaustrags von Flussabschnitten mit relativ naturnahen Einzugsgebietsverhältnissen ergibt sich ein durchschnittlicher jährlicher Flächenabtrag in der Grössenordnung von rund 0,20 t/ha, was ungefähr 0,02 mm Bodensäule entspricht. Für inten-siv ackerbaulich genutzte Lössgebiete in Mitteleuropa erhöht sich dieser Wert infolge der Bodenero-sion dagegen auf bis zu 10 t/ha (1 mm Bodensäule) jährlich.

3.1.1.2 Messung der Bodenerosion

Entsprechend der Bedeutung des Problems wird weltweit intensiv Bodenerosionsforschung betrie-ben. Dabei werden die gleichen Meßmethoden und das gleiche Instrumentarium verwendet. Der be-reits erwähnten Wirksamkeit der Bodenerosion in topischer Dimension muß sich auch die Messung des aktuellen Abtragsgeschehens anpassen. Nur bei dieser Betrachtung, d. h. bei einem Untersu-chungsgebiet, dessen Größe von derjenigen eines Ackerschlages bis hin zu einigen Quadratkilome-

Abb. 3.1.1.2/1
Bodenerosionsforschung als geoökologische Methodik – Arbeit auf mehreren Ebenen
(verändert nach *H. Leser* 1986 aus *V. Prasuhn* 1991, S. 26)

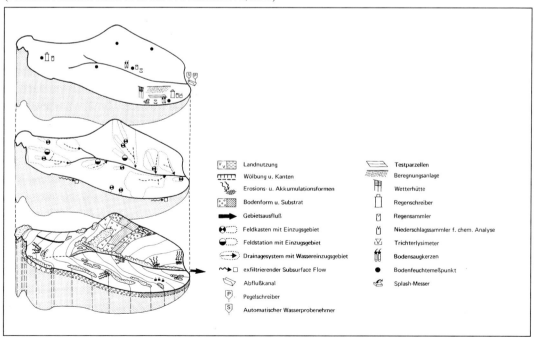

tern reicht (bevorzugt wird in der Regel ein geomorphographisch deutlich begrenztes Bach-Einzugsgebiet), lassen sich die beteiligten Prozeßfaktoren genügend exakt direkt erfassen. Dabei gilt es, Bodenerosion nicht als isolierten Vorgang, sondern als komplexen Prozeß im Geoökosystem zu betrachten. Miteinbezogen werden dabei auch die technischen, wirtschaftlichen und politischen Rahmenbedingungen. Als methodisches Grundgerüst dient auch hier der Standortregelkreis (siehe dazu auch Abb. 2.2.4.1/3), der aber spezifisch auf den Erosionsprozeß zugeschnitten wird. Bei der Auswahl der Meßmethoden gilt zu beachten, daß einzelne Techniken nur in bestimmten Bereichen von Abtragsraten genügend genaue Resultate liefern. Die folgenden Ausführungen gelten entsprechend für Messungen unter mitteleuropäischen Verhältnissen.

Abtragsmessungen im Feld bedeuten immer einen großen zeitlichen und meist auch einen beträchtlichen materiellen Aufwand. Wichtig ist daher eine möglichst weitgehende Optimierung der Aufnahmen, wozu der Regelkreis einen wichtigen Beitrag leisten kann. Aus der räumlichen Variabilität des Untersuchungsgegenstandes folgt im weiteren, daß eine Kombination verschiedener Meßmethoden angewendet werden muß, die es erlaubt, sehr präzise, aber punktuelle Messungen (Niederschlag, Bodenfeuchte, Abfluß und Abtrag auf genau definierten und begrenzten Flächen) auf die Gesamtfläche zu übertragen (Abb. 3.1.1.2/1).

Beste Zeugen der Wirkung der Bodenerosion sind *sichtbare Veränderungen* an Bodenprofilen, seien diese nun gekappt oder zu Kolluvien aufgeschüttet (Abb. 3.1.1.2/2). Dies läßt sich aber nur dann zur Berechnung von Erosionsraten verwenden, wenn es gelingt, Schichten oder Horizonte anhand von Fundstücken (Holzreste, Keramik etc.) oder Substanzen (sog. Tracer) eindeutig zu datieren. Der Vorteil dieser Methode besteht darin, daß flächenhafte Aufnahmen möglich sind und der zu erfassende Erosionsprozeß nicht durch die Messung selbst beeinflußt wird. Allerdings läßt sich dabei kaum quantitativ auf das jeweilige standortspezifische Zusammenwirken der Prozeßfaktoren zurückschließen .

Abb. 3.1.1.2/2
Bodenprofile als Zeugen des Bodenabtrags – Erosionsbedingte Catenen im Lößgebiet des schweizerischen Hochrheintals
(aus: *D. Schaub* 1989, S. 55)

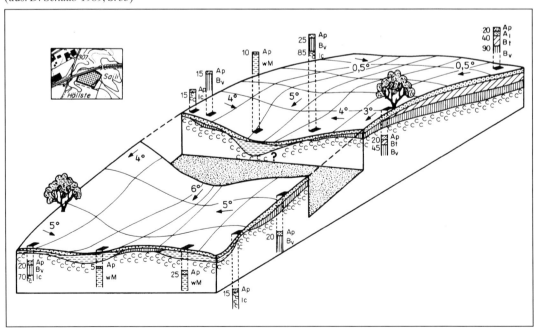

Abb. 3.1.1.2/3
Eine Bodenerosions-Testparzelle im Schweizer Tafeljura
(Foto: *D. Schaub*)

Abb. 3.1.1.2/4
Regen aus dem „Kapillarhimmel"
– der transportable Niederschlags-
simulator der Forschungsgruppe
Bodenerosion Basel
(Foto: *D. Schaub*)

Abb. 3.1.1.2/5
Kinderferienaktion mit dem Thema
Bodenerosion – spielend lernen
(Foto: *M. Glasstetter-Reutimann*)

Letzteres gelingt nur, wenn die umgelagerten Boden- und Wassermengen der einzelnen Abtragser-
eignisse aufgefangen und gemessen werden. Die meistverwendeten Einrichtungen hierzu sind in der
Bodenerosionsforschung spezielle *Testparzellen* mit abgegrenzter Einzugsfläche (Abb. 3.1.1.2/3).
Ihr Vorteil besteht darin, daß einzelne Prozeßparameter konstant gehalten werden können (Boden,
Bedeckung, Hanglänge, Hangneigung), während sich die anderen (Niederschlag, Abfluß, Abtrag)
sehr genau messen lassen. Die Größe dieser Testflächen variiert; sie liegt im allgemeinen zwischen
10 und 60 Quadratmetern. Bereits in dieser Größenordnung kann bei Extremereignissen die Ab-
tragsmenge so bedeutend sein, daß sich nicht das gesamte abfließende Boden-Wasser-Gemisch auf-
fangen läßt und aufwendige Vorrichtungen zur Probeteilung dazwischengeschaltet werden müssen.
Das Bodenerosionsgeschehen besitzt in den mittleren Breiten eine sehr große zeitliche Variabilität.
Einzelnen Extremereignissen kommt daher auch an langfristigen Abtragsraten eine dominierende
Bedeutung zu. So verursachte das größte von insgesamt 31 Abtragsereignissen einer 12-jährigen
Dauermessung im Schweizer Tafeljura allein 37 % des gesamten Bodenverlustes dieser Untersu-
chungsperiode, die fünf größten Ereignisse machten zusammen sogar 80 % aus. Auf einer Testpar-
zelle im benachbarten lößbedeckten Hochrheintal liegen die entsprechenden Zahlen in ähnlicher
Größenordnung. Andererseits erbrachten mehr als 50 % der kleinen Einzelereignisse zusammen
weniger als 5 % des Gesamtabtrags .
Diese schiefe Verteilung der Meßwerte zwingt daher zu langen Meßreihen, die aber – wie bereits erwähnt – sehr aufwendig sind. Um dies zu vermindern, werden Testflächen vielfach auch künstlich be-
regnet (Abb. 3.1.1.2/4). Es wurde dazu eine Reihe verschiedener Typen von *Niederschlagssimulato-*

ren entwickelt. Oft werden Beregnungsanlagen auch für experimentelle Untersuchungen im Labor eingesetzt. Dabei kann natürlich nicht mehr mit gewachsenem Boden gearbeitet werden, sondern mit Bodenmaterial, das in Behälter oder Kästen eingefüllt wird. Solche Versuche lassen sich unter ganz einfachen Bedingungen (Beregnung mit Gießkannen) auch in spielerischen Lehr- und Ausbildungsprogrammen durchführen (Abb. 3.1.1.2/5).

Problematisch bei Testparzellen wie auch bei Beregnungsanlagen ist, daß sie allen Bemühungen zum Trotz nur bedingt wirklichkeitsnahe Verhältnisse darstellen. Testparzellen repräsentieren durch die Eingrenzung immer die gleiche Oberhangposition mit einheitlich gestreckter Hangform, die weniger erosionsgefährdet ist als ein konkav geformter Unterhang, wo sich der Abfluß konzentrieren kann. Zudem kann der Einfluß der heute üblichen schweren landwirtschaftlichen Maschinen meist nicht miteinbezogen werden. Darüber hinaus können an den Seitenbegrenzungen Randeffekte auftreten, die den Abfluß in diesem Bereich verstärken. Das Kardinalproblem der Niederschlagssimulation liegt schon darin, daß es „den" repräsentativen Gewitterregen nicht gibt, der nachgebildet werden könnte .

Anstelle der speziellen Abtrags-Testparzellen kommen heute daher vermehrt einfache Abtrags-Auffangvorrichtungen (Sediment-Fänger) zum Einsatz, die bei Bedarf in regulär bearbeitete Felder ohne Begrenzung der Einzugsfläche eingesetzt werden. Zudem wird das Erosionsgeschehen durch regelmäßige *Schadenskartierungen* („Monitoring") flächenhaft erfaßt. Gerade Letzteres erlaubt sehr präzise räumliche Aussagen über die Erosionsgefährdung. Gruppenweise durchgeführte Schadenskartierungen bilden auch hervorragende didaktische Werkzeuge, um das wirkliche Ausmaß des Bodenabtrags festzustellen. Zur Kartierung kann die detailierte und leicht verständliche Anleitung von *Rohr* et al. (1988) verwendet werden.

Trotz der oft spektakulären Formen (vgl. Abb. 3.1.1.1/2) ist die Bodenerosion in Mitteleuropa insgesamt ein eher *„schleichendes"* Phänomen und bleibt dadurch leicht unbemerkt. Das Wachstum der Feldfrüchte oder eine nachfolgende maschinelle Bearbeitung des Ackers können ein vorhandenes Schadensbild innerhalb kurzer Zeit überdecken und so den Eindruck entstehen lassen, es sei überhaupt nichts passiert.

3.1.1.3 *Vorhersage der Bodenerosion als Grundlage für deren Bekämpfung*

Da bei Erosionsproblemen in der Praxis rasche Entscheidungen unabdingbar sind, fehlt in solchen Fällen meist die Zeit für die eigentlich notwendigen Messungen. Daher wurde eine Vielzahl von Verfahren („Modelle"; siehe dazu Kap. 2.1 und 2.2) entwickelt, die eine Vorhersage der Abtragsbeträge bzw. der Folgen der Erosion erlauben, mit denen aber auch berechnet werden kann, wie sich Nutzungsänderungen oder Erosionsschutzmaßnahmen auswirken. Bisher wurden solche Modelle aus den Ergebnissen von Feld- und Labormessungen (wie den in Kap. 3.1.1.2 beschriebenen) empirisch hergeleitet. Dazu wurden auch Verfahren entwickelt, mit denen die Wirksamkeit der einzelnen Prozeßfaktoren einfach und schnell abgeschätzt werden kann (vgl. Abb. 3.1.1.1/1). Auf der Grundlagen solcher empirischen Modelle liegen für einzelne Gebiete Deutschlands bereits klein- bis mittelmaßstäbige offizielle Gefährdungskarten vor. Zu nennen wären die „Gefahrenstufenkarte Bodenerosion durch Wasser" des Hessischen Ministeriums für Landwirtschaft, Forsten und Naturschutz oder der „Atlas der Erosionsgefährdung in Bayern" des Bayerischen Geologischen Landesamtes. Einfache Modelle werden auch für Schulungszwecke auf verschiedenen Stufen eingesetzt (z. B. *Süsser* 1988), da sich auf diese Weise das Zusammenwirken der einzelnen Erosionsparameter einfach und übersichtlich darstellen läßt.

Zur Zeit werden Modelle entwickelt, die rein physikalisch begründet sind (deterministische Modelle) und die räumlich und zeitlich differenziertere Aussagen erlauben sollen. Ein großes Problem dieser deterministischen Verfahren liegt darin, daß sie sehr viele Eingangsinformationen benötigen und nicht alle diese Daten allgemein verfügbar oder leicht zu erheben sind. Für mitteleuropäische Verhältnisse sind sämtliche Erosionsmodelle bis heute noch zu wenig anhand von Felddaten verifiziert worden; ihr Einsatz ist daher umstritten. In den U.S.A. sind solche Berechnungen dagegen schon bei rechtlichen Verfahren zur Feststellung von Schadensverursachern angewandt und anerkannt worden.

Als Alternative zu den erwähnten Modellen bietet sich als speziell geographisch-geomorphologische Methode die *Reliefanalyse* an, d. h. die Bestimmung der Abtragsgefährdung auf der Grundlage der Abhängigkeit des Erosionsvorgangs von den Reliefeigenschaften. Abtragsgefährdungskarten werden dabei über die Geomorphologische Kartierung erstellt. Anhand dieser Karten können in der Folge auch Erosions-Bekämpfungsmaßnahmen konzipiert werden, wie dies *Vavruch* (1988) an Beispielen aus einem Untersuchungsgebiet im Schweizerischen Tafeljura zeigte (Abb. 3.1.1.3/1). In ähnlicher Absicht sind auch Feldprotokolle („Checklists") vorgeschlagen worden, mit denen mögliche Ursachen von Bodenabtrag eines einzelnen Ackerschlages systematisch erfaßt werden sollen. Der Vorteil dieser Methoden liegt in ihrer Einfachheit und Effizienz. Ein einheitliches, operationelles Verfahren haben *Fröhlich* et al. (1994) entwickelt.

Aus den Erkenntnissen der weltweit intensiv betriebenen Bodenerosionsforschung wurde ein umfangreiches Instrumentarium an Methoden zur Vorhersage von Erosion und an Anbautechniken zur Verminderung des Bodenabtrags entwickelt. Dabei ist zu beachten, daß die zu ergreifenden Maßnahmen einer nachhaltigen Landnutzung angepaßt werden. Lösungen wie Verbauungen, befestigte Ablaufgräben, Rückhaltebecken oder Schutzstreifen sollten nur in Ausnahmefällen eingesetzt werden, da sie nicht an der Ursache des Problems, der Entstehung von oberflächlichem Abfluß auf der Ackerfläche, ansetzen.

Eine weitaus effizientere Wirkung erreichen läßt sich mit einer besseren Anpassung der Schlag- und Feldwegeinteilung an das vorhandene Georelief, mit Nutzungsänderungen oder mit bodenschonendem Anbau. Unter letzterem – oft auch als konservierende Bodenbearbeitung bezeichnet – sind Techniken zu verstehen, bei denen die Bodenoberfläche durch Mulchauflage oder Untersaat möglichst ganzjährig bedeckt bleibt und die Stabilität der Bodenaggregate möglichst gestärkt wird, beispielsweise durch den Verzicht auf das Pflügen. Es gilt aber auch hier zu beachten, daß Erosionsschutz in das Ziel der Erhaltung der natürlichen Fruchtbarkeit des Bodens integriert ist. Falls beispielsweise, wie dies in bestimmten Fällen beobachtet wurde, der pfluglose Ackerbau einen erhöhten Einsatz von chemischen Schädlingsbekämpfungsmitteln gegenüber dem konventionellen bedingt, ist diese Art der Erosionsbekämpfung zugunsten einer anderen Lösung abzulehnen.

Das wichtigste Kriterium für oder gegen die Einführung von bodenschonendem Anbau ist aber noch immer dessen Wirtschaftlichkeit. Nicht nur in Mitteleuropa, sondern auch in Erdräumen noch größerer Erosionsgefährdung fallen Schäden durch Bodenerosion, kurzfristig gesehen, beim einzel-

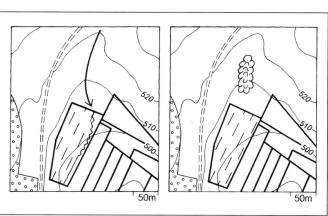

Abb. 3.1.1.3/1
Praktischer Erosionsschutz durch Kartierung der Bodenerosionsschäden und der geomorphographischen Merkmale (aus: *S. Vavruch* 1988, S. 204)

nen Landwirtschaftsbetrieb im allgemeinen finanziell wenig ins Gewicht, nicht zuletzt auch deshalb, weil für bestimmte Folgeschäden (beispielsweise Gewässerbelastung) andere Stellen aufkommen müssen. Auch die eindrücklichsten Forschungsergebnisse oder das bestausgebaute landwirtschaftliche Beratungsnetz können nur dann praktische Erfolge zeitigen, wenn das wirtschaftliche Umfeld stimmt. Über die Durchsetzung bodenschonender, abtragsvermindernder Anbaumethoden werden somit vor allem die politischen Entscheidungsträger bzw. das Verhalten der Konsumenten entscheiden.

Fazit:
Infolge von Landnutzungsänderungen und der Intensivierung des Ackerbaus in den letzten vierzig Jahren hat sich Bodenerosion auch in Mitteleuropa zu einem relevanten Umweltproblem entwickelt. Neben den direkten Schäden auf den betroffenen Anbauflächen ist die Nachbarschaftswirkung durch Stoffeintrag in das Gewässernetz von Bedeutung. Die geoökologische Forschung hat Methoden zur Erfassung des Bodenabtrags entwickelt, die der großen zeitlichen und räumlichen Variabilität des Auftretens dieses Phänomens gerecht werden. Durch solche Messungen lassen sich Verfahren zur Vorhersage der Bodenerosion entwickeln, die als Grundlage für Bodenschutzmaßnahmen dienen.

3.1.2 Gelände- und Mikroklima (*Michael Geiger*)

Zunehmend häufen sich Belege dafür, daß die Menschheit das Klima der Erde verändert. Die Diskussion um die Erwärmung der Erde und um die Zunahme der kosmischen UV-Strahlung bewegt nicht mehr nur die Wissenschaft, sondern auch die breite Öffentlichkeit. Im Rahmen der Umweltdiskussion über mögliche Veränderungen des globalen Klimas durch Menschen muß der Blick aber auch auf die Beeinflussung des Klimas in kleineren Raumdimensionen gerichtet werden. Gemeint sind solche im unmittelbaren Lebensbereich der Menschen, die durch den Städtebau und die Umgestaltung der Geländeoberflächen hervorgerufen werden. Weniger spektakulär, jedoch alltäglich und vielerorts beobachtbar, sind anthropogene Veränderungen des Stadt-, Gelände- oder Mikroklimas. In diesem Teilkapitel werden im ersten, allgemeinen Teil dieses Kapitels
– Begriffe und Definitionen,
– Energieumsatz in Bodennähe und Klimaelemente sowie ,
– Untersuchungs- und Darstellungsmethoden
der Mikro- und Geländeklimatologie erläutert.
Im zweiten, anwendungsorientierten Teil wird zunächst der Beitrag der Mikro- und Geländeklimatologie
– zum Umweltschutz in der Landschaftsplanung und abschließend
– zur Umwelterziehung in der Schule
in Beispielen vorgestellt. Die Darstellung des Stadtklimas folgt im Kapitel 3.2.1.
Die folgenden Ausführungen sind weitgehend allgemein gehalten. Der größere Teil der Abbildungen bezieht sich auf verschiedene geländeklimatische Untersuchungen des Autors in der Pfalz. Der Untersuchungsraum umfaßt den östlichen Gebirgsrand des Pfälzerwaldes, die vorgelagerte Hügelzone der Weinstraße und die östlich anschließende Pfälzische Rheinebene. Die in diesem Übergangsraum vom Mittelgebirge zum Tiefland in der Pfalz gewonnenen Erkenntnisse sind beispielhaft, weil sich ähnliche Gegebenheiten im Georelief Mitteleuropas häufig wiederholen.

3.1.2.1 Grundlegende Begriffe und Definitionen

Mit Wetter bezeichnet man den augenblicklichen Zustand der unteren Lufthülle, der Troposphäre, in einem bestimmten Gebiet. Das über einige Zeit andauernde und gleichbleibende Wetter ist die Witterung. Die zu bestimmten Zeiten während eines Jahres mit statistischer Wahrscheinlichkeit re-

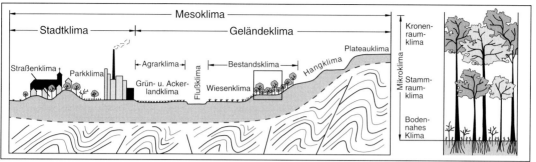

Abb. 3.1.2.1/1
Einteilung von Meso- und Mikroklima
(verändert nach *R. Scherhag* & *W. Lauer* 1982, S. 140/141)

gelmäßig wiederkehrenden Witterungen sind die Witterungsregelfälle oder Wettersingularitäten. In Mitteleuropa sind dies zum Beispiel: Aprilwetter, Eisheilige im Mai, Schafskälte im Juni, Hundstage im August, Altweibersommer im September, Weihnachtstauwetter. Wetter, Witterung und Witterungsregelfälle beschreiben den tatsächlich beobachtbaren und meßbaren Zustand der Atmosphäre. Das Klima ist die „für einen Ort oder auch einen größeren Raum typische Zusammenfassung der die Erdoberfläche beeinflußenden atmosphärischen Zustände und Witterungsvorgänge während längerer Zeiträume in charakteristischer Häufigkeitsverteilung" (*Blüthgen/Weischet*, 1980). Das typische Klima ergibt sich aus dem Zusammenwirken von

– solaren (Sonnenstrahlung, Einstrahlung nach geographischer Breite)
– meteorologischen (atmosphärische Zirkulation, Wetterablauf) und
– geographischen (Land-Meer-Verteilung, Relief, Struktur und Bedeckungszustand der Erdoberfläche)

Bedingungen. Aus der Betrachtung der geographischen Bedingungen ergibt sich – abhängig von der größen- und höhenmäßigen Gliederung der zu betrachtenden Räume – eine abgestufte Hierarchie der Klimaeinteilung:

– das Makroklima oder Großklima in größeren und großen Gebieten (Landschaften, Länder, Kontinente),
– das Mesoklima in mittelgroßen Gebieten (Bergland, Becken, Städte) und
– das Mikroklima oder Kleinklima in kleinen Gebietseinheiten (Berge, Hänge, Täler, Wälder).

Das Mikroklima, mitunter auch als Lokalklima bezeichnet, wird von der Bodenrauhigkeit und der Bodenbedeckung bestimmt. Im Rahmen der landschaftsökologischen Geländeaufnahme lassen sich abhängig vom Bewuchs, Georelief und von der Bebauung kleinste Gebietseinheiten mit einem charakteristischen Mikroklima kartieren, die Klimatope (siehe dazu Kap. 2.1). In ihnen ist die Ausprägung der Klimaelemente Strahlung, Temperatur, Luftfeuchte, Niederschlag und Wind als homogen anzusehen. Die vertikale Dimension des Mikroklimas beschränkt sich auf die bodennahe Luftschicht innerhalb und dicht oberhalb des Vegetationsbestandes. Das von der Vegetation abhängige Bestandsklima bleibt beim Wiesenklima unterhalb einer Höhe von 2 m und reicht beim Waldklima bis über das Kronendach (Abb. 3.1.2.1/1).

Das Mesoklima umfaßt das Geländeklima im Offenland und das Stadtklima (siehe dazu Kap. 3.2.1), das sich in unterschiedlicher Ausprägung in den Siedlungen entwickelt (Abb. 3.1.2.1/1). Den Begriff Geländeklima hat *Knoch* 1949 geprägt, während *Thornthwaite* 1953 dafür die international veständlichere Bezeichnung Topoklima vorschlug. Die vertikale Reichweite des Geländeklimas ist über derselben Stelle nicht immer gleich und hängt von der Wetterlage ab. Bei windschwachem Strahlungswetter können mehrere 100 m überschritten werden, bei austauschreicher Wetterlage kann sie sich aber auf die wenige Meter mächtige bodennahe Luftschicht beschränken. Die Erforschung des

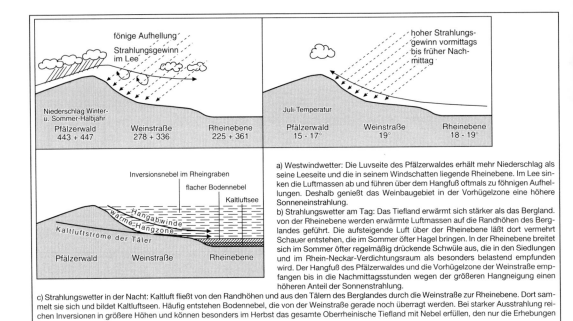

Abb. 3.1.2.1/2 a–c
Ausprägungen des Geländeklimas bei verschiedenen Wetterlagen
(verändert nach *M. Geiger* 1989, S. 58)

Geländeklimas im Rahmen der Landschaftsökologie hat vor allem zum Ziel, die klimatischen Wechselbeziehungen zwischen dem Mikroklima der Klimatope zu ergründen.

Die Ausprägung des Geländeklimas hängt von bestimmten Wettersituationen ab. Abbildung 3.1.2.1/2 verdeutlicht dies exemplarisch. Ihr liegt ein 30 km langes Profil zugrunde, das von den Randhöhen des Pfälzerwaldes aus die Weinstraße und die Rheinebene bis an den Rhein hin quert.

Die drei skizzierten Wettersituationen machen verständlich, daß sich das Geländeklima auch in den Mittelwerten des Makroklimas widerspiegelt. Zum Beispiel zeigt sich dies an Menge und Verteilung der Niederschläge: Die Randhöhen des Pfälzerwaldes erhalten insgesamt mehr Niederschlag, und dieser verteilt sich sommers und winters gleichmäßig (maritimer Niederschlagstyp). Die Rheinebene dagegen erhält insgesamt weniger Niederschlag, wobei die sommerliche Menge die winterliche um die Hälfte übertrifft (kontinentaler Niederschlagstyp).

3.1.2.2 Energieumsatz in Bodennähe und Klimaelemente

a) Ein- und Ausstrahlung

Der Strahlungsumsatz am Erdboden ist für die Ausprägung des Mikroklimas entscheidend. Diesen beschreibt *Geiger* (1961) in seinem grundlegenden Werk zur Mikro- und Geländeklimatologie. Bei Sonneneinstrahlung vollzieht sich der Wärmeaustausch zwischen Boden und Luft durch direkte Wärmeleitung in der höchstens 1 mm starken Grenzschicht. In der darüberliegenden Zwischen- und Oberschicht findet der Wärmeaustausch in vertikaler Richtung durch den Auftrieb erwärmter Luftquanten statt. Durch Absinken kühlerer Luft entsteht die bodennahe Turbulenz, die am Luftflimmern über besonders erhitzten Oberflächen gut zu erkennen ist. Innerhalb der bodennahen Luftschicht können große Temperaturunterschiede auftreten: 5°–10° innerhalb der untersten 2 m. Dadurch kommt es zum Konvektionsaustausch, die Luftschichtung ist labil (Einstrahlungstyp).

116

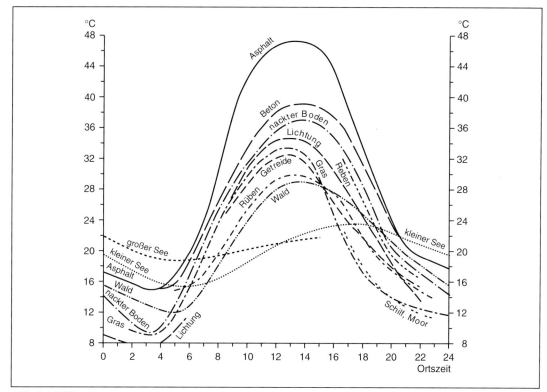

Abb. 3.1.2.2/1
Temperatur verschiedener Oberflächen an einem Strahlungstag im Hochsommer auf 50° Nord
(nach: verschiedenen Autoren aus *R. Scherhag* & *W. Lauer* 1982, S. 147)

Bei der nächtlichen Ausstrahlung kehren sich die Verhältnisse um, die Luft in den untersten Zenti-
metern über dem Erdboden kühlt am stärksten ab. Da kühlere Luft spezifisch schwerer ist, bildet
sich eine stabile Luftschichtung aus (Ausstrahlungstyp). Je windstiller es ist, desto weniger kommt es
zum horizontalen Temperaturausgleich. Es wurden dann extreme Temperaturunterschiede von 12°
zwischen Boden und Wetterhütte in 2 m Höhe beobachtet. Höhere Temperaturen bei Einstrahlung
und niedrigere Temperaturen bei Ausstrahlung lassen die Tagesschwankungen in Erdbodennähe
viel größer werden als in 2 m Höhe, der Standardhöhe für Messungen des Makroklimas. Je näher am
Erdboden, umso extremer wird also das Mikroklima.
Die Oberflächenstruktur beeinflußt die Ausprägung des Mikroklimas. Von der Albedo, dem von
der Erdoberfläche reflektierten Anteil der einfallenden Strahlung, wird das Temperaturverhalten
während eines Strahlungstages gesteuert (Abb. 3.1.2.2/1). Weiterhin hat das Wasser im Boden und
im Vegetationsbestand Einfluß auf das Mikroklima, weil durch Verdunstung oder Kondensation
(Tau) beziehungsweise Sublimation (Reif, Rauhreif) Energie verbraucht oder freigesetzt wird.
Schon ein einzeln stehender Baum verhindert durch seine abschirmende Krone tagsüber zu starke Erwärmung und kann nachtsüber die Entstehung von Strahlungsfrost verhindern. Umso mehr wirkt ein
geschlossener Pflanzenbestand dämpfend auf Temperaturschwankungen an der Erdoberfläche ein.
Neben dem vertikalen Energieaustausch an der Erdoberfläche hat auch der horizontale Austausch
durch Advektion Einfluß auf das Mikroklima. Der kleinräumige Wechsel von Oberflächen mit unterschiedlicher Albedo, Wärmekapazität und Wärmeleitfähigkeit erhöht die Möglichkeit zum ad-
vektiven Temperaturausgleich innerhalb der bodennahen Luftschicht.

b) Klimaelemente

Von den Klimaelementen verdient zunächst die Einstrahlung bei mikro- und geländeklimatischen Studien besondere Beachtung. Die empfangene Sonnenstrahlung, der Strahlungsgenuß, ist geländeabhängig. Je mehr sich der Einfallswinkel der Sonnenstrahlen der Senkrechten nähert, umso intensiver wirken jene auf die Erwärmung des Bodens ein, und desto größer ist der Strahlungsgewinn des besonnten Geländes. Senkrechter Lichteinfall ist im Hochsommer auf Hängen mit über 27° Neigung möglich. Der Strahlungsgewinn hängt auch von der Hangauslage, der Exposition, ab. Aus Hangneigung und Exposition läßt sich der potentielle Wärmegewinn aus der Einstrahlung rechnerisch ermitteln. Die tatsächliche Besonnung des Geländes hängt jedoch auch vom Bewölkungsgrad ab. Dieser kann wetterbedingt und in gewissem Grad auch reliefbedingt variieren (Luv-, Lee-Unterschied, siehe Abb. 3.1.2.1/2 a). Von Bedeutung ist die Ermittlung des Strahlungsgenusses beim Anbau wärmeempfindlicher Kulturen (z. B. Weinbau) oder bei der Nutzung von Sonnenenergie.

Von der Einstrahlung am Tage, aber auch von der Ausstrahlung in der Nacht werden die Lufttemperaturen bestimmt. Am Tage sind die lokalen Temperaturunterschiede in Bodennähe deshalb nicht so groß, weil sie durch die labile Luftschichtung leichter ausgeglichen werden. Anders dagegen in wolkenarmen Nächten, wenn die starke Ausstrahlung zu stabilen Luftschichtungen führt. Dann können recht erhebliche Temperaturunterschiede auftreten (siehe Abb. 3.1.2.3/3). Schon in relativ flachem Gelände sammelt sich Kaltluft in flachen Mulden und Senken, in denen empfindliche Temperaturabsenkungen gemessen werden. Bei Verebnungen reicht allein der Wechsel der Bodenbedeckung aus, so daß Unterschiede von einigen Temperaturgraden entstehen (zum Beispiel Wechsel von Wald, Ackerland, Wiese).

Die absolute und relative Luftfeuchtigkeit zeigt ausgeprägte tägliche Schwankungen. Die absolute Luftfeuchte ist in den frühen Morgenstunden noch gering, weil das Temperaturniveau noch niedrig ist, und steigt mit zunehmender Erwärmung zum Maximum in der Vormittagszeit. In der wärmsten Tageszeit tritt ein zweites Minimum ein, weil Feuchtigkeit mit der erwärmten Luft nach oben weggeführt wird. Mit nachlassender Einstrahlung nimmt der Feuchtigkeitsgehalt durch Überwiegen der Pflanzentranspiration wieder zu. Die relative Feuchtigkeit hängt von der Lufttemperatur ab. Sie ist in den Nachtstunden in Bodennähe hoch, oft wird der Taupunkt erreicht. Dann erkennt man vor allem im Herbst und im Frühjahr kaltlufterfüllte Einsenkungen und Täler am Bodennebel. Mit der mittäglichen Erwärmung sinkt die relative Luftfeuchte auf ihr Minimum ab, Bodennebel löst sich auf.

Das Gelände hat auch Einfluß auf Menge und Verteilung des Niederschlags (Abb. 3.1.2.1/2 a). Generell gilt, daß Bergländer auf der Luvseite mehr Niederschlag empfangen als auf der Leeseite. Diese Beobachtung gilt jedoch nicht für ihre Bergkämme, über die starke Luftströme hinwegwehen, wobei der größere Teil des Niederschlags erst im Windschatten auf der Leeseite fällt. Bei der streifenförmigen Verteilung des Niederschlags im südwestdeutschen Mittelgebirgsland in Form von „Schauerstraßen" erklärt *Schirmer* (1973) die zusätzliche Verstärkung des Niederschlags durch orographisch bedingte Stauzonen. An den Luvseiten der Gebirge stauen sich häufiger Wolken. Hier kommt es zu wesentlich höherem Nebel-Niederschlag, auf den sich bestimmte Pflanzen (z. B. Flechten, Moose, Farne) spezialisiert haben und im Nebelwald stärker verbreitet sind.

Je nach Wetterlage und Tageszeit beeinflußt das Gelände Luftströmungen, die Winde also. Bei zyklonalen, windstarken Wetterlagen werden Winde durch die bremsende Wirkung der Unebenheiten und des Bewuchses in Bodennähe abgeschwächt. Aus der Oberströmung reißen durch die Geländereibung Luftquanten ab. Diese Turbulenzwirbel führen zu einer starken Durchmischung in der bodennahen Luftschicht und tragen zu einer stärkeren Verdunstung und Abkühlung bei. Dies geschieht auf den Luvseiten des Geländes viel stärker als auf den Leeseiten. An besonders windexponierten Stellen sind Pflanzen durch Windschur deformiert.

Bei antizyklonalen, windschwachen Wetterlagen induziert das Gelände Hangauf- und Hangabwinde beziehungsweise Talauf- und Talabwinde (siehe Abb. 3.1.2.2/2) Bei der nächtlichen Ausstrahlung entsteht Kaltluft. Diese bewegt sich, der Schwerkraft gehorchend, im abfallenden Relief. Unter Gefällstufen sammelt sich Kaltluft, und bereits in kleinen Mulden bewegt sich Kaltluft schwallartig abwärts. In größeren Tälern bilden sich Kaltluftströme, die umso mächtiger sind, je größer das Einzugsgebiet und je offener die Talform ist (siehe Abb. 3.1.2.2/3)

Gerade die bei Strahlungswetter sich bildenden Windsysteme von lokaler bis regionaler Reichweite sind besonders zu beachten. Sie steuern nämlich den Luftaustausch bei den ansonsten windschwachen Wetterlagen und sind infolgedessen sowohl für den Anbau kälteempfindlicher Kulturen wie für die Verbesserung der lufthygienischen Verhältnisse von Bedeutung.

3.1.2.3 Untersuchungs- und Darstellungsmethoden

Die Skizzierung der Klimaelemente macht es bereits deutlich, daß für mikro- und geländeklimatische Untersuchungen ein Spektrum eigener Methoden und Darstellungsformen verwendet werden muß. Zur Erfassung des Makroklimas bedient man sich bekanntlich eines weiträumigen Stationsnetzes, bei dem die Meßgeräte nach Normvorschrift 2 m über einem Rasenuntergrund aufgestellt sind, um den differierenden Einfluß des Untergrundes möglichst auszuschalten. Damit die Aussagen zum Klima möglichst allgemeingültig und unabhängig von der jeweiligen Wettersituation sind, bedient

Abb. 3.1.2.2/2
Das Zusammenspiel der Hangwinde und Talwinde im Laufe eines Tages
(nach: *F. Defant*, mit Text zitiert aus *R. Geiger* 1961, S. 256/257)

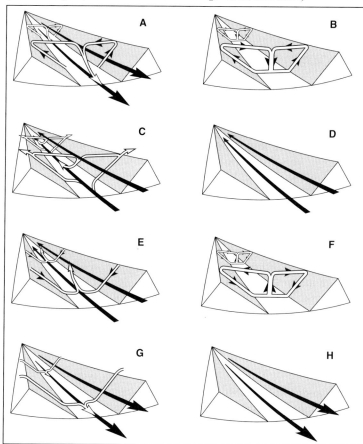

Die Hangauf- und Hangabwinde einerseits und die Talauf- und Talabwinde andererseits haben verschiedene Entwicklungsphasen. Die Verknüpfung beider Systeme im Laufe des Tages läßt sich am besten an Hand der Defant'-schen Darstellung veranschaulichen:

Das Teilbild A zeigt die Lage morgens nach Sonnenaufgang. An den Hängen hat der Hangaufwind schon eingesetzt. Weil aber die Talluft als Ganzes noch kälter ist als die Luft draußen in der Ebene, ist noch der nächtliche Talabwind im Gange. Er wird jetzt durch die in Höhe der Gebirgskämme zur Talmitte zurückkehrenden und dort absteigenden Hangaufwinde gespeist. Die daraus folgende Erwärmung läßt den Temperaturgegensatz Tal-Ebene abnehmen, bald verschwinden, und dann erlischt der Talwind.

Zu diesem Zeitpunkt (B) gibt es eine kurze Zeit nur eine im Talquerschnitt gelegene Zirkulation. Es ist die Zeit der raschesten Erwärmung der Talluft als Ganzes. Gegen Mittag setzt alsdann der Talaufwind ein, weil jetzt das Tal wärmer ist als die Ebene draußen. Er wird nunmehr auch vom rückkehrenden Hangaufwind gespeist (Teilbild C). Wenn am Spätnachmittag die Hangaufwinde erlöschen, ist eine Zeitlang nur der Talaufwind im Gange. Er erfüllt dann das ganze Tal, tritt also auch an die seitlichen Talhänge heran (D). Wenn aber um Sonnenuntergang durch die beginnende Ausstrahlung der Hangabwind einsetzt, so entsteht das Strömungsbild E, welches das Gegenstück zu A darstellt. Die Teilbilder F bis H entsprechen den Teilbildern A bis E und lassen sich in analoger Weise leicht deuten. Das Bild H, welches der Zeit um Sonnenaufgang entspricht, leitet alsdann unmittelbar über zum Anfangszustand A.

Abb. 3.1.2.2/3 a–b
Verhalten eines Kaltluftstroms im
Queichtal/Pfälzerwald am
16. 10. 1976 morgens
(Fotos: *M. Geiger*)

man sich langjähriger Mittelwerte. Umgekehrt geht man bei der Untersuchung des Mikro- und Geländeklimas vor. Ein dichtes und engständiges Meßnetz ist erforderlich, um die kleinräumige Differenzierung aufzuzeigen. Die Meßhöhe liegt aufgabengerecht nahe an der Erdoberfläche. Es interessieren die aktuell gemessenen Werte, aber weniger in ihrer absoluten Größe als vielmehr in ihren unterschiedlichen Differenzbeträgen zwischen verschiedenen Standorten. Zur Anbindung der mikro- und mesoklimatischen Messungen bedient man sich der „mesoklimatischen Normallage"; das ist jene Fläche, auf der makro- und mesoklimatische Bedingungen als gleich anzusehen sind. Aus meßtechnischen Gründen werden die für die Untersuchung wesentlichen Klimaelemente separat ermittelt und dann zur Charakteristik des Mikro- und Geländeklimas kompiliert.

a) Beobachtungen im Gelände
Der Beobachtung im Gelände kommt in der Mikro- und Geländeklimatologie eine sehr hohe Bedeutung zu. Dazu zwingen bereits die bekannten Abhängigkeiten zwischen Georelief, Oberflächenstruktur, Bodenbedeckung und Klima. Die Analyse des Georeliefs und die Kartierung von Boden und Vegetation sind meistens erforderlich. Die Beobachtung der Vegetation erlaubt oftmals, den

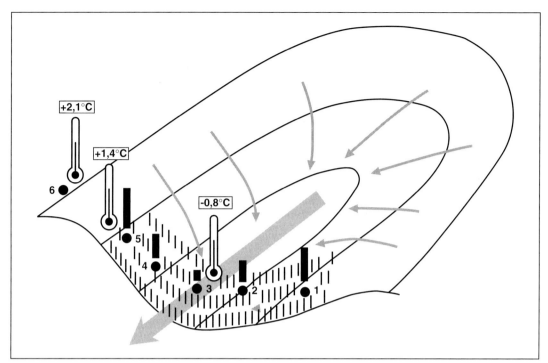

Abb. 3.1.2.3/1
Der Zusammenhang zwischen Ertrag der Weinrebe und Geländeklima
(nach: *M. Geiger* 1975, S. 138)

Einfluß des Mikro- und Geländeklimas indirekt zu beobachten. Dies nutzt man im Rahmen der Phänologie, die die Gesamtwirkung des Klimas auf das Pflanzenwachstum beschreibt.
Phänologische Beobachtungen zum Geländeklima sind nur dort möglich, wo eine bestimmte Pflan-
zenart im Untersuchungsgebiet entweder an vielen Standorten vorkommt oder sogar weitflächig
verbreitet ist. Letzteres trifft zum Beispiel für das Weinbaugebiet der Weinstraße zu. Vom Gebirgs-
fuß des Pfälzerwaldes über die Vorhügelzone bis zu den Riedelplatten der Rheinebene breitet sich
der Weinbau fast monokulturartig aus. Zu verschiedenen Zeitpunkten im Ablauf des Vegetations-
jahres können der Wachstumsstand der Reben beobachtet und daraus Rückschlüsse auf das Mikro-
und Geländeklima gezogen werden:
– Der Austrieb setzt je nach Strahlungs- und Wärmegewinn verfrüht oder verzögert ein.
– Die Ausbildung des Blütenstandes erlaubt den Rückschluß auf die Beeinträchtigung durch Kaltluft. Relativ kleine Gescheine – die spätere Traube vor der Blüte – innerhalb desselben Bestandes
  deuten auf Kaltluftbeeinträchtigung hin.
– Strahlungsfröste im Frühjahr können zu empfindlichen Schädigungen führen. *Tichy* (1954) kartierte solche im Weinbaugebiet der Pfalz und stellte Beziehungen zum Geländeklima her.
– Im Herbst kann die Ertragsmenge innerhalb eines Bestandes ganz unterschiedlich ausfallen. Die
  Rebstöcke in kaltluftführenden Mulden bringen erheblich weniger Traubengewicht (siehe Abb.
  3.1.2.3/1).
– Der Laubfall im Herbst wird meist von Strahlungsfrösten ausgelöst. In kaltluftführenden Lagen
  treten Fröste zuerst auf, und unabhängig von der jeweiligen Rebsorte kommt es dort zu Erfrierun-
  gen des Weinlaubes (Abb. 3.1.2.3/2). Während die Beobachtung des frostbedingten Laubfalles
  hervorragend für die Geländeklima-Kartierung geeignet ist, gilt dies für die herbstliche Laubver-
  färbung nicht, weil diese sortenspezifisch zu unterschiedlichen Zeitpunkten einsetzt.

a   b

Abb. 3.1.2.3/2
Wirkungen des ersten Strahlungsfrostes im Herbst am Laub
(aus: *M. Geiger* 1975, S. 135)

Zur Beobachtung des Geländeklimas eignen sich weitere Methoden, auf die hier nur kurz hingewiesen werden kann. Wichtige mesoklimatisch bedingte oder steuernde Phänome können beobachtet werden (nach *Eriksen* 1975):
– Zeigerpflanzen
– Spezielle Kulturen im Anbau
– Baumverformungen durch Windschur
– Kaltluftseebildung mit Bodennebel
– Frostschäden bei verschiedenen Kulturen
– Besonnung bzw. Sonnen- und Schattenposition
– Schneedeckenmächtigkeit und -dauer
– Lokale Wolkenbildung
– Verteilung von Tau, Reif, Glatteis oder Rauhfrost
– Rauchabzug aus Kaminen, offenen Feuerstellen oder Rauchpatronen
– Ballon-Drift in Luftströmungen
– Kartierung von Flechten als Indikator für die Luftqualität.

b) Messungen im Gelände
Messungen zur Bestimmung des Mikro- und Geländeklimas können mit Hilfe eines stationären Sondermeßnetzes oder mit Hilfe mobiler Meßgeräte durchgeführt werden. Bei der Einrichtung eines Sondermeßnetzes tritt das Problem auf, an ausreichend vielen Geländepunkten Meßgeräte installieren zu können. Aus der Analyse des Georeliefs und durch geländeklimatische Beobachtungen ergeben sich Hinweise für die Wahl geeigneter Meßpunkte. Messungen an verschiedenen Orten sollten möglichst auf einen Zeitpunkt bezogen werden. Mechanische Registriergeräte sind zur Messung der einzelnen Klimaelemente unentbehrlich (Thermograph, Hygrograph, Windschreiber und Regenschreiber, Strahlungsmesser). Zur Bestimmung der Niederschlagsmenge reichen einfache Regenmesser aus. In der Regel genügt es, Meßreihen über eine relativ kurze Zeitspanne zu führen, und oft wird eine Meßkampagne auf eine ganz bestimmte Wettersituation bezogen, um die klimatischen Extremwerte des Geländeklimas zu ermitteln.

Für geländeklimatische Kartierungen sind mobile Messungen notwendig, weil Meßergebnisse für das gesamte Kartiergebiet vorliegen müssen. Bei Meßgängen – und erst recht bei Meßfahrten – benötigt man zur Temperaturmessung elektrische Fühler, die spontan und nicht so träge wie Flüssigkeitsmeßgeräte reagieren. Zu Meßfahrten werden Fahrzeuge so ausgerüstet, daß die Meßfühler in definierter Höhe außen angebracht sind; die selbstregistrierenden Aufzeichnungsgeräte befinden sich im Wageninneren. Bei Meßfahrten tritt als Problem auf, daß die Messungen entlang der Fahrtrouten nicht zeitgleich vorgenommen werden können. Es bedarf also mindestens einer festen Meß-

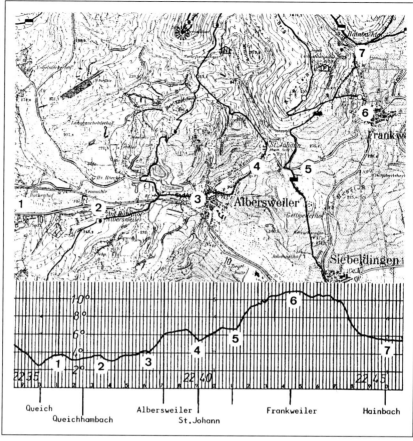

station, um die bei der Fahrt gewonnenen Meßdaten auf einen Zeitpunkt hin interpolieren zu können. Meßfahrten werden nur bei bestimmten Wetterlagen durchgeführt, meistens bei windschwachem Strahlungswetter, um die Geländeabhängigkeit des Klimas zu erkennen. Deshalb sind die Meßfahrten in bezug auf Wetterlagentyp und Jahreszeit zu definieren, damit ihr Gültigkeitsrahmen gekennzeichnet ist. Ein Beispiel einer Meßfahrt zur Bestimmung der Lufttemperaturen in 1 m Höhe bei
nächtlichem Strahlungswetter im April zeigt Abb. 3.1.2.3/3. Dabei wurden Temperaturunterschiede
von 9° zwischen dem Wirkungsbereich des Kaltluftstroms im Queichtal einerseits und der Siedlung
Frankweiler in der warmen Hangzone andererseits sichtbar (vergleiche auch mit Abb. 3.1.2.2/3).

c) Vertikalmessungen

Durch die beschriebenen Verfahren erhält man Meßergebnisse, die sich nur auf die bodennahe Luftschicht beziehen. Vertikalmessungen sind erforderlich, wenn Schichtungs- und Strömungsverhältnisse in höheren Luftschichten untersucht werden sollen. Diese können bei Untersuchungen zum
Umweltschutz, zum Beispiel bei Ausbreitungsvorgängen von Luftschadstoffen oder bei der Einwirkung von Nebel- und Rauchschwaden aus hohen Kaminen, von Bedeutung sein. In solchen Fällen
benötigt man ballongetragene Meßgeräte (siehe zum Beispiel *Kuttler* 1988).
Neue Untersuchungsmöglichkeiten des Mesoklimas haben sich mit der Entwicklung der Infrarot-
technik ergeben. Mit Hilfe von Infrarot-Scannern kann die von der Erdoberfläche ausgesandte Wär-
mestrahlung abgetastet, aufgezeichnet und bildlich dargestellt werden. Über Möglichkeiten der Interpretation von Thermalluftbildern, die vom Flugzeug aus gewonnen wurden, berichten *Fezer*

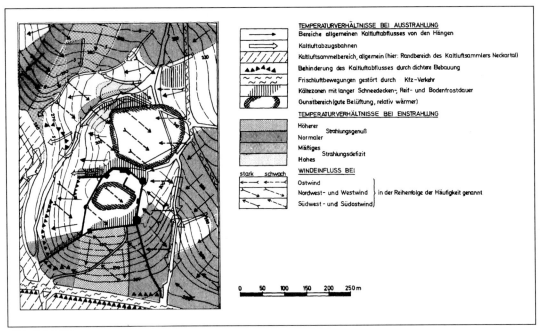

TEMPERATURVERHÄLTNISSE BEI AUSSTRAHLUNG
Bereiche allgemeinen Kaltluftabflusses von den Hängen

Kaltluftabzugsbahnen

Kaltluftsammelbereich, allgemein (hier: Randbereich des Kaltluftsammlers Neckartal)

Behinderung des Kaltluftabflusses durch dichtere Bebauung

Frischluftbewegungen gestört durch Kfz-Verkehr

Kältezonen mit langer Schneedecken-, Reif- und Bodenfrostdauer

Gunstbereich (gute Belüftung, relativ wärmer)

TEMPERATURVERHÄLTNISSE BEI EINSTRAHLUNG

Höherer
Strahlungsgenuß
Normaler

Mäßiges
Strahlungsdefizit
Hohes

WINDEINFLUSS BEI

stark   schwach

Ostwind

Nordwest- und Westwind } in der Reihenfolge der Häufigkeit genannt

Südwest- und Südostwind}

0   50   100   150   200   250 m

Abb. 3.1.2.3/4
Gelände- und Mikroklima am Burgberg von Esslingen am Neckar
(aus: *H. Leser* 1973, S. 314)

(1977) und *Goßmann* (1977). Satelliten kommen als Trägersystem für solche Abtastsysteme der irdischen Thermalstrahlung sogar für mesoklimatische Untersuchungen in Frage. Wenn der Bildin-
halt in digitalisierter Form vorliegt, kann er statt in Grauwerten durch Kodierung auch in Farbver-
sion wiedergegeben werden. Diese „Wärmebilder" haben den besonderen Vorteil, daß sie eine
flächendeckende Übersicht liefern. Zur geländeklimatischen Interpretation benötigt man parallel
durchgeführte Radiometer- oder Bodenmessungen.

d) Mesoklimatische Karten

Die Ergebnisse von mikro- und geländeklimatischen Untersuchungen können in thematischen Karten dargestellt werden. Zum Beispiel läßt sich die Temperaturverteilung bei nächtlichem Strahlungswetter in Form von Isothermen, absolut oder relativ auf einen errechneten Mittelwert bezogen, darstellen (*Geiger* 1989). Im Rahmen der geoökologischen Grundlagenforschung, die das Ziel
hat, das Ökotopgefüge eines Raumes zu erkennen, ist die Kartierung der Klimatope erforderlich.
Besondere Bedeutung besitzen Geländeklimakarten auch für die Landschaftsplanung. Dafür werden flächendeckende Darstellungen der bestehenden Klimaverhältnisse benötigt. Darstellungsform
und Maßstab von mikro- und geländeklimatischen Karten richten sich nach den Aufgabenstellun-
gen und auch nach dem Adressatenkreis. Abb. 3.1.2.3/4 zeigt ein Kartierbeispiel von *Leser* (1973).
Es diente als Planungsgrundlage und stellt Belüftung, Kaltluftabzug und Strahlungsgunst am Burgberg in Esslingen dar.

3.1.2.4 Geländeklima, Umweltschutz und Landschaftsplanung

Im Rahmen der Umweltschutzdiskussion haben die Erkenntnisse der Geländeklimatologie zunehmend an Bedeutung gewonnen. In diesem Bereich laufen Prozesse ab, „die einerseits für den Men-

schen in seinen vielfältigen Lebensbereichen erstrangige Bedeutung haben, die andererseits jedoch zugleich vom Menschen zunehmend bewußt oder unbewußt beeinflußt und modifiziert werden können" (*Eriksen* 1975 S. 1). Von besonderer Bedeutung sind vor allem:

– Kaltluft- oder Frischluftentstehungsgebiete,
– Windsysteme, die den Luftaustausch antreiben,
– wärme- und strahlungsreiche Gunstlagen und
– Kaltluftsammelgebiete.

Durch Nutzungsweise und durch Bebauung können die natürlichen Klimaverhältnisse positiv oder negativ beeinflußt werden. Vor Durchführung größerer Planungsvorhaben, die Einfluß auf den Landschaftshaushalt haben können, ist es üblich geworden, eine Umweltverträglichkeitsprüfung

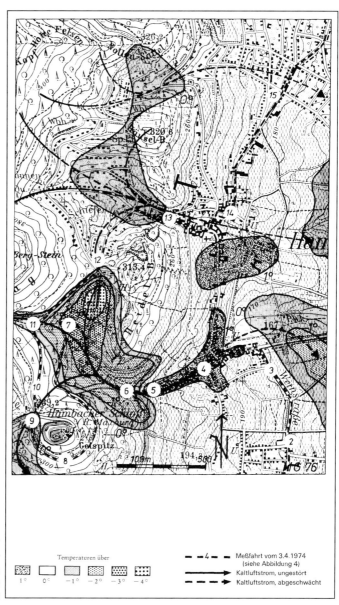

Abb. 3.1.2.4/1
Isothermenkarte bei Strahlungswetter
am südlichen Ortsrand von
Neustadt/Weinstraße
(aus: *M. Geiger* 1977, S. 29)

Temperaturen über

| 1° | 0° | −1° | −2° | −3° | −4° |

– – 4 – – Meßfahrt vom 3.4.1974
(siehe Abbildung 4)
⟶ Kaltluftstrom, ungestört
– – –➤ Kaltluftstrom, abgeschwächt

(UVP) durchzuführen. Der Landschaftshaushalt wird von den in Wechselwirkung zueinander stehenden Einflußgrößen Georelief, Boden, Wasser, Vegetation und Klima bestimmt. Im Gegensatz zu den anderen Faktoren ist bei Durchführung der UVP der komplexe Klimabereich am wenigstens „greifbar", und es mangelt meist an grundlegenden Untersuchungen. Hier könnte die von *Leser* (1988) geforderte Geoökologische Karte 1 : 25 000, zu deren Grundaussagen auch der Teilbereich Mikro- und Geländeklima gehört, eine sehr wesentliche Planungsgrundlage darstellen.

Umweltschutz als Planungsaufgabe strebt an, die Umweltqualität zu erhalten oder zu verbessern. Aus der Sicht der Mikro- und Geländeklimatologie ergeben sich Folgerungen für die Landschaftsplanung, wie dieses Ziel zu verwirklichen ist. An zwei Beispielen wird dies ausgeführt.

a) Beeinträchtigung von Hangabwinden durch Bebauung

An der Weinstraße besteht eine für Mitteleuropa typische Situation des Georeliefs: Ein waldbedecktes Mittelgebirge grenzt an einen Verdichtungsraum im Vorland (siehe Abb. 3.1.2.3/1). Bei Strahlungswetter bildet sich ein differenziertes Geländeklima aus. Es entstehen lokale Hang- und regionale Berg-Tal-Windsysteme, die einen Luftaustausch zwischen Pfälzerwald, Weinstraße und Rheinebene ermöglichen. Im Stadtgebiet von Neustadt/Weinstraße ist der Gebirgsrand auf einer Strecke von 8,5 km durchgehend bebaut worden. In einer Studie wurde festgestellt, daß schon die lockere Wohnbebauung ausreicht, die lokale Luftzirkulation abzuschwächen (siehe Abb. 3.1.2.4/1). In der Vorhügelzone der Weinstraße grenzen klimaökologischer Ausgleichs- und Belastungsraum aneinander. Zur Erhaltung des bestehenden Luftaustauschs empfehlen sich folgende Grundsätze für die Landschaftsplanung:

- Eine bandförmige Bebauung entlang der Hänge ist unbedingt zu vermeiden.
- Eine Bebauung in die Taltrichter hinein ist zu vermeiden.
- Eine Verriegelung der Talausgänge am Gebirgsrand ist zu verhindern, damit die Frischluftschneisen freigehalten werden.
- Innerhalb der Siedlungen ist einer Überwärmung durch aufgelockerte Bauweise mit Grünflächen entgegenzuwirken.

b) Minderung der Schwülebelastung durch Flurwinde

Das Klima im Oberrheingraben wird bioklimatisch als belastend eingestuft. Hierzu tragen vor allem bei:

- hohe Wärmebelastung im Sommer, oft in Verbindung mit hoher Luftfeuchte und demzufolge größerer Schwülehäufigkeit,
- schwächerer Luftaustausch durch geringe Windgeschwindigkeiten und Inversionen, die häufiger zu Nebel oder Dunst führen und
- Verschlechterung der lufthygienischen Bedingungen durch Konzentration von Schadstoffen vor allem in den Siedlungen.

Diese bioklimatisch belastenden Bedingungen stellen sich bei windschwachen, also austauscharmen Wetterlagen ein. Gerade dann sind die Flurwinde von Bedeutung, weil sie kühle, weniger belastete Luft heranführen und damit zur Klima- und Luftverbesserung beitragen.

Für die Erhaltung solcher Luftzirkulationen empfehlen sich folgende Grundsätze:

- Kaltluftentstehungs- oder -sammelgebiete im Außenbereich der Siedlungen müssen erhalten bleiben.
- Frischluftschneisen in die Siedlungen dürfen durch querende Bebauung nicht eingeengt werden.
- Grünflächen innerhalb der Siedlungen sollten erhalten oder sogar vergrößert werden.

Die beiden Beispiele zeigen, daß dem Geländeklima in Bezug zum Belastungsraum eine Ausgleichsfunktion zukommt. Klimaökologische Ausgleichsleistungen sollten in den auf verschiedenen Ebenen gültigen Landschaftsplänen (Landschaftsprogramm, Landschaftsrahmenplan, Landschaftsplan, Grünordnungsplan, Bebauungsplan) berücksichtigt werden, damit sich nach der Ausführung solcher Planungen die Umweltbedingungen nicht verschlechtern.

Tab. 3.1.2.5/1: Phasen der Umwelterziehung und physisch-geographische Arbeitsweisen bei Durchführung des Projektes: „Lokale Windsysteme und ihre Bedeutung"

Umwelt-Erziehung	emotionale Phase	objektiv-kognitive Phase		subjektiv-affektive Phase	aktive Phase
	Umwelt-Erlebnis	Umwelt-Erkundung	Umwelt-wissen	Umwelt-Einstellung	Umwelt-Verhalten
Arbeitsweisen der Physischen Geographie	beobachten	messen beschreiben darstellen experimentieren	erkennen entdecken erklären vergleichen	beurteilen bewerten	planen anwenden
Arbeitsschritte beim Projekt: „Lokale Windsysteme und ihre Bedeutung"	lokale Wind-strömungen hören und fühlen Talnebel beobachten phänologische Beobachtungen	Meßgang unternehmen Luftballons steigen lassen, um Wind-strömungen sichtbar zu machen Meßstationen mit Minima-Maxima-Thermometern einrichten Temperatur-werte im Geländeprofil übertragen	Einfluß der Geländeformen auf Klima erkennen Einfluß des Bewuchses auf Klima erkennen Windsysteme erkennen und erklären Lufttemperaturen über natürlichen und künstlichen Oberflächen vergleichen	Bedeutung lokaler Windsysteme für die Bewohner beurteilen Planungsvorhaben unter gelände-klimatischen Aspekten bewerten	anderswo gewonnene Erkenntnisse auf Planung anwenden gegebenenfalls für alternative Planung eintreten

Entwurf: *M. Geiger*

3.1.2.5 Beitrag der Mikro- und Geländeklimatologie zur Umwelterziehung

Die Physiogeographie kann in der Schule einen gewichtigen Beitrag zur Umwelterziehung leisten. Dabei kommt es nicht auf einen Umweltunterricht an, der zwar Kenntnisse über Umweltschäden vermittelt, aber damit noch nicht Verhaltensweisen verändert. Umwelterziehung ist umfassender, auf ganzheitliches Denken und umweltbewußtes Handeln ausgerichtet.

Umwelterziehung beruht zuerst auf dem Zuwenden, Betrachten, Erstaunen, Bemerken, kurzum dem Erleben natürlicher Erscheinungen (siehe Übersicht 3.1.2.5/1). Das Temperaturverhalten verschiedener Oberflächen zum Beispiel (siehe Abb. 3.1.2.2/1) erleben Jugendliche im Schwimmbad beim Gang von der kühlen Liegewiese über den heißen Plattenweg ins kalte Wasserbecken mit den Füßen eher, als sie es im Kopf verstehen. Der erlebnishafte Zugang kann Fragen auslösen, Denkreize setzen, mehr über die Umwelt erfahren zu wollen. Durch gezielte Erkundung wird das Umweltwissen erweitert. Das erlebte Phänomen kann naturgesetzlich erkannt, in komplexere Zusammenhänge eingeordnet und auf andere Situationen übertragen werden. Auf dem Umweltwissen gründen sich Umwelteinstellungen, die sich auch an anderen Wertvorstellungen orientieren und somit das Umweltverhalten steuern.

Den genannten Phasen der Umwelterziehung lassen sich bestimmte physiogeographische Arbeitsweisen zuordnen. Umwelterziehung beruht also auf einem breiten Fundament der Kenntnisse um

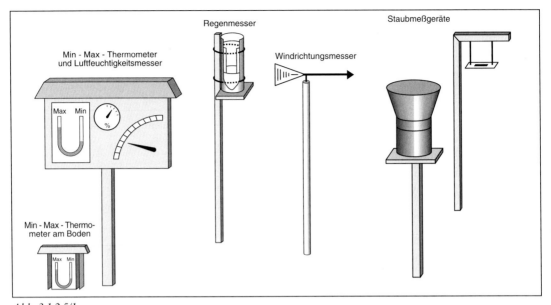

Abb. 3.1.2.5/1
Grundausstattung einer einfachen klimaökologischen Meßstation
(aus: Landesschulzentrum für Umwelterziehung Adelsheim, zitiert nach „Terra Erdkunde", Bd. 5, Ausgabe für Sachsen 1993, S. 180/181)

landschaftsökologische Zusammenhänge. Darin ist auch der Beitrag der Mikro- und Geländeklimatologie zu sehen.

In der Schule besteht beim gefächerten Unterricht im Stundentakt kaum die Möglichkeit, Arbeit vor Ort zu verwirklichen. Geoökologische Untersuchungen durch Schüler können aber in der Sekundarstufe I im Rahmen von Unterrichtsprojekten oder in der Oberstufe in Leistungskursen durchgeführt werden. *Voigt* (1980 S. 82–112) beschreibt die Durchführung eines Projektes „Untersuchung des Geländeklimas" für die 6.–10. Klasse sehr detailliert. Ein weiteres Unterrichtsprojekt für die Oberstufe – „Lokale Windsysteme und ihre Bedeutung" – ist in der Tabelle 3.1.2.5/1 beschrieben.

Auch das Errichten einer Umweltmeßstation kann zur Untersuchung des Mikro- und Geländeklimas dienen. Sie läßt sich entsprechend Abbildung 3.1.2.5/1 relativ einfach bauen. Für geländeklimatische Aussagen wäre neben der schuleigenen Station der Betrieb mindestens einer weiteren Vergleichsstation notwendig.

3.1.3 Stoffhaushalt in der Landschaft (*Christoph Wüthrich und Daniel Schaub*)

3.1.3.1 Vorbemerkungen: Stoffhaushalt in der Realität

Unter Stoffhaushalt versteht man Stoffaustausch und Stoffumwandlungen in einem Ökosystem. Bei den Stoffen handelt es sich um organische und anorganische Substanzen, die für die Funktion der Systeme sehr unterschiedliche Bedeutungen haben. Ein Stoffhaushalt hat einen Stoffkreislauf, bei dem gewisse Umsätze erzielt werden. Diese kann man als Stoffbilanz darstellen.

Die räumliche Dimension spielt für Fragen des Stoffhaushaltes eine zentrale Rolle. Der Stoffhaushalt einer Landschaft kann in geosphärischer, zonaler, chorischer oder topischer Dimension (siehe dazu Kap. 2.1) untersucht werden. Fragestellungen und Methoden ändern sich mit der untersuchten Dimension. Meist können nur Teilsysteme untersucht werden. Auch eine Einzelzelle eines Organismus hat einen Stoffhaushalt mit dazugehörigen Stoffumsätzen und Stoffkreisläufen. Diese sind jedoch nicht Forschungsgegenstand der Geoökologie, da die geographische Dimension hierbei unterschritten wird. Dieses Kapitel gibt einen Einstieg in die Problematik des Stoffhaushalts in der topischen Dimension der Landschaft.

Stoffhaushaltsfragen sind sehr komplex. Wenn man sich als Naturwissenschaftler mit Stoffbilanzen in der Landschaft befaßt, ist man versucht, sich auf nur ein Element zu konzentrieren und den Weg vom Eintrag (z. B. durch Niederschlag) über eine Speicherung (z. B. im Humus) bis zum Austrag (z. B. durch Auswaschung) zu verfolgen und quantitativ zu beschreiben. Dies steigert zwar die Transparenz der Forschung und auch der Resultate, birgt aber gleichzeitig die Gefahr in sich, daß das Gesamtsystem „vergessen" wird. Damit entfernt sich die Forschung von der ökologischen Realität, denn gerade bei komplexen Systemen (wie sie Landschaftsökosysteme darstellen) liegen die zentralen Wissenslücken bei den Wechselwirkungen zwischen den ausgetauschten Stoffen und Prozessen. Schon die vollständige Beschreibung des Stoffhaushaltes einer Landschaft hinsichtlich lediglich eines einzigen Elements (z. B. Kohlenstoff) würde viele Lehrbuchseiten füllen. Der Stoffhaushalt einer Landschaft setzt sich aber aus sehr vielen Elementen zusammen. Also muß hier sowohl in quantitativer (Anzahl besprochener Elemente) wie auch in qualitativer (Informationsgehalt) Hinsicht eine Konzentration auf zentrale Aussagen stattfinden.

3.1.3.2 Stoffe im Landschaftshaushalt

Der Stoffhaushalt umfaßt grundsätzlich alle ausgetauschten Stoffe in einer Landschaft inklusive Nähr-, Mineral- und Schadstoffe. Eine gewisse Gewichtung erfolgt durch die unterschiedliche Bedeutung der Stoffe für das Ökosystem. Manche Stoffe, wie z. B. Aluminium, sind in sehr hohen Mengen im Boden vorhanden, spielen aber weder für Pflanzen noch für Tiere eine wesentliche Rolle, solange sie nicht in toxischen Konzentrationen vorliegen. Andere Elemente (etwa Natrium) sind für Tiere essentiell (lebensnotwendig), haben aber nur wenig Bedeutung für Pflanzen. Die Hauptnährelemente (N, P, K, S, Ca, Mg) sind für das Wachstum von Pflanzen stets in größeren Mengen erforderlich. Die Spurenelemente (z. B. Fe, Cu, Mo, u. a.) sind für ein gesundes Wachstum in geringen Mengen ebenfalls essentiell.

Die biologisch besonders bedeutsamen Elemente Kohlenstoff und Stickstoff werden der Lufthülle entnommen. Die übrigen Stoffe entstammen meist der Verwitterungsdecke der Erdkruste. Ihr Auftreten und ihre Verfrachtung sind sehr eng an den Gebietswasserhaushalt gekoppelt. Zudem können bei vielen Stoffen leichtflüchtige Verbindungen entstehen, die nicht über den Transport in wäßrigen Lösungen, sondern in dampfförmigem Zustand (vgl. Kap. 3.1.3.3) aus dem System verschwinden.

Kohlenstoff

Der Kohlenstoff spielt in der Landschaft eine zentrale Rolle. Seine Aufnahme aus dem Kohlendioxid der Luft durch die Primärproduzenten ist der Beginn eines langen und komplexen Kreislaufes. Ein Teil des Kohlenstoffs wird als Dunkelatmung oder als Wurzelatmung von der Pflanze selbst wieder an die Luft abgegeben. Der größte Teil jedoch wird in der Biomasse der Pflanze oberirdisch (Stengel, Blätter, Blüten) und unterirdisch (Wurzeln) vorerst gespeichert. Wenn die Pflanze irgendwann stirbt, dann dient sie als Energiequelle für Zersetzer (Pilze und Bakterien) im Boden. Unter normalen Bedingungen wird nun der größte Teil des Kohlenstoffs wieder in Form von Kohlendioxid an die Luft abgegeben (Bodenatmung). Ein kleiner Teil verbleibt als Humus im Boden und stabilisiert in Form von hochmolekularen Huminverbindungen den Oberboden. Da Kohlendioxid in Wasser weit besser löslich ist als Sauerstoff, führt der erhöhte Kohlendioxidpartialdruck im Bodenwasser durch Bildung von Kohlensäure zu sinkenden pH-Werten. Dies ist die wichtigste Begründung für die saisonal schwankenden pH-Werte des Bodens. Mit verändertem pH-Wert ändert sich auch die Verfügbarkeit von Nährionen im Boden.

Der skizzierte Ablauf wird in der realen Landschaft durch vielerlei Einflüsse (z. B. Beschleunigung des Kohlenstoffkreislaufs durch Herbivoren, Ernte von Nutzpflanzen u. a.) kompliziert. Auch können tiefe Temperaturen und Nässe das Bodenmilieu derart verschlechtern, daß zunächst die Bakterien, dann aber auch die Pilze ihre Aktivität stark reduzieren. Als Folge davon häuft sich schlecht zersetztes organisches Material in Form von Torf an. Dieser Kohlenstoff wird damit für viele Jahrhunderte dem Kreislauf entzogen. Besonders in den kalten Tundrengebieten der Erde (siehe dazu Kap. 3.3.2) ist der Kreislauf auf diese Weise verschoben. Man geht davon aus, daß etwa 23 % des terrestrischen Kohlenstoffvorrats in den „nördlichen" Ökosystemen gespeichert sind, d. h. die Tundren sind eine „Kohlenstoff-Senke". Der Abbau dieser Kohlenstofflager in einem sich global erwärmenden Klima könnte verstärkt Kohlendioxid freisetzen. Hiermit wird klar, warum der Erforschung des Kohlenstoffhaushalts in der Landschaft gerade in jüngster Zeit große Aufmerksamkeit geschenkt wird.

Sauerstoff

Auch Sauerstoff muß für den Stoffhaushalt in Betracht gezogen werden. Heterotrophe Organismen benötigen den Sauerstoff für ihre Atmung. Aber auch Pflanzen brauchen Sauerstoff, vor allem nachts (Dunkelatmung) und im Wurzelbereich (z. B. für die energiebedürftige Aufnahme von Stoffen gegen den Konzentrationsgradienten). Sauerstoff liegt normalerweise in der Luft in genügender Konzentration vor, und durch den Prozeß der pflanzlichen Photosynthese wird ständig Sauerstoff nachgeliefert. Trotzdem muß besonders der Sauerstoffgehalt der Bodenluft beobachtet werden. Dieser ist durch die sauerstoffzehrende Aktivität von Mikroorganismen und Pflanzenwurzeln immer niedriger als in der Atmosphäre. Bei Durchnässung und Verdichtung kann es zu anaeroben Bedingungen kommen, die dann eine Verschiebung der Dissimilationsvorgänge in Richtung Gärung (mit geringerem Energiegewinn pro umgesetzter Substratmenge als bei der Atmung) bewirken.

Stickstoff

Der Stickstoff ist in vielen Ökosystemen limitierend, d. h. der Mangel an verfügbarem Stickstoff begrenzt die Intensität der ablaufenden Umwandlungsprozesse. Dies erscheint paradox, da Stickstoff doch über 70 % unserer Atemluft ausmacht. Das Problem besteht in der Verfügbarkeit: Stickstoff liegt in der Luft als Molekül mit einer Dreifachbindung vor (N_2), dessen Trennung einen hohen Energieaufwand erfordert. Pflanzen können Stickstoff aber nur als Nitrat (NO_3^-) und Ammonium (NH_4^+) aufnehmen. Technisch löst man dies für die Produktion von Kunstdünger mit enorm hohem Druck und hoher Hitze (Haber-Bosch-Verfahren). In der Natur sind es nebst einigen abiotischen Prozessen (etwa Blitzen) vor allem prokaryotische Organismen, die mit einem hochspezialisierten Enzym (Nitrogenase) den Stickstoff aus der Luft fixieren können (N-fixierende Bakterien) und dem Boden laufend Ammonium (NH_4^+) zuführen. Bei normalen Bodenverhältnissen wird das Ammonium sehr schnell in Nitrat (NO_3^-) überführt (nitrifizierende Bakterien). Bei tiefen pH-Werten jedoch kann es wegen Hemmung der Nitrifizierer zur Anhäufung von Ammonium im Boden kommen. Der Vorrat im Boden besteht vornehmlich aus organisch gebundenem Stickstoff, der wiederum aus abgestorbenen pflanzlichen und tierischen Resten stammt. Er wird durch die Aktivität von Mikroorganismen wieder in pflanzenverfügbaren mineralischen Stickstoff verwandelt (Stickstoffmineralisation). Ein Teil des mineralischen Stickstoffs wird bei hoher Bodendichte und schlechter Durchlüftung durch denitrifizierende Bakterien wieder in Luftstickstoff zurückverwandelt (Denitrifikation). Dies ist quasi ein Ventil des Ökosystems gegen übermäßige Stickstoffanhäufung und vom landwirtschaftlichen Standpunkt gesehen ein unerwünschter Verlust.

Der Stickstoffbedarf von Organismen ist meist sehr groß, da Stickstoff in allen lebenden Zellen ein wesentlicher Teil des Protoplasmas und der Enzyme ist. In der Landwirtschaft wird man dieser Tatsache durch intensive Stickstoffdüngung gerecht. Übermäßig und großflächig betriebene Stickstoffdüngung ist jedoch eine bedeutende Manipulation der Umwelt, die in die Bilanzierung einer Landschaft einbezogen werden muß. Negative Folgen sind beispielsweise die Grundwasserbelastung durch Nitratauswaschung oder der Stickstoffoxidausstoß an die Atmosphäre. Letzterer liefert einen massiven Beitrag an die immer stickstoffreicher werdenden Niederschläge (atmosphärische Stickstoffdeposition) in industrialisierten Regionen, die zu einer erheblichen künstlichen Düngung von Waldgesellschaften und natürlichen Rasengesellschaften führen mit Auswirkungen wie Waldschäden und Rückgang der Artenvielfalt.

Phosphor

Phosphor liegt im Boden gebunden im organischen Material und anorganisch als schwerlösliches Orthophosphat vor. Pflanzen können die organischen Phosphate nicht aufnehmen, bevor sie nicht durch Enzyme der Mikroorganismen (Phytase) aufgeschlossen wurden. Die mikrobielle Nachlieferung ist jedoch gering. Für die Pflanzen verfügbar sind an Hydroxide, Tonminerale und organische Substanz adsorbierte Phosphate, deren Gehalt mit abnehmendem pH-Wert steigt. Phosphate diffundieren nur sehr langsam, deshalb ist die Versorgung mit Phosphor im Boden oft problematisch. Die Organismen benötigen Phosphor für den Energiestoffwechsel in großen Mengen (ATP = Adenosintriphosphat als wichtigster Energieträger der Organismen), und Phosphor ist gleichzeitig ein zentraler Baustein der Nukleinsäuren. In der Landwirtschaft gehört Phosphor deswegen zu den Standarddüngestoffen, zusammen mit Stickstoff und Kalium („N, P, K-Dünger"). Während Nitrate sehr rasch aus dem Boden ausgewaschen werden, können Phosphate bei übermäßiger Zufuhr akkumulieren. Der Austrag findet dann vor allem durch Erosion von Ackerkrume (siehe dazu Kap. 3.1.1) mit hohem Gehalt an verfügbarem Phosphat statt.

Kalium

Kalium ist im Boden in Feldspäten, Glimmern und Tonmineralen gebunden. Der Vorrat an sorbiertem Kalium ist um ein Vielfaches höher als der im Bodenwasser gelöste Anteil. Kalium kann aktiv von der Pflanze aufgenommen werden. In der unmittelbaren Umgebung der aktiven Wurzeln (Rhizosphäre) kommt es durch die aktive Aufnahme von Kalium zu einer starken Depletion von Kalium gegenüber der normalen Bodenlösung (die Kalium-Konzentration in der Bodenlösung kann um Faktor > 10 sinken). Dadurch gelingt es den Pflanzen, auch nichtaustauschbares Kalium verfügbar zu machen. In Organismen hat Kalium zahlreiche Funktionen, die zumeist auf der elektrochemischen Wirkung des Kalium-Ions beruhen (Membranpotentiale, Osmoregulation, Enzymaktivierung). Kalium gehört deshalb ebenfalls zu den Standarddüngemitteln.

Schwefel

Schwefel liegt im Boden organisch gebunden und in Form von sulfidischen Mineralen vor. Auch Ca-, Mg- und Na-Sulfate sind häufig, so daß normalerweise der Pflanzenbedarf an Schwefel gedeckt ist. Das anionische Sulfat-Ion (SO_4^{2-}) ist nur wenig sorbiert, gut löslich und kann deswegen leicht ausgewaschen werden. Schwefel ist ein wichtiger Bestandteil des Protoplasmas und der Enzyme. Beim Schwefel sind wie auch beim Stickstoff – die Einträge über Niederschläge (Schwefelausstoß durch fossile Brennstoffe, „Saurer Regen") zu berücksichtigen.

Magnesium

Magnesium ist im Boden sowohl in dolomitischen Carbonaten wie auch in Silikaten (Augit, Olivin, Hornblende) und Phosphaten vorhanden. Die gute Löslichkeit von Magnesium führt dazu, daß der Anteil an gelöstem Magnesium meist höher ist als der Anteil an sorbiertem Magnesium. Deswegen kann es insbesondere bei sauren Böden und hohen Niederschlägen zu Magnesiummangel kommen. Magnesium übernimmt wichtige Funktionen bei der Quellungsregulation sowie beim Betriebstoffwechsel der Pflanzen.

Calcium

Calcium findet sich in Carbonaten, Gips, Phosphaten und manchen Silicaten. Wie beim Magnesium ist auch hier der gelöste Anteil größer als der sorbierte Anteil. Das zweiwertige Kation (Ca^{2+}) ist

leicht löslich und wird permanent ausgewaschen. Unter sauren Bedingungen kann es zu Calcium-
mangel kommen. In der Pflanze wird es zur Quellungsregulation und als Enzymaktivator eingesetzt.
Die schlechte Mobilität von Calcium innerhalb der Pflanze führt zur Akkumulation besonders in
Blättern und Rinde.

In vielen Fällen genügen die besprochenen Elemente (Hauptnährelemente oder Makronährstoffe)
für eine erste Beschreibung des Stoffhaushalts in der Landschaft. Es gibt aber durchaus Fragestellungen, die eine eingehendere Auseinandersetzung mit dem Chemismus des Bodens verlangen. Eisen,
Mangan, Zink, Kupfer, Molybdän, Bor und Chlor sind als Spurenelemente (Mikronährstoffe) für
pflanzliches Wachstum ebenfalls unabdingbar, obwohl ihr Anteil in der Pflanzenasche sehr gering ist
(0,01 bis 0,0001 %). In manchen Böden können auch diese Elemente limitierenden Charakter besitzen
(z. B. Eisenmangel durch starke Festlegung des Eisens in Kalkböden), oder die Pflanzen sind wegen
starker Ionenkonkurrenz nicht in der Lage, die Mikronährstoffe aufzunehmen. Umgekehrt kann ein
Überangebot dieser und anderer Stoffe lokal zum dominierenden Einflußfaktor werden (Versalzung
von Oberböden durch Chloride in ariden Klimaten, Schwermetallanreicherungen in Bergwerksgebie-
ten, Aluminiummobilisierung nach Versauerung des Oberbodens z.B. durch „Sauren Regen" etc.) .

3.1.3.3 Prozesse im Stoffhaushalt der Landschaft

Der Stoffaustausch ist der zentrale Vorgang für jeden Stoffhaushalt. In der Landschaft stellt sich die
Frage, welche physikochemischen und biologischen Prozesse notwendig sind, damit die Stoffe überhaupt zwischen den einzelnen „Pools" transportiert werden können. Eine zentrale Bedeutung haben
hier Lösungsprozesse. Lösungen bestehen aus dem weit überwiegenden Lösungsmittel (Solvens)
und dem gelösten Stoff (Solvat).

In der Landschaft ist Wasser das wichtigste Lösungsmittel, und die Chemie wäßriger Lösungen ist
deshalb für Stoffhaushaltsfragen von überragender Bedeutung (vgl. *Sigg* und *Stumm* 1991). Gelöste
Bestandteile befinden sich ähnlich dem Zustand eines Gases in regelloser thermischer Bewegung.
Dies ermöglicht den Prozeß der Diffusion, die durch ungeordneten Transport von Teilchen im statistischen Sinne zum Konzentrationsausgleich führt. Diffusion muß begrifflich von anderen Formen
der Stoffbewegung (Massenstrom) getrennt werden, da sie von äußeren Kraftfeldern völlig unabhängig ist. Mit den *Fick*'schen Gesetzen werden wichtige Rahmenbedingungen der Diffusion (Diffu-
sionskonstanten, Diffusionswiderstände) erklärt.

Die Diffusion ist besonders für Transporte über kurze Distanzen (Millimeterbereich) von Bedeutung. Für größere Distanzen ist der Transport durch die Bewegung des Bodenwassers (als Massenstrom oder Konvektion bezeichnet) viel wichtiger. Innere Reibung (Viskosität) und Reibung an
Porenwänden führen zu einem komplizierten Fließmuster der Bodenlösung, wobei mehrere verschiedene Wasserkörper entstehen, die ganz unterschiedliche Transportgeschwindigkeiten und -di-
stanzen zeigen können. Eine derartige Auftrennung eines Wasserkörpers wird Dispersion genannt.
Neben der wäßrigen ist auch die Gasphase vieler Stoffe von Bedeutung. Für den Stoffhaushalt in der
Landschaft ist insbesondere die Dampfphase von Wasser sehr zentral. Die Verdunstung von Wasser
an der Erdoberfläche bei gegebener Temperatur und Luftfeuchte ist von verschiedenen Bodenbe-
dingungen (z. B. Porosität) sowie von Struktur und Art der Vegetationsbedeckung abhängig. Die
Vegetation ihrerseits transpiriert über die Spaltöffnungen der Blätter viel Feuchtigkeit. Die Transpi-
ration eines Waldes kann die Verdunstung einer Fläche offenen Wassers weit übertreffen. Die
Pflanze kann die Transpiration durch Öffnen und Schließen der Spaltöffnungen regulieren. Der
Kohlendioxidgehalt der Luft ist hierbei eine wichtige Einflußgröße (je höher der CO_2-Gehalt der
Luft, desto weniger weit müssen die Spaltöffnungen für den Gasaustausch bei der Photosynthese
geöffnet werden). Die Transpiration der Pflanzen dient gleichzeitig als Motor für die Aufnahme von
Nährstoffen im Wurzelbereich (vgl. *Larcher* 1984).

Viele Phänomene des Vertikaltransportes von landschaftsökologisch relevanten Stoffen im Boden (und in einer Schneedecke) sind nur durch Gasphasentransport erklärbar. Dieser kann, analog zum Transport in flüssiger Phase, als konvektiver Gastransport, dann aber vor allem auch als Diffusion erfolgen. Die Diffusion in der Bodenluft ist etwa um das 10 000-fache schneller als im Bodenwasser. Viele Stoffe mit niedrigem Sättigungsdampfdruck gehen schon unter normalen Bedingungen in die Gasphase über und können so aus dem System ausgetragen werden (z. B. N-Verluste durch N_2O/ N_2-Bildung oder Bildung von leicht flüchtigem NH_3, S-Verlust durch Bildung von H_2S, C-Verlust durch Atmungsvorgänge und Bildung von CO_2/CH_4).

Viele feste Stoffe des Bodens können gasförmige und gelöste Stoffe an ihrer Oberfläche anlagern. Diese Adsorption von Stoffen (z. B. Wasser, Organika, Kationen und Anionen) kann sowohl durch elektrostatische wie auch durch kovalente Kräfte erfolgen. Sehr verbreitet ist die Adsorption von Kationen an negativ geladenen Bodenteilchen (Kationenaustausch). Sie ist stets mit der Desorption einer äquivalenten Menge anderer Kationen verbunden, die in die Bodenlösung übertreten. Diese Eigenschaft der Böden ist für den Stoffhaushalt terrestrischer Ökosysteme von zentraler Bedeutung. Dadurch können Böden Kationen und viele andere Stoffe speichern und nur gegen Austausch von anderen Kationen freisetzen. Sie verhindern damit eine unkontrollierte Auswaschung von Nährstoffen in benachbarte Ökosysteme (z. B. in Gewässerökosysteme). Gleichzeitig ist dies aber die Begründung für Akkumulationsvorgänge im Boden. Die Speicher können sich mit Schadstoffen (z. B. Pestizidrückständen) füllen, die durch die Adsorption an Bodenteilchen dem mikrobiellen Abbau entzogen werden. Dies gilt insbesondere für humusreiche Böden und für Böden mit hohem Gehalt an Tonmineralen, die besonders viele Adsorptionsplätze besitzen.

Auch in der Biomasse von Pflanzen und Tieren sind viele Stoffe in bemerkenswerten Mengen gespeichert (von globaler Bedeutung ist, wie schon erwähnt, der in der Biomasse gespeicherte Kohlenstoff). Die zentrale Rolle von Organismen muß aber in ihrer Funktion als Stoffwandler gesehen werden (vgl. *Gisi* 1991). Mikroorganismen nehmen Einfluß durch Mineralisierung, N-Fixation, Nitrifizierung, Ammonifizierung und den Aufbau komplexer Substanzen im Boden. Die Bodenfauna sorgt für die Zerkleinerung der Streu und durchmischt mineralische und organische Komponenten. Pflanzen assimilieren Kohlendioxid und reichern den Boden an mit komplexen Substanzen aus Wurzel-exudaten (Ausscheidungen der Pflanzenwurzel) und Laubanfall. Tiere beschleunigen als Herbivoren den Stoffumsatz. Zusätzlich verändern Organismen ihre Umwelt meist auch physikalisch, was große Konsequenzen für den Stoffhaushalt einer Landschaft hat. So verhindern beispielsweise Wurzelgeflechte den Bodenabtrag, während Würmer und Nager durch ihre Grabtätigkeit die Bodendurchlüftung verbessern. Bekannt ist auch, daß Pflanzenbestände ihr eigenes Lokalklima (siehe dazu Kap. 3.1.2) erzeugen. Diesen faszinierenden Wechselwirkungen zwischen Organismen und dem Stoffhaushalt der Landschaft wird in der „Gaia-Theorie" (*Lovelock* 1991) eine besondere Bedeutung eingeräumt.

3.1.3.4 *Messung des Stoffhaushalts*

Stoffhaushaltliche Untersuchungen im Ökosystem lehnen sich stark an den Standort- und Gebietswasserhaushalt an. Entsprechend werden für Stoffbilanzierungen bevorzugt geomorphographisch eindeutig begrenzte Gewässer-Einzugsgebiete als Untersuchungsräume gewählt (siehe dazu Kap. 2.2.4.1). Als theoretisches Grundgerüst dient das Prozeß-Korrelations-Systemmodell (siehe dazu Kap. 2.2.1 und 2.2.4.1, sowie *Leser* 1991 a). Das verwendete Instrumentarium wird auf die Fragestellung zugeschnitten (Kap. 2.2.4.1). Kardinalproblem ist dabei, daß einzelne Bilanzglieder (z. B. der Eintrag durch die Niederschläge) relativ genau gemessen werden können, andere dagegen (z. B. gasförmige Stickstoffverluste) nur als grobe Schätzungen vorliegen. Anthropogene Einträge lassen sich zum Teil nur aus betriebswirtschaftlichen Daten ableiten oder müssen erfragt werden. Jede Bilanz ist aber nur so gut wie ihr am wenigsten genau bekanntes Bilanz-Einzelelement.

Ökosystemeigenschaften zeichnen sich außerdem durch hohe räumliche und zeitliche Variabilität aus. Manche Stoffverlagerungen sind sehr streng an eine bestimmte Jahreszeit gebunden (z.B. Nitratauswaschung in den Wintermonaten während der Vegetationsruhe). Deshalb werden Meßkampagnen in Geoökologie und Landschaftsökologie in der Regel langfristig angelegt („Umwelt-Monitoring"). Ebenso muß die Erfassung der zu untersuchenden Stoffe mit einer möglichst großen räumlichen Auflösung erfolgen (siehe dazu vor allem Kap. 2.2.4.1).

Durch die in Kapitel 3.1.3.3 erwähnte Bedeutung des Wassers als wichtigstes Lösungsmittel im Geoökosystem werden Bodenwasser und Vorfluter zu den wichtigsten Medien zur Bestimmung der ablaufenden Stoffausträge. Zur Messung von Menge und Inhaltsstoffen existiert ein breites Spektrum von Techniken (vgl. Abb. 2.2.4.1/4). Ebenfalls von großer Bedeutung ist der Speicherzustand des Bodens, der flächenhaft erfaßt werden muß. Die sorbierten Stoffe werden mit Extraktionsmitteln verschiedener Stärke (z.B. Kohlensäure und Ammoniumlaktat-Essigsäure) extrahiert und anschließend mit ionenspezifischen Methoden im Extrakt bestimmt (photometrisch oder im

Abb. 3.1.3.5/1
Schema einer Vogelklifftundra in der Hocharktis
(nach: *Chr. Wüthrich* 1991, verändert, S. 349)

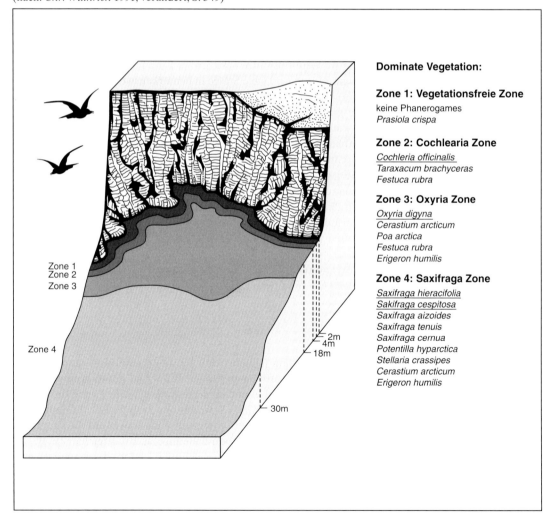

Dominate Vegetation:

Zone 1: Vegetationsfreie Zone
keine Phanerogames
Prasiola crispa

Zone 2: Cochlearia Zone
Cochleria officinalis
Taraxacum brachyceras
Festuca rubra

Zone 3: Oxyria Zone
Oxyria digyna
Cerastium arcticum
Poa arctica
Festuca rubra
Erigeron humilis

Zone 4: Saxifraga Zone
Saxifraga hieracifolia
Sakifraga cespitosa
Saxifraga aizoides
Saxifraga tenuis
Saxifraga cernua
Potentilla hyparctica
Stellaria crassipes
Cerastium arcticum
Erigeron humilis

AAS, dem Atomabsorptionsspektrometer). Oft können Einzelfragen über das Verhalten einer Stoffverlagerung (z. B. Dispersion) zusätzlich mit der „Tracertechnik" beantwortet werden. Dabei werden bestimmte Stoffe (z. B. Chlorid) gezielt appliziert und ihr Transport im Boden verfolgt.

Je nach Fragestellung und Art des Stoffes liefert bereits die beschriebene Anordnung befriedigende Resultate. Der Stoffhaushalt der Landschaft ist damit aber noch nicht vollständig beschrieben. In vielen Fällen muß noch weit komplexer vorgegangen werden. Zahlreiche Wechselwirkungen und Rückkopplungen zwischen abiotischen Faktoren beeinflussen den Stoffhaushalt (z. B. höherer Luftumsatz erhöht die Verdunstung). Viele abiotische Größen steuern biologische Prozesse (z. B. regeln Temperatur und Feuchte die Abbaugeschwindigkeit von Laubstreu durch Mikroorganismen); andererseits verändern auch Organismen viele wichtige Größen ihrer Umwelt. So hat beispielsweise der durch biologische Umsetzungen entstandene Humus eine massiv erhöhte Speicherkapazität für Nähr- und Schadstoffe gegenüber Mineralboden.

Solche Zusammenhänge lassen sich an landschaftsökologischen Meßplätzen („Tesserae") erfassen, die gewissermaßen Feldlabors darstellen. Dabei wird mit einem komplexen Instrumentarium gearbeitet, das eine Vielzahl von Geräten zur Messung von Umweltfaktoren zur Verfügung hat (Landschaftsökologische Komplexanalyse, vgl. Kap. 2.2.4.1, sowie Abb. 2.2.4.1/1 und 2.2.4.1/2). Mit ihnen ist es möglich, das Prozeß-Korrelations-Systemmodell meßtechnisch zu füllen. Für Spezialfragen (biologische Umsetzungsprozesse, gasförmige Stofflüsse, laterale Stofftransporte etc.) kann dieses Instrumentarium nochmals erweitert werden. Dabei gelangen Methoden aus den entsprechenden Spezialdisziplinen (Bodenbiologie, Produktionsökologie, Bodenphysik, Hydrologie) zum Einsatz. Damit wird klar, daß das Thema „Stoffhaushalt in der Landschaft" methodisch nur mit einem interdisziplinären Ansatz (wie ihn die Landschaftsökologie einsetzt) bewältigt werden kann. Außerdem ist eine intensive Zusammenarbeit mit den verschiedenen Nachbardisziplinen angezeigt.

3.1.3.5 Fallbeispiel: Stoffhaushalt der Vogelklifftundra

Jeden Sommer sind die Küsten Spitzbergens Ziel vieler tausend Seevögel, die von den hochproduktiven Mischungszonen zwischen Eismeerwasser und Nordatlantikwasser angelockt werden und hier an geschützten Steilküsten (Kliffs) brüten. Im Einflußbereich der Vögel werden ausgedehnte Gebiete durch Stoffeintrag mehr oder minder stark vom Marinsystem beeinflußt (Abb. 3.1.3.5/1). Diese Gebiete heben sich von der umliegenden Tundra deutlich ab.

Sechs verschiedene Fremdmaterialien werden durch Seevögel an ihren Brutplätzen deponiert: Kot, hochgewürgte oder verlorene Nahrungsteile, Ausscheidungen der nasalen Salzdrüsen, Federn, Eischalen und Vogelleichen. Der wichtigste Nährstoffeintrag geschieht durch Vogelkot. Seevogelkot enthält hohe Konzentrationen an Stickstoff, Phosphor, Kalium, Magnesium und Calcium. Der Anteil an Kohlenstoff liegt bei etwa 30 % (Abb. 3.1.3.5/2).

Der Stoffeintrag ist direkt unterhalb der meist senkrecht aufsteigenden Felswand des Vogelkliffs (an der Kliffbasis) am massivsten (Abb. 3.1.3.5/1). Die Böden dieser ornithogen gedüngten Vogelklifftundra werden als „Ornithogene Böden" bezeichnet. Die wichtigsten Merkmale für ornithogene Böden liegen in dem extrem hohen Angebot an Nährstoffen und in der mechanischen Belastung (Trampeleffekte/fallendes Nistmaterial). Dies führt in nächster Nähe der Kliffbasis zu nahezu vegetationsfreien Stellen mit hoher mikrobieller Aktivität. Außerdem zeigen ornithogene Böden meist eine Zonierung der Vegetation und deutliche Konzentrationsgradienten der Nährstoffe im Boden.

Direkt unterhalb der Brutplätze ist die Ionenkonzentration so hoch, daß dort keine höheren Pflanzen mehr existieren können („Vegetationslose Zone"). Auch nach mehreren Metern sind die Konzentrationen im Boden noch hoch, so daß nur spezialisierte Pflanzen wachsen („Cochlearia-Zone"). Etwas weiter hangabwärts nimmt die Dichte der Vegetation schlagartig zu („Oxyria-Zone"), aber immer noch sind es nur wenige Arten, die diese Zone besiedeln (d. h. die Diversität ist gering). Erst

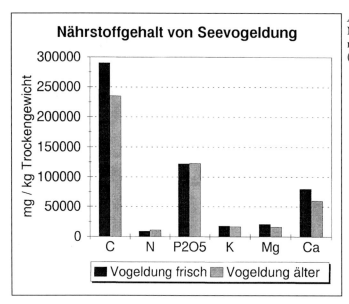

Abb. 3.1.3.5/2
Nährstoffgehalte von frischem und wenige Tage altem Vogeldung
(Entwurf: *Chr. Wüthrich*)

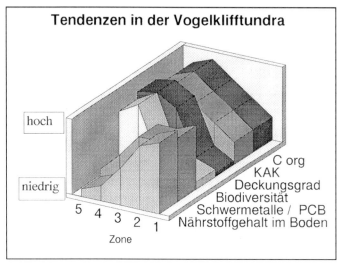

Abb. 3.1.3.5/3
Tendenzen für verschiedene Parameter in der hocharktischen Vogelklifftundra
(Entwurf: *Chr. Wüthrich*)

am Fuße des Schuttfächers geht diese stickstoff- und phosphorliebende Monokultur in eine artenreiche hocharktische „Blumenwiese" („Saxifraga-Zone") über (Abb. 3.1.3.5/3).

Gleichzeitig findet man bei der Untersuchung des Bodens mit zunehmendem Abstand zu den Brutplätzen eine deutliche Abnahme der Stoffkonzentrationen (Abb. 3.1.3.5/4). Auf den ersten Blick ist dies nicht weiter erstaunlich, da ja die Stoffquelle (die brütenden Vögel) oben am Hang in der Felswand sitzen. Bei eingehender Betrachtung stellt man aber fest, daß zahlreiche Wechselwirkungen in die Erklärung des Nährstoffmusters einbezogen werden müssen.

Zunächst ist eine deutliche Zunahme des Gehalts an organischem Kohlenstoff von den höheren zu den tiefer gelegenen Zonen zu verzeichnen (verursacht durch die unterschiedliche Dichte der Vegetation). Dies geht einher mit einer steigenden Kationenaustauschkapazität des Bodens, d. h. das Speichervermögen des Bodens ist in den tiefer gelegenen Zonen höher als direkt unterhalb der Nistplätze (Abb. 3.1.3.5/3). Ohne Nährstoffnachlieferung durch die Vögel (z. B. im Spätherbst) würden

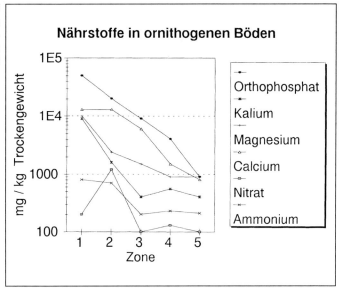

Abb. 3.1.3.5/4
Gemessene Nährstoffgradienten in den
verschiedenen Zonen der hocharktischen Vogelklifftundra
(Entwurf: *Chr. Wüthrich*)

Nährstoffe in ornithogenen Böden

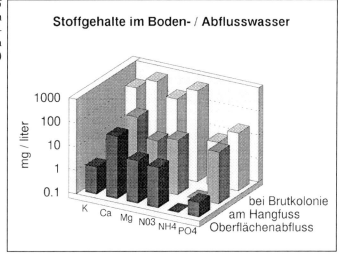

Abb. 3.1.3.5/5
Stoffgehalte verschiedener Wässer im
Vorland der hocharktischen Vogelkliff-
tundra
(Entwurf: *Chr. Wüthrich*)

Stoffgehalte im Boden- / Abflusswasser

bald mehr Nährstoffe adsorbiert in den humosen tiefer gelegenen Zonen gefunden, als in der schlecht speicherfähigen „Vegetationslosen Zone" direkt unterhalb der Nistplätze.

Bleiben wir jedoch bei der Situation im Sommer während der Brutperiode: Sobald es regnet, werden große Mengen an Stoffen hangabwärts verfrachtet. Obwohl einkommendes Regenwasser nur einen minimalen Stoffgehalt aufweist, zeigt das Wasser nach Sickerung durch die obersten fünf Zentimeter kotgetränkten Bodens schon extrem hohe Gehalte an Nährstoffen im oberen Teil des Hanges (Abb. 3.1.3.5/5). Während das Bodenwasser über der Permafrosttafel hangabwärts sickert, nehmen die Stoffgehalte deutlich ab. Viele Prozesse spielen hierbei eine Rolle:

– Bodenmikroorganismen wandeln die Stoffe um, wobei Produkte entstehen, die leicht ausgewaschen werden (z. B. wird Ammonium durch nitrifizierende Bakterien in Nitrat umgesetzt) .

– Die üppige Vegetation der unteren Zonen entnimmt einen großen Anteil der Nährstoffe aus der Bodenlösung und setzt sie in Biomasse um (z. B. für Kalium und Nitrat).

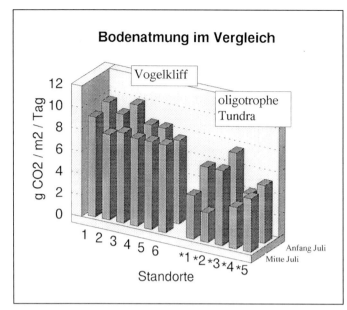

Abb. 3.1.3.5/6
Standortvergleiche für die Bodenatmung der verschiedenen Zonen der
hocharktischen Vogelklifftundra
(Entwurf: *Chr. Wüthrich*)

– Die humusreichen Böden der unteren Zonen wirken als Filter und adsorbieren einen Teil der eingetragenen Substanzen für eine gewisse Zeit (Ammonium wird im Boden sofort und vollständig
gebunden, Phosphat ist zwar im Bodenwasser im unteren Bereich noch in geringen Konzentrationen nachweisbar, es fehlt aber im Oberflächenabfluß).

– Gasförmige Verluste spielen für gewisse Substanzen ebenfalls eine große Rolle (in der Vogelklifftundra ist vor allem Ammoniak von Bedeutung, das aus Lösungen mit hohen Ammonium-Konzentrationen in die Atmosphäre freigesetzt wird).

Gut wasserlösliche Kationen wie Calcium und Magnesium, die nicht übermäßig von der Vegetation
verwertet werden, können in hohen Konzentrationen aus dem Ökosystem ausgetragen werden
(Abb. 3.1.3.5/5). Dies gilt – da Stickstoff hier im Überfluß vorhanden ist – auch für Nitrat.

Die adsorbierten Stoffe werden durch Abscheidung von organischen Säuren oder Protonenaustausch durch die Pflanze verfügbar gemacht und aufgenommen. Nach dem Absterben der Pflanzen
finden Mineralisierungs- und Humifizierungsprozesse statt, die letztlich zu den beschriebenen humusreichen, ornithogenen Böden führen. Man kann die Intensität dieser Mineralisierungsvorgänge
indirekt über das dabei freigesetzte Kohlendioxid (Bodenatmung) messen. Die hohe Aktivität der
Mikroorganismen im Boden läßt sich an der erhöhten Bodenatmung der ornithogen gedüngten Tundra im Vergleich zur normalen Küstentundra ablesen (Abb. 3.1.3.5/6). Für die hohen Werte der unteren Zonen muß neben der mikrobiellen Aktivität auch die Wurzelatmung der Pflanzen in Betracht
gezogen werden. Allgemein kann man aber feststellen, daß der Kohlenstoffumsatz in diesem Ökosystem gegenüber der normalen Tundra deutlich erhöht ist.

Neben den besprochenen Nährstoffen müssen in der heutigen Zeit immer mehr Schadstoffe in die
Betrachtung aufgenommen werden. Da in Eischalen und Körperfett vieler Seevögel hohe Konzentrationen von ausschließlich anthropogenen Organochlorverbindungen (z. B. PCB's) gefunden wurden, interessiert die Frage, ob die ornithogenen Böden ebenfalls durch Eintrag dieser schlecht wasserlöslichen Stoffe belastet sind. Die Analysen zeigen, daß die Böden selbst im fernen Spitzbergen
stark mit PCB's und Schwermetallen belastet sind (Tendenzen sichtbar in Abb. 3.1.3.5/3). Besonders
in Zonen mit hohem Anteil an organischem Material werden die Substanzen adsorbiert und können
akkumulieren. Wegen ihrer schlechten Wasserlöslichkeit werden sie jedoch kaum in die tieferen Zonen verfrachtet (*Wüthrich* 1992).

Fazit:
Warum ist die beschriebene Vogelklifftundra ein gutes Modell für die Erforschung des Stoffhaushaltes? Wie wir gesehen haben, ist die Stoffquelle bei ornithogenen Tundren sehr gut definiert (die Brutwand der Seevögel). Die gradientartige Zonierung des Hanges ist das Resultat eines vieljährigen natürlichen Zusammenspiels zwischen Vögeln, Substrat, Vegetation und Mikroorganismen. Dennoch gleicht die Struktur beinahe der eines künstlich angelegten Experimentes. Viele Fragen des Stoffhaushaltes (Einträge, Austräge, Richtung der Stoffflüsse, Stoffbilanzen) können an einem solchen Hang studiert werden. Gleichzeitig erlaubt die einfache Struktur der Zonierung das Studium von Wechselwirkungen. Diese zeigen sich im Zusammenhang zwischen der Ausbildung der Vegetationsdecke und der Speicherkapazität eines Bodens, im Zusammenhang zwischen dem Nährstoffangebot im Boden und der Produktion bzw. Diversität der Vegetation oder im Zusammenhang zwischen Schadstoffgehalten und mikrobieller Aktivität. Gerade die Erforschung dieser Wechselwirkungen sollte vermehrt bei Stoffhaushaltsfragen ins Zentrum gerückt werden. Dies ist eine sehr schwierige Aufgabe, die nur durch Anwendung von allen verfügbaren Forschungsansätzen (von der Feldarbeit bis hin zum monofaktoriell angelegten Laborexperiment) gelöst werden kann.

3.1.4 Geoökologische Kartierung und Landschaftsbewertung – eingesetzt in der Schule (*Armin Rempfler*)

3.1.4.1 Problemstellung

Das Konzept der *Geoökologischen Karte 1 : 25 000 (GÖK 25)* kann ein Mittel sein, um das Interesse am funktionalen Verständnis von Geoökosystemen in topischer Dimension zu wecken. Es bietet die Möglichkeit, selbständig geoökologische Sachverhalte zu erarbeiten, zu bewerten und daraus Handlungsmöglichkeiten abzuleiten. Da der Idealfall der praktischen Arbeit im Gelände im Rahmen einer Projektwoche aber oft Wunschdenken bleibt, soll mit folgendem Beispiel die Möglichkeit der *GÖK-Anwendung im Schulzimmer* aufgezeigt werden.

Abb. 3.1.4.1/1
Schema zur Bildung der Geoökotope und Erfassung und Bewertung der Bodenerosionsanfälligkeit (Entwurf: *A. Rempfler*)

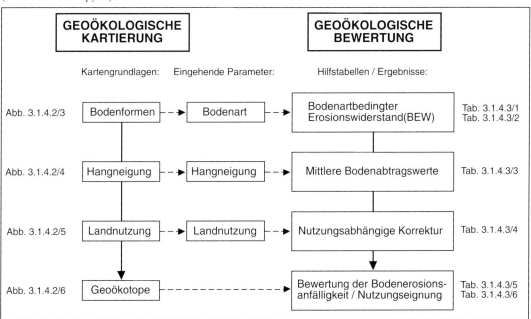

Die GÖK 25 erfaßt selektiv die *Geofaktoren* eines definierten Landschaftsausschnittes und leitet daraus *geoökologische Raumeinheiten (Geoökotope)* ab. Die besondere Bedeutung dieser Bestandsaufnahme liegt darin, daß nach einem einheitlichen Konzept und in großem Maßstab planungsrelevante geoökologische Sachverhalte erhoben werden. Die Aufnahmeregeln dazu sind im „Handbuch und Kartieranleitung Geoökologische Karte 1 : 25 000 (KA GÖK 25)" bei *Leser* und *Klink* (Hrsg. 1988) dargestellt. *Windolph* hat bereits 1986 in ähnlichem Sinne Kartieranleitungen für die Schule zusammengefaßt.

Die GÖK 25 macht es möglich, die geoökologischen Raumeinheiten auf ihr *landschaftshaushaltliches Leistungsvermögen* zu *bewerten*. Dazu dient die „Anleitung zur Bewertung des Leistungsvermögens des Landschaftshaushaltes (BA LVL)" von *Marks* u. a. (Hrsg. 1989). Dabei werden – je nach zu bewertender Funktion (z. B. Erosionswiderstands-, Filter-, Puffer-, Grundwasserschutz-, Immissionsschutzfunktion u. v. m.) – entsprechend *relevante Parameter*, die mit der GÖK 25 erfaßt wurden, herausgegriffen und *Bewertungsklassen* zugeordnet. Ein großer Vorteil dieser Art von Landschaftsbewertung liegt in der *Transparenz* vor allem im Hinblick auf die Nachprüfbarkeit ihrer naturwissenschaftlichen Grundlagen.

Die Abbildung 3.1.4.1/1 faßt das Vorgehen im folgenden Beispiel zusammen. Zunächst werden aus einer Bodenformen-, Hangneigungs- und Landnutzungskarte *Geoökotope* abgeleitet. Die Kommentare zu den Kartengrundlagen verstehen sich als Hintergrundinformationen für die Lehrpersonen (Kap. 3.1.4.2). Anschließend werden die zur Bestimmung der Erosionswiderstandsfunktion relevanten Parameter herausgegriffen und Bewertungsklassen zugeordnet. Als Resultat ergibt sich eine *Bewertung* der Geoökotope bezüglich ihrer *Bodenerosionsanfälligkeit* und *landwirtschaftlichen Nutzungseignung* (Kap. 3.1.4.3).

3.1.4.2 Beispiel einer geoökologischen Kartierung

Das ausgewählte Gebiet bildet einen Ausschnitt aus dem Möhliner Feld östlich von Basel und gehört damit zum Hochrheintal (Abb. 3.1.4.2/1).

a) Landschaftsgenese (Abb. 3.1.4.2/2)
Das schematische *Substratprofil* gibt einen Einblick in die Landschaftsgenese des betreffenden Gebietsausschnittes. Aus geoökologischer Sicht kommt den Substraten eine besondere Bedeutung als *Ausgangsmaterial für die Bodenbildung* zu. Ökologisch relevante Materialeigenschaften gehen mit ihnen z. T. direkt in die Böden über. So fließen denn auch die Substratnamen in die Bezeichnung der Bodenformen (Abb. 3.1.4.2/3) ein.
Die heutige Oberflächengestalt des Möhliner Feldes wurde während der beiden letzten Eiszeiten geprägt. Die Substrate und ein großer Teil der Oberflächenformen sind demnach glazialen und periglazialen Ursprungs.
Das 60 bis 80 m mächtige Paket rißzeitlicher *Hochterrassenschotter* ist mit *Löß* bedeckt, der aus den würmzeitlichen Niederterrassenschottern ausgeweht wurde und in bis zu 30 m mächtigen Ablagerungen eine Glättung der ehemals stark reliefierten Oberfläche bewirkte. Der Primärlöß wurde im überwiegenden Teil des Gebietes nach seiner Ablagerung solifluidal umgelagert, wozu eine Hangneigung von 0,5 ° bereits ausreicht.
Vor der Lößablagerung überspülten allerdings Gletscherbäche die nördlich des Möhlinbaches liegende Hochterrasse und belieferten sie mit *fluvioglazial* verlagertem *Moränenmaterial*. Es tritt heute in den steilen Hangpartien mit den Hochterrassenschottern als Substrat in Erscheinung, weil sich der Möhlinbach in die Schichtoberfläche eingrub und der dadurch entstandene Terrassenrand aufgrund der stärkeren Hangneigungen eine Abtragung des Lößes bewirkte. Zur Vereinfachung wurden die höher liegenden fluvioglazialen Schotter mit den darunter liegenden Hochterrassenschottern in der Bodenformenkarte (Abb. 3.1.4.2/3) zu *einem* Schotterpaket zusammengefaßt.

Im Übergangsbereich zwischen der Möhlinbachaue und der Hochterrasse wurde *Hanglehm* akkumuliert, der ein Gemisch aus Schottern und Löß darstellt. Gegen den Möhlinbach hin verzahnt sich der Hanglehm mit dem *Auelehm*, der das Resultat langzeitlicher Akkumulation durch den Möhlinbach darstellt. Diese Lehme unterscheiden sich gegenüber dem Schotterpaket durch einen hohen Tongehalt. Die Mächtigkeit des Hanglehms, die gegen den Möhlinbach hin abnimmt, dürfte maximal mehrere Meter betragen; im Bereich des Auelehms sind Stellen mit 7 m Tiefe bekannt.

Abb. 3.1.4.2/1
Lage des Gebietsausschnittes
(Entwurf: *A. Rempfler*)

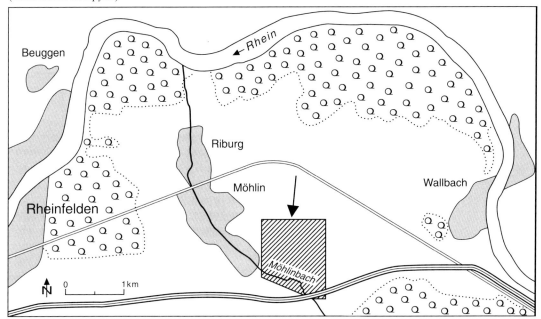

Abb. 3.1.4.2/2
Schematisches Substratprofil durch den Gebietsausschnitt
(Überhöhungsfaktor 3.75, Orig. *A. Rempfler*)

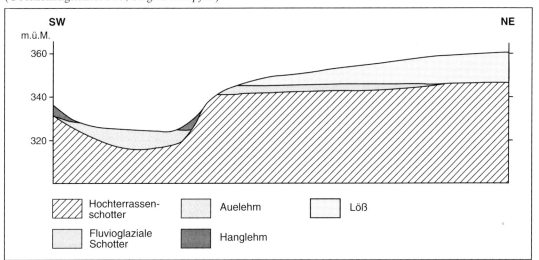

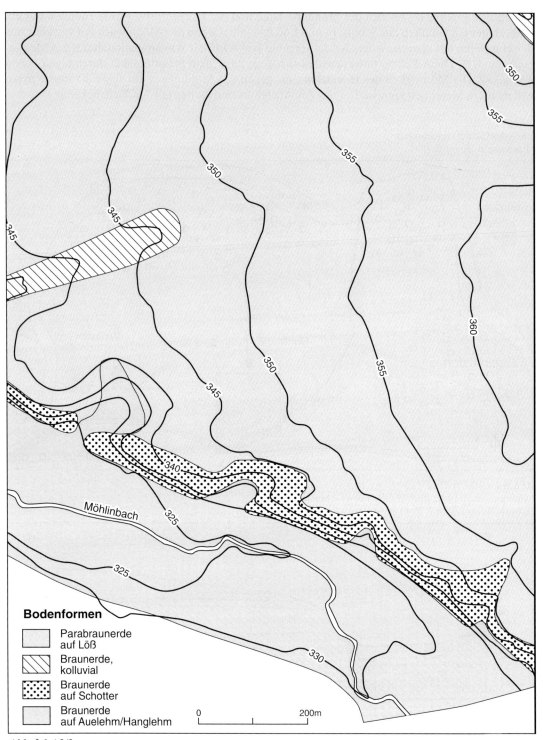

Abb. 3.1.4.2/3
Bodenformenkarte
(Entwurf: *A. Rempfler*)

b) Bodenformen (Abb. 3.1.4.2/3)

Der Boden ist Ausdruck des Zusammenwirkens einer Vielzahl von Einzelgeofaktoren. Allerdings ist er relativ *stabil* und *statisch*; er reagiert träge auf natürliche Änderungen in der Geofaktorenkombination und eignet sich deshalb nur eingeschränkt für die Charakterisierung der Ökosystemdynamik. Dennoch bietet seine Kartierung ein bedeutendes methodisches Hilfsmittel zur flächenhaften Ausscheidung von Geoökotopen.

Die *Parabraunerde* stellt in der hochrheinischen Lößlandschaft das Endstadium in der Bodenentwicklung dar. Die Nährstoffversorgung erreicht aufgrund der hohen Tongehalte gute Werte. Das ausgeglichene Porensystem führt zu günstigen Sickereigenschaften bei gleichzeitig hohem Wasserhaltevermögen. Diese tiefgründigen Lößböden des Möhliner Feldes gehören zu den *besten Ackerböden* der Schweiz. Problematisch ist aber ihre *große Erosionsgefährdung* aufgrund der geringen Stabilität des Bodengefüges. Der durchschnittliche jährliche Bodenabtrag beträgt rund 5 t/ha (*Schaub* 1989). Entsprechend sind die Profile mehr oder weniger *gekappt*. Dieser Widerspruch zu den tiefgründigen Böden ist dadurch zu erklären, daß die Bodenerosion in dieser Region durch die erst in jüngster Zeit veränderte Anbauweise der modernen Landwirtschaft zum Problem wurde (siehe auch Kap. 3.1.1).

Das erodierte Bodenmaterial wird zum einen über den Vorfluter ausgetragen, zum anderen aber auch in Dellen akkumuliert; auf diesem umgelagerten Material sind vorwiegend *kolluviale Braunerden* anzutreffen. Sie fallen auf durch den über das gesamte Profil verteilten Humus sowie unscharfe Horizontdifferenzierungen und entsprechend geringe Korngrößenunterschiede. Das umgelagerte und damit verdichtete Material neigt zu Staunässeerscheinungen und schließlich zu Pseudovergleyungen. Der Kalkgehalt nimmt von oben nach unten ab, da oben ständig kalkreiches Material abgelagert wird. Auch der Unterboden ist bis in größere Tiefen reich an Nährstoffen.

Prägend für die *Braunerde auf Schotter* ist der hohe Skelettanteil des Unterbodens, der aber schon im Oberboden bei > 10 % liegt. Dazu kommt eine weitgehend geringe Bodenmächtigkeit von < 1 m. Das durchlässige Substrat fördert die Versauerung und die Nährstoffauswaschung und kann bei Trockenheit zu Wassermangel führen.

Die *Braunerde auf Auelehm/Hanglehm* unterscheidet sich gegenüber der auf Schotter durch einen geringeren Skelettgehalt und eine unregelmäßigere Verteilung der Skelettanteile. Zudem macht sich der höhere Tonanteil in der Korngrößenzusammensetzung des Oberbodens bemerkbar. Dennoch bleibt eine schluffige Komponente auch im Oberboden dieses Profils enthalten, was einen Hinweis gibt auf die starke *Prägung aller Bodenformen dieses Gebietes durch Löß* (Tab. 3.1.4.3/2). Diese Lehmböden weisen gute Nährstoff- und Wasserverhältnisse auf und sind ähnlich fruchtbar wie die Lößböden. Tonreichere Flächen sind allerdings schwerer zu bearbeiten und neigen zu Verdichtungen an der Pflugsohle.

c) Hangneigungsverhältnisse (Abb. 3.1.4.2/4)

Dem Georelief kommt aus geoökologischer Sicht eine zentrale Bedeutung zu. *Finke* (1986, S. 51) geht davon aus, daß sich Räume *reliefbedingter* visueller Vielfalt mit *ökologisch vielfältigen* und damit auch *stabilen* Räumen weitestgehend decken. Denn bestimmte geomorphographische Merkmale, vor allem die Hangneigungs- (und Wölbungsverhältnisse, auf deren Anführung aber verzichtet wurde), fungieren im Geoökosystem als *Regler* zahlreicher Prozesse (mineralischer Stoffhaushalt, Wasserhaushalt, Geländeklima, etc.). Damit bedingen diese Merkmale häufig die *Grenzen* bodengeographischer, wasserhaushaltlicher und geländeklimatischer Einheiten und sind entsprechend bedeutsam für die Abgrenzung von Geoökotopen.

Die Hangneigungsverhältnisse erklären sich durch die Landschaftsgenese. Ähnlich wie bei den Bodenformen (resp. Substraten, vgl. Abb. 3.1.4.2/3) zeigt das Gebiet eine deutliche *Nord-Süd-Differenzierung*. Während im nördlichen Teil *geringe* Hangneigungen dominieren, bedingt durch die bereits erwähnte Reliefglättung der Lößauflage, finden sich im Bereich des Möhlinbachs auf engem Raum

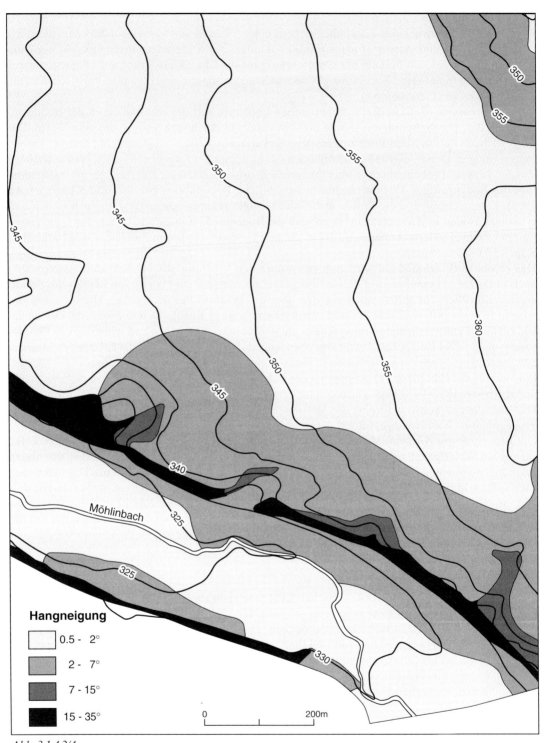

Abb. 3.1.4.2/4
Hangneigungskarte
(Entwurf: *A. Rempfler*)

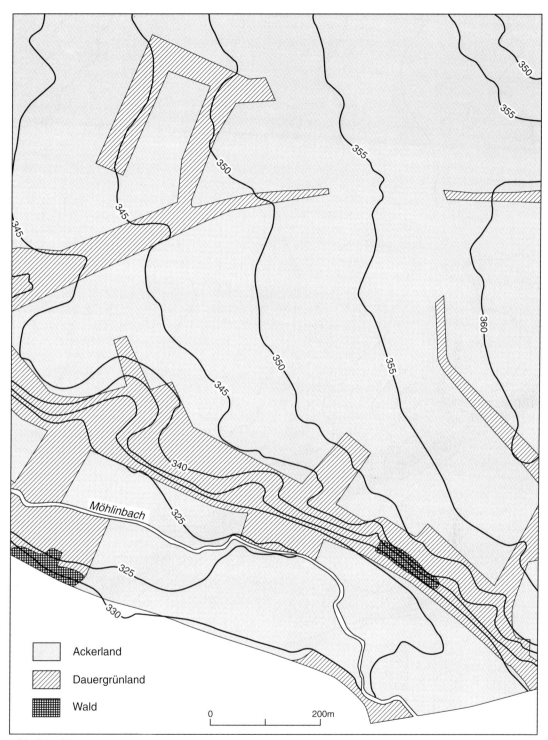

Abb. 3.1.4.2/5
Landnutzungskarte
(Entwurf: *A. Rempfler*)

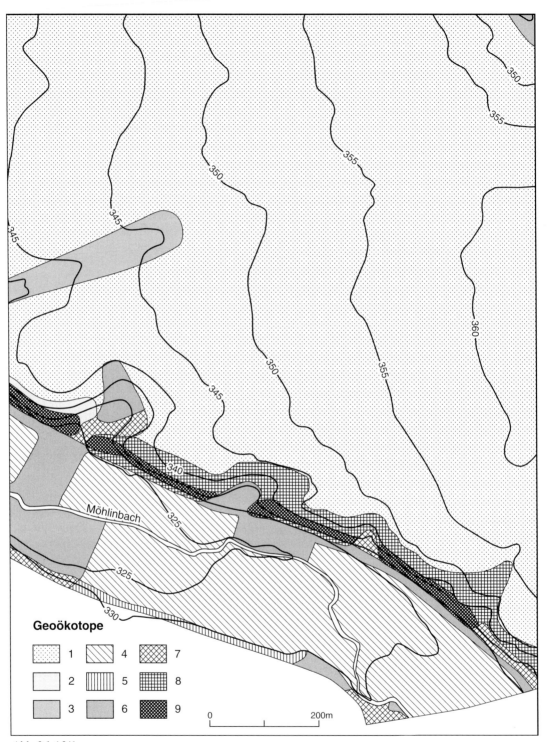

Möhlinbach

Geoökotope

⬚	1	▨	4	▨	7
☐	2	▥	5	▦	8
▨	3	■	6	▨	9

0   200m

Abb. 3.1.4.2/6
Karte der Geoökotope
(Entwurf: *A. Rempfler*)

schwache und sehr starke Hangneigungen. Der *asymmetrische Querschnitt* dieses periglazialen Tals (steile Rechts- und flache Linksbegrenzung, vgl. Abb. 3.1.4.2/2) kam zustande, weil die südliche Bachseite nie im Einflußbereich fluvioglazialer Prozesse lag.

d) Landnutzung und potentiell natürliche Vegetation (Abb. 3.1.4.2/5)

Die Vegetation widerspiegelt die *biotische Qualität* eines Standorts als Ergebnis des *Zusammenwirkens* aller standortprägenden Faktoren. Aufgrund ihrer hochgradigen Beeinflußbarkeit durch den Menschen und seine Wirtschafts- und Siedlungsweise muß unterschieden werden zwischen einer *realen Vegetation*, die von der menschlichen Nutzung bedingt ist und in enger Wechselbeziehung mit den übrigen Geofaktoren steht, und einer *potentiell natürlichen Vegetation*, die einen konstruierten Zustand der Vegetation als Ausdruck des gesamten ökologischen Wirkungsgefüges darstellt (Klimaxvegetation).

Der *Eichen-Hagebuchenwald* bildet die potentiell natürliche Vegetation dieses Gebietes. Er hat seit dem Mittelalter fast vollständig der Landwirtschaft Platz gemacht. Letzte Relikte einer annähernd natürlichen Vegetation bilden zwei waldbestandene Terrassenhangabschnitte. Sonst findet sich mit Ausnahme der Verkehrs- und Hofflächen (in den Karten weggelassen) ausschließlich landwirtschaftliche Nutzung, wobei *intensiver Ackerbau* überwiegt. Die meist kirschbaumbestandenen Streifen mit Dauergrünland entlang von Wegen sowie in unmittelbarer Hofumgebung treten dagegen stark zurück.

e) Geoökotope (Abb. 3.1.4.2/6)

Der Geoökotop stellt die *kleinste*, geographisch und planerisch relevante Raumeinheit dar und gilt sowohl seiner Struktur- als auch seiner Prozeßmerkmale nach als weitgehend *homogen* (siehe dazu Kap. 2.1).

Die geoökologische Gliederung eines Raumes in der Form einer Geoökotopkarte faßt die Inhalte der einzelnen Geofaktorenkarten zusammen. Änderungen in der Merkmalsausprägung eines oder mehrerer Geofaktoren werden zur Ausscheidung eines Geoökotops herangezogen. Dabei stehen *Bodenform, Vegetationstyp* und gegebenenfalls der *Bodenwasserhaushalt* im Mittelpunkt der Ausscheidungsmethodik. Jeder Geoökotop soll eine festgelegte räumliche Ausdehnung nicht unterschreiten, so daß die geographisch relevante Größenordnung berücksichtigt ist und damit die Geoökotopkarte direkt als Planungsgrundlage verwendet werden kann.

Nach diesem Verfahren können im vorliegenden (vereinfachten) Fall *neun* Geoökotope ausgeschieden werden. Deren Merkmale sind in der Tabelle 3.1.4.3/6 zusammengefaßt.

3.1.4.3 Beispiel einer geoökologischen Bewertung

Stellvertretend für eine ganze Reihe von Funktionsbewertungen wird hier die Bestimmung der *Erosionswiderstandsfunktion (gegen Wassererosion)* dargestellt. Dieser Widerstand beruht im wesentlichen auf der Wirkung der Geoökofaktoren „*Boden*" und „*Georelief*"; hinzu kommen die Auswirkungen der *Bewirtschaftung* durch den Menschen (siehe auch Kap. 3.1.1).

Der *bodenspezifische Erosionswiderstand* gegen die Prall- und Planschwirkung der Regentropfen sowie gegen die Schwemmkraft des oberflächig abfließenden Wassers hängt hauptsächlich von der *Bodenart* des Oberbodens ab: Sandreiche Böden sind aufgrund der Größe und des Gewichts ihrer Partikel, aber auch wegen der hohen Infiltrationsraten infolge der vielen Grobporen, sehr erosionswiderständig. Ähnlich verhalten sich tonreiche Böden durch ihre dichte Lagerung und Kohäsionskräfte sowie ihre Neigung, gefügestabile Aggregate zu bilden. Schluffböden sind dagegen sehr erosionsanfällig, weil ihre Teilchen nach Größe und Gewicht gut transportierbar sind und nur durch geringe Kohäsionskräfte zusammengehalten werden. Ausgehend von der Bodenart wird also zunächst in Tabelle 3.1.4.3/1 der „*Bodenartbedingte Erosionswiderstand*" (BEW) bestimmt und einer der fünf

Tab. 3.1.4.3/1: Hilfstabelle zur Bestimmung des bodenartbedingten Erosionswiderstandes (BEW)

Bodenart	Bodenartbedingter Erosionswiderstand (BEW)	
	Bezeichnung	Klasse
S, tS, T	sehr hoch	1
lS, sL, tL, sT, lT	hoch	2
uS, uT	mittel	3
sU, lU, tU, uL	gering	4
U	sehr gering	5

verändert aus: *R. Marks* u. a. (Hg.) 1989, S. 55

Tab. 3.1.4.3/2: Einordnung der vier im Projektgebiet auftretenden Bodenformen in die BEW-Klassen

Bodenform	Bodenart im Oberboden	Bodenartbedingter Erosionswiderstand (BEW)
Parabraunerde auf Löß	lU	gering (4)
Braunerde, kolluvial	lU	gering (4)
Braunerde auf Schotter	lU	gering (4)
Braunerde auf Auelehm/Hanglehm	uL	gering (4)

Entwurf: *A. Rempfler*

Tab. 3.1.4.3/3: Hilfstabelle zur Bestimmung des mittleren Bodenabtrags (t/ha · a) unter Berücksichtigung der Hangneigung

BEW-Klasse	Hangneigungsklassen in Grad			
	0,5–2°	2–7°	7–15°	> 15°
1	0,1	0,5	2,6	> 4,2
2	0,4	1,9	10,1	> 16,8
3	0,8	3,9	20,2	> 33,5
4	1,2	5,8	30,3	> 50,3
5	1,5	7,8	40,4	> 67,0

BEW= Bodenartbedingter Erosionswiderstand
verändert aus: *R. Marks* u. a. (Hg.) 1989, S. 57

Klassen zugeordnet. In Tabelle 3.1.4.3/2 ist das Ergebnis für die vier im Projektgebiet auftretenden Bodenformen zusammengefaßt.

Der vom *Georelief* ausgehende Erosionswiderstand ist in erster Linie eine Folge der *Hangneigung*. Je steiler ein Hang ist, desto größer wird die Fließgeschwindigkeit des Oberflächenabflusses und damit seine Schleppkraft. Über den BEW und die Hangneigung wird in Tabelle 3.1.4.3/3 ein *mittlerer jährlicher Bodenabtragswert* in t/ha bestimmt, der lediglich als Größenordnung zu betrachten ist. Er gilt für mittlere Niederschlagswerte in Mitteleuropa (400 bis 500 mm Sommerniederschlag), etwa 100 m Hanglänge und die Nutzungsform „Brache". Die Berücksichtigung abweichender Niederschlagswerte ist möglich; auf deren Angabe wird aber an dieser Stelle verzichtet.

Tab. 3.1.4.3/4: Hilfstabelle zur Bestimmung der nutzungsabhängigen Korrektur der Bodenabtragswerte

Nutzung	Multiplikator
Wald, Dauergrünland	0,5
Brache	1
Ackerland	3
Rebfläche	6
Schwarzbrache	10

verändert aus: *R. Marks* u. a. (Hg.) 1989, S. 59

Tab. 3.1.4.3/5: Hilfstabelle zur Bewertung des Bodenabtrags im Hinblick auf die Bodenerosionsanfälligkeit und die landwirtschaftliche Nutzungseignung der Landschaft

Mittlerer Bodenabtrag (t/ha · a)	Bewertung Bodenerosionsanfälligkeit	Landwirtschaftliche Nutzungseignung	Klasse
≤ 1	keine	sehr gut	I
> 1–5	sehr gering	gut	II
> 5–10	gering	mittel	III
> 10–15	mittel	mäßig	IV
> 15–30	groß	schlecht	V
> 30	sehr groß	sehr schlecht	VI

verändert aus: *R. Marks* u. a. (Hg.) 1989, S. 59

Die *Landnutzung* wird anhand verschiedener Formen als *Multiplikator* (Tab. 3.1.4.3/4) in die Bodenabtragswerte einbezogen. Auch die veränderten Werte dienen weniger als absolute Größen als vielmehr zur *Bewertung der Bodenerosionsanfälligkeit* und der daraus resultierenden *landwirtschaftlichen Nutzungseignung* (Tab. 3.1.4.3/5).
Ausgehend vom BEW der vier auftretenden Bodenformen (Tab. 3.1.4.3/2) werden in Tabelle 3.1.4.3/6 für alle neun Geoökotope die Bodenabtragswerte unter Berücksichtigung der Hangneigungs- und Nutzungsverhältnisse bestimmt und daraus die Bewertung der Bodenerosionsanfälligkeit und landwirtschaftlichen Nutzungseignung abgeleitet.
Überlegungen zu *planerisch-landespflegerischen Maßnahmen* aufgrund der Bewertungsresultate sind von besonders hohem didaktischen Wert, weil dadurch die *Betroffenheit* der Schülerinnen und Schüler geweckt werden kann. *Raumverhaltenskompetenz* wird dadurch am konkreten Beispiel geübt und angeeignet.
Der größte Teil des Gebietes wird ackerbaulich intensiv genutzt. Er läßt erkennen, daß natürliche und naturnahe Landschaftselemente bis auf wenige Relikte zurückgedrängt worden sind. Der Obstbaumbestand wurde anläßlich der *Flurbereinigung* (1941–1946) und in der Folgezeit aus *betriebswirtschaftlichen* Gründen drastisch reduziert. Obstbäume sind aber als Lebensstätten für Vögel und Kleinlebewesen und als Mitträger eines abwechslungsreichen Landschaftsbildes von großer Bedeutung (siehe auch Kap. 4.2.3.3). Eine ähnliche Funktion können auch Hecken und Waldflecken übernehmen.
Die Möglichkeiten zur Durchführung von *Erosionsschutzmaßnahmen* (Kap. 3.1.1) sind sehr vielfältig. Neben einer ganzen Fülle von *technischen* Maßnahmen zielt ein Maßnahmenpaket darauf ab, die Ackerflächen *besser dem Relief anzupassen* indem

Tab. 3.1.4.3/6: Einordnung der neun im Projektgebiet auftretenden Geoökotope in die Bewertungsklassen der Bodenerosionsanfälligkeit und landwirtschaftlichen Nutzungseignung

Geo-öko-tope	Boden-formen	Hang-neigung	Landnutzung	BEW-Klasse	Mittlerer Boden-abtrag (t/ha · a)	Nutzungs-korrek-tur	Bewer-tungs-klasse
1	Parabraun-erde auf Löß	0,5–7°	Ackerland (mit wenig Dauer-grünland)	4	1,2–5,8	3,6–17,4	II–IV
2	Parabraun-erde auf Löß	15–35°	Dauergrünland	4	> 50,3	> 25,2	V
3	Braunerde, kolluvial	0,5–7°	Dauergrünland (mit wenig Ackerland)	4	1,2–5,8	0,6–2,9	I–II
4	Braunerde auf Auelehm/ Hanglehm	0,5–7°	Ackerland	4	1,2–5,8	3,6–17,4	II–IV
5	Braunerde auf Auelehm/ Hanglehm	15–35°	Ackerland	4	> 50,3	> 150,9	VI
6	Braunerde auf Auelehm/ Hanglehm	0,5–7°	Dauergrün-land, Wald	4	1,2–5,8	0,6–2,9	I–II
7	Braunerde auf Auelehm/ Hanglehm	7–35°	Dauergrün-land, Wald	4	30,3 ≥ 50,3	15,2 ≥ 25,2	V
8	Braunerde auf Schotter	2–15°	Dauergrünland (mit wenig Ackerland)	4	5,8–30,3	2,9–15,2	II–IV
9	Braunerde auf Schotter	15–35°	Dauergrünland, Wald	4	> 50,3	> 25,2	V

BEW = Bodenartbedingter Erosionswiderstand
Entwurf: *A. Rempfler*

– Nutzungsänderungen vorgenommen werden (Grünland statt Ackerland),
– die erosiven Hanglängen gekürzt werden,
– einzelne Schläge bezüglich Lage und Bearbeitungsrichtung umorientiert werden (Möglichkeit zur hangparallelen Bearbeitung),
– Schutzstreifen angelegt werden.

Ein weiteres Maßnahmenbündel besteht in der *Verstärkung des Erosionswiderstandes*. Im Mittelpunkt steht dabei die Förderung eines *stabilen Gefüges* durch Kalkung, Zufuhr von organischer Substanz, Spurlockerung, reduzierte Bodenbearbeitung u. v. m.

Eine gute Erosionsverminderung wird auch erreicht, indem der Boden möglichst *lange* und *vollständig bedeckt* bleibt. Dies kann erreicht werden durch

– das Tolerieren eines geringen Unkrautbesatzes,
– Zwischen- und Untersaaten,
– pfluglose Bestellung mit Mulchen, indem der Boden mit Pflanzenresten vermischt wird oder nicht eingearbeitete Pflanzenreste auf der Ackeroberfläche bestehen bleiben.

Fazit:

Das vorliegende Kartierungs- und Bewertungsbeispiel läßt sich in vielfältiger Weise auf der *Schulebene* anwenden. Zum einen können mit den Kartengrundlagen und Hintergrundinformationen *Kenntnisse über Einzelgeofaktoren* und deren *Vernetzungen* vermittelt werden. Zum anderen liegt mit der Bewertung ein *topisches Fallbeispiel* vor, das die Schülerinnen und Schüler schrittweise nachvollziehen können, um sich der auf die Bodenerosion wirkenden Einflußgrößen bewußt zu werden. Im weiteren kann das Beispiel dazu *anleiten*, ähnliche Erhebungen im Rahmen einer Projektwoche *selber* in einem Arbeitsgebiet vorzunehmen (siehe Kap. 4.3.4) und diese zu bewerten.

3.2 Regionale Beispiele in chorischer Größenordnung (*Hartmut Leser*)

Regionen sind Räume mittlerer Größenordnung, die im allgemeinen Verständnis eine bestimmte „Füllung" mit Natur- oder Kultur„elementen" aufweisen. Manche Regionen sind mehr historisch oder wirtschaftsgeographisch begründet, andere mehr durch eine spezielle Geoökofaktorenkonstellation. Aber auch die anthropogeographisch begründeten Regionen weisen als Basisbestandteile die naturbürtigen Geoökosysteme auf. Daher können alle Regionen nach der „Theorie der geographischen Dimensionen" räumlich gegliedert werden.

Danach bauen sich aus den Topen größere Räume auf, die als „Choren" bezeichnet werden. Verschiedene Landschafts- und Geoökologen staffelten und gewichteten diese, z. B. in „Choren oberer" und „Choren unterer Ordnungsstufe". Für den Schulunterricht spielt diese Systematik keine Rolle. Wichtig ist jedoch zu vermitteln, daß die Größenordnung der Tope mit den Choren der Regionen überschritten wird und damit anderes Werkzeug bei der Erfassung und Darstellung einzusetzen ist. In Kapitel 3 wurde auf die methodisch-instrumentellen Filterfunktion der geographischen Dimensionen hingewiesen.

Die Regionen und die Choren umfassen den klassischen geographischen Arbeitsmaßstab, also den der mittleren Größenordnung, der kartographisch in die Maßstäbe zwischen 1 : 50 000/1 : 75 000 und 1 : 200 000/1 : 250 000 fällt. In der Praxis sind dies die Arbeitsmaßstäbe der Regionalplanung und verwandter Planungs- und Schutzmethodiken. Insofern kommt diesen Beispielen für den Geographieunterricht eine besondere Rolle zu: Es geht nicht um Wiederbelebung der traditionellen verbalen, kartographisch nur grob belegten Landschaftsbeschreibung. Vielmehr soll unter dem Aspekt des funktionalen, vernetzten Denkens auch an die räumliche Vernetzung der Geoökofaktoren und der anthropogenen Landschaftselemente erinnert werden – zugleich auch an chorisch wirksame anthropogene Aktionen.

Die Raummuster, die von Luftbildern, Satellitenszenen und Karten „abgebildet" werden, weisen mindestens formal-bildhaft auf diese Raumzusammenhänge hin. Dem Geoökologen ist klar, daß diese zugleich ökologische Funktionszusammenhänge repräsentieren, die aber nur teilweise „abgebildet" sind. Schuldidaktisch kann man sich das zunutze machen, denn die nicht visuell wahrnehmbaren Aktionen und Wirkungen von Mensch und Gesellschaft sind unterrichtlich schwer zu vermitteln, gleichwohl aber Erkenntnisgegenstand. Bewußt wurde bei den Beispielen dieses Kapitels die Größenordnungsproblematik durch die Autoren nicht speziell diskutiert. Sie muß allerdings den Lehrenden geläufig sein, den Zusammenhang zwischen Raumrealität einerseits sowie Raumbeanspruchung und Raumgestaltung andererseits durch den Menschen im Geographieunterricht zu vermitteln. Will man bei den Schülern Verständnis für Planungsmaßnahmen und ihren Wirkungsgrad wecken, müssen diese ökologisch begründet werden. Methodisch sauber ist dies nur dann möglich, wenn die Maßnahmen oder die Entscheidungen in ihrer Dimensionalität beurteilt werden und diese wiederum in Bezug zu den Dimensionen der Geoökosysteme der Lebensumwelt gesetzt werden.

Das Beispiel „Stadtklima" (Kap. 3.2.1) entspricht diesem mesoskaligen Ansatz der Geoökologie in besonderem Maße, weil das Stadtklima ein Mesoklima ist, das in der Größenordnung oberhalb des Mikroklimas betrachtet wird. Letzteres ist mit kleinräumigen (topischen) „Spezialeffekten" in das

Mesoklima der Stadt „eingehängt", z. B. das Mikroklima einer kleinen Rasenfläche, einer speziell beschichteten oder begrünten Hausfassade, unterschiedlicher Dachbedeckungen etc.

„Wildbäche", das zweite Beispiel (Kap. 3.2.2), sind dynamische Elemente der Gebirgslandschaft, die zuweilen zur Naturgefahr werden oder gar zu Naturkatastrophen führen.

Betrachtet werden die Wildbäche als Bestandteile ihrer Einzugsgebiete. Dieser geoökologische Ansatz sichert eine komplexe, integrative Betrachtung. Durch die Untersuchung des Gesamteinzugsgebiets wird die topische Dimension überschritten. Wildbacheinzugsgebiete haben in der Regel die Größenordnung von Choren. Es sind didaktisch gut geeignete Beispiele mittleren Maßstabes, weil sie den Zusammenhang zwischen dem Funktionieren der naturbürtigen Teilsysteme und dem Wirken des Menschen in der Landschaft nachvollziehbar machen.

Das dritte Beispiel – „Nationalpark Wattenmeer" (Kap. 3.2.3) soll zeigen, daß die geoökologisch-chorische Raumkennzeichnung die Basis für den humangeographischen Ansatz der Raumbetrachtung darstellen kann. Auch die Nutzungsaspekte müssen Bestandteil einer geoökologischen Umweltbetrachtung sein, weil der Mensch durch seinen Nutzungsdruck die Geoökosysteme verhältnismäßig großräumig verändern kann, so daß sie allein schon deswegen Bestandteil der Regionalplanung sein müssen.

3.2.1 Stadtklima (*Eberhard Parlow*)

Zum Thema: Stadtklima betrifft den städtischen Lebensraum, der weltweit den größten Teil der Menschheit beherbergt. Dieser Lebensraum schafft geoökologische Eigengesetzlichkeiten, z. B. das Stadtklima, das wesentlich vom Umlandklima abweicht. Als Bioklima hat es auch soziale, medizinische und bioökologische Bedeutung.

Einsatz im Unterricht: Stadtklima ist wegen der anthropogenen Ursachen ein wichtiger Aspekt bei allen Stadt- und Klimathemen. Nahbeispiele können durch direkte Anschauung erarbeitet werden. Die Beobachtung von Nebel oder die Kartierung klimawirksamer Nutzungsunterschiede innerhalb der Städte sowie die Analyse von Temperaturangaben im Radio sind Möglichkeiten, vor Ort Daten zu erheben. Informationen über entfernt gelegene Städte lassen sich durch Bild- und Zeitungstextauswertung zusammenstellen.

Konkrete schulische Arbeitsmöglichkeiten: Messungen des unterschiedlichen Temperaturverhaltens von Städten und ihrem Umland durch Auslegen von Minimumthermometern; mobile Messungen der Temperatur entlang definierter Fahrtrouten mit dem Fahrrad; Besuch des Wetterdienstes, des Stadtplanungsamtes oder des Umweltamtes. Empirische Bewertungen der Klimafunktionen durch Kartierung der Baukörperstruktur (Gunst- und Ungunstviertel) lassen sich ebenso in den Unterricht einbinden wie die Kartierung von Flechten als Stadtklimaindikatoren.

Geoökosystem- und Umweltschutzbezug: Das Stadtklima ist eine zentrale „Natur"größe im Stadtökosystem. Stadtklima steht in einem engem Bezug zum Bioklima. Umweltschutzmaßnahmen in der Stadt müssen klimaökologisch und nicht wirtschaftlich begründet sein, denn Umweltschutz ist auch Klimaschutz.

3.2.1.1 Einleitung

In einer Stadt bzw. einem städtischen Agglomerationsraum beeinflußt der Mensch durch seine Aktivitäten Wohnen, Arbeiten und Verkehr in zunehmendem Maße und auf vielfältige Weise seine Umwelt und modifiziert damit direkt und indirekt das Klima seines Lebens- und Arbeitsraumes. Das Klima einer Stadt oder eines städtischen Agglomerationsraumes ist somit ein eindrucksvolles Beispiel einer anthropogen verursachten, räumlich begrenzten Klimamodifikation (*Eriksen* 1964, *Nübler* 1979, *Bründl* et al. 1986, *Parlow* 1985 b).

Weltweit werden Anstrengungen unternommen, den Einfluß der Stadt auf das urbane Klima besser zu verstehen. Immer noch besteht ein gewaltiger Handlungsbedarf für weitere Forschungen, da Planer und andere Anwender immer großmaßstäbigere Aussagen zum Stadtklima fordern, die nur in Maßstäben von 1 : 25 000 bis 1 : 5 000 zu erfüllen sind (*Jendritzky* 1991). Mit der Vergrößerung des Arbeitsmaßstabes steigt der klimaökologische Komplexitätsgrad der Wechselbeziehungen zwischen einer Stadtlandschaft und der Grundschicht der Atmosphäre an, und es wird notwendig, die stadtklimatischen Prozesse in ihrer Dreidimensionalität zu untersuchen. Dies ist in aller Regel nicht mehr mit herkömmlichen Messungen, sondern nur in Verbindung mit numerischen Stadtklima- oder Bioklimamodellen möglich, die einen Teil ihrer Information z. B. aus den heute flächendeckend vorhandenen Daten von Fernerkundungsplattformen erhalten.

In den beiden vergangenen Jahrzehnten hat sich ein rasanter Wandel in der Forschung vollzogen. Seine Ursachen sind:
– Fortschritte der Klimameßgerätetechnik
– Entwicklung neuer Informationstechnologien (z. B. Satelliten-Fernerkundung)
– Weiterentwicklung neuer Meß- und Auswertemethoden
– Verbesserung von computergestützten Klimasimulationsmodellen
– Entwicklung des Umweltbewußtseins in der Bevölkerung
– Veränderungen in der Rechtslage und Festlegung von Vorschriften und Grenzwerten (TA-Luft, UVP-Gesetze etc.)

3.2.1.2 *Anforderungen an die Stadtklimatologie*

Während früher die wissenschaftliche Untersuchung und Beschreibung des Stadtklimas im Vordergrund stand, rückte in den letzten zehn Jahren zunehmend der Aspekt „Klima und Planung" in den Vordergrund. Dies bedeutet, daß sich Stadtklimaforschung von der mikro- und mesoklimatologischen Erfassung und Beschreibung des Ist-Zustandes zu einer prognostischen und bewertenden Forschungsrichtung entwickelt hat. Von der wird heute erwartet, daß sie präzise Aussagen über die klimatischen Konsequenzen von Planungsvorhaben bereitstellt und diese in einen Bewertungsraster einstuft. Weiterhin gilt, daß die benötigten Aussagen der Stadtklimatologie „handlungsorientiert" sein müssen, d. h. sie müssen mit dem Instrumentarium der Landschafts- und Stadtplanung in die Praxis umsetzbar sein.

Der Fachausschuß Biometeorologie der Deutschen Meteorologischen Gesellschaft definierte das ideale Stadtklima so (*Jendritzky* 1991): „*Das ideale Stadtklima ist ein räumlich und zeitlich variabler Zustand der Atmosphäre in urbanen Bereichen, bei dem sich möglichst keine anthropogen erzeugten Schadstoffe in der Luft befinden und bei dem den Stadtbewohnern in Gehnähe (charakteristische Länge: ca. 150 m) eine möglichst große Vielfalt an Atmosphärenzuständen (Vielfalt der urbanen Mikroklimate) unter Vermeidung von Extremen geboten wird. Da ein solches ideales Stadtklima realistisch nicht erreicht werden kann, besteht die Aufgabe der Stadtplanung darin, diesem Ideal durch Maßnahmen zur Minimierung der Belastungen und zur stadtklimatisch wirksamen Umweltverbesserung möglichst nahezukommen bzw. mindestens ein tolerables Stadtklima zu erzielen.*" Wie dieses Stadtklima auszusehen hat, ist hingegen nicht genau definiert.

In vielen Teilbereichen kann die Stadtklimatologie heute die in sie gesetzten Erwartungen erfüllen, in anderen bestehen noch große Defizite.

Es werden drei Grundanforderungen an moderne Stadtklimauntersuchungen gestellt:
– Messen und Beschreiben
  Die für das Stadtklima relevanten meteorologischen Prozesse verursachen Effekte verschiedener räumlicher und zeitlicher Größenordnung. Es ist Aufgabe der Stadtklimatologie, diese, soweit es meßtechnisch möglich ist, nachzuweisen und fachgerecht zu interpretieren.

– Prognostizieren

Bei stadtklimatologischen Untersuchungen wird in aller Regel der Ist-Zustand der klimatologischen Felder gemessen. Wird eine solche Untersuchung begleitend zu stadtplanerischen Vorhaben durchgeführt, so wird durch die zukünftige Umgestaltung des Raumes auch das lokale Klima mitbeeinflußt. Dies hat zur Folge, daß die Stadtklimatologie heute auch die klimaverändernde Wirkung der projektierten Bebauung prognostizieren muß.

– Bewerten

Die klimatischen Verhältnisse müssen für die Planung bewertet werden. Bei der Bewertung der ermittelten und der prognostizierten Parameter hinsichtlich ihres positiven und negativen Einflusses auf das urbane Klima und das Wohlbefinden des Menschen wird es dann besonders problematisch. Die naturwissenschaftliche Präzision der Messungen wird abgelöst vom individuellen Empfinden, das sehr verschieden ist und einer stetigen Veränderung unterliegt, die von vielen sozialen, medizinischen und gesellschaftspolitischen Faktoren abhängt. Hat man in der Zeit des Wirtschaftswunders vor 30 Jahren noch rauchende Kamine als Zeichen wirtschaftlichen Fortschritts angesehen, so hat sich darüber die öffentliche Meinung grundlegend geändert. Eine Bewertung muß nach vorgegebenen oder allgemein akzeptierten Grenzwerten erfolgen. Wie schwierig dies ist, zeigt die alljährlich geführte Diskussion über die Vertretbarkeit der gesetzlichen Grenzwerte für bodennahes Ozon während der Sommermonate. Trotz aller Anstrengungen seitens der Forschung wird deutlich, daß Ergebnisse von Stadtklimauntersuchungen durch die Bevölkerung sehr unterschiedlich bewertet werden.

3.2.1.3 Stadtklimatologie und Baukörperklimatologie

Unter „Stadtklima" ist allgemein ein Mesoklima (siehe dazu Kap. 3.1.2) zu verstehen, das sich dadurch ausbildet, daß eine Stadt als Ganzes eine Störung im physikalischen und chemischen Zustand der untersten 1 000 m der Atmosphäre, der „atmosphärischen Grenzschicht", bewirkt. Dieses urbane Mesoklima weist ganz spezifische Eigenschaften auf, da eine Stadt
– ein Gebiet mit erhöhter Oberflächenrauhigkeit,
– ein Gebiet mit hohem Versiegelungsgrad und geringem Vegetationsanteil,
– ein Strömungshindernis,
– eine Wärmeinsel und eine erhebliche Emissionsquelle (Aerosole, Luftschadstoffe)
darstellt.
Autochthone Strahlungswetterlagen (z. B. Hochdruckwetter im Sommer) sind in der Regel mit maximalem Strahlungsenergieumsatz und meist minimalem turbulentem Austausch verbunden. Folglich sind die Effekte im Vergleich Stadt-Umland und innerhalb der Stadt am deutlichsten ausgeprägt. Dies ist im wesentlichen auf die städtischen Baukörper mit ihren typischen Formen und Baumaterialien zurückzuführen. *Weischet* (1979) prägte daher den Begriff „Baukörperklimatologie", dessen Bedeutung man erst heute in vollem Umfang begreift. Wie sich die Oberflächentemperaturen typischer städtischer Baukörper im Tagesgang verändern, haben *Weischet* et al. (1975) auf der Basis von Flugzeug-Thermalaufnahmen zusammengestellt. Tagsüber befinden sich die Energieumsatzflächen („Heizflächen") im Dachniveau, und es erfolgt nur eine geringe Erwärmung der Luft in den engen innerstädtischen Straßenschluchten. Während der Nacht liegt hingegen die Abkühlungsfläche im Dachniveau, und die Straßenniveaus besitzen relativ warme Oberflächen, da die Straßen, Plätze und Hauswände tagsüber als sehr guter Wärmespeicher wirken, zusammen mit den senkrechten Wänden eine Strahlungsfalle bilden und damit relativ hohe Temperaturen bis in den Morgen hinein verursachen (Abb. 3.2.1.3/1).
Innerhalb des städtischen Ballungsraumes bilden sich infolge der unterschiedlichen Arten der Oberflächenbedeckung verschiedene Mikroklimate heraus, die man als Klimatope (siehe dazu Kap. 2.1)

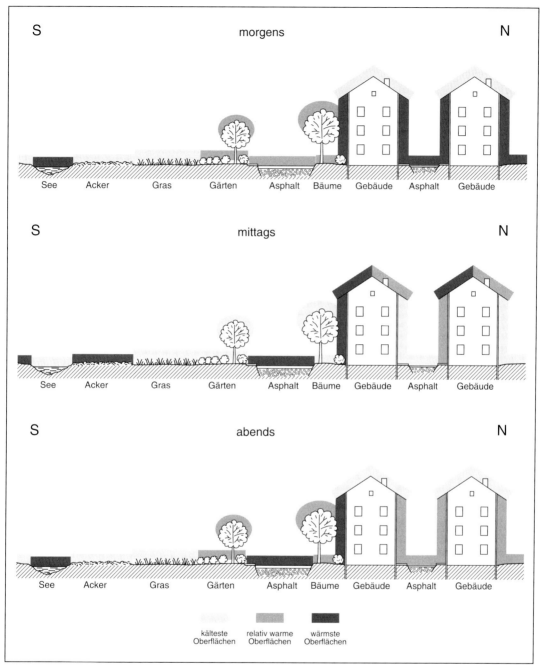

Abb. 3.2.1.3/1
Das thermische Verhalten städtischer Baukörper im Tagesgang
(aus: *W. Weischet* 1975, S. 462)

ausweisen kann. *Stock* (1988, 1992), *Stock* und *Beckröge* (1985) scheiden für den städtischen Agglomerationsraum folgende Klimatope aus, welche sich durch typische Klimaeigenschaften voneinander abgrenzen lassen und durch ihr Zusammenwirken das städtische Mesoklima bilden. Es sind dies:

- Gewässerklima
  - Klimafaktoren: Georelief und Wasserfläche.
  - Physikalische Eigenschaften: meist ungehinderte Ein-/Ausstrahlung, hohe Strahlungsabsorption, hohe Wärmekapazität, geringe tagesperiodische Temperaturschwankungen, hohes Verdunstungspotential, windoffen.
  - Bioklimatologische Bewertung: wertvoller Erholungsraum.
- Waldklima
  - Klimafaktoren: Vegetation und Georelief.
  - Physikalische Eigenschaften: ungehinderte Ein-/Ausstrahlung im Kronenraum, jedoch stark vermindert im Bestand, geringe Temperaturschwankungen am Tage, unter besonderen topographischen Bedingungen (Hanglage) bedeutende Fläche für nächtliche Kaltluftproduktion, geringe Wärmekapazität, hohe Rauhigkeit, Filterfunktion für Luftschadstoffe
  - Bioklimatologische Bewertung: wertvoller Erholungsraum.
- Parkklima
  - Klimafaktoren: Vegetationszusammensetzung und deren Vertikalstruktur.
  - Physikalische Eigenschaften: große räumliche Varianz der Ein- und Ausstrahlungsbedingungen, unter höherer Vegetation gedämpfter Tagesgang, auf Freiflächen große nächtliche Abkühlung, je nach Struktur Frischluftschneise, geringer Einfluß auf bebaute Umgebung (einige Dekameter).
  - Bioklimatologische Bewertung: wichtige Fläche für Stadtbewohner.
- Siedlungsklima
  - Klimafaktoren: Baukörperstruktur mit aufgelockerter Bebauung und geringer Dichte, Ein- und Mehrfamilienhäuser, geringe Versiegelung (< 50 %), gute Durchgrünung.
  - Physikalische Eigenschaften: relative hohe Ein- und Ausstrahlung, Beschattung durch günstige Bepflanzungen möglich, hohe räumliche Varianz der Wärmeflüsse (fühlbar/latent).
  - Bioklimatologische Bewertung: meist positives Bioklima.
- Innenstadtklima
  - Klimafaktoren: Baukörperstruktur mit dichter Bebauung, große mehrgeschossige Häuser, hoher Versiegelungsgrad (> 80 %), hoher Straßenanteil, keine Grünflächen.
  - Physikalische Eigenschaften: komplett bebaute Oberfläche mit hoher Wärmespeicherung, am Tage starke Aufheizung im Dachniveau und geringere Einstrahlung in den Straßenschluchten, in der Nacht kräftige Abkühlung im Dachniveau und geringe Abkühlung im Straßenniveau, Wärmeinseleffekt, Strahlungsfalle, hohe Luftbelastung mit Schadstoffen aus Heizung, Industrie und Verkehr.
  - Bioklimatologische Bewertung: Belastungsraum (Schwüle, Lärm, Schadstoffe).
- Industrieklima
  - Klimafaktoren: Baukörperstruktur mit dichter Bebauung durch große Industrieanlagen, große asphaltierte Freiflächen, Lagerflächen, breite Verkehrswege, Gleisanlagen, extremer Versiegelungsgrad, unbedeutende Vegetation.
  - Physikalische Eigenschaften: hohe Einstrahlung mit starker Überhitzung der Oberflächen, große Wärmespeicherung, sehr ausgeprägte Temperaturerhöhung am Tage.
  - Bioklimatologische Bewertung: extremes Belastungsgebiet, z.T. erhebliche Schadstoffemissionen (gasförmig, fest), starke negative Wirkungen im Nahbereich von Industrieanlagen (Lärm, Geruch, Schadstoffe).

3.2.1.4 Die städtische Wärmeinsel

Der städtische Wärmeinseleffekt, d.h. die durch die Wärmespeicherung und -abgabe der Baukörper verursachte Überwärmung der bodennahen Luft, verstärkt sich mit zunehmendem Versiegelungs-

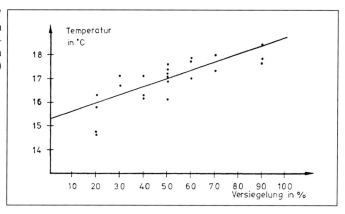

Abb. 3.2.1.4/1
Lufttemperatur in Abhängigkeit vom
Versiegelungsgrad von Stadtober-
flächen
(aus: *P. Stock* 1992)

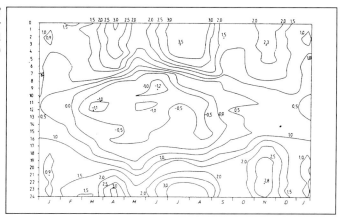

Abb. 3.2.1.4/2
Tages- und jahreszeitlicher Verlauf der
Intensität der städtischen Wärmeinsel
(aus: *W. Kuttler* 1987, S. 28)

grad der Stadtlandschaft; er ist aber hinsichtlich seiner tages- und jahreszeitlichen Intensität je nach Physiognomie der Stadtlandschaft sehr verschieden. Abbildung 3.2.1.4/1 zeigt den Zusammenhang zwischen der Lufttemperatur und dem Grad der Versiegelung aus einem Meßprogramm des Kommunalverbandes Ruhrgebiet (KVR) in Oberhausen. Mit zunehmendem Versiegelungsgrad steigt die Lufttemperatur um mehrere Grad an. Die Verringerung des Vegetationsanteils führt zu einer Reduktion des latenten Wärmestromes (Evapotranspiration), der fast vollständig durch eine Erhöhung des fühlbaren Wärmestromes (Temperaturerhöhung) kompensiert wird.

Das von *Weischet* et al. (1975) anhand von Flugzeug-Thermalinfrarotaufnahmen aufgezeigte Zusammenspiel von städtischen Baukörpertypen und der Verteilung der Oberflächentemperaturen einer Stadtlandschaft im Tagesgang (Abb. 3.2.1.3/1) konnte mit Hilfe eines Computer-Simulationsmodelles auch von *Jendritz* und *Nübler* (1981) bestätigt werden, wobei die beiden letztgenannten Autoren die Schwülebelastung für den Menschen für einen sommerlichen Strahlungstag berechnet haben. Diese ist am Tage in den engen, schattenreichen Straßenschluchten der Innenstädte in der Regel niedriger als in den stärker sonnenexponierten Randbezirken.

Das Phänomen der städtischen Wärmeinsel muß also sehr viel differenzierter betrachtet werden, als dies in der Regel geschieht. Abbildung 3.2.1.4/2 zeigt diesen Sachverhalt mit Hilfe eines Thermoisoplethendiagramms für eine einjährige Meßperiode am Beispiel der Stadt Bochum. Auf der Abszisse ist der Jahresgang, auf der Ordinate der Tagesgang dargestellt. Die Werte geben die Temperaturdifferenz zwischen einer Meßstation in der Bochumer Innenstadt und einer Freilandstation im direkten Umland (Meßhöhe 2 m über Grund) wieder. Positive Werte bedeuten dann höhere Temperaturen in der Innenstadt, negative Werte hingegen höhere Lufttemperaturen im Umland.

157

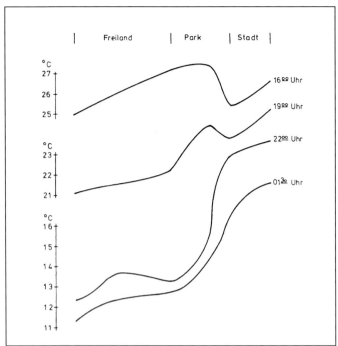

Abb. 3.2.1.4/3
Profile Stadt-Freiland im tageszeitlichen
Temperaturverlauf
(aus: *P. Stock* 1992)

Die Abbildung dokumentiert genau das von *Weischet* et al. (1975) und *Jendritzky* und *Nübler* (1981) dargestellte Verhalten der Wärmeinsel:

– Während des Tages sind die Innenstadttemperaturen – mit Ausnahme der Spätherbstmonate – niedriger als im Umland, da der Energieumsatz vorrangig im Dachniveau stattfindet.

– Die Überhitzung der Innenstadt ist während der Nachtstunden sehr deutlich ausgeprägt, da die Straßenschluchten nur langsam abkühlen. Temperaturabweichungen bis zu 3,5 K in den sommerlichen Nachtstunden sind normal.

– Die nächtliche Überwärmung der Innenstadtbereiche ist ein ganzjähriges, also nicht nur auf den Sommer begrenztes Phänomen. Während dies im Sommer zu erheblichen Schwülebelastungen und damit negativen Auswirkungen auf den menschlichen Organismus führen kann, hat dies im Winter eine Verringerung des Heizbedarfs zur Folge, was sowohl aus ökonomischen als auch aus Umweltgründen positiv zu bewerten ist.

Der tageszeitliche Gang der Lufttemperatur in einer Stadt im Vergleich zu einem Park bzw. zu Freilandbedingungen zeigt Abbildung 3.2.1.4/3. Während um 16 Uhr die Innenstadttemperaturen hinter denen des Stadtparks und z.T. auch des Freilandes zurückliegen, vollzieht sich im Verlauf des Abends und der Nacht durch die stärkere Abkühlung der nichtbebauten Flächen ein deutlicher Wandel. Freiland und Park kühlen um mehr als 12 K ab, während in der Stadt die Temperaturen nur unwesentlich um 3 bis 5 K zurückgehen.

Um die Auswirkungen des Wärmeinseleffektes großer Agglomerationsräume auf das benachbarte Umland zu untersuchen, bedient man sich heute Fernerkundungsverfahren von Flugzeug- oder Satellitenplattformen. Hierbei wird ein Aufnahmesensor verwendet, der im langwelligen Spektrum der terrestrischen Emission (8–14 µm) sensibel ist. Durch die Messung der terrestrischen langwelligen Emission läßt sich die Oberflächentemperatur jedes Bildpunktes berechnen. Für das Ruhrgebiet konnten unter Verwendung von Daten des HCMM-Satelliten der NASA Ende der siebziger Jahre richtungweisende Arbeiten für die Stadtklimatologie und Stadtplanung durchgeführt werden (*Goßmann*, *Lehner* und *Stock* 1981).

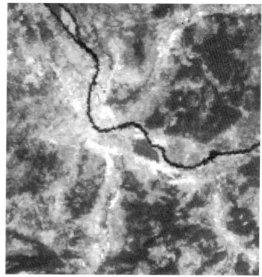

Abb. 3.2.1.5/1
Baukörperklassifikation von Basel unter Verwendung von Satellitendaten des LANDSAT-TM
(aus: *M. Wüthrich* 1991, S 302)

Abb. 3.2.1.5/2
Oberflächentemperaturverteilung von Basel am 07. 07. 1984 ca. 10 Uhr aufgrund von LANDSAT-TM-Daten
(aus: *M. Wüthrich* 1991, S. 302)

Diese flächendeckend verfügbaren Informationen können direkt verarbeitet werden, oder sie bilden die Eingangsinformation für weitergehende Analysen und Modellrechnungen. So konnte *Goßmann* (1986) für das Ruhrgebiet unter Verwendung multipler linearer Regressionsverfahren nachweisen, daß die Wärmeinsel des Ruhrgebietes je nach Windrichtung auf der Leeseite des Ballungsraumes eine Erhöhung der Oberflächentemperatur bewirkt, während auf der Luvseite deutlich geringere Temperaturen festgestellt werden. Über dem Agglomerationsraum erwärmte Luftmassen werden durch die übergelagerte Luftströmung verdriftet und transportieren somit Wärme auf die Lee-Seite des Ballungsraumes.

3.2.1.5 Baukörperklimatologie der Stadt Basel

Eine großräumige, zeitlich homogene und jederzeit wiederholbare Klassifizierung der städtischen Baukörperstruktur kann mit Hilfe der digitalen Bildverarbeitung und unter Verwendung von Daten des amerikanischen Satelliten LANDSAT-TM erstellt werden. LANDSAT-TM besitzt eine Auflösung eines einzelnen Bildpunktes von 30 m (*Parlow* 1985 a). Die Klassifikation ist im Rahmen des grenzüberschreitenden Klima-Projektes REKLIP im Oberrheingraben erarbeitet worden (*Parlow* 1992, 1994). Abbildung 3.2.1.5/1 zeigt einen 9 × 9 km großen Ausschnitt des Ballungsraumes Basel (LANDSAT-TM-Aufnahme vom 7. 7. 1984, ca. 10.30 Uhr). Mit zunehmender Helligkeit steigt der Versiegelungsgrad der städtischen Bauflächen an. Entsprechend der von *Stock* (1992) ausgeschiedenen städtischen Klimatope kann eine erste Stadtklimadifferenzierung anhand der ermittelten Baukörperklassen durchgeführt werden. So ist es möglich, die charakteristischen Klimaeigenschaften einzelner Stadtteile in allgemeiner Weise zu beschreiben und erste planungsrelevante Aussagen zu treffen.
Die gleichzeitig vom Satelliten gemessene Oberflächentemperatur (Abb. 3.2.1.5/2) zeichnet das Muster der unterschiedlichen Baukörperstrukturen sehr fein nach und spiegelt die den Klimatopen zu-

Tab. 3.2.1.5/1: Ergebnisse der multiplen Regressionsanalyse

Wohngebiet mittlerer Dichte	0,017 K pro %
Wohngebiet hoher Dichte	0,042 K pro %
Innenstadt (CBD)	0,033 K pro %
Industriegebiet	0,054 K pro %
Bahnareal	0,072 K pro %
Wasser	– 0,067 K pro %
Wald	– 0,037 K pro %
Parkanlagen	– 0,038 K pro %
Regressionskonstante	23,7 °C
Erklärte Varianz	88,4 %

geordneten Eigenschaften wider. Wasser- und Waldflächen sind kühl (schwarz, ca. 15 °C), die bebauten Flächen in der Basler Innenstadt sind je nach ihrem Versiegelungsgrad sehr warm (hell) und erreichen im Gebiet der Gleisanlagen der Bahnhofsareale maximale Temperaturen bis ca. 30 bis 35 °C. Die Struktur der aus den Satellitendaten abgeleiteten Oberflächentemperaturen zeichnet über die Baukörperstruktur die räumliche Verteilung der städtischen Wärmeinsel nach.

Wüthrich (1991) hat die Klassifikation unter besonderer Berücksichtigung städtischer Baukörperstrukturen für den Agglomerationsraum Basel durchgeführt und diese Information mit den zum selben Zeitpunkt vom Satelliten gemessenen Oberflächentemperaturen in einem Modell verknüpft, um den Einfluß der verschiedenen Baukörperklassen auf die Oberflächentemperatur zu quantifizieren. Die Analyse basiert auf der Methode der linearen multiplen Regression, bei der die Prozentanteile der verschiedenen Baukörper- und Landnutzungsklassen in einem Rasterpunkt des Oberflächentemperaturbildes als unabhängige Variable verwendet wurden. Die Tabelle 3.2.1.5/1 zeigt das Ergebnis der Regression für einige der wichtigsten Baukörperklassen von Basel und für den Zeitpunkt des Satellitenüberfluges am 7. 7. 1984 um 10.30 Uhr mittlerer Ortszeit.

Die Regressionskoeffizienten geben Auskunft darüber, wie die Oberflächentemperatur durch ein Prozent Flächenanteil der jeweiligen Nutzungsklasse gegenüber einem mittleren Temperaturniveau von 23,7 °C verändert wird. Ein Rasterpunkt im Oberflächentemperaturbild, der zu 100 % als Industriegebiet ausgewiesen ist, würde eine Temperaturerhöhung von 5,4 K erfahren, während eine Parkanlage eine Temperaturabsenkung von 3,8 K zur Folge hätte. Die Tabelle zeigt, daß alle bebauten Flächen je nach Versiegelungsgrad eine unterschiedliche Temperaturerhöhung bewirken, während für vegetationsbestandene oder Wasserflächen eine deutliche Temperaturabsenkung charakteristisch ist.

Die Verteilung der Oberflächentemperaturen steuert über die vertikalen turbulenten Wärmeflüsse direkt die Temperatur der darüberliegenden Luft. Jedoch muß man sehr deutlich betonen, daß die Oberflächentemperaturen in der verdichteten Baseler Innenstadt zum großen Teil aus dem Dachniveau stammen und somit vor allem die Lufttemperatur „über" der Stadt beeinflußt wird. Jedoch ist a. a. O. bereits darauf hingewiesen worden, daß sich dieser Aufheizungseffekt während der Nachtstunden in das Straßenniveau verlagert und dort im Sommer zu unangenehmer Schwülebelastung für den Menschen führen kann.

Fazit:
Stadtklimatische Untersuchungen und die Erweiterung des derzeitigen wissenschaftlichen Kenntnisstandes sind nicht nur für die Stadtplanung, d. h. für zukünftige Veränderungen unserer urbanen Landschaft, von großer Bedeutung. Das städtische Klima hat direkte Auswirkungen auf unser tägliches Leben. Dies zeigt sich am Beispiel der sommerlichen Schwülebelastung oder der Durchlüftung unserer Städte mit der damit verbundenen Verbesserung der Luftqualität. Durch anthropogene Aktivitäten beeinflussen wir aber auch umgekehrt das Klima unserer direkten Umgebung. Dieses gegenseitige Wechselspiel von beeinflussen und beein-

Abb. 3.2.2/1
Ein Wildbach in seinem Einzugsgebiet: „Normaler" Zustand mit geringer Wasser- und Feststofführung – Zavragia bei Trun, Graubünden/Schweiz am 19. 06. 1988
(Foto: *Geographisches Institut Universität Bern*)

Abb. 3.2.2/2
Ein Wildbach in gefährlicher Aktion: Die Front eines Murganges wälzt sich durch den Kanal im Schwemmkegelbereich der Zavragia bei Trun, Graubünden/Schweiz am 18. 07. 1987, ca. 16.15 Uhr
(Foto: *T. Venzin*)

flußt werden ist ein Musterbeispiel dafür wie unser Ökosystem in sehr komplexer Weise rückgekoppelt ist. Anhand der Baukörperklimatologie, eines im Unterricht leicht nachvollziehbaren Forschungsansatzes, können direkt oder in Verbindung mit Satellitendaten erste Aussagen zum urbanen Klima gemacht werden.

3.2.2 Wildbäche (*Hans Kienholz*)

Wildbäche sind weltweit Bestandteil des Lebensraums Hochgebirge. Es handelt sich um „oberirdische Gewässer mit zumindest streckenweise großem Gefälle, rasch und stark wechselndem Abfluß und zeitweise hoher Feststofführung". Spezifisch für Wildbäche ist gegenüber anderen Fließgewässern die Möglichkeit von Murgängen ...". (DIN 19663, S. 3–4).
Abbildung 3.2.2/1 und 3.2.2/2 geben einen Eindruck von einem Wildbacheinzugsgebiet im ‚normalen' Zustand und demselben Wildbach in voller Aktivität. Es sind die relativ seltenen Ereignisse wie in Abbildung 3.2.2/2, die oft nach Jahren oder Jahrzehnten relativer Ruhe zu Katastrophen führen können. Diese seltenen, aber doch immer drohenden Katastrophen haben Konsequenzen für die Landnutzung (Landwirtschaft, Siedlungen, Verkehrswege) und die Ausprägung der Kulturlandschaft.
Abfluß und Feststofführung erreichen gelegentlich ein so katastrophales Ausmaß, daß der Mensch die Wildbäche als quasi „unberechenbare" Geoökosysteme betrachtet. Um ihre Komplexität besser zu verstehen und um geeignete Maßnahmen zu treffen, versucht man heute auch Wildbäche zunehmend als Geoökosystem zu modellieren.
Das Thema Wildbach läßt sich im Unterricht bei der Behandlung von Hochgebirgsthemen oder Gewässersystemen allgemein, allenfalls auch in einen Themenkreis Naturkatastrophen einbauen. Er-

Abb. 3.2.2/3
Geschiebeablagerungen auf
einem Wildbachschwemm-
kegel (Mänigbach,
Diemtigtal, Berner Ober-
land/Schweiz) am
10. 07. 1977
(Foto: *H. Kienholz*)

eignisse im Alpenraum sind relativ gut dokumentiert. Gute Möglichkeiten bietet der Vergleich von
Vorher-Nachher-Bildern. Beispiele aus dem Fernbereich (Himalaya, Anden) erfordern die Auswer-
tung von Literatur und Pressemeldungen. Aktive Betätigungsmöglichkeiten ergeben sich beispiels-
weise mit Hilfe von Sandkastenexperimenten und vor allem anlässlich von Exkursionen. (Auch in
Mittelgebirgen finden sich Bäche mit steilem Gerinne und gelegentlicher Führung von gröberen
Feststoffen.)

Das Thema Wildbach hat vielfache Bezüge zu Fragen der Geoökosystem-Lehre: Allein schon verschiedene komplizierte Mechanismen wie die Zusammenhänge von Niederschlag und Abfluß oder
von Problemen der Hydraulik (turbulenter Abfluß, stationäres/instationäres Verhalten usw.) sind
alles andere als trivial. Wildbäche als Naturgefahr, Fragen der Berechenbarkeit bzw. Unberechen-
barkeit von Wildbachsystemen, Konsequenzen für das Leben und Wirken von Menschen, Beeinflussung der Kulturlandschaft, umgekehrt auch wieder Eingriffe durch den Menschen (Gegenmaßnah-
men) bieten gute Illustrationsmöglichkeiten zu komplexen Wirkungsgefügen von Geoökosystemen.

Bei Hochwasser und starker Feststoffführung können Wildbäche eine große Gefahr für Menschen,
Tiere und Güter darstellen. Diese Gefahr besteht im Gerinnebereich hauptsächlich durch das Wasser selbst sowie durch Erosions- und Nachböschungsvorgänge. Von großer praktischer Bedeutung
sind in der Regel die Gefahren, die sich im Bereich des Schwemmkegels ergeben. Die Siedlungsanlage am Rande von Schwemmkegeln kann geradezu als klassisch für Täler in den Alpen und in anderen Gebirgsräumen angesehen werden:

Ohne Regulierung, oft auch trotz Regulierungen der Haupttalgewässer, werden Talböden naturgemäß mehr oder weniger häufig überflutet und sind daher als Siedlungsstandorte absolut ungeeignet. Die Talflanken sind oft rutschungs- und steinschlaggefährdet und im Hochgebirge auch von Lawinen bedroht. Talboden und Talflanken müssen also gemieden werden. Als Siedlungsstandorte in
Frage kommen deshalb nur Erhöhungen über dem Talboden, welche vom Hang abgesetzt sind. Solche Möglichkeiten bieten alte Flußterrassen und Schwemmkegel von Seitenbächen. Geeignete, vom
Hang genügend abgesetzte Flußterrassen fehlen oft, so daß dann die einzige Möglichkeit für die
Siedlungsanlage im Bereich von Schwemmkegeln der Seitenbäche liegt. Falls der Bach heute im
Schwemmkegelbereich nicht tief eingeschnitten ist, kann der Wildbach jederzeit mit seinen Wasser-,
Geschiebe- oder gar Murmassen auf irgendeinem Teil des Kegels wirksam werden (Abbildung
3.2.2/3).

3.2.2.1 Komponenten des Wildbaches und der Wildbachaktivität

Grundsätzlich ist jeder Wildbach mit seinem Einzugsgebiet und Gerinnenetz als Individuum zu betrachten. Jeder Wildbach umfaßt verschiedene Teile, die in einer bestimmten räumlichen Anordnung und Funktion zu einander stehen.

a) Räumliche Komponenten (vgl. Abbildung 3.2.2.1/1)
Räumlich kann zwischen folgenden, sich z. T. überlagernden Teilen unterschieden werden:
– *Einzugsgebiet* mit
  – Hängen,
  – Runsen und dem
– *Gerinnenetz*, umfassend ein Haupt- und evtl. ein oder mehrere Seitengerinne sowie in den meisten Fällen einem
– *Schwemmkegel/Schuttkegel*.

Abb. 3.2.2.1/1
Einzugsgebiet und Gerinnesystem eines Wildbaches
(Entwurf: *Geographisches Institut Universität Bern*)

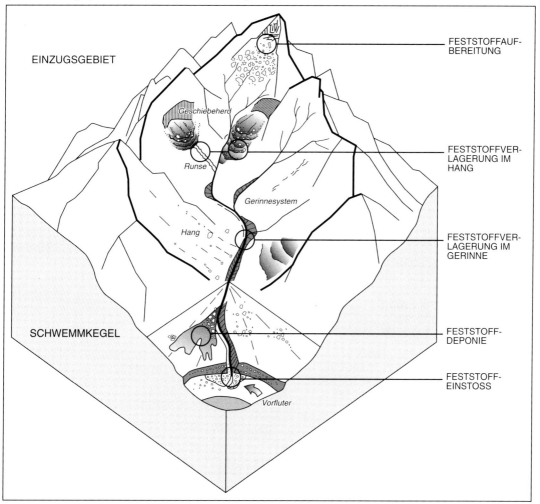

163

Als *Einzugsgebiet* ist hier strenggenommen das Niederschlagsgebiet bezeichnet, das definitionsgemäß durch die oberirdischen Wasserscheiden abgegrenzt wird.

Bei gegebenen klimatischen Voraussetzungen beeinflußt die Beschaffenheit des Wildbach-Einzugsgebietes (Form und Größe, Georelief, Gestein, Böden, Vegetation) verschiedene Prozesse. Von besonderem Interesse sind

– die ober- und unterirdischen Abflußverhältnisse,
– Ausmaß und Art der Aufbereitung von (potentiellem) Geschiebe,
– Lage der Geschiebeherde sowie
– Ausmaß und Art der Geschiebelieferung in die Gerinne.

Die obgenannten Elemente, vor allem die geologischen und hydrologischen Verhältnisse, beeinflußen auch Anlage und Ausprägung der *Gerinne*. Die Anlage des Gerinnenetzes als Ganzes bzw.

Abb. 3.2.2.1/2
Hypothetisches Gesamtmodell des Prozeß-Systems Wildbach
(Entwurf: *P. Mani, R. Weingartner* und *H. Kienholz*)

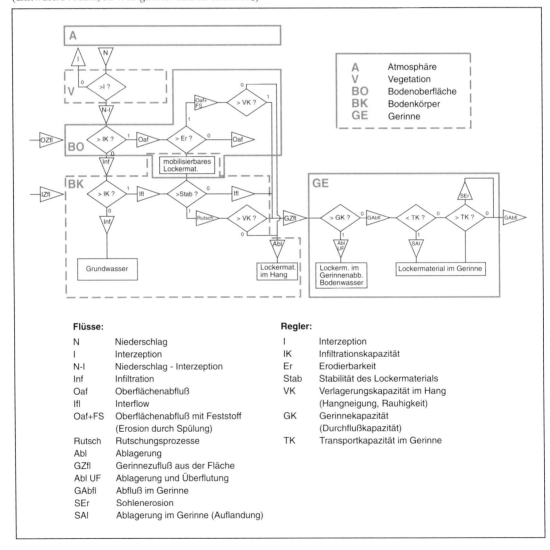

Flüsse:

N	Niederschlag
I	Interzeption
N-I	Niederschlag - Interzeption
Inf	Infiltration
Oaf	Oberflächenabfluß
Ifl	Interflow
Oaf+FS	Oberflächenabfluß mit Feststoff (Erosion durch Spülung)
Rutsch	Rutschungsprozesse
Abl	Ablagerung
GZfl	Gerinnezufluß aus der Fläche
Abl UF	Ablagerung und Überflutung
GAbfl	Abfluß im Gerinne
SEr	Sohlenerosion
SAl	Ablagerung im Gerinne (Auflandung)

Regler:

I	Interzeption
IK	Infiltrationskapazität
Er	Erodierbarkeit
Stab	Stabilität des Lockermaterials
VK	Verlagerungskapazität im Hang (Hangneigung, Rauhigkeit)
GK	Gerinnekapazität (Durchflußkapazität)
TK	Transportkapazität im Gerinne

164

die Ausprägung der einzelnen Gerinneabschnitte tragen zusammen mit den Abflüssen (Größe, Art usw.) und weiteren Faktoren zur Steuerung unter anderem der folgenden Vorgänge bei:

– Erosion, Umlagerung und Ablagerung von Geschiebe in Abhängigkeit von der örtlichen und momentanen Schleppkraft des Wassers und
– Art der Geschiebe-Verlagerungsprozesse (Geschiebetrieb oder Murgang).

Die meisten Wildbäche verlaufen vor der Mündung in den Vorfluter über einen *Schwemmkegel.* Hier hängt es neben dem Entwicklungszustand des Kegels vor allem von den örtlichen Gegebenheiten ab, wie sich Hochwasser- und Geschiebemassen bzw. Murgänge verhalten und welchen Schaden sie allenfalls anrichten.

b) Funktionale Komponenten

Im Zusammenhang mit dem Wasserhaushalt können folgende Prozesse unterschieden werden (vgl. dazu Abbildung 3.2.2.1/2):

– Niederschlag,
– Interzeption (i. w. S.),
– Infiltration,
– Quellaustritte,
– oberirdischer Abfluß,
– unterirdischer Abfluß,
– Abfluß in Gerinnen,
– Mündung in den Vorfluter.

Im Hinblick auf den Feststoffhaushalt lassen sich funktional folgende Prozesse unterscheiden:

– Feststoffaufbereitung (Verwitterung),
– Feststoffverlagerung im Hang (Steinschlag, Felssturz, Rutschungen, Murgänge, Flächen- und Rinnenspülung, Schurf und Verfrachtung durch Gleitschnee und Schneelawinen, anthropogene Einflüsse),
– Feststoffverlagerung im Gerinne (Erosion, Transport durch das Wasser als Schwebstoff und als Geschiebe, Verlagerung als Murgang),
– Feststoffablagerung (in oder außerhalb des Gerinnes, in einer Flachstrecke, auf dem Schwemmkegel oder in einem künstlichen Geschiebe-Ablagerungsplatz),
– Feststoffeinstoß in den Vorfluter.

Für die Gefährlichkeit der Wildbäche ist neben der Hochwasserführung vor allem die Verlagerung der groben Feststoffkomponenten (Geschiebe) wichtig. Deshalb wird der Begriff ‚Feststoff‘ oft generell durch den Begriff ‚Geschiebe‘ ersetzt. Das feine Material spielt aber häufig für die Zusammensetzung der Murgänge eine wichtige Rolle, und die Schlammablagerungen können im Siedlungsbereich ebenso große Verwüstungen anrichten wie das Grobmaterial. Mit Feinmaterial überschüttete Felder regenerieren allerdings meist wesentlich schneller als dies bei Grobmaterial-Ablagerungen der Fall ist. Die Gefahren werden durch mitgeführte Baumstämme und Wurzelstöcke erhöht, weil diese bei Engnissen, Brückendurchlässen usw. zu Verstopfungen führen können. Als Folge davon kann es zu Wasser- und Feststoff-Ausbrüchen oder zu schlagartigen Durchbrüchen kommen. Besonders gefährlich ist es, wenn sich Wasser und Feststoffe hier zu einem ‚Brei‘ vermischen, der schließlich als Murgang abgeht.

Das offene komplexe System Wildbach läßt sich wie folgt kennzeichnen:

– Einzugsgebiet und Gerinnenetz des einzelnen Wildbaches umfaßen < 1 bis mehrere km^2. Die Betrachtungsebene liegt somit in der chorischen Größenordnung.
– Die wichtigsten der zu betrachtenden Elemente, Merkmale und Prozesse entsprechen den oben aufgelisteten räumlichen und funktionalen Komponenten.
– Der Verbund der Elemente und die grundsätzliche Art der Verknüpfungen gehen aus dem stark abstrahierenden Schema in Abbildung 3.2.2.1/2 hervor.

Bei der Betrachtung von Wildbachsystemen ist in der Regel mit langen Zeiträumen zu rechnen.

Dafür gibt es zwei Gründe:
- Die meisten Wildbachsysteme des Alpenraumes haben sich in geologischen Zeiträumen, in wichtigen Aspekten vor allem seit der letzten Großvereisung, entwickelt, wobei diese Entwicklung teils evolutionär, teils revolutionär (durch ‚Katastrophen‘) erfolgte und auch heute erfolgt.
- Zwischen zwei großen, gefährlichen Wildbachereignissen verstreichen oft Jahre, Jahrzehnte oder Jahrhunderte, während in der Zwischenzeit durchaus wichtige, aber zum Teil nur schwer feststellbare oder gar meßbare Entwicklungen erfolgen können (z. B. Verwitterungsprozesse, Veränderungen in der Vegetationsbedeckung, im Waldzustand usw.).

3.2.2.2 Vorbereitung und Ablauf eines Wildbachereignisses:
Zavragia (Graubünden, Schweiz) am 18. Juli 1987, (siehe Abbildungen 3.2.2/1, 3.2.2/2 und 3.2.2.2/1)

Das System Wildbach mit seinem Verbund von Elementen und den verschiedenen Prozessen ist ständig aktiv. Von besonderem Interesse ist dabei die Spitzenaktivität beim gefährlichen ‚Wildbachereignis‘ (Hochwasser, Geschiebeführung und Murgang). Solche Ereignisse sind in den meisten Fällen ‚normal‘, das heißt, sie gehören zum Verhalten des betrachteten Systems, zu einem bestimmten Wildbach-Regime. ‚Regime‘ kann hier definiert werden als eine charakteristische Abfolge und Ausprägung von Prozessen bei einer im wesentlichen gleichbleibenden, allenfalls innerhalb einer gegebenen Bandbreite (zeitlich) variablen Konstellation von Elementen und Prozeßabläufen. Im Falle eines über längere Zeit gleichbleibenden ‚Regimes‘ kann so von einem ‚stabilen Systemverhalten‘ gesprochen werden.
Im folgenden beschränken wir uns auf das grundsätzliche Geschehen bei so definiertem ‚stabilem Systemverhalten‘ und illustrieren dies am Beispiel des Wildbachereignisses vom 18. Juli 1987 in der Zavragia (vgl. Abbildungen 3.2.2/1, 3.2.2/2 und 3.2.2.2/1).
Dabei betrachten wir das Geschehen unter den Aspekten ‚Grunddisposition‘, ‚aktuelle Disposition‘, ‚Auslösung‘ und ‚Ablauf des gefährlichen Prozesses‘, wie dies grundsätzlich jeder Gefahrenbeurteilung geschehen muß.

a) Begriffliches Grundgerüst zur Beurteilung von Wildbachereignissen bzw.
   gefährlichen Prozessen allgemein
Die Vorbereitungsphase eines Wildbachereignisses oder von gefährlichen Prozessen allgemein ist in der Regel gekennzeichnet durch eine bestimmte Disposition für den gefährlichen Prozeß und durch ein auslösendes Ereignis:
- Die *Disposition* für gefährliche geomorphologische Prozesse in Gebirgsräumen ist die Anlage oder Bereitschaft von Wasser, Schnee, Eis, Erd- und Felsmassen, sich (in reiner Form oder vermischt) unter dem Einfluß der Schwerkraft so talwärts zu verlagern, daß dies zu Schäden führen kann. Dabei ist es zweckmäßig, eine Grunddisposition und die ‚aktuelle Disposition‘ auseinanderzuhalten:
- Die *Grunddisposition* für gefährliche geomorphologische Prozesse in Gebirgsräumen ist die grundsätzliche, im Rahmen eines gegebenen stabilen Systemverhaltens über längere Zeit gleichbleibende Anlage oder Bereitschaft zu gefährlichen Prozessen. Die Grunddisposition wird bestimmt durch über längere Zeiträume konstant bleibende Parameter wie Georelief, Gestein, Klima, Pflanzenbestand usw.
- Die *aktuelle Disposition* für gefährliche geomorphologische Prozesse in Gebirgsräumen ist die bei gegebener Grunddisposition zeitlich variable, in einem bestimmten Umfang schwankende oder sich entwickelnde effektive Disposition zu gefährlichen Prozessen. Die ‚aktuelle Disposition‘ wird somit bestimmt durch innerhalb eines gegebenen stabilen Systemverhaltens zeitlich variable, z. B. von der Jahreszeit abhängige Größen wie aktuelle Wetterlage, Wasserhaushalt in einem potentiellen Rutschkörper, Vegetationszustand usw.

166

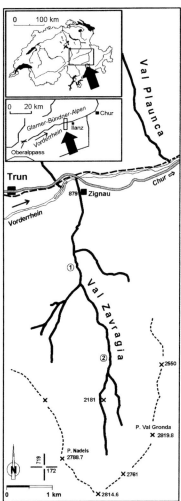

Abb. 3.2.2.2/1
Region Trun
(Entwurf: *Kienholz*)

Der jeweilige Zustand kann mit den Begriffen keine, mäßige, mittelgroße oder große allgemeine bzw. aktuelle Disposition umschrieben werden.

– Die Auslösung des gefährlichen Prozesses erfolgt schließlich dann, wenn durch ein *auslösendes Ereignis* der Schwellenwert eines relevanten Einflußfaktors erreicht bzw. überschritten wird. Das auslösende Ereignis kann periodisch oder sporadisch auftreten, oder es ist für den betrachteten Zeitraum als einmalig aufzufassen. Je ausgeprägter jeweils die aktuelle Disposition zu einem gefährlichen Prozeß ist, desto näher rückt die Möglichkeit, daß der Schwellenwert des entscheidenden auslösenden Faktors überschritten wird.

b) Grunddisposition der Zavragia zu gefährlichen Wildbachereignissen

Die Zavragia (bei Trun, Graubünden, Schweiz, siehe Abbildung 3.2.2.2/1) kann als ein seit langer Zeit und bis heute dynamisch stabiles Wildbachsystem bezeichnet werden. Die wichtigsten Kenndaten sind:

Fläche des Einzugsgebietes: 13,3 km²
  Anteil vergletscherte Gebiete: (0 %)
  Anteil Wald: 4,2 km² (30 %)

Gerinne:

Länge	ca. 6 km
mittleres Gefälle	31 %

Abflußregime: nival alpin

Hochwasserabfluß am Schwemmkegel

(abgeschätzt nach *Koella* (1986) aufgrund der Niederschlags- und Untergrundsverhältnisse):

mittlere Wiederkehrdauer = 20 Jahre (sog. HQ_{20}):	25,6 m³/s
mittlere Wiederkehrdauer = 100 Jahre (sog. HQ_{100}):	48,3 m³/s

(Q/HQ gebräuchliche Formelzeichen für Abfluß/Hochwasserabfluß)

Das *Niederschlagsgeschehen* im Vorderrheintal wird wesentlich durch Stau-Erscheinungen bei West- und Nordwindlagen beeinflußt. Bei letzteren gehen reichlich Niederschläge über den orographisch linken Seitentälern des Vorderrheintales nieder (übergreifender Stau im Bereich der Glarner-Bündner-Alpenkette, vgl. Abbildung 3.2.2.2/1). Die rechten Seitentäler des Vorderrheintales, somit auch das Val Zavragia sind bei Strömungslagen etwas weniger exponiert. Ihre höheren Hanglagen sind dafür im Winter und Frühling stärker den Südschneefällen ausgesetzt. Die meisten Meßstationen im Vorderrheintal zeigen ein Maximum der Monatsniederschläge im Hochsommer und ein Minimum im Februar.

In der warmen Jahreszeit treten Gewitter mit heftigen Starkniederschlägen vom Oberalppaß oder von der Glarner-Bündner-Alpenkette her öfters zusammen mit Windböen auf. Im betrachteten Gebiet treten jährlich während ca. 15–20 Tagen Gewitter auf. Hagel ist relativ selten.

Das *Festgestein* des obersten Einzugsgebietes besteht aus Graniten und Gneisen des Gotthardmassivs, der Fels in den unteren Gerinneabschnitten aus Gneisen des ‚Tavetscher Zwischenmassivs‘. In der dazwischen liegenden Zone finden sich zerrüttete permische Konglomeratgneise des Ilanzer Verrucano und schlecht wasserdurchlässige Phyllite (Perm). Das Gebiet ist durchzogen von tektonischen Störungen parallel und quer zur Talrichtung, die z. T. Leitlinien für zahlreiche Runsen und Seitengerinne bilden.

Da der Felsuntergrund im Bereich der Phyllite des Ilanzer Verrucanos in der linken Flanke der Val Zavragia (von Punkt 1 bis Punkt 2 in Abbildung 3.2.2/1 bzw. 3.2.2.2/1) *wenig durchlässig* ist, ist dieses Gebiet häufig vernäßt und weist ein relativ dichtes Gewässernetz auf. Im Falle von Starkniederschlägen versickert hier je nach Vorregen (→ Sättigungsgrad des Bodens) nur wenig Wasser, der größte Teil fließt oberflächig ab und konzentriert sich in den Gerinnen.

Wichtig für die Wildbachaktivität sind die im gleichen Gebiet aktiven großräumigen Sackungen und Rutschungen. Diese *Massenbewegungen* liefern regelmäßig Material in den Bach. Dadurch ist generell ein großes Feststoffpotential vorhanden.

Abgesehen von einigen relativ flachen Strecken im oberen Einzugsgebiet weist das Längsprofil des Hauptgerinnes ein gleichmäßiges Gefälle auf; die Bachsohle ist nur örtlich und nur unbedeutend aufgeweitet. *Deshalb bestehen nur beschränkte Möglichkeiten zur Feststoffablagerung, so daß einmal mobilisiertes Geschiebe größtenteils in einem Schub durch das ganze Gerinne hindurch auf den Kegel verfrachtet werden kann.* Dies ist vor allem dann der Fall, wenn sich Feststoff- und Wassermassen zu einem Murgang vermischen. Die in großen Flächen geringe Infiltrationskapazität, entsprechend hoher Oberflächenabfluß und bedeutende geschiebeliefernde Massenbewegungen sowie die gegebene Gerinnekonfiguration sind somit Elemente im Wildbachsystem Zavragia, die dessen als ‚hoch‘ einzustufende *Grunddisposition für gefährliche Wildbachereignisse* (Hochwasser, starke Geschiebeführung und Murgänge) in hohem Maße bestimmen. Dies bedeutet nun aber nicht, daß hier ständig und zu jedem Zeitpunkt solche Ereignisse zu erwarten sind. Die gefährlichen Wildbachereignisse treten erst ein, wenn sowohl eine hohe aktuelle Disposition besteht als auch ein ‚auslösendes Ereignis‘ eintritt.

c) Aktuelle Disposition der Zavragia zu einem gefährlichen Wildbachereignis am 18. Juli 1987

Die Monate Mai und Juni 1987 zeichneten sich durch kühle Witterung und überdurchschnittlich viel Regen im Laufe langanhaltender Niederschlagsperioden aus. Dies führte zu einem hohen Wassersättigungsgrad der Böden und des Untergrundes im gesamten Einzugsgebiet. Zusätzliches Niederschlagswasser konnte deshalb kaum mehr versickern (infiltrieren) sondern mußte unmittelbar an der Oberfläche abfließen (vgl. Abbildung 3.2.2.1/2).

Die hohe Wassersättigung des Untergrundes dürfte tendenziell auch die Massenbewegungen in den bekannten Rutschhängen verstärkt haben. Außerdem waren auch in anderen Hangbereichen vor allem flachgründige Bodenrutschungen zu verzeichnen. Im Zusammenspiel mit dem relativ hohen mittleren Oberflächenabfluß bedeutete dies eine erhöhte Lieferung von Feststoffen ins Hauptgerinne.

Die Bereitschaft zu einem gefährlichen Wildbachereignis (Hochwasser- und Feststofführung oder Murgänge) hat sich somit in der genannten Periode sukzessive erhöht, so daß die *aktuelle Disposition* spätestens am 18. Juli 1987 schließlich *hoch* war. Dies allein mußte jedoch noch nicht zwangsläufig zum Katastrophenereignis führen. Falls jetzt eine niederschlagsarme Periode ohne Gewitter gefolgt wäre, hätte dies eine sukzessive Abnahme der Wassersättigung des Untergrundes zur Folge gehabt: Die Böden hätten dann im Falle eines späteren Starkregens wieder einen größeren Teil des Wassers aufnehmen und damit zu einer Reduktion des oberflächlich abfließenden Wassers beitragen können. Am 18. Juli 1987 ist nun jedoch in der Zavragia bei der hohen Grunddisposition und einer hohen aktuellen Disposition für Hochwasserabfluß und starke Feststofführung ein auslösendes Ereignis eingetreten.

d) Das auslösende Ereignis vom 18. Juli 1987

In der Nacht vom 16. Juli trat eine Kaltfront in das Gebiet der Schweiz ein. Niederschläge fielen als mehrstündiger Dauerregen. An der Kaltfront bei Marseille entstand am Abend des 17. Juli ein Sekundärtief, welches sich bis um Mitternacht über Turin etablierte. Die ortsfeste Lage dieses Wirbels führte zu langandauernden und intensiven Niederschlägen (*Grebner* und *Richter* 1991, S. 28).

Im Gebiet des Vorderrheins kam es am 17. Juli ab ca. 18 Uhr zu ersten Niederschlägen. Sie fielen vorerst eher leicht, dann ab ca. 23 Uhr als Starkniederschlag (Gewitter). Am 18. Juli 1987 erfolgte der Kaltfrontdurchgang. Bis ca. 24 Uhr erreichten die Niederschläge nur mäßige Werte. Größere Intensitäten (Stundenmengen von 25 mm/h) und kürzerfristige Spitzenmengen (von umgerechnet ca. 40 mm/h während 10 Minuten) waren keineswegs extrem. Viel entscheidender für die große Niederschlagsergiebigkeit war die über eine lange Zeitdauer bestehende hohe mittlere Intensität: Während 24 Stunden fielen schließlich in Trun 187 mm Regen. Die große Regenergiebigkeit und die große Ausdehnung des Niederschlagsgebietes führten schließlich zu großen Wassermengen auch im Einzugsgebiet der Zavragia, die angesichts der weiter oben beschriebenen Grunddisposition und aktuellen Disposition zu Hochwasserabflüssen führen mußten.

e) Zum Ablauf des Wildbachereignisses vom 18. Juli 1987

Aufgrund der Niederschlagswerte, der Kenntnisse über den Bodenzustand (aktuelle Disposition) und der Interpretation von nachträglich untersuchten Spuren im Gerinne wird der maximale Wasserabfluß in der Zavragia auf 37 m^3/s geschätzt. Entscheidend für das Ausmaß des Ereignisses und die Schadenwirkungen waren aber vor allem die Feststoffverlagerungen.

Das Ereignis spielte sich in zwei größeren und mehreren kleinen Murstößen ab. Um ca. 16.15 Uhr schoß der erste, größere von zwei Murstößen bei Zignau durch den Kanal, vom Kegelhals hinunter zum Vorderrhein. Dieser Prozeß lief nach Aussagen von Augenzeugen schnell ab, mit einer geschätzten Geschwindigkeit zwischen 6 und 8 m/s. Die Wucht dieses Prozesses geht aus Abbildung 3.2.2/2 hervor. Die Murenfront zeigt einen relativ hohen Wasseranteil, was auf eine kurzzeitige Verklausung (Verstopfung des Gerinnes mit anschliessendem Durchbruch der Wasser- und Feststoffmassen) als letzten Auslöser hindeuten könnte.

Während des Murganges füllten die Wasser- und Geschiebemassen den Kanal profilfüllend aus. Erst unterhalb des Dorfes Zignau (im Schwemmkegelbereich, siehe Abbildung 3.2.2.2/1) verließ ein kleiner Teil des Murganges den Kanal und überführte Kulturland zwischen dem Dorf und der Einmündung in den Rhein. Große, mit Holz vermischte Geschiebemassen wurden im Vorfluter, dem Vorderrhein, abgelagert und vermochten dessen Wasser während etwa 20 Minuten zurückzustauen, was neben weiteren Schäden schließlich zum mehrtägigen Unterbruch der dem Rhein entlangführenden Eisenbahnlinie geführt hat.

Aufgrund der Feldbefunde wird angenommen, daß ausgeprägte Materialverlagerungen etwas oberhalb von P. 1 (in Abbildung 3.2.2/1 bzw. Abbildung 3.2.2.2/1) eingesetzt haben. Auf den Streckenabschnitten ab ca. 500 m unterhalb von P. 1 fand streckenweise Tiefenerosion (bis 1,5 m) statt, wobei auch größere Böschungsbereiche nachrutschten. Diese Nachböschungsvorgänge führten auch nach dem Ereignis zu weiteren erheblichen Geschiebelieferungen.

Bedeutende Geschiebemengen wurden auch unterhalb von P. 2 (in Abbildung 3.2.2/1 bzw. Abbildung 3.2.2.2/1) aufgenommen. Weil hier das Gerinne sowie die rechte Böschung größtenteils aus Fels bestehen, wurden der linksufrige Hangfuß unterschnitten und die weiter oben erwähnten tiefgründigen Hangbewegungen in diesem Bereich zusätzlich aktiviert.

Luftbildvergleiche zeigten, daß verschiedene Geschiebeherde auch vor 1987 aktiv gewesen sind, während andere Geschiebequellen vor 1987 noch einen dichten Bewuchs mit Nadelholz aufgewiesen hatten und seit längerer Zeit relativ ruhig gewesen sein dürften.

Die Feststofffracht, welche schließlich den Kegel bzw. den Rhein erreicht hat, wird auf eine Größenordnung von 60 000 m^3 geschätzt.

f) Wertung des Wildbachereignisses vom 18. Juli 1987 in der Zavragia

Für die Zavragia sind acht größere Ereignisse sicher belegt (1748, *1834*, *1868*, 1883, 1915, *1927*, 1956 und *1987*). Bezüglich der Geschiebefracht liegen die Ereignisse in den hervorgehobenen Jahren in der gleichen Größenordnung wie 1987, während die anderen Ereignisse ein deutlich geringeres Ausmaß aufwiesen. Die bekannten großen Ereignisse folgten somit seit dem 19. Jahrhundert in Abständen von 30 bis 60 Jahren.

Im Einzugsgebiet war das Ereignis von 1987 mit erheblichen geomorphologischen Veränderungen (flach- und tiefgründige Massenbewegungen, fluviale Erosion) verbunden. Genauere Analysen haben jedoch gezeigt, daß die meisten Erosions- und Rutschungsbereiche bereits früher (wohl zum Teil auch anläßlich der oben erwähnten Ereignisse seit 1748) aktiv waren, sich jedoch zum Teil in der Zwischenzeit etwas beruhigt hatten.

Diese Feststellungen und der Blick auf die Chronik der früheren Ereignisse zeigen, daß solche Ereignisse zu dem hier als Beispiel betrachteten System Zavragia und erfahrungsgemäß zu zahlreichen Wildbachsystemen überhaupt gehören.

Elemente wie Geologie (Struktur, Substrat), Relief, Gerinnenetz, Bodenverhältnisse, Vegetationsdecke sowie zahlreiche vor allem hydrologische und geomorphologische Prozesse prägen in ihrem zeitlich und räumlich variablen Zusammenwirken das jeweilige Systemverhalten. Dieses Systemverhalten wird im beschriebenen Beispiel von außen her in erheblichem Ausmaß von den meteorologischen Verhältnissen mitbestimmt. Mit Blick auf kritische Systemzustände, die – wie im geschilderten Fall – zu gefährlichen Wildbachereignissen führen können, wird die Grunddisposition in der Hauptsache, jedoch nicht ausschließlich, von den inneren Einflüssen bestimmt. Die Erhöhung der aktuellen Disposition erfolgt meist über ein intensives Zusammenwirken von inneren und äußeren Einflüssen, während das ‚auslösende Ereignis' (Niederschläge) in diesem Falle von außen her auf das Ökosyystem Wildbach gewirkt hat.

Eine neue Beurteilung des Einzugsgebietes und des Gerinnezustandes der Zavragia läßt folgende Voraussagen zu:

– Die Hangbewegungen der linken Talflanke bleiben aktiv. Dadurch bleibt der ständige Feststoffnachschub ins Gerinne auch künftig gewährleistet.

– Mit Murgang-Aktivitäten bis in den Kegelbereich ist weiterhin zu rechnen.

– Das Feststoffpotential beträgt bis zu 140 000 m^3. Es ist jedoch kaum wahrscheinlich, daß alles in einem Schub verfrachtet werden kann (begrenzte Transportkapazität). Die 1987 verfrachtete Feststoffkubatur dürfte aus diesem Grund beim einzelnen Ereignis auch künftig nicht wesentlich übertroffen werden.

– Ein Rückstau des Vorderrheins ist bei unveränderten wasserbaulichen Verhältnissen auch künftig möglich.

Das komplexe Wildbachsystem Zavragia, befindet sich heute im großen und ganzen in einem ähnlichen generellen Systemzustand wie dies bereits vor dem 18. Juli 1987 der Fall gewesen sein dürfte, und die Grunddisposition für Wildbacherereignisse ist mit derjenigen vor dem 18. Juli 1987 vergleichbar. So gewaltig und eindrucksvoll (Abbildung 3.2.2/2) sich das Ereignis auch abgespielt hat: In unserer systemaren Betrachtung ist es ein normales, allerdings relativ selten (durchschnittlich ca. alle 50 Jahre?) eintretendes Ereignis gewesen, das zum System Zavragia , zu einem seit sehr langer Zeit eingestellten Systemverhalten dieses Wildbaches gehört.

Das Geschehen vom 18. Juli 1987 im Wildbachsystem Zavragia ist zwar typisch für viele Wildbäche und Wildbacherereignisse. In der Vielfalt von verschiedenartigen Wildbachsystemen, von mannigfaltig ausgeprägter Disposition und unter Berücksichtigung von unterschiedlichen Auslösungsvorgängen sind auch zahlreiche andere Abläufe von Wildbacherereignissen zu beobachten.

Daß Wildbacherereignisse auch zu nachhaltigen Veränderungen des langfristigen Systemzustandes, der Grunddisposition für Wildbacherereignisse führen können, hat sich ebenfalls am 18. Juli 1987 in unmittelbarer Nachbarschaft der Zavragia, im Val Plaunca (vgl. Abbildung 3.2.2.2/1) gezeigt, wo innerhalb kürzester Zeit aus einem bisher kaum beachteten Bach ein reißender Wildbach entstanden ist: Hier wurde die Bachsohle im Mittellauf auf langen Strecken um 20 m eingetieft und damit das gesamte Gerinnesystem nachhaltig und (bezogen auf menschliche Zeitmaßstäbe) irreversibel verändert (*Kienholz* et al. 1992).

Fazit:
Wildbäche stellen hochkomplexe Ökosysteme dar, in welchen Wasser- und Feststofflüsse ein kompliziertes und vielfältiges Zusammenspiel in großer räumlicher und zeitlicher Variabilität zeigen. Die Wildbäche mit ihren langen scheinbaren Ruhephasen im sporadischen Wechsel mit kurzen Ereignissen höchster Aktivität werden gesteuert durch Zustände und Zustandsänderungen, durch Energie- und Stofflüsse in der Atmosphäre, im Bereich der Vegetationsdecke, an der Erdoberfläche, im Boden, im tieferen Untergrund usw. Verschiedene Steuerfaktoren (z. B. Infiltrationskapazität von Böden) verändern sich im Laufe der Zeit, und ihre Bedeutung im ganzen Wirkungsgefüge kann sukzessive oder auch plötzlich einen neuen Stellenwert erhalten. Es gehört in vielen Fällen gerade zum Wesen von Wildbachprozessen, daß sich die Voraussetzungen über lange Zeit latent aufbauen, und daß dann bei entsprechenden Umständen (auslösendes Ereignis, z. B. Gewitter) plötzlich eine Schwelle überschritten wird.
Der Mensch spielt in diesen Systemen eine wichtige Rolle einerseits als Betroffener und andererseits bewußt (z. B. Verbauungen) oder unbewußt (z. B. Landnutzung) als Steuerfaktor.

3.2.3 Freizeitverhalten im Nationalpark Niedersächsisches Wattenmeer als ökologisches Risiko (*Jürgen Hasse*)

Seit dem 1. 1. 1986 gibt es den Nationalpark Niedersächsisches Wattenmeer. Er soll die vor dem Seedeich gelegenen, ökologisch hochwertigen Naturgebiete der Nordsee wirksamer als in der Vergangenheit vor schädlichen Nutzungen bewahren. Eine Rechtsverordnung gibt den juristischen Rahmen vor, innerhalb dessen sich alle Nutzungen zu bewegen haben. Danach sind einige Nutzungsbereiche besonders eingeschränkt (z. B. Erschließung industrieller Flächen). Andere Nutzungsformen werden innerhalb näher bestimmter Bedingungen gestattet (z. B. landwirtschaftliche Nutzung der Vordeichsflächen zu bestimmten Jahreszeiten); wiederum andere Nutzungsformen werden lediglich mit geringen Restriktionen belegt (z. B. die Jagd). Je nach gesellschaftlicher Stellung konnten sich bei der Verteilung privilegierter Zugriffe auf ein Ökosystem die Interessen einiger Gruppen leicht Gehör verschaffen, die anderer ganz offensichtlich weit schwerer.

3.2.3.1 Fremdenverkehr im Nationalpark Niedersächsisches Wattenmeer

Im Wirtschaftsraum Küste ist der Fremdenverkehr von großer regionalwirtschaftlicher Bedeutung. Sein ökonomisches Gewicht tangiert dabei weniger die Städte als vielmehr kleinere Orte und Dörfer innerhalb peripherer Regionen im Nordwesten der Bundesrepublik. Die touristische Nutzung des Wattenmeeres mußte deshalb allein aus strukturpolitischen Gründen an bereits bestehenden Standorten für eine maßvolle Weiterentwicklung offengehalten werden. Zur Reduzierung ökologisch schädigender Auswirkungen auf das Wattenmeer weist die Nationalpark-Verordnung Zonen unterschiedlicher Nutzungsintensität aus:
Erholungszone: Dies ist der touristische Nutzungs- und Entwicklungsbereich. Alle Freizeit- und Erholungsnutzungen sind hier erlaubt. Die Badestrände und Campingplätze der Küstenbadeorte liegen in der Erholungszone.
Zwischenzone: Die Randbereiche der Erholungszone werden durch die Zwischenzone von den Bereichen höchster ökologischer Schutzpriorität abgepuffert. In diesem Bereich ist im allgemeinen ökologisch unschädliches Freizeitverhalten erlaubt (Wandern, Ruhen etc.). Neue bauliche Anlagen für den Fremdenverkehr dürfen dagegen nicht errichtet werden.
Ruhezone: In der Ruhezone soll der substantielle Zweck des Nationalparks erfüllt werden. Deshalb gelten für diesen Bereich ausgedehnte Betretungsverbote. Zu bestimmten Jahreszeiten (z. B. außerhalb der Brutzeit) dürfen aber besonders gekennzeichnete Wege betreten werden.

3.2.3.2 Ein touristisches Großprojekt als ökologisches Risiko – Beispiel Tossens (Jadebusen)

Trotz aller Lenkungen von Fremdenverkehrsnutzungen und -entwicklungen kommt es zu Konflikten mit den Naturschutzbehörden, insbesondere der Nationalparkverwaltung, wenn auf kommunaler Ebene Erweiterungsplanungen angestrebt werden, die nach Umfang und Intensität eine Beeinträchtigung des Naturschutzes im Nationalpark befürchten lassen.
Die Gemeinde Butjadingen (vgl. Abb. 3.2.3.2/1) plant im Jahre 1991 ein Freizeit- und Vergnügungszentrum, dessen Finanzierung durch eine private Investmentgesellschaft erfolgen wird; im Nordseebad Tossens soll ein „Nordsee-Tropen-Parc" errichtet werden. Das Projekt soll die gemeindlichen Fremdenverkehrsanlagen durch ein „Spaßbad" (Badelandschaft auf mehreren Ebenen, Riesenrutschen), Restaurants, Läden sowie Sauna- und Sportbereich erweitern. Ein Hotel, Kurmitteleinrichtungen sowie zusätzliche Ferienwohnungseinheiten sind darüberhinaus geplant. Die Gesamtkonzeption ist mit der Struktur eines Center Parcs vergleichbar. Die Aufstockung des Angebots an Ferienwohnungen ist aus der Sicht von Investor und Gemeinde zur Erzielung einer rentablen Bewirtschaftung des Nordsee-Tropen-Parcs unerläßlich. Mit dem Ferienhausprojekt wird nicht zuletzt eine Saisonverlängerung angestrebt.
Die Gemeinde Butjadingen liegt im Landkreis Wesermarsch zwischen den Mündungen von Weser und Jade (vgl. Abb. 3.2.3.2/1). Die Flußmarschböden werden landwirtschaftlich genutzt. Die Milchviehwirtschaft dominiert. Vor der agrarwirtschaftlichen Strukturkrise galt die Wesermarsch als eine der reichsten landwirtschaftlichen Regionen in Norddeutschland. Der Fremdenverkehr spielt an den Küstenbadeorten Tossens, Fedderwardersiel und Burhave eine wichtige Rolle.
Die Kapazität an Übernachtungsmöglichkeiten in Ferienhäusern liegt in Tossens (und dem benachbarten kleineren Ort Ruhwarden) im Januar 1991 bei 2666 Betten. Im Zusammenhang mit dem Projekt Nordsee-Tropen-Parc werden weitere 2460 Betten bereitgestellt. Fünf Bebauungspläne sollen

die erforderlichen Flächen verfügbar machen (vgl. Abb. 3.2.3.2/1). Somit werden sich nach der Errichtung der Ferienhäuser die Übernachtungskapazitäten in etwa verdoppeln.

Die geplante Expansion wurde im Rahmen eines Raumordnungsverfahrens durch die Bezirksregierung Weser-Ems als ökologisches Risikopotential eingestuft, nachdem der Bau des Nordsee-Tropen-Parcs auf der Basis eines vorausgegangenen Genehmigungsverfahrens schon im Bau war. Vor einer endgültigen Bewilligung einer weiteren Ferienhausbebauung sollten detaillierte Untersuchungen darlegen, welche aktuellen Freizeit- und Erholungsnutzungen im Bereich Tossens bestehen. Die zu ermittelnden Werte seien zu verdoppeln, um im Hinblick auf die voraussichtlich zukünftige Nutzungsintensität präzisere Aussagen treffen zu können. Dabei wird implizit davon ausgegangen, daß die ökologischen Belastungspotentiale des Freizeitverhaltens konstant bleiben. Schließlich könne vor dem Hintergrund antizipierter Maximalbelastungen entschieden werden, ob – gegebenenfalls in welchem Rahmen – negative ökologische Folgen als Konsequenz einer Verdoppelung der Übernachtungskapazitäten zu erwarten sind. Die „Verdoppelungshypothese" geht von der Negativvariante aus, daß sich die künftigen Besucher des Freizeit- und Vergnügungsparks Nordsee-Tropen-Parc genauso verhalten werden wie die auch jetzt schon am Ort anzutreffenden Touristen. Das ist aber eher unwahrscheinlich, denn das Projekt ist seiner gesamten Struktur und Konzeption nach auf sog. Indoor-Recreation ausgerichtet. Zudem wird eine funktionsräumliche Bindung an die zu errichtenden Ferienhäuser angestrebt.

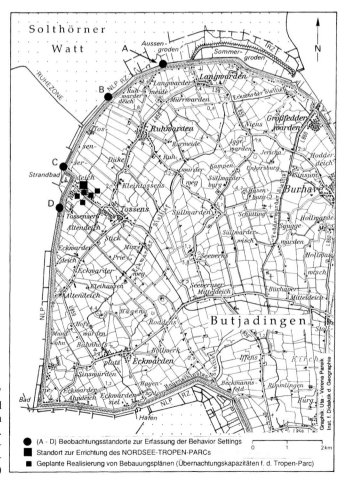

Abb. 3.2.3.2/1
Gemeinde Butjadingen mit Nordseebad Tossens zwischen Weser und Jadebusen (nach: Nationalparkverwaltung Nieders. Wattenmeer (Hrsg. 1991): 4. Nationalpark Nds. Wattenmeer, Ns. 10: Butjadingen, Wilhelmshaven)

Mit der Begrenzung des Untersuchungsauftrages auf eine primär quantitative Fragestellung wird die grundlegende Problematik in den Hintergrund gerückt, inwieweit durch die technische Reproduktion einer „besseren" Natur das Verhältnis zur ‚freien' Natur degeneriert und die Individuen von ihrer eigenen Natur entfremdet werden. Indem die stark von wechselhaftem Wetter geprägte norddeutsche Küstenlandschaft aber auf den Status einer Kulisse degradiert wird, rückt sie nicht nur ästhetisch auf Distanz, sondern auch umweltpolitisch (vgl. *Hasse* 1992 und 1993). Mit der tendenziellen Abkopplung von sinnlichen Bezügen zur Natur, die „von sich her ist" (*Böhme* 1992:114), schwindet die Sensibilität zur Wahrnehmung von Veränderungen, die nicht zuletzt Folgen gesellschaftlich verursachter Naturzerstörung sind. Aus der Sicht der Genehmigungsbehörde kann diese (zwangsläufig naturphilosophische) Reflexion aber zu keinem praktischen Beitrag zur Entscheidungsfindung führen, da die justiziable Überprüfbarkeit fehlt. Das darin liegende strukturelle Dilemma (angewandter und abhängiger Forschung) kann allenfalls auf der politischen Ebene durch die Setzung von Normen gelöst werden.

3.2.3.2.1 Zur Erfassung touristischer Nutzungsformen (Erhebungsmethode)
Die primär quantitative Untersuchungsfrage sollte drei Präzisierungen erbringen:
– Erstens waren rein quantitative Nutzungsbilder zu erheben,
– zweitens waren die Nutzungsarten zu quantifizieren, um
– drittens schließlich konzeptionelle Ansätze für eine touristische Hinterlandentwicklung ausmachen zu können, damit eine touristische Entlastung der unmittelbaren Küstenzone gefördert werden konnte. Im Bezug auf den dritten Punkt waren kommunalpolitisch bereits Akzente zur Forcierung eines „sanften" (= umwelt- und ressourcenschonenden) Tourismus gesetzt. Als geeigneter Ansatz zur Untersuchung der ersten beiden Aspekte erwies sich die Methode der „Behavior Setting-Analyse", die im folgenden kurz erläutert werden soll.

Zur Erhebungsmethode:
Der ökologische Psychologe *Barker* und seine Mitarbeiter (Chicagoer Schule) fanden schon in den 50er Jahren in aufwendigen Beobachtungen des Verhaltens sozialer Akteure heraus, daß die Verhaltensströme an bestimmten Orten erstaunliche Gleichförmigkeiten aufwiesen. Unabhängig von interindividuellen Differenzen in der Art des Wahrnehmens und Handelns waren diese „standing pattern of behavior" beobachtbar. Die homogenisierten Verhaltensweisen waren dabei stets an bestimmte Umgebungsbedingungen geknüpft. Mit dieser Erkenntnis war im Prinzip bereits das Konzept „Behavior Setting" begründet (vgl. *Fuhrer* 1985:239f).
Ein Behavior Setting faßt ein bestimmtes menschliches Verhalten an einem bestimmten Ort zu einer Einheit aus Raum, Zeit und Verhalten zusammen.
Kruse präzisiert: „Behavior Settings sind bestimmte räumlich und zeitlich fixierbare Bereiche oder Orte der Umwelt, die typische Verhaltensweisen induzieren, wobei die teilnehmenden Individuen prinzipiell austauschbar sind, z. B. ein Fußballplatz, ein Begräbnis, die Arztpraxis, die Schulklasse, ein Kinobesuch" (vgl. 1974:108).
Behavior Settings sind also kleine Sozialsysteme. Ihre beiden Grundkomponenten bestehen aus einer Formalstruktur (Milieuausstattung, physische Struktur und z. B. Rechtsvorschriften) sowie einem Verhaltensmuster (wiederkehrendes Verhalten). Die Interaktion zwischen den Komponenten wird durch ein Programm geregelt; in ihm ist auch die Systemfunktion festgelegt. Jedes Behavior Setting – als Ereigniskette in Raum und Zeit – grenzt an andere Settings und ist mit diesen mehr oder weniger dicht verknüpft (vgl. *Molt* 1986:98f).
„Das Verhalten im Behavior Setting ... entsteht also einerseits aus den Erwartungen der Personen, andererseits aus den durch die Ausgestaltung des Ortes gebotenen Handlungsmöglichkeiten samt den darin symbolisch repräsentierten Regeln und Handlungsanreizen." (ebd.: 100).
Als soziale Systeme stehen sie folglich in einem offenen und zugleich geschlossenen Verhältnis zur Umwelt (vgl. *Luhmann* 1984). In diesem Sinne beschreibt *Fuhrer* (1990:36) Behavior Settings als

„selbstregulierende homöostatische Systeme". Danach kann kein Setting als statisch betrachtet werden. In all seinen Komponenten und Funktionsleistungen ist es (zumindest latent) dynamisch. Wir erleben diese strukturelle Offenheit dann im Alltag, wenn die Menschen eine immer (und deshalb nicht mehr reflektiert) betriebene Handlung aufgrund eines „störenden" (aporetischen) Ereignisses plötzlich nicht mehr fortsetzen können. Was sich dann ereignet, zeigt uns, „was sich dann ändern kann". Auch hierzu sollte sich im Verlauf der Untersuchungen später gerade unter dem Aspekt der touristischen Nutzung eines Küstenstreifens zeigen, daß Nutzungsalternativen am selben oder an einem anderen Ort z. B. – über planerisch vermittelte Impulse im Sinne von Setting-Modifikationen – angeboten werden können.

3.2.3.2.2 Datenerhebung

Um Aussagen zum gesamten Saisonverlauf treffen zu können, war die Erhebung an mehreren je saisonspezifischen Tagen nötig. So wurden an einem Tag in den Frühjahrsferien, an zwei Tagen in den Sommerferien und an einem Tag in den Herbstferien an jeweils 4 verschiedenen Beobachtungsstandorten an der Wattenmeerküste die zur Bestimmung von Behavior Settings nötigen Erhebungen durchgeführt. Die vier Beobachtungsstandorte mußten so ausgewählt werden, daß in den Ergebnissen die Unterschiede zwischen den ortsnahen und den ortsfernen Nutzungsbildern deutlich werden konnten. Deshalb lagen zwei Beobachtungspunkte jeweils in unmittelbarer Nähe zum Ort Tossens (C und D), während die beiden ortsfernen Beobachtungspunkte an die Ruhezone des Nationalparks angrenzten (A und B); vgl. Abb. 3.2.3.2/1).

Ein Setting konnte z. B. in folgender raumzeitlichen Verhaltens-Konstellation, d. h. in einer bestimmten Vielfalt einzelner Verhaltensweisen („Verhaltensepisoden") identifiziert und für die gesamte Dauer der über das Jahr verlaufenden Erhebungen bestimmt werden: Eine Person

a) überschreitet den Seedeich seewärts,
b) wandert in nördlicher Richtung auf der Deichkrone,
c) liegt auf dem Deich in der Sonne,
d) tobt auf dem Deich mit einem Hund herum etc.

Insgesamt konnte durch längerdauernde Verhaltensbeobachtungen das Spektrum aller in einem Raumausschnitt (hier Seedeich) und zu einer spezifischen Jahreszeit auftretenden touristischen Verhaltensweisen ermittelt und für die Durchführung der Erhebungen als Beobachtungsraster festgelegt werden.

Zur Durchführung der Beobachtung wurden an allen vier Beobachtungstagen je Tag acht Beobachter eingesetzt, die jede „Verhaltensepisode" zu erfassen hatten. Da es um die Präzisierung kleinräumiger Belastungsbilder ging, sind nicht Personen gezählt worden, sondern Beavior-Settings (= Zusammenfassung von „Verhaltensepisoden" an einem bestimmten Ort). Bedingung dieser Methode ist, daß eine Person in einem kleinräumigen Ausschnitt mehrmals erfaßt werden muß. Ein Beispiel: Jemand kommt mit dem Rad aus südlicher Richtung hinter dem Deich (1. Verhaltensepisode), stellt es am Deich ab, geht zu Fuß seewärts über den Deich (2. Verhaltensepisode), läuft im Außengroden umher (3. Verhaltensepisode), sonnt sich dann auf dem Deich (4. Verhaltensepisode), geht über den Deich landeinwärts zurück (5. Verhaltensepisode) und fährt schließlich mit dem Rad wieder in südliche Richtung zurück (6. Verhaltensepisode). Erst durch diese Mehrfacherfassung lassen sich Aussagen über tatsächliche Flächennutzungen und in der Folge (potentielle) -belastungen durch Freizeitverhalten treffen. Eine rein zahlenmäßige Erfassung von Personen könnte dagegen allenfalls oberflächliche Anhaltspunkte vermitteln.

Alle „Verhaltensepisoden" wurden an den Erhebungstagen kontinuierlich in der Zeit von 9 bis 18 Uhr erfaßt und in anschließenden Auswertungsschritten datentechnisch aggregiert und als Grafiken aufgearbeitet. Der jeweilige Beobachtungsradius lag an den einzelnen Beobachtungsstandorten bei ca. 200 m. Während der Sommererhebungen wurden neben den im Frühjahr und Herbst fast ausschließlich bedeutsamen Aktivitäten (Wandern und Radfahren) typische Freizeitverhaltensweisen

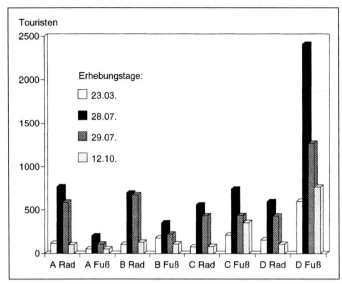

Touristen
2500
2000
1500
1000
500
0

Erhebungstage:

☐ 23.03.

■ 28.07.

▨ 29.07.

☐ 12.10.

A Rad   A Fuß   B Rad   B Fuß   C Rad   C Fuß   D Rad   D Fuß

Abb. 3.2.3.2.3/1
Mit dem Fahrrad und zu Fuß zurückge-
legte Wege – bezogen auf alle Beobachtungsstandorte und alle Erhebungstage
(Entwurf: *J. Hasse*)

erfaßt, wie Baden, Sonnen, am Deich umhertoben etc. Da wegen der großen Massenkonzentratio-
nen in den Schwerpunktbereichen (vgl. Abb. 3.2.3.2/1: D und C) eine kontinuierliche Erhebung nicht
möglich gewesen wäre, sind halbstündliche Momentaufnahmen vorgenommen worden.

3.2.3.2.3 Ergebnisse

Aus der Sicht der Gesamtergebnisse zeigt sich für die vier Beobachtungsstandorte die folgende rein
quantitative Verteilung der Verhaltensepisoden, zunächst ohne Berücksichtigung der sommerlichen
Momentaufnahmen (vgl. Abb. 3.2.3.2.3/1). Detaillierte Ergebnisse sowie differenzierte Auswertungen entfallen. Folgerungen an dieser Stelle:
– Die strand- bzw. küstennahen Flächen in unmittelbarer Nähe des Ortes Tossens bilden deutliche
  Nutzungsschwerpunkte. Der Deich und die Uferzone an der Jade können zu Fuß von den gastro-
  nomischen Betrieben des Küstenbadeortes Tossens aus schnell erreicht werden. Besonders gilt
  das für den Deichabschnitt südlich des Campingplatzes (Bereich D). Diesen Bereich tangiert eine
  kurze Rundwanderroute. An beiden Teilräumen spielt die ästhetische Beziehung zur Jademün-
  dung eine wichtige Rolle.
– Die weiter von den Siedlungskernen entfernten Außenbereiche werden vor dem Seedeich in einem vergleichsweise nur geringen Umfang genutzt. Diese periphereren Räume werden dagegen
  von Radfahrern auf binnenseits verlaufenden Radwanderrouten bevorzugt er-fahren.
Für die beiden zentrumsfernen Beobachtungspunkte ergibt sich als Folge einer besonders starken
Nutzung durch Radfahrer, daß in diesen ökologisch besonders empfindlichen Teilräumen der Nut-
zungsschwerpunkt jeweils hinter dem Deich liegt; dieses Nutzungsprofil tritt im Sommer besonders
deutlich hervor.
Die Abb. 3.2.3.2.3/2 gibt am Beispiel eines zentralen Beobachtungspunktes (C) das tagesbezogene
Ergebnis der Erhebungen (hier 28. 7. 1991) wieder. Insgesamt zeigen die Resultate eine intensive
Nutzung der ortsnahen Freizeitbereiche. Das war insbesondere in der Sommererhebung der Fall
(Sonntag + Werktag, gutes Wetter, tageszeitlich günstiger Hochwasserstand), bei der maximale Nutzungsbilder erfaßt woren sind. In den an die Ruhezone des Nationalparks angrenzenden Bereichen
waren die Nutzungsintensitäten deutlich geringer.
Die Ergebnisse aller Erhebungen mußten in einem letzten Schritt auf die Ausgangsfrage der Untersuchung zurückbezogen werden: Ist als Folge einer Verdoppelung der Bettenzahl im Ort Tossens mit

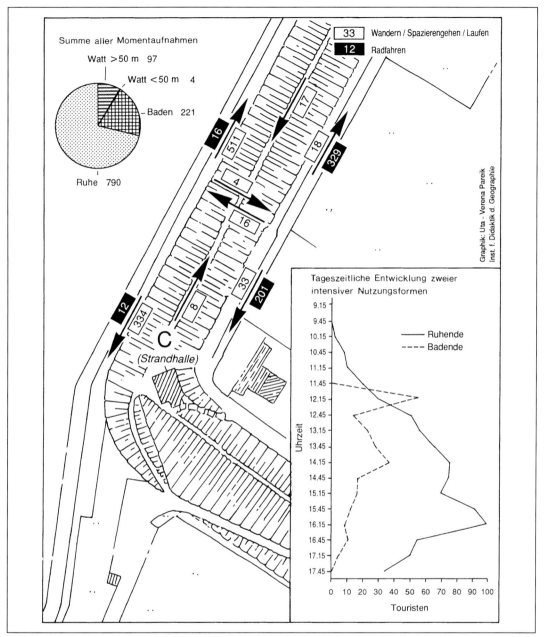

Abb. 3.2.3.2.3/2
Die Sommererhebung am 28. 07. 1991 am Beobachtungsstandort C im zentralen Bereich neben der Strandhalle
(Entwurf: *J. Hasse*)

nachteiligen Folgen für den Nationalpark zu rechnen – gegebenenfalls in welchem Umfang? Das
sollte – so die Vorgabe aus dem Raumordnungsverfahren – hypothetisch durch eine analoge Erhöhung der ermittelten Werte (=Verdoppelung) erreicht werden.
Aufgrund der Fragestellung und der angewendeten Untersuchungsmethode konnten resümierende
Empfehlungen nur differenziert nach der Qualität des Freizeitverhaltens an bestimmten Standorten

ausgesprochen werden. Das Freizeitverhalten war also (erstens) in seiner sozialen Sinnstruktur sowie (zweitens) in seinem latent ökologischen Gefahrenpotential auf den Projektionshorizont einer erhöhten Nutzung als Folge der Errichtung des Nordsee-Tropen-Parcs zu beziehen. Das heißt, die rein quantitativ beträchtliche Erhöhung einer Nutzung innerhalb der Erholungszone kann unter ökologischen Gesichtspunkten dann unproblematisch bleiben, wenn eine Ausweitung in die Zwischenzone weitgehend ausgeschlossen werden kann. Eine nur „geringe" Nutzung ökologisch empfindlicher Außengrodenflächen ist dagegen schon im Status quo – also vor einer Erweiterung der Übernachtungskapazitäten – unakzeptabel.

Das Problem des steigenden Nutzungsdruckes

Die Abb. 3.2.3.2.3/1 zeigt deutlich die saisonalen Nutzungsschwerpunkte. Das Maximum liegt an einem Wochenendtag in den Sommerferien mit sonnigem, warmem Wetter und zeitlich günstigem Hochwasserstand. Zugleich ragen die ortsnahen Beobachtungsbereiche C und D als stark genutzte Teilräume heraus. Die besonders hohen Werte der Kurve D gehen zu einem erheblichen Teil auf Verhaltensepisoden zurück, die auf und vor allem hinter dem Deich (binnendeichs) erfaßt wurden (Spaziergänger).

Diese Nutzungsintensität ist für die Ausgangsfrage sowie den Bewertungshorizont der gesamten Untersuchung unproblematisch, da negative Einwirkungen auf den Nationalpark aus diesen Nutzungsmustern nicht resultieren können. Die sich auf den Außendeich konzentrierenden Verhaltensepisoden erreichen dagegen im Sommer schon eine Intensität, die einen Nutzungsdruck auf die Zwischenzone ausübt. Dieser Druck wird durch Freizeitverhaltensweisen verstärkt, die sich (unter äußerst günstigen Wetterbedingungen) vor allem an den beiden Standorten C und D (ortsnah) konzentrieren (vgl. Abb. 3.2.3.2/1). Während im Bereich der Strandhalle (C) die Zwischenzone des Nationalparks erst ca. 300 m weiter nördlich beginnt und dort keine intensiven Nutzungen mehr erfaßt werden konnten, erstreckt sich ein relativ dichter Nutzungsteppich südlich des Campingplatzes (im Bereich D) direkt bis an die Grenze der Zwischenzone. Hier konnte aber beobachtet werden, daß selbst bei geringem Sozialabstand auf der Außendeichswiese die Erholungszone in Richtung Zwischenzone nicht überschritten wurde. Gleichwohl verläuft lediglich ein Schafzaun (grobmaschiger, nur ca. 1 m hoher Zaun ohne Stacheldraht) quer über den Deich. Diese Grenze fungierte als soziale Barriere: Niemand will sich für jedermann sichtbar (Zaun!) ausgrenzen!

Zu größeren Problemen führte in dem relativ gering genutzten Außenbereich dagegen die Nutzung eines ruhig gelegen Grodens (Wiese im Deichvorland). Die Fläche liegt in der Ruhezone und erfüllt alle landschaftlichen Klischee-Erwartungen an eine „natürliche Außendeichs- und Wattenlandschaft fernab des touristischen Trubels". In so strukturierten Teilräumen kann Landschaft im unmittelbaren Handlungsvollzug „idealisiert" werden – zwar um den Preis der Vertreibung ruhebedürftiger Vögel; gleichwohl sind nicht selten gerade naturbewußte Reisende forsch genug, dies in Kauf zu nehmen.

Nachdem die Freizeitnutzung in diesem Bereich der Ruhezone beobachtet wurde, sind die sich im Groden aufhaltenden Personen befragt worden, inwieweit sie sich der Tatsache bewußt seien, daß sie sich in der geschützten Ruhezone befinden. In mehreren Fällen war dies den befragten Personen bewußt (mitunter aber auch gleichgültig). Während die meisten Befragten erklärten, sie würden die Ruhezone nicht wieder betreten, meinten zwei Personen, das würden sie nur nach ausdrücklicher Ermahnung unterlassen.

Ein Betretungsverbot innerhalb eines wegen seiner ökologischen Empfindlichkeit besonders geschützten Nationalparks impliziert eine deutlich geringere soziale Verbindlichkeit als etwa das Betretungsverbot einer rot beampelten Straßenkreuzung. Das entspricht der „ordnungsbehördlich-polizeilichen Verteidigung" von Flächen, die einer restriktiven Nutzungsvorschrift unterliegen (d. h. dem offiziellen gesellschaftlichen Symbolwert eines Ge- oder Verbotes): An einem Beobachtungstage fuhr eine Polizeistreife in das Deichvorland der Ruhezone, nahm den Erholungsverkehr auf den

Wiesen des Außengrodens aber konsequenzenlos zur Kenntnis. Im Straßenverkehr sind Normen dagegen mit einem deutlich nachdrücklicheren Geltungs- und Durchsetzungsanspruch sozial abgesichert.

Die Betretung besonders geschützter Flächen des Nationalparks wird durch eine uneindeutige, teils widersprüchliche und vor allem bürokratische Beschilderung zumindest latent gefördert:

– Die Verbotsschilder, die auf die Ruhezone des Nationalparks hinweisen sollen, zeigen ein großes „N" auf blauem, nicht auf rotem Grund (üblicherweise sind aber Gebotsschilder blau!).

– Die Hinweisschilder und -tafeln am Rande der Ruhezone sind mit Text überfrachtet. Dieser ist zudem in einer juristifizierten Verordnungs-Sprache abgefaßt.

– Die Angaben über „erlaubte" und „verbotene" Wege sind unklar, selten eindeutig und laden zur (selbstgefälligen) Fehlinterpretation ein.

Insgesamt haben die nicht gewollten Freizeit- und Erholungsnutzungen in der Ruhezone deutlich gezeigt, daß (unabhängig von der Realisierung des im Raumordnungsprogramm zur Genehmigung anstehenden Nordsee-Tropen-Parcs) Defizite in der Steuerung des Freizeitverhaltens in ökologisch empfindlichen Teilräumen im Bereich des Außendeichs bestehen. Diese Steuerungsdefizite führten zu der Empfehlung, ein Konzept zur Entwicklung einer wirksamen Informations- und Bildungsarbeit im Nationalpark zu erarbeiten, das stärker auf Touristen eingeht. Moralisierende, belehrende Fingerzeige legitimieren eher den professionellen Ermahner, als daß sie ihren Adressaten nachhaltig, d. h. in der Logik seiner Freizeit- und Erholungsbedürfnisse erreichen würden.

Insbesondere an dieser Stelle wird der Ertrag der angewendeten Methode der Behavior-Setting-Analyse deutlich. Die Aufmerksamkeit liegt aufgrund der erfaßten raum-zeitlichen Verhaltensmuster immer auch auf der Ebene der Programmstruktur eines Settings. Diese Programmebene wird u. a. durch Normen gestaltet, die im Falle der Freizeitnutzung eines (in Grenzen) geschützten Küstenstreifens an orts- und regionsfremde Touristen wirksam vermittelt werden müssen.

3.2.3.2.4 Planungsrelevante Schlußfolgerungen

Da das Freizeit- und Erholungsverhalten unter Berücksichtigung einer möglichen Verdoppelung

a) nur an wenigen Tagen innerhalb eines Jahres eine so große Intensität wird erreichen können, daß ein naturschutzgefährdender Nutzungsdruck auf der Zwischenzone des Nationalparks lastet,

b) die Erholungsuchenden sich vor dem Deich schon durch geringfügige Grenzenverläufe (Zäune, Gräben etc.) steuern lassen,

c) der größte Teil des Freizeitverhaltens nicht auf Teilräume vor, sondern auf und insbesondere hinter dem Deich entfällt und

d) die Betretungen der Ruhezone unabhängig vom Großprojekt schon jetzt bestehende Beschilderungs-, Informations- sowie grundsätzliche Steuerungsdefizite zum Ausdruck bringen,

wurde in einer Realisierung des Projektes Nordsee-Tropen-Parc keine unmittelbare zusätzliche Gefahr für den Nationalpark Niedersächsisches Wattenmeer gesehen.

Um eine innerhalb der Gemeinde dennoch allein rein quantitativ steigende touristische Nutzungsintensität in ihren küstenbezogenen Konzentrationen reduzieren zu können, sind diverse Vorschläge zur Entwicklung sanfter touristischer Strukturen im Binnenland der Gemeinde entwickelt worden. In diese Empfehlungen gingen nun wiederum die qualitativen Erkenntnisse aus der Behavior-Setting-Analyse ein, denn jeder kleinräumliche Ausschnitt eines touristisch genutzten Bereiches an der Jade konnte aufgrund der Aneignung über Settings in seiner freizeit- und erholungsspezifischen Bedeutung für die Erholungsuchenden am Ort präzisiert werden. Wenn in diesem Sinne z. B. eine hohe Attraktivität ortsferner Gebiete für eine Nutzung durch Radfahrer deutlich wird, dann nimmt das nicht nur einen potentiellen Belastungsdruck von außendeichs gelegenen und geschützten Naturgebieten. Es zeigt zugleich, daß die Planung attraktiver Radwanderwege innerhalb des Binnenlandes touristische Aktionsräume steuern kann. Diese Perspektive ist nun nicht allein aus ökologischer Sicht belangvoll; sie zeigt auch Perspektiven einer lokal-ökonomischen Entzerrung auf.

3.2.3.3 Kritische Schlußbemerkungen

a) Planungsgeschichtlicher Zeitpunkt der Untersuchungen

Die hier zugrunde gelegte Untersuchung wurde im Rahmen des Raumordnungsverfahrens zur Bedingung der Genehmigung mehrerer Bebauungspläne gemacht, die die Errichtung von Ferienwohnungen zum Ziele hatten. Der Nordsee-Tropen-Parc war zu diesem Zeitpunkt aber bereits genehmigt und schon im Bau. Damit ergab sich für die Genehmigungsbehörde eine höchst problematische Situation. Hätten sich aus den Untersuchungen so schwerwiegende Bedenken im Hinblick auf die geplanten Erweiterungsmaßnahmen ergeben, daß die aufsichtsbehördliche Genehmigung auf dem Spiel gestanden hätte, wäre die gesamte Bürokratie der Kritik der Planlosigkeit (innerhalb formalisierter Planungsprozeduren) ausgesetzt gewesen. Immerhin hätte die Genehmigungsbehörde wissen müssen, daß der Nordsee-Tropen-Parc nur in Verbindung mit dem Ferienhauskomplex gewinnbringend betrieben werden kann. Insofern kann man unterstellen, daß aufgrund der erzeugten „Sachzwänge" durch zeitlich getrennte Bauanträge für zwei konzeptionell zusammengehörige Projekte ein substantieller politischer Entscheidungsspielraum von Anfang an gar nicht bestanden hat. Diese Situation dürfte aber eher typisch für die Realisierungspraxis von Großprojekten sein, denn Merkmal eines Einzelfalles.

b) Die „Verdoppelungshypothese"

Sozialwissenschaftliche Studien, die in konfliktiven Planungssituationen Entscheidungshilfen bereitstellen sollen, befinden sich in dem strukturellen Dilemma, daß sie über einen erst in der Zukunft ablaufenden Prozeß möglichst verläßliche Aussagen treffen sollen. Das mag bei der Prognose von Verkehrsströmen keine besondere Schwierigkeit sein. Im gegebenen Falle liegt das zentrale Problem dagegen in einer möglichen – aber zum Zeitpunkt der Untersuchung nicht erfaßbaren – Strukurverschiebung im ästhetischen Verhältnis der Feriengäste zum Wattenmeer.

Die derzeit in der Gemeinde Butjadingen anzutreffenden Feriengäste halten sich primär aus Gründen der landschaftlichen Attraktivität in der Region auf. Sie verwirklichen also ihre Freizeit- und Erholungsbedürfnisse in einer (Kultur-) Natur „unter freiem Himmel". Die künftig im Nordsee-Tropen-Parc zu erwartenden Feriengäste werden aber wegen der (für sie bedeutsamen) Attraktivität des Freizeitparks anreisen. Die natur- und kulturlandschaftlichen Potentiale der Gemeinde könnten deshalb für diese Gruppe nur noch eine sekundäre Rolle spielen und zur Kulisse werden.

Die Verdoppelungshypothese ging für den ungünstigsten Belastungsfall davon aus, daß sich das Freizeit- und Erholungsverhalten am Wattenmeer verdoppelt. Die anstehende Genehmigungsentscheidung wird mithin mangels anderer Prognosemöglichkeiten fast zwangsläufig auf einen im weitesten Sinne quantitativen Befund gegründet. Offen muß deshalb die Frage bleiben, inwieweit die dem Freizeit- und Erholungsverhalten zugrundeliegenden ästhetischen Naturbeziehungen überhaupt vergleichbar waren bzw. sein werden. Im ungünstigsten Falle sind die Nordsee-Tropen-Parc-Besucher von nicht simulierter Natur so weit entfremdet, daß ihr (dann qualitativ neues) Freizeitverhalten künftig Probleme aufwerfen wird, die nach angemessenen Lösungen verlangen. In der Studie ist deshalb die Notwendigkeit einer kritischen Planungsbegleitprognostik herausgestellt worden. Es bleibt abzuwarten, inwieweit diese „Instanz" über eine hinreichende Problemsensibilität verfügen wird, um schon für keimende Probleme und nicht erst für eklatante Krisenfälle Lösungen zu suchen.

c) „Sanfter Tourismus" als Widerspruch?

Die angedeuteten Planungsperspektiven eines sanften Tourismus für das Binnenland der Gemeinde stehen in einem potentiell widersprüchlichen Verhältnis zu den Entwicklungen im Küstenbadeort Tossens, der als touristisches Zentrum ausgebaut werden soll. Da aber bereits in der derzeitigen Nutzung eine starke räumliche Bindung der Feriengäste auf die unmittelbaren Küstenbadeorte und den nahen Küstenverlauf zu beobachten ist, erscheint die Möglichkeit, auch das Binnenland touristisch attraktiv zu machen, als realistische Planungsperspektive, zumal diese Teilräume der Gemeinde durch bäuerliche Familienbetriebe ausschließlich ländlich-agrarisch geprägt sind. Eine industrielle Nutzung und störendes (etwa lärmintensives) Gewerbe fehlt völlig.

Die Möglichkeit eines störungsfreien – räumlich weitgehend getrennten – Nebeneinander von Freizeitpark-Tourismus und sanftem Tourismus wird durch die allgemeine gesellschaftliche Entwicklung unterstützt, wonach Strukturverschiedenheiten weniger als widersprüchliche, sondern vielmehr als pluralisierte Aneignungs- und Erlebnispotentiale begriffen werden.

Zusammenfassung:
Das Wattenmeer ist ein ökologisch hochdiverses, zugleich extrem labiles Ökosystem. Touristische Erschließungsprojekte, die aufgrund ihrer Dimension eine drastische Erhöhung des Nutzungsdruckes befürchten lassen, sind im Rahmen von Raumordnungsverfahren auf ihre Umweltverträglichkeit zu überprüfen. Die Fallstudie setzt sich mit den voraussichtlichen Folgen der Verdoppelung der bestehenden Übernachtungskapazitäten im Nordseebad Tossens (Unterweser) als Folge der Errichtung eines Centerparc-ähnlichen Badeparadieses auseinander. Einsatz im Unterricht: Anwendung einfacher Beobachtungsverfahren, Kartierungsübungen, Nutzungs- und Interessenkonflikte, Möglichkeiten zur Beeinflussung räumlich bedeutsamer Verhaltensmuster, Vergleich historischer Karten von Fremdenverkehrsorten, „harter" vs. „sanfter" Tourismus.

3.3 Zonale Beispiele (*Hartmut Leser*)

Folgt man der „Theorie der geographischen Dimensionen" bei der Betrachtung von Geoökosystemen weiter, gelangt man – nach den Choren – zu den Beispielen zonaler Größenordnung. Nicht nur wegen der typisch schulgeographischen Raum-Betrachtungskategorie der Zone, sondern auch noch aus anderen Gründen wird mit Kap. 3.3.1 ein methodologischer Überblick über die Zonenproblematik gegeben. (Ähnliches gilt für das Kap. 3.4 mit den globalen Beispielen.)

Mit der Betrachtung von Gesamterde (Kap. 3.4) und Zonen (Kap. 3.3) bewegt sich die Schulgeographie auf vertrautem Terrain. Jedoch wurde nicht immer berücksichtigt, daß auch die Zonen und die gesamte Geobiosphäre der „Theorie der geographischen Dimensionen" unterliegen. Wird die Theorie auf die Zonenlehre angewandt, erfolgt eine quasinaturgesetzliche Betrachtung zonaler und gesamtirdischer Sachverhalten auf geoökologischer Grundlage. Zonen und Geobiosphäre wurden früher – und zwar nicht nur in der Schulgeographie, sondern auch in der Forschung – eher unscharf als „Phänomene" dargestellt. Besonders *Richter* (1967), der sich mit der Systematisierung der Zonen auseinandergesetzt hatte, sorgte hier für einen Wandel.

Eine solche systematische Betrachtung ist nicht nur wegen der inzwischen erfolgten methodologischen Fortschritte der Geoökologie erforderlich, sondern auch wegen des zunehmenden Allgemeininteresses an der Zonen- bzw. Gesamterde-Problematik. Speziell das sogenannte „Sahel-Problem", also eine vor allem durch ihren zonalen Umfang wirksame Hunger- und Desertifikationskatastrophe, lenkte die Aufmerksamkeit der Öffentlichkeit auf zonale Fragestellungen und damit auf das Problem des zonalen Funktionierens der Großökosysteme. Damit waren auch verschiedene Wissenschaften (Geographie, Biologie, Geobotanik, Klimatologie etc.) aufgerufen, sich endlich mit der exakten Inhaltskennzeichnung und damit Abgrenzungsmöglichkeit von geographischen Zonen, also den „Landschaftsgürteln", zu beschäftigen.

Wegen der gesamtirdischer Bedeutung des ökologischen Funktionierens von Landschaftszonen und damit deren ökologischer Intaktheit (aber auch, weil die Zonenlehre in der Schulgeographie ein wichtiges Instrument zur Vermittlung geographischer Systematik und geographisch-geoökologischen Denkens überhaupt ist), muß eine theoretische, universell anwendbare Grundlegung dieses Zonenansatzes der Schulgeographie erfolgen. Diese wird in Kap. 3.3.1 vorgenommen.

Mit der Vermittlung einer begründeten und zugleich plausiblen Zonenlehre der Erde wird zugleich das Verständnis für großräumige Ökosystemzusammenhänge vermittelt. Die Kenntnisse darüber wiederum sind für Schüler und Bürger wichtig, um die Umweltsituation unserer Erde kompetent einschätzen und sich dementsprechend verhalten zu können. Fragen der globalen Klimaänderungen, der Entwicklungshilfe, der Desertifikation, der Nahrungsmittelproduktion und -hilfe, der Bodenzerstörung etc. gehen uns alle und täglich an, so daß zumindest Lehrerinnen und Lehrer über ein theoretisches Fundament verfügen müssen, um die Unterrichtsbeispiele und -inhalte begründet auswählen und die Schüler für das Verständnis großräumiger geoökosystemarer Zusammenhänge befähigen zu können.

Mit den Beispielen 3.3.2 und 3.3.3 werden zwei Klimazonen und ihre landschaftlichen Inhalte vorgestellt. Die Gewichtung einmal eher geoökologisch, das andere Mal mehr gesamtlandschaftlich – erfolgte, um die innerhalb geoökologisch orientierten Geographieunterrichts mögliche große Bandbreite zonaler Betrachtung zu zeigen. Beide Zonen weisen zudem unterschiedliche Komplexität auf, die auch didaktisch relevant ist: Die mediterranen Subtropen stellen – global gesehen – keine zusammenhängende Zone dar, während die Subpolar- und Polargebiete als geschlossener Gürtel erscheinen. Beide Beispiele werden nach dem exemplarischen Prinzip abgehandelt: Es wird sachgerecht ausgewählt und keine „Vollständigkeit" angestrebt.

3.3.1 Die zonalen Ökosysteme im planetarischen Überblick (*Klaus Gießner*)

Wegen der schulgeographisch-didaktischen Bedeutung des Gegenstandes „geographisch-geoökologische Zone" wird zunächst eine Betrachtung des Zonenbegriffs und der Zonenproblematik vorgenommen. Hinter der Idee der Begriffspräzisierung steht nicht nur das Bestreben nach theoretischer Klarheit, sondern auch das Bemühen um ein einwandfrei einsetzbares begriffliches Modell, dem im Unterricht große Bedeutung zukommt:

– besseres sachlich-fachliches Verstehen des Begriffes Zone;
– Möglichkeit der Präzisierung der verschiedenen Zonenbegriffsinhalte und damit der Vorstellungen von Klima-, Boden-, Vegetations- u. a. Zonenmodellen;
– Erfassen der Unterschiede zwischen den Einzelzonenmodellen für die einzelnen Geoökofaktoren (Klima, Wasser, Boden, Georelief, Vegetation, Tiere) und den Gesamtzonenmodellen (Groß-Geoökosysteme im Sinne der Geome und Biome);
– verstehen, daß die Geoökosystem-Zonen Naturraumpotential darstellen, die vom Menschen genutzt werden können. Daraus leiten sich dann die verschiedenen humangeographischen Zonenmodelle ab (z. B. Kulturlandschaftszonen, Landwirtschaftszonen).

3.3.1.1 *Die Grundsatz-Problematik des geographisch-ökologischen Zonalitätskonzeptes*

Die geoökologisch orientierte Landschaftsforschung und die regionalgeographische Ökosystemforschung haben in den letzten Jahrzehnten bei der Erarbeitung von Grundprinzipien und Methoden der geoökologischen Raumgliederung und Raumbewertung unbestreitbare Fortschritte erzielt. Ihre größten Erfolge zeigen sich vor allem bei landschaftsräumlichen Ordnungssystemen der großmaßstäbigeren, unteren Dimensionsstufen (siehe dazu Kap. 2.1). Ökologisch orientierte Raumgliederungen in der topischen, chorischen und auch noch in der regionalen Dimensionsstufe spiegeln, wenn auch mit Einschränkungen, die in der Natur tatsächlich existierende Vielfalt der realen Standortverhältnisse wider. Ihre spezifische Ausbildung und räumliche Verbreitung sind vor allem durch die Prinzipien der landschaftsökologischen Verwandtschaft, der ökologischen Homogenität bzw. der fortschreitenden ökologischen Heterogenität, der gemeinsamen Landschaftsgenese und des vergleichbaren naturräumlichen Gefügestils vorgezeichnet (*Richter* 1967, Abbildung 2, S. 142). Definition und Abgrenzung der ausgegliederten Einheiten erfolgen dabei von innen und unten heraus auf der Basis eines komplexen gesetzmäßigen Gefüges von haushaltlich funktionierenden, dynamischen Faktoren eines „absoluten" Ordnungssystems (*Leser* 1976, S. 76/77). Die Erfassung und Darstellung dieser naturräumlichen Ordnung erfolgt induktiv-analytisch mit Hilfe der komplexen Standortanalyse (*Mosimann* 1984). Die ökologischen Aussagen eines solchen Raumgliederungskonzeptes sind unbestritten.

Diese generell positive Bewertung ökologisch-landschaftsräumlicher Ordnungssysteme der unteren Dimensionsstufen schlägt in massive Kritik um, wenn es um die Ausgliederung von Geozonen, Landschaftszonen (Landschaftsgürtel) oder gar Ökozonen im Sinne zonaler Ökosysteme geht. Die Schwierigkeiten, das Naturraumpotential der Erde auf der zonal-planetarischen, geosphärischen Dimensionsstufe in zonale Großräume (oder Gürtel) mit möglichst vielen einheitlichen ökologischen Grundzügen zu gliedern, haben mehrere Ursachen. Sie hängen alle eng mit der grundsätzlichen Problematik des geographisch-ökologischen Zonalitätskonzeptes zusammen.

Die inhaltlichen und methodischen Probleme eines planetarisch-globalen Ordnungssystems auf der Basis des geographisch-ökologischen Zonalitätskonzeptes lassen sich in folgende Teilprobleme gliedern:

– In das Problem der Zonenpriorität,
– der Zonendimension,
– der Zonenbegrenzung,
– der Zonennorm,
– der Zonenrealität,
– der Zonenkausalität,
– der Zonendynamik und
– der funktionalen Zonenlehre.

Diese acht Teilprobleme, die mit der engen Dimensionsabhängigkeit des geographischen Zonalitätskonzeptes und seinem eingeschränkten Anwendungsbereich auf die höchste Ordnungsstufe des hierarchischen Gliederungssystems von Erdräumen und Landschaftszonen verknüpft sind, haben die Anwendbarkeit der geographisch-ökologischen Zonenlehre immer wieder in Frage gestellt. Die massive Kritik am Konzept der geographischen Zonalität (zuletzt bei *Hard* 1982, S. 171–174) ist daher so alt wie die Versuche, die Fülle geographischer Erscheinungen an der Erdoberfläche sinnvoll zu ordnen und gesetzmäßig zu gliedern. Diese zonalen Gliederungsversuche waren und sind ja, unabhängig von den sich wandelnden Forschungsansätzen und Forschungszielen, stets eine zentrale Frage- und Aufgabenstellung innerhalb der wissenschaftlichen Geographie. Es gehört zu den fundamentalen Aufgaben der wissenschaftlichen Geographie, die räumliche Differenzierung geographischer Erscheinungen auch in der zonalen Dimension zu erfassen und darzustellen.

In fast allen wissenschaftstheoretischen und methodologischen Arbeiten zum Forschungsobjekt und Forschungsziel der Geographie wird diese Forderung mehr oder weniger deutlich herausgestellt, so z. B. bei *Troll* (1967, S. 33), Plewe (1967, S. 103) und *Schmitthenner* (1967, S. 189). Alle dokumentieren das prinzipielle Interesse der Geographie an zonalen räumlichen Ordnungssystemen und deren Unverzichtbarkeit in der landschaftskundlichen Methodik. *Neef* (1967, S. 282) betont sogar, daß die zonale und azonale Ordnung der geographischen Erscheinungen als wichtige analytische Gesichtspunkte der Wissenschaftsmethodik angesehen werden müssen.

Nur über den Weg, auf dem diese Forderungen zu erfüllen sind, bestand und besteht ein permanenter Streit. Er deckt sich mit der offenen Diskussion über die verschiedenen Definitionen des Landschaftsbegriffes und mit der Entwicklung des zonalen Landschaftskonzeptes.

In dem gleichen Maße, in dem sich das Landschaftskonzept von der formal-physiognomischen Ansprache in der klassischen Landschaftsmorphologie über den funktionalen Betrachtungsansatz in der Landschaftsphysiologie immer stärker zu einer komplexen Standortanalyse in der synergetischen Landschaftsökologie weiterentwickelt hat, haben sich auch die Anforderungen und damit auch die Kritik an den räumlichen Ordnungssystemen erweitert. Die „Landschaft" bzw. die „Landschaftszone" wird heute i. S. der Geoökologie als ein hochkomplexes landschaftliches Ökosystem, als ein offenes stoffliches und/oder energetisches System mit einem dynamischen (Fließ-)Gleichgewicht in verschiedenen Integrationsstufen definiert. Die einheitliche Struktur und der homogene Systemcharakter in der jeweiligen Ordnungsstufe wurden dabei als wesentliche Kennzeichen herausgestellt (vgl. *Leser*, 1978, S. 33/34). Zwangsläufig geraten bei dieser Landschaftsdefinition die räumlichen Ordnungssysteme für die höheren Hierarchiestufen verstärkt in die Schußlinie der Kritik.

Gerade das Konzept der geographischen Zonalität kann in seiner klassischen Form als „erweiterte geographische Klimazonenlehre" den hohen Anforderungen eines ökologisch orientierten räumlichen Ordnungssystems kaum noch gerecht werden. Allerdings sollte man nicht in den Fehler verfallen, kleinmaßstäbige (naturräumliche) Gliederungssysteme für die geosphärische Dimensionsstufe an den Kriterien großmaßstäbiger (ökologischer) Ordnungssysteme für die topische oder chorische Dimension zu messen. Dies würde zweifellos das Konzept der geographischen Zonalität bei weitem überfordern und auch an der Zielsetzung kleinmaßstäbiger Ordnungssysteme vorbeigehen.

Es liegt auf der Hand (und wohl auch in der Natur geographischer Landschaftsräume!), daß mit der Zunahme der Dimensionsstufe landschaftlicher Betrachtung auch der Grad der Abstraktion, die Tendenz zur vereinfachenden Kompilation und zur unscharfen Verknüpfung der verschiedenen Geofaktoren drastisch erhöht werden. Die Heterogenität der zu Zonen zusammengefaßten Landschaftsräume, die Begründung der äußeren Grenzziehung sowie die inhaltliche Definition der ausgegliederten Zonen stellen schwerwiegende methodische und sachliche Probleme des Zonenkonzeptes dar. Daraus aber abzuleiten, daß die geographische Zonenlehre prinzipiell nicht viel mehr bringen kann als eine „Naturkunde für Laien", daß sie von originären Beobachtungen, Fragestellungen und Feldarbeiten weitestgehend abgeschnitten ist und daß „Landschaftsgürtel" nur zu gebrauchen sind, um mit ihnen und an ihnen topographisches und (in Grenzen) physiogeographisches Übersichts- und Orientierungswissen zu üben (*Hard* 1982, S. 171), erscheint mehr als fragwürdig.

Gerade die vergleichende großräumige Betrachtung von Landschaftsgürteln zeigt oftmals die eigentlichen kausal-genetischen Zusammenhänge bei der Ausgestaltung der Erdoberfläche viel deutlicher als die kleinräumige geoökologische Standortanalyse. Auch scheint ein tiefergehendes Verständnis für die kausale Verknüpfung der geoökologischen Partialkomplexe „Klima", „Wasserhaushalt", „Boden" und „Vegetation" nicht allein auf die topische und chorische Dimension beschränkt. In den großen Landschaftsgürteln der Erde zeigt sich z. B. die übergeordnete, dominante Abhängigkeit der Vegetation von den klimatisch-hydrologischen Standortbedingungen in gleicher Weise wie in einer großmaßstäbigen geoökologischen Catena, vorausgesetzt, man interpretiert die maßstabsbedingte Generalisation in entsprechender Weise.

Übergeordnete Kausalfaktoren und ihre landschaftsbestimmende Wirksamkeit werden z. T. überhaupt erst in der zonalen, geosphärischen Dimension sichtbar und nachvollziehbar, so z. B. die großklimatische Wirksamkeit von unterschiedlichen Luftmassenkörpern, Luftdruckzonen und Windfeldern im Zusammenhang mit den räumlich-dynamischen Stoff- und Energietransporten in der atmosphärischen Zirkulation. Auch die modifizierende Wirkung des Großreliefs, der Land-/Meerverteilung und der großen Meeresströmungen auf die großklimatische und vegetationsgeographische und damit ökologische Differenzierung der Erde wird erst in der zonalen Übersicht erkennbar.

Unter dem Aspekt der ökologischen Belastbarkeit von Naturraumsystemen und der immer gravierenderen globalen Störung der Mensch-Umwelt-Relationen kann eine moderne, ökologisch ausgerichtete „geographische Zonenlehre" durchaus einen wichtigen Beitrag zur sinnvollen Ressourcennutzung und Ressourcenschonung leisten. Es kann doch kein Zweifel darin bestehen, daß sich die agrarwirtschaftliche Inwertsetzung des Naturpotentials in den verschiedenen Landschaftszonen der Erde primär nach der natürlichen Produktivität und den Belastungsgrenzen des vorgegebenen Ökosystems auszurichten hat. Der dabei immer wieder erhobene Vorwurf eines unverantwortlichen Geodeterminismus scheint vor allem in jenen Regionen überzogen, in denen der wirtschaftende Mensch bereits heute die Anbau- und Nutzungsgrenzen über das ökologisch noch vertretbare Maß hinaus vorgeschoben hat. Daß dann z. B. die äußere agronomische Trockengrenze in enger Anlehnung an bestimmte Grenzjahresisohyeten und Grenzisohygromenen verläuft, die agrare Bodennutzungszone dieses Landschaftsgürtels daher letztendlich „naturdeterminiert" ist, belegen zahlreiche

184

Feldforschungen, vor allem aus dem subtropisch-randtropischen Trockengürtel. Die gleiche Natur-
abhängigkeit zeigen auch die Landbauzonen und Höhenstufen der Nutzpflanzen im hypsometri-
schen Wandel, vor allem in den tropischen Hochgebirgen.

Fazit:
Die ökologisch orientierte geographische Zonenlehre zeigt uns auf der einen Seite die natürliche Leistungsfähigkeit und die Produktionsmöglichkeiten der zonalen Geoökosysteme, auf der anderen Seite die Grenzen,
Gefahren und Belastungsprobleme, die sich bei einer nicht angepaßten Raubbauwirtschaft einstellen. Damit
kann, im Gegensatz zu der häufig geübten Kritik, das Konzept der geographisch-ökologischen Zonenlehre
ein vertieftes Verständnis für die Mensch-Umwelt-Relation und für die prinzipielle Bedeutung der Belastbarkeit und der Belastungsgrenzen von geosphärischen Ökosystemen vermitteln.
Die geographische Zonenlehre hat daher auch heute noch einen wichtigen Platz sowohl in der Regionalgeo-
graphie als auch in der Allgemeinen Geographie, und damit auch in der Schulgeographie. Allerdings sollte
man sich bei ihrer Anwendung stets über die dimensionsabhängige Zielsetzung und Aussagekraft dieses globalen Ordnungssystems sowie über die damit verbundenen inhaltlichen und methodischen Probleme im klaren sein.

3 3.1.2 Definition und Diskussion einiger Grundbegriffe: Von der „geographischen Zone" zum „zonalen Ökosystem"

Der Begriff „Zone" leitet sich aus dem griechischen „zone" und dem lateinischen „zona" ab und
dient, in das Neuhochdeutsche übertragen, im allgemeinen Sprachgebrauch schlechthin als Gebiets-
bezeichnung.
Speziell in der naturwissenschaftlichen Literatur wird dieser Begriff recht häufig und unterschiedlich
benutzt: im Sinne von „Gürtel", „Streifen", „Gebiet", aber auch für „Bereich", „Abschnitt" oder
„Höhenstufe" (*Bramer* 1985, S. 433). Zu Recht betont *Czajka* (1956/57, S. 410), „daß es untunlich
wäre, dem Worte an sich seine sprachliche Verwendung einzuengen. Sein jeweiliger Sinn wird ihm
erst durch adjektivische Zuordnung gegeben oder wird aus dem Gesamtzusammenhang ersichtlich."
Unter Berücksichtigung dieser adjektivischen Zuordnung definiert *Maull* (1954/55, S. 404) den Zonenbegriff im geographisch-länderkundlichen Sprachgebrauch vorwiegend deskriptiv und reichlich
unpräzise als „ein Areal von ausgesprochen länglicher Gestalt, ja langer Erstreckung, ohne daß diese
die ganze Erde umgreifen müßte, und ohne daß sich der Begriff mit einer bestimmten Richtung un-
lösbar verknüpft hätte. Es gibt darum ebenso meridional wie breitenparallel und irgendwie diagonal
zu beiden Richtungen verlaufende Zonen. Darum läßt sich der Begriff auf alle möglichen Areale anwenden, und es existieren daher zahlreiche Arten von Zonen."
In der sehr weitgefaßten Zonendefinition von *Maull* (1954/55) werden bereits einige der acht angesprochenen Teilprobleme des geographischen Zonenkonzeptes sichtbar: Die Frage nach der Zonenpriorität und Zonenkausalität wird mit dem gleichrangigen Nebeneinander von tellurischer Zonierung (geotektonisch-geomorphologischer Zonen), planetarisch-klimatischer Zonierung (Klimazonen) und klimaökologischer Zonierung völlig offen gelassen. Das Problem der Zonendimension
wird durch die weitere Aufgliederung und Differenzierung der drei Hauptzonenarten nur angedeutet, in seiner inhaltlichen und methodischen Konsequenz aber nicht erkannt. Das Problem der Zonenrealität wird vor allem mit der Ausgliederung von „Länderzonen" aufgeworfen. Nach *Maull*
(1954/55, S. 412) sind „Länderzonen" = „Erdgürtel, die nicht allein wie die Landschaftszonen durch
klimatisch-pflanzengeographische Gleichartigkeit, sondern auch durch Übereinstimmungen in ihrer
Wirtschafts-, Siedlungs- und Verkehrsweise, der Kulturlandschaft überhaupt und damit vielfach
auch durch solche in der Art ihrer Bewohner gekennzeichnet werden." Mit dieser Ausweitung auf
die anthropogen-nootische Sphäre wird aber eindeutig das geographisch-ökologische Zonalitäts-
konzept überfordert. Die Kausal- und Wirkungszusammenhänge und damit auch die funktionale
Einordnung in das zonale Konzept bleiben verschwommen und fragwürdig. Der Vorwurf des Geo-

determinismus und der fehlenden „Zonenrealität" ist bei solcher Ausweitung des Zonenbegriffs durchaus gerechtfertigt.

Den Begriff der „Geographischen Zonen" haben wohl als erste *Czajka* (1957) und *Berg* (1958) in die Literatur eingeführt. Ohne diesen Begriff eindeutig zu definieren, gehört nach *Czajka* (1957, S. 410) als zugeordnetes, räumliches Merkmal (zur Definition), daß Nachbarzonen gleichsinnig verlaufen und daß ferner ein ganzes Zonenbündel, also eine zonare Gliederung vorliegt.

Berg (1958, S. 1/2) hat in seinem Lebenswerk „Die geographischen Zonen der Sowjetunion" den geographischen Zonenbegriff indirekt mit seiner Landschaftsdefinition festgelegt.

Bei seiner Definition von „Landschaft" und „Landschaftszonen" fällt auf, daß sowohl die typologische Zonennorm, die breitenkreisparallele, planetarische Zonenanordnung – und damit die solar-klimatische Zonenkausalität – als auch die dimensionsabhängige Hierarchie der Landschaftsgliederung (Zonendimension) zumindest angedeutet werden. Da sich nach Berg die „Besonderheiten" unterschiedlicher Partialkomplexe (z. B. des Georeliefs, des Klimas, der Gewässer, des Bodens usw.) zu einem „harmonischen Ganzen" vereinigen und dieses sich innerhalb einer bestimmten Zone der Erde in typischer Ausprägung wiederholt, sind hier auch schon Definitionskriterien der funktionalen und geoökologischen Zonenlehre enthalten. Ein wesentliches Kennzeichen der funktionalen Zonenlehre besteht ja darin, „daß sie die im engeren und weiteren Sinne orographisch und edaphisch bedingten Modifikationen der sogenannten planetarischen Zonierung konkret einbezieht und nicht von ihnen abstrahiert" (*Czajka* 1956, S. 425).

Dieser funktionale und im weitesten Sinne schon geoökologische Ansatz wird auch in der Zonendefinition von *Bramer* (1985, S. 434) angedeutet: „Unter geographischen Zonen sollen Räume an der Festlandsoberfläche der Erde – der Bezugsbasis der Geosphäre – verstanden werden, die sich in Abhängigkeit vom Strahlungshaushalt quasi breitenparallel anordnen. Die hier direkt oder indirekt strahlungsbedingten Naturvorgänge des Klimas und des damit verbundenen klimatischen Wasserhaushaltes, der Bodenentwicklung, der Reliefformung und der Vegetation prägen das Erscheinungsbild der betreffenden geographischen Zone. Von diesem Grundprinzip abweichende Variationen werden durch die entsprechende Land-Meer-Verteilung bzw. die Anordnung des Makroreliefs veranlaßt." Die enge räumlich-kausale Beziehung zwischen den geographischen Zonen und dem planetarischen Lageprinzip erlaubt auch bei diesen nicht klimatisch verursachten Abweichungen der typologischen Zonenausstattung den Verzicht auf die mißverständlichen Begriffe „azonal" oder „intrazonal" (*Richter* 1967, S. 129–160 und *Bramer* 1977, S. 13).

Anstelle der Begriffe „Geographische Zonen" oder „Landschaftszonen" werden häufig synonym auch die Begriffe „Landschaftsgürtel" und „Geozonen" benutzt. Während der Begriff „Landschaftsgürtel" auf das ursprüngliche Zonenkonzept von *Siegfried Passarge* (1929) zurückgeht und daher von einer langen Tradition mit wechselnden Definitionsversuchen belastet ist, wird der Begriff „Geozonen" erst in der jüngeren Landschaftsforschung in Anlehnung an den englischsprachigen Ausdruck „geographic zonality" als Kurzform für „Geographische Zonen" benutzt (*Pecsi* 1967, *Birkenhauer* 1972, 1980, S. 69).

In Anlehnung an den geoökologisch orientierten Landschaftsbegriff von *Troll* (1950) versteht *Müller-Hohenstein* (1981, S. 15) „unter einem Landschaftsgürtel oder einer geoökologischen Zone einen zonal angeordneten Teil der Erdoberfläche, der durch die Zusammenhänge zwischen den Faktorenkomplexen Klima, Boden, Pflanzen und Tierwelt ein charakteristisches räumliches Wirkungsgefüge besitzt (primäres Ökosystem). In einem System von Naturräumen nehmen die Landschaftsgürtel die höchste Ordnungsstufe ein."

Mit dieser Definition der Landschaftsgürtel als „primäre Ökosysteme" der zonalplanetarischen Dimension ist auch ein einfaches Ökosystem-Strukturmodell verknüpft, das bei der Typisierung und Charakterisierung der einzelnen Landschaftsgürtel als „ordnendes Gerüst" die geoökologischen Grundlagen der jeweiligen Zone liefert. Damit sollen die kausal-funktionalen Zusammenhänge und Wechselwirkungen zwischen den einzelnen Strukturelementen bzw. Faktorenkomplexen erklärt werden (*Hohenstein* 1981, S. 48). Deren Synthese zu Ökosystemen bleibt jedoch methodisch weitgehend ungeklärt. Darauf hat besonders *Hard* (1982, S. 172/173) kritisch hingewiesen. Die zonale Aufgliederung der terrestrischen Geosphäre in einzelne Landschaftsgürtel (oder in primäre Ökosysteme) deckt sich vollkommen mit den effektiven Klimazonen auf der „Karte der Jahreszeitenklimate der Erde" von *Troll* und *Paffen* (1964). Diese, von *Müller-Hohenstein* angestrebte und auch gut begründete Übereinstimmung belegt die heute allgemein vertretene Ansicht der Landschaftskundler, daß die global-zonale Gliederung der terrestrischen Geosphäre in einzelne Landschaftsgürtel primär nach großklimatischen Kriterien vorzunehmen ist. Von diesen hängen dann die hydrogeographischen, pedologischen, phytoökologischen und z. T. auch die geomorphologischen Ausstattungsvarianten ab, mit denen die Naturraumzone geographisch typisiert wird.

Die direkte Weiterentwicklung dieser ökologisch orientierten, funktionalen Landschaftszonenlehre bei *Troll* und *Müller-Hohenstein* führt zur Konzeption der „Ökozonen der Erden, die als geozonale Ökosysteme definiert werden (*Schultz* 1988); auf diese ökologische Gliederung der Geosphäre wird weiter unten noch einzugehen sein.

Nahezu indentisch mit der klimatisch-geoökologischen Bestimmung der „Landschaftsgürtel" oder „Landschaftszonen" erweist sich – sowohl dem Inhalt als auch der räumlichen Anordnung nach – die bioökologische Großgliederung der Erde. Dabei wird die Gesamtheit der terrestrischen Ökosysteme als „Geo-Biosphäre" zusammengefaßt und den aquatischen Ökosystemen der „Hydro-Biosphäre" gegenübergestellt (*Walter* 1984, S. 13). Unter besonderer Einbeziehung der natürlichen Umwelt (und auch des Lebensraumes des Menschen) werden die terrestrischen Ökosysteme in Anlehnung an die nordamerikanische Terminologie (*Whittaker* 1975, S. 135) als „Biome" bezeichnet.

Als „Biome" (ohne Vorsilbe) bezeichnen wir nach *Walter* (1976, S. 19 und 1984, S. 17) die Grundeinheiten der großen ökologischen Systeme der Geo-Biosphäre. Wir verstehen darunter große, klimatisch einheitliche Lebensräume, die sowohl die Umwelt als auch die biotischen Komponenten einschließen und einer konkreten, einheitlichen Landschaft entsprechen. Biome sind daher auch durch eine charakteristische Vegetation und Fauna gekennzeichnet. Entsprechend den primären, dominanten Standortfaktoren der Biogeosphäre können „Biome" in drei übergeordneten „Biomtypen" zusammengefaßt werden:
– In „Zonobiomen", die die höchste Rangstufe und größte Einheit bilden. Sie entsprechen den großen ökologischen Klimazonen und sind durch klimatische Parameter definiert. Die natürlichen Vegetationszonen zeichnen im global-planetarischen Grundmuster diese „Zonobiome" nach;
– in „Orobiomen", die den Gebirgsökosystemen mit einer vertikalen Klimagliederung und einer phytoökologischen Höhenstufung entsprechen. Da die „Orobiome" die zonal-planetarische Klima- und Vegetationsgliederung durch ihre vertikale Stufung unterbrechen, werden sie auch als „unizonale Orobiome" bezeichnet;
– in „Pedobiomen", die in etwa den intrazonalen und azonalen Bodentypen der Pedologie entsprechen. Unter „Pedobiomen" verstehen wir Lebensräume, die an bestimmte Böden gebunden sind, wobei die Ausbildung dieser Böden stärker von der Beschaffenheit des Ausgangsgesteins und des Substrates als von den makroklimatischen Bedingungen abhängt.

Für das Konzept einer funktionalen, ökologisch fundierten geographischen Zonenlehre spielen als Gliederungseinheiten nur die „Zonobiome" und ihre weitere Unterteilung eine Rolle. Im globalen Maßstab bleiben dagegen die „Orobiome" ungegliedert und die „Pedobiome" aus zeichentechnischen Gründen nicht darstellbar.

3.3.1.3 *Möglichkeiten und Konzepte der ökologisch-zonalen Raumgliederung*

Als letzter, methodisch bedeutsamer Ansatz in der langen Reihe der zonalen Gliederungsversuche der Geosphäre müssen die ökologischen Gliederungkonzeptionen besonders herausgestellt werden.

Diese kommen der heute gültigen Auffassung von der Landschaft als einem komplexen, geosynerge-
tischen System von biotischen und abiotischen Standortfaktoren mit einem stofflich-energetischen
„Fließgleichgewicht" am nächsten. Da in diesen Gliederungsansatz der Geosphäre nach „zonalen
Ökosystemen" in zunehmendem Maße auch der Mensch miteingebaut wird und das agrarische Nutzungspotential der jeweiligen Zonen durch Bestimmung der pflanzlichen Primärproduktion quantifiziert werden kann, spielen heute auch in der geographischen Zonenlehre und in der Umweltforschung die ökologisch fundierten Gliederungskonzepte die wichtigste Rolle.
Die immer wieder gestellte Frage nach der Gültigkeit und Verwendbarkeit zonaler Gliederungskonzepte ist damit heute eindeutig zu Gunsten ökologischer Systeme entschieden. Dabei ist allerdings zu
beachten, daß solche Ökosysteme als lebende „Biogeozönosen" in ständigen Wechselbeziehungen
zu ihrer abiotischen Umwelt und zu ihren biotischen Teilsystemen stehen. Eine große Mannigfaltigkeit an verschiedenen Erscheinungsformen, eine dynamische Entwicklung und Veränderung der Systeme selbst durch ein sehr komplexes kausal-funktionales Zusammenspiel stofflicher und energeti-
scher Faktoren und eine genetisch-historische Entwicklung unter dem Faktor „Zeit" sind die Folgen.
Damit entziehen sich die zonalen Ökosysteme eigentlich dem wissenschaftlichen Bestreben nach
klar definierter Gliederung, Ordnung und Begrenzung. Dem pedantischen Ordnungssinn des Menschen steht die Großzügigkeit und Mannigfaltigkeit der Natur gegenüber. Jede zu starre Ordnung
führt daher zu einem toten Gliederungsschema, das zwar gut zu übersehen ist, nicht aber der leben-
digen Wirklichkeit entspricht (*Walter* 1976, S. 1). Diese Einschränkung sollte berücksichtigt werden.
In einem kurzen Überblick sollen nachfolgend die Grundzüge der wichtigsten ökologischen Gliederungskonzepte der geosphärischen Dimension angesprochen werden. Der Schwerpunkt soll dabei
auf die terrestrischen Makro-Ökosysteme gelegt werden. Sie entsprechen formal mit ihren Grenzen
im weitesten Sinne den geographischen Landschaftszonen oder Landschaftsgürteln und deren Sub-
zonen. Inhaltlich unterscheiden sie sich aber von diesen sehr deutlich, da sie viel stärker als geozonale Ökosysteme definiert werden können (*Schultz* 1988, S. 10).

a) Der zonale, solar-klimatische Gliederungssatz
Bereits in der klassischen „Geographischen Zonenlehre" wird mehrfach darauf hingewiesen, daß die
gesetzmäßige planetarisch-zonale, naturräumlich-ökologische Großgliederung der Geosphäre ihre
eigentlichen Ursachen in den solarklimatischen Ausgangsbedingungen des Planeten Erde hat. Die
geophysikalischen, solar-planetarischen Grundlagen der Erde als Bestandteil unseres Sonnensy-
stems liefern uns das energetisch-räumliche Bezugssystem der „Geographischen Zonalität" und damit auch die Ausgangsbedingungen der zonalen Ökosysteme (das geophysikalisch-kosmische
Axiom der geosphären Ordnung nach *Neef* 1967, S. 280).
Sowohl für die klimazonale Großgliederung innerhalb der genetischen und effektiven Klimaklassifi-
kationssysteme als auch für alle klimatisch abhängigen Zonengliederungen (Vegetationszonen, Bodenzonen, klimageomorphologische Zonen usw.) spielen die strahlungsenergetischen Ausgangsbedingungen die entscheidende Rolle. Dies gilt auch für die ökologisch orientierten Gliederungskonzepte.
Die kausalgenetische Begründung der geographischen Zonenabfolge gelingt am leichtesten über die
solaren Beleuchtungszonen (= mathematisch-solaren Klimazonen) und über die damit zusammenhängenden Strahlungsbilanzen.
In Abbildung 3.3.1.3/1 sind die planetarisch-zonale Aufteilung der Gesamtstrahlungsbilanz sowie
das Meridionalprofil der Globalstrahlung, der direkten Strahlung und der diffusen Strahlung dargestellt. Damit sind die energetischen Grundlagen der naturräumlichen Zonalität gegeben. Sie decken
sich mit den Beleuchtungsverhältnissen in den sog. global-solaren Beleuchtungszonen.
Neben den energetischen Strahlungsbilanzen spielen für die Ausbildung der zonalen Ökosysteme
selbstverständlich die hygrischen Bilanzen eine entscheidende Rolle.
Einen Zusammenhang zwischen diesen beiden Grundlagen der geographisch-ökologischen Zona-

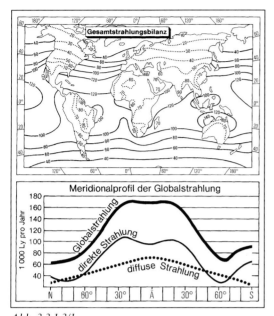

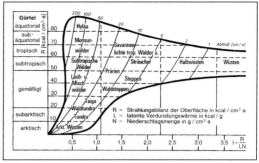

Abb. 3.3.1.3/2
Die „Geographische Zonalität" des Festlandes der Nordhalbkugel auf Basis des „Strahlungs-Trockenheits-Index"
(nach: *Budyko* & *Grigorew* zit. bei *K. K. Markow* et al. 1971, S. 89)

Abb. 3.3.1.3/1
Planetarisch-zonale Aufteilung der Gesamtstrahlungsbilanz der Erde sowie das Meridionalprofil der Globalstrahlung
(verändert nach *E. Jungfer* und *K. H. Lambert* 1985, S. 54, 56)

lität stellt der „Strahlungs-Trockenheitsindex" von *Budyko* und *Grigorew* (zit. bei *Markow* u. a. 1971, S. 89) her:

$$I = \frac{R}{L \cdot N}$$

wobei: R = die Strahlungsbilanz der Oberfläche in kcal/cm^2 · a

L = die latente Verdunstungswärme in kcal/g und

N = die Niederschlagsmenge in g/cm^2 · a

bedeuten.

In Abbildung 3.3.1.3/2 sind auf der Abszisse die verschiedenen berechneten Werte dieses „Strahlungs-Trockenheitsindex" I aufgetragen. Die zunehmende Größe des Quotienten bedeutet eine Zunahme der Trockenheit. Auf der Ordinate sind die Werte der Strahlungsbilanz R der betreffenden Zone aufgetragen.

Zusätzlich ist noch die Oberflächenabflußkurve mit Hilfe einiger typischer Abflußgrenzwerte eingezeichnet. Mit diesem „Strahlungs-Trockenheitsdiagramm" ergibt sich die Möglichkeit, bestimmte Regionen der festländischen Geosphäre als „Zonen" oder „Gürtel" einzuordnen. Das Diagramm wird damit zur Grundlage der planetarisch-zonalen, ökologischen Naturraumgliederung in der geosphärischen Dimension.

b) Gliederungsansätze nach klimatischen und klimatisch-ökologisch bedingten Zonenrealitäten

Der zonale solar-klimatische Gliederungsansatz wird durch eine Reihe von Gliederungsversuchen ergänzt, in denen die klimatischen und klima-ökologisch bedingten Erscheinungen in der Geosphäre als Grundmuster der globalen Naturraumordnung herangezogen werden. Sie alle decken sich in ihrer Grundkonzeption mit den effektiven Klimaklassifikationssystemen, obgleich die Zonendefini-

189

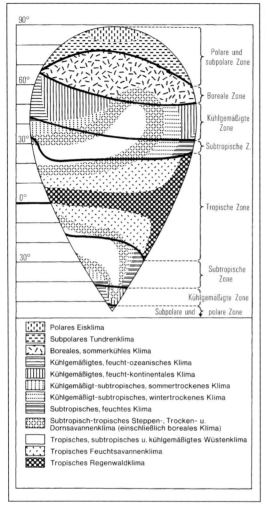

Abb. 3.3.1.3/3
Der Modellkontinent und die ideale Klimazoneneintei-
lung
(nach: *H. v. Wissmann* aus: *J. Blüthgen & W. Weischet*
1980, Kartenbeilage)

Legende:

Polares Eisklima
Subpolares Tundrenklima
Boreales, sommerkühles Klima
Kühlgemäßigtes, feucht-ozeanisches Klima
Kühlgemäßigtes, feucht-kontinentales Klima
Kühlgemäßigt-subtropisches, sommertrockenes Klima
Kühlgemäßigt-subtropisches, wintertrockenes Klima
Subtropisches, feuchtes Klima
Subtropisch-tropisches Steppen-, Trocken- u.
Dornsavannenklima (einschließlich boreales Klima)
Tropisches, subtropisches u. kühlgemäßigtes Wüstenklima
Tropisches Feuchtsavannenklima
Tropisches Regenwaldklima

tionen und Zonenbegrenzungen natürlich entsprechend den unterschiedlichen Dominanzfaktoren
und thematischen Zoneninhalten sehr stark voneinander abweichen können.
Im einzelnen kann auf diese mannigfaltigen Gliederungsansätze an dieser Stelle nicht eingegangen werden. Sie sind aber in der entsprechenden Literatur so ausführlich beschrieben (vgl. *Müller-
Hohenstein* 1981), daß hier einige grundsätzliche Anmerkungen für das weitere Verständnis ausreichen.
Für die geographische Zonenlehre am aussagekräftigsten sind natürlich die effektiven Klimaklassifi-
kationssysteme. Sie stellen mit der Vegetation als Klimaanzeiger und mit den Klimaparametern Niederschlag, Temperatur und Aridität/Humidität jene ökologisch relevanten Naturraumfaktoren heraus, die die großräumige Landschaftsdifferenzierung am sichtbarsten und nachhaltigsten prägen.
Klimagliederung und Vegetationsgliederung ergänzen sich dabei in der Regel.
Ähnlich wie bei den genetischen Klimaklassifikationen wird auch bei den effektiven Klimagliede-
rungen häufig der „Idealkontinent" als räumliche Bezugsbasis benutzt, um die Zonalität der land-
schaftsbestimmenden Naturraumfaktoren ungestört und übersichtlich darstellen zu können.
Ein besonders gelungenes Beispiel hierfür liefert die zonale Klimagliederung nach *Wissmann* (zit.
bei *Blüthgen* und *Weischet* 1980), die etwas vereinfacht in Abbildung 3.3.1.3/3 wiedergegeben ist. Die
Zonengrenzen sind hier durch ausgewählte Jahresisothermen sowie durch bestimmte Grenzisother-

men der Monatstemperaturen definiert. Sie entsprechen den thermisch bedingten Verbreitungsgrenzen bestimmter Vegetationstypen bzw. zonentypischer Kulturgewächse. Die weitere Inhaltsbestimmung und Differenzierung der Zonengliederung erfolgt dann über die Anzahl der humiden und ariden Monate. Dieses, auch hydrologisch und phytoökologisch so wichtige Kriterium der Humidität/Aridität wird auch von anderen Autoren bei ihren klimatischen Zonengliederungen benutzt. Ein Grund dafür ist sicher die gute Korrelation zwischen der Anzahl der humiden/ariden Monate und den zonalen Hauptvegetationstypen.

Für die geographisch-ökologische Zonenlehre am bedeutsamsten sind die zwar klimatisch vorgezeichneten aber in ihrer Aussage und Anwendbarkeit darüber hinausgehenden ökologischen Gliederungssysteme. Sie sollen nachfolgend mit ihren wichtigsten Beispielen kurz vorgestellt werden.

c) Die geoökologische Zonengliederung

Wie bereits mehrfach herausgestellt, werden in der modernen, geoökologisch orientierten Landschaftsforschung die großen Naturlandschaftszonen der Erde heute als „primäre Ökosysteme" der höchsten Ordnungsstufe oder auch – synonym dazu – als „Makroökosysteme" oder „geozonale Ökosysteme" verstanden.

Es liegt daher auf der Hand, daß ein modernes globales Ordnungssystem der großen Naturräume eine (geo-)ökologische Zonengliederung anstrebt. Der Fortschritt dieses jüngsten Gliederungsansatzes liegt dabei nicht so sehr in der Ausgliederung neu definierter Naturraumeinheiten oder gar in einer vermeintlich „realitätsbezogeneren" Grenzziehung, sondern vielmehr in einer veränderten Betrachtungsweise der inneren Struktur dieser geoökologischen Zonen.

Im methodischen Ansatz tritt dabei die beziehungswissenschaftliche Faktorenanalyse einzelner formaler Zonenkriterien wie Niederschlag, Temperatur, Pflanzenformationen, Bodentypen usw. zurück. Angestrebt wird vielmehr eine komplexe Standortanalyse, die in der synthetischen Zusammenschau die gesamte Standortqualität nach abiotisch-stofflichen und -energetischen sowie nach biotischen Kriterien erfaßt. Die innere Dynamik dieser Ökosysteme, ihre Weiterentwicklung in Abhängigkeit von den Umwelt-Relationen und damit auch ihre Schädigung und Störung durch nicht angepaßte Wirtschaftsweisen sind die bevorzugten Arbeitsrichtungen. Die in der klassischen geographischen Zonenlehre überstrapazierten Fragen nach der Zonennorm, der Zonenrealität und vor allem der Zonenbegrenzung treten jetzt deutlich zurück. Gefragt wird vielmehr nach der ökologischen Zonenqualität, nach dem Stoff- und Energieumsatz, nach den zonalen Standort- und Wettbewerbsbedingungen, nach ökologischen Spannungsfeldern, nach den Belastungsgrenzen und vor allem nach der Biomassenproduktion der geosphärischen Ökosysteme. Besonders die pflanzliche Primärproduktion terrestrischer Makroökosysteme spielt für die Zonenbewertung eine entscheidende Rolle. Sie liefert uns einen quasi-quantitativen Ansatz zur Beurteilung des zonalen Naturpotentials als agrares Nutzungspotential. Damit ist der Bezug zur praxisorientierten Landschaftsforschung gegeben.

3.3.1.4 Nähere Darstellung geoökologischer planetarischer Zonengliederung

a) Die Biomassenproduktion als Bewertungskriterium der zonalen Makro-Ökosysteme

Die Produktionsleistung eines Ökosystems an organischer Substanz pro Zeit- und Flächeneinheit bezeichnet man in der Ökologie als seine biologische Produktivität. Dementsprechend versteht man unter Biomasse die in einer Lebensgemeinschaft (= „Biogeozönose") von Pflanzen und Tieren je Raum- und Zeiteinheit gebildete lebende und tote organische Masse (einschließlich ihrer Abfallstoffe). Dabei stehen die photoautotrophen grünen Pflanzen als Primärproduzenten in der produktionsbiologischen Bewertung der zonalen Makro-Ökosysteme der großen Landschaftsgürtel weit vor den heterotrophen Sekundärproduzenten.

Trotz der wesentlich geringeren Artenzahl der Pflanzen gegenüber der der Tiere (ca. 370 000 Pflanzenarten stehen über 2 Millionen Tierarten gegenüber) ist die gesamte pflanzliche Biomasse (= Phytomasse) fast 2 000 mal größer als die entsprechende tierische Biomasse (= Zoomasse). Da der Energieumsatz im biologischen Kreislauf in erster Linie aus der Photosynthese und der Atmung der grünen Pflanzen besteht, ist der Energieumsatz der Pflanzenproduktion etwa 180 mal größer (= rascher) als derjenige der tierischen Produktion. Daher ist auch die Biomassenproduktion auf den Kontinenten ungleich höher als in den Weltmeeren (vgl. Tabelle 3.3.1.3/1).

Vom Standpunkt der Produktionsbiologie aus ist die Angabe der Gesamtstoffproduktion (= Biomasse) für die Bewertung der Leistungsfähigkeit eines Ökosystems die wichtigste Kennziffer. Von

Tab. 3.3.1.3/1: Die Biomasse (Trockengewicht in t) auf der Erde und ihre Verteilung

Art der Biomasse	Kontinente	Weltmeere
Phytomasse (t)	$1{,}837 \cdot 10^9$	$3{,}9 \cdot 10^9$
Zoomasse (t)	$1{,}005 \cdot 10^9$	$0{,}997 \cdot 10^9$
Menschen (t)	$0{,}052 \cdot 10^9$	
Gesamte Biomasse (t)	$1\,838{,}057 \cdot 10^9$	$4{,}897 \cdot 10^9$

nach: *H. Lieth/Whittaker* 1975

Abb. 3.3.1.3/4
Die Biomasseproduktion eines mitteleuropäischen Waldökosystems
(aus: *H. Ellenberg* 1963)

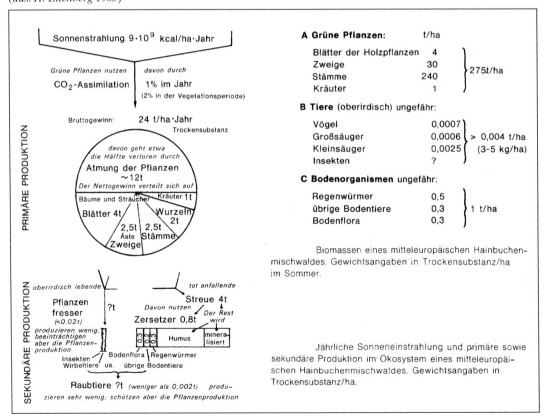

Biomassen eines mitteleuropäischen Hainbuchenmischwaldes. Gewichtsangaben in Trockensubstanz/ha im Sommer.

Jährliche Sonneneinstrahlung und primäre sowie sekundäre Produktion im Ökosystem eines mitteleuropäischen Hainbuchenmischwaldes. Gewichtsangaben in Trockensubstanz/ha.

Tab. 3.3.1.3/2: Biosphäre, Kontinente und Meere, Formations- und Ökosystemtypen: Flächen und Nettoprimärproduktivität, gesamte Nettoprimärproduktion sowie Phytomasse in Trockengewichten

	Fläche 10⁶ km²	Nettoprimär- produktivität g/m²/a Normal- bereich	$\bar{x}$	Netto- primär- produktion (weltweit) 10⁹ t/a	Phytomasse kg/m² Normal- bereich	$\bar{x}$	Phyto- masse (weltweit) 10⁹ t
(Sub)tropische Regenwälder	17,0	1 000–3 500	2 200	37,4	6 – 80	45	765
Regengrüne Monsunwälder	7,5	1 000–2 500	1 600	12,0	6 – 60	35	260
Temperate Regenwälder	5,0	600–2 500	1 300	6,5	6 –200	35	175
Sommergrüne Laubwälder	7,0	600–2 500	1 200	8,4	6 – 60	30	210
Boreale Nadelwälder	12,0	400–2 000	800	9,6	6 – 40	20	240
Waldsteppen, Hartlaubgehölze	8,5	250–1 200	700	6,0	2 – 20	6	50
Savannen	15,0	200–2 000	900	13,5	0,2 – 1,5	4	60
Temperate Steppen	9,0	200–1 500	600	5,4	0,2 – 5	1,6	14
Tundren	8,0	10– 400	140	1,1	0,1 – 3	0,6	5
Halbwüsten und Dorngebüsche	18,0	10– 250	90	1,6	0,1 – 4	0,7	13
Extreme Wüsten, Gletscher	24,0	0– 10	3	0,07	0 – 0,2	0,02	0,5
Kulturland	14,0	100–3 500	650	9,1	0,4 – 12	1	14
Sümpfe und Marschen	2,0	800–3 500	2 000	4,0	3 – 50	15	30
Seen, Flüsse	2,0	100–1 500	250	0,5	0 – 0,1	0,02	0,05
Kontinente, total	**149,0**			**773**	**115**	**12,3**	**1837**
Offene Ozeane	332,0	2– 400	125	41,5	0 – 0,005	0,003	1,0
Zone aufsteig. Tiefenwassers	0,4	400–1 000	500	0,2	0,005– 0,1	0,02	0,008
Kontinentalsockel	26,6	200– 600	360	9,6	0,001– 0,04	0,001	0,27
Algenbestände, Riffe	0,6	500–4 000	2 500	1,6	0,04 – 4	2	1,2
Flußmündungsgebiete	1,4	200–3 500	1 500	2,1	0,01 – 6	1	1,4
Ozeane, total	**361**			**152**	**55**	**0,01**	**3,9**
Biosphäre, total	**510**			**333**	**170**	**3,6**	**1841**

(nach: *R. Whittaker/G. E. Likens* 1975, S. 306)

der Gesamt-Bruttoproduktion müssen allerdings die Atmungsverluste noch abgezogen werden, um die Nettoproduktion und damit ein tatsächliches Maß für die Leistungsfähigkeit des Ökosystems im Sinne eines Nutzpotentials zu bekommen. Die Nettoproduktion an Phytomasse wird auch als „pflanzliche Primärproduktion" bezeichnet. Wie sich im Ökosystem eines mitteleuropäischen Hainbuchenmischwaldes die Biomassenproduktion im einzelnen auf die Primär- und Sekundärproduzenten verteilt, zeigt die Übersicht in Abbildung 3.3.1.3/4 a. Die quantitativen Angaben sind für die Geozone der sommergrünen Laubwälder der temperierten Mittelbreiten repräsentativ (vgl. Abbildung 3.3.1.3/4 b).

Die Höhe der Primärproduktion der grünen Pflanzendecke (als Nettoproduktion) ist von der eingestrahlten Sonnenenergie, der Ausdehnung der absorbierenden Assimilationsflächen (und damit von den Chlorophyllmengen), von der Nettoassimilationsrate und von der Versorgung mit CO_2, O_2, H_2O sowie mineralischen Nährstoffen abhängig. Da die Nettoassimilationsrate eine hohe Korrelation mit der solar-energetisch, thermisch und hygrisch bestimmten Dauer der Vegetationszeit besitzt und auch die übrigen Produktionsfaktoren (z. B. der Blattflächenindex) und die Stratifikation der Vegetationsdecke sehr stark von den großklimatischen Standortbedingungen abhängen, lassen sich die Landschaftsgürtel der Erde sehr gut durch verschiedene Ökosystemtypen kennzeichnen. Sie unterscheiden sich hinsichtlich ihrer Biomasse, ihrer Produktivität, ihres Stoff- und Energieumsatzes sowie ihrer Stabilität und Dynamik.

Eine Übersicht über die zonale Aufgliederung der Biosphäre, der Kontinente und Meere nach produktionsbiologischen quantitativen Kriterien der verschiedenen Ökosystemtypen zeigt die Tabelle 3.3.1.3/2. Dabei lassen sich verständlicherweise Parallelen zu den zonalen Pflanzenformationstypen und damit zu den Klimazonen und zu den naturräumlichen Geozonen ziehen. Allerdings ergeben sich auch eine Reihe von auffälligen Unterschieden, die eigentlich erst bei der kartographischen Umsetzung der Produktionsraten in eine Weltkarte der pflanzlichen Primärproduktion (= Netto-Phytomassenproduktion) so recht deutlich werden.

Einen ersten Versuch, die Produktivität der gesamten Pflanzendecke der Erde in einer globalen einheitlichen Kartendarstellung zu veranschaulichen, legte *Lieth* (1964) vor. Als Maßangabe wird dabei nicht das Trockengewicht pro Fläche (g, kg oder t pro m^2 oder ha), sondern die Kohlenstoffbindung angegeben. 1 g organische Trockensubstanz enthält dabei im Mittel 45,5 % Anteil Kohlenstoff. Die „Karte der jährlichen Kohlenstoffbindung auf den Landmassen der Erde" in Anlehnung an den Entwurf von *Lieth* (1964) ist in Abbildung 3.3.1.3/5 wiedergegeben.

Die Karte in Abbildung 3.3.1.3/5 zeigt zwar eine klare zonale Gliederung in Anlehnung an die Klima- und Vegetationszonen, aber die produktionsbiologischen Werte sind nicht vom Äquator bis zum Pol linear abgestuft. Es fällt auf, daß so unterschiedliche Ökosysteme wie die der subtropisch-randtropischen Wüsten und Halbwüsten in niederer Breitenlage in die gleiche Produktionsstufe fallen wie die polaren Tundren und Eiswüsten. Ähnliche Übereinstimmungen liegen zwischen den borealen Waldökosystemen und den trockenen Grasländern und Steppen vor. Für die Produktionshöhe ist es nämlich gleichgültig, ob sie thermisch oder hygrisch bestimmt wird. Daher gibt es kaum produktionsbiologische Unterschiede zwischen kaltariden und heißariden Landschaftszonen. Eine Kennzeichnung der Landschaftszonen allein durch ihre Produktionsraten ist daher nicht möglich. Ein weiterhin ungelöstes Problem ist auch hier der quantitative Einfluß des Menschen auf die biologische Produktivität. Die Zahlenangaben in Tabelle 3.3.1.3/2 und auf der Karte in Abbildung 3.3.1.3/5 beziehen sich weitgehend auf natürliche oder zumindest naturnahe Ökosysteme der entsprechenden Landschaftszone. Da der wirtschaftende Mensch in allen Zonen nebeneinander produktionsfördernde und produktionsmindernde, z. T. sogar produktionszerstörende Maßnahmen betreibt, wird es außerordentlich schwierig, in der globalen Dimensionsstufe den tatsächlichen anthropogenen Einfluß quantitativ zu erfassen.

Die Effizienz der Primärproduktivität natürlicher Ökosysteme läßt sich aus dem direkten Vergleich mit der eingestrahlten Sonnenenergie, aber auch mit dem Atmungsverlust in der Pflanzendecke abschätzen. Grundsätzlich gilt dabei, daß in Ökosystemen mit mehreren Stratifikationen, z. B. im vielschichtigen Regenwald, die Sonnenenergie wirkungsvoller ausgenutzt werden kann als in einschichtigen Pflanzendecken.

Im natürlichen Ökosystem der tropischen Regenwälder erreicht die pflanzliche Primärproduktivität mit bis zu 3500 g/m^2/a ihre oberste Leistungsstufe. Bei bewässerten Intensivkulturen liegt im Vergleich dazu die Obergrenze der Produktivität bei ca. 6700 g/m^2/a. Verantwortlich für dieses hohe Produktionsniveau des tropischen Regenwaldes ist das hohe Strahlungs-, Temperatur- und Feuchtigkeitsniveau. Thermisch oder hygrisch bedingte Produktionsbegrenzungen liegen hier nicht vor, die ganzjährige Vegetationsperiode führt zu hoher Bruttoproduktion, die aber ihrerseits wieder durch hohe Atmungsverluste relativiert wird. Mitentscheidend für die Produktionsstärke ist vor allem der große Blattflächenindex in den tropischen Regenwäldern. Die Blattfläche der mehrschichtigen Vegetationsdecke im tropischen Regenwald (3–5 Baumschichten) ist 8–12 mal so groß wie die Bodenfläche. In den sommergrünen Laubwäldern der Mittelbreiten liegt dagegen der Blattflächenindex bei etwa 5, in den Kälte- und Hitzewüsten sogar unter 0,5.

Generell gilt, daß der Ertrag der Stoffproduktion in den hohen Breiten durch Licht- und Wärmemangel und durch die damit verbundene Verkürzung der Vegetationsdauer, in den niederen Breiten vor allem durch Wassermangel bei ungünstiger Niederschlagsverteilung und akzentuierter saisonaler Vegetationsperiode gemindert wird. In Abbildung 3.3.1.3/6 ist diese breitenkreisabhängige zo-

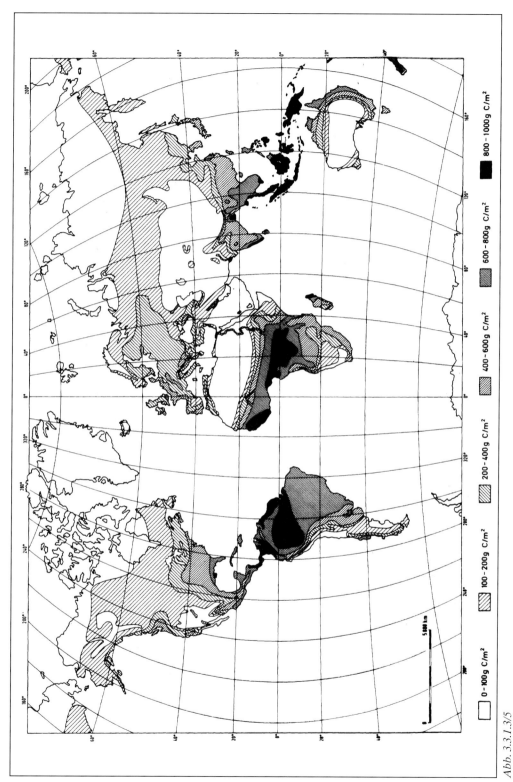

Abb. 3.3.1.3/5
Karte der jährlichen Kohlenstoffbindung auf den Landmassen der Erde
(nach: *H. Lieth* 1964 aus *K. Müller-Hohenstein* 1979, S. 32)

0 - 100g C/m²
100 - 200g C/m²
200 - 400g C/m²
400 - 600g C/m²
600 - 800g C/m²
800 - 1000g C/m²

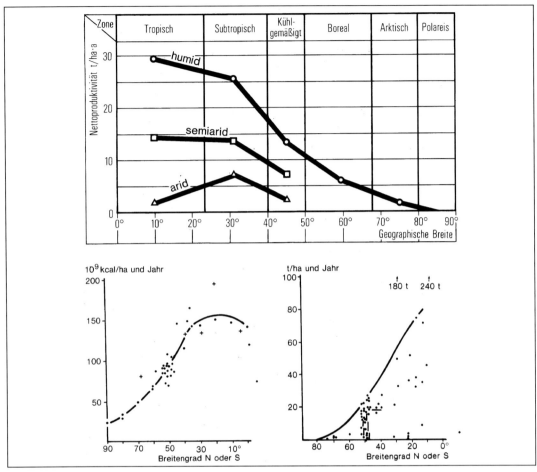

Abb. 3.3.1.3/6
Abhängigkeit der Phytomassen-Nettoproduktion von der geographischen Breitenlage, der Energieeinstrahlung und der Wasserversorgung
(nach: *W. Larcher* 1973 aus *K. Müller-Hohenstein* 1979, S. 33 und *H. Lieth* 1964/65, S. 77, verändert)

nale Nettoproduktivität an Phytomasse in Abhängigkeit von Energiestrahlung und der Wasserversorgung schematisch dargestellt.

Die Karte der pflanzlichen Primärproduktion sowie die Diagramme der breitenkreisabhängigen Nettoproduktion an Phytomasse können als Basis einer ökologisch orientierten geographischen Zonenlehre benutzt werden. Die entsprechende zonale Aufgliederung nach (geo-)ökologischen Zonen wurde in der deutschsprachigen Literatur vor allem von *Walter* (1976), *Ellenberg* (1973) und von *Schultz* (1988) versucht. Deren Gliederungskonzepte gehen bei der Aufgliederung der „Biogeosphäre" von einem biologisch gewichteten „Ökosystem"-Begriff aus, weil sie ihren Ursprung in der geobotanischen Betrachtungsweise haben. Trotzdem unterscheiden sie sich in ihrem gemeinsamen Ansatz doch so wesentlich, daß sie zu unterschiedlichen Gliederungskonzeptionen kommen.

b) Die zonale Großgliederung der Biogeosphäre nach Zonobiomen (System Walter)
Die zonale Großgliederung der Biogeosphäre nach Zonobiomen geht auf *Walter* (1976) zurück. Sie steht der geographischen Zonenlehre näher als die übrigen geobotanischen Zonengliederungen, da *Walter* nicht von den physiognomischen Vegetationseinheiten, den Formationen, und von den Le-

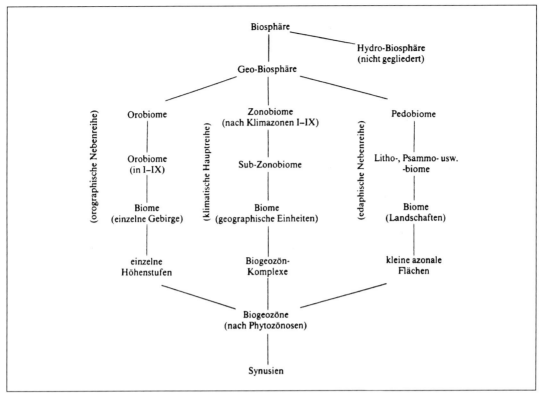

Abb. 3.3.1.3/7
Die ökologische Gliederung der Biogeosphäre
(aus: *H. Walter* 1976, S. 32)

bens- und Wuchsformen ausgeht, sondern die geoökologischen Standortbedingungen, vor allem das Großklima und den Boden, als primäre Gliederungskriterien einsetzt: „Bestimmend für ein Ökosystem ist vor allem das Großklima, das durch die Temperatur-, Hydratur- und Strahlungsverhältnisse erst die Grundlage für das , Pflanzenwachstum und die Bodenbildung schafft" (*Walter* 1976, S. 5).
Bei der zonalen Großgliederung der Biogeosphäre wird daher in der Reihenfolge Großklima – Boden – Vegetation vorgegangen. *Walter* (1976, S. 5) weist besonders darauf hin, daß von botanischer Seite die Bedeutung der Vegetation im Ökosystem stets überbetont und der Umweltfaktor dagegen nicht genügend berücksichtigt wurde. Sein System, das sich an den globalen Klimazonen ausrichtet, deckt sich daher mit den „Naturlandschaftszonen" der geographischen Zonenlehre. Allerdings werden die Bezeichnungen der Zonen und deren inhaltliche Definition aus der ökologischen Terminologie entliehen (vgl. Abbildung 3.3.1.3/7)
Der zentrale typologische Grundbegriff im System von *Walter* (vgl. Abbildung 3.3.1.3/7) ist der „Biom". Mit „Biom" werden die großen ökologischen Einheiten bezeichnet, die sowohl die Umwelt als auch die biotischen Standortkomponenten einschließen.
In der geosphärischen Dimension werden übergeordnete Rangstufen der „Biome" durch das Voranstellen kurzer Kennzeichen gebildet: Die größten geosphärischen Einheiten werden so als „Zonobiome" (ZB) bezeichnet. Diese „Zonobiome" werden den großen ökologischen Klimazonen zugeordnet. Bei *Walter* sind, in Anlehnung an die bekannten Klimazonen, neun Zonobiome (ZB) ausgegliedert, durch die römischen Zahlen I–IX gekennzeichnet und mit geographisch-klimatischer Terminologie benannt (vgl. Abbildung 3.3.1.3/8).

Typus	Zonobiom; Klima	Bodenzone	Vegetationszone
I	**Äquatoriales**; mit Tageszeitenklima, meist immerfeucht	Äquatoriale Braunlehme, ferrallitische Böden-Latosole	Immergrüner tropischer Regenwald jahreszeitliche Aspekte fast fehlend
II	**Tropisches**; mit Sommerregenzeit und kühler Dürrezeit (humid-arides)	Rotlehme oder Roterden, fersiallitische Savannenböden	Tropischer laubabwerfender Wald oder Savannen
III	**Subtropisches**; arides Wüstenklima, spärliche Regenfälle	Sieroseme oder Syroseme (rohe Wüstenböden), auch Salzböden	Subtropische Wüstenvegetation, Gesteine bestimmen das Landschaftsbild
IV	**Mediterranes**; mit Winterregen und Sommerdürre (arid-humides)	Mediterrane Braunerde, oft fossile Terra rossa	Hartlaubgehölze (Sklerophylle), gegen längeren Frost empfindlich
V	**Warmtemperiertes**; mit Sommerregenmaximum oder mild-maritimes	Rote oder gelbe Waldböden, leicht podsolig	Temperierter immergrüner Wald, etwas frostempfindlich
VI	**Nemorales**; typisch gemäßigtes, mit kurzer Winterkälte	Wald-Braunerde oder graue Waldböden (oft lessiviert)	Nemoraler, im Winter kahler Laubwald, frostresistent
VII	**Kontinentales**; arid-gemäßigtes, mit kalten Wintern	Tschernoseme, Kastanoseme, Buroseme bis Sieroseme	Steppen bis Wüsten, nur Sommerzeit ist heiß, frostresistent
VIII	**Boreales**; kalt gemäßigtes, mit kühlen Sommern (lange Winter)	Podsole oder Rohhumus-Bleicherden	Boreale Nadelwälder (Taiga), sehr frostresistent
IX	**Polares**; arktisches und antarktisches, mit sehr kurzen Sommern	Humusreiche Tundraböden mit starken Solifluktionserscheinungen	Baumfreie Tundravegetation, meist über Permafrostboden

Abb. 3.3.1.3/8
Die ökologische Großgliederung der Erde nach Zonobiomen
(aus: *H. Walter & S.-W. Breckle* 1983, S. 25)

Da auch innerhalb dieser „Zonobiome" das Klima nicht ganz einheitlich ist, kann noch eine weiterführende Unterteilung in „Subzono-Biome" (sZB) vorgenommen werden. In der generalisierten Übersicht der Abbildung 3.3.1.3/8 sind diese allerdings nicht enthalten.

Das Problem der breiten „Grenzübergänge" von einem Zonobiom zum anderen wird durch die Ausgliederung von sog. „Zonoökotonen" gelöst. Unter „Ökotonen" versteht *Walter* die Übergangszonen zwischen zwei Pflanzengemeinschaften. Die „Zonoökotone" können in der Natur oft mehrere hundert Kilometer breite Übergangszonen bilden, in denen zwei zonale Hauptvegetationstypen im Standort- und Verdrängungswettbewerb stehen. Sie bilden daher besondere „ökologische Spannungsfelder", in denen das Wettbewerbsgleichgewicht so labil ist, daß sich schon geringe Änderungen der Umwelt durch natürliche oder anthropogene Ursachen zonenmodifizierend auswirken können. Als typisches Zonoökoton ist z. B. die feuchtere Savannenzone anzusprechen, in der das natürliche Wettbewerbsgleichgewicht zwischen Feuchtgehölz-Formationen und Langgrasfluren durch anthropogenen Eingriff zu Gunsten der Savannengräser verschoben wurde. Die Feuchtsavanne wird daher als anthropogene Ersatz- und Degradationsformation gesehen (Savannenproblem!).

Die zonale Aufgliederung der Biogeosphäre in Zonobiome, Subzono-Biome und Zonoökotone kann dann durch die azonalen „Orobiome" und „Pedobiome" der Zonenrealität noch weiter näher gebracht werden.

c) Die Großgliederung der Biogeosphäre nach physikalisch-funktionalen Ökosystemen (System Ellenberg)

Im Unterschied zum Gliederungsansatz von *Walter* (1976) basiert die zonale Großgliederung der Biogeosphäre nach *Ellenberg* (1973) in ihren Grundzügen auf den physiognomischen Vegetations-

einheiten. Inhaltlich werden allerdings die ausgegliederten Einheiten streng nach ökologisch-funktionalen Kriterien definiert. Dabei spielen folgende Hauptkriterien eine übergeordnete Rolle:
– Vorherrschende Lebensmedien (Luft, Wasser, Boden) und deren Beschaffenheit;
– Biomasse und Produktivität der Primär-Produzenten;
– begrenzende Faktoren für diese Produktivität sowie für die Biomasse und für die Produktivität der Zersetzer und übrigen Konsumenten;
– regelmäßige Stoffgewinne oder -verluste, z. B. durch Nährstoffzufuhr oder durch Sedimentation organischer Substanz;
– relative Rolle der sekundären Produzenten, d. h. der Mineralisierer und anderer Zersetzer sowie der Herbivoren, Carnivoren, Parasiten.

Damit sind Ökosysteme i. S. von *Ellenberg* primär als hochkomplexe Wirkungsgefüge zwischen einzelnen Lebewesen und deren Umwelt definiert, wobei dieses Wirkungsgefüge als funktionale Einheit sich weitgehend selbst durch ein Fließgleichgewicht reguliert und erhält. Nach *Ellenberg* (1973, S. 233) sind daher für eine Klassifikation der Ökosysteme die bislang vorgelegten Klassifikationssysteme von Pflanzengesellschaften, Biozönosen, Bodentypen, Klimatypen usw. zwar hilfreich, aber im Prinzip jedoch ungeeignet.

Da für einen solchen funktional-ökologischen Gliederungsansatz unsere Kenntnisse von der inneren Struktur und von dem komplexen Wirkungsgefüge noch viel zu lückenhaft sind, hält *Ellenberg* auch den Gliederungsweg von „unten" für nicht gangbar: „Man muß vielmehr den umgekehrten Weg einschlagen, also mit umfassenden, komplexen Ökosystemen beginnen und diese in niedere Kategorien einteilen" (*Ellenberg* 1973, S. 234). Konsequenterweise wird dann bei *Ellenberg* die „Biogeosphäre" als Ganzes als das umfangreichste und mannigfaltigste Ökosystem bezeichnet und an den obersten Anfang der Hierarchie gestellt. Diese „Biogeosphäre" gliedert sich in zwei große Gruppen von Ökosystemen, die sich in ihrer Energieversorgung tiefgreifend unterscheiden:
– in natürliche oder naturnahe Ökosysteme, deren Energieversorgung von der Sonnenstrahlung übernommen wird;
– in urban-industrielle Ökosysteme, deren Energieversorgung durch fossile Energiequellen (Kohle, Erdöl, Erdgas usw.) oder durch Kernenergie, beide vom Menschen erschlossen, sichergestellt wird.

Beide Haupt-Ökosystemgruppen können weiter in Ökosystem-Typen verschiedener Rangstufe unterteilt werden. *Ellenberg* schlägt dafür eine fünfstufige Hierarchie vor:

Mega-Ökosysteme
= umfassende ökologische Einheiten, die vor allem durch die Lebensmedien charakterisiert werden (Kriterien a): Marine Ökosysteme (M), Limnische Ökosysteme (L), Terrestrische Ökosysteme (T), Semiterrestrische Ökosysteme (S), Urban-industrielle Ökosysteme (U).

Makro-Ökosysteme
= übergeordnete Einheiten, für deren Abgrenzung besonders die Kriterien Biomasse und Primärproduktion herangezogen werden. Weitere Definitionskriterien sind die Faktoren c und d (Beispiel: Wälder).

Meso-Ökosysteme (Ökosysteme i. e. S.)
= grundlegende Ökotypen der Klassifikation. Ein Meso-Ökosystem ist ein in den biotischen Bedingungen wie in den Lebensformen der herrschenden Primär- und Sekundär-Produzenten im wesentlichen einheitliches System (Beispiel: kältekahler Laubwald mit Tierwelt).

Mikro-Ökosysteme
= Untereinheiten von Meso-Ökosystemen, die im Hinblick auf bestimmte Komponenten abweichen (Beispiel: montaner, kältekahler Laubwald).

Nano-Ökosysteme

= ein von einem größeren Ökosystem räumlich eingeschlossenes kleines Ökosystem, das eine gewisse Selbständigkeit besitzt (Beispiel: Feucht-Delle in einem montanen, kältekahlen Laubwald).

Es ist klar, daß für die Großgliederung der Biogeosphäre nur die Mega- und Makro-Ökosysteme, mit Einschränkung auch noch die Meso-Ökosysteme (wenn sie ökologisch homogen sind) herangezogen werden können.

Bei dieser funktionalen Aufgliederung der Ökosysteme ergibt sich natürlich auch keine ausgesprochene Zonalität. Dies mag ein Grund dafür sein, daß dieser Gliederungsansatz von *Ellenberg* in der geographischen Zonenlehre bislang nicht die Beachtung gefunden hat, die er eigentlich verdient hätte.

3.3.2 Die Ökosysteme der polaren und der subpolaren Zone (*Christoph Wüthrich* und *Dietbert Thannheiser*)

3.3.2.1 Einleitung, Verbreitung und Definitionen

Es gibt verschiedene Möglichkeiten, die Polargebiete abzugrenzen. Je nach Zielsetzung (politische oder wissenschaftliche) müssen unterschiedliche Definitionen angewendet werden. Die wohl populärste Definition versteht unter „Polargebieten" die Gebiete innerhalb der *Polarkreise* (auf $66^1/_2°$ nördlicher und südlicher Breite) oder definiert einfach den *60. Breitengrad* als Grenze (so z. B. verwendet im Antarktisvertrag). Der Vorteil dieser Definitionen liegt in der klaren Abgrenzbarkeit.

Für ökologische Belange genügen diese Definitionen dort nicht, wo eindeutig subpolares Gebiet vom Polarkreis eingeschlossen wird (z. B. Nordnorwegen) oder wo umgekehrt polare Bedingungen weit über den Polarkreis hinaus in gemäßigtere Zonen hineingreifen (z. B. rund um den antarktischen Kontinent, in der Arktis die Hudson Bay-Region, in Südgrönland und im zentralen Sibirien). Um für ökologische Fragestellungen eine treffendere Definition für „polare Lebensräume" festlegen zu können, wurden verschiedene Versuche unternommen, die alle ihre Stärken und Schwächen haben. Die *0 °C-Jahresisotherme* der Lufttemperatur (sie entspricht ungefähr der 10 °C-Juliisotherme) geht von der Kälte als Hauptmerkmal aus. Der Verlauf dieser Linie ist jedoch schwierig zu bestimmen (Klimaschwankungen!). Zudem verläuft sie ebenso durch die tropischen Gebirge und vernachlässigt somit die völlige Verschiedenheit zwischen tropischen Gebirgsökosystemen und polaren Ökosystemen.

Landschaftsökologen und Botaniker favorisieren eher die *Wald/Tundra-Grenze*. Sie entspricht auf der Nordhalbkugel klimatisch einigermaßen der 10 °C-Juliisotherme, läßt sich leicht festlegen und ist ökologisch von großer Relevanz. Auch diese Abgrenzung hat ihre Schwächen: Hypsometrische und lokalklimatische Effekte verfälschen die potentiell mögliche Verbreitung von Bäumen. Zudem wird die circumpolare Waldgrenze in manchen Gebieten durch die Birke, in anderen Gebieten durch Tannen, Kiefern oder Lärchen markiert. Die determinierenden Faktoren für die einzelnen Arten sind jedoch sehr verschieden. Der Mensch selbst hat durch die Abholzung weiter Gebiete und Eingriffe in den Naturhaushalt mit weitreichenden Folgen (z. B. Vermoorung) den „Wert" dieser natürlichen Abgrenzung vermindert. Diese Definition kann uns zudem nicht weiterhelfen, wenn es darum geht, ein polares Meer von einem subpolaren Ozean abzugrenzen.

In der Ozeanographie hat man eigene Grenzlinien gefunden, die inzwischen von vielen Wissenschaftlern akzeptiert sind. Es geht dabei um relativ lagekonstante Bereiche, in denen kältere Wasserschichten der Polargebiete unter die wärmeren Wassermassen der Weltmeere abtauchen (Konvergenzzonen). Gleichzeitig bilden diese Bereiche auch die wesentlichen Grenzlinien für die Verbreitung mariner Organismen, für die Verbreitung typischer Sedimente auf dem Grund der Ozeane (z. B.

Diatomeenschlämme) und für das Vorkommen von Meereis. Ein gutes Beispiel dafür ist die *Antarktische Konvergenz* (Abb. 3.3.2.1/1).

Je nach Abgrenzungskriterium nehmen die Polargebiete somit eine ganz unterschiedliche Fläche auf der Erdoberfläche ein. Meist werden die Polargebiete in ihrer Ausdehnung überschätzt („unendliche Weite der arktischen Tundra"). Nur 4 % der Erdoberfläche sind Festlandflächen innerhalb der Polarkreise. Selbst die riesige Festlandfläche der Antarktis (14 Mio km²) ist aus der Sicht des Umweltschutzes längst nicht unermeßlich, da sich die ökologisch wertvollen terrestrischen Gebiete auf einen schmalen Küstenstreifen entlang des nährstoff- und nahrungsreichen Südpolarmeeres beschränken.

3.3.2.2 Die landschaftsökologischen Hauptmerkmale der Polargebiete

Kälte

Polare Regionen erhalten nur etwa 40 % der Strahlung der Äquatorialzonen. Dies wird verursacht durch den flachen Einfallswinkel der Strahlen, der in Polargebieten nie größer als 45° ist. Durchschnittlich werden zudem rund 90 % der einkommenden Strahlung an Schnee und Eisflächen (hohe Albedo!) reflektiert. Bedingt durch diese Benachteiligung bei der Sonneneinstrahlung herrscht ein strenges Klima, und die Jahresmittel der Lufttemperaturen liegen unter 0 °C. In den unteren Schichten der Troposphäre herrscht bei diesen niedrigen Temperaturen hoher Luftdruck vor (Polarhoch). Die Luftmassen strömen von hier zu den Tiefdruckgürteln in Polarkreisnähe (Subpolares Tief).

Abb. 3.3.2.1/1
Nord- und Südpolargebiete mit Waldgrenze, 0°-Celsius-Isotherme, Wald/Tundra-Grenze, Antarktischer Konvergenz und Meereisverbreitung
(Entwurf: *C. Wüthrich*, stark verändert nach verschiedenen Autoren)

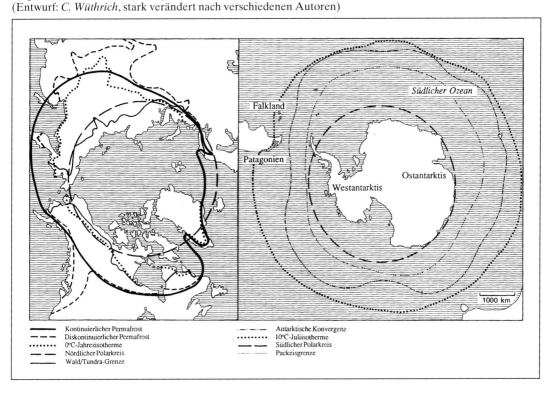

201

Mit Annäherung an die Pole heben sich die tageszeitlichen Beleuchtungsunterschiede zunehmend auf. Je weiter man sich in der Arktis nach Norden bewegt, desto geringer werden die täglichen Temperatur- und Strahlungsfluktuationen. Der tägliche Tag-/Nachtwechsel wird durch den halbjährigen Wechsel von Polarnacht zu Polartag ersetzt. Man spricht in diesem Fall von einem thermischen und solaren Jahreszeitenklima. Diese Eigenschaft hat weit größere Konsequenzen für ökologische Belange als die oben erwähnten niedrigen Lufttemperaturen (siehe Abschnitt „Polartag/Polarnacht"). Die winterliche Abkühlung ist in den subpolar-ozeanischen Bereichen gering, nimmt aber pol- und kontinentwärts deutlich zu.

Obwohl in kontinentalen Bereichen der Arktis Wintermittel von – 30 °C keine Seltenheit sind, stellt die Kälte allein kein allzu großes Problem für die Entwicklung von überraschend reichhaltigen Ökosystemen dar. Die meisten Organismen verbringen den Winter ohnehin in einer Art Diapause, bei der das lebende Protoplasma durch Erhöhung der Osmolarität und andere Strategien leicht an extreme Tiefsttemperaturen adaptiert werden kann. Viel entscheidender sind die niedrigen Sommertemperaturen, die zusammen mit der Mächtigkeit der Schneedecke die Länge der Vegetationszeit limitieren und die Geschwindigkeit der Lebensprozesse nach dem Gesetz von *van't Hoff* stark verlangsamen. Für die Tundrenbereiche liegen die Sommertemperaturen in der Regel zwischen + 6 °C und + 10 °C für den wärmsten Monat. In Bodennähe können jedoch auch in der Hocharktis weit höhere Temperaturen erreicht werden, als diese auf Standardhöhe der Meteorologen (150–200 cm) bezogenen Mittelwerte ahnen lassen. Im Extremfall kann an einem sonnigen Tag auf einer dunklen Krustenflechte Spitzbergens (80° N) eine subtropisch anmutende Temperatur von 28 °C gemessen werden.

Damit soll darauf hingewiesen sein, daß für einen flechtenbewohnenden Springschwanz der arktische Sommer durchaus angenehme Lebensbedingungen bieten kann, auch wenn die meteorologischen Sommermitteltemperaturen anderes erwarten lassen. Prinzipiell sollte man unterscheiden zwischen *kontinental-arktischem Klima* mit strengen kalten Wintern und relativ warmen Sommern und *ozeanisch-arktischem Klima* mit milden Wintern und kühlen, nebligen Sommern (für die Antarktis gilt entsprechendes). Die Artenvielfalt von polaren Ökosystemen richtet sich sehr stark an dieser Unterscheidung aus (vgl. folgenden Abschnitt).

Aridität

Trotz mächtiger Inlandeise und Vergletscherung bis zum Meeresniveau gelten die meisten Polargebiete als arid. Die Niederschläge zeigen temperaturbedingt eine geringe Ergiebigkeit und erreichen normalerweise Jahreswerte zwischen 100 mm (Inland) und 400 mm (Küste). Trotz der geringen Jahresniederschläge herrschen in der Tundra humide Verhältnisse vor, da die Verdunstung wiederum temperaturbedingt sehr gering ist und gleichzeitig der gefrorene Untergrund in weiten Teilen zu staunassen Bedingungen führt.

Die Aridität kann in seltenen Fällen zum limitierenden Faktor werden. Ein Beispiel dafür sind die eisfreien Gebiete („Oasen") der zentralen Antarktis mit weniger als 50 mm Niederschlag. Diese Gebiete sind eigentliche Wüsten, deren Entstehung noch nicht befriedigend erklärt werden kann. Auch in der Arktis gibt es solche Kältewüsten (N-Grönland und der nordwestliche Teil des Kanadischen Archipels), wo durch Niederschlagsarmut (unter 90 mm) nur eine sehr schüttere Pflanzendecke ohne verholzende Arten vorhanden ist. Das fehlende Wasser ist hier neben der geringen Sommerwärme der wichtigste limitierende Faktor. Außerdem gibt es in der gesamten Arktis relief- und substratbedingte Trockenstandorte, die kaum eine Vegetation entstehen lassen (*Thannheiser* 1987). Dies ist besonders in Kuppenlagen der Fall, wo der Schmelzwasserzufluß weder oberflächlich noch durch Zwischenzufluß in der Auftauschicht erfolgen kann.

Vielfach und für große Teile der Arktis muß der geringe Jahresniederschlag eher als Gunstfaktor angesehen werden: Geringmächtige Schneedecken sind im Frühling schnell weggeschmolzen. Hohe Schneedecken isolieren zwar gut gegen Tiefsttemperaturen im Polarwinter, aber sie verkürzen auch die Vegetationszeit derart massiv, daß die Biodiversität darunter deutlich leidet. Die kürzere Vegetationszeit ist ein stärkerer Streßfaktor als tiefe Wintertemperaturen.

Wiederum bezogen auf die beiden extremen arktischen Klimatypen ergibt sich folgendes Bild: Bei kontinental-arktischem Klima entwickeln sich nur geringmächtige Schneedecken im Winter. Das schnelle Abschmelzen dieser dünnen Schneedecke ermöglicht eine rasche Erwärmung im Polarsommer. Sobald der Schnee abgetaut ist, nimmt die Albedo über der dunklen Tundraoberfläche sprunghaft ab. Die vorher für den Schmelzvorgang benötigte Wärme steht somit für die Erwärmung der bodennahen Luft zur Verfügung, und es kommt zum raschen Einstieg in den polaren Sommer. Zudem bleibt hier für viele Tiere auch im Winter ein Notvorrat an Nahrung unter der dünnen Schneedecke erreichbar. In der Folge zeigt sich im kontinentalarktischen Klima eine höhere Diversität der Organismen.

Bei ozeanisch-arktischem Klima dominieren häufig neblige Witterungen mit wolkenverhangenem Himmel. Die meterhohen Schneedecken können in den kurzen Sommermonaten nicht mehr oder spät abgetaut werden. Die Sommertemperaturen bleiben niedriger, die Vegetationszeit wird verkürzt. Im Winter bildet sich bei warmfeuchter Witterung zudem eine Eisdecke direkt über der Bodenoberfläche (Basiseisdecke), die vielen Überwinterern (z. B. Rentieren) die Nahrungsaufnahme erschwert. Daher zeigen ozeanisch geprägte Gebiete der Arktis eine geringere Diversität der Organismen. Wie immer an der Grenze der Lebensmöglichkeit ist hier die Artenarmut begleitet von einem Reichtum an Individuen, die sich – im Falle der Pflanzen – vorwiegend vegetativ vermehren.

Polartag/Polarnacht

Das jahreszeitlich extrem schwankende Angebot von Licht in den polaren Zonen hat mannigfaltige Auswirkungen auf die arktischen Organismen. Auf Spitzbergen bleibt die Sonne beispielsweise von Mitte April bis Mitte August über dem Horizont und stellt Licht und Wärme für dieses hocharktische Ökosystem bereit. Damit herrscht dort für arktische Organismen während der gesamten Vegetationsperiode Polartag. Licht ist die unverzichtbare Voraussetzung für die Primärproduktion terrestrischer und mariner Nahrungsnetze. Das Ökosystem wird durch das fehlende Licht im Winter und die damit fehlende pflanzliche Produktion zu einer Art „Winterruhe" gezwungen. Selbst Bodenbildungsprozesse, Abtragungsprozesse, Sedimentverfrachtungen und Abbauprozesse sind in dieser Zeit eingestellt. Organismen haben nur zwei Möglichkeiten, diese strenge Zeit zu überleben: Entweder sie entwickeln Strategien, um den Winter vor Ort zu überstehen (z. B. kleine Insekten, Milben und Mikroorganismen bilden Ruhestadien und können so ohne zusätzliche Nahrungsaufnahme den Winter überdauern; Warmblüter leben hauptsächlich vom gespeicherten Körperfett); oder sie müssen abwandern. Von den 30 Arten regelmäßiger Brutvögel Spitzbergens verläßt nur eine Art – das Schneehuhn – den Archipel während der Polarnacht nicht. Auch im marinen Bereich wandern wichtige Nahrungsfische der Arktis – wie Heringe, Dorsche und Lodden – ab in die Tiefenbereiche der Barentsee. Während des polaren Sommers ist für viele Organismen das Fehlen des täglichen Lichtwechsels als Zeitgeber ein nicht zu unterschätzendes Problem. So messen manche Pflanzen die Tageslänge mit ihrem Phytochromsystem, um die Fruchtbildung nach einem genetisch fixierten Plan einzuleiten und gleichzeitig den Stoffwechsel auf die bevorstehende Winterruhe umzustellen. Deshalb kann man alpine Pflanzen aus Hochgebirgen der gemäßigten Breiten nicht einfach in Polargebiete transplantieren (Ökogenotypen!). Sie würden viel zu lange produzieren und wären von den abrupt auftretenden Herbstfrösten überrascht und irreversibel geschädigt (*Larcher* 1984). Andere Organismen (z. B. die vielen in der Tundra im Sommer brütenden Watvögel) profitieren von dem permanenten Lichtangebot. Sie können mehr Zeit mit der Nahrungssuche verbringen und so ihre Brut schneller und mit weniger Verlusten aufziehen.

Gefrornis (Meereis, Flüsse und Seen, Permafrost, Gletscher)

Wasser kommt auf der Erde in allen drei Aggregatzuständen reichlich vor. Nur in polaren Zonen wie auch in Hochgebirgen ist die Eisbildung beinahe ganzjährig möglich. Die Auswirkungen sind von höchster Bedeutung für die Entwicklung von polaren Ökosystemen, und sie sind keineswegs auf die polaren Breiten beschränkt. Unser Weltklima hat in den großen Inlandeisen und Gletschern der Antarktis und Grönlands und den resultierenden kalten Meeresströmungen einen wichtigen Motor (vgl. Kap. 3.3.2.3). Große Flächen der polaren Ozeane frieren jeweils im Nord-/Südwinter oberflächlich zu. Das *Meereis* verschiebt seine Pack- und Treibeisgrenze jahreszeitlich alternierend um mehrere hundert Kilometer. Meereis ist meist nur zwei bis drei Meter dick, es kann jedoch durch Meeresströmungen bis zu 30 m dickem Packeis zusammengeschoben werden. Das Meereis selbst ist Lebensraum von hochspezialisierten, an Salzstreß adaptierten Eislakunen-Organismen, die nach neuesten Erkenntnissen eine enge Verwandschaft zur marinen Bodenfauna zeigen. Das Meereis verzögert den Lichtzutritt für marine Primärproduzenten in polaren Meeren und verschiebt somit den Starttermin der Produktion weit in den Sommer hinein. Andererseits weiß man heute, daß gerade die im Meereis eingefrorenen Algenkeime eine wichtige Rolle für die Initiierung der explosionsartigen Planktonvermehrung im Polarsommer spielen. Für terrestrische Ökosysteme wirkt dieses Meereis in positivem Sinn als Brücken-Äquivalent für die umgebenden Faunen. Es ermöglicht die Zuwanderung neuer und die Durchmischung „eingesessener" Arten. Andererseits sorgt die hohe Albedo von ausgedehnten Meereisflächen für eine starke Verzögerung der Erwärmung in eben diesen terrestrischen Bereichen.

Flüsse und Seen sind in Polargebieten periodisch zugefroren. Trotz der generell geringen Jahresniederschläge entstehen im Sommer mit der kurzen, heftigen Schneeschmelze große Schmelzwassermengen, die wegen der tiefen Temperaturen kaum verdunsten können und nicht vom gefrorenen Boden gespeichert werden. Fluviale Prozesse und Hangspülung sind somit auch in den Polargebieten bedeutsam für die Geomorphogenese. Weitreichende Überschwemmungsebenen sind die Folge, in denen Tundraflüsse als „Pendelflüsse" ihren Weg zum Meer in wechselnden Flußbetten suchen. Später können die sommerlichen Niederschläge und das allmähliche Auftauen des Bodeneises die großen Schmelzwasserflüsse nicht mehr speisen. Wenn kein wasserspendender Gletscher im Hinterland mithilft, ist von dem einst reißenden Tundrafluß nach wenigen Wochen nur noch ein Rinnsal übrig. Größere Seen bieten Süßwasserfischen auch in hocharktischen Bereichen eine Überlebensmöglichkeit, da sie selbst in der langen Polarnacht nicht durchfrieren. Kleinere Seen und Tümpel erwärmen sich im Sommer schneller und zeigen deshalb eine höhere Primärproduktion und eine reichere Entfaltung von Kleinkrebsen und aquatischen Insektenlarven.

Unter *Permafrost* (Dauergefrornis bzw. Dauerfrostboden) versteht man ein Substrat oder Festgestein, das für die Dauer von mehreren Jahren (meist Jahrhunderte bis Jahrtausende) kontinuierlich Temperaturen unter 0 °C aufweist. Wegen der dünnen Schneedecke dringt die Kälte in Polargebieten in den tieferen Untergrund. Die Mächtigkeit des Permafrostes variiert in der Arktis von einigen Metern bis über 350 Meter. Permafrost kann blankes Eis enthalten, aber meist ist das Substrat (z. B. Sand oder Torf) mit Eiskörnern vermischt und kompakt gefroren. Ab einem Jahresmittel von -1 °C ist mit Permafrost zu rechnen (diskontinuierlicher Permafrost), ab -7 °C tritt er regelmäßig auf (kontinuierlicher Permafrost).

Reliktischer Permafrost aus der letzten Eiszeit reicht in Kanada und besonders in Sibirien bis weit südlich in die Zone des borealen Nadelwaldes. Sogar untermeerischer Permafrost aus der letzten Eiszeit wurde bei Ölbohrungen nördlich von Alaska und in der Barentsee nachgewiesen.

Im Sommer tauen die obersten 20–150 cm der Bodenoberfläche als „Auftauschicht" auf. Je nach Lage im Relief, Feuchtigkeit und Vegetationsbedeckung unterscheidet sich die Mächtigkeit der Auftauschicht. Ein trockener vegetationsfreier Standort wird gegenüber einem feuchten moosbewachsenen Standort eine mächtigere Auftauschicht entwickeln. Die Stauwirkung der Permafrosttafel läßt großflächig Seen und Moore entstehen, die den Permafrost vor eindringender Wärme schützen. Nach einer Beschädigung oder Entfernung der Vegetationsdecke kommt es zum Ausschmelzen des Permafrostes und das Erdreich fällt zusammen (Kryokarst). Bauten wie Häuser und Straßen verursachen ebenfalls ein Schmelzen der Permafrosttafel, wodurch es zum Einsturz von Häusern, zu

Straßenunterbrechungen und zu Rutschungen kommt. Aus diesem Grund werden Häuser in Permafrostgebieten auf Stelzen gebaut, Straßen werden durch meterdicke Kiesunterlagen vom Permafrost isoliert.

Die Auftau- und Gefriervorgänge in den obersten Bodenschichten führen zu dynamischen Prozessen mit zahlreichen charakteristischen geomorphologischen Erscheinungen. Besonders formenreich sind diese Bildungen bei Bedingungen mit sandig-schluffigem Substrat und hohem Eisanteil, die man besonders in Fluß- und Küstenebenen findet. *Eiskeile*, *Pingos* und *Palsen* sind charakteristische Erscheinungen in Permafrostgebieten. Besonders wichtig für die Strukturierung der Tundra sind die Frostmusterböden. Meist liefert die abschmelzende Schneedecke das nötige Wasser. Frosthub von Feinboden geschieht durch gerichtetes Wachsen der Eiskristalle, wobei größere Steine seitlich abgleiten. Der Effekt ist eine Sortierung des Materials zu *Frostmusterböden*. Frostdruck verstärkt diesen Effekt, indem Grobschuttpakete schneller einfrieren und eine Zunahme des seitlichen Druckes auf die Feinerdebereiche bewirken. Es kommt zur Ausbildung von Polygonen und Steinringen auf ebenen Flächen und von Streifen sowie Girlanden an Hängen (Abb.3.3.2.2./1). Der Wassergehalt

Abb. 3.3.2.2/1
Formen verschiedener Frostmusterböden – bedingt durch frostdynamische Prozesse (a, b) und – zusätzlich – gravitative Massenbewegungen (c, d)
(Entwurf: *C. Wüthrich*, stark verändert nach verschiedenen Autoren)

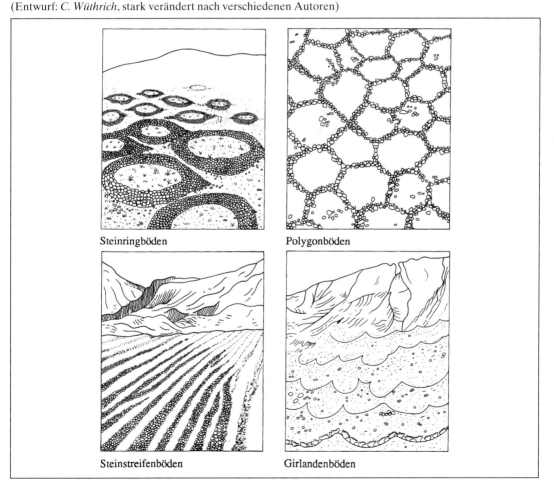

Steinringböden

Polygonböden

Steinstreifenböden

Girlandenböden

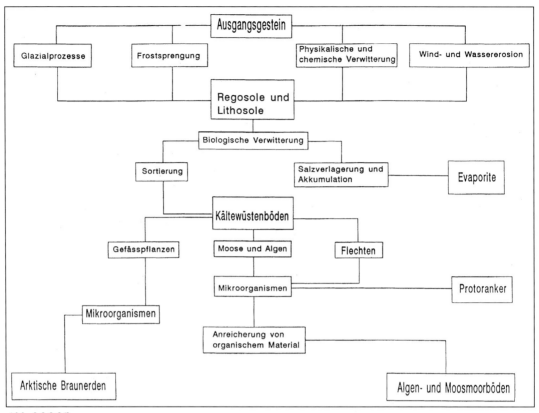

Abb. 3.3.2.2/2
Stadien polarer Bodenbildung und -entwicklung
(stark verändert nach *B. Stonehouse* 1989, S. 68)

des Bodens ist bei all diesen Frostbodenerscheinungen der „Motor". Die Größe der Formen hängt von der Zahl der Frostwechseltage ab. Deswegen findet man an der Grenze zur Subarktis mehr und größere Frostmusterböden als in der Hocharktis.

Schon hei mäßiger Neigung kann es auf der Permafrosttafel zum langsamen „Hangkriechen" kommen. In der eigentlichen Tundra mit geschlossener Vegetationsdecke spricht man von gebundener *Soliflukation*, die zu Würgeböden, Wülsten und Loben führt. In der Frostschutzzone (kaum Vegetationsbedeckung) spricht man von ungebundener Solifluktion. Die „Fließgeschwindigkeit" einer solchen Solifluktionszunge liegt im Laufe einer Saison im Zentimeterbereich. Je nach Neigung, Witterungsverlauf und Wassergehalt können auch höhere Fließgeschwindigkeiten erreicht werden. Die hohe Dynamik des Untergrundes erschwert die Etablierung einer geschlossenen Vegetationsdecke. Es sind vorwiegend Pionierorganismen, die unter diesen Bedingungen immer wieder günstige Substrate vorfinden.

Gering entwickelte Böden

Polare Böden entwickeln sich unter sehr speziellen Bedingungen (Kälte, geringe Niederschläge, hoher Bodenwassergehalt, Permafrost). Die zahlreichen Frostwechsel führen zu einer starken Frostverwitterung. Diese verläuft oft so rasant, daß die Besiedlung durch Pflanzen kaum Schritt hält. Die Kälte hemmt das Pflanzenwachstum und verlangsamt die chemischen Bodenbildungsprozesse (z. B. Tonmineralbildung). Der Permafrost verhindert eine normale Drainage der Böden, Moorbildung und Vergleyung können die Folge sein. Der Permafrost selbst stellt eine bodenbildungsinaktive Zone dar. Das Pflanzenwachstum wird aus physiologischen Gründen bei tiefen Temperaturen weniger stark inhibiert als die biologische Mineralisierung. Daher kommt es zur Anhäufung von teilzersetztem Material in Form von Rohhumus. Wenn den Mikroorganismen zusätzlich wegen allzu großer Nässe der Sauerstoff ausgeht, kommt es zur Anhäufung von Torf. Die Arktis ist deshalb ein bedeutender terrestrischer Kohlenstoffspeicher im globalen Kohlenstoffkreislauf (rund 23 % des terrestrischen Kohlenstoffs der Erde sind hier gespeichert!; vgl. *Wüthrich* 1991). Heute sorgt man sich um die Rückkoppelungseffekte, die ein Abbau dieser Lagerstätten in einem wärmeren Weltklima haben könnte.

Ein ebenso wichtiger Faktor für die oft geringe Ausbildung der Böden muß in der kurzen Zeit gesehen werden, die in polaren Gebieten für die Bodenbildung zur Verfügung standen. Große Flächen wurden erst vor wenigen Jahrzehnten vom Eis frei gegeben. Selbst weit entfernt von heutigen Gletschern findet man Freiflächen, die noch während des Würmglazials Meeresböden waren oder selbst vom Eis bedeckt waren. Auch postglaziale Gletschervorstöße räumten in manchen Gebieten die Böden wieder weg, letztmals in der „Kleinen Eiszeit" um 1850. Die Erwärmung der Arktis hat seither schon wieder große Flächen freigelegt, die aber in dieser kurzen Zeit kaum Gelegenheit hatten, höhere Bodenbildungsstadien zu erreichen.

Obige Tatsachen machen es verständlich, daß man in Polargebieten einen hohen Anteil an Lithosolen und Regosolen findet. Auch ahumische Böden mit klarer Horizontierung sind dort möglich, wo eine stabile Lage dem akkumulierten Feinmaterial eine chemische Differenzierung erlaubt (z. B. „Kältewüstenböden"). Solche Böden findet man vorwiegend im antarktischen Bereich. Schließlich gibt es, wo die Vegetation und insbesondere die Gefäßpflanzen sich etablieren konnten, auch humusreiche Böden und deren Bildungsstadien, z. B. Protoranker, Protorendzinen, Ranker, Rendzinen und Braunerden (Abb. 3.3.2.2/2). Sobald durch den unterlagernden Permafrost und reliefbedingt ein Abfließen des Schmelzwassers verhindert wird, bilden sich vergleyte Bereiche in den Unterböden. Bei permanenter Nässe dominieren Moose und Algen als Primärproduzenten. Der Abbau ist durch Bodenkälte und Sauerstoffmangel an solchen Standorten stark gehemmt, und es kommt zur Ausbildung von Moorböden (z. B. Torfe).

Vegetationsformation „Tundra"
Die typische Vegetationsformation der Arktis ist die „Tundra". Der Ausdruck bedeutet soviel wie „baumloses Hügelland". Die Tundra beherbergt eine überraschende Fülle von Moosen, Flechten, Algen, Pilzen, Binsen, Gräsern, Seggen, Zwergstrauchheiden und blütentragenden Kräutern. Wichtige Gattungen der Gefäßpflanzen sind: Steinbrech, Leimkraut, Hahnenfuß, Löffelkraut, Mohn, Säuerling, Fingerkraut, Pestwurz, Riedgras, Wollgras, Schmiele, Heide, Silberwurz, Hungerblümchen, Läusekraut, Knöterich, Weide, Krähenbeere, Heidelbeere, Birke und Brombeere. Die meisten Tundrapflanzen zeigen eine circumarktische Verbreitung. Einige davon sind auch in den Alpen oberhalb der Baumgrenze häufig (arktisch-alpine Verbreitung). Die Vegetation bedeckt in den subarktischen Bereichen mehr als 80 % der Bodenoberfläche, gegen Norden hin nimmt die Vegetationsbedeckung langsam ab. Im hocharktischen Bereich (z. B. auf Spitzbergen) findet man eine fleckenhaft aufgelöste Vegetationsdecke (Deckungsgrad 10 bis 80 %), die in den noch exponierteren sogenannten Kältewüsten weniger als 10 % der Bodenoberfläche bedeckt.

Die Nettophotosynthese liegt während der gesamten Vegetationsperiode im positiven Bereich (nächtliche Dunkelatmung fehlt). Dennoch ist die Produktion der Tundra verglichen mit gemäßigten und tropischen Breiten natürlich sehr gering. In der Hocharktis beträgt sie um 40 g/m^2 und Jahr für Phanerogamen (Gefäßpflanzen) und rund 25 g/m^2 und Jahr für Kryptogamen (v. a. Flechten und Moose). Bei geschlossener Vegetationsdecke im subarktischen Bereich können bis 400 g/m^2 und Jahr erreicht werden. Ein großer Teil der produzierten Biomasse wird in der Tundra unterirdisch in Form von Wurzelmasse (z. B. Gräser) oder oberirdisch verholzenden Trieben (z. B. Silberwurz) an-

Region	Subregion	Vegetation	Grenze
Polare Wüste	Nördlicher Gürtel	Ozeanische Arten von Krustenflechten Weniger als 50 Arten von Gefässpflanzen	Nördliche Landgrenzen
	Südlicher Gürtel	Kontinentale Arten von Krustenflechten Bis zu 67 Arten von Gefässpflanzen	Linie zwischem extrem nörd- lichen und kontinentalen Inseln
Tundra	Arktische Tundra	Arktisch-alpine und arktische Zwerg- sträucher, z.B. Polarweide, Silberwurz, Vierkantige Heide	2°C-Juliisotherme
	Subarktische Tundra	halbhohe Sträucher, z.B. Zwergbirke, Flaumweide, und Zwergsträucher, z.B. Heidelbeere und Krähenbeere	6°C-Juliisotherme bis zur nördlichen Waldgrenze

Abb. 3.3.2.2/3
Vegetationszonen der Arktis, ihre Klassifikation und ihre geoökologischen Hauptmerkmale
(verändert nach *V. D. Aleksandrov*a 1980, S. 25)

gelegt. Aber die Vegetation ist in den Polargebieten nicht nur als Primärproduzent zu sehen. Sie speichert Nährstoffe für lange Zeit (langsame Zersetzung), beeinflußt stark das Mikroklima über der Bodenoberfläche (wichtig v. a. für viele wirbellose Tiere), wirkt als Isolator (beeinflußt somit Auftautiefe wie auch die Geschwindigkeit biologischer und chemischer Prozesse im Boden) und stabilisiert das Feinmaterial gegenüber Erosion, Denudation und Kryoturbation. Zudem sorgt sie durch Abscheidung von Säuren und Bereitstellung komplexer organischer Substanzen im Streuabfall für eine steigende biochemische Diversität im Humus, die im Sinne einer Sukzession einen ersten Schritt zu einer abgepufferten (konstanten), stabilisierten Umwelt darstellt.

Georelief, Bodendynamik und Schneebedeckungsdauer führen zur charakteristischen „Fleckenhaftigkeit" (patchyness) der Tundra. Die vielzitierte „Gleichförmigkeit" der arktischen Tundra entspringt unserer Wahrnehmung eines baumlosen, weiten Hügellandes und hat nur wenig mit der Realität beispielsweise eines kleinen Bodenlebewesens zu tun. Von nahem besehen, zeigt sich nämlich ein kompliziertes Muster von Vegetationsflecken mit völlig unterschiedlichen Pflanzen und dementsprechend kleinräumig sehr unterschiedlichen edaphischen Bedingungen.

Windgefegte Kanten bieten – trotz verlängerter Vegetationszeit – keine guten Wachstumsmöglichkeiten für höhere Pflanzen (Trockenstreß, Kälte). Dort wird in aller Regel eine Flechtentundra etabliert sein. Windgeschützte Senken ohne Stauwasser sind typische Standorte für Zwergsträucher, deren Triebe unter dem Schnee vor winterlichen Tiefsttemperaturen geschützt sind. Überall, wo Stauwasser zu konstant feuchten Bedingungen führt, übernehmen Moose die dominierende Rolle (Moostundra), oft zusammen mit anderen Moorspezialisten (Schmiele, Wollgras u. a.). Dieses enge Beieinander von unterschiedlichsten Kleinlebensräumen ist – mit Ausnahme der Eiswüstenbereiche – für die gesamte Arktis typisch (vgl. dazu *Thannheiser* 1988).

Es muß betont werden, daß die „Tundra" eine Pflanzenformation des Nordpolargebietes ist. Die Baumlosigkeit als Merkmal gibt es zwar auch in der Antarktis, aber dort greifen die polaren Bedingungen, getrieben durch den Kühlschrankeffekt der riesigen antarktischen Inlandeiskuppel, weit in die – lagemäßig – subpolaren Zonen hinein. Die kontinentale Antarktis selbst kennt keine Blütenpflanzen und keine Farne, aber immerhin 31 Moosarten und 125 Flechtenarten. Auf der Antarktischen Halbinsel erscheinen zwei Gefäßpflanzen, ein Gras (*Deschampsia antarctica*) und eine Nelke (*Colobanthus quitensis*). Die Zahl der Moose steigt hier auf 50 Arten, die der Flechten sinkt auf 30 Arten. Bis in den periantarktischen Bereich steigen die Artenzahlen allmählich auf 19 Gefäßpflanzen, 7 Farne, 260 Moosarten und 160 Flechtenarten an (Daten für Süd-Georgien). Sinngemäß wird die Florenregion der Antarktis in drei Subregionen unterteilt: Kontinentale Antarktis, Maritime Antarktis und die Periantarktischen Inseln.

Eine mögliche Einteilung für die Arktis bezieht sich auf den Bedeckungsgrad der Vegetation. Die Zone der *Höheren Arktis* liegt innerhalb der Frostschutzzone. Die Pflanzendecke variiert zwischen 5 und 25 % Bedeckung, jedoch sind viele Gebiete völlig frei von höheren Pflanzen. Die Vegetationszone der *Mittleren Arktis* liegt ebenfalls in der Frostschutzzone. In den Niederungen ist jedoch eine typische Tundra etabliert mit Bedeckungsgraden zwischen 25 und 50 %. Nur in Feuchtbereichen werden höhere Werte erreicht. In der Vegetationszone der *Niederen Arktis* kommen höherwüchsige Pflanzengesellschaften vor, die in der Tundra eine Bedeckung zwischen 50 und 75 % erreichen. Die Vegetationszonen der Höheren, Mittleren und Niederen Arktis kann man weiter in Teilzonen untergliedern (*Thannheiser* 1987). Ein anderes System wurde von *Aleksandrova* (1980) aufgestellt. Es unterscheidet zwischen den beiden Regionen „Polar desert" und „Tundra", wobei jeweils zwei Subregionen unterschieden werden (Abb. 3.3.2.2./3).

Warmblüter-beherrschte Tierwelt
Wechselwarme Landwirbeltiere fehlen in den Polarzonen weitgehend, da die kurzen Sommer bei tiefen Temperaturen eine Entwicklung und Fortpflanzung nicht mehr erlauben. Nur am Südrand der Arktis findet man speziell angepaßte Reptilien (z. B. Bergeidechse und Kreuzotter). Die warmblütigen Vögel und Säuger sind die erfolgreichsten Besiedler der Arktis bis in die nördlichsten Bereiche. Das gut isolierende Federkleid der Vögel ermöglicht Homoiothermie und hohe Körpertemperaturen auch bei tiefen Außentemperaturen. Die hohe Lokomotionsfähigkeit der Tundra-Vögel ermöglicht die saisonale Migration in gemäßigtere bis tropische Breiten. Circumarktisch sind hier etwa 120 Arten zu nennen (Gänse, Enten, Taucher, Schwäne, Raubvögel, Watvögel). Nur sehr wenige Arten sind dagegen ganzjährig in der Arktis zu finden. Sie migrieren entweder gar nicht (manche Schneehühner) oder nur von nördlichen in südliche Gebiete der Arktis (Schneeammern). Vögel sind wichtige Nutzer der Vegetation (z. B. Gänse) und der individuenreichen Insektenwelt (z. B. Watvögel).
Bei Landsäugern wird die Warmblütigkeit ermöglicht durch ein dichtes isolierendes Fell und eine dicke – ebenfalls isolierende – Unterhautfettschicht, die zugleich ein wichtiger Energiespeicher für die strenge Winterzeit ist. Kleinsäuger sind auch im Winter im Boden gut vor der Kälte geschützt (Lemminge, Wühlmäuse, Spitzmäuse), Großsäuger zeigen entweder großräumige Migrationen (Karibu) oder sind besonders gut an tiefe Temperaturen angepaßt (z. B. Moschusochsen). Weniger als 50 Arten der weltweit etwa 4000 Arten von Landsäugern erreichen die Arktis. Nur etwa ein Dutzend Arten sind ganzjährig in der Arktis zu finden. Die wichtigsten Carnivoren sind Braunbärverwandte, Wölfe, Füchse, Marderartige (Hermelin, Mauswiesel, Wiesel, Vielfraß etc.) und Spitzmäuse. Die wichtigsten Herbivoren sind Rentiere, Karibus, Moschusochsen, Elche, Lemminge und Wühlmäuse. Die polaren Säuger sind durch ihre Warmblütigkeit weit besser in der Lage, Pflanzennahrung aufzuschließen, als die in gemäßigten und tropischen Breiten als Herbivoren dominierenden Insekten. Vielfach müssen sie deshalb – zusammen mit Gänsen – als Hauptnutzer der produzierten Phytomasse angesehen werden.
Fast alle Landinvertebraten der Hocharktis zeigen sehr enge Beziehungen zum Lebensraum „Boden". Nicht nur, daß sie ihre Entwicklungsstadien vorwiegend saprovor im Boden verbringen, sondern auch flugfähige Insekten kriechen weit häufiger über der erwärmten Bodenoberfläche dahin, als daß sie sich fliegend fortbewegen. Selbst in der Hocharktis ist noch eine individuenreiche Insektenfauna mit den dominierenden Zweiflüglern und einigen Hautflüglern und Schmetterlingen vorhanden. Im Vergleich zur gemäßigten Zone findet man im Boden der Arktis in Gebieten des kontinentalen Bereiches eine leicht reduzierte Bodenmakrofauna (ohne Schnecken, Asseln und Tausendfüßler) und eine gut entwickelte Meso- und Mikrofauna. In der ozeanischen Hocharktis fällt dann die Makrofauna ganz aus (also auch keine Schnakenlarven, keine Lemminge und keine Regenwürmer mehr), die Meso- und die Mikrofauna funktionieren jedoch weiter (vgl. Abb. 3.3.2.2./4). Die Gebiete der wärmeren Arktis, insbesondere die kontinentalen Festlandstundren, zeigen einen enormen Reichtum an fliegenden Insekten mit Käfern, zahlreichen Hautflüglern, Schmetterlingen und einer

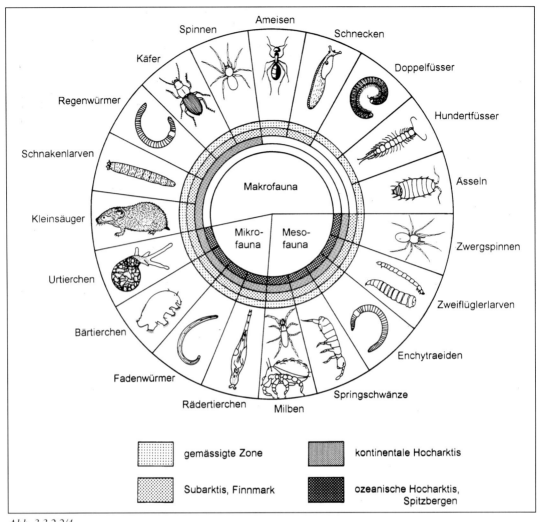

Abb. 3.3.2.2/4
Die Bodenfauna der ozeanischen und kontinentalen Arktis
(aus: *C. Wüthrich* 1989, S. 51)

Vielzahl von – teils blutsaugenden – Zweiflüglern. Dieser (v. a. quantitative) Insektenreichtum lockt die Mehrheit der typischen Tundra-Watvögel zur Brut in den hohen Norden.

Es bestehen interessante Zusammenhänge zwischen der Tundra und ihren Bewohnern bezüglich Aggregation, Brut- und Fortpflanzungserfolg, Veränderung der Lebensbedingungen durch Übernutzung, Veränderung der Nahrungsqualität nach Massenvermehrungen und ähnlich gelagerten Phänomenen. Als Folge der kurzen Nahrungsketten zeigen arktische Ökosysteme einen Hang zu Zyklen mit immer wieder katastrophal erscheinenden Veränderungen des „Gleichgewichtes" (z. B. alle vier Jahre eine Massenvermehrung von Lemmingen). Früher wurden arktische Ökosysteme deshalb als „instabil" bezeichnet; heute sollte man eher von „Inkonstanz" sprechen (vgl. auch *Remmert* 1980). Es zeigte sich immer wieder, daß arktische Ökosysteme selbst durch schwere Störungen nicht dauerhaft geschädigt wurden. Die Regeneration verläuft allerdings gemäß den verlangsamten Lebensprozessen bei den herrschenden tiefen Temperaturen nur sehr langsam.

3.3.2.3 Bedeutung der marinen Ökosysteme

Bisher wurde vorwiegend von terrestrischen Ökosystemen der Polargebiete gesprochen. Gerade in diesen Regionen sind es jedoch die marinen Bereiche, die durch ihren Nahrungsreichtum die terrestrischen Ökosysteme stark beeinflussen. Alle antarktischen Wirbeltiere (Wale, Robben, Pinguine, Albatrosse u. a.) und eine Vielzahl der arktischen Wirbeltiere der Küstenregionen (Eisbären, Robben, Lummen, Sturmvögel, Möwen u. a.) sind eng an das Funktionieren der marinen Ökosysteme gebunden. Ein Großteil der (v. a. marinen) Weltprimärproduktion findet in subpolaren Gewässern statt. Die wichtigsten Nahrungsfische des Menschen (Heringe, Dorsche, Lachse u. a.) haben wichtige Verbreitungs- und Fanggebiete in der Arktis. Schließlich erzeugen die Polargebiete Meeresströmungen, die für den ganzen Erdball von enormer Bedeutung sind, da sie große Mengen von Energie zwischen Tropen und Polargebieten austauschen und so auf der Erde ein angenehmes gemäßigtes Klima ermöglichen.

a) *Das Nordpolarmeer:*

Es umfaßt das Arktische Becken und die angrenzenden Schelfbereiche (Barentsee, Karasee, Beaufort-See usw.). Dieser Ozean bedeckt eine Fläche von ca. 14 Mio km^2. Die Verbindung zum Pazifik wird durch die 80 km breite Beringstraße gebildet, zum Nordatlantik öffnet sich die 1 400 km breite Norwegische See. An deren Ostflanke strömt ständig erwärmtes Wasser (Nordatlantikstrom) in das arktische Becken ein, der Ausfluß erfolgt vorwiegend an der Ostflanke von Grönland. Das Wasser ist hier wegen seines Salzgehaltes unterkühlt. Die Temperaturen unter dem Eis liegen bei – 1,8 °C, offenes Wasser hat eine Temperatur von 0 °C bis 2 °C. Das arktische Oberflächenwasser ist mit 3,4 % Salzgehalt etwas weniger salzhaltig als die Weltmeere. Es ist wegen seiner niedrigen Temperaturen reich an gelösten Gasen (CO_2, O_2), jedoch relativ nährstoffarm.

Die Gebiete der höchsten Primärproduktion liegen in jenen Zonen, in denen sich nährstoffreicheres atlantisches Wasser mit dem arktischen Oberflächenwasser vermischt. Das Eis bedeckt im Winter ungefähr 12 bis 13 Mio. km^2, im Sommer 5 bis 8 Mio. km^2. Aber selbst im tiefsten Winter bildet das Meereis keine kompakte Kappe. Horizontale Strömungen, aufwärts gerichtete Strömungen („Upwellings") und Winde verursachen breite Risse und „Polynyas" („abnorm" scheinende Flächen offenen Wassers, z. B. das „North Water" im Nordteil der Baffinbucht). Diese Gebiete sind von höchster biologischer Wichtigkeit, denn sie ermöglichen einer Vielzahl von Organismen den Zugang zur Primärproduktion des Phytoplankton.

b) *Das Südpolarmeer:*

So wird das Meeresgebiet um den antarktischen Kontinent bezeichnet, das sich durch eine endemische Lebewelt, eine charakteristische Schichtung und homogene Strömungsverhältnisse (Westwind-Drift) auszeichnet. Begrenzt wird das Südpolarmeer durch die Antarktische Konvergenz, einen relativ lagekonstanten Bereich, in dem die kalten antarktischen Oberflächengewässer unter die wärmeren atlantischen und pazifischen Wassermassen abtauchen.

Das Südpolarmeer ist deutlich in drei Schichten verschiedener Temperatur, Strömungsrichtung und verschiedenen Salzgehaltes gegliedert: Das antarktische Oberflächenwasser umfaßt die oberste Schicht bis in eine Tiefe von 70 bis 200 m. Es bewegt sich von Süd nach Nord, wird allerdings durch die ständig wehenden Westwinde nach Osten abgelenkt. Bis zur Antarktischen Konvergenz erwärmt sich diese Schicht von – 1 °C auf etwa 3,5 °C und taucht dann unter die wärmeren nördlicheren Ozeane (6 °C bis 7 °C) ab. Man kann diese antarktischen Wassermassen anhand ihres niedrigen Salzgehaltes (3,41 %) und der niedrigen Temperaturen bis weit auf die Nordhalbkugel als Antarktische Zwischenströmung verfolgen. Darunter findet sich ein südgerichteter warmer Tiefenstrom. Es ist eine bis 2 000 m dicke Schicht mit hohem Salzgehalt (bis 3,77 %) und hohem Nährstoffgehalt, die ihren Ursprung im Oberflächenwasser des Atlantiks und des Pazifiks hat. Bei der Antarktischen Divergenz steigen diese Wassermassen an die Oberfläche und verur-

sachen dort eine enorm hohe Produktion (Diatomeenblüte und Krillschwärme). Das Antarktische Bodenwasser schließlich ist die unterste Schicht mit nordwärtsgerichteter Bewegung. Es entsteht aus Oberflächenwasser, das durch ablandige Fallwinde der antarktischen Eiskuppel ab-
gekühlt wird. Nach der Bildung von Eis sinkt es als salzreicher (> 3,45 %) und kalter (< – 0,5 °C)
Wasserkörper ab und führt südpolare Kälte in die Nordhemisphäre ab (vgl. Abb. 3.3.2.3./1).

c) *Antarktisches Plankton*

Am Beispiel des gut untersuchten antarktischen Planktons soll der Jahresgang der für das gesamte Ökosystem so zentralen Planktonblüte in den Polargebieten dargestellt werden. Im Winter
ist die Primärproduktion in der Antarktis minimal, aber nicht null, da stets geringe Lichtmengen
vorhanden sind (vgl. Lage des Südpolarmeeres zum Polarkreis!). Einige Algen (v. a. Kieselalgen)
des Vorjahres bleiben lebensfähig, sie können sich in dieser Zeit aber nicht teilen. Unter Eis sinken die meisten Planktonorganismen in tiefere Schichten ab und werden dann von der südgerich-
teten Tiefenströmung erfaßt und in Richtung Kontinent befördert. Die Oberflächenschichten des
Südpolarmeeres sind in dieser Zeit die klarsten Gewässer der Welt. Im Frühling vermehren sich
die Diatomeen extrem schnell (vorwiegend solche, die im Packeis eingefroren waren). Es kommt
zur Verfärbung des Wassers durch die hohe Dichte des pflanzlichen Planktons.

Die Produktivität ist etwa viermal höher als in anderen Ozeanen und erreicht in den fruchtbarsten Bereichen 890 mg C/m^2 und Tag; damit ist die Produktion höher als bei gutem Ackerland! Es
wurden aber auch schon Spitzenwerte von 2 760 mg C/m^2 und Tag gemessen. Die fruchtbarsten

Abb. 3.3.2.2.3/1
Schichtung und Strömungsverhältnisse im Antarktischen Ozean
(verändert nach *G. Hempel* 1985, S. 7)

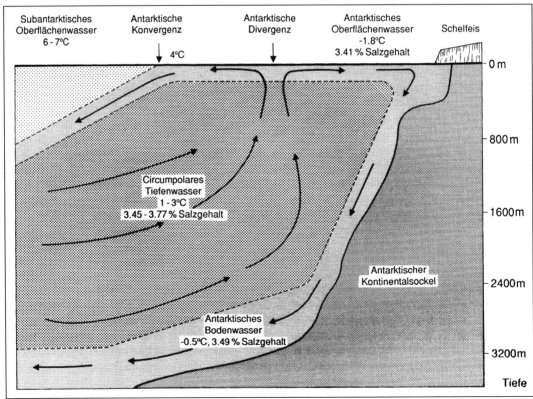

Bereiche liegen an der nördlichen Kante des Packeises und über den Kontinental- und Insel-Schelfzonen, wo Turbulenzen „Upwellings" verursachen. Zooplankton ist das ganze Jahr über im Oberflächenwasser vorhanden. Das Maximum wird erst im Sommer erreicht, im Winter sinkt das Zooplankton in tiefere Wasserschichten ab und verdriftet nach Süden. Der bekannteste Vertreter des Zooplanktons ist ein etwa 5 cm großer Krebs der Art *Euphausia superba* („Krill"). Er dominiert als Primärkonsument im Sommer die Oberflächengewässer in riesigen Schwärmen (oft viele km^2) und stellt die Hauptnahrung der Bartenwale, Seevögel und Robben dar.

3.3.2.4 Grenzbedingungen für viele biologische Prozesse

In den Polargebieten herrschen für viele biologische Prozesse Grenzbedingungen vor:
– Die Etablierung einer geschlossenen Vegetationsdecke ist zumindest in der Frostschutzzone nicht mehr möglich, da Wärme- und Wassermangel sowie Solifluktionserscheinungen und eine heftige Frostverwitterung die Besiedlung erschweren und eine Sukzessionsfolge schon am Anfang unterbrechen.
– Das Wachstum von Bäumen ist – von zentimetergroßen Polarweiden abgesehen – in Polargebieten ebenfalls wegen Frosttrocknis und zu kurzer Vegetationszeiten nicht möglich.
– Die Mineralisierung von organischem Material durch Bakterien und Pilze ist derart stark gehemmt, daß es großflächig zur Ablagerung von organischem Material in Form von Rohhumus und Torf kommt.
Natürlich meinen wir, die physiologischen Gründe dafür zu kennen. Aber wer die Anpassungsfähigkeit lebendiger Systeme eingehend studiert (z. B. moosbewohnende Bärtierchen überleben Minustemperaturen von 200 °C!), muß eigentlich zum Schluß kommen, daß für die Evolution (beinahe) nichts unmöglich ist. Eine spekulative Begründung für die geringe Artenvielfalt wäre im geringen Alter der polaren Ökosysteme zu sehen. Kalte Polargebiete mit vereisten Polkappen sind erdgeschichtlich gesehen eher die Ausnahme. Seit den fernen Karbon- und Permeiszeiten hat die Erde niemals ein so kaltes Klima erlebt wie in den letzten 1,8 Millionen Jahren. Die Evolution sämtlicher moderner Organismengruppen (z. B. Säuger, Vögel, Knochenfische, Gefäßpflanzen) fand also zu einer Zeit statt, während der die Polargebiete ein mildes Klima ohne Eiskappen zeigten. Es wäre durchaus möglich, daß die Natur noch nicht genug Zeit hatte, um auch für vereiste Polargebiete „perfekte Anpassungen" hervorzubringen.

3.3.2.5 Nutzung und Gefährdung durch den Menschen

Früher waren die Gebiete der Arktis nur dünn besiedelt und wurden einzig von Jägern, Fischern und Rentiernomaden genutzt. Samen, Samojeden, Jukagiren, Jakuten, Tschuktschen und Eskimos (Inuit) fanden hier alles, was sie für ihr Leben brauchten. Mit dem Wal- und Robbenfang auf Spitzbergen begann im 17. Jahrhundert die Ausbeutungsphase der Arktis. Rasch wurden neue Walfanggebiete in der Davisstraße, im Beringmeer und schließlich in der Antarktis erschlossen. Zur Besinnung kam man eigentlich erst, als die Fangzahlen so stark zurückgegangen waren, daß die Rentabilität der hochmodernen Flotten nicht mehr gewährleistet war.
Mit Aufnahme des Kohleabbaus auf Spitzbergen in den zwanziger Jahren dieses Jahrhunderts begann schon vorher ein neues Kapitel in der Erschließung und Nutzung der Arktis. Der Reichtum der Arktis (heute auch der Antarktis) an Rohstoffen ließ viele Nationen an ein „Land der Zukunft" glauben, das den steigenden Bedarf der wachsenden Industrienationen an diesen Rohstoffen abdecken konnte. Einen neuerlichen Schub in diese Richtung verursachte die Entdeckung und Erschließung von Erdöl- und Erdgasvorkommen in den arktischen Gebieten Sibiriens, Kanadas und Alaskas.

Der Mensch nutzt heute die Polargebiete in vielfältiger Hinsicht (vgl. *Treude* 1991). Neue Techniken wurden entwickelt, um Öl und Gas auch unter widrigsten Bedingungen in der Barentsee oder in der Beaufortsee zu erschließen (Offshore-Drilling). Der Transport in Pipelines oder mit eisbrechenden Supertankern ist auch heute noch kritisch. Durch den modernen Walfang und die industrielle Fischerei wurden gerade die polaren Meere schon stark verändert. Zunächst nur strategische Überlegungen (z. B. der Flottenstützpunkt „Murmansk"), dann aber auch die Erschließung von Ölfeldern haben einen vormals ungestörten Großraum plötzlich in den Einflußbereich des technisierten Menschen gerückt.

Die zugehörigen arktischen Versorgungszentren (z. B. Prudhoe Bay, Norilsk, Novy Port etc.) mit ihren aufwendigen Infrastrukturen (kiesreiche Straßen, Gebäude auf Stelzen, isolierte Wasserleitungen etc.) verursachen uns gut bekannte Probleme wie Luftverschmutzung, undichte und überfüllte Abfallhalden und Verlust natürlicher Flächen. Gleichzeitig werden von verschiedenen Punktemmittenten aus großflächig Schadstoffe in die Arktis ausgebracht. Die Zinkemmisionen von Monçegorsk, der ölverschmutzte Industriefluß „Ob" und die radioaktiv strahlenden Wracks der ausgemusterten sowjetischen Atomflotte bei Murmansk und in der Karasee sind dazu nur einige Beispiele. Hier muß mit der Gesamtheit unseres Wissens über das Funktionieren dieser Ökosysteme eingegriffen und saniert werden. Nur dann werden die Polargebiete auch in hundert Jahren noch das sein, was sie seit Urzeiten für die Lebewesen der angrenzenden Regionen waren: ein Ergänzungsraum.

3.3.3 Das Ökosystem der mediterranen Subtropen *(Kai Schrader)*

Den Namen „mediterran" erhielt diese Unterzone der Subtropen vom Mittelmeergebiet, der Mediterranis. Dementsprechend charakterisieren diese Landschaftszonen ökologische Faktoren, die für den europäischen Mediterranraum typisch sind. Die mediterranen Subtropen erstrecken sich etwa zwischen dem 32. und 45. Breitengrad der Nordhalbkugel bzw. zwischen dem 28. und 38. Breitengrad der Südhalbkugel jeweils auf der meeresnahen Westseite der Kontinente. Gegen die Pole grenzen die mediterranen Subtropen an die immerfeuchten kühlgemäßigten Breiten, gegen den Äquator an den subtropischen Trockengürtel (*Müller-Hohenstein* 1979; Abb. 3.3.3/1).

Obwohl sie mit – je nach Quelle und Abgrenzungskriterien – zwischen 1,7 Mio. km^2 und 6,2 Mio. km^2 gerade 1 % bzw. 4 % der gesamten Festlandfläche ausmachen (*Müller-Wille* 1978 bzw. *Troll* und *Paffen* 1964), haben sie als Siedlungs-, Wirtschafts- und Kulturraum einen hohen Stellenwert. Neben dem europäischen Mittelmeergebiet umfassen die mediterranen Subtropen Teile Kaliforniens und Mittelchiles, die Südwestspitze des südlichen Afrikas (Kapland) und die Südwest- bzw. Südseite Australiens. Trotz dieser großen räumlichen Distanz der einzelnen Teilgebiete überwiegen ihre naturräumlichen Gemeinsamkeiten, so daß es sich rechtfertigt, sie zu einer gemeinsamen Landschafts- bzw. Ökozone zusammenzufassen (*Schultz* 1988). Neben klimatischen Eigenschaften, pedogenetischen Faktoren und geomorphodynamischen Prozessen sind hier vor allem auch die vom Menschen stark modifizierte Vegetation, die Landnutzung und die ökologischen Probleme zu nennen.

3.3.3.1 *Klima*

Kennzeichnend für die mediterranen Subtropen sind eine ausgeprägte Trockenheit während der Sommermonate und eine relativ hohe Niederschlagsvariabilität. Die klimatischen Schwellenwerte, welche die mediterranen Subtropen eingrenzen, werden in der Literatur nicht einheitlich angegeben. Die Temperaturen betragen 13 °C bis 21 °C im Jahresmittel, wobei Extremwerte von über 40 °C keine Seltenheit darstellen. Die Temperaturminima unterschreiten die 0 °C-Grenze nur für kurze

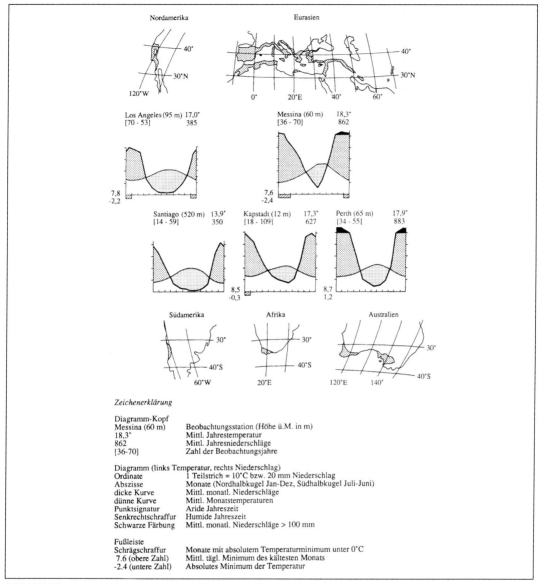

Abb. 3.3.3/1
Die Verbreitung der mediterranen Subtropen und klimatische Kennwerte in den Teilräumen
(aus: *K. Rother* 1984, S. 14 und 36)

Zeit. Die hohe Sonnenscheindauer von über 2 500 Stunden im Jahr auf der einen und die Maritimität (Meeresnähe) auf der anderen Seite bestimmen die thermische Situation (*Troll* und *Paffen* 1964; *Rother* 1984).

Dieser für den Pflanzenwuchs und den Ackerbau günstigen Ausgangslage steht die hygrische Situation entgegen: Eine drei- bis fünfmonatige Trockenperiode und sehr unterschiedlich ausfallende Jahresniederschläge stellen hohe Ansprüche an die Vegetation und die Ausgestaltung der Landwirtschaft. Die Jahresmittelwerte der Niederschläge variieren von 200 bis zu 4 000 mm, bewegen sich aber in der Regel zwischen 500 und 900 mm. Sie fallen von Herbst bis Frühjahr und weichen im Mittel bis zu

20 % von ihrem langjährigen Mittelwert ab (*Rother* 1984). In Dürrejahren können die Niederschläge gänzlich ausbleiben und dadurch Ackerbau und Viehzucht schwere Einbußen zufügen (*Martyn* 1992). Der Jahresmittelwert der Niederschläge gibt nur einen vagen Anhaltspunkt für den tatsächlichen Wasserhaushalt eines Ökosystems. Häufig ereignen sich in den mediterranen Subtropen Starkregen, die innerhalb weniger Stunden bis zu 40 % des erwarteten Jahresniederschlages liefern können (*Rother* 1984). Da die flachgründigen Böden die plötzlich niedergehenden Wassermassen nicht aufnehmen können, fließt das Wasser oberflächlich ab; es geht als nutzbare und für die Überbrückung der Sommerdürre dringend benötigte Ressource verloren. Auf seinem Weg zum Meer erodiert das Wasser kostbaren Boden und kann für den Menschen und seine Güter zu einer Bedrohung werden (Überschwemmungen). Ein bewegtes Relief, eine spärliche Bodenbedeckung und unangepaßte Landnutzungssysteme verschärfen die negativen Auswirkungen dieser „torrentiellen" Regen.

Neben der unausgeglichenen Verteilung der Niederschläge beeinflußt die starke Verdunstung, verursacht durch die hohe Strahlungsenergie und die häufigen Winde (z. B. Scirocco, Etesien), den Wasserhaushalt der mediterranen Subtropen negativ. Die sommerliche Trockenzeit unterbricht die Vegetationsperiode, schränkt die Bodenneubildung und die agrarische Produktion ein und setzt Wälder und Buschland der Gefahr eines Brandes aus. Durch die Kleinkammerung des Geländes und die auf geringer Distanz rasch wechselnden Höhenstufen wird die zonale Klimaausprägung allerdings entscheidend modifiziert.

3.3.3.2 Georelief und Boden

Verglichen mit den klimatischen Faktoren liefern die ökologischen Parameter „Georelief" und „Boden" in den mediterranen Subtropen ein wesentlich uneinheitlicheres Bild. Kann man die Länder des Mittelmeeres als Gebirgsländer bezeichnen, so herrscht in den australischen mediterranen Subtropen die Ebene vor. Die tektonische Mobilität in Kalifornien, Mittelchile und in der Mediterranis, die an der Erdbebenhäufigkeit und am aktiven Vulkanismus erkennbar ist, weist nur zufälligerweise vergleichbare Züge auf. Zwar zeichnen sich alle mediterranen Subtropen durch ihre Meeresnähe aus, aber sie zeigen unterschiedliche Küstenlinien: im Mittelmeergebiet und im südafrikanischen Kapland eine starke Kammerung durch viele Buchten, Halbinseln und Inseln, an den amerikanischen und australischen Küsten gerade Linien.

Die in Kap. 3.3.3.1 erwähnte hygrische Situation mit typischen herbstlichen Starkniederschlägen prägt auch die aktuelle Geomorphodynamik. Bäche, die während des Sommerhalbjahres vollständig versiegen können, wandeln sich in Regenzeiten zu reißenden Flüssen („Torrente"). Linienhafte Erosionsprozesse bilden markante Kerb- und breite Schottertäler (z. B. Ramblas), die Spüldenudation führt zu flächenhaften Abtragungsformen (z. B. badlandartige Zerrunsung), und die entsprechenden Akkumulationsprozesse können große Deltas (Ebro, Po) formen (*Gregory* und *Walling* 1973).

Entsprechend der Unterschiede im Georelief zeigen auch die Bodenkarten der einzelnen Landschaftsgebiete der mediterranen Subtropen kein einheitliches Bild: Die sehr kleinräumig verbreiteten und schnell wechselnden Bodentypen des Mittelmeergebietes stehen im Gegensatz zu den großen Arealen gleicher Bodenformen Australiens (*Semmel* 1977; UNESCO-FAO 1991). Da aber die klimatischen Verhältnisse der mediterranen Subtropen relativ homogen sind, lassen sich Gesetzmäßigkeiten bei der Bodenbildung (Pedogenese) und bei den resultierenden Bodentypen herausarbeiten (*Verheye* 1973).

Die Niederschlagsmenge reicht im allgemeinen für die chemische Verwitterung, für die Verbraunung und in feuchteren Gebieten sogar für Lessivierung und Podsolierung aus. Somit entstehen Bodentypen, die denen der immerfeuchten kühlgemäßigten Zone ähnlich sind – in erster Linie Braunerden und Parabraunerden (Cambisole und Luvisole). Durch die sommerliche Trockenphase laufen die Bodenbildungsprozesse allerdings insgesamt langsamer ab als in den feuchten Mittelbreiten. Die geringere Biomasseproduktion (weniger Laubwurf) und die verringerte biologische Aktivität im

Oberboden haben eine geringere Humusmächtigkeit, eine relative Nährstoffarmut und eine höhere Erosionsanfälligkeit mediterraner Böden zur Folge.

Die natürlichen pedogenetischen Faktoren werden aber durch menschliche Eingriffe derart überlagert, daß die an sich typischen Böden der Ökozone – braunrot bis leuchtend rot gefärbte Luvisole und diverse Cambisole – kaum mehr größere zusammenhängende Areale einnehmen (*Schultz* 1988, UNESCO-FAO 1991). Vom Menschen verursachte oder zumindest verstärkte Bodenerosion ließ auf geneigten Flächen Lithosole (Ranker, Rendzinen) zurück, förderte reliktische Bodentypen wie Terra rossa und Terra fusca zu Tage oder entblößte das Ausgangsgestein vollständig. Wie bereits *Philippson* (1947, 16) festhält, ist im Mediterranraum „die Bodenbildung langsam, die Zerstörung lebhaft".

Die gekappten Böden der bergigen Regionen sind aufgrund ihres schlechten Wasserhaushaltes, ihres geringen Wurzelraumes und ihrer Nährstoffarmut ungünstige Standorte für die landwirtschaftliche Produktion. Wo nicht tiefwurzelnde Nutzpflanzen wie Weinrebe und Olivenbaum kultiviert werden können, finden meist degradierte Strauchgesellschaften, welche extensiv beweidet werden, Verbreitung. Auch die nährstoffarmen, da sehr alten Böden Australiens und Südafrikas sind großteils mit Zwergstrauchformationen (z. B. Fynbos) bestanden (*DiCastri, Goodall* und *Specht* 1981). Landwirtschaftlich interessant sind die Böden, die sich in Flußtälern, in Senken und Mulden aus angeschwemmtem Material gebildet haben. Diese Alluvien enthalten wertvolle Nährstoffe, neigen aber bei ungünstiger Textur zu Verschlämmung und Versalzung (Solonchak). Weitere in den mediterranen Subtropen verbreitete Böden sind die auf Lavagestein entstandenen fruchtbaren Lithosole und Andosole, die Seroseme und Kastanoseme der trockeneren Gebiete und die auf anthropogenen Terrassen zu findenden Kolluvien (*Scheffer* und *Schachtschabel* 1989; *Rother* 1984).

3.3.3.3 Vegetation

Zwei ökologische Faktoren haben das Pflanzenkleid der mediterranen Subtropen entscheidend geprägt: das Klima und der Mensch. Hartlaubgewächse (Sklerophylle) sind die an die sommerliche Trockenphase und leichten Fröste bestangepaßten Pflanzen. Der Mensch hat durch Rodungen und andauernde Nutzung die ursprüngliche Waldvegetation zerstört, weshalb Ersatzgesellschaften die ehemaligen Waldflächen besiedelten (*Schmidt* 1966; *Walter* 1990).

Neben der Charakterpflanze des Mittelmeergebietes, dem unter Kultur stehenden Olivenbaum (*Olea europaea*), sind vor allem die immergrünen Stein-, Kork- und Kermeseichen (*Quercus ilex, Q. suber* und *Q. coccifera*) typische Vertreter der Hartlaubvegetation der mediterranen Subtropen. In den feuchteren Auen bilden laubwerfende azonale Pflanzengesellschaften mit Pappeln, Erlen und Platanen Bestände. In Kalifornien herrschen Hartlaubwälder mit ähnlichen Gattungen wie im Mittelmeergebiet vor, in Mittelchile wurde der gesamte Waldbestand von den Kolonisatoren beseitigt. In Australien findet sich die endemische und artenreiche Gattung des Eukalyptus', während das Kapland keine natürlichen Wälder besitzt (*Rikli* 1943–48; *Schmithüsen* 1968; *DiCastri* und *Mooney* 1973).

Nach den Rodungen der ursprünglichen Waldvegetation stellten sich als Sekundärformationen Strauch- und Zwergstrauchgesellschaften ein. Durch Nutzholzentnahme, durch systematisches und unkontrolliertes Abbrennen und durch eine ständige Beweidung konnte der Wald seine Standorte nicht zurückerobern. Die 2 bis 4 m hohe Macchie (in Kalifornien Chaparral, in Chile Matorral, am Kap Fynbos, in Australien Malle Scrub) oder die niedrigere Formation, die Garrigue (französisch), Tomillares (spanisch) bzw. Phrygana (griechisch), konnten sich behaupten (*Windhorst* 1978). Leitarten der Strauchformation sind z. B. die Baumheide (*Erica arborea*), die Zistrose (*Cistus sp.*) und der Erdbeerbaum (*Arbutus unedo*), die mit einer Vielzahl anderer Pflanzen (Lorbeer, Mastixstrauch, Oleander) vergesellschaftet sind. In der Zwergstrauchgesellschaft kommen vermehrt einjährige Pflanzen (Therophyten) und Zwiebelgewächse (Geophyten) vor (*Walter* 1990).

3.3.3.4 Geschichte, Wirtschaft und Bevölkerung

Wirtschaft und Landnutzung ergeben sich nicht nur aus den naturräumlichen Gegebenheiten, sondern sie sind auch in sehr hohem Maße abhängig von historischen, gesellschaftlichen und politischen Entwicklungen. Um so erstaunlicher ist es, daß die mediterranen Subtropen – verteilt auf fünf Kontinente – mit Ausnahme des Mittelmeergebietes eine nahezu identische wirtschaftliche und landwirtschaftliche Entwicklung durchlebt haben. Den idealtypischen Verlauf dieses Prozesses gibt Abb.3.3.3.4/1 wieder.

Vor der „Entdeckung" der Landschaftsräume der „Neuen Welt" durch europäische Abenteurer lebte dort eine kleine Zahl Menschen, z. T. als Nomaden und Halbnomaden, in einer subsistenzorientierten, ressourcenschonenden Wirtschaftsweise. Die Kolonialisten drängten die Indianer, Indios, Buschleute respektive Aborigines in abgelegene Räume, töteten oder assimilierten sie. Wälder wurden wie in Chile rigoros gerodet, um der extensiven Viehwirtschaft (Schafe, Rinder) und dem Regenfeldbau (Weizen) große Flächen zur Verfügung zu stellen. Die Produkte wurden fast ausschließlich in die Heimatländer, nach Spanien und England, ausgeführt (*Weischet* 1970; *Dahlke* 1975; *Bähr* 1979; *Klimm, Schneider* und *Wiese* 1980; *Blume* 1988).

Die politische Unabhängigkeit und ein boomartiger Bevölkerungsanstieg nach Edelmetall- und Edelsteinfunden (Gold, Diamanten) führten dazu, daß sich die Landwirtschaft auf den größerwerdenden Binnenmarkt konzentrierte. Bewässerungssysteme und neue Kulturen erweiterten die Palette der landwirtschaftlichen Erzeugnisse. Gemüse und Obst, Zitrusfrüchte und Wein, Tabak und Baumwolle wurden kultiviert (*Molter* 1966; *Blume* 1988; *Sánchez* 1992).

Allmählich faßten weitere Industrien Fuß (Fischerei, Maschinenbau, Textilindustrie, Bergbau) und stabilisierten die Wirtschaft. Dies zog vermehrt (Niedriglohn-) Arbeitskräfte an. Die Landwirtschaft sicherte sich durch Spezialisierung auf einige Produkte (Wein, Wolle, Weizen, Agrumen, Tomaten) bis heute einen Platz im Welthandel. Die Diversifizierung der Wirtschaft, die Spezialisierung der Landwirtschaft und die Ausweitung des Dienstleistungsbereichs (v. a. in der Tourismusbranche)

Abb. 3.3.3.4/1
Idealtypische Entwicklung der Wirtschaft und Landwirtschaft in den mediterranen Subtropen der Neuen Welt (Entwurf: *K. Schrader*)

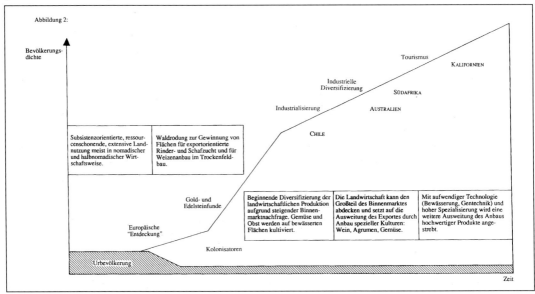

218

schreiten in Südafrika, Süd- und Südwestaustralien, aber vor allem in Kalifornien (Silicon Valley), weiter fort (*Dahlke* 1975; *Klimm, Schneider* und *Wiese* 1980; *Blume* 1988).

Das europäische Mittelmeergebiet hat im Vergleich zu den mediterranen Subtropen der „Neuen Welt" eine völlig andere Geschichte durchlebt. Diese wird durch die Wirtschafts-, Siedlungs- und Lebensformen widergespiegelt. In der Mediterranis treffen zwei grundsätzlich verschiedene Kulturkreise aufeinander: der abendländisch-christliche Westen und Norden und der orientalisch-islamische Osten und Süden. Diese Situation hat nicht nur für ständige Konflikte vom Altertum bis heute (z. B. Bosnien-Herzegowina) gesorgt, sie war auch sehr befruchtend und hat zu kulturellen Leistungen angespornt.

Ein Kennzeichen der Mediterranis ist die relativ dichte Bevölkerung. Sie konzentriert sich zwar in den Küsten- und Beckenlagen, aber auch die unwirtlicheren Gebirgsregionen sind – im Gegensatz zu den anderen mediterranen Subtropen – bewohnt. Die flächige Besiedelung ist Resultat der Jahrtausende währenden Geschichte des Mediterranraumes (*Philippson* 1947; *Schmidt* 1966; *Tichy* 1985).

3.3.3.5 Landnutzung

Die Landwirtschaftsformen zeigen – auch dies ein historisches Erbe – ein sehr vielschichtiges Bild: Im östlichen Mittelmeergebiet (Griechenland) finden sich Kleinbauern auf intensiv bewirtschafteten Miniparzellen, im Westen (Spanien) existieren noch große, extensiv bewirtschaftete Latifundien. Als gemeinsames Merkmal kann man erkennen, daß sich der Ackerbau auf die ebenen Flächen beschränkt, während die Hänge von Kleinvieh (Schafe und Ziegen) extensiv beweidet werden (*Sánchez* 1992).

Drei Agrarsysteme der mediterranen Subtropen sind aus der Anpassung an die sommerliche Trockenheit entstanden (*Achenbach* 1983; *Rother* 1984):

Zum einen ist dies der großflächige Regenfeldbau mit einjährigen Feldfrüchten wie Weizen, Gerste, Mais, Kartoffeln, Sonnenblumen oder Kichererbse. In dieses System wird meist eine Trockenbrache zur Wasserspeicherung (dry farming) eingeschaltet. Diese Form der Landnutzung ist stark von der jährlichen Niederschlagsmenge abhängig und führt bei ausbleibendem Regen zu hohen Ertragseinbußen.

Die Kultivierung trockenresistenter Dauerkulturen ist eine andere Form der Anpassung an das Klima. Olivenbaum und Weinrebe, Feigen-, Mandel-, Johannisbrotbaum und Haselnußstrauch sind von jährlichen und saisonalen Niederschlagsschwankungen relativ unabhängig.

Die Zukunft der mediterranen Landwirtschaft gehört aber der dritten Anpassungsform, dem Bewässerungsfeldbau. Aus Brunnen, Oberflächengewässern und künstlich angelegten Wasserspeichern werden Zitrusfrüchte, Gemüse, Baumwolle, Tabak und sogar Reis mit der nötigen Feuchtigkeit versorgt. Diese arbeits- und kapitalintensive Wirtschaftsform hat den Vorteil, daß ein großes Spektrum möglicher Kulturen zur Auswahl steht, aus denen nach Marktgesetzen die ökonomisch sinnvollste Variante gewählt werden kann. Außerdem sind meist mehrere Ernten pro Jahr möglich. Als kritisch müssen die ökologischen Auswirkungen des Bewässerungsfeldbaus angesehen werden: Die Übernutzung der Ressourcen Wasser (Verknappung) und Boden (Kontamination) stellt in vielen Regionen der mediterranen Subtropen bereits heute eine Gefahr dar.

Eine typische Form der bewässerten Sonderkulturen im Mittelmeerraum ist der Stockwerkbau des mediterranen Gartens (giardino) mit bis zu vier Kulturetagen, z. B. Gemüse, Wein, Oliven und Pappeln (*Rother* 1984).

Viehwirtschaft wird im Mittelmeergebiet meist ortsfest – Kleinvieh für den Eigenbedarf und Arbeitstiere – oder in einem Wechselweidesystem (Transhumance) betrieben. Um den großen Tierherden (bis zu 10 000 Stück) das Futter auch während der Sommerdürre zu sichern, treiben die Hirten die Tiere kilometerweit über Triftwege in gebirgige Weidegebiete (*Hofmeister* 1961). *Schultz* (1988) schätzt die gesamte vorübergehend und extensiv beweidete Fläche des Mittelmeergebietes auf 1,2 Mio. km^2 bzw. 75 % des Gesamtraumes. Diese Zahlen werden durch die geringe Produktivität der Felsfluren und Zwergstrauchheiden relativiert, so daß viele Länder der Mediterranis Tierprodukte für den lokalen Markt importieren müssen.

3.3.3.6 Ökologische und sozio-ökonomische Problemfelder

Als Gunstfaktoren der Ökozone „Mediterrane Subtropen" müssen die hohe Sonnenscheindauer (550–700 · 108 kJ · ha^{-1}) und die Meernähe, welche Extremtemperaturen ausschließt, genannt werden. Die vier verschiedenen Florenreiche auf fünf Kontinenten haben eine große Artenvielfalt entstehen lassen, deren oberirdische Phytomasse auf 150 t · ha^{-1} (Wald) bzw. 25 t · ha^{-1} (Strauchformation) geschätzt wird (*Schultz* 1988). Der Mensch hat allerdings stark in dieses Ökosystem eingegriffen und durch agrarwirtschaftliche (Regenfeldbau, Dauer- und Bewässerungskulturen) und viehwirtschaftliche Nutzung die bestehenden Ökofaktoren modifiziert.

Ein rücksichtsloser kolonialer Raubbau (Chile, Maghreb) oder eine intensive Landnutzung über Jahrhunderte hinweg haben die ursprüngliche Vegetation der mediterranen Subtropen verändert. Waldrodungen zur Gewinnung von Acker- und Weideflächen und zur Entnahme von Bau- und Brennholz haben die einstmals flächendeckenden immergrünen Hochwälder in kleinräumige, schwer zugängliche Areale zurückgedrängt. Die mediterranen Subtropen liegen im Grenzbereich zur Steppenvegetation. Durch die Eingriffe des Menschen wurde die Ausbreitung der Steppe begünstigt. Das stete Abbrennen und Beweiden hat zu einer Selektion der Arten geführt: Feuerresistente, dornige und giftige Pflanzen dominieren die Strauch- und Zwergstrauchgesellschaften.

„Ist der Wald einmal beseitigt, werden Klima, Wasserhaushalt, Relief und Bodenbildung tiefgreifend und ausschließlich zum Nachteil der Landschaft beeinflußt" (*Rother* 1984, 92). Das Mikroklima weist höhere Temperaturschwankungen auf, der Oberflächenabfluß wird erhöht, die Versickerungsrate nimmt ab. Das abfließende Wasser erodiert wertvollen Boden und bedroht periodisch das Kulturland. Mit Aufforstungen wird versucht, diesen Prozessen entgegenzuwirken, allerdings übertrifft der jährliche Waldverlust durch Waldbrände (auch wegen Baulandspekulation) die aufgeforsteten Flächen bei weitem. Oftmals werden schnellwachsende Baumarten, die auch forstwirtschaftlich interessant sind, bevorzugt, wobei neue ökologische Probleme (z. B. durch den eingeführten Eukalyptus) geschaffen werden können.

Feuer ist im mediterranen Ökosystem ein natürlicher Faktor, der z. B . die Diversität erhält oder Mineralstoffe wieder zugänglich macht (*Naveh* 1990; *Goldammer* 1993). Allerdings können die Brände durch die Akkumulation von brennbarem Material aufgrund unrentabler Forstwirtschaft oder naturschützerischer Aktivitäten und durch die Schaffung leichtentflammbarer Monokulturen (z. B. Pinus) katastrophale Ausmaße erreichen (z. B. in Kalifornien 1993). Diese Feuer, die oftmals aus sozioökonomischen Zwängen oder politischen Überlegungen absichtlich gelegt werden, können den Menschen und das gesamte Ökosystem stark gefährden. Hohe Feuerintensitäten zerstören nicht nur Vegetation und Bodenfauna, sie verändern auch die Bodenstruktur und Bodenchemie und damit den Wasser- und Nährstoffhaushalt (*DeBano* und *Conrad* 1978; *Giovannini, Lucchesi* und *Giachetti* 1990). Werden die durch das Feuer frei gewordenen Mineralstoffe durch Niederschläge mit der Asche ausgewaschen (Erosion), bleiben ehemalige Wald- und Buschstandorte in Hanglagen verarmt zurück. Eine ständige Wiederholung dieser Prozesse führt zur Degradation der Landschaft und zur Desertifikation.

Eine direkte Folge der Zerstörung der Vegetationsdecke sind Bodenerosion und Bodendegradation. Verstärkt wird der Bodenabtrag neben der dünnen oder fast fehlenden Vegetationsdecke durch die klimatischen Verhältnisse (Starkniederschläge), durch ungünstige Bodeneigenschaften (geringe Humusschicht) und durch das Georelief (*Herweg* 1988). Mit Terrassierungen hat der Mensch bereits früh (Altertum) diesen Prozessen entgegengewirkt. Trotzdem ist die Bodenzerstörung in vielen Bereichen der mediterranen Subtropen weit fortgeschritten (Badlandbildung), und die schlechten Bodenqualitäten führen zu niedriger landwirtschaftlicher Produktivität.

Mit Vegetationsregeneration und mit Landnutzungsempfehlungen sollen die Bodenerosion und die Bodendegradation verringert werden. Solche Maßnahmen scheitern aber allzuoft an den ökonomischen und politischen Realitäten (*Schrader* 1993). Der Druck auf die wenigen bewirtschaftbaren Flächen ist so groß, daß die notwendigen Nutzungsbeschränkungen nicht durchführbar sind. Die traditionellen kulturtechnischen Schutzeinrichtungen – wie Hangstabilisierung mit Trockenmauern – sind zu arbeitsintensiv, um unter heutigen sozioökonomischen Bedingungen noch realisiert werden zu können. Eng verknüpft mit der Problematik der Vegetationszerstörung und der Bodenerosion ist der Trinkwasserverlust durch Oberflächenabfluß. Dieser Sachverhalt gewinnt an Bedeutung, denn das Wasser stellt für Vieh- und Landwirtschaft, aber auch für die wachsende Bevölkerung und den Tourismus einen limitierenden Faktor dar. Nicht zuletzt aus diesem Grunde sollten der Vegetationsregeneration und dem Erosionsschutz, die auch der Wasserkonservierung dienen, vermehrt Aufmerksamkeit geschenkt werden. Ein vernünftiges Wassermanagement mit Maßnahmen zur Wassergewinnung, -speicherung und Verbrauchsreduzierung muß in den mediterranen Subtropen ein zentrales Anliegen der einzelnen Gemeinden werden.

Ein sozial-ökologisches Problemfeld stellt die Abwanderung vor allem junger Menschen aus den peripheren Räumen in die großen Agglomerationen dar. Die in den Bergen oder auf den Inseln unterentwickelte Infrastruktur (Straßen, Krankenhäuser), die schlechten Ausbildungs- und Verdienstmöglichkeiten sowie ein Wandel der gesellschaftlichen Werte und Ansprüche drängen die Angehörigen der jungen Generationen in die Städte. Der Verlust von jungen und qualifizierten Arbeitskräften (brain-drain) führt in den ländlichen Räumen zu einer rückläufigen Entwicklung (Sozialbrache, Infrastrukturzerfall) und schafft in den Ballungsgebieten neue Probleme (Los Angeles, Athen). Hier in den Agglomerationen kann die Versorgung der Menschenmassen nur mit aufwendiger Technologie (Großstaudämme, Transportwesen) gewährleistet werden. Großflächige Zersiedelung (Landschaftsverbrauch), hohes Verkehrsaufkommen (Smog) und ungelöste Entsorgung (Abwasser, Abfälle) überfordern die Städte vieler Länder der mediterranen Subtropen. Meeres- und Umweltverschmutzung haben in der Mediterranis alarmierende Werte erreicht.

Die relative Rohstoffarmut in den mediterranen Subtropen hat Schwerindustrien nur in kleinem Rahmen möglich gemacht. Als Devisenquelle gewann deshalb in den letzten Jahrzehnten vor allem der Tourismus an Bedeutung. Viele Staaten erwarten vom Tourismus wirtschaftliche Wunder, und es steht fest, daß diese Branche in Zukunft noch weiter wachsen wird. Allerdings sollte der wirtschaftliche Segen mit Vorsicht genossen werden: Massentourismus kann sowohl für die naturräumliche (Küstenverbauung, Abfall, Abwasser) wie auch für die kulturräumliche Landschaft (Traditionsverlust, Wertewandel) zu einer Bedrohung werden. Außerdem fließen viele der im Tourismussektor verdienten Gelder wieder in die Länder zurück, aus denen die Touristen und Touristinnen kommen. Und auch im eigenen Land kommt der finanzielle Aufschwung meist nur einer ganz dünnen Oberschicht zugute. Zudem ist der Tourismus stark krisenanfällig und schafft Abhängigkeiten von den reicheren Nationen, aus denen die Reisenden stammen (*Krippendorf* 1984).

3.4 Globale Beispiele in geosphärischer Größenordnung (*Günter Haase/Heinrich Barsch*)

Die Gesamterde als Gegenstand des Unterrichts („Unsere Welt") oder auch der Massenmedien („Raumschiff Erde") scheint so klar und eindeutig zu sein, daß eine methodische und methodologische Erörterung fast überflüssig erscheint. Die Umweltproblematik hat den Gegenstand Erde/

Geobiosphäre/Geoökosphäre/„Gaia"/„Blauer Planet" als planetarische Ganzheit ins Bewußtsein gerückt. Trotzdem vermissen die Fachwissenschaft Geographie und die ihr zugewandten Ökologien eine sachgemäße und theoretisch einwandfreie unterrichtliche Behandlung. Erst aus dieser kann ja eine seriöse praktische Handhabung in Öffentlichkeit und Politik, z. B. bei globalen Umweltplanungen, Weltmodellen, erdumspannenden Ressourcenschätzungen, Tragfähigkeitsberechnungen etc., resultieren.

Ähnlich der Behandlung der geographischen Zone (siehe Kap. 3.3 und 3.3.1) erfolgt im Schulunterricht auch die geoökologische Behandlung der Gesamterde oft unsystematisch und vor allem selektiv. Dies überrascht, weil es verschiedene, für die gesamtirdische Betrachtung gültige Basisprinzipien gibt, die nur aufgegriffen und im Unterricht behandelt werden müßten. „Gesamtirdisch" bedeutet aus ökologischer Sicht eine geoökologisch-holistische Betrachtung des Funktionsgefüges „Erde".

Es kann also nicht darum gehen, Klima- oder andere gesamtirdische Einzelfaktoren-Modelle nebeneinander zu stellen. Vielmehr müssen diese in einen Kontext gebracht werden, der beispielsweise klar macht, daß die Klimaproblematik (z. B. als globales Modell der Allgemeinen Atmosphärischen Zirkulation dargestellt) lediglich einen Bestandteil einer weitergefaßten geoökosphärischen, also global-ökologischen Betrachtung darstellt. Das gilt trotz der Steuerungsfunktion des Klimas für alle anderen Geoökofaktoren. Die Darstellung des Globalklimas kann weder die globale Einzelbetrachtung anderer Geofaktoren ersetzen, noch die integrative Betrachtung aller ökologischen Faktoren unter globalem Aspekt.

In diesem Sinne versucht Kap. 3.4 die globalen Funktionsbeziehungen und Verbindungen zwischen den Geoökofaktoren aufzuzeigen. Grundlage ist dabei ganz bewußt der „konventionelle" globale Geoökofaktor Klima, um zu zeigen, daß eine ganze Anzahl sehr verschiedener Wechselwirkungen zwischen den verschiedenen Geoökofaktoren (aber auch dem Menschen) aufgearbeitet werden kann – ohne daß in eine reine, sozusagen „un-geoökologische" Faktorenlehre abgeglitten werden muß.

Globale Erscheinungen und die ihnen zugrunde liegenden Prozesse in der Geoökosphäre werden von den beiden Fundamentalfaktoren getragen, welche die Struktur und die Dynamik in dieser planetarischen Größenordnung (Dimension) vorherrschend bestimmen. Das sind
– der Strahlungshaushalt, die Energiebilanz der Erde und ihre Widerspiegelung in der atmosphärischen und ozeanischen Zirkulation,
– die tellurischen Strukturen der Erdkruste, die sich in der erdgeschichtlichen Entwicklung herausgebildet haben und durch die Land-Meer-Verteilung ebenso wie die Höhenstufung auf die globalen Prozesse in der Geoökosphäre nachhaltig zurückwirken.

Zwischen diesen beiden Fundamentalfaktoren gibt es vielfältige Wechselwirkungen. Sie sind einerseits in den durch die Land-Meer-Verteilung und den orographischen Bau der Kontinente und die Gliederung der Ozeanbecken bedingten Einfluß auf die atmosphärische und ozeanische Zirkulation gegeben. Sie werden ebenso in der durch die Strahlungszonen der Erde begründeten Energiebilanz der verschiedenen Kontinente und Ozeane in ihrer solar-zonalen Strukturierung sichtbar. Die tellurische Gliederung der Erdkruste ist deshalb in geoökologischer Sicht nicht von der solar-zonalen Gliederung zu trennen. Im globalen Rahmen lassen sich die geoökosystemaren Zusammenhänge deshalb nur unter Beachtung dieser planetaren ökologischen Wechselwirkungen darstellen. Zu den Beispielen, die in den Kapiteln 3.3.1 bis 3.3.3 erläutert wurden, werden damit enge Beziehungen sichtbar.

Für die globalen Erscheinungen werden folgende Beispiele herausgestellt:
– das El-Nino-Phänomen als Beispiel der Wechselwirkungen zwischen Atmosphäre und Ozean,
– anthropogene Einwirkungen auf das Klimasystem der Erde und ihre möglichen Folgen,
– die Kennzeichnung des Landschaftshaushalts des globalen Geoökosystems über ihren Wärme- und Wasserhaushalt,
– die Gliederung der Erde und die globale Nutzung mineralischer Rohstoffe.

Hauptenergiequelle aller natürlichen Prozesse in der Geoökosphäre der Erde ist die Sonnenstrahlung. Ihre Energie entsteht durch Kernfusion im Inneren der Sonne. Pro Minute werden, wie aus Satellitenmessungen abgeleitet werden kann, der Obergrenze der Erdatmosphäre etwa 10^{10} KJ Sonnenenergie zugeführt (Solarkonstante). Die Energiemengen, die die Geoökosphäre durch endogene Vorgänge in der Erdkruste gewinnt, sind im Vergleich dazu außerordentlich gering. Sie äußern sich allein in der Gezeitenwirkung und im geothermischen Wärmefluß. In der Geoökosphäre werden jedoch die einzelnen Teile der Sonnenstrahlung in verschiedener Form wirksam. Die vereinfachte Strahlungs-(oder Energie-)bilanzgleichung hat nach *SCHULTZ* (1983) die folgende Form:

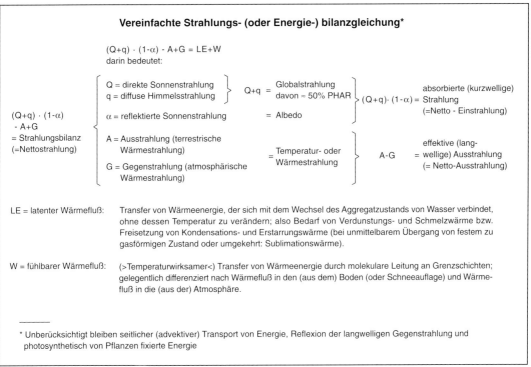

Abb. 3.4/1
Vereinfachte Strahlungs-(oder Energie-)bilanzgleichung der Erde
(aus: *J. Schultz* 1988, S. 18)

Von diesem Energiegewinn der Geoökosphäre ist – neben dem Energietransfer in die Atmosphäre und dem Energietransfer in die Hydro- und Lithosphäre als latenter und fühlbarer Wärmefluß – vor allem der Energietransfer in die Biosphäre, zur Sicherung der Photosynthese der Pflanzen von ökologischer Bedeutung. Dieser als Globalstrahlung bezeichnete Anteil der Energiebilanz der Erde besteht im wesentlichen aus der direkten Sonnenstrahlung auf die Erdoberfläche und der diffusen Himmelsstrahlung. Von der Globalstrahlung ist nur etwa die Hälfte photosynthetisch aktive (wirksame, ausnutzbare) Strahlung, meist als PHAR (photosynthetic active radiation) bezeichnet. Diese umfaßt den engeren Spektralbereich des Sonnenlichtes, der von den grünen Pflanzen für ihre Photosynthese genutzt werden kann (380–710 nm). Dabei ist die Energieausbeute der solaren Einstrahlung bei der Photosynthese außerordentlich niedrig und betrugt nur etwa 1 %. Deshalb ist die Wirkung der Energiebilanz auf die atmosphärische und die ozeanische Zirkulation im globalen Maßstab die wichtigste Form des planetarischen Prozeßgeschehens. Sie ist in Band 10, Teil I und II, bereits dargestellt, so daß hier darauf verzichtet werden kann.

3.4.1 Das El-Nino-Phänomen

Wechselwirkung zwischen Atmosphäre und Ozean

An der Kontaktfläche von Atmosphäre und Hydrosphäre, insbesondere den Ozeanen, findet ein ständiger Austausch von Energie (in Form von Strahlung, von Bewegungsimpulsen, von latenter wie fühlbarer Wärme), von Wasser, Gasen und Feststoffen (Salzen, Metallen, Mineralen, organischen Verbindungen) statt. Die größte Bedeutung für die atmosphärische und ozeanische Zirkulation hat dabei der Energieaustausch, auch wenn stoffliche Austausche in den letzten Jahren eine erhöhte Aufmerksamkeit erfahren (vgl. auch Kap. 3.4.3).

Die Energieeinspeisung vom Ozean in die Atmosphäre erfolgt vornehmlich über eine diabatische (durch Wärmeaustausch hervorgerufene) Erwärmung der über dem Wasser liegenden Luftschicht. Dabei spielt die Wärmeabgabe tropischer Ozeane an die Atmosphäre eine dominante Rolle, ist sie doch offensichtlich mit Fernwirkungen verbunden, die weit in die Außertropen reichen. Die raschen Luftmassentransporte in der kräftig entwickelten Westwindzirkulation verhindern demgegenüber einen starken Wärmeaustausch zwischen Ozean und Atmosphäre. Dennoch lassen sich auch deutliche Luftmassenunterschiede im Witterungsgeschehen der Mittelbreiten erkennen, vor allem im Sommerhalbjahr wird das bei längerer Verweildauer der außertropischen Luftmassen über Meeresregionen oder über dem Festland deutlich.

Fernwirkungen bis zu globalem Ausmaß gehen jedoch vor allem vom größten Ozean, dem Pazifik, aus. Sie werden als El-Nino-Phänomen bezeichnet, weil sie zuerst an den Küsten Ekuadors und Perus erkannt wurden, wenn dort um die Weihnachtszeit (span.: El Nino, d. b. Jesus – Christkind) wärmeres Wasser auftrat, das bis zur Mitte des folgenden Jahres die dort „normale" kalte Meeresströmung verdrängte. In solchen Fällen (seit 1891 zwölfmal!) weist der äquatoriale Pazifik außergewöhnliche hohe Temperaturen des Oberflächenwassers auf. Mit dieser Erscheinung verbunden sind andere extreme Witterungserscheinungen in verschiedenen Teilen der Welt: der Sommermonsun in Indien bleibt sehr schwach, der Winter in Nordamerika und z. T. auch in Westeuropa ist sehr schneereich und stürmisch, Frühjahrshochwässer schließen sich daran an. Nordafrika, Mittelamerika und Nordostbrasilien leiden zur gleichen Zeit unter starker Trockenheit.

Vor etwa zehn Jahren trat das letztemal eine solche El-Nino-Witterungssituation mit bis dahin noch nicht beobachteter Intensität auf, die offensichtlich mit großräumigen Anomalien verbunden war, die sechs bis acht Jahre anhielten. Einige wichtige Entwicklungen dieser Anomalie sind:

1. Im Zusammenhang mit zeitweilig westlichen Winden (statt des Südost-Passats) über dem zentralen äquatorialen Pazifik rückte im Sommer/Herbst 1982 eine Zone extrem warmen Wassers (28–30 °C) über den ganzen Pazifik bis zur südamerikanischen Küste vor. Sie unterdrückte das sonst dort vorherrschende kalte Auftriebswasser (20–25 °C). Im Februar/März 1983 erreichte sie eine Fläche von ca. 11 % der globalen Ozeanfläche. Das Zentrum intensivster Aufheizung und Niederschlagtätigkeit, normalerweise über Indonesien und dem Westpazifik gelegen, verlagerte sich um etwa 8 000 km nach dem Zentralpazifik.

2. Über dieser vergrößerten Aufheizfläche kam es zu einer breiten Zone maximaler Konvektion („Äquatorialzirkulation") und Niederschlag, zur Freisetzung enormer Mengen latenter Energie und zu einer Umkehr des großräumigen Windsystems. Wie beim indisch-afrikanischen Sommermonsun wehen in den unteren Schichten (bis 1.5 km Höhe) Westwinde, in der oberen Troposphäre Ostwinde. Dieses Windsystem war gekoppelt mit einer Verstärkung der normalen Hadley-Zirkulation, in subtropischen Breiten dafür Verstärkung der westlichen (!) Winde und des Absinkens; also von Trockenheit.

3. Diese Anomalie über dem zentralen und östlichen Pazifik war verbunden mit einer entgegengesetzen Entwicklung im „Einzugsgebiet" (Atlantik, östliches Südamerika) und im „Delta" (Indonesien, Indischer Ozean) der hochtroposphärischen Ostwinde. Hier kam es in großen Gebieten zu Absinken und zu anhaltenden Trockenperioden. Dürren höchster Intensität oder Niederschläge mit katastrophalem Charakter (Küstenwüste Peru: 2 200 mm in sechs Monaten, 60facher Normalwert) waren die Folgen.

4. Über der gesamten Äquatorzone kam es in 6/12 km Höhe zu einer außerordentlichen Erwärmung und zur Zunahme des Wasserdampfgehaltes als Grundlage der Verstärkung der Zirkulation bis auf die gesamte Nordhalbkugel.

5. An der südamerikanischen Westküste dauerte die Warmwasser- und Regenphase bis zum Nordsommer 1983 an, danach löste sich das gesamte anomale System über dem Pazifik allmählich auf.

Zur Erklärung des El-Nino-Phänomens muß die gesamte Wechselwirkung zwischen Atmosphäre und Ozeanen herangezogen werden, also neben dem Wärmeaustausch auch die Übertragung von Bewegungsimpulsen des Windes auf die Meeresoberfläche, von Anomalien im meridionalen Temperaturgefälle, von Änderungen der Witterungssteuerung in Tropen und Außertropen (Lage von Konvergenz- und Divergenzgebieten) u. a.

Mit hoher Wahrscheinlichkeit tritt El Nino nach einer Reihe kühlerer Jahre auf der Nordhalbkugel, also bei hohem meridionalem Temperaturgefälle, auf. Das Hitzetief über Tibet ist nicht stark ausgeprägt, die nördlichen Passat-Hochdruckzellen verlagern sich relativ lange nach Süden. Deshalb kommt es zu einem schwachen Sommermonsun. Im Nordwinter erreichen die Passat-Hochdruckzellen den Äquator südwärts. Dadurch wird an der Küste Perus und Ekuadors der Südostpassat abgedrängt und unwirksam, das warme Oberflächenwasser wird nicht abgezogen, das kalte Auftriebswasser bleibt aus. Im Gegenteil: der über den Äquator hinaus wehende Nordostpassat erhält infolge der zunehmenden Coriolisbeschleunigung eine starke Nordwestkomponente, so daß mit anlandigen Strömungen das Tiefenwasser noch mehr verdrängt wird. Damit beginnt eine außergewöhnliche Erwärmung des östlichen Pazifiks. Mit dem Äquatorialstrom greift sie nach Westen über, so daß die Tropikluft nunmehr im gesamten äquatorialen Pazifik in ungewöhnlich hohem Maße mit Wärme versorgt wird. Als latente und fühlbare Wärme wird die reichlich in die Atmosphäre eingeleitete Energie über die Höhenströmung ebenso in die stabil geschichtete Passatzirkulation und in die weithin labil geschichtete Westwindzirkulation eingebracht. Im Äquatorbereich ruft sie andauernde höchste Niederschläge hervor, auf der Nordhalbkugel im Bereich der Westwindzirkulation Stürme und Starkniederschläge, im Bereich der Passat-Hochdruckzellen jedoch anhaltend starke Trockenheit. Durch meridionalen Wärmeaustausch wird das Temperaturgefälle schließlich wieder geringer, der El-Nino-Zyklus schließt sich.

Dieses El-Nino-Phänomen bewirkt in der Witterungssituation nahezu weltweit zeitweilige Abweichungen von den „normalen" Verläufen und damit Konsequenzen bis in sozio-ökonomische Verhältnisse der betroffenen Regionen. Seit 1891 wurde diese Erscheinung zwölfmal beobachtet. In der Regel blieb vor einem El-Nino-Phänomen der Sommermonsun in Indien sehr schwach, was zu Dürren und Ernteausfällen auf dem Subkontinent führte. Dagegen gestaltete sich mit El Nino der Winter in Nordamerika, zum Teil auch in Westeuropa schneereich und stürmisch. Frühjahrshochwässer schlossen sich dem an. Die Konsequenzen waren sowohl in den USA als auch in Westeuropa vielfältig: Verkehrsbehinderungen, Überschwemmungen, Beeinträchtigung von Siedlungen bis zur Behinderung der Industrieproduktion u.v.a. Nordafrika und Mittelamerika litten dagegen zur gleichen Zeit unter starker Trockenheit. So war es zum Beispiel in den Jahren 1983/84.

Fazit:
Diese anomale Zirkulationsaktivität entspricht aber nicht den Vorstellungen, die aufgrund zahlreicher Modellrechnungen zu den Konsequenzen einer durch anthropogene Tätigkeit eintretenden CO_2-Zunahme entwickelt worden sind. Ein CO_2-induzierter Treibhauseffekt sollte sich vor allem in der Subpolarzone auswirken. Hier sind also mehrere, natürlich bedingte und anthropogen ausgelöste Effekte zu beachten. In ihren Auswirkungen werden sie sich jedoch stets überlagern!

3.4.2 Anthropogene Einwirkungen auf das Klimasystem der Erde und mögliche Folgen

Die Entwicklung und Erhaltung der Biosphäre auf der Erde ist an die Einhaltung eines relativ engen Toleranzbereiches von Temperatur, Luftdruck, Wasserhaushalt und chemischer Zusammensetzung der Atmosphäre gebunden. Dies wird gewährleistet durch
– die hohe Konstanz des Energiezuflusses von der Sonne, der Solarkonstante,
– den wärmespeichernden „Treibhauseffekt" der Gasbestandteile der Atmosphäre,
– die von der atmosphärischen und ozeanischen Zirkulation bewirkten Umverteilung der gewonnenen Wärme zwischen den Tropen und den Polargebieten und
– die zeitliche Trägheit des Wärmeumsatzes infolge hoher Wärmekapazität der Erde, vor allem der Ozeane.

Dieser Toleranzbereich war zumindest im Verlaufe der jüngeren Erdgeschichte, im Quartär, relativ stabil. Schwankungen, wie die in den Kalt- und Warmzeiten, sind in diese Feststellung eingeschlossen. Jedoch können bereits geringfügige Verschiebungen innerhalb dieses Toleranzbereiches, wie etwa Änderungen der Jahresdurchschnittstemperaturen von nur 1 °C, regional und global spürbare Auswirkungen auf die Biosphäre und auf die Soziosphäre haben: Veränderungen in der Dauer der Vegetationsperiode und der Niederschlagsverteilung, der Wasserführung der Gewässer, der Vereisungsdauer an Küsten und Gewässern, und in anderem mehr.

Solche Klimaänderungen sind nicht nur in geologischen Zeiträumen aufgetreten, sondern auch mit viel kürzeren, nur Jahrzehnte oder Jahrhunderte umfassenden Zeitspannen. Beobachtungen in den letzten 30 bis 50 Jahren weisen eindeutig auf Tendenzen der Umstellung klimatischer Parameter im globalen Maßstab hin:

Abb. 3.4.2/1
Abweichungen der bodennahen Weltmitteltemperaturen vom Referenzmittelwert (1951–1980)
(verändert nach *Chr. Schönwiese* 1992)

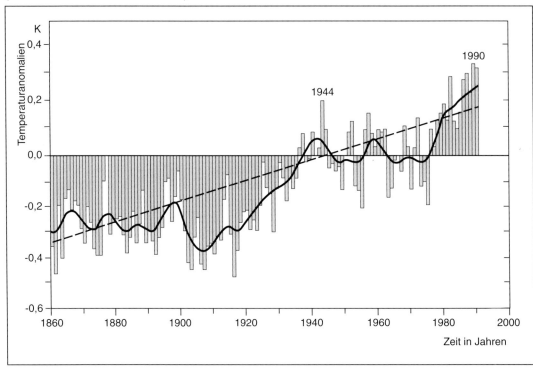

- Zunahme der Oberflächentemperatur der tropischen Ozeane um 0,5 °C,
- Zunahme des Wasserdampfgehaltes in der Troposphäre der Tropen,
- Vermehrung freiwerdender latenter Wärme in den mittleren Schichten der tropischen Troposphäre,
- Verstärkung des Temperaturgefälles zwischen Äquator und den polaren Gebieten,
- Erhöhung der mittleren Windgeschwindigkeit als Ausdruck intensivierter Westwindzirkulation,
- Vertiefung der quasistationären Tiefdruck-Entstehungsbereiche über dem Nordatlantik und Nordpazifik.

Die globale Mitteltemperatur liegt gegenwärtig um etwa 0,7 °C über dem Wert von 1860 (Abb. 3.4.3/1), die Masse der alpinen Gletscher hat im gleichen Zeitraum um etwa 50 % abgenommen. Das kann und wird zu einem großen Teil natürliche Ursachen haben (vgl. Kap. 3.4.2). Aber die anthropogenen Einwirkungen auf den Toleranzbereich des globalen Klimas sind ebenso immer deutlicher geworden. Sie beeinflussen durch Veränderungen in der Zusammensetzung der Atmosphäre mit gasförmigen Spurenstoffen vor allem den Strahlungsumsatz im Sytem Erde-Atmosphäre, insbesondere den „Treibhauseffekt".

Dieser ist seit Beginn des Industriezeitalters durch die zunehmende Verbrennung fossiler Brennstoffe und die Urbarmachung großer Landflächen für die Landwirtschaft durch den Menschen merklich beeinflußt worden. Der vor allem dadurch und durch die chemische Industrie verursachte Anstieg der Konzentrationen langlebiger Treibhausgase Kohlendioxid, Methan, Distickstoffoxid und Fluorkohlenwasserstoff (FCKW) setzt sich weiter fort (Abb. 3.4.2/2). Das wichtigste anthropogene Treibhausgas ist das CO_2. Es weist gegenwärtig ein mittleres Mischungsverhältnis in der Troposphäre von 355 ppmv auf, welches höher ist als zu irgendeinem Zeitpunkt in den vergangenen 160 000 Jahren, was z. B. durch Untersuchungen an in Eiskernen eingeschlossenen Luftbläschen nachgewiesen werden konnte. Das CO_2 ist mit 50 % am anthropogen verursachten Treibhauseffekt beteiligt. Die weiteren prozentualen Anteile betreffen Methan mit 13 %, troposphärisches Ozon mit

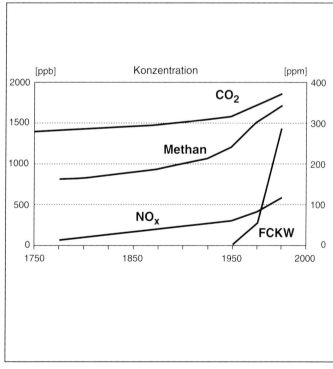

Abb. 3.4.2/2
Zeitlicher Verlauf des Gehaltes an Spurengasen (CO_2, CH_4, N_2O [oder NOx] und FCKW 11) in der Atmosphäre seit 1750
(aus: *IPCC* 1990)

Tab. 3.4.3/1: Derzeitige Anteile der verschiedenen Verursacherbereiche weltweit am zusätzlichen, anthropogen bedingten Treibhauseffekt
(aus: *IPCC* 1990)

Verursacher-gruppen	Anteile (grob gerundet)	Aufteilung auf die Spurengase (grob gerundet)	Ursachen
Energie einschließlich Verkehr	50 %	40 % CO_2, 10 % CH_4 u. O_3 (O_3 wird durch die Vorläufer-substanzen NO_x, CO und NMVOC gebildet)	Emissionen der Spurengase aufgrund der Nutzung der fossilen Energieträger Kohle, Erdöl und Erdgas sowohl im Umwandlungsbereich, insbesondere bei der Strom- und Fernwärmeerzeugung sowie Raffinerien, als auch in den Endenergiesektoren Haushalte, Kleinverbrauch (Handwerk, Dienstleistungen, öffentliche Einrichtungen etc.), Industrie und Verkehr
Chemische Produkte (FCKW, Halone u. a.)	20 %	20 % FCKW, Halone etc.	Emissionen der FCKW, Halone etc.
Vernichtung der Tropen-wälder	15 %	10 % CO_2, 5 % weitere Spurengase, insb. N_2O, CH_4 und CO	Emission durch die Verbrennung und Verrottung tropischer Wälder einschließlich verstärkter Emissionen aus dem Boden
Landwirtschaft und andere Bereiche (Mülldeponien etc.)	15%	15%, in erster Linie CH_4, N_2O und CO_2	Emissionen aufgrund von: – anaeroben Umsetzungsprozessen (CH_4 durch Rinderhaltung, Reisfelder etc.) – Düngung (N_2O) – Mülldeponien (CH_4) – Zementherstellung (CO_2) – etc.

(CO_2 = Kohlendioxid; CH_4 = Methan; NO_x = Stickoxide; CO = Kohlenmonoxid; NMVOC = flüchtige organische Verbindungen (außer Methan); FCKW = Fluorchlorkohlenwasserstoffe; N_2O = Distickstoffoxid = Lachgas)

7 %, Distickstoffoxid mit 5 %, alle FCKW mit 22 % sowie Wasserdampf in der Stratosphäre mit 3 %. Global betrachtet ist die energetische Nutzung der fossilen Energieträger Kohle, Erdöl und Erdgas, also die Verbrennung in Kraftwerken ebenso wie der verkehrsbedingte Energieverbrauch, für etwa 50 % des zusätzlichen, anthropogen bedingten Treibhauseffektes verantwortlich (Tab. 3.4.3/1). Weiterhin tragen verschiedene Produkte der chemischen Industrie dazu bei, wie die Fluorkohlenwasserstoffe, Halone und andere Verbindungen, die neben dem Treibhauseffekt auch am Abbau der Ozonschicht in der Stratosphäre beteiligt sind.

Die durch die zunehmende Vernichtung der tropischen Wälder freigesetzten Spurengase tragen etwa zu 15 % zum Treibhauseffekt bei. Von noch größerer Bedeutung ist deren Auswirkung auf das regionale Klima. Die Abholzungsrate in den tropischen Wäldern hat sich im vergangenen Jahrzehnt um etwa 50 % auf jährlich 170 000 km² erhöht. Zudem ist zu befürchten, daß auch in den borealen Wäldern großflächige Abholzungen stattfinden werden.

Schließlich trägt die Landwirtschaft weltweit mit 15 % zur Emission von treibhauswirksamen Spurengasen bei. Als bedeutende Stoffgruppen sind CO_2, CH_4 und N_2O zu nennen. Kohlendioxid wird hauptsächlich bei der Biomasseverbrennung, der Umwandlung von Wäldern in landwirtschaftlich genutzte Fläche (Brandrodung) sowie bei sekundären Bränden zum Erhalt der Nutzflächen freigesetzt. Landwirtschaftliche Quellen für Methan sind der Naßreisanbau, die Massentierhaltung und ebenso die Biomasseverbrennung. Hier wird deutlich, daß die Steigerung der Nahrungsmittelproduktion und die Ausweitung der Nutzflächen für wachsende Bevölkerungen im Widerstreit zum globalen Schutz des Klimas stehen kann.

Eine besondere Bedeutung erhält das N_2O, das nicht nur treibhauswirksam ist, sondern – wie die FCKW – bei weiteren Anreicherungen in der Atmosphäre zunehmend zur Zerstörung der (stratosphärischen) Ozonschicht beiträgt. N_2O entsteht durch den Abbau von Stickstoffverbindungen im Boden, zu den Emissionen trägt daher die Stickstoffdüngung erheblich bei. Da sich jede (regionale oder globale) Klimaänderung direkt auf die Landnutzung auswirken wird, ist eine Umorientierung zu umweltfreundlicher, „emissionsarmer" Bewirtschaftungsweise gerade in den hochproduktiven Zonen geboten.

Damit wird deutlich, daß das Wissen um die bedeutenden weltweiten kurz- und langfristigen Klimaschwankungen und Umweltveränderungen der Vergangenheit stark zugenommen hat. Die gegenwärtige Anordnung der Klimagürtel, und in ihrer Folge der Boden-, Vegetations- und Landnutzungszonen auf der Erde, ist kein konstanter und langfristig gesicherter Zustand. Und die Erkenntnis, daß die Menschheit nahe einer Wende von rein natur- zu zunehmend anthropogen geprägten Klima- und Umweltveränderungen steht, damit an Grenzen der Belastbarkeit der Natursysteme stößt und die Schwelle zur Irreversibilität der Einwirkungen an vielen Stellen betritt, löst die Notwendigkeit aus, vielfältige Überlegungen über Verlauf und Auswirkungen – trotz aller noch bestehenden Unsicherheiten – dieses von ihr selbst mit in Gang gesetzten Prozesses zu machen. Dazu ist vor allem auch mehr gesichertes Wissen über die Wirkungen und Prozesse vonnöten.

Seit nunmehr 30 Jahren haben internationale Organisationen (UNO, UNEP, UNESCO u. a.) Forschungsprogramme gestartet, die zu mehr solidem Wissen im globalen Maßstab beitragen. Das neueste Programm ist betitelt „The International Geosphere-Biosphere Programm: A Study of Global Change (IGBP)", das sich sechs Schlüsselfragen des globalen Geoökosystems zur Aufgabe macht:

1. Wie ist die Regulation der Chemie der globalen Atmosphäre, was ist die Rolle von biologischen Prozessen bei der Entstehung und dem Verbrauch von Spurengasen?
2. Wie beeinflussen globale Veränderungen in Atmosphäre und Ozeanosphäre terrestrische Geoökosysteme?
3. Wie wirken die Vegetation und physikalische Prozesse des Wasserkreislaufs aufeinander ein?
4. Wie beeinflussen Veränderungen in der Landnutzung, des Meeresspiegelniveaus und des Klimas die küstennahen Geoökosysteme, und welche weiteren Konsequenzen ergeben sich daraus?
5. Wie beeinflussen biogeochemische Prozesse den Ozean, und wie reagieren sie auf Klimaveränderungen?
6. Welche signifikanten Klima- und Umweltveränderungen sind in der geologischen Vergangenheit aufgetreten, und welche Ursachen hatten sie?

Die Antwort auf diese Schlüsselfragen wird das Verständnis der globalen Klimaveränderungen, seien es natürliche oder anthropogen ausgelöste Ursachenkomplexe, wesentlich erweitern.

3.4.3 Kennzeichnung des globalen Geoökosystems über Wärme- und Wasserhaushalt

Die von der atmosphärischen und ozeanischen Zirkulation geprägten Gliederungsmerkmale der globalen Geoökosphäre (Landschaftssphäre) spiegeln die weltweite Differenzierung der Strahlungsbilanz der Erdoberfläche und den von dieser ausgelösten Wärme- und Wasserhaushalt wider. Diese Gliederung besitzt deutliche solar-zonale Elemente, so daß die Einteilung des Planeten Erde in landschaftliche Gürtel (siehe dazu Kap. 3.3 und 3.3.1) eines der fundamentalen Gliederungskriterien wiedergibt. Darüber hinaus aber enthält sie ebenso schon wesentliche Kriterien, die von dem zweiten fundamentalen Gliederungskriterium der Erdoberfläche ausgelöst werden: dem tellurischen. Auch dieses greift in die Formen und Gestalten der Geoökosphäre ein, vor allem mit solchen globa-

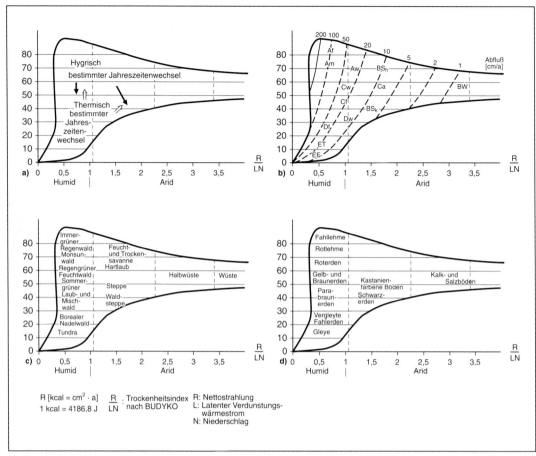

Abb. 3.4.3/1
Norm-Landschaftshaushalt nach *M. J. Budyko* (1980) und jahreszeitlicher Rhythmus des Klimas
(ergänzt, vor allem nach *H. Barsch* u. *K. Bürger* 1988, S. 122–126)

len Erscheinungen wie der Land-Meer-Verteilung sowie der Höhengliederung der Kontinente, weniger der Tiefengliederung der Meeresbecken.

Aus diesen Interferenzen der fundamentalen Gestaltungskriterien der Geoökosphäre erwachsen der polar-äquatoriale und der maritim-kontinentale Formenwandel sowie der hypsometrische Formenwandel, die Höhenstufung aller geoökologischen Erscheinungen. Die planetarische (globale) Gliederung des Landschaftshaushaltes weist daher eine großzellulare Struktur (eine Gliederung in Megaregionen) auf.

Der Landschaftshaushalt wird vor allem durch den Energie- und Stoffumsatz (Wasser und darin gelöste Substanzen, Luft und andere Gase) sowie die damit verbundene Produktion organischer Substanzen bestimmt. Er läßt sich in kurzer Form durch das Verhältnis von Nettostrahlung auf der Erdoberfläche (Strahlungsbilanz R), latentem Verdunstungswärmestrom (L) und Niederschlagssumme (N) ausdrücken. Diese Relation bezeichnet *Budyko* als „Strahlungsindex der Trockenheit" oder kürzer als Trockenheitsindex R/LN. Sein Wert steigt mit zunehmender Trockenheit und beschreibt das Verhältnis zwischen Grundgrößen des Wärme- und Wasserhaushalts der Erde.

Die graphische Darstellung des auf der Erdoberfläche tatsächlich vorkommenden Verhältnisses von Trockenheitsindex (R/LN) und Nettostrahlung (R in Kcal/cm^2 · Jahr) macht diesen Zusammenhang deutlich (vgl. Abb. 3.4.3/1). Bei einer Nettostrahlung um etwa 50 Kcal/cm^2 (bzw. 210 KJ/cm^2) beherrscht der Wechsel von kalten und warmen Jahreszeiten den Jahresgang des Naturhaushalts der Landschaft. In diesem Bereich liegen alle von Sommer und Winter, also thermisch, geprägten Klimate der Außertropen. Die noch thermisch beeinflußten Jahreszeitenabläufe in den subtropischen Klimaten werden durch Werte der Nettostrahlung zwischen jährlich 50 und 60 Kcal/cm^2 ausgewiesen. Bei höherem Strahlungsgewinn und damit stärkerer (und gleichmäßigerer) Erwärmung der Erdoberfläche wird der Gang der Jahreszeiten nicht mehr thermisch bestimmt. Demgegenüber kommt hier der hygrische, von feuchten und trockenen Jahresabschnitten bestimmte Ablauf zur Geltung. Tropisch humide Klimate weisen sich durch Trockenheitsindizes unter 1 aus, semihumide Klimate durch Indizes zwischen 1 und 2, semiaride durch Werte um 2.5 bis 3, aride durch Indexziffern über 3. Die gleichen Werte kennzeichnen auch die hygrische Prägung der subtropischen Klimate und die hygrische Beeinflussung der außertropischen Klimate. Der jahreszeitliche Verlauf dieser Regen- und Trockenzeiten bei hoher Erwärmung ist in den Tropen ein weiteres generelles Klimakennzeichen, z. B. für die Monsunperioden, die von den Indizes nicht unmittelbar wiedergegeben werden.

Generell ist von Bedeutung, daß die Außertropen durch einen jahreszeitlichen Rhythmus des Landschaftshaushaltes charakterisiert werden können, der vom Wechsel kalter und warmer Perioden, also von Sommer und Winter, bestimmt wird. Die Länge und Ausprägung der Übergangsjahreszeiten charakterisiert vor allem Maritimität und Kontinentalität des Klimageschehens. Die Tropen lassen sich hingegen durch einen Landschaftshaushalt kennzeichnen, welcher der Abfolge von Regen- und Trockenzeiten unterliegt. Die Subtropen nehmen im saisonalen Gang des Landschaftshaushaltes eine vermittelnde Stellung ein. Dort sind sowohl Regen- und Trockenzeiten als auch kalte und warme Perioden – im einzelnen in sehr unterschiedlichen Anteilen – im Landschaftshaushalt spürbar.

Fazit:
Die generellen Unterschiede im Landschaftshaushalt des globalen Geoökosystems drücken sich sehr deutlich in den geophysikalischen Werten einzelner Haushaltskomponenten (Abfluß von der Landoberfläche), den Klimatypen nach Köppen bzw. in den Haupttypen komplexerer Landschaftskompartimente (Vegetation, Böden) aus. Auf sich daraus ergebende Konsequenzen für die Ausprägung und Nutzung der Landschaft wird am Beispiel des Bodens eingegangen.

3.4.4 Globale Probleme der Bodennutzung und Bodendegradierung

Etwa 60 % der Festlandfläche der Erde sind vegetationsbedeckt, nur ein Viertel davon ist Acker- bzw. Pflanzland. Die Anbaufläche der Erde beträgt ca. 15 Mio. km^2. Generell kann dieser Flächenfonds für die Ernährung der Menschheit ausreichen, vorausgesetzt, daß es weltweit gelingt, die Ertragsleistung je Flächeneinheit entscheidend zu steigern. Gegenwärtig sind die mittleren jährlichen Erträge im Weltmaßstab noch gering. Sie liegen zwischen 20 und 30 dt/ha bei Weizen und Reis, bei Körnermais bei 35 dt/ha. Allerdings ist die regionale Differenzierung sehr groß. Nach wie vor gibt es Regionen mit geringen Steigerungsraten bzw. mit Rückgang der Erträge, wie Lateinamerika, Naher Osten, Afrika. Andererseits sind in den letzten 10 bis 20 Jahren in Ländern mit intensiver Landwirtschaft und hohem Düngereinsatz beachtliche Steigerungsraten erzielt worden, so in Europa, USA, Südost- und Südasien.

Die Entwicklung läßt erkennen, daß das Ertragspotential der landwirtschaftlich genutzten Böden bei weitem noch nicht ausgeschöpft wird. Unter besserer Ausnutzung der natürlichen Bedingungen sowie bei effektivem Einsatz der Intensivierungsmittel (neue Sorten, Einsatz von Mineraldünger und Pestiziden, Bewässerung) ist eine Leistungssteigerung auf das Zehnfache des bisherigen Niveaus vorstellbar. Damit wird es langfristig möglich, die Probleme des Hungers in der Welt zu lösen und die Ernährung der Menschheit zu sichern.

Zahlreiche sozialökonomische, technologische und wissenschaftliche Fragen sind in diesem Zusammenhang noch zu lösen. Aus geographisch-ökologischer Sicht interessieren vor allem folgende Schwerpunkte:
- Die zonale und regionale Differenzierung der landwirtschaftlichen Bodennutzung und die Perspektiven ihrer Entwicklung;
- die Erhaltung der Bodenressourcen und der Schutz vor Bodendegradierung und -devastierung und
- die Sicherung der ökologischen Stabilität der Geoökosphäre/Landschaftssphäre in Verbindung mit der landwirtschaftlichen Nutzung.

3.4.4.1 Sicherung der Nahrungsgrundlagen mit verschiedenen globalen Haupttypen der Bodenutzung

In den zurückliegenden Jahrzehnten haben sich folgende Haupttypen der Bodennutzung und Nahrungsmittelproduktion herausgebildet:
- Die ressourcenreiche Landwirtschaft,
- die ressourcenarme Landwirtschaft,
- die industrielle Landwirtschaft.

Es handelt sich um globale Bodennutzungssysteme, die in Abhängigkeit von charakteristischen natürlichen Bedingungen und sozioökonomischen Entwicklungen entstanden sind. Die Beziehung zu den geoökologischen Zonen (siehe Kap. 3.3.1) sowie den wichtigsten Vegetationsformationen der Erde ist offensichtlich; ebenso deutlich ist die Beziehung zur Entwicklung der Produktivkräfte und zur historisch bedingten Herausbildung spezifischer Nutzungsformen in unterschiedlichen Regionen der Erde.

Abb. 3.4.5/1
Nutzung und Gefährdung der Bodendecke in den wechsel- und immerfeuchten Tropen am Beispiel der Reisanbaugebiete Südostasiens
(verändert nach *H. Uhlig* 1983, S. 270, Abb. 1)

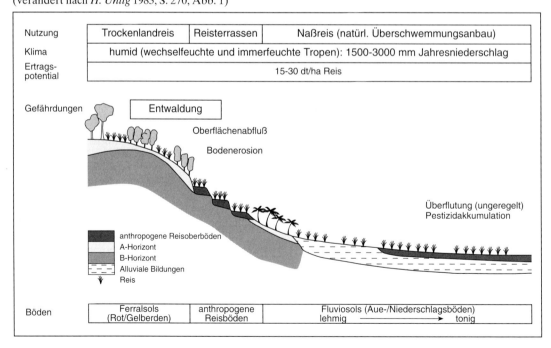

232

Die ressourcenreiche Landwirtschaft – auch als „Landwirtschaft der Grünen Revolution" bezeichnet – ist für die immerfeuchten und wechselfeuchten Tropen charakteristisch. Die hohe natürliche Nettoprimärproduktion ist im wesentlichen klimatisch durch Strahlungsdargebot und Feuchteüberschuß bedingt, während die natürliche Fruchtbarkeit der Böden (Rotlehme, Rot- und Gelberden, tropische Niederungsböden) relativ gering ist. Die „Landwirtschaft der Grünen Revolution" hat sich vor allem in Süd- und Ostasien sowie in Teilgebieten Lateinamerikas und Afrikas in flachen, wasserreichen tropischen Niederungsgebieten, z.T. in Bewässerungsgebieten, herausgebildet. Es handelt sich um die wichtigsten Reisanbaugebiete der Erde, in denen es durch erhöhten Düngemittel- und Pestizideinsatz sowie durch umfassende Entwicklung der Bewässerung gelungen ist, Produktion und Produktivität deutlich zu steigern. In Abb. 3.4.5/1 sind die Beziehungen zwischen natürlichen Bedingungen, Nutzung, Ertragspotential und Gefährdungen in einer landschaftsökologischen Sequenz zusammenfassend dargestellt. Es wird deutlich, daß trotz einheitlicher klimatischer Verhältnisse die Produktionsbedingungen in der chorischen Dimension zwischen den Berghängen, den Terrassen und Niederungen recht unterschiedlich sind. Aus der Differenzierung der Produktionsbedingungen resultieren die konkreten Formen der Anpassung der Bodennutzung an die natürlichen Verhältnisse, der Vermeidung von Gefährdungen der Bodendecke und der Minimierung von Bewirtschaftungsrisiken.

Die ressourcenarme Landwirtschaft ist an ungünstige Boden- und Klimabedingungen in den Trockengebieten der Erde gebunden. Dazu gehören große Teile Afrikas südlich der Sahara sowie Trockengebiete und Hochländer in Asien und Südamerika. Ackerland steht nur in geringem Umfang zur Verfügung und ist an Böden mit höherem Wasserhaltevermögen oder an lokal begrenzte Flächen mit Bewässerungsmöglichkeiten gebunden; vorherrschend ist extensive Weidenutzung der Trockensteppen und Savannen (Abb. 3.4.5/2). In diesen Gebieten ist es bisher nicht gelungen, effek-

Abb. 3.4.5/2
Nutzung und Gefährdung der Bodendecke in den Trockengebieten am Beispiel der Savannen und Halbwüsten Ostafrikas
(verändert nach *R. Ganssen* 1968, S. 80)

Nutzung	Waldnutzung (extensiv)	nicht nutzbar	Ackerland (z.T. bewässert), Grasland
Klima	semiarid (wechseltrocken): 50-300 mm Jahresniederschlag (unregelmäßig)		
Ertrags-potential	gering	——————	12-26 dt/ha Weizen

Gefährdungen   Überweidung / Desertifikation

Oberbodendegradadierung/-verlust

Bodenerosion

Versalzung

A-Horizont
B-Horizont
Steindecken, z.T. Karbonatkrusten
Ton mit Schwundrissen

Böden	Xerosols Savannen- u. Halbwüstenböden	Lithosols, z.T. Xerosols Gesteinsböden	Vertisols, z.T. Solonchaks Tonböden, z.T. Salzböden

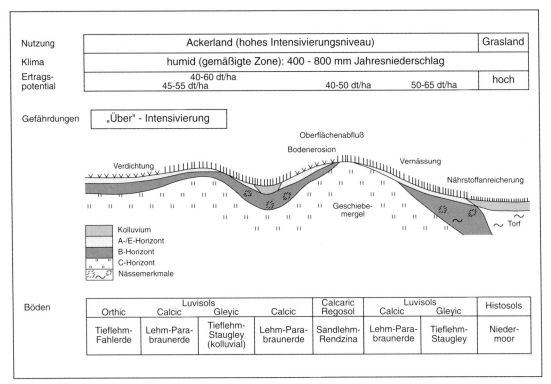

Abb. 3.4.5/3
Nutzung und Gefährdung der Bodendecke in den intensiv genutzten Agrargebieten der kühl-gemäßigten Zone am Beispiel Nordostdeutschlands
(aus: *R. Schmidt* & *G. Haase* 1990, S. 36)

tive Formen der Bodennutzung einzuführen und durchzusetzen. Bei steigenden Bevölkerungszahlen in zahlreichen Ländern mit diesem Bodennutzungssystem ist die Sicherung der Ernährung nicht gewährleistet, und es bestehen darüber hinaus ernsthafte ökologische Gefährdungen für die natürlichen Ressourcen infolge ungesteuerter und unkontrollierter Nutzung.

Die industrielle Landwirtschaft weist ein hohes Intensivierungsniveau auf und ist durch den großflächigen Einsatz von Agrotechnik und Agrochemikalien gekennzeichnet. Sie ist vorwiegend an die gemäßigten Zonen, z. T. die Steppenzonen der Nord- und Südhalbkugel der Erde, gebunden und umfaßt die Hauptanbaugebiete für Weizen und Körnermais. Der Anbau erfolgt auf Böden mit hohem natürlichen Ertragspotential – bei in der Regel ausgeglichenen Temperatur- und Feuchteverhältnissen – mit hoher Produktivität. In den Ländern mit industrieller Landwirtschaft (Nordamerika, Europa, Australien und einigen kleineren Gebieten der Entwicklungsländer) ist es in den zurückliegenden Jahren gelungen, die Getreideerträge auf 150 bis 200 % zu steigern.

Auch in den Gebieten mit industrieller Landwirtschaft wächst die Notwendigkeit, die Produktion optimal an die natürlichen Bedingungen anzupassen. Am Beispiel der landwirtschaftlich intensiv genutzten Moränengebiete im Nordosten Deutschlands, die eine hohe standörtliche Heterogenität aufweisen, verdeutlicht Abb. 3.4.5/3 die Probleme der Bodennutzung und des Bodenschutzes in Beziehung zu den natürlichen Bedingungen. Das insgesamt hohe Ertragspotential ist – boden- und positionsbezogen – für ebene Geländeteile, Kuppen sowie Unterhänge unterschiedlich; auch die anthropogenen Bodenprozesse und die damit verbundenen Bodenveränderungen verlaufen standörtlich außerordentlich differenziert.

Tab. 3.4.5/1: Potentiell nutzbare Ackerfläche der Erde nach Bodeneinheiten

Nutzbarkeitsklasse	Böden	Gesamtfläche	Potentiell nutzbare Fläche
		Mio km^2	
Vorwiegend als Ackerland nutzbare Böden (> 70 %)	Auenböden (Fluvisols)[1], vulkanische Böden (Andosols), Parabraunerden (Luvisols)	13,39	9,80
Teilflächig als Ackerland nutzbare Böden (30–70 %)	Braunerden (Cambisols), Schwarzerden (Chernozems, Phaeozems), Tonböden (Vertisols), Fahlerde (Podzoluvisols), ferrallitisierte Böden (Ferralsols), Gleye (Gleysols)	35,99	16,50
Kleinflächig als Ackerland nutzbare Böden (5–30 %)	durchschlämmte tropische Böden (Acrisols), Podsole (Podzols), Salz-, Alkaliböden (Solonchaks, Solonze), Stagnogleye (Planosols), rotbraune Steppen- und Halbwüstenböden (Castanozeme)	28,12	6,00
Kleinflächig bzw. nicht als Ackerland nutzbare Böden (< 5 %)	Rohböden (Lithosols, Regosols), Sandböden (Arenosols), Moore (Histosols), Wüstenböden (Yermosols)	54,30	0,40
Gesamt		**131,80**	**32,70**

[1] Bezeichnung der FAO/UNESCO-Bodenklassifikation

aus: *P. Buringh* 1982, S. ?

3.4.4.2 Erhaltung der Bodenressourcen und Schutz vor Bodendegradierung

Die gegenwärtig genutzten sowie die potentiell landwirtschaftlich nutzbaren Böden der Erde weisen unterschiedliche Bodenfruchtbarkeit auf. Die produktiven Böden befinden sich überwiegend in Nutzung. Es sind vor allem Böden der Auen und Niederungen, Parabraunerden, Braun- und Schwarzerden der gemäßigten Zone sowie Rotlehme der Tropen (Tab. 3.4.5/1). Darüber hinaus gibt es eine Reserve an potentiell nutzbarem Land, die jedoch nur zum geringen Teil ein hohes Ertragspotential aufweist und in der Regel aus weniger produktiven Böden besteht. Die 32,7 Mio km^2 nutzbare Fläche (15,0 Mio km^2 genutztes und 17,7 Mio km^2 potentiell nutzbares Land) verteilen sich folgendermaßen auf Produktionsklassen:

Hochproduktive Fläche	4,4 Mio. km^2
Mäßig produktive Fläche	8,9 Mio. km^2
Gering produktive Fläche	13,4 Mio. km^2.

Bezieht man diese Angaben auf die Festlandfläche der Erde, so ergibt sich, daß insgesamt nur 22 % produktives Land und nur 3 % hochproduktives Ackerland sind.

Unter diesem Ressourcenaspekt gewinnen Probleme der Bodendegradierung (an Bedeutung: Bodendegradierung ist ein Prozeß, der diejenigen anthropogen bedingten Vorgänge und Wirkungen umfaßt, die gegenwärtig und/oder zukünftig die Kapazität des Bodens als Lebensgrundlage der Menschheit verringern) bzw. des Bodenverlustes außerordentlich an Bedeutung. Obwohl nur ein relativ geringer Flächenfonds für die Bodennutzung zur Verfügung steht, sind die Böden in erheblichem und ständig zunehmendem Maße gefährdet. Der Verlust ist größer als die Neubildung frucht-

Tab. 3.4.5/2: Degradierung bzw. Verlust landwirtschaftlich genutzter Flächen der Erde

Bodendegradierung/ Bodenverlust	Geschätzte Gesamtfläche Mio km²	Jährliche Zunahme Mio ha
Verwüstung bzw. Verödung von Acker- und Grasland	8,7	6,0
Bodenerosion	3,5	3,0
Versumpfung, Versalzung Alkalisierung	0,06	0,2
Entzug durch Urbanisierung und Industrialisierung	3,0	8,0
Kontamination	0,2	0,5

aus: *R. Schmidt/G.Haase* 1990, S. 38

barer Böden bzw. ihre Erschließung. Folgende Ursachen für den Rückgang an landwirtschaftlich nutzbaren Flächen bzw. ihrer Produktivität werden angegeben (Tab. 3.4.5/2):
– Vernichtung der Vegetationsdecke und Verödung ganzer Gebiete durch intensives Beweiden, verkürzte Brache, Verbrennung von Rückständen u. a.;
– Intensiver Bodenabtrag durch Entwaldung bzw. ständige Bodenerosion in Agrargebieten;
– Versumpfung, Versalzung, Alkalisierung;
– Entzug durch Urbanisierung, Industrie, Straßenbau usw.
– Bodenkontamination in Immissionsgebieten.
Selbst wenn man berücksichtigt, daß die durch Desertifikation geschädigten Ländereien vorwiegend extensiv genutztes Grasland betreffen, so ist doch insgesamt etwa ein Drittel des Acker- und Weidelandes der Welt degradiert oder dem Verlust preisgegeben. Auch die Zuwachsraten sind beunruhigend. Jährlich gehen – je nach Schätzung – 12 bis 17 Mio. ha produktives Land verloren, davon allein 8 Mio. ha durch nichtlandwirtschaftlichen Entzug. Das bedeutete, daß bei gleichbleibenden Vorgängen in 100 Jahren mit dem Aufbrauch des derzeitigen Ackerlandes zu rechnen wäre und alle verfügbaren Reserven benötigt werden, um den Flächenfonds zu halten.
Die Ursachen der Bodendegradierung sind regional differenziert. Entsprechend den globalen Bodennutzungstypen ergibt sich:
– Die Rodung tropischer Wälder (zu Rohstoffgewinnung oder als Brandrodung für landwirtschaftliche Bodennutzung) führt nicht nur zur Vernichtung wertvoller Ökosysteme, sondern gleichzeitig zu einer erheblichen Reduzierung der Bodenfruchtbarkeit. Extremer Bodenabtrag infolge Entwaldung, Nährstoffaufbrauch in den Böden als Folge intensiver Stoffumsätze und nicht regulierte Überflutungen in den fruchtbaren Niederungen stellen die wichtigsten Wirkungen dar (siehe dazu Abb. 3.4.5/1).
– In den Trockengebieten bedeutet Reduzierung oder Vernichtung der ohnehin spärlichen Vegetationsdecke durch Überweidung eine wesentliche Ursache der Bodendevastierung. Winderosion bzw. bei gelegentlichen Starkregenfällen auch Wassererosion greifen rasch um sich; die ohnehin häufig flachgründigen Böden werden abgetragen, und infolge Trockenheit und Übernutzung kann sich die Vegetationsdecke nicht regenerieren. Steinfelder, z.T. mit Kalkkrusten, sind die Folge. In den flachen Senken mit relativ fruchtbareren Tonböden besteht – vor allem bei Bewässerung – die Gefahr der Versalzung bzw. Alkalisierung (Abb. 3.4.5/2). Die mit diesen Erscheinungen verbundene Desertifikation ist in starkem Maße nutzungsabhängig; sie stellt aber darüber hinaus einen komplexen Prozeß der Landschaftsveränderung dar, der klimatische Ursachen sowie langfristige Veränderungen des Wasserhaushalts und der Vegetation einschließt.

– Unter den Bedingungen industrieller Landwirtschaft stellen sich zunehmend nicht beabsichtigte Folge- und Nebenwirkungen ein, die zur Bodendegradierung und zur Beeinträchtigung von Landschaftsfunktionen führen. Man kann diese Wirkungen, die nicht zur Zerstörung der Bodendecke, wohl aber zur Beeinträchtigung ihrer Fruchtbarkeit und zur Erhöhung der Belastung führen, mit dem Begriff „Über"-Intensivierung zusammenfassend charakterisieren. Vorranging sind folgende Gefährdungen zu beachten (Abb. 3.4.5/3):
1. Verringerung der Produktivität durch Reduzierung der Bodenqualität infolge Verdichtung, Bodenabtrag und Nährstoffverlagerung, Versauerung;
2. Beeinträchtigung der Landschaftsstruktur sowie Reduzierung der ökologischen Gratisleistung durch Großflächennutzung, Eingriffe in den Gebietswasserhaushalt u. a.;
3. Eutrophierung und Nitratbelastung angrenzender Ökosysteme bzw. des Grundwassers infolge Überdüngung („Overfertilising"). International vergleichbare oder zusammenfassende Angaben zu Intensität und Flächenumfang dieser Schäden sind bisher nicht vorhanden. Es gibt jedoch vor allem in den europäischen Ländern erhebliche Anstrengungen, diese Zusammenhänge zu untersuchen und zuverlässige Prognosen zu erstellen.

Fazit:
Allgemein zeichnen sich die derzeitigen Flächenangaben zu Bodendegradierung und zu Bodenverlusten durch Unsicherheiten aus. Deshalb wird gegenwärtig das internationale Projekt GLASOD (Global Assessment of Soil Degradation) realisiert, das weltweit den „Status der anthropogenen Bodendegradierung" auf der Grundlage einer einheitlichen Beurteilungsmethodik erfaßt. Ziel der ersten Etappe ist die Erarbeitung einer Welt-Übersichtskarte im Maßstab 1 : 10 Mio., die aus nationalen Einschätzungen und Flächenangaben generalisiert wird. Damit wird in den nächsten Jahren eine einheitliche Flächenbilanzierung des aktuellen Zustandes der Bodendecke der Welt bereitgestellt. Ausgehend von der weltweiten Übersicht sind in einer zweiten Etappe des GLASOD-Projektes regionale Darstellungen im Maßstab 1 : 1 Mio. vorgesehen.

3.4.4.3 Ökologische Konsequenzen und Schlußfolgerungen

Aus der Situation der Welternährung, der ressourcenverschleißenden Landnutzung und der Bodendegradierung resultiert die Erfordernis, Bodennutzung und Bodenschutz weltweit als Einheit zu verstehen und alles zu tun, um die gefährdete Pedosphäre unserer Erde zu erhalten. Der russische Bodenkundler *Kovda* hat die Pedosphäre mit der Ozonschicht der Atmosphäre verglichen: Beide sind äußerst dünne (einige Dezimeter bis Meter mächtige), aber lebensnotwendige Hüllen unseres Erdkörpers, die in hohem Maße gefährdet sind.

Die Erhaltung der Böden ist nicht nur aus der Sicht der Land- und Nahrungsgüterwirtschaft unbedingte Erfordernis; sie ist für die Nutzung und die Zukunft der Biosphäre von grundsätzlicher Bedeutung. Der Boden ist wichtigster Speicher für Wasser und Nährstoffe; alle Stoffumsätze in der Landschaft vollziehen sich unter wesentlicher Beteiligung der Bodendecke.

Insgesamt resultieren aus der derzeitigen Situation und den zukünftigen Anforderungen zur Sicherung der Ernährungsgrundlagen einige zentrale Aufgaben, die gegenwärtig international diskutiert werden:

1. Die Optimierung der Landnutzung erfordert neue Maßstäbe. Bisherige Prognosen der Bodennutzung und der Sicherung der Ernährung vermitteln nur überschlägige Aussagen mit einem Zeithorizont von 20 ... 30 Jahren. Es ist aber ein dringendes Erfordernis, mit Basisdaten über die natürlichen Bedingungen, die Produktivität der Böden und die Nahrungsgüterproduktion eine größere regionale Differenzierung und Aussagegenauigkeit zu erreichen. Ausgehend von den genutzten und den potentiell verfügbaren Bodenressourcen müssen sowohl für die hochproduktiven als auch die weniger produktiven Agrargebiete langfristige Nutzungsstrategien zur Sicherung der Ernährung erarbeitet werden. Die drei allgemeinen Typen der Bodennutzung und Nahrungsmittelproduktion stellen in dieser Hinsicht einen ersten nützlichen Ansatz dar. Die weitere Untersetzung derartiger

Landnutzungstypen gehört sicher zu den wichtigsten Aufgaben der geographisch-ökologischen Forschung in der nächsten Zeit. Die vergleichbare Charakterisierung der Bodennutzung in Beziehung zu den natürlichen Bedingungen, insbesondere zur Bodendecke und ihren Gefährdungen, bildet eine wichtige Grundlage für Bodennutzungsstrategien und konkrete Lösungen auf globaler, aber ebenso auf regionaler und nationaler Ebene.

2. Entwicklung und Veränderung der Böden erfolgen allmählich, aber sie manifestieren sich im Vergleich zu Veränderungen der anderen Umweltfaktoren Luft, Wasser, Vegetation stärker und dauerhafter. Das hat zur Konsequenz, daß bei Böden negative Wirkungen zwar relativ spät einsetzen, dann aber einen hohen irreversiblen Anteil aufweisen. Die Gefährdung der Böden und ihre Degradierung erfordern deshalb in umfassender Weise neue Lösungen zum Bodenschutz. Die Lösungen sollten folgende drei Aspekte des Bodenschutzes beachten:

– Der ressourcenorientierte Aspekt hat die Erhaltung der Böden mit allen Eigenschaften und Funktionen (z.B. Speicher- und Pufferfunktion, Filterfunktion, Produktionsfunktion, Entsorgungsfunktion) zum Ziel. Es gilt, die Böden als Naturkörper für die Zukunft zu erhalten, um die Erzeugung von Nahrungsmitteln und alle weiteren Nutzungen des Bodens langfristig und stabil zu gewährleisten.

– Der ökologische Aspekt des Bodenschutzes erfordert die Berücksichtigung aller anderen, nicht erneuerbaren natürlichen Ressourcen: „Landwirtschaftliche Produktion kann nur dann langfristig stabilisiert werden, wenn Land, Wasser und Wälder, auf denen sie beruht, sich nicht verschlechtern" (WELTKOMMISSION … 1988, S. 140). Die Lösungen zum Bodenschutz sowie zur Erhaltung der natürlichen Umwelt als Ganzes müssen deshalb von einem geoökologischen Konzept ausgehen, das die Wechselbeziehungen zwischen den Elementen des Naturraums, die Prozesse in und zwischen den Naturräumen sowie die Beziehungen zur Vegetation und zur Nutzung analysiert und in die Lösungen einbezieht.

– Der produktionsintegrierende Aspekt ist für alle Maßnahmen des Bodenschutzes von grundsätzlicher praktischer Bedeutung. Bodenschutz wird immer dann hohe Wirksamkeit und Effektivität erreichen, wenn er nicht als zusätzliche Maßnahme vorgesehen wird, sondern wenn er produktionsintegriert in den Verfahren der Pflanzen- und Tierproduktion sowie in weiteren Bodennutzungen verankert ist.

3.4.5 Tellurische Gliederung der Erde und globale Nutzung mineralischer Rohstoffe

Die tellurische Gliederung der Erdoberfläche ist das Ergebnis eines über mehrere Milliarden von Jahren währenden Konsolidierungsprozesses des Erdmantels. Vor mehr als vier Milliarden Jahren bildete sich mit der gravitativen Differenzierung der Erdmaterie die Lithosphäre. Die schwereren stofflichen Bestandteile der Erde wanderten während dieses Differenzierungsprozesses nach innen, zum Kern. Die leichteren Bestandteile reicherten sich in der Außenhaut der Erde an und bildeten den Erdmantel. Dieser gliedert sich in die viskose, zähflüssige Asthenosphäre im unteren Teil des Erdmantels (etwa 100–300 km Teufe) und in die darüber liegende Lithosphäre, die wiederum in eine untere Peridotit-Schicht, eine mittlere Gabbro-Basalt-Schicht (mit basischen Feldspäten, Augit, Hornblende, Olivin) und die obere Granit-Schicht (mit hohem Quarzgehalt und sauren Feldspäten) unterteilt ist.

Die Erdkruste, die die letztgenannten Schichten umfaßt, zerbrach unter dem Einfluß von konvektiven Wärmetransporten in der Asthenosphäre und schloß sich in verschiedenen Formen von Klein- zu Großplatten zusammen. Diese plattentektonischen Zyklen wiederholten sich im Verlaufe der Erdgeschichte bis zu viermal. Als letzte Form bildete sich im Paläozoikum der von WEGENER als „Pangäa" bezeichnete Großkontinent heraus, der seit dem Mesozoikum auseinanderdriftet und damit die heutige Land-Meer-Verteilung, die Höhengliederung der Kontinente, die Tiefengliederung der Ozeane und die geologische Struktur der Kontinentalblöcke gestaltet hat. Die geoökosystemaren Strukturen der Kontinente (bis zu deren Randmeeren) ebenso wie die globale Verteilung und Nutzung von mineralischen Rohstoffen sind an diese erdgeschichtliche Entwicklung angelehnt.

Globale Strukturen der Rohstoffgewinnung und -nutzung zeichnen in der Gegenwart den Zustand der Erdkruste nach, den der plattentektonische Großzyklus mit mehreren Stadien der Lithosphärenentwicklung erreicht hat. Zunächst führen aufsteigende Konvektionsströme in der Asthenosphäre (hot spots), verbunden mit Entgasungsvorgängen des Erdmantels zu Aufwölbungen in der Lithosphäre, der Arkogenese (doming). Das führt bei wenig mobilen, stärker verfestigten Platten zu Scheitelbrücken, zur Taphrogenese. Bei stärkerer Mobilität der Platten tritt das Riftstadium ein, ein allmähliches Ausweiten der Platte (rifting). Die kontinentale Großplatte zerfällt in kleinere Platten, bis das Aufdringen von basischen Magmatiten am Rift die Bildung ozeanischer (basaltischer) Lithosphärenplatten einleitet. Ihr Wachstum bestimmt die großräumige Horizontalbewegung kontinentaler Lithosphärenplatten, die von *Wegener* bereits erkannte „Kontinentaldrift". Diese Ozeanausbreitung (spreading), die der Bildung von Geosynklinalen entspricht, führt über das Rote-Meer-Stadium bis zum Atlantik-Stadium. Der Übergangssaum von kontinentaler und ozeanischer Platte verhält sich dabei vornehmlich passiv, denn Ozeanausbreitung und Drift der Kontinente verlaufen hier in die gleiche Richtung.

In anderen Fällen entstehen Kollisionszonen, die kennzeichnend für den pazifischen Typ des Kontinentalrandes sind. Als Ursache der Kollision von ozeanischen und kontinentalen Platten wirkt die zunehmende Aktivität anderer Rifts, die der Kontinentaldrift eine andere Richtung geben. Diese kann durch die zunehmende Immobilität der bei der Kollision gestauchten kontinentalen Platten gefördert werden. Diese überlagern die ozeanischen Platten, die unter die kontinentalen abtauchen und aufgelöst werden. Solche „Subduktionszonen" sind mit erdweit bemerkbaren geologischen Strukturbildungen (Vulkanismus, Erdbebentätigkeit, Gebirgsbildung) verbunden. Sie führen bis zur Schließung des Ozeans (closing), der orogenen Tektogenese.

Damit haben sich im Zyklus der Plattentektonik erneut kontinentale Großplatten aus dem Zusammenschluß von Meso- und Mikroplatten herausgebildet. Diese Großplatten sind nun relativ immobil, sie sind geologisch „verfestigt". In ihnen überwiegen fortan Vertikalbewegungen, großräumige Hebungen und Senkungen. Sie kennzeichnen die Phase der Kratogenese bzw. Epirogenese, mit denen andere Formen der Gesteinsverlagerung, der Sedimentbildung und Mineralanreicherung verbunden sind. Die Hebungen und Senkungen zeigen aber zugleich an, daß sich bei der Aufschmelzung ozeanischer Platten neue Konvektionsströme in der Erdkruste herausbilden, die wiederum zur Entstehung von Arkogenen führen und den nächsten plattentektonischen Zyklus einleiten können.

Das ist aber ein Vorgang, der bis zu mehrere Hundert Millionen Jahre in Anspruch nimmt. Auch wenn die aktuelleren Begleiterscheinungen dieser Vorgänge, wie Erdbeben, Vulkanausbrüche, Küstensenkungen oder das Auffüllen von Sedimentbecken bedeutend geringere Zeiträume in Anspruch nehmen, besitzt die tellurisch bedingte Gliederung der Erdoberfläche im Vergleich zur solarzonalen Einwirkung ein weitaus größeres statisches Moment. Daher wird in globalen Geoökosystem-Modellen die tellurische Fundamentalkomponente stets als „zeitlich unveränderlich" eingesetzt.

Für die Verteilung und Nutzung von mineralischen Rohstoffen ist die geologisch langzeitige Entstehung und Anreicherung von chemischen Stoffen und deren Verbindungen der Ausgangspunkt einer globalen Betrachtung.

Aus der Verteilung von Stoffen in Erdkruste und Erdmantel wird deutlich, daß in den Phasen des plattentektonischen Zyklus, die mit der Entgasung und dem Magmatismus im Erdmantel und der Verlagerung von Stoffen in die Erdkruste verbunden sind, die Zufuhr von magmatischen Erzen (Schwermetallen) erfolgt, vor allem Mg, Fe, Cu, Zn, Pb, Sn. Das erfolgt vornehmlich in der Phase der Arkogenese an aktiven Rifts während der Ozeanausbreitung sowie an Kollisionszonen im Verlaufe des Schließens von Ozeanen (spreading- und closing-Phasen). Das Maximum der Stoffzufuhr liegt im Bereich der Arkogenese, es betrifft insbesondere die Ausscheidung von Na-K-, C, Cu-Pb-Zn-, Fe-Mn-Pb-Stoffgruppen in exogenen Vorgängen und die magmatische, pneumatolitische und hydrothermale Anreicherung mit Cr-Pt-, Ti-Fe-, Ni-Cu-, Nb-Ta-SE-, Fe-Mn-, Cu(Mo)-, Zn-Pb-Ag-, F-Ba und Bi-Co-Ni-Stoffkonzentrationen.

Dagegen überwiegt in den Phasen, in denen die Stoffzufuhr aus dem Erdmantel in die Erdkruste gering ist und die Lithosphäre sich relativ inaktiv verhält, die Rückführung von Substanzen aus den äußeren Erdsphären (Hydrosphäre, vor allem Ozeane, Atmosphäre und Biosphäre) in die Lithosphäre. Das betrifft Erdalkali- (Mg, Ca) und Alkalimetalle (K, Na), vor allem aber Aluminium, Chlor und Schwefel, und in besonderem Maße alle organischen Verbindungen. Es bilden sich die sedimentären Bodenschätze der Erdkruste: sedimentäre Erze, Salze, Kohle, Erdöl und Erdgas. Solche Zeitabschnitte sind vor allem mit den plattentektonischen Phasen der Kratogense oder Epirogenese verbunden. Sie kommen aber, besonders in den Randsenken der Aufwölbungen (terrestrisch, limnisch oder untermeerisch), auch in den Phasen der Arkogenese vor. Hierbei spielen auch die Kontinentalränder des atlantischen Typs in der Phase der Ozeanausbreitung eine bedeutende Rolle.

Die Kenntnis der globalen tellurischen Entwicklung der Erde, der alten Bewegungsformen der Lithosphärenplatten und ihre Einordnung in plattentektonische Zyklen, erleichtert die Erkundung von sedimentären Bodenschätzen sowohl innerhalb als auch an den (heute meeresbedeckten) Rändern der Kontinente. Das Auffinden von Stoffanreicherungen aus magmatischen und anderen Entgasungsvorgängen ist ebenso an alte oder jüngere Strukturen der Plattentektonik gebunden, deren Kenntnis die Lagerstättengenese ebenso wie die Vorratsprognose wesentlich besser fundiert.

4 Unterrichtspraktischer Teil

Geoökologie/Umweltschutz in der Praxis des Geographieunterrichts
(Hartmut Leser)

Bei der Darstellung von theoretischen Grundlagen der Geoökologie (Teil 2) und wichtigen, unterrichtsorientiert ausgewählten fachlichen Grundlagen der Geoökologie (Teil 3) sowie der Betrachtung von Ökosystemansatz und Umweltschutz als Thema von Schule, Öffentlichkeit und Wissenschaft (Teil 1) wurde die Unterrichtspraxis lediglich randlich angesprochen.

Abb. 4/1
Übersicht über den Inhalt von Kapitel 4
(Entwurf: *H. Leser*)

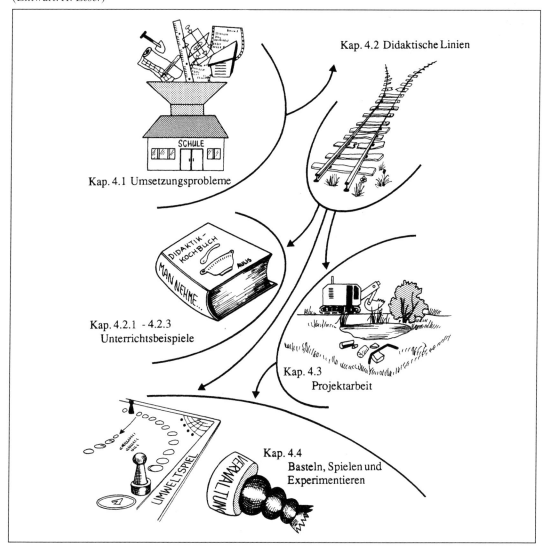

Anliegen dieses 4. Teils ist es daher, dieses Angebot in den Geographieunterricht überzuführen. Es soll vor allem die Fülle der Möglichkeiten geoökologischer Unterrichtspraxis aufgezeigt werden.

Da der Vielfalt allein schon der mitteleuropäischen Geographie- und Sach- bzw. Umweltkunde-Lehrpläne hier nicht Rechnung getragen werden kann, drängt sich das Baukastensystem auf. Dabei lassen sich die einzelnen Baukästen

– in die unterschiedlichsten Lehrplansituationen,
– bei völlig verschiedenem Stundendeputat,
– auf ganz unterschiedlichen Schulstufen und
– seitens der Lehrer bei unterschiedlichen Vorbildungsbedingungen

einsetzen. Entsprechend sind Phantasie und Kreativität gefragt, um aus dem Angebot das auszuwählen, auszuarbeiten und anzuwenden, was aus der individuellen Schul- und Geographieunterrichtssituation heraus als möglich oder auch notwendig erscheint. Die in diesem Teil vorgelegten Unterrichtsbeispiele und sonstigen Anregungen haben allesamt bestanden.

Dabei stellen diese Beispiele bewußt eine Beziehung zu den fachlich-theoretischen Vorstellungen und Grundlagen der Geoökologie her, wie sie mit den Kapiteln 1 bis 3 vorgelegt wurden. Den Autorinnen und Autoren dieses Bandes ist klar, daß nicht alle Geographieschullehrbücher im modernen, auch ethisch bewußten Sinne umwelt- und geoökosystemzentriert sind. Sie sind der Meinung, daß aus dem Verbund von diesem Handbuch und dem im Unterricht verwandten Lehrbuch eine gute Synthese resultieren kann, wobei vor allem den ökologischen und systematischen Defiziten der Schulbücher abgeholfen werden kann. Sie sollen damit nicht als schlecht hingestellt werden, sondern eher so, daß sie über Möglichkeiten verfügen, die durch Beachtung der Grundsätze der modernen Ökologie ausgebaut werden können.

Es sei auch an dieser Stelle noch einmal wiederholt, daß ein Optimum an ökologischem Denken und Unterrichten möglich wird, wenn der Einsatz des Biologie-Bandes „Umwelt" des „Handbuches des Biologieunterrichts" (*Eschenhagen, Kattmann* und *Rodi*, Hrsg. 1991) komplementär – nicht alternativ! – zu diesem Geoökosystem-Buch erfolgt. Dies würde auch dem vielzitierten vernetzten Denken Rechnung tragen, das in den verschiedenen Ökologien in Gestalt diverser intergrativer Ansätze schon über lange Traditionen verfügt.

Der Aspekt Umweltschutz, den unser Buchtitel ebenfalls thematisiert, taucht in praktisch allen Beispielen dieses Teils direkt oder indirekt auf. Auch hier sollten die Lehrenden bedenken, daß gerade die engere Lebensumwelt der Schüler eine Fülle von Umweltschutzbeispielen – negativer und positiver Art – birgt, die sich – meist ziemlich mühelos – aufgreifen und mit dem Schulbuch oder der methodischen Vorgabe dieses Bandes in Verbindung bringen lassen.

4.1 Umsetzungsprobleme geoökologischer Modelle und Methodiken (*Klaus Windolph*)

Einfache Modelle (siehe Kap. 2.2) werden in der Schule zur Erklärung elementarer geoökologischer Kausalzusammenhänge verwendet. Dazu werden meist Graphiken benutzt. Diese graphischen Modelle sind als Arbeitsmittel selbstverständlich. Sie lassen sich ohne Probleme in den Unterricht integrieren. Modelle, die etwas Grundlegendes über geoökologische Begriffe, Prinzipien und Betrachtungsweisen aussagen, sind didaktisch schwieriger zu handhaben. Besondere Probleme werfen Modelle des Ökosystems auf. An ausgewählten Beispielen von sehr einfachen Sichtweisen bis hin zu komplexen Ansätzen soll im ersten Teil der Frage nachgegangen werden, welche Modellstruktur für die Abbildung zentraler ökologischer Systemzusammenhänge am sinnvollsten ist. Weiterhin wird kurz auf die Problematik von Weltmodellen und rechnergestützten Modellen eingegangen. Insgesamt werden die folgenden Aspekte behandelt:

– Modelle zu Begriffen und Grundprinzipien der Geoökologie
– Ökosystemmodelle
– Geoökologische Modellgebiete
– Globalmodelle
– Rechnergestützte Modelle.
Im zweiten Teil geht es um wichtige geoökologische Methodiken und ihre Bedeutung für den Unterricht. Diese Methodiken fließen mit Sicherheit indirekt in den Unterricht ein. Ob es sinnvoll ist, sie im Unterricht stärker zu betonen, oder ob dadurch eine zu weitgehende Verwissenschaftlichung zu befürchten ist, soll geklärt werden. Folgende Methodiken werden aufgegriffen:
– Differentialanalyse
– Landschaftsökologische Komplexanalyse
– Interdisziplinariät /Umweltmanagement.

4.1.1 Zur Umsetzung geoökologischer Modelle

4.1.1.1 Modelle zu Begriffen und Grundprinzipien der Geoökologie

Das in Abbildung 4.1/1 dargestellte Ordnungsschema (siehe auch Kap. 2.1 „Definitionen") hat sich im Unterricht gut bewährt. Es gibt einen leicht verständlichen Überblick über die wissenschaftlichen Fachbereiche Bioökologie und Geoökologie und deren Arbeitsbereiche. Damit wird eine begriffliche Klarheit erreicht, die sonst weitgehend fehlt. Zudem ist die klare, gut merkbare Ordnung der funktionalen und räumlichen Arbeitsgegenstände leicht vermittelbar.

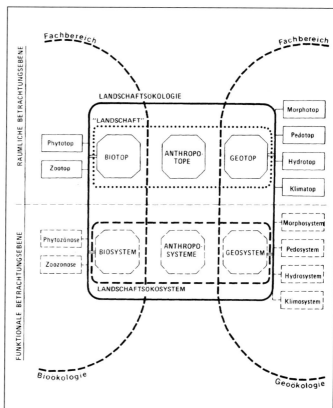

Abb. 4.1/1
Modell zur Erklärung von Grundbegriffen: Ökosystem und Ökotop als Arbeitsgegenstände von Bioökologie und Geoökologie
(aus: *H. Leser* 1991a, 182)

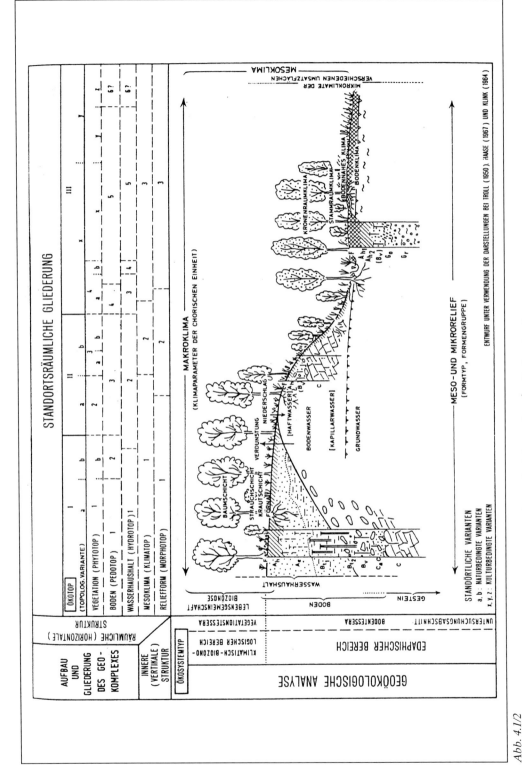

Abb. 4.1/2
Modell zur Erklärung landschaftsökologischer Begriffe, Prinzipien und methodischer Ansätze
(verändert nach *H.-J. Klink* 1972, S. 15)

244

Die methodischen Ansätze der geoökologischen (Differential-)Analyse und Synthese werden in der Darstellung der Geokomponenten (Subsysteme) und ihrer Integration zum Ökosystem (Biosystem, Geosystem) deutlich. Die räumliche Betrachtungsweise wird durch die Abbildung der Subsysteme auf die topischen Einheiten sichtbar. Diese Tope können zum Biotop, Geotop und schließlich zum Ökotop zusammengefaßt werden. Somit kann an diesem Modell bereits das Prinzip der geoökologischen Raumbetrachtung erkannt werden. Die weitere Differenzierung der Begriffe Biosystem, Geosystem und Ökosystem durch die Begriffe Bioökosystem, Geoökosystem und Landschaftsökosystem kann in der Schule Schwierigkeiten machen und die mit Abbildung 4.1/1 erreichte begriffliche Klarheit wieder in Frage stellen.

Zusammenfassend stellt Abbildung 4.1/1 ein für den Unterricht in dieser Form unveränderbar verwendbares Modell dar. Der von der Differentialanalyse ausgehende Ordnungsansatz des Modells ist für die Schule insbesondere wegen seiner Einprägsamkeit und Einfachheit geeignet.

Das Modell in Abbildung 2.1/2, das die Landschaftsökologie als holistisch-integrative Wissenschaft darstellt, kann in einer späteren Phase des Leistungskursunterrichts problematisiert werden. „Die Abbildung soll den hohen Anspruch des landschaftsökologischen Ansatzes in Wissenschaft und Praxis deutlich machen. Eine wirklich holistisch-integrative Behandlung der Landschaft erfordert auch den Einbezug des Anthroposystems, das durch zahlreiche, hier nicht dargestellte Subsysteme repäsentiert wird ... " (*Leser* 1991, Abb. 45, S. 182)

Wenn die Schüler landschaftsökologisch gearbeitet haben, wird ihnen klar, wie schwer der holistische Ansatz unter Einbeziehung der „Anthroposysteme" zu verwirklichen ist. Die historischen, politischen oder ökonomischen Komponenten der Landschaft lassen sich bisher nicht landschaftsökologisch erfassen, sondern nur interdisziplinär unter Beibehaltung der unterschiedlichen fachspezifischen Methodiken.

Dieses Modell eignet sich sehr gut zu einer wissenschaftskritischen Auseinandersetzung über den ganzheitlichen Anspruch der Landschaftsökologie im Rahmen der Umweltwissenschaften und zu einem umweltphilosphischen Exkurs.

Abbildung 4.1/2 ist ein sehr wichtiges Modell für den Unterricht. Die Arbeitsgegenstände der geoökologischen Analyse (Georelief, Boden, Wasser, Vegetation, Klima) und der standorträumlichen Gliederung/Naturräumlichen Ordnung (Morphotop, Pedotop, Hydrotop, Phytotop, Klimatop und Ökotop) werden auf der gleichen methodischen Grundlage wie in Abbildung 4.1/1 dargestellt.

Die Verwendung des Geländeprofils läßt die Arbeitsverfahren der geoökologischen Analyse und Synthese anschaulich werden. Die geoökologischen Methodiken der Differentialanalyse, der Komplexen Standortanalyse und der landschaftsräumlichen Synthese können an diesem Modell gut verstanden werden.

Voraussetzung ist allerdings, daß dieses Modell an realen Geländebeispielen erfahren wird. So sollten die Ergebnisse einer mehrstündigen Kurzexkursion in einen schulnahen kleinen Geländeabschnitt mit deutlichen Ökotopdifferenzierungen in das Modell eingetragen werden (siehe Abb. 2.2.5/6).

Erst an Beispielen erschließt sich die volle Aussagekraft des Modells. Dabei wird dem Bearbeiter prinzipiell deutlich, wie an die Untersuchung von Landschaften herangegangen werden kann.

Erfahrungsgemäß gibt es große Schwierigkeiten bei der Abgrenzung der topischen Einheiten. Unbefriedigend bleibt, daß diese Abgrenzungsproblematik selbst nach längeren Geländepraktika nicht hinreichend geklärt werden kann. Diese Erfahrung läßt aber auch deutlich werden, daß sich die hohe Komplexität der Natur häufig sehr schwer erfassen läßt. Die Abgrenzungsproblematik der Tope bleibt schulisch ein sekundäres Thema.

Das Modell hat in dieser Form einen hohen Gebrauchsnutzen für den Unterricht, insbesondere dann, wenn es mit eigenen Geländeerhebungen gefüllt wird. Es ist für die Einführung in die Arbeitsweisen der Landschaftsökologie unerläßlich.

4.1.1.2 Ökosystemmodelle

Das Modell des Ökosystems in Abbildung 4.1/3 (ähnlich auch Abbildung 2.2.3/1) mit seinem holistischen Wirkungsgefüge zeigt in einfacher Weise, daß die Kompartimente sich gegenseitig beeinflussen, gesellschaftlichen Einflüssen unterliegen und unterschiedliche Eigenschaften haben (stabil, labil und variabel). Das Modell ist als Einstieg geeignet. Immerhin wird auch hier ein Ordnungsschema sichtbar, in dem Kompartimente/Partialkomplexe als Systemelemente dargestellt werden, die in eine Prozeß-Korrelationsstruktur eingebunden sind. Die Systemstruktur ist allerdings nur summarisch wiedergegeben, so daß die Aussagekraft und Verwendbarkeit dieses Modells sehr begrenzt ist.

Abbildung 4.1/4 kann im Unterricht zur Erläuterung des Prozeßgeschehens im Ökosystem verwendet werden. Die benutzten Kompartimente (Lufthülle, Bodennahe Luftschicht, Georelief, Vegetation, Tierwelt, Boden, Edaphon, Gestein) dieses klassischen Modells von *Richter* (1968) werden ähnlich auch in den neueren Ökosystemmodellen benutzt. Die inhaltliche Stärke des Modells liegt in der sehr ausführlichen Darstellung der Beziehungen, Wirkungen und Prozesse im System, die jeweils für den Stoffhaushalt, den Energiehaushalt und den Wasserhaushalt gesondert dargestellt sind. Die ge-

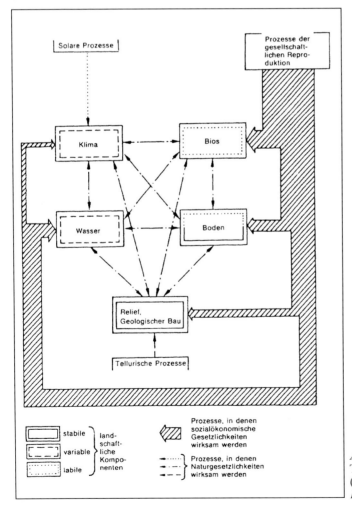

Abb. 4.1/3
Trivialmodell des Umweltsystems
(verändert nach *H. Barsch* 1971 aus *H. Leser* 1978, S. 246)

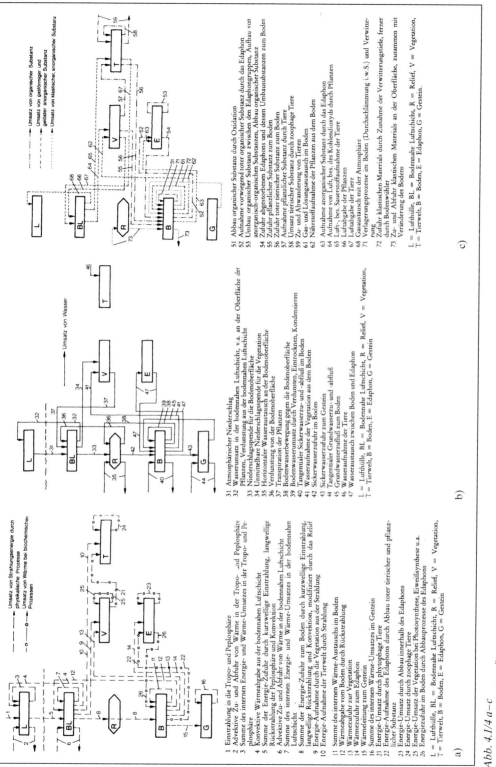

— — — Umsatz von Strahlungsenergie durch physikalische Prozesse
—o— Umsatz von Energie und Wärme bei biochemischen Prozessen

Umsatz von Wasser

— — — Umsatz von organischer Substanz
—o— Umsatz von gasförmiger und gelöster anorganischer Substanz
.... Umsatz von klastischer, anorganischer Substanz

1 Einstrahlung in die Tropo- und Peplosphäre
2 Advektive Zu- und Abfuhr von Wärme in der Tropo- ...und Peplosphäre
3 Summe des internen Energie- und Wärme-Umsatzes in der Tropo- und Peplosphäre
4 Konvektive Wärmeabgabe aus der bodennahen Luftschicht
5 Summe der Energie-Zufuhr durch kurzwellige Einstrahlung, langwellige Rückstrahlung der Peplosphäre und Konvektion
6 Advektive Zu- und Abfuhr von Wärme in der bodennahen Luftschicht
7 Summe des internen Energie- und Wärme-Umsatzes in der bodennahen Luftschicht
8 Summe der Energie-Zufuhr zum Boden durch kurzwellige Einstrahlung, langwellige Rückstrahlung und Konvektion, modifiziert durch das Relief
9 Energie-Aufnahme durch die Vegetation aus der Strahlung
10 Energie-Aufnahme der Tierwelt durch Strahlung
11 Summe des internen Wärme-Austauschs im Boden
12 Wärmeabgabe vom Boden durch Rückstrahlung
13 Wärmezufuhr zur Vegetation
14 Wärmezufuhr zum Edaphon
15 Wärmeleitung zum Gestein
16 Summe des internen Wärme-Umsatzes im Boden
21 Energie-Umsatz durch phytophage Tiere
22 Energie-Aufnahme des Edaphons durch Abbau toter tierischer und pflanzlicher Substanz
23 Energie-Umsatz durch Abbau innerhalb des Edaphons
24 Energie-Umsatz durch zoophage Tiere
25 Energie-Umsatz der Vegetation bei Photosynthese, Eiweißsynthese u.a.
26 Energiezufuhr im Boden durch Abbauprozesse des Edaphons

L = Lufthülle, BL = Bodennahe Luftschicht, R = Relief, V = Vegetation,
T = Tierwelt, B = Boden, E = Edaphon, G = Gestein

a)

31 Atmosphärischer Niederschlag
32 Wasserumsatz in der bodennahen Luftschicht, v.a. an der Oberfläche der Pflanzen, Verdunstung aus der bodennahen Luftschicht
33 Niederschlagsspende für die Bodenoberfläche
34 Unmittelbare Niederschlagsspende für die Vegetation
35 Horizontaler Wasseraustausch an der Bodenoberfläche
36 Verdunstung von der Bodenoberfläche
37 Transpiration der Pflanzen
38 Bodenwasserbewegung gegen die Bodenoberfläche
39 Bodenwasserumsatz durch Verdunsten, Eintrocknen, Kondensieren
40 Tangentialer Sickerwasserzu- und -abfluß im Boden
41 Wasseraufnahme der Vegetation aus dem Boden
42 Sickerwasserzufluß im Boden
43 Sickerwasserzufuhr zum Gestein
44 Tangentialer Grundwasserzu- und -abfluß
45 Grundwasserzufluß zum Boden
46 Wasseraufnahme der Tiere
47 Wasseraustausch zwischen Boden und Edaphon

L = Lufthülle, BL = Bodennahe Luftschicht, R = Relief, V = Vegetation,
T = Tierwelt, B = Boden, E = Edaphon, G = Gestein

b)

51 Abbau organischer Substanz durch Oxidation
52 Aufnahme vorwiegend toter organischer Substanz durch das Edaphon
53 Umbau organischer Substanz zwischen den Edaphongruppen, Aufbau von anorganisch-organischen Substanzen, Abbau organischer Substanz
54 Zufuhr abgestorbenen Edaphons und dessen Umbausubstanzen zum Boden
55 Zufuhr pflanzlicher Substanz zum Boden
56 Zufuhr toter tierischer Substanz zum Boden
57 Aufnahme pflanzlicher Substanz durch Tiere
58 Umsatz toter tierischer Substanz durch zoophage Tiere
59 Gas- und Lösungsaustausch im Boden
61 Zu- und Abwanderung von Tieren
62 Nährstoffaufnahme der Pflanzen aus dem Boden
63 Aufnahme anorganischer Substanz durch das Edaphon
64 Aufnahme von Luft, bes. des Kohlendioxyds durch Pflanzen
65 Luft-, bes. Sauerstoffaufnahme der Tiere
66 Luftabgabe der Pflanzen
67 Luftabgabe der Tiere
68 Gasaustausch mit der Atmosphäre
71 Verlagerungsprozesse im Boden (Durchschlämmung i.w.S.) und Verwitterung
72 Zufuhr klastischen Materials durch Zunahme der Verwitterungstiefe, ferner durch Bodenwühler
73 Zu- und Abfuhr klastischen Materials an der Oberfläche, zusammen mit Veränderung des Bodens

L = Lufthülle, BL = Bodennahe Luftschicht, R = Relief, V = Vegetation,
T = Tierwelt, B = Boden, E = Edaphon, G = Gestein

c)

Abb. 4.1/4 a–c

Strukturmodelle des Ökosystems: (a) Prozesse des Strahlungs- und Wärmeumsatzes; (b) Prozesse des Wasserhaushaltes; (c) Prozesse des Stoffumsatzes (verändert nach *H. Richter* 1968 aus *H. Leser* 1978, S. 254, 256, 258)

wählte graphische Form ist jedoch relativ unübersichtlich und erschwert den Einblick in die Komplexität des Systems. Da die Kompartimente nicht weiter untergliedert sind und die Prozesse so von Kompartiment zu Kompartiment verfolgt werden müssen, entsteht ein Bild des realen Wirkungsgefüges, das wenig einprägsam ist und die Wirklichkeit sehr stark vereinfacht.

Werner 1989, S. 228 erläutert den unterrichtlichen Einsatz dieses Modells. Er weist darauf hin, „daß das Modell nicht einfach in den Unterricht eingegeben werden darf, sondern von den Schülern selbst – ausgehend von konkreten Fallbeispielen – erarbeitet werden sollte. Die fortlaufende eigene Gestaltung und Modellierung gewährleistet am besten, daß das Modell verstanden wird, reproduzierbar ist und auch der Vorgang der Modellierung erfahrbar gemacht wird."

Die einfache schematische Darstellungsweise kann von den Schülern aufgegriffen werden, um geoökologische Wirkungszusammenhänge von Fallbeispielen oder untersuchten Geländeabschnitten zu veranschaulichen. Wegen seiner Schwächen sollte dieses Modell allerdings nicht vollständig durchgesprochen und nicht alle dargestellten Prozesse erörtert werden. Je nach Bedarf können bestimmte Ausschnitte ausgewählt und unterrichtlich verwendet werden.

Ökosystemmodelle sind immer vom wissenschaftlichen Ansatz der jeweiligen Forschungsperspektive geprägt und daher sehr unterschiedlich aufgebaut (siehe Kap. 1.3, 2.2.2 und 2.2.4.1). Für die schulische Arbeit mit Ökosystemmodellen ist jedoch ein relativ einheitlicher Aufbau notwendig. Die Auswahl der Systemelemente sollte in den benutzten Modellen vergleichbar sein, und die Elemente müßten eine annähernd gleiche systemtheoretische Bedeutung haben. Auch Auswahl und Art der Korrelationen und Prozesse sollten einheitlich sein. Dieser Forderung ließe sich nur entsprechen, wenn von einem didaktischen Basismodell des Ökosystems ausgegangen werden könnte. Denn die wissenschaftlichen Ökosystemmodelle sehen die Bedeutung bestimmter Parameter durchaus unterschiedlich, je nach vorliegender Systemformulierung. Speicher werden zu Reglern, Korrelationsvariablen werden zu Speichern usw.

Die klassischen Ökosystemmodelle entsprechend Abbildung 4.1/3 bis 4 führen in Richtung auf ein didaktisches Basismodell des Ökosystems nicht weiter. Ein solches Modell müßte:
– eine einfache und fehlerfreie systemtheoretische Grundlage haben (Strukturvariable, Speicher, Input-Output, Regler, Prozesse usw.),
– Systemelemente enthalten, die sich in Fallstudien und bei eigenen Untersuchungen ansprechen lassen und für die sich ggfs. auch quantitative Angaben machen lassen,
– einen Vernetzungsgrad aufweisen, der einerseits tiefere Einblicke in das Funktionsgefüge zuläßt, andererseits aber auch gedanklich ohne allzu großen fachlichen Aufwand nachvollziehbar ist,
– es ermöglichen, die Betrachtung von Funktionszusammenhängen auf bestimmte Kompartimente (Standortklima, Boden, Vegetation) oder deren Teile (Abbauaktivität, chemisches Reaktionssystem, Bodenwasser, bodenphysikalische Ausstattung) beschränken zu können, ohne daß die Aussagekraft des Modells gegen Null tendiert.

Das „Prozeß-Korrelations-System des elementaren Geoökosystems" von Mosimann (1992 Abb. 4.1/5) ist als Grundlage für die Erarbeitung eines diesen Forderungen gerecht werdenden Geoökosystemmodells für die Schule geeignet. Die vorliegende Fassung müßte allerdings lesbarer gemacht werden und auch inhaltlich den schulischen Belangen angepaßt werden. Die Lesbarkeit ist durch ein größeres Format und eine Reduzierung der Abkürzungen leicht zu erreichen. Die inhaltliche Überarbeitung müßte in zwei Schritten erfolgen:
– Das Modell müßte vereinfacht werden und die Parameter hervorheben, die sowohl unterrichtlich als auch in der Geländearbeit relevant sind.
– Dem Modell müßten für alle wichtigen haushaltlichen Teilbereiche und Schichten wesentlich differenziertere Teilmodelle und Schichtmodelle beigegeben werden. Diese Teilmodelle/Schichtmodelle müßten alle Parameter enthalten, die in praktischer Geländearbeit am Standort aufgenom-

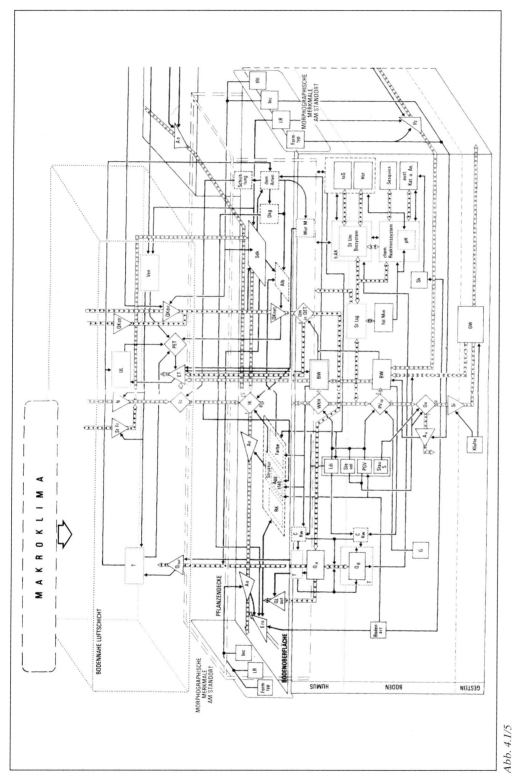

Abb. 4.1/5

Ausschnitt aus dem Modell des Geoökosystems als Prozeß-Korrelations-System
(nach: *T. Mosimann* aus: *H. Leser* 1991a, S. 264/265)

men und daraus abgeleitet werden können. Zusätzlich sollten weitere Normparameter berücksichtigt werden, die unverzichtbar für das Verständnis des Systemzusammenhanges sind und gewöhnlich bei Standortanalysen berücksichtigt werden (siehe dazu Abbildung 2.2.5/3 a und b). Diese Teil-/Schichtmodelle müßten sowohl graphisch, begrifflich als auch funktional schulgerecht gemacht werden. Ohne diese Überarbeitung wäre das Modell bei guten geoökologischen Kenntnissen der Schüler zwar teilweise nachvollziehbar und verstehbar, und einige bereits besprochene Funktionszusammenhänge würden noch einmal im Modell visualisiert. Doch der Lerneffekt wäre hauptsächlich auf das Verstehen des abstrakten Modells gerichtet. Das für die Schule überarbeitete Modell würde zu einem wichtigen Arbeitsgegenstand, mit dem der systemare Stellenwert geoökologischer Parameter geprüft werden könnte. Das Modell würde ein Denkschema mit interpretativem Charakter, in dem die Ordnung von Detailgrößen so einsichtig erfolgte, daß ihr Stellenwert im ‚Standortregelkreis‘ begreifbar wäre.

Die schuldidaktische Aufarbeitung des Prozeß-Korrelations-Systemmodells kann es zu einem Basismodell für die Arbeit mit dem Geoökosystem werden lassen. Im „Lernbereich Natur-Kultur-Gesellschaft" wurden grundlegende geoökologische Rahmenthemen für den Umweltunterricht genannt (Ökosystem, Wasserhaushalt, Relief, Klima, Boden, Vegetation; siehe Kap. 1.1). Diesen Rahmenthemen könnte der jeweilige Ausschnitt aus dem überarbeiteten und ergänzten Prozeß-Korrelationsmodell als systemtheoretisches Arbeitsmittel zugeordnet werden, der dann an Beispielen konkretisiert werden sollte.

4.1.1.3 Geoökologische Modellgebiete

Geoökologische Modellgebiete sollen datengefüllte Beispielräume sein, an denen geoökologische Funktionszusammenhänge erkannt werden können. Modellgebiete sollen Repräsentativcharakter für den jeweiligen Landschaftsraum haben. Sie sollen charakteristische geoökologische Grundzüge der Landschaft repräsentieren. Modellgebiete können jedoch nicht „das" Ökosystem einer Landschaft darstellen, etwa „das Ökosystem Wattenmeer" oder „das Ökosystem Börde". Vielmehr zeigen sie nur einen charakteristischen Ausschnitt aus den ökosystemaren Zusammenhängen der Landschaft am Beispiel des Repräsentativgebietes.

Die Ausarbeitung geoökologischer Modellgebiete beginnt erst und soll nach den folgenden Kriterien erfolgen:
– Die Dateninformationen zu einem Modellgebiet beziehen sich immer auf unterschiedliche Standorte, die einen Ökotop repräsentieren. Diese Toposequenz wird in der topologischen Dimension erfaßt.
– Zu jedem Standort der Toposequenz wird ein genormtes Standortangabenblatt ausgefüllt (siehe Abbildungen 2.2.5/3 a und 3 b). Diese Daten können von den Schülern auch in eigener Geländearbeit gewonnen oder ergänzt werden.
– Auf der Datenbasis werden Geoökosystemprofile (siehe Abbildungen 2.2.5/4 bis 7) entwickelt, an denen die geoökologischen Funktionszusammenhänge des Modellgebietes beispielhaft deutlich werden. Mit diesen Profilen der Modellgebiete können die als wichtig erachteten geoökologischen Grundlagen fallstudienartig erarbeitet werden.

Didaktisch ist von entscheidender Bedeutung, daß die Modelldarstellung des Ökosystems nicht abstrakt bleibt, sondern an Beispielen erfahren werden kann. Geoökologische Modellgebiete stellen diese Beispiele zur Verfügung.

Ein Beispiel für ein geoökologisches Modellgebiet wird ausführlich in Kapitel 2.2.5 („Modellgebiet Rehburger Berge-Steinhuder Meer") beschrieben. Aus den geeigneten geoökologischen Studien sollten zahlreiche weitere Modellgebietsbeispiele entwickelt werden, um die Effizienz des systembezogenen Unterrichts zu steigern.

4.1.1.4 Globalmodelle

Globale Umweltbelastungen durch die Veränderungen der Atmosphäre (siehe Kap. 3.4.3), durch die Verschmutzungen der Weltmeere oder durch die Vernichtung der Tropischen Regenwälder werden von der Öffentlichkeit zunehmend problematisiert. Geosphären-, Biosphären- und Weltmodelle als Hilfsmittel zur Simulation der globalen Umweltentwicklung sind daher von Interesse. Welchen Stellenwert haben diese globalen Modelle für die Prognose der ökologischen Weltentwicklung? „Alle Globalmodelle weisen ähnliche Schwächen auf – gleich ob es ‚Weltmodelle' zur Beschreibung der wirtschaftlichen und demographischen Entwicklung oder naturwissenschaftliche Global- bzw. Zonalmodelle zur Kennzeichnung ökologischer Faktoren sind. Sowohl die Ansätze als auch die modelltechnischen Möglichkeiten sind z. Z. noch nicht auf dem Standard, daß sie den Anspruch erfüllen können, den man von der Theorie der Landschaftsökosysteme her an Modellaussagen in der geosphärischen Dimension stellen muß ...“ (Leser 1991a, S. 233).
Diese Situation sollte zu einem sehr behutsamen Umgang mit globalen Umweltmodellen in der Schule veranlassen. Die Schwächen dieser Modelle können leicht zu deterministischen Einseitigkeiten bei der Beurteilung hochkomplexer globalökologischer Sachverhalte führen.

4.1.1.5 Rechnergestützte Modelle

In Kapitel 2.2 wurden rechnergestützte Modelle vorgestellt. Sie werden bisher in der Schule kaum eingesetzt, weil die nötige technische Infrastruktur und das erforderliche Know how fehlen. Interessant wäre es, das Modell des Prozeß-Korrelations-Systems von *Mosimann* (1991) und die Normsetzungen der geoökologischen Modellgebietserfassung zur Grundlage digitaler Gebietsaufbereitung für den Schulgebrauch mit Hilfe Geographischer Informationssysteme (GIS) zu machen und so das Erarbeiten von neuen Modellgebietsbeispielen zu erleichtern.

4.1.2 Zur Anwendung geoökologischer Methodiken

Die landschaftsökologischen Methodiken fließen bei der Grundlagenarbeit, bei der praktischen Geländearbeit und auch bei der Behandlung von Ökosystemmodellen in den Unterricht ein. In diesen Zusammenhängen können spezifische Analyse- und Syntheseverfahren der Landschaftsökologie verdeutlicht werden. Eine systematische Einführung ausgewählter Methodiken erfolgte bisher nicht. Ob die unterrichtliche Bedeutung einiger ausgewählter landschaftsökologischer Methodiken gesteigert werden sollte oder ob damit eine eher abzulehnende Verwissenschaftlichung verbunden wäre, soll näher betrachtet werden.

4.1.2.1 Differentialanalyse

Die Differenzierung des Ökosystems in die Geokomponenten Gestein, Boden, Georelief, Wasser, Vegetation, bodennahe Luftschicht und die daraus resultierende schichtenweise Betrachtung des Ökosystems sind als unterrichtlicher Ordnungsrahmen üblich. Dieses Verfahren ist der Methodik der Differentialanalyse oder Partialkomplexanalyse (Abb. 4.1/6) entlehnt. Auch die Modelle in den Abbildungen 4.1/1–5 lassen differentialanalytische Betrachtungsweisen der einzelnen Geokomponenten des Ökosystems erkennen.
„Welche Resultate liefert eine Differentialanalyse? ... Die Ergebnismöglichkeiten lassen sich wie folgt skizzieren:

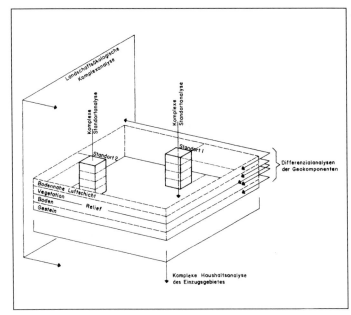

Abb. 4.1/6
Horizontale und vertikale Betrachtung in der Landschaftsökologischen Komplexanalyse
(aus: *T. Mosimann* 1984)

(a) Inventur der Raumausstattung auf Verbreitungskarten für Geokomponenten und einzelne Elemente.

(b) Typisierung der Geokomponenten und Darstellung ihres räumlichen Ausstattungszusammenhanges.

(c) Praxisnahe Spezialkarten einzelner Geoelemente (z. B. Frostgefährdung).

(d) Festhalten der Verbreitung und flächenhaften Variation von Prozeßelementen (z. B . Niederschlagsverteilung).

(e) Hypothesen für die funktionalen Ursachen des Standortmosaiks auf der Basis des Standortvergleichs." (*Mosimann* 1984, S. 42)

Für die Schule sind Verbreitungskarten von Geokomponenten (a) auf der Basis von Typisierungen wie Bodenformen, Georelieformen, Bodenfeuchteregime, Vegetationstypen oder Geländeklimatypen oft weniger interessant als Karten einzelner Geoelemente (a) wie Neigung, Besonnung, Belüftung, dominanter Pflanzenarten oder Substrate. Erst recht gilt dies, wenn es sich um praxisnahe Spezialkarten (c) von belasteten oder gefährdeten Geoelementen oder um Prozeßelementekarten (d), Verdunstung, Bodenerosion, Interflow, Versickerung handelt.

Das liegt daran, daß Partialkomplexkarten auf Typisierungen der Geokomponenten beruhen, deren Entstehung und klassifikatorische Bedeutung schulisch nur bedingt nachvollziehbar sind. Die einfacheren Karten der Geoelemente sind unmittelbar verständlich und weisen oft direkt auf die Umweltprobleme hin, um die es im Unterricht geht. Die Problemerarbeitung läßt sich dann mit nichtkartographischem Datenmaterial (Leitprofile, Artenlisten usw.) aus der Differentialanalyse ergänzen und vertiefen.

Die Typisierung der Geokomponenten und Geoelemente (b) wird in der Schule nur teilweise erarbeitet, vielmehr meist als Ergebnis zur Kenntnis genommen. Auf klassifikatorische Präzision ist kein Wert zu legen. Die fachwissenschaftlichen Überlegungen zur Klassifikation von Böden, Pflanzengesellschaften, Bodenwassertypen usw. sind für die Schule sekundär.

Die räumlichen Aspekte der Ergebnisse der Differentialanalyse (b und d) werden z. T. in den Verbreitungskarten deutlich. Darüber hinausgehende Abgrenzungsfragen der topischen Einheiten können im Unterricht nur sehr einfach beantwortet werden. Ein Vertiefungsbedarf besteht nicht, da es sich um fachliche Spezialfragen von geringer schulischer Bedeutung handelt.

Zusammenfassend läßt sich sagen, daß den Schülern das Prinzip der Differentialanalyse an vielen Stellen des Unterrichts begegnet und auch klar wird. Der differentialanalytische Ansatz kann sowohl als unterrichtliches Ordnungsmuster als auch als Arbeitsbasis für Geländearbeiten mit gutem Erfolg eingesetzt werden. Eine Gefahr der Verwissenschaftlichung besteht dann nicht, wenn man unnötigen Typisierungs- und Klassifizierungsaufwand vermeidet.

4.1.2.2 Landschaftsökologische Komplexanalyse

Der Aufbau der Landschaftsökologischen Komplexanalyse (LKA) sollte im Unterricht vorgestellt werden, um zu verdeutlichen, nach welchen Grundprinzipien und mit welchen Ergebnissen die landschaftsökologische Forschung heute arbeitet:
– Die LKA basiert auf einem Konzeptmodell, das nach Abbildung 4.1/5 als Prozeß-Korrelations-System formuliert sein kann.
– Die LKA ist integrierte horizontale und vertikale Raumbetrachtung, wie sie Abbildung 4.1/6 zeigt. Dabei erfaßt die Differentialanalyse flächenhaft die horizontale Ausstattung der Geokomponenten, die Komplexe Standortanalyse den lokalen Funktionszusammenhang der Geokomplexschichten und die Umsatz- und Bilanzuntersuchung den funktionalen Gesamtzusammenhang eines ausgewählten Raumes.
– Die LKA zielt auf die Landschaftsökologische Synthese: die Erfassung von Ökotopen und Ökosystemen.

Erst nach Vorliegen zahlreicher Projektstudien auf der Basis der LKA kann auch für die Schule mit Informationen gerechnet werden, die eine landschaftsbezogene Betrachtung von ökologischen Funktionszusammenhängen in komplexerer Form zulassen. Für die Schule sind vor allem die Ergebnisse der LKA interessant, die funktionale Beziehungen von Ökosystemen im Standortvergleich verständlich machen. Dabei sind quantitative Angaben, mit denen Bilanzen und Bewertungen möglich sind, besonders wichtig.

Um Forschungsergebnisse auch in Unterrichtsbeispiele umsetzen zu können, bedarf es einer Vielzahl von Untersuchungen der topologischen Landschaftsökologie, die eine möglichst vollständige Erfassung der standörtlichen Ökosystemmerkmale enthalten müßte. Zudem müßten die Standortangaben in einigermaßen genormter Form vorliegen und Auskünfte über die grundsätzlich wichtigsten Funktionsbeziehungen (physikalische Bodeneigenschaften-Bodenwasser, Niederschlag-Verdunstung-Bodenwasserkapazität usw.) und Teilhaushalte (Energiehaushalt, Bodenwasserhaushalt, Stoffhaushalt usw.) geben.

Eine Beteiligung der Didaktiker an der Datenaufnahme mit dem Ziel der Bildungsverwertbarkeit wäre wünschenswert. Damit könnte erreicht werden, daß landschaftsökologische Erkenntnisse aus der LKA nicht nur als wissenschaftliche Fragmente in den Unterricht übernommen werden wie bisher. Vielmehr bestünde die Chance, landschaftsbezogene Umweltzusammenhänge auf einer qualifizierten ökosystemaren Basis verstehen zu lernen.

4.1.2.3 Interdisziplinarität/Umweltmanagement

„Der multidisziplinäre Denkansatz der Landschaftsökologie (muß) zum Allgemeingut aller Forschungs- und Praxisbereiche werden, die sich direkt oder indirekt mit der Lebensumwelt des Menschen und dem Menschen im Landschaftsökosystem beschäftigen." (*Leser* 1991, S. 564) Die umweltbezogene Multidisziplinarität der Landschaftsökologie hat für die Schule allergrößte Bedeutung. Dies ist schon deshalb so, weil die Trennung zwischen Physiogeographie und Kultur- und Sozialgeographie in der Schule nie vollzogen wurde und sich der Geographieunterricht schon immer auch in

Nachbarbereiche erstreckte. Umweltunterricht als Ökosystemlehre ist nicht wünschenswert und nicht durchsetzbar. Daher hat es die Geoökologie auch so schwer, Eingang in die Schulen zu finden. Geoökologische Lernsequenzen müssen daher im Lernbereich „Natur-Kultur-Gesellschaft" (siehe Kap. 1.1) interdisziplinär aufbereitet sein.

Landschaftsökologisch orientierte Umweltstudien mit realisierbaren Maßnahmenvorschlägen für ein gezieltes Umweltmanagement können für den Schulunterricht lesbar gemacht werden und stellen dann eine große Bereicherung dar. Damit kann einer möglichen Verwissenschaftlichung des Unterrichts, die von intensivierter ökofunktionaler Arbeit ausgehen kann, wirksam begegnet werden. Umweltmanagementansätze im Unterricht kommen mit einer einfachen ökologischen Datenbasis aus, die leicht verstanden werden kann (siehe *Hermsmeyer, Kucz* und *Mosimann* 1992).

Bisher sind Studien zum Umweltmanagement kaum in Unterrichtsmaterialien umgesetzt worden. In dieser Richtung muß gearbeitet werden.

Als Beispiele für gute Ansatzmöglichkeiten sollen hier die Studien aus der Landschaftsökologie von *Mosimann* und *Luder* (1980), *Mosimann* (1983, 1985), *Mosimann* et al. (1991), *Herweg* (1988), *Hermsmeyer, Kucz* und *Mosimann* (1992), genannt werden. Sie enthalten für Schüler attraktive Themen: Skipistenproblematik, Erosionsbekämpfung in Ackerbaugebieten verschiedener Landschaftszonen und Landschaftsschutz an Touristenküsten des Mittelmeeres.

> Zusammenfassend läßt sich für den Schulunterricht sagen:
> – Für das Erlernen geoökologischer Begriffe, Grundprinzipien und Methodiken liegen geeignete Modelle vor (Abbildungen 4.1/1–2 und 2.1/2).
> – Die Erforschung des Geoökosystems führt zu Prozeß-Korrelations-Systemmodellen, die zu Denkschemata für das Erkennen geoökologischer Funktionszusammenhänge im Unterricht entwickelt werden können (Abb. 4.1/5): dem schulischen Basismodell des Geoökosystems.
> – Geoökologische Modellgebiete zur exemplarischen Veranschaulichung geoökologischer Zusammenhänge in der Landschaft sind das spezifische Geoökosystem-Lernmodell für die Schule (Beispiel in Kap. 2.2.5).
> – Der Einsatz von Rechnern zur Arbeit mit dem Basismodell des Geoökosystems und mit geoökologischen Modellgebieten sollte möglichst realisiert werden.
> – Die Methodik der Differentialanalyse überträgt sich sinnvoll als Ordnungsmuster in den Unterricht.
> – Die Ergebnisse der Landschaftsökologischen Komplexanalyse (LKA) werden dem Unterricht einen deutlichen Impuls in Richtung geoökosystemares Arbeiten geben. Für die Schule sind insbesondere Ergebnisse topologischer Landschaftsökologie interessant, die es gestatten Modellgebiete mit Daten zu füllen.
> – Landschaftsökologisch orientierte Umweltstudien mit realisierbaren Maßnahmenvorschlägen für ein gezieltes Umweltmanagement können für den Schulunterricht zu Fallstudien entwickelt werden. Damit kann der Gefahr der Verwissenschaftlichung des Unterrichts, der nicht zu einer Ökosystemlehre werden darf, begegnet werden.

4.2 Unterrichtsbeispiele

4.2.1 Einleitung, Problemstellung und didaktische Strukturierung *(Klaus Aerni und Martin Hasler)*

Ökologiezentrierter Unterricht soll ermöglichen, daß Jugendliche ökologische Themenkreise und ganzheitliche Vorstellungen zur Landschaft im Nahraum erfassen und aus Unterlagen zum Fernraum sich erarbeiten können.

Voraussetzungen dazu sind erstens Kenntnisse über den Raumwandel in einer „langen Reihe", in der die Umwelt von den natürlichen Grundlagen her über die der Jäger-, Sammler-, Bauern- bis hin zur Industrie- und Dienstleistungs-Gesellschaft charakterisiert wird (Abb. 4.2.1/1).

Zweitens ist aufzuzeigen, daß die Industrialisierung seit 1850 einen Prozeß tiefgreifender Umgestaltung einleitete, in welchem die natürlichen Gegebenheiten vom Menschen mit Hilfe der Technik immer stärker umgeprägt worden sind (Abb. 4.2.1/2). Die außerhalb des Hochgebirges ehemals vor-

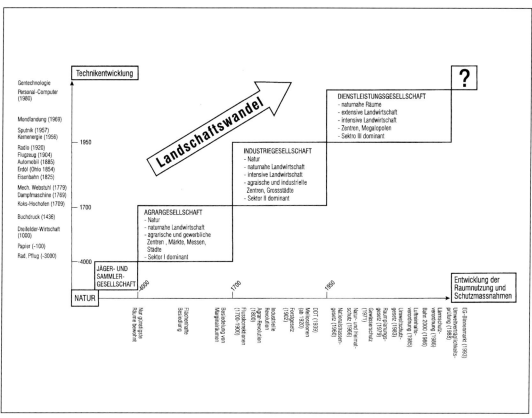

Abb. 4.2.1/1
Gesellschaftliche Entwicklung im Spannungsfeld von Technik und Raumkonflikten
(Entwurf: *K. Aerni* & *U. Kaufmann*)

herrschende naturnahe Nutzung wird heute durch Intensivierungen fortgesetzt reduziert, so daß vielerorts das Überleben freilebender Pflanzen und Tiere, aber auch des Menschen gefährdet ist. Die Erkrankung der Umwelt trifft zunehmend unsere Umgebung, in der wir wohnen, arbeiten, kommunizieren und uns erholen.

Zum Nachdenken und zu Verhaltensänderungen führen aber erst Fallbeispiele aus dem Nah- und Fernraum, in welchen zunächst der Landschaftswandel in analytischer Weise erkannt und quantifiziert wird, so daß danach in einer synthetischen Phase die Folgerungen gezogen werden können.

Aus der Problemstellung eines ökologiezentrierten Unterrichtes zeichnen sich folgende didaktische Schwerpunkte ab: Anhand von Raumbeispielen sollen Einblicke in ausgewählte Landschaftsgefüge gewonnen werden. Einsichten in die Zusammenhänge zwischen raumbestimmenden Elementen und Erkenntnisse aus dem Landschaftswandel in bezug auf dynamische Raumprozesse prägen die Lernprozesse.

Anhand von Raumbeispielen werden geoökologische Strukturen und Prozesse erarbeitet und Einblicke in den Landschaftswandel vermittelt.

Diese Zielsetzung läßt sich im Unterricht durch Fallstudien aus Typlandschaften verwirklichen. Methodisch orientiert sich die Aufzeichnung des Landschaftswandels, dem dabei zentrale Bedeutung zukommt, an *Ewald* (1978). Die didaktische Strukturierung orientiert sich an der handlungsorientierten Didaktik von *Becker* (1984) und der didaktischen Analyse von *Klafki* (1964) und ist in Abbildung 4.2.1/3 dargestellt (erweitert nach *Hasler* in *Aerni, Enzen* und *Kaufmann*, 1993).

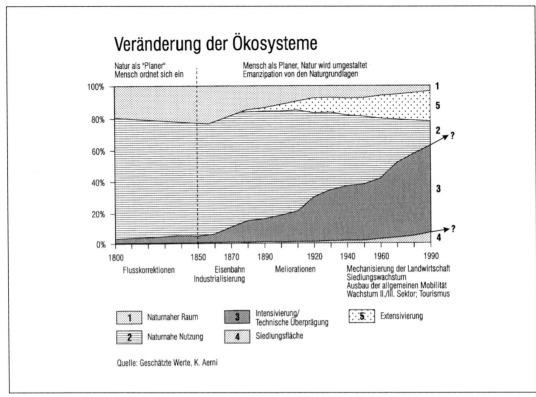

Abb. 4.2.1/2
Veränderung der Geoökosysteme durch den Menschen und die Landschaftsnutzung
(Entwurf: *K. Aerni*)

Zwei Beispiele aus der Schweiz illustrieren das Vorgehen. Beiden Beispielen liegen Arbeitsblätter des Bundesamtes für Landestopographie zugrunde. Die beiden Fallstudien lassen sich in der Erarbeitungsphase im Halbklassenunterricht parallel als Gruppenarbeit angehen, aber auch ein Einsatz im Klassenunterricht oder Einzelarbeitsaufträge sind möglich. Auf eine Aufteilung in Lektionen wird bewußt verzichtet. Die Lehrer werden aufgrund der konkreten Rahmenbedingungen (Klasse, Unterrichtsstrukturen, Lehrpläne, Hilfsmittel etc.) und der zur Verfügung stehenden Materialien entscheiden, welche Gliederung und welche Arbeitsweise den Zielvorstellungen möglichst gerecht werden. Dabei lassen sich auch Originalbegegnungen (Exkursionen, Geländepraktika, Studienwochen etc.) und besondere Unterrichtsformen (z. B. Projektunterricht) berücksichtigen.

4.2.2 Das Hochrheintal bei Basel *(Martin Hasler)*

Dieses Unterrichtsbeispiel stellt eine geoökologische Fallstudie eines stark belasteten und gefährdeten Industrieraumes, und zwar des Hochrheintales bei Basel dar. Dieser umfaßt das Flußgebiet des Rheins zwischen Muttenz und Kaiseraugst, östlich von Basel (siehe Abb. 4.2.2/3).
Dieser Raum ist Teil der Nordwestschweiz und schließt an das Elsaß und den südbadischen Raum an. Innerhalb der Europäischen Union zählen diese Regionen heute zu den zehn besten Standorten hinsichtlich der wirtschaftlichen Wachstumschancen. Sie sind damit Teil des sog. „Goldenen Bandes" (Spiegel Spezial 1992).

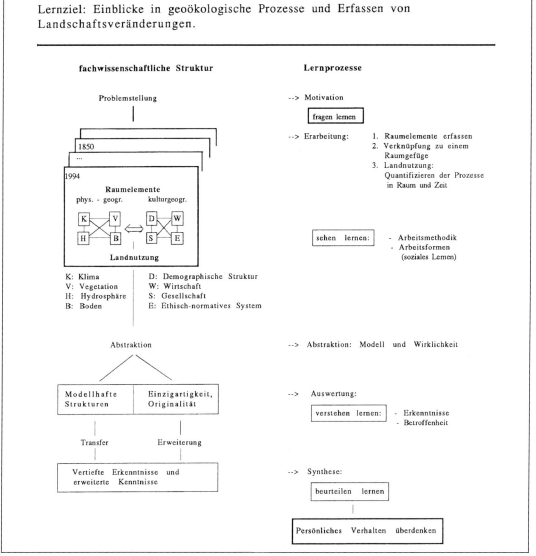

Lernziel: Einblicke in geoökologische Prozesse und Erfassen von Landschaftsveränderungen.

fachwissenschaftliche Struktur

Problemstellung

1850
...

1994

Raumelemente
phys. - geogr.   kulturgeogr.

K V   D W
H B   S E

Landnutzung

K: Klima
V: Vegetation
H: Hydrosphäre
B: Boden

D: Demographische Struktur
W: Wirtschaft
S: Gesellschaft
E: Ethisch-normatives System

Abstraktion

Modellhafte   Einzigartigkeit,
Strukturen   Originalität

Transfer   Erweiterung

Vertiefte Erkenntnisse und
erweiterte Kenntnisse

Lernprozesse

--> Motivation

fragen lernen

--> Erarbeitung: 1. Raumelemente erfassen
                    2. Verknüpfung zu einem
                       Raumgefüge
                    3. Landnutzung:
                       Quantifizieren der Prozesse
                       in Raum und Zeit

sehen lernen: - Arbeitsmethodik
                 - Arbeitsformen
                   (soziales Lernen)

--> Abstraktion: Modell und Wirklichkeit

--> Auswertung:

verstehen lernen: - Erkenntnisse
                     - Betroffenheit

--> Synthese:

beurteilen lernen

Persönliches Verhalten überdenken

Abb. 4.2.1/3
Geoökologie im Unterricht – Didaktische Strukturierung von Unterrichtsbeispielen
(verändert nach *M. Hasler* aus *K. Aerni, M. Hasler* & *U. Kaufmann* 1993, Teil 1, S. 27)

Der Rhein durchfließt kurz vor Basel den Tafeljura. Der Talverlauf ist durch eine Bruchtektonik vorgegeben. Der Talboden des hier breiten Rheintales wird von eiszeitlichen Schottern (Kiesgruben!) gebildet. Die historischen Siedlungen liegen auf den höher gelegenen Terrassen, die stufenweise v. a. auf Schweizer Seite zum Fluß hin absteigen.
Seit 1803 bildet der Rhein die Landesgrenze zwischen Deutschland und der Schweiz. Auf Schweizer Seite verzweigen sich heute in diesem Gebiet die Hauptverkehrsachsen (Eisenbahn, Autobahn) Deutschland/Basel – Zürich, Basel – Bern und Basel – St. Gotthard/Italien. Ausgezeichnete großräumige Verkehrsverbindungen kennzeichnen damit den Raum.

Ziel dieses Unterrichtsbeispieles ist es, den Schülerinnen und Schülern der Sekundarstufe I und II Einblicke in die ökologischen Probleme eines stark belasteten industriellen Raumes zu vermitteln. Als Arbeitsgrundlage dient das Arbeitsblatt für die Geographie Nr. 8 (*Lüscher* und *Burri* 1991). Es enthält eine kartographische Aufnahme von 1850 und einen aktuellen Kartenausschnitt, ergänzt durch ein Luftbild und einen knappen Kommentar. Zudem findet man im Ordner des Lehrmittelverlages des Kantons Basel-Stadt (*Muggli, Falter* und *Heim* 1989) zahlreiches Material und ein ausführliches Literaturverzeichnis.

Möglicher Unterrichtsablauf

a) Einstieg
Aus einer Vielzahl von Einstiegsmöglichkeiten werden hier die Bevölkerungsentwicklung von Pratteln (Abb. 4.2.2/1) und ein Text über die Belastung des Einzugsgebietes des Rheins vorgelegt.

Der Rhein als Beispiel:

Das Einzugsgebiet des Rheins, des wichtigsten Stroms Europas, hat, verglichen mit anderen großen Flußläufen der Welt, nicht nur die größte Bevölkerungsdichte, sondern auch die größte Anzahl Einwohner relativ zu seiner Wasserführung. Die Vorrangstellung in bezug auf die Belastung wird besonders deutlich, wenn wir für verschiedene Flüsse das Bruttosozialprodukt im Einzugsgebiet (die wirtschaftliche Produktion, d. h. die Werte der Waren und Dienstleistungen für privaten und öffentlichen Konsum) zur Wasserführung in Beziehung setzen. Besonders schwerwiegend ist, daß mehr als ein Fünftel der Chemieproduktion der westlichen Welt im Einzugsgebiet des Rheins liegt. Dieser ist aber mit nur 0,2 % an der Wasserführung sämtlicher Flüsse beteiligt. Dementsprechend ist seine Belastung durch industrielle Nebenprodukte besonders groß. (aus *Kummert* und *Stumm* 1989, S. 100)

Die kurze Diskussion von Graphik und Text führt direkt zur Problemstellung:

b) Problemstellung
„Die Grenzen des Wachstums": Sind in diesem Raum die Grenzen menschlichen Nutzung erreicht, möglicherweise bereits überschritten? Sind die raumwirksamen Prozesse menschlicher Einwirkun-

Abb. 4.2.2/1
Bevölkerungsentwicklung der Gemeinde Pratteln, Kanton Basel – Landschaft/Schweiz
(Entwurf: *M. Hasler*)

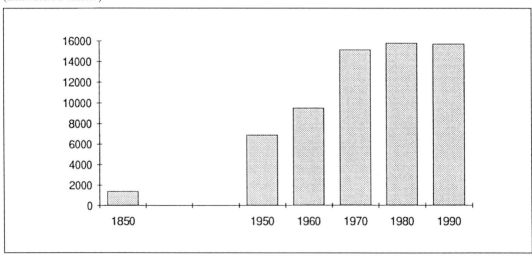

gen derart schwerwiegend, daß Menschen hier nur noch unter großen Einschränkungen leben kön- nen? Liegen hier Fernwirkungen verborgen, die bei Katastrophen die eine Rheinwasserverschmut- zung verursachten (z. B. beim Störfall in der chemischen Fabrik Sandoz 1986) den regionalen Rah- men weit übersteigen?

c) Arbeitsaufträge
Die Aufgabenstellung orientiert sich an den vorhandenen Grundlagen und am Alter der Klasse und berücksichtigt die zur Verfügung stehenden Materialien. Konkrete Arbeitsaufträge für die Sekun- darstufe I finden sich im Arbeitsblatt für die Geographie Nr. 8 (*Lüscher* und *Burri* 1991). Eine fächerübergreifende Unterrichtsorganisation drängt sich auf, kann doch die Biologie Entscheiden- des zum Verständnis naturnaher Flußlandschaften beitragen. Verbindungen zur Geschichte ergeben sich aus der Grenzlage des Raumes. Die Grundlagen lassen sich von Arbeitsgruppen erarbeiten, die Ergebnisse werden im Klassenverband diskutiert und ausgewertet.

Das Hochrheintal um 1850 (Abb. 4.2.2/2):
Aufgabenbereiche:
– Ursprüngliche Naturlandschaft: Flurnamen, Flußformen, Wald.
– Das Ökosystem Hochrhein: Verknüpfungen und Prozesse im Naturraum.
– Ökologisches Profil quer zum Rhein.
– Standortabhängigkeiten Wald, Siedlung, Verkehrswege.
– Der Rhein als Grenze: Trennend oder verbindend (Übergänge, Nutzung des Flusses).

Das Hochrheintal Ende des 20. Jahrhunderts (Abb. 4.2.2/3):
Aufgabenbereiche:
– Siedlungsentwicklung.
– Industriestandorte.
– Verkehrswege: Wirtschaftliche Achse parallel zum Fluß.
– Raumkonflikte Naturraum – Nutzung.
– Der Rhein als Grenze: Übergänge über den Rhein, Flußnutzung.

Abb. 4.2.2/2
Das Hochrheintal östlich von Basel um 1850
(nach verschiedenen Blättern der Dufour-Karte)

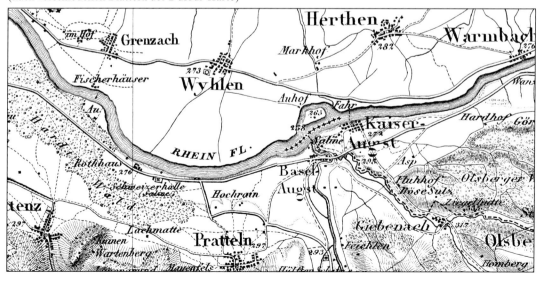

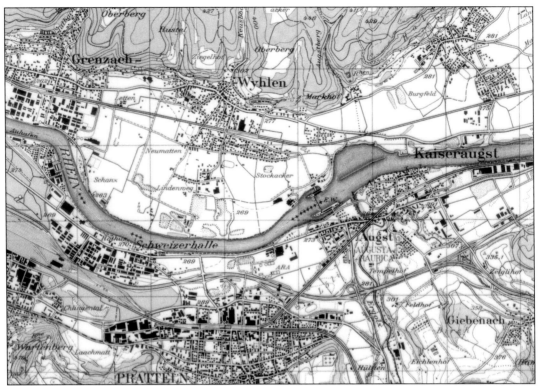

Abb. 4.2.2/3
Das Hochrheintal östlich von Basel 1982
(aus: Landeskarte der Schweiz 1 : 50 000, Bll. 213 Basel und 214 Liestal, reproduziert mit Genehmigung des Bundesamtes für Landestopographie Bern vom 11. 4. 1994)

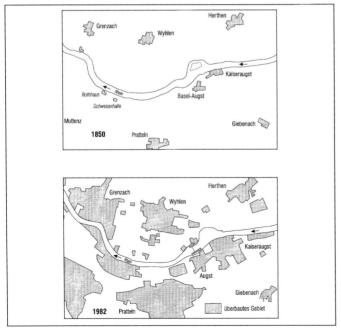

Abb. 4.2.2/4
Die Siedlungsflächen im Hochrheintal östlich von Basel, um 1850 und 1982
(Entwurf: *M. Hasler*)

Bevölkerungsentwicklung im unteren Hochrheintal

Gemeinde	Fläche ha	1850	1950	1960	1970	1980	1990
Muttenz	1663	2222	7125	11963	15518	16911	17134
Pratteln	1079	1371	6863	9492	15125	15751	15678
Augst	162	369	672	860	863	836	796
Kaiseraugst	491	405	842	995	1311	3044	3616
Rheinfelden CH	1612	1910	4550	5197	6866	9456	9912
Grenzach BRD	1732*	923	3431	5032	6374	13125*	12808*
Wyhlen BRD		1065	3399	4781	5872		

* seit 1.1.1975 zusammengeschlossene Einheitsgemeinde Grenzach-Wyhlen.
Quelle: amtliche Volkszählungsergebnisse CH und BRD (1990: provisorische Ergebnisse).

Abb. 4.2.2/5
Die Bevölkerungsentwicklung in den Gemeinden des Hochrheintales östlich von Basel
(aus: *P. Lüscher & Chr. Burri* 1991)

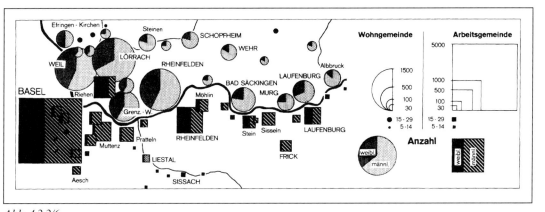

Abb. 4.2.2/6
Deutsche Grenzgänger in der Schweiz, nach Wohn- und Arbeitsgemeinden, Stand Mitte 1984
(aus: *P. Lüscher & Chr. Burri* 1991)

– Kiesausbeutung.
– Quantifizierung der Belastungen des natürlichen Ökosystems.

d) Diskussionsthemen
Landschaftswandel (Abb. 4.2.2/4):
– Raumelemente, die sich verändern.
– Ursachen des Landschaftswandels.
Bevölkerungsentwicklung (Abb. 4.2.2/5):
– Die Region im Sog der Stadt Basel.
– Das Zentrum Basel zieht immer weitere Kreise.
Grenzgänger (Abb. 4.2.2/6)
– Wohnen in Deutschland, Arbeiten in der Schweiz – ein Vorgriff auf die erweiterte EU?
Die Grenzen der Belastung (Abb. 4.2.2/7 und 4.2.2/8):
– Mögliche Maßnahmen auf politischer Ebene.
– Der Handlungsspielraum des Einzelnen.

Gewässerschutzmaßnahmen (aus *Kummert* und *Stumm* 1989, S. 215):

Niemand würde bestreiten, daß Gewässer schützenswerte, für Pflanzen und Tiere wichtige Lebensräume sind. In der praktischen Durchführung von Gewässerschutzmaßnahmen stoßen wir aber auf eine Reihe von Interessenskonflikten. Die Nutzungsinteressen am Wasser sind vielfältig, man denke etwa an die Gewinnung von Elektrizität, die Wasserversorgung, den Abtransport von Abwasser oder an die Erholungsfunktion.

Wirtschaftliche, ökologische und ideelle Interessen bestimmen deshalb letztlich, welche Maßnahmen zum Schutze der Gewässer ergriffen werden ... Meistens ist es nicht der Fachmann, welcher die Entscheidungen trifft: Die Gesellschaft als Ganzes bestimmt den Stellenwert des Gewässerschutzes und somit auch die zu ergreifenden Maßnahmen.

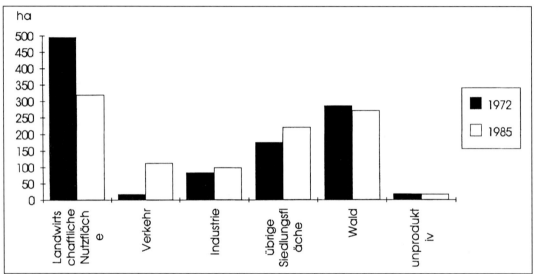

Abb. 4.2.2/7
Gemeinde Pratteln (Kanton Baselland): Arealstatistik 1972 und 1985

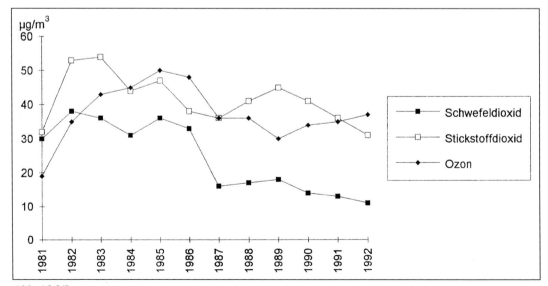

Abb. 4.2.2/8
Basel: Luftschadstoffe 1981–1992

e) Ergebnisse
– Flußökosysteme sind durch gewässerbedrohende Industriebetriebe besonders gefährdet. Unfälle und Pannen können großräumige ökologische Katastrophen auslösen.
– Wenn in einer weiten Talung Wohnraum und Großbetriebe der Industrie nebeneinander liegen, muß die Bevölkerung zusätzlich zu den ständigen Immissionen (Abb. 4.2.2/8) auch mit der Gefahr einer größeren regionalen Luftverschmutzungskatastrophe leben.
– Bei einem regionalen Entwicklungsstop und gleichzeitiger weiterer Expansion von Wohnbevölkerung und Industrie wird die bauliche Entwicklung weiter nach außen greifen (Abb. 4.2.2/5). Die nächsten zukünftigen Wachstumsregionen werden sich entlang des Rheines und der Hauptverkehrsachsen finden.

So nähern wir uns langsam der Erkenntnis, daß einzig Maßnahmen an der Quelle, welche Luft, Boden und Wasser mit einschließen, unsere Existenz im Einklang mit der Natur sichern.

(Text aus: *Kummert* und *Stumm* 1989, S. 227)

4.2.3 Das Lötschental im Kanton Wallis (Schweiz) *(Klaus Aerni)*

Ziele:
– Die Schüler sollen am Beispiel eines Gebirgstales die Höhenstufen der Nutzung in einem Blockdiagramm, einem Querschnitt oder einem Sandkastenmodell darstellen und erklären können.
– Ferner sind im Vergleich von Karten und Luftbild die veränderten Wechselbeziehungen von 1884 bis 1986 zwischen den verschiedenen Nutzungsarealen und -stufen aufzuzeigen und zu begründen.
– Die Schüler sollen erkennen, daß der menschlichen Nutzungsintensität Grenzen gesetzt sind.

Raum- und Sachanalyse:
In diesem Unterrichtsbeispiel geht es im Unterschied zu 4.2.2 um die geoökologische Fallstudie eines landwirtschaftlich genutzten Gebirgstales mit touristischer Überprägung, und zwar des Lötschentales. Dieses ist ein Nebental des Wallis und befindet sich südlich des Nordalpenkammes im inneralpinen Gebiet. Sein Siedlungsraum mit den Gemeinden Ferden, Kippel, Wiler und Blatten liegt zwischen 1 200 und 1 600 m Höhe. Das Lötschental ist vom Rhonetal bei Gampel durch die Schlucht der Lonza mit 600 m Höhendifferenz getrennt und war daher vor der modernen Erschliessung durch seine Abgeschlossenheit und damit durch einen Zwangskonservatismus in seinen Wirtschafts- und Gesellschaftsstrukturen gekennzeichnet. (*Stebler* 1907, *Niederer* 1993).
Das Tal liegt innerhalb des Aaremassivs im Altkristallin, wodurch der Verlauf der Talachse von Nordost nach Südwest bestimmt ist. Die Überprägung durch die alpinen Gletscher hat das Tal trogförmig ausgeweitet. Bedingt durch das Einfallen der Schichten nach Süden sind die Trogschultern auf der nördlichen Seite der Lonza stärker als auf der Südseite ausgebildet. Analog zum asymmetrischen Talquerschnitt hat sich auf der Nordseite das Eis zu plateauartigen Gletscherformen zurückgebildet, wogegen auf der Südseite die Hängegletscher in Schuttkegelsystemen auslaufen und damit den Talboden in Talweiten und Talengen gliedern.
Innerhalb des verhältnismäßig trockenen inneralpinen Tales verstärkt die Exposition die klimatischen Unterschiede der beiden Talseiten, so daß in der Nutzung die Sonnenseite sich deutlich von der Schattenseite unterscheidet. Beide Talhänge, vor allem die Schattenseite, sind durch zahlreiche Wildbäche und Lawinenzüge untergliedert. Diese Naturgefahren haben den Standort der Siedlungen und den Verlauf der Verkehrsverbindungen bestimmt.
Trotz seiner Höhenlage weist das Lötschental als inneralpines Tal eine Gunstlage auf, so daß es seit keltischer Zeit besiedelt gewesen ist. Die frühe Besiedlung stand wohl im Zusammenhang mit dem

Lötschenpaß (2 690 m), der seit frühgeschichtlicher Zeit die Täler von Rhone und Aare verbunden hat und der von Ferden, dem untersten Taldorf, einen direkten Übergang ins Gasterntal und damit auf die Alpennordseite erlaubte.

Im Lötschental hat sich dann über Jahrhunderte hinweg eine Selbstversorgungswirtschaft mit Ackerbau und Viehwirtschaft entwickelt, wie sie für den inneralpinen Raum bis zur Zeit Anschlusses an den modernen Verkehr üblich war. Dieses Wirtschaftssystem unterschied zwischen den Dauersiedlungen (Dörfern) im Tal und den saisonalen Siedlungen auf den Alpweiden oberhalb der Waldgrenze. Im Lötschental beträgt der Höhenunterschied zwischen den Taldörfern und den Alpdörfern nur 500 bis 600 m, so daß sich hier – im Unterschied zu anderen Alpentälern – keine Zwischensiedlungen in mittlerer Lage (Maiensäße oder Voralpen) als saisonale Siedlungen ausbildeten. Zur Vergrößerung der Nutzfläche wurde der Wald von der oberen Waldgrenze (Ausweiten der Weidefläche) und vom Talgrund her gerodet (Ausweiten der Wiesen- und Ackerflächen). Die Sonnenhänge der unteren Lagen ermöglichten Ackerbau und Heugewinnung, die Schattenseite und die Wiesen der Sonnenseite dienten zur Heugewinnung und als Weide, die Alpen waren Weidegründe. Von den begrasten Steilhängen, die das Vieh nicht beweiden konnte, wurde Wildheu eingebracht. Je nach anfallenden Arbeiten teilte sich die Familie in verschiedene Gruppen, die gleichzeitig im Tal und auf den Alpen (Einzelsennerei) tätig waren.

Der Verlauf der Gemeindegrenzen zeigt, wie die politische Raumgliederung jeder Gemeinde ein Talsegment zuwies, welches vom nördlichen bis zum südlichen Kamm verlief und damit allen Gemeinden Anteil an den unterschiedlichen Nutzungsstufen zuwies. Während in Ferden, Kippel und Wiler je ein Haufendorf in geschützter Lage entstand, waren die Nutzungsmöglichkeiten der Talschlußgemeinde Blatten weniger konzentriert, so daß eine Weilersiedlung mit den Siedlungskernen Ried, Wyssried, Blatten und Eisten entstand.

Abb. 4.2.3/1
„System Berggemeinde in den Alpen": Das autarke System mit stabilisierender Rückkoppelung (nach: *F. Mattig & P. Messerli* 1979, S. 5)

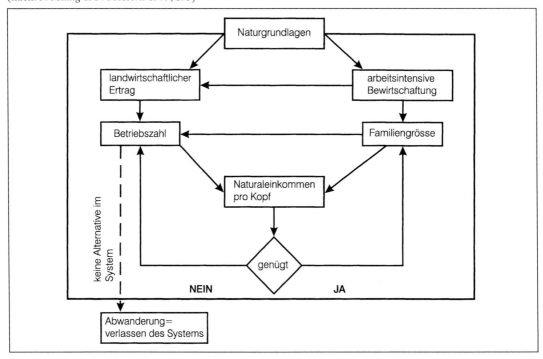

Das autarke Wirtschaftssystem beschränkte die Erwerbsmöglichkeiten fast ausschließlich auf die Landwirtschaft. Das erwirtschaftete Naturaleinkommen mußte groß genug sein, daß die Familie während eines Jahres ernährt werden konnte. War dies nicht mehr zu erreichen, blieb keine andere Wahl, als aus der Landwirtschaft abzuwandern. Im damaligen geschlossenen autarken System war dies aber nur durch Verlassen des Tales (Abwanderung) möglich, da keine alternativen Erwerbsmöglichkeiten bestanden (Abb. 4.2.3/1). Die Lötscher wanderten nicht im Familienverband in die Neue Welt aus, sondern dominant war über Jahrhunderte hinweg der Solddienst der jungen Männer in fremden Heeren, heute eingeschränkt auf die Schweizergarde am päpstlichen Hof in Rom.

Das geschlossene, autarke und stabile System bestand im Lötschental bis etwa um 1950. Der Paßverkehr war zu gering, um einen sicheren Nebenerwerb zu gestatten. Vor der Eröffnung des Lötschbergtunnels im Jahr 1913 sicherte nur der Postbote die Verbindung in die Außenwelt. Er kam wöchentlich zweimal ins Tal und übte gleichzeitig die Funktion eines Krämers aus. 1920 folgte dann der Straßenbau nach Kippel, und erst 1956 wurde die Talstraße bis Blatten und später bis Fafleralp verlängert.

Der Straßenbau ermöglichte, die Einkünfte der Betriebe durch Holzexport zu verbessern, was zu einer Übernutzung der Wälder führte. Heute basiert das Einkommen aus dem Wald nicht mehr auf dem Holznutzen, sondern ist Entschädigung für Aufforstungsarbeiten und die Erstellung von Lawinenverbauungen, die von der Öffentlichkeit finanziert werden.

Mit dem Anschluß an den Verkehr ist das ehemals geschlossene autarke System geöffnet worden (Abb. 4.2.3/2). Eine zu befürchtende massive Entvölkerung ist nicht aufgetreten (Tab. 4.2.3/1), da neue Arbeitsplätze im Tal selber entstanden oder im Rhonetal erreicht werden konnten. Die Eröff-

Abb. 4.2.3/2
„System Berggemeinde in den Alpen": Das – infolge Erschließung – offene System
(verändert nach *F. Mattig & P. Messerli* 1979, S. 6)

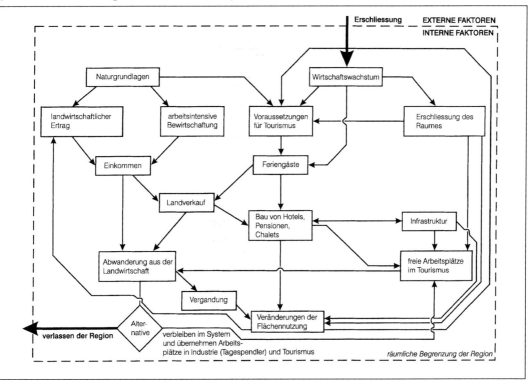

Tab. 4.2.3/1: Sozioökonomische Daten (Auswahl) der Gemeinden des Lötschentales: Blatten, Kippel, Wiler, Ferden sowie Gampel am Einfluß der Lonza in die Rhone, 1850–1990

1. Einwohner

	1850	1900	1910	1920	1930	1941	1950	1960	1970	1980	1990
Blatten	234	274	305	329	343	372	362	344	343	327	296
Wiler	181	228	272	291	287	305	338	357	410	420	428
Kippel	168	248	300	308	293	340	363	393	426	391	370
Ferden	178	249	1 214	260	282	358	349	360	382	330	317
Gampel	330	531	2 086	685	664	768	798	806	1 021	1 069	1 124

2. Erwerbstätige am Wohnort

		1941	1950	1960	1970	1980	1990
Blatten	total	188	158	142	175	161	130
	Landwirtschaft						
	total	166	129	115	107	68	.
	davon hauptberuflich				5	7	10
	Industrie, Handwerk	–	7	10	42	48	52
	Dienstleistungen	14	12	11	26	43	68
Wiler	total	133	155	152	162	142	198
	Landwirtschaft						
	total	105	104	68	30	15	.
	davon hauptberuflich				1	4	3
	Industrie, Handwerk	7	36	61	96	70	67
	Dienstleistungen	8	9	13	36	52	128
Kippel	total	160	144	151	154	151	168
	Landwirtschaft						
	total	122	102	55	24	14	.
	davon hauptberuflich				1	1	3
	Industrie, Handwerk	7	14	63	73	59	44
	Dienstleistungen	9	9	23	57	77	121
Ferden	total	165	141	142	164	130	147
	Landwirtschaft						
	total	85	94	90	52	23	.
	davon hauptberuflich				4	4	10
	Industrie, Handwerk	34	11	17	64	42	45
	Dienstleistungen	26	25	28	48	62	92
Gampel	total	285	306	316	423	484	578
	Landwirtschaft						
	total	105	111	59	51	34	.
	davon hauptberuflich				3	5	5
	Industrie, Handwerk	136	144	176	266	254	285
	Dienstleistungen	19	22	46	106	194	288

nach: verschiedenen Publikationen des Eidgenössischen Statistischen Amtes Bern
Quellen: Eidgenössisches Statistisches Amt, Bern
– Einwohner   1850–1890: VZ 1950, Heft 230
                 1900–1990: VZ 1990, Band 1
– Sektoralstruktur VZ 1941, Heft 169   (3.Sektor: nur Handel, Gastgewerbe und Verkehr)
                 VZ 1950, Heft 261
                 VZ 1960, Heft 373
                 VZ 1970, Heft 514
                 VZ 1980, Heft 737
                 VZ 1990, Heft 9031 (Die Zahl der in den Nebenerwerbsbetrieben der Landwirtschaft tätigen Arbeitskräfte wurde nicht erhoben)

– Landwirtschaft   Eidg. Landwirtschaftszählung 1969, Heft 451
                    Eidg. Landwirtschafts- und Gartenbauzählung
                    1980, Heft 670

nung der Aluminiumhütte (Alusuisse) in Steg brachte von 1962 an etwa 120 Arbeitskräften des Tales regelmäßigen Verdienst. (Im Herbst 1994 wird jedoch das Werk in Steg, das letzte dieser Art in der Schweiz, geschlossen.)

Gleichzeitig begann sich die Landwirtschaft zurückzubilden (s. Tab. 4.2.3/1). Das frühere Prinzip, das Heu in den dezentralen Heuställen zu lagern und zu verfüttern, entsprach einer Minimierung des Transportaufwandes für Heu und Dünger. Nun wird das Heu in neue Großviehställe transportiert, die an den Dorfrändern entstanden sind. Viele Außenställe sind damit funktionslos geworden, und an Stelle der traditionellen Streusiedlung des einzelnen Betriebes tritt die Konzentration auf einen Talhof (Normstall). Der Übergang zur Mechanisierung der Berglandschaft führt damit einerseits zur intensiveren Nutzung der bequem bewirtschaftbaren ebenen Flächen und andererseits zur Aufgabe bisher gemähter Fettwiesen, die sich zu Magerwiesen wandeln oder vom Wald überwachsen werden („Vergandung"). Das Resultat ist ein Rückzug der landwirtschaftlichen Nutzung auf kleinere Flächen, deren intensive Düngung wohl eine Steigerung der Flächenerträge, gleichzeitig aber auch eine Verarmung der Flora bewirkt. Da die marktorientierte Landwirtschaft größere Betriebe und hohen Kapitaleinsatz erfordert, geht die Zahl der Bauernbetriebe und vor allem die Zahl der Haupterwerbsbetriebe zurück (s. Tab. 4.2.3/1).

Damit ergibt sich zusammenfassend folgender Ablauf in der Rückbildung der traditionellen Landwirtschaft: Die erste Generation der von der Umstrukturierung betroffenen Landwirte pendelte täglich („Rucksackbauern") zu den Arbeitsplätzen im Rhonetal und arbeitete dort als Handwerker und Hilfsarbeiter unter Beibehaltung des Kleinbetriebes. Die zweite Generation wurde zu Industriearbeitern mit Lehrabschluß und betreibt heute die Landwirtschaft als Hobby (Spezialisierung auf Schafzucht oder wettbewerbsmäßige Zucht der Kuhrasse „Eringer" als „Kampfkühe", die sich in öffentlichen Schaukämpfen messen, welche im Rahmen „sportlicher" Großveranstaltungen außerhalb der Lötschentales durchgeführt werden). Daneben sind einige neue vollberufliche Landwirtschaftsbetriebe in jeder Gemeinde entstanden.

Das Anbinden des Lötschentales an neue Verkehrssysteme öffnete das Tal auch dem Tourismus. Vom Naturraum her (Georelief, Höhenlage) ist das Lötschental nicht für einen Großtourismus geeignet, bietet aber für den Sommertourismus und den Wintertourismus auf der Alpstufe gute Voraussetzungen. Zahlreiche Unterkünfte sind neu oder durch die Umnutzung bisheriger landwirtschaftlicher Bauten entstanden. Damit hat sich das Spektrum der Arbeitsplätze im Lötschental selber erweitert.

Im Aufbau des Tourismus lassen sich drei Phasen unterscheiden: Die Eröffnung der Lötschbergbahn brachte ab 1913 zunächst viele Ausflügler vor allem aus dem Raum Bern, welche vom archaischen Charakter des Lötschentales fasziniert waren. Nach und nach entwickelte sich ein Sommertourismus, und mehrere Künstler ließen sich im Tal nieder. Von 1960 an begann die alpinistische Erschließung des Tales, und seit 1990 hat sich erneut der Tagestourismus von Bern aus verstärkt. Die massive Erschließung durch Fahrstraßen und Wege hat das Lötschental in vielen Aspekten verändert (Abb. 4.2.3/3–4.2.3/5). Neben den wirtschaftlichen Umstrukturierungen ist auch eine gewisse Folklorisierung der Kultur eingetreten, indem Einzelaspekte (Trachten, „Hausrenovationen", Kuhkämpfe etc.) zur Schau gestellt werden, welche den Reichtum der Tradition nur noch erahnen lassen.

Material:

Als Arbeitsgrundlage dient das „Arbeitsblatt für die Geographie" Nr. 10 (*Schmid* 1991). Es enthält eine kartographische Aufnahme von 1884 (s. Abb. 4.2.3/3) und einen aktuellen Kartenausschnitt von 1986 (s. Abb. 4.2.3/4), je im Maßstab 1 : 50 000, ergänzt durch ein Luftbild (s. Abb. 4.2.3/5) und einen knappen Kommentar.

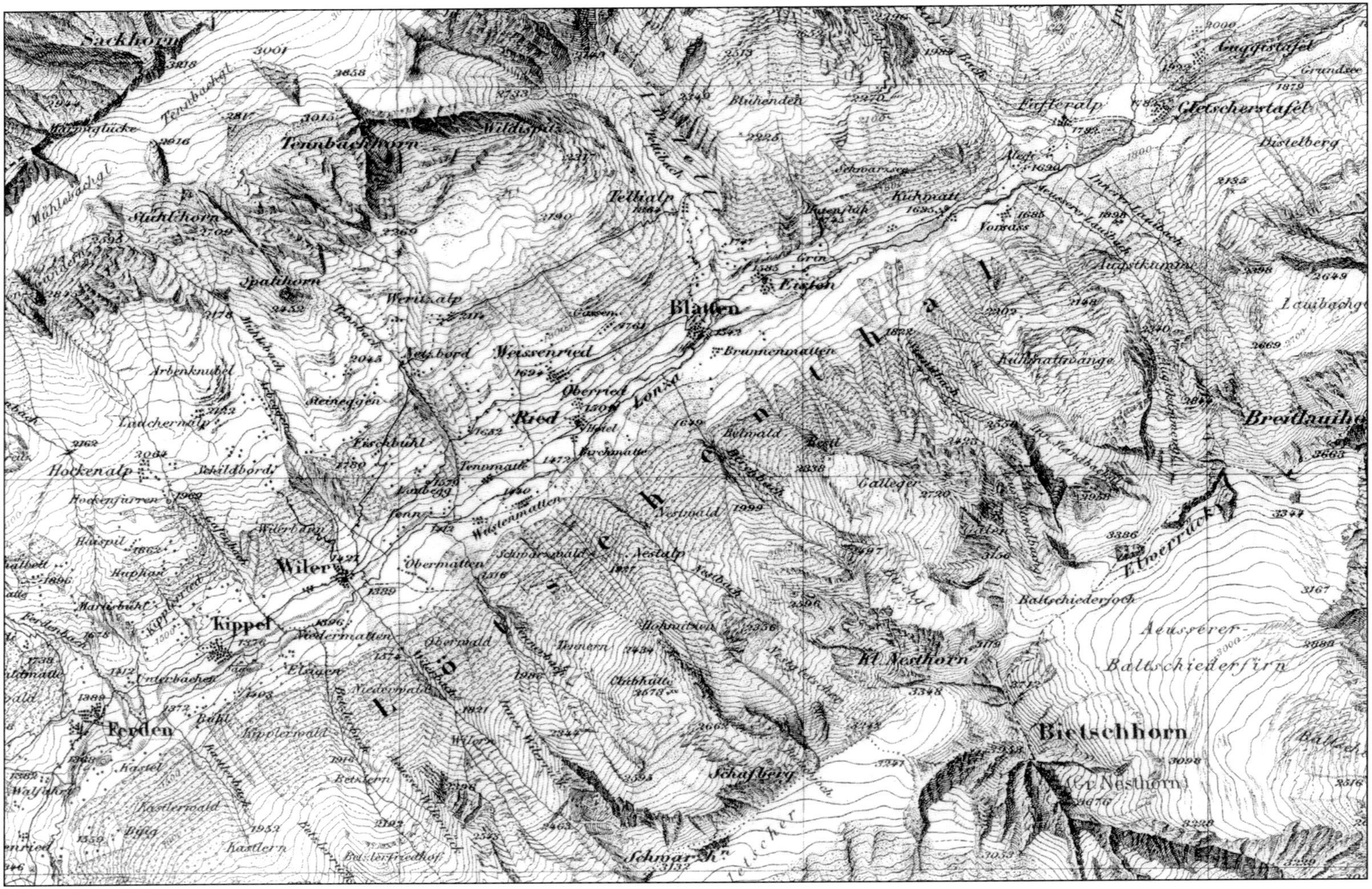

Abb. 4.2.3/3
Das Lötschental, Kanton Wallis/Schweiz.
(nach: Siegfriedkarte 1 : 50000, Bl. 492 Kippel, 1884; reproduziert mit Genehmigung des Bundesamtes für Landestopographie Bern vom 11. 4. 1994)

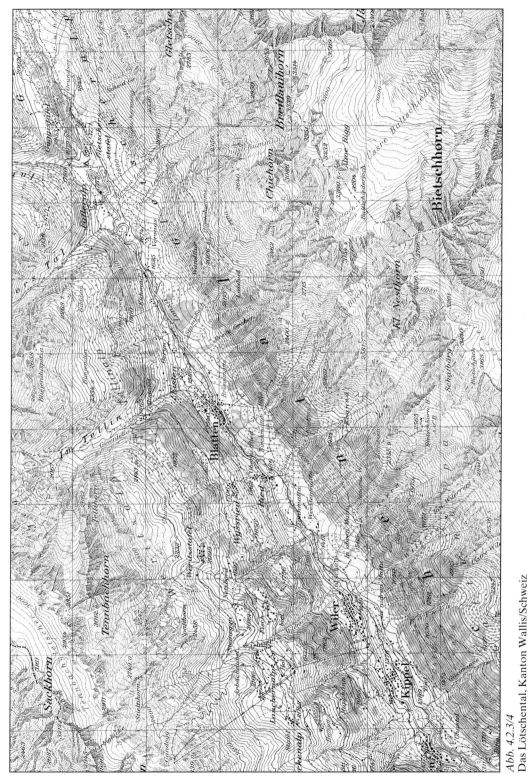

Abb. 4.2.3/4
Das Lötschental, Kanton Wallis/Schweiz
(nach: Landeskarte der Schweiz, Blatt 264 Jungfrau, 1986; reproduziert mit Genehmigung des Bundesamtes für Landestopographie Bern vom 11. 4. 1994)

Abb. 4.2.3/5
Luftbild des Dorfes Wiler (unten) und von Laucheneralp (oben) – „Entwicklung" der alpinen Landschaft (reproduziert mit Genehmigung des Bundesamtes für Landestopographie Bern vom 21. 4. 1994)

Geplanter Unterrichtsablauf

a) Einstieg

Es bieten sich mehrere Möglichkeiten an:
- Kartenvergleich 1884–1986 (Abb. 4.2.3/3 und 4.2.3/4)
- Luftbild (ältere und neuere Strukturen von Siedlung und Verkehr: eng gescharte traditionelle Haufendörfer – größere Bauten, freistehend oder entlang der Straßen; Fußwegnetz – Fahrwegnetz) (Abb. 4.2.3/5).
- Sozioökonomische Tabelle (Abb. 4.2.3/1).

b) Problemstellungen

1. Welche Merkmale weist die Raumorganisation der einzelnen Gemeinden um 1884 (geschlossenes System, Abb. 4.2.3/1) und um 1984 (offenes System, Abb. 4.2.3/2) aufgrund der Siedlungsstruktur und der Verkehrsnetze auf? (Veränderungen der Betriebsstrukturen sind in den Kartenausschnitten nicht erfaßbar!)
2. Welche Zusammenhänge zwischen dem beobachteten Wandel und den sozioökonomischen Strukturen der Gemeinden sind feststellbar?
3. Erlaubt die Öffnung des Systems die langfristige Sicherung des Berggebietes als Lebens-, Wirtschafts- und Erholungsraum, oder drängen sich weitere Maßnahmen auf, um die Landschaft als Lebensraum für Pflanzen, Tiere und Menschen zu erhalten?

c) Arbeitsaufträge

Sekundarstufe I

Die Aufgabenstellung orientiert sich an den vorhandenen Grundlagen und Materialien sowie am Niveau der Klasse. Konkrete Arbeitsaufträge für die Sekundarstufe I finden sich im Arbeitsblatt für die Geographie Nr. 10 (*Schmid* 1991, Bezugsquelle: s. Literaturverzeichnis). Eine fächerübergreifende Unterrichtsorganisation ist möglich in Verbindung mit Biologie (Höhenstufen) und mit Geschichte (Volkskunde).

Sekundarstufe II

1. Versuchen Sie, das nach Höhenstufen gegliederte Nutzungssystem von 1884 aufgrund der Orts- und Flurnamen in einem Blockdiagramm darzustellen. (Dauersiedlung: -matten; Hangzone: Ried = vernäßte Stellen, -bord = Steilhang, -bann = Schutzwald oder Bannwald; Alpstufe)
2. Welche Lagebeziehungen bestehen 1884 zwischen Wald und waldfreiem Gebiet, Siedlungen und Georelief/Wald/Wildbächen sowie dem Verkehrsnetz und den Gemeindegrenzen (in Karte hervorheben)?
3. Wo und wie haben sich diese Lagebeziehungen von 1884 bis 1986 verändert (vom geschlossenen zum offenen System, Abb. 4.2.3/2 und 4.2.3/3)?
4. Wo und wie haben sich von 1884 bis 1986 die Areale der Gletscher und des Waldes verändert? (Gletscherschwund seit 1884 als Folge der Erwärmung; Rodungen, neue Lawinenzüge, Aufforstungen, vermehrte Trennung von Wald und Weide, Vergandungen)
5. Wo und wie haben sich von 1884 bis 1986 die Siedlungsgrundrisse und die Verkehrsnetze verändert? (Wachstum der Dörfer an der Talstraße, Ausdehnung von Dörfern in lawinengefährdete „rote" Zonen [Blatten], neue Siedlungen des Tourismus auf der Alpstufe; Überlagerung oder Ablösung der steilen Tragwege durch weniger steile Fahrwege, Verdichtung des Wegnetzes, Ausbau der Talstraße und deren Sicherung gegen Lawinen, Skilifte).

d) Diskussion:

- Veränderungen der Raumelemente von 1884–1986: Eis, Gewässer, Wald, offenes Kulturland, Siedlung, Verkehr
  - naturräumliche Prozesse: Gletscherrückgang, Waldzunahme und Waldzerstörung, Rüfenbildung
  - kulturräumliche Prozesse: Siedlungsausdehnung, Verkehrserschließung
- Einbezug der sozioökonomischen Tabelle (Abb. 4.2.3/1) zur Erklärung der im Raum beobachteten Prozesse
- Generalisierung und Einbau der Beobachtungen in ein System
  - 1884: Geschlossenes, autarkes System (Abb. 4.2.3/1)
  - 1986: Offenes System (Abb. 4.2.3/2).
- Erlaubt die beobachtete Öffnung des Systems die langfristige Sicherung des Lötschentales als Lebens-, Wirtschafts- und Erholungsraum? Was gilt es im besonderen für die weitere Entwicklung zu beachten, und welche Handlungsstrategien sind aufzustellen?

e) Generelle Ergebnisse:

Die Erhaltung der Gebirgslandschaft als Lebens-, Wirtschafts- und Erholungsraum kann nur gesichert werden, wenn wir folgende Thesen als Basis für unser Verhalten berücksichtigen:

1. Die frühere Berglandwirtschaft zeichnete sich wirtschaftlich durch eine sorgfältige und nachhaltige Nutzung der natürlichen Ressourcen im Sinne einer Anpassung an die Natur aus. Die produktive Tätigkeit war gleichzeitig gekoppelt mit reproduktiver Pflegearbeit, die durch das enge soziale Netz der dörflichen Lebensgemeinschaften erzwungen wurde, in das alle Bewohner eingebunden waren (geschlossenes System).

2. Das Wissen um die enge Verbindung zwischen ökologischer Stabilität und traditioneller Pflege der Landschaft im Sinne der Naturerhaltung steht heute in Gefahr, verloren zu gehen. Die Gründe dazu liegen in der Öffnung des Systems, wodurch einerseits die Landwirtschaft sich aus der Fläche auf gut bearbeitbare Böden zurückzieht und andererseits der Tourismus den Raum irreversibel umgestaltet.

3. Zur Naturerhaltung mit dem Ziel von ökologischer Stabilität und natürlicher Vielfalt sind zwei Dinge nötig: Erstens die Kontinuität der bergbäuerlichen Bewirtschaftungs- und Pflegearbeit und zweitens ein Überdenken touristischer Entwicklungsziele, verbunden mit einem naturnahen Verhalten der Touristen.

Die bisherige Praxis, die Landwirtschaft als Ganzes produktionsorientiert zu fördern, bewirkt einen Strukturwandel mit flächenhafter Reduktion der Landwirtschaft auf zwei bis drei hauptberufliche Betriebe pro Gemeinde, oft mit gewissen Spezialisierungen in Marktnischen. Diese Wirtschaftspolitik mißachtet das Ziel der Naturerhaltung zugunsten der landwirtschaftlichen Erträge. Die flächenhafte Naturerhaltung, die auch im Interesse der Bewohner außerhalb der Alpen liegt, erfordert dagegen leistungsbezogene Ausgleichszahlungen an die Bergbevölkerung. Nur ihre reproduktive Pflegearbeit ermöglicht es, die Gebirgslandschaft als Lebens-, Wirtschafts- und Erholungsraum zu erhalten. Der Tourismus seinerseits hat sich sowohl für den Winter- wie für den Sommerbetrieb den natürlichen Gegebenheiten anzupassen. Pistenplanierungen oberhalb der Waldgrenze sind zu unterlassen und auf gigantische touristische Infrastrukturen ist zu verzichten. Aber auch der „sanfte" Sport mit Langlauf und Wandern wirkt sich störend für alle Wildtiere aus, indem Pisten und Wege die Lebensräume zerschneiden und einengen. Damit erweist sich die weitgehende Erschließung als bedeutendster Eingriff in die alpinen Lebensräume (Abb. 4.2.3/6 und Tab. 4.2.3/2). Bewegen sich die Touristen zudem abseits der markierten Routen, so ist im Sommer die Fortpflanzung der Wildtiere gefährdet, und im Winter erschöpfen sich ihre Kräfte frühzeitig. (*Wildermuth* 1978, S. 219–225).

Die Naturerhaltung im Berggebiet erfordert damit sowohl die Mitwirkung der ansässigen Bevölkerung unter wirtschaftspolitisch angepaßten Bedingungen wie ein angepaßtes Verhalten touristischer Investoren und Gäste.

Tab. 4.2.3/2: Veränderungen des Bestandes an Brutvogelarten in verschiedenen Lebensräumen des Tales von Lenk (Berner Oberland, Schweiz) zwischen 1979/80 und 1991

Lebens-raum	Anzahl Arten	Arten mit Zunahme		Arten mit Abnahme	
		N	%	N	%
Wald	17	2	12	3	18
Waldrand	14	–	–	6	43
Grasland	5	–	–	4	80
Gebäude	8	–	–	6	75
Wasser	3	1	33	–	–
Total	**47**	**3**	**6**	**19**	**40**

aus: *R. Luder* 1992

Abb. 4.2.3/6
Wirkung der Erschließung der Alpen
auf die Lebensräume von Tieren und
Pflanzen
(aus: *R. Luder* 1992)

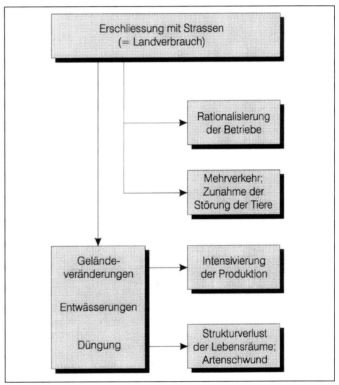

Fazit:

Das Lötschental ist ein nördliches Seitental der Rhone (Wallis, Schweiz) und umfaßt vier Gemeinden mit insgesamt 1 411 Einwohnern (1990). Während Jahrhunderten bildete die auf Selbstversorgung ausgerichtete Mehrzweck-Landwirtschaft wie in anderen Tälern des inneralpinen Raumes die Lebensgrundlage. Infolge der isolierten Lage des Tales erfolgte hier die Anpassung an die moderne Entwicklung um Jahrzehnte später als in anderen Gebirgstälern. Daher war im Lötschental der Zusammenprall zwischen dem traditionellen Zwangskonservatismus und der modernen Zeit sehr ausgeprägt. Die Probleme der nachhaltigen Nutzung im Zusammenwirken der einheimischen Bevölkerung und talfremden Investoren und Gästen lassen sich daher sehr deutlich erkennen.

4.3 Geoökologische Projektarbeit als Idealfall eines ökologie- und umweltzentrierten Unterrichts *(René Sollberger)*

Der Begriff „Projekt" als Entwurf, Plan oder Vorhaben weist schon durch seine Entstehung aus dem lateinischen „proiectum" = „das nach vorn Geworfene" auf eine Dynamik hin, die wohl auch der Grund dafür war, ihn als Bezeichnung für eine Arbeitsmethode im Unterricht zu verwenden. Dabei umfaßt die Projektmethode in der Regel vier Lernstufen (vgl. z. B. *Dolch* 1971):

– Zielsetzung:
 Themenfindung und Gruppenbildung, aber auch Festlegung der Rahmenbedingungen in fachlicher, thematischer, zeitlicher und organisatorischer Hinsicht.
– Planung:
 Die Beteiligten setzen ihre Ziele fest und organisieren die anfallende Arbeit.
– Ausführung des eigentlichen Projektes.
– Präsentation und Bewertung.

Wesentliches Merkmal der Projektmethode ist es dabei, daß sie sich nicht mit theoretisch-abstrakten Lösungen und Annäherungen an ein Thema begnügt, sondern praktische, für den Schüler wie für die räumliche Wirklichkeit relevante Ziele anstrebt. Das Projekt wird – wenn immer möglich – aus der realen Umwelt der Schüler entnommen. Zudem werden entsprechende Methoden, wie die Untersuchung und Befragung vor Ort, eingesetzt. Dabei gilt, daß das Lernen an Gegenständen wichtiger ist als das Lernen von Gegenständen.

Für den geoökologischen zentrierten Unterricht eignet sich die Projektmethode aus verschiedenen Gründen in besonderem Maße:

– Die in der Projektarbeit idealen Möglichkeiten zur fächerübergreifenden Arbeit – aus sachlichen wie methodischen und zeitlichen Gründen erwünscht – erfüllen die zentralen Prämissen der nur interdisziplinär realisierbaren ganzheitlich-systemaren Betrachtungsweise der Landschaftsökologie.
– Durch die differenzierte Analyse der geoökologischen Sachverhalte vor Ort werden lokale Besonderheiten herausgearbeitet. Dadurch werden die Schülerinnen und Schüler nicht zu voreiligen Pauschalurteilen – möglichst noch mit Problemlösungen – geführt, sondern zu facettenreichen, dem Geoökosystem-Modell (siehe Kap. 4.1) entsprechenden Kenntnissen.
– Einsätze für die Umwelt der Gemeinde oder der Stadt können in idealer Weise mit der Projektmethode angegangen werden. Gerade dadurch wird das eigene Verhalten der Umwelt gegenüber durchleuchtet.
– Wie wohl in keinem anderen Fach kann in der Geographie bei jedem Projekt als Grundlage für die Untersuchungen ein anderer Raum ausgewählt werden, der neu bearbeitet wird. Dadurch wird das projektartige Arbeiten ein echt forschendes Lernen, bei dem es um die Erkundung vor Ort, um die Übertragung von Erkenntnissen von anderen Raumbeispielen geht.
– Für die Präsentation der Projektergebnisse bieten die geographischen Themen eine reiche Auswahl: Neben der Darbietung als Text, Vortrag, Debatte oder Diskussion können Bilder, topographische und thematische Karten, Skizzen, Landschafts- und Ökosystemmodelle, Statistiken, Filme, Videos, Computersimulationen und Rollenspiele eingesetzt werden. Eine Projektarbeit kann aber auch die Vorbereitung einer Exkursion oder einer Besichtigung zum Inhalt haben und die Ausführung selber dann das (anspruchsvolle) Ziel des Projektes sein.

Die geoökologische Arbeit ist von ihrem Grundkonzept her eine Arbeit im Felde. Durch das breite Spektrum an praktischen Feldmethoden, die in der Literatur beschrieben sind, eignet sie sich deshalb auch für die praktische Projektrealisierung. Falls die Projektarbeit auch – wie ja der Regelfall – leistungs- und ergebnisbezogen sein soll, ist eine gezielte Vorbereitung gerade auch in methodischer Hinsicht verlangt.

4.3.1 Zeigerwertmethode und Geoökologie *(René Sollberger)*

a) Problemstellung

Am folgenden Beispiel sollen die Schüler durch eine primär anorganische Erfassung der Ausstattungstypen eines nahen Naturraumes zu einer möglichen, für die menschliche Nutzung relevanten Raumbewertung mit Hilfe von Charakter- und Zeigerwertpflanzen kommen. Dabei sollen sie erkennen, daß die organischen Faktoren stark von den abiotischen – und hier vor allem vom Georelief (Catena-Prinzip) – determiniert werden. Die gestellte Thematik ist komplex, relativ abstrakt und für die Schüler/innen anspruchsvoll. Deshalb ist sie am ehesten für die Abschlußklassen der Sekundarstufe II geeignet.

b) Methodische Grundlagen

Die Vegetation ist Ausdruck und Zeiger der pflanzenwirksamen und damit auch der land- und forstwirtschaftlich relevanten Geofaktorenkombination an einem Standort. Sie kann somit, falls die Wachstumsansprüche der Einzelpflanzen, das sogenannte ökologische Verhalten, bekannt ist, zur inhaltlichen Charakterisierung des Naturhaushaltes dienen. *Ellenberg* (1974) und *Landolt* (1977) haben aufgrund von zahlreichen Einzelbeobachtungen der Standortbedingungen am Wuchsort von mehr als 1750 Gefäßpflanzenarten Mitteleuropas verschiedene Kennzahlen- oder Zeigerwertkombinationen zusammengetragen, und zwar im Hinblick auf die Bodenfeuchtigkeit (Feuchtezahl F), die Bodenreaktion (Reaktionszahl R), die Versorgung mit Mineralstickstoffen (Nährstoffzahl N), den Humusgehalt (Humuszahl H), die Durchlässigkeit des Substrates (Dispersitätszahl D) sowie den Salz- und Schwermetallgehalt des Bodens. Zudem wird das Verhalten gegenüber den klimatischen Faktoren Wärme (Temperaturzahl T), Beleuchtungsstärke (Lichtzahl L) und Kontinentalitätsgrad des Klimas (Kontientalitätszahl K) angeführt. Das ökologische Verhalten der Pflanzen gegenüber einem bestimmten Standortfaktor wird jeweils durch eine Ziffer in einer neun- bzw. fünfstufigen Skala ausgedrückt, wobei 1 jeweils sehr geringe Werte des betreffenden Faktors, 5 bzw. 9 dagegen die hohen Extreme bezeichnen. Ein x statt einer Zahl bedeutet indifferentes Verhalten der untersuchten Pflanze; sie wird bei der Berechnung des Bestanddurchschnittes nicht berücksichtigt.

Die Aufnahme der Pflanzen am Standort erfolgt nach der vereinfachten Abschätzmethode von *Braun-Blanquet*, wonach Pflanzen, die nur spärlich vorkommen, eine 1, Arten mit einer Deckung von 10–25 % eine 2, Arten mit einer Deckung von 25–50 % eine 3, bei 50–75 % Deckung eine 4 und bei mehr als 75 % eine 5 erhalten. Diese Artmächtigkeiten von jeder Aufnahme werden dann mit den ökologischen Zeigerwerten multipliziert und die Bestandsdurchschnittswerte durch Addition aller Einzelwerte und anschließende Division dieser Summe durch die Summe aller Artmächtigkeiten einer Pflanzenaufnahme ermittelt.

c) Organisation

Das vorliegende Unterrichtsbeispiel wurde so gewählt, daß es im sogenannten Normalunterricht während des Sommersemesters mit Vorteil unter Beteiligung von Biologie und Angewandter Mathe-

Beispiel: Vegetationskundliche Aufnahme der Baumschicht

Pflanzennamen	Zeigerwerte nach *Landolt*							Aufnahmestandorte mit Artmächtigkeiten				
	F	R	N	H	D	L	T	A1	A2	A3	A4	A5
Bergahorn	3	3	3	3	4	2	3	3		1	2	
Bergulme	4	3	4	4	5	2	4				2	
Birke	x	x	2	x	x	4	3				2	
Efeu	3	3	3	3	4	2	4	1		3		

matik in ca. sechs Wochen durchgeführt werden kann. So kann eine Stundendotation zusammenkommen, die ein zügiges Arbeiten ermöglicht, ohne daß die Schüler/innen immer wieder den Bezug zur Arbeit verlieren. Auch werden auf diese Weise alle Schüler erfaßt, was bei Sonderveranstaltungen wie Arbeitswochen oder Lagern, wo die Auswahl der Themen oft dem Schüler zufällt, bei geoökologischen Themen nie der Fall ist. Nur für die Feldarbeit muß mindestens ein separater Exkursionstag eingesetzt werden.

d) Verlauf

Als Einstieg in das Projekt kann – mit einem Kartenvergleich der topographischen Karte 1 : 25 000 – der Frage nachgegangen werden, welche Gebiete im Wohnraum der Schüler denn bevorzugt überbaut wurden und werden (– gerade in Klassen im Agglomerationsgebiet von Städten mit einer regen Bautätigkeit in den letzten Jahrzehnten aktuell –) und welche Nutzungsqualität diese Baugebiete vormals für die Landwirtschaft aufwiesen. Müssen landwirtschaftlich wertvolle Standorte heute auch bevorzugte Siedlungsstandorte sein?

Vorab wird eine aktuelle topographische Karte in möglichst großem Maßstab auf Folien übertragen und diese mit einem Satz alter Ausgaben derselben Karte an die Schüler verteilt. Durch Übereinanderlegen der entsprechenden Kilometerquadrate können die Schüler/innen nun leicht Landschaftsveränderungen im gegebenen Zeitraum mit Farbe auf der Folie eintragen und neue Häuser, Straßenabschnitte, Wege etc. auszählen. Durch die Bearbeitung der Quadrate entlang einer Catena kann am Schluß dieser Arbeit eine reliefbezogene Gewichtung der Bautätigkeit vorgenommen werden.

Als Start der eigentlichen Projektarbeit wird nun das Thema formuliert: Es geht darum, für einen, mit denselben Reliefeinheiten wie beim Einstieg ausgestatteten und somit vergleichbaren Raumausschnitt eine fiktive nutzungsrelevante Raumbewertung zu erhalten. Zeitlicher Rahmen, die Zeigerwertmethode, die Gruppenanzahl und -größe (entsprechend den zu untersuchenden Vegetationseinheiten) müssen dabei zunächst vom Betreuer vorgegeben werden.

Der Freiraum für die Schüler/innen im Projekt besteht nun in der Einteilung der Gruppen, der Auswahl der Reliefeinheiten und damit der Untersuchungsstandorte, zudem in der Auswahl, Organisation und Durchführung der physikalisch-chemischen Vergleichsmethoden und der Art der Präsentation.

Für die Untersuchungen sind aus praktischen Gründen bewaldete Flächen zu empfehlen:
– Die Kenntnis der Pflanzenarten im Wald fällt dem Schüler leichter als die der landwirtschaftlich genutzten Flächen, wo man auf Gräser angewiesen wäre.
– Die Felduntersuchungen, auch mit Probenahmen, können ohne wesentliche Flurschäden erfolgen. Trotzdem ist eine Absprache mit den Waldbesitzern oder dem Förster unbedingt notwendig.
– Der anthropogene Einfluß ist im Wald im allgemeinen geringer als auf landwirtschafltich genutzten Flächen. Zudem zeigt das Ökotopgefüge im Wald größere Schwankungen, wodurch dem Schüler die Standortunterschiede deutlicher aufgezeigt werden.

Vor dem Projekt (oder aber als Teilbereiche im Projekt) müssen in der Biologie die Artenkenntnisse erarbeitet, im Rahmen der Geographie die Grundlagen über Aufbau und Eigenschaften der wichtigsten Bodentypen der Region und in der Angewandten Mathematik Kenntnisse in Tabellenkalkulation mit Hilfe des PC erworben werden.

Die Schüler/innen entscheiden sich mit Hilfe der im Unterricht bereitliegenden Literatur (z. B. *Weber* 1991; *Windolph* u. a. 1986) selbständig für die neben der Zeigerwertmethode parallel angewandten chemisch-physikalischen Untersuchungen und planen deren Durchführung. Diese Untersuchungen sollen von denselben Testflächen Vergleichsdaten liefern, so daß sie mit den Angaben aus der biologischen Methode verglichen werden können und es dem Schüler dadurch ermöglichen, die abstrakten Kennziffern der Pflanzen zu erfassen. Im Gegensatz zu den biologischen Kennziffern sind aber die mit chemisch-physikalischen Methoden erfassten Größen immer nur Momentaufnahmen und können somit große zeitliche wie auch räumliche Abweichungen innerhalb des Standortes zeigen. Deshalb sollten, wenn immer möglich, Paralleluntersuchungen angestrebt oder aber Mischproben entnommen werden.

Mit diesen Paralleluntersuchungen ist auch gewährleistet, daß jede Gruppe alle Standorteinheiten kennenlernt. In der anschließenden Auswertung können auf diese Weise Schüler/innen auf eine persönliche Anschauung des Raumes zurückgreifen. Nur so lernen sie auch, landschaftshaushaltliche Unterschiede zu erkennen.

Mögliche physikalisch-chemische Paralleluntersuchungen zu den Zeigerwerten
– Feuchtezahl

Bestimmung des Wassergehaltes:

100 g der entnommenen Bodenproben des gleichen Bodenhorizontes ohne Skelett werden in einem Becherglas im Wärmeschrank bei 105° Celsius getrocknet und anschließend zurückgewogen. Der Gewichtsverlust entspricht dem momentanen Wassergehalt der Bodenprobe und wird in Gewichtsprozenten der getrockneten Bodenprobe angegeben.

– Reaktionszahl

Mit dem Hellige-pH-Meter werden im Felde pH-Werte des Ober- und Unterbodens ermittelt.

- Nährstoffzahl

Messung des Nitratgehaltes:

20 g der im Wärmeschrank bei 105° Celsius getrockneten und anschließend gemörserten Bodenproben werden mit 50 ml destilliertem Wasser aufgeschlämmt. Nach einer Filtration oder nach dem Absetzenlassen wird der Nitratgehalt im Filtrat oder im Überstand mit Hilfe von Test-Stäbchen (z. B. Merckoquant 10 020) oder eines Schnelltest-Sets (z. B. Aquamerck 8 032) gemessen.

– Humuszahl

Bestimmung des Humusgehaltes:

10 g der getrockneten Bodenprobe werden in einem Schmelztiegel über dem Bunsenbrenner ausgeglüht und nach dem Erkalten der Probe zurückgewogen. Der Gewichtsverlust entspricht in etwa dem Humusgehalt der getrockneten Bodenprobe und wird in Gewichtsprozenten der getrockneten Bodenprobe angegeben. Mit dieser Methode untersuchte Böden mit einem Humusgehalt von < 1 % werden als humusarm, solche zwischen 10 und 15 % als humusreich und Böden mit > 30 % als torfig bezeichnet.

– Dispersitätszahl

Dichtebestimmung:

Diese ist direkt abhängig von der Bodenart, die mit der Fingerprobe bestimmt werden kann. Zudem kann mit Hilfe von Stechzylindern mit genormtem Volumen die von oben in den Boden getrieben werden, die Lagerungsdichte (g/cm^3) ermittelt werden, als Masse der getrockneten Bodenbestandteile pro Volumeneinheit Boden inklusive des Porenvolumens. Werte < 1 g/cm^3 bedeuten lockere, > 1,4 g/cm^3 sehr dichte Lagerung.

Messung der Versickerungsdauer von Wasser:

Am Standort werden gebrauchte Konservendosen, deren Deckel oben und unten sorgfältig entfernt wurden, bis zur Hälfte in den Boden getrieben. In die so vorbereiteten Konservenbüchsen wird aus einer Feldflasche eine bestimmte Menge Wasser gegossen und die Versickerungszeit gemessen.

– Lichtzahl

Wohl können in den Tabellen der Besonnungssummenwerte in kcal/cm^2 von A. Morgen neigungs- und expositionsbedingte Bestrahlungsunterschiede der Untersuchungsfläche herausgelesen werden. Doch bleiben diese Angaben für die Schüler/innen ebenso abstrakt wie die Zeigerwerte. Als kleine experimentelle Möglichkeit zur momentanen Lichtintensitätsmessung kann an einem Tag mit stabiler Wetterlage zum gleichen Zeitpunkt an verschiedenen Standorten der Belichtungsmesser einer Kamera verwendet werden, der bei gegebener Filmempfindlichkeitseinstellung und Objektiv aus ein Meter Höhe senkrecht auf die Bodenfläche mit vergleichbarem Bewuchs einen Blendenwert ermittelt und so eine Bestandszahl der Helligkeit angibt.

– Temperaturzahl

Auch hier können natürlich, bedingt durch die kurze Meßperiode nur singuläre Werte mit nur sehr beschränkter Aussagekraft erhoben werden. Gleichwohl kann, ein Tages-Temperaturprofil entlang

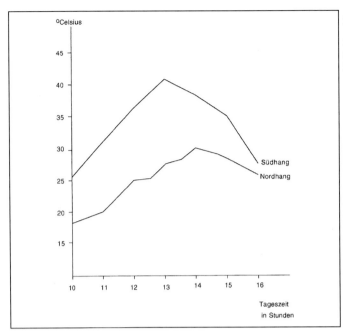

Abb. 4.3.1/1
Temperaturprofil an der Bodenoberfläche zweier Waldlichtungen in verschiedenen Expositionen, gemessen am
25. 06. 1981
(Entwurf: *R. Sollberger*)

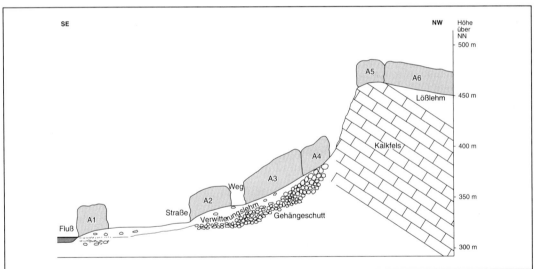

Abb. 4.3.1/2
Geländeprofil des Projektes „Raumbewertung mit der Zeigerwertmethode" – Ergebnisdarstellung in der Tafel-
skizze (s. dazu Tab. 4.3.1/1)
(Entwurf: *R. Sollberger*)

einer Catena (z. B. an den Bodenoberflächen oder in der bodennahen Luftschicht [50 cm über dem
Boden] gemessen, interessante Angaben über das Bestandesklima ergeben, die sich z. T. auch in der
Kontinentalitätszahl wiederspiegeln [s. Abb. 4.3.1/1]).

Neben diesem eher methodischen Vorbereitungsansatz tragen die Schüler/innen in einer Art geoökologischer Vorerkundung (s. Kap. 2.2.4 mit 2.2.4.1 und 2.2.4.2) alle möglichen und zugänglichen

Tab. 4.3.1/1: Geoökologische Bestandsaufnahme eines Geländeprofils (Abb. 4.3.1/2) am Rande des Tafeljuras bei Basel

Geofaktoren	Untersuchungsstandorte					
	A 1	**A 2**	**A 3**	**A 4**	**A 5**	**A 6**
Gestein und Substrat	Kalkschotter mit periodischen Überschwemmungslagen aus Sand und Lehm	Gehängeschutt mit mächtiger Verwitterungslehmdecke	Gehängeschutt mit geringer Verwitterungslehmdecke	Gehängeschutt mit aktuellem Steinschlag	dichter, anstehender Kalkfels	Lößlehm über Kalkfels
Bodentyp	Schotter-Braunerde	Gehängeschutt-Braunerde	Gehängeschutt-Braunerde-Rendzina	Gehängeschutt-Rendzina	Fels-rendzina	Para-braunerde
Horizonte mit Mächtigkeit	Ah 20 cm Bv 60 cm Cv	Ah 20 cm AhBv 40 cm Bv 55 cm	Ah 10 cm BvCv 45 cm Cv	Ah 10 cm Cv	Ah 10 cm	Ah 8 cm Al 20 cm Bt 40 cm
Durchlässigkeit	gut	gut	sehr gut	sehr gut	extrem	mäßig
Humusgehalt	hoch	mittel	mittel	hoch	hoch	rel. gering
pH Oberboden	6,5	5	8	8	7	4,5
Unterboden	8	7	7	7		6
Besonnung in kcal/cm^2/Jahr	123	146	148	150	136	105
Bestandeslichtverhältnisse in Blendeneinheiten	5,6	4	2	8	11	2
Vegetationsformation	Silberweidenwald	Eichen-Hagebuchen-Wald	Seggen-Buchenwald	Lindenmischwald	Flaumeichenwald	Hainsimsen-Buchenwald
Zeigerwerte F	2,94	2,82	2,49	2,49	2,60	2,63
Bestandes- R	2,98	3,20	3,47	3,21	3,25	2,86
mittelwerte N	3,10	3,08	2,96	2,95	2,89	2,81
H	3,27	3,39	3,36	3,23	3,18	3,44
D	3,92	3,96	3,93	3,60	3,58	3,44
L	2,79	2,49	2,44	2,30	2,93	2,49
T	3,73	3,61	3,60	3,37	3,78	3,49
K	2,56	2,46	2,38	2,40	2,65	2,56
Raumbewertung	sehr günstig, labil	sehr günstig, stabil	ungünstig, stabil	sehr ungünstig, labil	sehr ungünstig, labil	günstig, stabil
Überbauungsgrad	selten	sehr häufig	häufig	selten	selten	häufig

Entwurf: *R. Sollberger*

Informationen über ihren Raumausschnitt zusammen: Dias, Luftbilder, topographische und thematische Karten gehören hierzu. Dieser Schritt führt zu einer optimalen Vorbereitung der Feldtage und hilft ihnen, sich mit ihrem Raumausschnitt vertraut zu machen.

e) Ergebnissichtung/Präsentation

Die Resultate der einzelnen Gruppen aus Vorerkundung, Feldarbeit und Laboranalyse werden dann an der Wandtafel oder auf großflächigen Papierunterlagen zusammengetragen und gemeinsam im Klassengespräch analysiert und diskutiert. Eine vereinfachte Abschrift dieser Zusammenstellung zeigt die Abb. 4.3.1/2 mit Tab. 4.3.1/1.

Fazit:

Für die Raumbewertung im Rahmen einer land- und forstwirtschaftlichen Nutzungsanalyse ist die Vegetation ein Indikator für die relevanten Geofaktoren an einem Standort. Die Schüler können mit der vorgestellten Zeigerwertmethode und den physikalisch-chemischen Paralleluntersuchungen zu einer qualitativen Aussage kommen. Sie können damit den Nutzungswert eines Standortes ansprechen und lernen so, Nutzungsveränderungen (z. B. Umzonungen) zu beurteilen. Zudem kann diese eher statische Erfassung des Ausstattungscharakters des Standortgefüges Ausgangspunkt sein für die Behandlung von geoökologischen Prozessen (z. B. Überschwemmungen, Erosiongefährdung) im Unterricht.

Das Unterrichtsbeispiel wurde so gewählt, daß es im sogenannten Normalunterricht während des Sommersemesters mit Vorteil unter Beizug von Biologie und Angewandter Mathematik durchgeführt werden kann. So kann eine Stundendotation zusammenkommen, die ein zügiges Arbeiten ermöglicht, ohne daß der Schüler immer wieder den Bezug zur Arbeit verliert. Nur für die Feldarbeit muß mindestens ein separater Exkursionstag eingesetzt werden.

Als möglichen Einstieg in das Projekt kann mit einem Kartenvergleich der topographischen Landeskarte der Frage nachgegangen werden, welche Gebiete im Wohnraum der Schüler denn bevorzugt überbaut wurden und werden – gerade in Klassen im Agglomerationsgebiet von Städten mit einer regen Bautätigkeit in den letzten Jahrzehnten aktuell – und welche Nutzungsqualität für die Landwirtschaft diese Baugebiete vormals aufwiesen. Müssen landwirtschaflich wertvolle Standorte heute auch bevorzugte Siedlungsstandorte sein? Zum Voraus wird eine aktuelle topographische Karte in möglichst großem Maßtab mit Hilfe des Photokopierers auf Folien kopiert und diese mit einem Satz alter Ausgaben derselben Karte an die Schüler verteilt. Durch Übereinanderlegen der entsprechenden Kilometerquadrate kann der Schüler nun leicht anthropogene Landschaftsveränderungen im gegebenen Zeitraum mit Farbe auf der Folie eintragen und neue Häuser, Straßenabschnitte, Wege etc. auszählen. Durch die Bearbeitung der Quadrate entlang einer Catena kann am Schluß dieser Arbeit eine reliefbezogene Gewichtung der Bautätigkeit vorgenommen werden. Als Resultat zeigt sich wohl in allen Mittelgebirgen eine starke Überbauung der Flußebenen und der Unterhanglagen, sowie der Hochflächen.

Als Start der eigentlichen Projektarbeit wird nun vom betreuenden Lehrer das Thema formuliert: an einem vergleichbaren Raumausschnitt mit den selben Reliefeinheiten eine mögliche nutzungsrelevante Raumbewertung zu erhalten. Der zeitliche Rahmen, die Zeigerwertmethode, die Gruppenanzahl und -größe entsprechen den zu untersuchenden Vegetationseinheiten und die Art der Präsentation werden vom Betreuer fix vorgegeben.

Der Freiraum für den Schüler im Projekt besteht nun in der Einteilung der Gruppe und der Auswahl der Reliefeinheit und damit des Untersuchungsstandortes und zudem in der Auswahl, Organisation und Durchführung der physikalisch – chemischen Vergleichsmethoden.

Für die Untersuchungen werden mit Vorteil aus praktischen Gründen bewaldete Flächen ausgewählt:

– Die Kenntnis der Pflanzenarten im Wald fällt dem Schüler leichter als die der landwirtschaftlich genutzten Flächen (Problemgruppe Gräser).

– Die Felduntersuchungen auch mit Probeentnahmen können ohne wesentliche Flurschäden erfolgen. Trotzdem ist eine Absprache mit den Waldbesitzern im Voraus unbedingt notwendig.

– Der anthropogene Einfluß ist im Wald im allgemeinen geringer als auf landwirtschaftlich genutzten Flächen. Zudem zeigt das Ökotopgefüge im Wald größere Schwankungen, was dem Schüler die Standortunterschiede deutlicher aufzeigt.

Vor dem Projekt oder aber als durchaus lehrerzentrierte Teilbereiche im Projekt muß in der Biologie die Artenkenntnis erarbeitet, im Rahmen der Geographie sicher Grundlagen über Aufbau und Eigenschaften der wichtigsten Bodentypen der Region und in der Angewandten Mathematik Kenntnisse in Tabellenkalkulation mit Hilfe des PC erworben werden.

4.3.2 Natur- und Landschaftsschutz und Landnutzung in mitteldeutschen Kulturlandschaften
(*Brigitte Kugler*)

Gerade in den neuen Bundesländern erleben die Bürger/Schüler täglich, daß der Schutz der Umwelt nicht mehr nur ein Satz mit Alibifunktion ist, sondern daß Umstrukturierung der Industrie- und Landwirtschaftsräume auf der einen Seite und Umweltschutz und Umweltbewußtsein auf der anderen Seite Hand in Hand gehen müssen. Dafür sind ein fundiertes Hintergrundwissen und die notwendigen Sachkenntnisse erforderlich.

Dem Geographielehrer fällt dabei die Aufgabe zu, den Schülern den Lebensraum der Menschen als komplexes, sich veränderndes System vorzustellen. Sie sollen befähigt werden, sich mit Hilfe ökologisch-geographischer Sachkenntnis und neuer Denk- und Handlungsweisen mit der Problematik Mensch-Umwelt auseinanderzusetzen. Erst dann können sie wissend und bewußt an der Gestaltung und Bewahrung ihres Lebensraumes mitwirken und grenzübergreifende wie global auftretende Umweltprobleme in ihr Verhalten mit einbeziehen.

Vor dem Hintergrund dieser Zielsetzung verdeutlicht dieses Projektbeispiel Möglichkeiten des Geographielehrers, die Problemkomplexität konkreter Räume (wie der Helmeniederung und des Unterharzes) mit den Schülern gemeinsam zu analysieren, zu „begreifen" und gemeinsam Lösungsvarianten zu suchen und zu erörtern. Ein solcher, auf die Praxis bezogener Unterricht soll den Schülern helfen, sich mit ihrer Umwelt systematisch auseinanderzusetzen und damit auch zu identifizieren. Schulstufenspezifische Ansätze und vereinfachte Methodiken stehen nicht im Gegensatz zum Begreifen der Komplexität von Umweltproblemen und Geoökosystemen. Es kommt gerade darauf an, die Vielfalt des räumlichen Wirkungsgefüges und das weite Spektrum der Erfassungsmöglichkeiten, dessen Auswahl und Gewichtung ebenfalls Geographie- und Unterrichtssache ist, darzustellen. Nur so kann Schulgeographie dazu beitragen, die aktuellen Probleme unserer Zeit durch Sachwissen und Verständnis der ökologischen und gesellschaftlichen Zusammenhänge zu erkennen und Handlungsweisen zu beeinflussen.

Zu den Zielen dieses praxisnahen Projektbeispiels gehören entsprechend den Rahmenrichtlinien für den Geographieunterricht an Gymnasien in Sachsen-Anhalt (1991) neben den allgemeinen Anliegen speziell:

– Das Verständnis der Kulturlandschaften mit ihren raumspezifischen Geoökosystemen (vgl. *Leser* 1991; *Kugler* 1990, 92 ff.) und sozioökonomischen Strukturen als Ergebnis ihrer erd- und landschaftsgeschichtlichen Entwicklung und ihrer kulturhistorischen Prägung.
– Das Verständnis für die Bewahrung wichtiger Schutzgüter von Natur und Landschaft in Verantwortung für Mensch und Natur im Rahmen einer umweltverträglichen sozialen Marktwirtschaft.
– Das Erfassen der permanenten Zielkonflikte zwischen den Bedürfnissen des Menschen für Arbeiten, Wohnen, Erholen, Bilden und den Erfordernissen des Natur- und Landschaftsschutzes.

Das Projekt gliedert sich in zwei Teile:

Teil A) Behandlung ausgewählter Sachthemen durch Lehrer- und Schülervorträge, Problemdiskussion (vorwiegend 1. Schulhalbjahr Herbst-Winter).
Beispiele für solche themenbezogene und mit der Projektarbeitsphase verbundene Sach- und Problemkomplexe sind:
– Naturcharakter und Nutzung mitteleuropäischer Landschaften
– Landschaftswandel und Naturraumveränderungen durch Land- und Forstwirtschaft
– Landschaftswandel und Eingriffe in den Naturhaushalt durch Bergbau
– Stadt- und Industrielandschaften – Entstehung und gegenwärtige Probleme
– Wandlung mitteleuropäischer Flußlandschaften durch wasserbauliche Maßnahmen
– Natürliche und kulturhistorische Erholungs-, Erlebnis- und Bildungswerte der Landschaft

- Klima- und Luftbelastung und deren Folgen
- Wasserdargebot, Wassernutzung und Gewässerbelastung
- Bodenerosion und Bodenbelastung
- Landschaften als Systeme mit stofflichen und Prozeßkomponenten, mit räumlichen Teilsystemen und natürlichen Leistungspotentialen
- Geosystemveränderungen durch Eingriffe in den Naturhaushalt
- Schutzgüter- und -gebiete nach Bundes- und Landesrecht und internationale Schutzkategorien
- Nationalparks und Naturparks Deutschlands.

Teil B) Unmittelbare Projektbearbeitung einschließlich Exkursion in die Projektgebiete (2. Schulhalbjahr Frühjahr-Sommer).

a) Aufgabe und Zielstellung
Am Beispiel überschaubarer Projektgebiete und mit den Möglichkeiten des Schülers werden die unter A genannten Sachthemen konkretisiert und die Lösung der in Kap. 4.3.2.1 genannten Unterrichtsaufgaben mittels angeleiteter praktischer Schülerarbeit unterstützt.
Als Ergebnis der Projektarbeit können bewertbare Schülerleistungen entstehen. Als Projektgebiete sind in Abstimmung mit den zuständigen Naturschutzbehörden überschaubare Räume im Umfeld der Schule zu wählen (z. B. Gemarkungen von Kommunen oder auch Landschafts- oder Naturschutzgebiete, Biosphärenreservate, Naturparks). Für die Projektarbeit selbst empfiehlt sich die Zusammenarbeit mit den zuständigen Behörden wie z. B. Naturschutz-, Wasser-, Landwirtschaft-, oder Planungskommunalbehörden.

b) Struktur und Ablauf
Einführung und Vorbereitung (Lehrer)
- Aufgabenstellung
- Wahl des Projektraumes
- Vorstellung des Projektraumes
- Information über vorhandene Datenquellen und Arbeitsmaterialien
- Detailstruktur der Aufgabenstellung
- Beschaffung erforderlicher Datenträger und Daten.
Bearbeitung (Lehrer und Schüler)
- Bestandsaufnahme durch Datenauswertung,
- Geländeaufnahme, Exkursion u. a.
- Zustandsdiagnose
- Konfliktanalyse.
Ergebnisdarstellung mit Auswertung und Erarbeitung von Schutz-, Planungs- und Raumordnungsvorschlägen (Lehrer und Schüler);
Die Bearbeitung der Teilaufgaben und zugehöriger Teile ~er Ergebnisdarstellung erfolgen arbeitsteilig durch Schüler bzw. Schülergruppen.

c) Nähere Erläuterungen einzelner Phasen und Schritte Arbeitsgegenstände und Aufgabenlösung
• Als Projekträume liegen hier die Gemarkungen der Gemeinden Schwenda (Unterharz) und Nikolausrieth (Helmeniederung) der Landkreise Sangerhausen (Land Sachsen-Anhalt) und Kyffhäuserkreis (Land Thüringen) zugrunde (s. Abb.4.3.2/1 a und 4.3.2/2 a). Beide Gebiete unterscheiden sich deutlich sowohl hinsichtlich ihrer – naturräumlichen Zuordnung und Ausstattung, ihres ökologischen Funktionsgefüges, ihrer gegenwärtigen Nutzung und historischen Kulturlandschaftsentwicklung als auch hinsichtlich der Probleme und Aufgaben des Natur- und Landschaftsschutzes. Das nachfolgend dargestellte Behandlungsschema ist auch auf andere Räume zu übertragen.

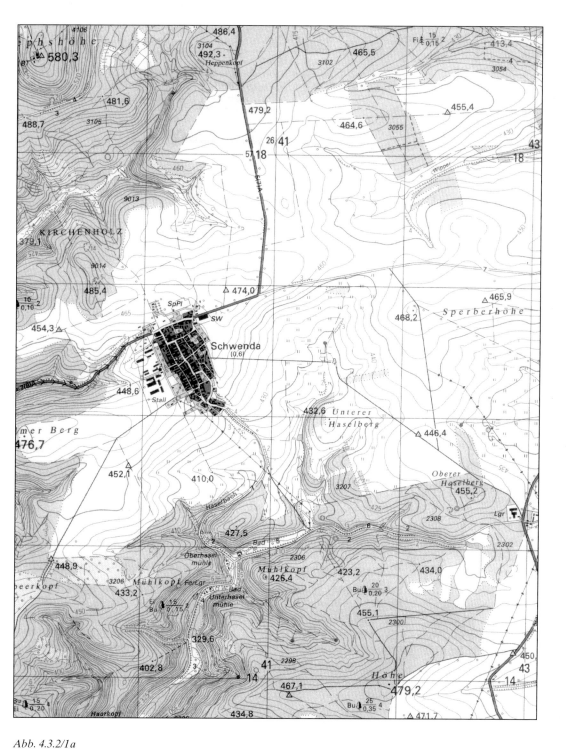

Abb. 4.3.2/1a
Der Projektraum Schwenda 1985 – Landschaftszustand 1985 in der Topographischen Karte 1 : 25 000
(Abdruck mit Genehmigung des Landesamtes für Landesvermessung und Datenverarbeitung Sachsen-Anhalt
vom 16.10.1995)

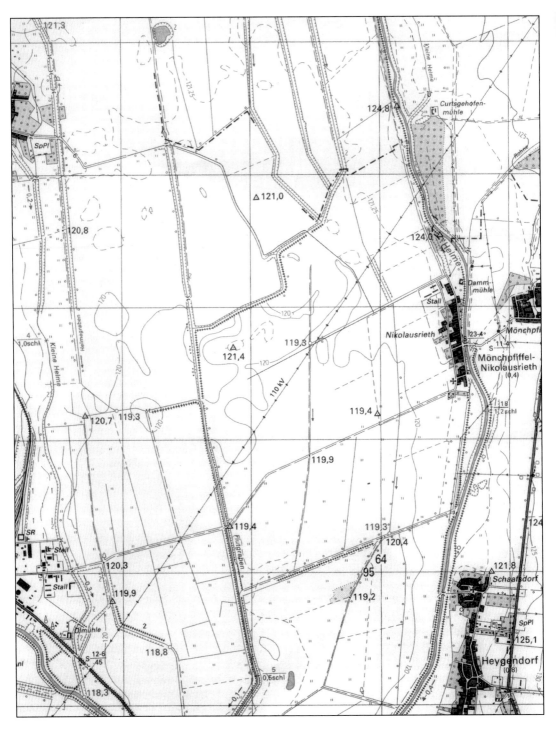

Abb. 4.3.2/2 a
Der Projektraum Nikolausrieth 1985 – Landschaftszustand 1985 in der Topographischen Karte 1 : 25 000
(Abdruck mit Genehmigung des Landesamtes für Landesvermessung und Datenverarbeitung Sachsen-Anhalt
vom 16.10.1995)

- Die einführende Vorstellung der Projekträume erfolgt unter Zuhilfenahme der Naturräumlichen Gliederung Deutschlands (*Meynen* und *Schmithüsen* [1953–1961]), vorhandener natur- und landschaftsräumlicher Detailgliederungen, topographischer und thematischer Karten, Satellitenbilder und anderer Unterlagen.
- Die Information über vorhandene Datenquellen und Arbeitsmaterialien geht vorrangig ein auf
  - topographische und thematische Karten,
  - Satelliten- und Luftbilder,
  - historische Karten,
  - Statistiken (Veröffentlichungen des Statistischen Landesamtes; Klima- und Gewässerstatistiken u. a.),
  - Unterlagen der Naturschutz-, Wasser-, Forst-, Landwirtschaftsbehörden (einschließlich Landschaftsprogramm, Landschaftspläne),
  - heimatkundliche Literatur,
  - raumbezogene Fachliteratur,
  - vorhandene oder anzufertigende Arbeitsblätter (einschließlich Aufnahmeprotokollblätter, Dokumentationsblätter u. a.).
- Bestandsaufnahme
  - Charakter von Georelief und Untergrund
  - Großformen, Hangneigung, Höhenunterschiede, typische Kleinformen (Karten- und Luftbildauswertung)
  - Geländeaufnahmen/Exkursion: Messung Hangneigung, Exposition
  - Geologischer Bau und Gesteine
  - Festgestein, Lockergesteinsdecken
  - Auswertung geologischer Karten. Beachtung vertikaler Schichtfolgen.
  - Geländeaufnahmen/Exkursion: Besuch von Aufschlüssen. Eventuell auch Peilstangensondierung.

Böden
- Regionaltypische Böden, lokale Besonderheiten
- Geländeaufnahmen/Exkursion: Aufnahme typischer Bodenprofile. Bestimmung von Oberbodenmächtigkeit, Körnung, Kalkgehalt, pH-Wert, Bodenfeuchte u. a. einfach erfaßbare Bodenparameter (s. dazu Kap. 2.2.4.2 und 4.5.3). Kartierung von Indikatoren und Spuren der Bodenerosion (s. dazu Kap. 3.1.1).

Klima
- Mesoklima, lokalklimatische Besonderheiten Geländeaufnahmen/Exkursion: Ermittlung der Besonnung unterschiedlich exponierter Standorte; Registrierung phänologischer Blühtermine an unterschiedlichen Standorten (s. dazu Kap. 3.1.2).

Wasser
- Fließ- und Standgewässer, Grundwasser, Durchfluß- und Gebietsabflußwerte; Wasserhaushaltsgrößen eines Kleineinzugsgebietes
- Geländeaufnahmen/Exkursion: Messung von Fließgeschwindigkeit, Wassertiefe, Bettquerschnitt und Errechnung von Durchlaufwerten. (s. auch Kap. 3.1.3 und 4.2.3.2).

Vegetation und Tierwelt
- Potentielle natürliche Vegetation, heutige Vegetation
- Geländeaufnahmen/Exkursion: Vegetations- und Tierbeobachtungen. Gegebenfalls Aufnahme und Kartierung von Biotopen gemeinsam mit Biologielehrer.

Bodennutzung
- Erfassung der Flächennutzung gemäß Hauptklassen Stabis 91 mittels Karten- und Luftbildauswertung.
- Geländeaufnahmen/Exkursion: Kontrolle und Ergänzung der Auswerteergebnisse.

Landschaftsgliederung und ökologische Raumeinheiten (Meso- und Mikrodimension) und repräsentative Catenen

– Ausgliederung von Kleinlandschaften mit einheitlicher Naturraumausstattung. Kennzeichnung derselben nach ihrer Bodennutzung und Geoökosystemstruktur (vgl. *Leser* 1991; *Kugler* 1990, S. 92 ff. und Beispiele Kleinlandschaften „Aue" und „Mittelgebirge" S. 99 ff.).

– Geländeaufnahmen/Exkursion: Aufsuchen typischer Kleinlandschaften und Diskussion repräsentativer Catenen. Geländeaufnahme von Catenen einschließlich Erfassung von Relief, Boden, Vegetation (vgl. Kap. 4.3.4)

Landschaftswandel in historischer Zeit (Vegetation, Gewässernetz u. a., durch Rodung, Siedlung, Bergbau, Melioration, Land- und Forstwirtschaft)

– Prähistorische Zeugen erster Kultivierung (Siedlungs- und Grabfunde u. a.), Auswertung historischer Quellen (Museen, Literatur) und Karten, speziell Urmeßtischblätter um 1850 (s. Abb. 4.3.2/1 b und 4.3.2/2 b).

Erfassung der Veränderungen von Wald, Grünland, Gewässernetz, Bebauung. Luftbildauswertung zur Erfassung von Zeugen der ehemaligen Naturlandschaft (z. B. Flußmäander der einstigen Sumpf- und Bruchlandschaft der Helmeniederung; s. Abb. 4.3.2/3).

– Geländeaufnahmen/Exkursion: Beobachtung künstlich begradigter und naturnah belassener Gewässerläufe, Vergleich naturnaher Waldbiotope mit naturnahen Landschaftsbestandteilen.

Geschützte Gebiete und Objekte (nach Landes- und Bundesnaturschutzrecht, nach internationalen Vereinbarungen).

– Landschaftsschutzgebiet und Naturpark Harz, Biotope gemäß § 20 c Bundesnaturschutzgesetz.

– Geländeaufnahmen/Exkursion: Aufsuchen und Kennzeichnen von § 20-Biotopen.

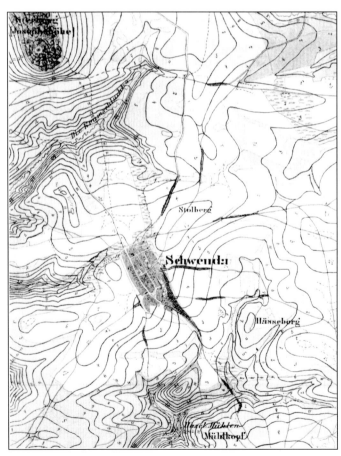

Abb. 4.3.2/1 b
Der Projektraum Schwenda um 1850 im Urmeßtischblatt – alter Zustand der Kulturlandschaft
(Abdruck mit Genehmigung der Staatsbibliothek zu Berlin, Preußischer Kulturbesitz, vom 18.09.1995)

- Zustandsdiagnose

Gewässerzustand und Wassernutzung, Wasserschutzzonen;

– Naturnahe Fließ- und Standgewässer einschließlich Ufergestaltung.

– Geländeaufnahmen/Exkursion: Begehung Fließ- und Standgewässer. Beobachtung von Wasser-
trübung, Uferzustand, Art der Ufervegetation. Entnahme von Wasserproben und chemische Analyse. Beobachtung von Mündungsstellen der Abwassereinleitung.

Bodenerosion und Bodenbelastung

– Erosive Profilverkürzung durch Spülerosion, Bodenabtrag, kolluviale Aufhöhung von Hangfuß-
zonen, Mulden u. a. Bodenkontamination durch Schwermetalle u. a. Stoffe.

– Geländeaufnahmen/Exkursion: Aufsuchen von Erosionsstellen nach vorheriger Ortung im Luftbild. Peilstangensondierung, Beurteilung von Profiltiefe und Steinigkeit des Oberbodens und Ent-
wicklungsgrad der Kulturpflanzen im Vergleich zu wenig oder nicht geschädigten Standorten.

Emissionsquellen und Luftbelastung

– Auswertung behördlicher Unterlagen, sowie Flechtenkartierung (s. Kap. 4.2.3.1).

Vegetationsschäden, naturnahe Biotope, bedrohte Tier- und Pflanzenarten

– Auswertung behördlicher Unterlagen und der Roten Listen.

– Geländeaufnahmen/Exkursion: Beobachtung von Baumschäden (Wüchsigkeit, Kronenform, Be-
laubung, Blatt- bzw. Nadelschäden u. a.).

Schutzwürdige Natur- und Kulturobjekte

– Erfassung besonderer Naturgebilde, kultur- und bauhistorisch wertvoller Zeugen (Gebäude, mit-

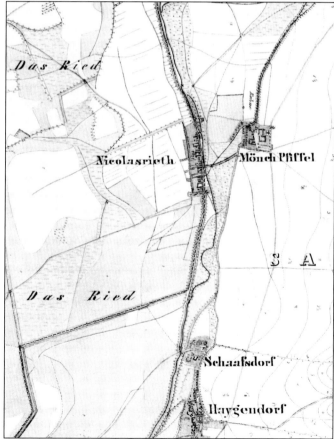

Abb. 4.3.2/2 b
Der Projektraum Nikolausrieth um 1850
im Urmeßtischblatt – alter Zustand der
Kulturlandschaft
(Abdruck mit Genehmigung der Staats-
bibliothek zu Berlin vom 18.09.1995.)

287

Abb. 4.3.2/3
Der Projektraum der Helmeaue bei Nikolausrieth – Agrarlandschaftstruktur im Luftbild ca. 1 : 10 000 am 28. 06. 92
(Abdruck mit Genehmigung des Umweltamtes der Kreisverwaltung Sangershausen und der Firmen Aerocart Consult Delitzsch und Kirchner & Wolf Consult Hildesheim)

telalterliches Marschhufendorf Nikolausrieth, historische Bergbauzeugen des Harzes); ökologisch wertvolle Kunstgräben u. a.
– Verbliebene Flurgehölze, Baumgruppen, Gebüsche der Agrarflur mittels Karten-, Luftbild-, Literaturauswertung.
– Geländeaufnahmen/Exkursion: Aufsuchen und Kartieren der Objekte.
Erholungswert und Raumeinheiten
– Beurteilung nach Wald- und Gewässeranteil, Georeliefcharakter, Klima; Sehenswürdigkeiten u. a.
• Konfliktanalyse
Zu erwartende bzw. geplante Naturwandlungen und Eingriffe in Naturhaushalt und Landschaftsbild

288

– Auswertung von Medieninformationen und behördlichen Unterlagen. Information über Notwendigkeit und Bedeutung der Nutzungsmaßnahmen für Wirtschaftsentwicklung, Verkehrsentwicklung u. a.
– Geländeaufnahmen/Exkursion: Beobachtung sich abzeichnender Nutzungsveränderungen und mit ihnen verbundener Veränderungen an Naturkomponenten und Landschaftsbild.

Zu erwartende Eingriffsfolgen
– Diskussion möglicher Folgen für Geoökosysteme, Grund- und Trinkwasser, für Vegetation und Tierwelt. Abwägung von Erheblichkeit und Notwendigkeit der Eingriffe, Seltenheit und Wert der betroffenen Schutzgüter, Lösungsvarianten, in möglichen Ausgleichsobjekten (z. B. gleichwertige Biotopflächen).
– Als Beispiele dienen Kiesabbau Helmeniederung, Trassen für notwendigen Ausbau von Fernverkehrsstraßen und Ortsumgehungen. Diskussion gesetzlicher Grundlagen für die Behandlung von Eingriffen (§ 8 BNatschG; UVP-Gesetz, Raumordnungsverfahren, Planfeststellungsverfahren u. a.).
• Ergebnisdarstellung (Text, Karten, Tabellen, Abbildungen)
– Raumeinheiten/Naturausstattung und Nutzung
– Schutzgebiete und Objekte (LSG, NSG, geschützte Landschaftsbestandteile und Biotope)
– Belastungen, Schäden, Bedrohungen
– Vorschläge zur Sicherung und Aufwertung von Naturhaushalt und Landschaftsbild.

Harzplateau:
Umwandlung von Intensivgrünflächen der vernäßten Talanfänge in naturnahe Feuchtwiesen und Staudenfluren, Mehrung der Flurgehölze als Lebensräume für Tiere, als Windschutz und zur Belebung des Landschaftsbildes.

Helmaue:
Erhaltung restlicher und partieller Wiederherstellung naturnaher Gewässerstrecken, Feuchtwiesen und Flurgehölze, speziell auch für den Schutz bedrohter seltener Arten (Steinkauz in der Helmeniederung). Erhaltung und Ortserneuerung der Marschhufensiedlung Nikolausrieth, partielle Wiederherstellung der Moorgraben- und Marschhufenstruktur als Denkmal erster Kultivierung der Aue um das Jahr 1200.

Fazit:
Der Beitrag zeigt die Möglichkeiten auf, die ein Projektunterricht hat, der auf Raumbestandsaufnahme und Raumbewertung für praktische Zwecke abzielt. Er bedient sich des Materials der Natur- und Heimatkunde – sowie der Planungs- und Behördenliteratur, was im weiteren Umfeld der Geographie für raumbezogene Fragestellung bereitsteht. Es zu finden bedarf eines gewissen Suchaufwandes. Diese Materialerfassung und -auswertung entspricht im Geoökologischen Arbeitsgang (Kap. 2.2.4 bzw. 2.2.4.1) der Vorerkundungsphase. Die Materialbeschaffung ist ebenso Teil des Projekts wie die Handhabung praktischer Arbeitsweisen (Messen, Kartieren, Beobachten an Geoökofaktoren und Kulturlandschaftselementen) auf den Geländegängen.

4.3.3 Schülerprojekt Agrarraumgestaltung im Bereich einer früheren LPG *(Konrad Billwitz und Rolf Meincke)*

4.3.3.1 Einleitung

In den neuen Bundesländern verband sich in den letzten Jahrzehnten für viele Schüler der Begriff „Agrarraum" mit folgenden Vorstellungen: Große Felder bis zum Horizont, Mähdrescherkomplexe und Werkstattwagen am Feldrain, Einsatz von Agrarflugzeugen und großflächigen Beregnungsanlagen, funktionierende „Zentraldörfer" mit Kultur- und Landwarenhaus, Schule, Bibliothek, Kindereinrichtungen und große Stallungen am Dorfrand. Zum Bild gehören allerdings auch kleinere Ortsteile mit schlechter Bausubstanz und Perspektivlosigkeit.

Auf die im Agrarraum existierenden ökologischen Probleme wurden sie kaum aufmerksam gemacht.

Inzwischen ist aber Schülern und Lehrern bewußt: Die Agrarräume Ostdeutschlands befinden sich im sozialökonomischen und ökologischen Umbruch. Die damit im Zusammenhang stehenden geoökologischen und agrarraumgestalterischen Aufgaben können heute – aufgrund der zunehmenden Sensibilisierung von Schülern und Lehrern für die Ökologie – in die Projektarbeit einbezogen werden. Wenn sich Geographielehrer ihrer in der Regel guten universitären landschaftsökologischen Ausbildung („Landschaftslehre") erinnern, dürfte ein Projekt „Agrarraumgestaltung" im Sinne geländepraktischer Arbeiten Erfolg haben.

4.3.3.2 Zielsetzung

Hier soll eine geländepraktische Projektarbeit vorgestellt werden, die im Küstenbereich der Darß-Zingster Boddenküste im Landkreis Nordvorpommern des Bundeslandes Mecklenburg-Vorpommern angesiedelt und von Schülern oberer Klassen, evtl. von Schülern des Leistungskurses Geographie realisiert werden sollte. Die Projektarbeit wird so gestaltet, daß eine zunehmend selbständigere Tätigkeit der Schüler und eine Erhöhung der geistigen Aktivität erreicht sowie schöpferisches Denken und Handeln gefördert werden. Der Schüler wird dabei zum aktiven Mitgestalter. Das bedeutet, daß er bei der Ausführung von Beobachtungen, Experimenten, Literaturanalysen u. a. Tätigkeiten entsprechend seiner Leistungsbereitschaft und -fähigkeit gefordert und gefördert werden sollte. Dazu sind die Bedürfnisse, Interessen und Neigungen der Schüler zu berücksichtigen und Erfolgserlebnisse zu sichern. Damit wird zugleich Freude am forschenden Lernen entwickelt.

Die Vorteile einer solchen geländepraktisch orientierten Projektarbeit sind:
- Projektarbeit im Gelände räumt den Interessen, Bedürfnissen und Wünschen von Schülern größere Bedeutung ein als der routinemäßige Geographieunterricht im Klassenraum.
- Die Handlungsfähigkeit des Schülers wird erprobt, entwickelt und vertieft, es werden ihm aber auch seine Grenzen gezeigt.
- Geländearbeit bietet Zugang zu vielfältigen natur- sowie wirtschafts- und sozialräumlichen Erscheinungen der heimatlichen Region.
- Arbeit „vor Ort" fördert die persönlichen Beziehungen und Verantwortlichkeiten zum Heimatraum – der in der Regel das Untersuchungsgebiet ist – als Identifikations- und Aktionsraum.

4.3.3.3 Verlaufsstruktur

Aus der Zielsetzung leitet sich für das gewählte Projekt nachstehende Abfolge ab:

a) Problemsituation

Vor der Projektarbeit muß das zu behandelnde Problem herausgearbeitet werden. Um den Schülern die Ausgangssituation für das zu bearbeitende Projekt „Agrarraumgestaltung" begreifbar zu machen, sollten zunächst die zu DDR-Zeiten vorgegebenen agrarpolitischen Zielstellungen und Rahmenbedingungen verdeutlicht werden. Hauptzielsetzungen waren: Einen höchstmöglichen Grad der Eigenversorgung der DDR bei Nahrungsmitteln für die Versorgung der Bevölkerung und bei Agrarrohstoffen für die Industrie zu erreichen und einen Export landwirtschaftlicher Erzeugnisse als eigenständigen Beitrag der Agrarwirtschaft zum Außenhandel (Valutaaufkommen) sowie für internationale Hilfsaktionen zu gewährleisten. Deshalb standen Ertragsmaximierung auf der gesamten landwirtschaftlichen Nutzfläche und umfangreiche Intensivierung der gesamten agrarischen Produktion (unter zunehmender Vernachlässigung von Effektivitätskriterien) im Vordergrund. Die zahlreich existierenden Festlegungen und gesetzlichen Regelungen zur Gewährleistung einer umweltverträglichen Landwirtschaft wurden durch Ausnahmeregelungen weitgehend unwirksam ge-

Tab. 4.3.3.3/1: Gesamtflächen und Anteile landwirtschaftlich und ackerbaulich genutzter Flächen in den alten und neuen Bundesländern

	Gesamtfläche 1989 (Mio ha)	davon LNF	(%) Acker
Alte Bundesländer	24,87	48	29
Neue Bundesländer	10,83	56	43

Entwurf: *K. Billwitz* nach Statistische Jahrbücher BRD/DDR

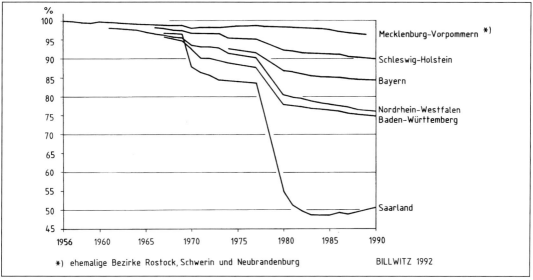

Abb. 4.3.3.3/1
Rückgang landwirtschaftlicher Nutzflächen in Mecklenburg-Vorpommern und anderen deutschen Bundesländern seit 1956
(Entwurf: *K. Billwitz* nach Statistische Jahrbücher BRD/DDR)

macht, Zuwiderhandlungen wurden geduldet. Viele Betriebe waren außerdem durch fehlende materiell-technische und finanzielle Voraussetzungen auch gar nicht in der Lage, bestehende umweltrechtliche Festlegungen zu erfüllen.

Das alles führte dazu, alle Flächen restlos zu nutzen und über geforderte „Höchstertragskonzeptionen" für jeden Schlag und „Höchstleistungskonzeptionen" für jeden Stall die Intensität zu steigern. Die Erfüllung staatlicher Vorgaben war wichtigstes Kriterium für die Leistungseinschätzung der einzelnen Betriebe. Die Folge war ein im Vergleich zu den alten Bundesländern bis in die jüngste Zeit sehr hoher Anteil an landwirtschaftlich und ackerbaulich genutzten Flächen (Tab. 4.3.3.3/1 und Abb. 4.3.3.3/1) sowie ein hoher Tierbestand mit gebietsweise extrem hoher Konzentration pro Flächeneinheit. Wenn man weiter berücksichtigt, daß in Ostdeutschland die Boden- und Klimabedingungen für eine landwirtschaftliche Nutzung gegenüber den alten Bundesländern in der Regel ungünstiger sind (durchschnittlich 100–200 mm/Jahr weniger Niederschläge, 21 % der Ackerfläche sind sehr leichte Sande mit Ackerzahlen unter 25, 15 % der Ackerfläche sind anlehmige Sande), wird klar, daß auch relativ ungünstige Standorte landwirtschaftlich genutzt wurden.

Zur Realisierung der genannten Höchstertragskonzeptionen wurden deshalb umfangreiche und aufwendige Boden-, Flurmeliorations- und Chemisierungsmaßnahmen durchgeführt, die in hohem Maße ökologisch abträglich waren und zu vielfältigen Boden- und Umweltbelastungen sowie zur „Ausräumung" der Landschaft führten.

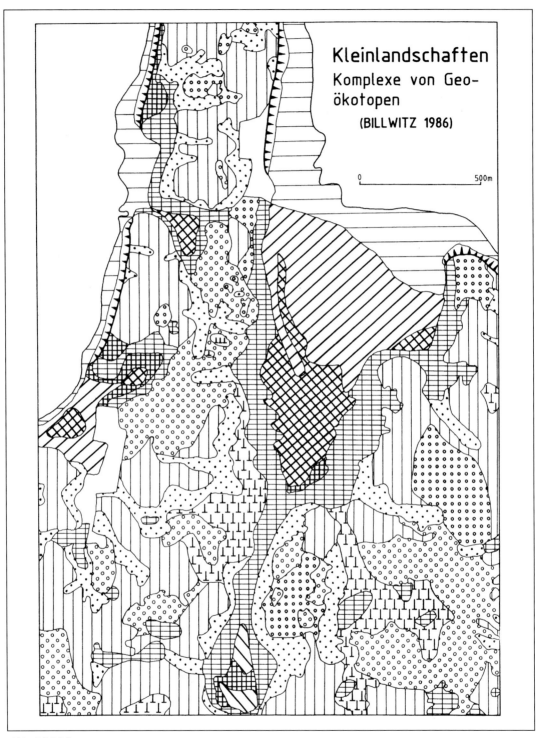

Abb. 4.3.3.3/2
Geoökologische Grundeinheiten als Kleinlandschaften im Nordmecklenburgischen Boddenland
(nach: *K. Billwitz* 1986 verändert)

Brackwasserbeeinflußte Geoökotope

auf (teilweise quellbeeinflußten) Boddenüberflu-
tungsmooren über Sanden, Schlicken und Lehmen mit
periodischer od. episod. Brackwasserüberflutung

Grundwasserbeeinflußte Geoökotope

auf Sanden unterschiedlicher Genese sowie auf Kolluvialsanden meist in Übergangsbereichen zu Niederungen und in Söllen mit Perioden-GrW-BFR [1] (tro bis
fri üb. fri bis naß): Braunerde-Gleye, (Braunerde-)
Pseudogley-Gleye, z.T. Humusgleye

auf marinen Sanden (z.T. mit geringmächtiger Torf-
decke) in Niederungen mit Permanent-GrW-BFR (tro
bis fri üb. feucht bis naß): Gleye, Humus- und Anmoorgleye

auf Geschiebelehmen mit geringmächtigen Torfdecken
in Hohlformen mit Permanent-GrW-BFR (feu bis naß):
Moorgleye

auf Kolluvialsanden an Unterhängen und in Dellen
mit Permanent-GrW-BFR (naß): Humus- und Anmoorgleye

auf marinen Sanden in Niederungen mit unterschiedlich mächtigen Torfdecken mit Permanent-GrW-BFR
(fri bis naß): Erdfene, Riedfene, Riede

Stauwasserbeeinflußte Geoökotope

auf Geschiebelehmen mit geringmächtigen Deck- oder
Kolluvialsanden auf flachwelligen Platten mit
Perioden-StW-BFR [2] (wechselfeu): Braunerde/Fahlerde-
Pseudogleye, Pseudogleye

Sickerwasserabhängige Geoökotope

auf glazialen Sanden meist exponierter Kuppen/Ober-
hänge od. flachen Platten mit Trocken-SiW-BFR [3]
(tro): Braunerden, z.T. Regosole und Pararendzinen

auf glazialen Sanden ebener bis flachwelliger Plat-
ten mit Wechselfrisch-SiW-BFR (tro bis mäß. fri):
Braunerden, Rosterden, z.T. Fahlerden, Regosole,
Kolluvialerden

auf sandigen Lehmen ebener bis flachwelliger Platten mit Wechselfrisch-SiW-BFR (mäß. tro bis mäß.
fri): Parabraunerden, Fahlerden, z.T. Pararendzinen, Kolluvialerden

auf mächtigen Kolluvialsanden an Unterhängen und in
Dellen welliger Platten mit Schichten-SiW-BFR (tro,
im Untergrund fri bis feu): Kolluvialerden

Relief- und Hangwassergeprägte Geoökotope

auf unterschiedlichen Substraten (Lehmen, Kalkmud-
den, Quellmooren...) und mit unterschiedlich ausgeprägten HaW-BFR [4] an fossilen Kliffs: Oberhänge mit
Fahlerden und Pararendzinen, Mittel- und Unterhänge
mit Humus-Hanggleyen, Hangfüße mit Quellmooren und
gelegentlichem Brackwassereinfluß

----

[1] GrW-BFR : Grundwasser-Bodenfeuchteregime
[2] StW-BFR : Stauwasser-Bodenfeuchteregime
[3] SiW-BFR : Sickerwasser-Bodenfeuchteregime
[4] HaW-BFR : Hangwasser-Bodenfeuchteregime

b) Ziel- und Arbeitsplanung

Für das Schuljahr muß geplant werden, wieviel Tage für Geländearbeit im Rahmen des Projektes vorgesehen werden sollen. Anschließend wird ein Inhalts- und Zeitplan für das Praktikum aufgestellt. Es ist abzuwägen, was in der zur Verfügung stehenden Zeit von den Schülern selber geleistet werden kann; denn die Schüler verfügen über ganz unterschiedliche Voraussetzungen in bezug auf selbständige praktische Arbeit. Das Programm kann in manchen Bereichen eher knapper gestaltet werden, für andere wiederum ist mehr Zeit einzusetzen. Unbekannte Arbeitsverfahren sollten schon im vorbereitenden Unterricht erprobt werden. Erkundungs- und Erhebungsbögen, Arbeitsblätter und Arbeitsaufträge sind mit den Schülern zu beraten und vor Beginn der Geländearbeit fertigzustellen.

Für das ausgewählte Projekt kann folgende Ziel- und Aufgabenstellung formuliert werden:

Wie soll die Landwirtschaft Ostdeutschlands in Zukunft umweltverträglicher wirtschaften, wie sind die Boden- und Luftbelastungen (z. B. Verdichtungen, Vernässungen, Bodenerosion, Schwermetall- und Nährstoffkontamination, Emissionen usw.) generell zu reduzieren? Dies setzt eine Bestandsaufnahme und Ursachenanalyse voraus. Entsprechend ergibt sich, auch im Sinne der landschaftsökologischen Vorerkundung (s. Kap. 2.2.4) als Aufgabe, bereits vorliegende Unterlagen zu erschließen sowie bestimmte Sachverhalte für ausgewählte Probleme auszuwählen und aufzuarbeiten und schließlich themenabhängig unterschiedliche Interpratations- und Bewertungsmethoden einzusetzen. Den Schülern werden dabei folgende Arbeitsverfahren vorgestellt:

– Für den Untersuchungsraum wird eine – leider nur selten – vorliegende „Karte von Kleinlandschaften" (= Komplexe von Geoökotopen) (Abb. 4.3.3.3/2) als Grundlage gewählt (vgl. auch die Farbkarte in *Billwitz/Fandrich/Fritsche* 1992). Gegebenenfalls muß man auf die in den neuen Bundesländern für die landwirtschaftliche Nutzfläche vorliegende „Mittelmaßtäbige landwirtschaftliche Standortkartierung" (1 : 100 000) und auf deren ebenfalls verfügbare Aufnahmekarte (1 : 25 000) nebst zugehörigen Dokumentationsblättern zurückgreifen. Für den ehemaligen Bezirk Rostock liegt im Archiv des Geologischen Landesamtes in Schwerin eine „Bodengeologische Karte 1 : 10 000" mit der Darstellung von Substrattypen und Wasserstufen vor. Für die ehemaligen Bezirke Erfurt, Gera und Suhl gibt es eine „Bodengeologische Karte 1 : 100 000". Alle anderen flächendeckenden Kartenwerke (Bodenschätzung 1 : 10 000; Geologische Karte 1 : 25 000 usw.) basieren meist auf älteren Unterlagen und bedürfen sachkundiger Interpretation.

Da die Originallegende der „Karte der Kleinlandschaften" nicht schülergerecht ist, wird es notwendig, Vereinfachungen und Zusammenfassungen vorzunehmen. In dieser Phase der Arbeitsplanung wird den Schülern als weitere Kartengrundlage eine „Hangneigungskarte" auf der Grundlage von Kartenauswertungen und von Geländemessungen vorgestellt (Abb 4.3.3.3/3). Diese dient der Reliefkennzeichnung des Arbeitsgebietes. Eine solche Karte kann auch von Schülern unter Anleitung des Lehrers selbst erarbeitet werden. Die Beschaffung und Auswertung großmaßstäbiger topographischer Karten (1 : 5 000 bis 1 : 10 000) mit detaillierter Isoliniendarstellung ist dafür Voraussetzung. Die Hangneigung wird in Winkelgraden angegeben. Es wird den Schülern verdeutlicht, daß für landwirtschaftliche Fragestellungen und für die Beurteilung der Bodenerosion bestimmte Neigungswinkelgruppen relevant sind (z. B. $0 \ldots 1°, > 1 \ldots 3°, > 3 \ldots 5°, > 5 \ldots 7°, < 7 \ldots 10°, > 10°$).

Zur Vorbereitung auf die eigentliche Feldarbeit wird den Schülern auch das Prinzip der kartometrischen Ermittlung von Hangneigungen mittels Stechzirkel und Neigungsdiagrammen auf der Karte und mittels Neigungswinkelmesser im Gelände erläutert und vorgeführt.

Von speziell interessierten Schülern kann man unter Nutzung vorhandener Literatur noch Wölbungen, Stufen und Kanten, Expositionstypen usw. kartieren lassen (vgl. *Barsch/Billwitz* u. a. 1990). Über Flächenbestimmungsmethoden (z. B. Planimetrie) kann man anschließend die Anteile der einzelnen Hangneigungsgruppen pro Ackerschlag ermitteln (vgl. Erläuterung zur Abb. 4.3.3.3/3).

In dieser Vorbereitungsphase zum Geländepraktikum sind auch neue Begriffe einzuführen und mit der Erläuterung der Landschaftsgenese des Untersuchungsraumes zu verbinden. Dabei ist zu ver-

294

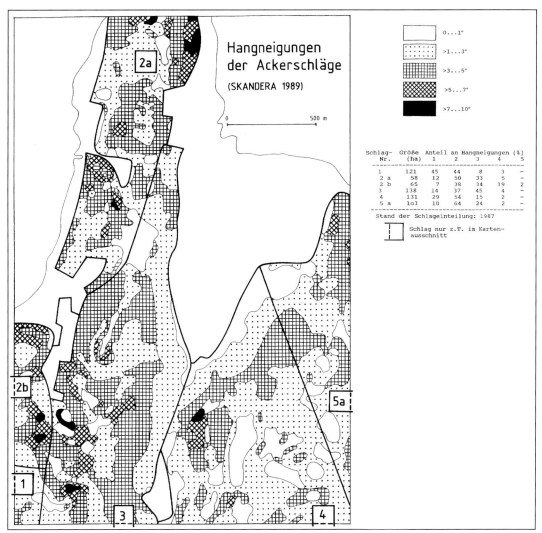

Abb. 4.3.3.3/3
Areale der Hangneigungsgruppen zur Kennzeichnung der landschaftlichen Regelwirkung des Georeliefs
(nach: *U. Skandera* 1989, Karte 7 verändert)

deutlichen, daß die im speziellen Fall hier vorliegende Landschaft das Ergebnis spätglazialer Vereisungs-, Auftau- und Abschmelzvorgänge, holozänen Meeresspiegelanstiegs der Ostsee mit Abrasions-, Transport- und Akkumulationsvorgängen, phytogener Verlandung und Vermoorung, (sub-) rezenter Bodenbildungsvorgänge und diverser Stoffverlagerungsvorgänge ist. Aber auch die zunehmend intensivere landwirtschaftliche und touristisch-rekreative Nutzung hat zur Überprägung der Landschaft beigetragen.

c) Durchführung der Geländearbeit
Auf der Grundlage der theoretischen Vorbereitungsarbeiten werden vor Beginn der Geländearbeit vor Ort noch einmal das Problem herausgearbeitet, die inhaltlichen Schwerpunkte artikuliert und die notwendigen Untersuchungsmethoden reaktiviert. Dann wird im Gespräch die Ziel- und Aufgabenstellung herausgearbeitet:

Bestandsaufnahme und Ursachenanalyse einer ökologisch abträglichen Landwirtschaft und Ableitung von Veränderungsvorschlägen. Am Ende der Geländearbeit soll jeder Schüler in der Lage sein, die ursächlichen Zusammenhänge zwischen naturgegebener Ausstattung, bisherigen Nutzungsverhältnissen und Folgeerscheinungen zu erkennen und damit zugleich erste Ansätze für eine ökologisch angemessenere Agrarraumgestaltung abzuleiten.

Als Organisationsform ist Gruppenarbeit vorgesehen. Entsprechend erhalten die Schüler Arbeitsaufträge und erfüllen diese im Gelände. Der Lehrer kontrolliert die Gruppen, berät, gibt Hilfen, demonstriert dort wo es notwendig ist, überprüft und korrigiert.

Im einzelnen sind dies die folgenden Gruppen und Aufgaben:

Gruppe 1

Aufgabe: Erfassen der Standorte mit größeren Hangneigungen ($> 5°$).

Während dieser Erkundung sollen die Schüler erfassen, daß es sich um Flächen handelt, auf denen der erosive Abtrag von Bodenmaterial, die Wegführung von Nährstoffen und Humus und der verstärkte Abfluß von Oberflächenwasser häufig Ertragsdefizite hervorrufen. Mit den größeren Hangneigungen korrelieren oft nachfolgende Merkmale: Helle Krumen bei angeschnittenen Al-Horizonten, rötlichbraune Krumen bei angeschnittenen Bt-Horizonten, Kalkgehalt in der Krume und starke Aufhellung bei angeschnittenen Unterböden aus Geschiebemergel (HCl-Probe!).

Gruppe 2

Aufgabe: Erfassen der Standorte mit häufigem Feuchtemangel

Die Schüler dieser Gruppe sollen während der Geländearbeit erkennen, daß es sich hierbei um die trockenen und wechseltrockenen Sande sowie die Standorte mit Abflußposition handelt. Häufige und langanhaltende Austrocknung ist oft gekoppelt mit Krumenbasisverdichtung, Verkrustung und generell geringer biotischer Aktivität des Substrats. Indikatoren für Feuchtemängel sind geringe Wuchshöhen der Kulturpflanzen, lückige Pflanzenbestände, kleine Früchte, u. U. auch Welkemerkmale.

Gruppe 3

Aufgabe: Erfassen der Standorte mit Nahrungsmängeln

Die Schüler dieser Gruppe sollen erkennen, daß es sich in diesem Bereich einesteils um erosiv gekappte, humusarme Böden auf Sanden handelt, bei denen alle Bodenhorizonte bereits abgetragen worden sind; andererseits betrifft es die von vornherein wenig fruchtbaren Podsol-Braunerden („Rosterden"), Sauer-Braunerden und Bänder(sand)braunerden. Hier sind erhebliche Düngeraufwendungen zum Ausgleich naturgegebener und anthropogen forcierter Bodenfruchtbarkeitsungunst erforderlich. Als Indikatoren für Nährstoffmängel können ebenfalls geringe Wuchshöhen und lückige Bestände gelten. Außerdem reagieren manche Pflanzen durch Verfärbungen und Nekrosen.

Gruppe 4

Aufgabe: Erfassen der Standorte mit Verwehungsgefahr

Die Schüler dieser Gruppe sollen erfassen, daß es sich hierbei um alle trockenen und wechseltrockenen Standorte auf Sand oder auch um Grundmoränenstandorte mit Sanddecken handelt. Beim zeitlichen und räumlichen Zusammentreffen solcher Momente wie Vegetationslosigkeit, Boden- und Lufttrockenheit, Humusarmut und Aggregatinstabilität des Oberbodens, geringe Oberflächenrauhigkeit, Feinsandsubstrat und höhere Windstärke ist Winderosion potentiell möglich.

Die Geländebegehungen jeder Gruppe müssen dabei folgende Aufgaben bearbeiten: Reliefcharakterisierung und -interpretation anhand des Isohypsenbildes der Karte und anhand eigener Messungen, Substrat- und Bodentypenansprache, ggf. auch Prozeßspurenanalyse:

Bodenerosion, Vernässung, Verwehung; biometrische und Ertragsmessungen (Pflanzenhöhe, -dichte, -ertrag ...) (s. dazu die Kap. 2.2.4, 3.1.1 und 3.1.3).

Bei ihren Untersuchungen stellen die Schüler durchaus ein zusammenfallen und gegenseitiges überschneiden von Geoökofaktoren bzw. von ökologischen Prozeßbereichen fest. Den Schülern muß bewußt werden, daß das nicht zufällig, sondern Ausdruck korrelativer naturgesetzlicher und anthropogener Einflüsse in der Landschaft ist. Diese Merkmalskorrelativität (*Herz* 1974) kann besonders eindrucksvoll mit Hilfe sogenannter Kausalprofile, Standortketten, Sequenzen und Catenen demonstriert werden (vgl. die Abbildungen in *Billwitz/Mehnert* 1992). Im Ergebnis dieser Gruppenarbeit werden von den Schülern für Teilbereiche des dargestellten Raumes „Ökologisch problematische Areale ausgewiesen. Das erwartete kartographische Ergebnis stellt Abbildung 4.3.3.3/4 dar.

d) Auswertung der Geländearbeit

Zunächst erhält jede Schülergruppe den Auftrag, die Beobachtungs-, Erkundungs- und Meßergebnisse kartographisch umzusetzen (schülergerecht in Anlehnung an Abb. 4.3.3.3/4) und durch Skizzen, Abbildungen u. a. zu verdeutlichen. Im Anschluß daran werden Schüler beauftragt, eine kom-

Abb. 4.3.3.3/4
Ökologisch problematische Areale im Projektgebiet sowie empfehlenswerte Schlagverkleinerungen und Windschutzhecken
(Entwurf: *K. Billwitz* 1992)

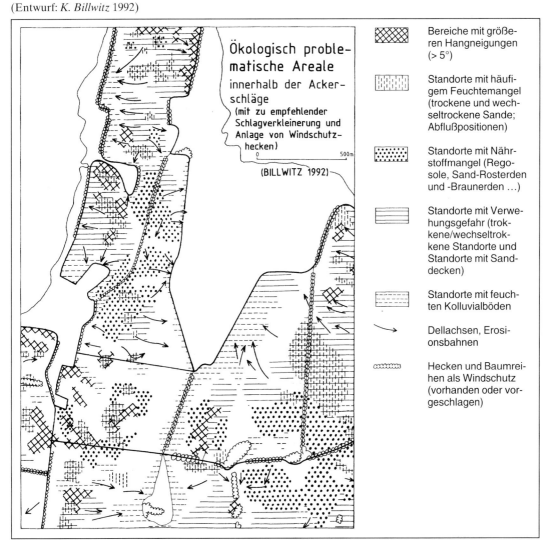

297

Abb. 4.3.3/5
Ausschnitt aus dem Projektraum – Agrarlandschaftsstruktur im Luftbild
(Abdruck mit Genehmigung des ... vom ...)

plexe Karte des untersuchten Raumes – Titel: „Ökologisch problematische Areale auf den bisherigen Ackerschlägen" – aus den vorliegenden Kartenentwürfen zusammenzustellen. Wenn diese Karte vorliegt, wird eine erneute Schülerdiskussion durchgeführt. Grundlage dafür sind Karten bzw. Abbildungen 4.3.3.3/2 bis 4.3.3.3/6.

Neu werden den Schülern in diesem Zusammenhang Luftbildaufnahmen und -interpretationen vorgestellt.

Abb. 4.3.3.3/6
Luftbildgestützte geotopologische Analyse des nördlichen Teilschlages 2a der ehemaligen Landwirtschaftlichen Produktionsgenossenschaft Löbnitz, Landkreis Ribnitz-Damgarten
(nach: *K. Billwitz* 1986 verändert)

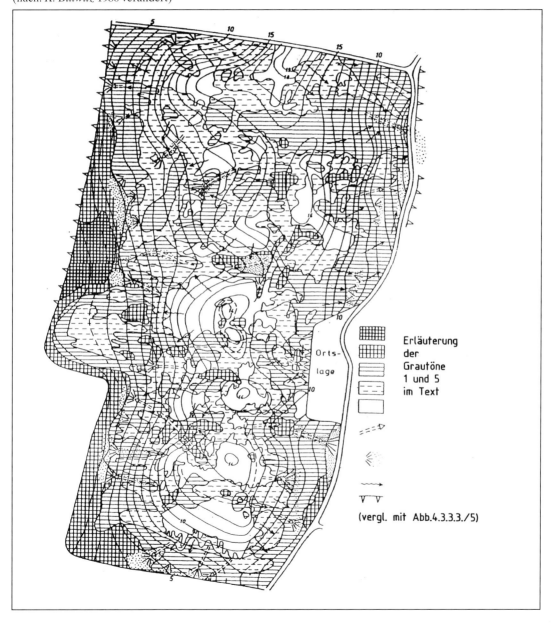

299

Die Abb. 4.3.3.3./6 ist das Ergebnis detaillierter Geländeerkundungen, wie sie von Schülern kaum erwartet werden können (u. a. Kartierung von Erosionsmustern nach Erosionsereignissen; gezielte Aufnahme von Bodenprofilen; Kartierung von Kolluvialmächtigkeiten usw.). Am Luftbild wurden gleichzeitig densitometrische Vermessungen durchgeführt. Im Ergebnis konnten den Grautonarealen (Stufen 1 … 5 der Abbildung) bestimmte Böden mit spezifischen Substrat-, Wasser- und Nährstoffhaushaltseigenschaften zugeordnet werden. Zugleich war es möglich, Aussagen zur technologischen Eignung bestimmter Flächen abzuleiten. Nachfolgend werden für die dunklen und hellen Bereiche (Stufen 1 und 5) entsprechende Erläuterungen gegeben:

Stufe/Einheit 1: Frische, im Untergrund nasse, humusreiche Kolluvialböden sowie kolluviumbedeckte Torfe in Senken eines kuppig-welligen Moränengebietes; starke erosive Zufuhr von mineralischen und organischen Bodenbestandteilen und Zuzug von Zuschußwässern. Damit ist diese Fläche stark vernässungs- und akkumulationsgefährdet (Tendenz der Flächenausdehnung!). Die Erträge fallen oft infolge Bodennässe und/oder sehr starker kolluvialer Überdeckung aus oder werden zumindest vermindert. In feuchten Jahren ist die Befahrbarkeit stark eingeschränkt. Gleichzeitig sind die oberflächennahen Grundwässer (und damit auch die benachbarten Boddengewässer) durch Nährstoffkontamination stark beeinflußt.

Stufe/Einheit 5: Durch Abtrag gekappter wechselfrischer bis trockener humusarmer Böden auf Geschiebelehmen und -mergeln sowie auf Sanden von Kuppen und konvexen und gestreckten Oberhängen eines kuppig-welligen Moränengebietes; starker erosiver Abtrag von mineralischen und organischen Bodenbestandteilen sowie von Nährstoffen; Abfluß von Niederschlags- und Bodenwässern. Damit ist diese Fläche stark erosions- und verhagerungsgefährdet (Tendenz der Flächenausdehnung!). Ertragsausfälle oder -defizite infolge geringer biologischer Aktivität im Substrat, durch starken oberflächlichen Abfluß und durch häufige und langanhaltende Austrocknung, durch Nährstoffmangel, Krumenbasisverdichtung, Klutenbildung und Verkrustung sind nicht selten.

In einer ersten Phase dieser Diskussion werden zur Übung mit den Luftbildmaterialien Arbeitsaufträge gestellt:

– Stellen Sie die Bearbeitungsrichtung auf dem abgebildeten Ackerschlag fest! Entspricht die Bearbeitungsrichtung den Georeliefbedingungen?

Die Bearbeitungsrichtung ist etwa Nord-Süd. Die Bearbeitungsspuren sind deutlich zu erkennen. Auf Abbildung 4.3.3.3/6 sind die Höhenlinien eingetragen. Sie lassen einen deutlichen Nord-Süd-Höhenrücken erkennen, der durch flache Dellen gegliedert ist. Die Bearbeitung erfolgt mit wenigen Einschränkungen höhenlinienparallel, also erosionseinschränkend.

– Worauf ist die Hell-Dunkel-Abstufung auf dem Luftbild („Remission") zurückzuführen?

Die Hell-Dunkel-Abstufung geht auf den unterschiedlichen Humusgehalt und den unterschiedlichen Feuchtezustand des remissionswirksamen Oberbodens zurück: a) hell —> wenig Humus; dunkel —> viel Humus; b) hell —> trocken; dunkel —> feucht bis naß.

– Versuchen Sie die Ursachen für das Nichtbearbeiten einzelner Bereiche zu erklären!

(linke obere Ecke, eine Stelle am linken Feldrand in der Mitte und Randstreifen an der rechten Seite des Schlages nördlich und südlich der Ortslage).

Es handelt sich um zu feuchte Bereiche, die umfahren werden. An der rechten Seite des Schlages unterbrechen helle Sandschürzen mit kolluvialem Material und Stallmistlagerplätze die Bearbeitungsrichtung.

– Umgrenzen Sie die Bereiche mit trockenen und/oder humusarmen Oberböden!

Welche Georeliefpositionen nehmen diese Bereiche ein?

Die trockenen/humusarmen Böden befinden sich in der Regel auf Kuppen sowie an Oberhängen. Es sind erosionsgefährdete Standorte mit gekappten Böden, geringer biotischer Aktivität des Substrats, Nährstoffmangel und Ertragsminderung bis -ausfall. Die feuchten/nassen Böden liegen dagegen in Senken, Dellen und an Unterhängen. Es sind frische, feuchte und nasse Standorte mit Zusatzfeuchte und abgespültem humusreicherem Material. In der zweiten Phase schließt sich die eigentliche

Schülerdiskussion an, die von der Zielstellung des Projektes ausgeht und sich auf folgende Frage konzentriert: Wie sind die Folgen der Intensivst-Landwirtschaft, die im vorliegenden Fall zu vielfältigen Boden- und Umweltbelastungen führten, zu mildern? Die Schüler haben sowohl in der Vorbereitungsphase als auch während der Feldarbeit die Befähigung zur Analyse erlangt. Sie müßten jetzt auch nachweisen können, daß enge Beziehungen zwischen Landschaftsstrukturen und Landschaftsprozessen bestehen. So sollten sie jetzt die Ursachen-Folge-Kette präzise erarbeiten können: Großflächenbewirtschaftung und damit auch Beackerung steilerer Hänge führt zur Bodenerosion mit Abtrag, Verfrachtung und Akkumulation klastischer Substanzen, Humus und Nährstoffen. Daraus folgt eine naturgesetzliche Heterogenisierung der Standortbedingungen sowie Kontaminations- und Eutrophierungsgefährdung für Boden und Wasser. Dieser Sachverhalt ist im Untersuchungsgebiet durch Erosionsspuren über die Schlaggrenzen hinweg bis in den Schilfsaum hinein nachzuweisen. Außerdem bezeugen dort nitrophile Brennessel-Hochstaudenfluren und Brennessel-Schilfröhrichte einen enormen Stickstoffeintrag.

Im Rahmen der Schülerdiskussion sollte man auf folgende Sachverhalte hinweisen: Bei Veränderung der Landschaftsstruktur verändern sich die Landschaftsprozesse. Es existiert also eine Struktur-Prozeß-Korrelation! Da ökologisch abträgliche Prozesse eingeschränkt werden sollten und sich einzelne, die Landschaftsstruktur bestimmende Landschaftsfaktoren und -elemente nicht oder nur schwer verändern lassen (z. B. Georelief, Bodenarten, Niederschlagsmenge und -verteilung), müssen vor allem die (veränderbaren!) landwirtschaftlichen Nutzungsformen und ihre Strukturen überdacht und ggf. korrigiert werden. Das wäre z. B.

– Diversifizierung der ackerbaulichen Nutzung mit geringerem oder keinem Mineraldüngereinsatz auf kleineren Schlägen,
– langfristige Vegetationsbedeckung steiler Hangpartien und verwehungsgefährdeter Standorte (Dauergrasland?),
– Windschutz durch Ausbau des Systems von Feldhecken. Damit ist zugleich eine Verdichtung des Wirtschaftswegenetzes unabdingbar.

Die im Zuge der Wiedervereinigung veränderten sozialökonomischen Bedingungen müssen in Ostdeutschland zu einer auch ökologisch sinnfälligeren landwirtschaftlichen Nutzung führen. Das alles ist aber mit einer Agrarraumgestaltung zu verbinden, die im Kontext einer verstärkten touristisch-rekreativen Nutzung gerade des hier betrachteten Raumes zu sehen ist (z. B. Ausbau von Segelhäfen, die Errichtung von Ferienhaussiedlungen, Reittouristik u. a.). Deren Anforderungen an das Naturraumpotential sind bei einer ökologisch angepaßten Agrarraumgestaltung gebührend zu berücksichtigen und ein umfassendes Umweltmanagement für die Ostseeküstenregion einzubeziehen. Alleinige politische Lösungen sind abzulehnen, da sie standortindifferent sind.

e) Darstellung der Ergebnisse der Projektarbeit
Auf der Grundlage der Auswertungsdiskussion wird eine Schautafel entwickelt, die die wichtigsten Ergebnisse der Projektarbeit dokumentiert. Diese Darstellung kann die Problemstellung, die Ziel- und Aufgabenstellung, eine topographische Karte des Untersuchungsgebietes, die „Karte ökologisch problematischer Gebiete" u. ä. Darstellungen sowie die von den Schülern formulierten Lösungsvarianten enthalten. Durch eine solche Demonstration sollen andere Schüler und Lehrer angeregt werden, sich im Geographieunterricht auch geoökologischen Fragestellungen zu widmen und entsprechende Untersuchungen durchzuführen.

Fazit:
Geoökologische Projektarbeit bietet die Möglichkeit, in vielen landwirtschaftlichen Gebieten Ostdeutschlands mit Schülern das Thema „Höchstertragskonzeptionen früherer Zeiten und ihre ökologischen Folgen" durchzuführen.
Im Rahmen der Projektarbeit wird an einem ausgewählten Raum zunächst das Problem dargestellt: Wie ist der frühere sehr hohe Anteil an landwirtschaftlich und ackerbaulich genutzten Flächen zu erklären und wel-

che ökologisch abträglichen Folgen treten auf? Wie kann die Landwirtschaft Ostdeutschlands in Zukunft umweltverträglicher wirtschaften?

Die Projektarbeit wird in Form einer Gruppenarbeit durchgeführt, die Literatur- und Kartenstudium, Geländearbeit vor Ort und Auswertung umfaßt. Die einzelnen Gruppen legen anschließend ihre Ergebnisse dar, vergleichen ihre Beobachtungen mit Luftbildaufnahmen und entwickeln Vorschläge für eine ökologisch verträgliche landwirtschaftliche Nutzung.

Aus der folgenden Schülerdiskussion werden Veränderungsvorschläge für die zukünftige Gestaltung des ländlichen Raumes abgeleitet. Die Ergebnisse werden in Übersichten und Schautafeln dargestellt, um anderen Lehrern und Schülern Anregungen für ähnliche geoökologische Untersuchungen zu geben.

4.3.4 Einwöchiges landschaftsökoligisches Geländepraktikum als Umweltprojekt
(Klaus Windolph)

Die didaktischen Linien des Landschaftsökologieunterrichtes (s. Kap. 1.1) lassen sich am besten an Modellgebieten (s. Kap. 2.2.5 und Kap. 4.1.1.3) realisieren, die auch Gegenstand praktischer Geländearbeit sind. Der Idealfall ist dabei ein einwöchiges Geländepraktikum.

Ein Geländepraktikum läßt schwierige Geoökosystemzusammenhänge transparenter werden, vermittelt ein anschauliches Verständnis der topischen Landschaftsökologie, entschlüsselt durch konsequentes methodisches Arbeiten graue Theorien und läßt über das Methodische ein Gefühl für die Relevanz der Ökosysteme für die Umwelt des Menschen entstehen.

Ein landschaftsökologisches Projekt mit praktischer Geländearbeit kann auch auf einen ausgewählten Sachverhalt beschränkt werden, etwa eine Erosionskartierung (Kap. 3.1.1), eine Vegetationsaufnahme, eine Landschaftsschädenkartierung oder eine Gelände- oder Stadtklimauntersuchung (Kap. 3.1.2 und 3.2.1). Dafür reichen ein bis zwei Arbeitstage aus.

Sollen jedoch umfassendere geoökologische Analysen und standorträumliche Charakterisierungen erfolgen, also etwa die geoökologischen Verhältnisse, der Landschaftszustand oder auch mögliche Landschaftsschutzmaßnahmen in einem kleinen Untersuchungsgebiet zum Gegenstand des Projektes gemacht werden, so ist ein einwöchiges Geländepraktikum sinnvoll.

Die Verteilung der Geländearbeit auf mehrere unterrichtsfreie Nachmittage hat gegenüber dem Geländepraktikum erhebliche Nachteile (Zeitmangel, unzureichende Arbeitskontinuität, geringere Arbeitseffizienz, geringere Motivation), ist aber bei schulnaher Lage des Untersuchungsgebietes eine vertretbare Vorgehensweise.

4.3.4.1 *Praktikumsleitende Fragen*

Ein Geländepraktikum ist als Projektphase des Unterrichts anzusehen. Zielsetzung und Konzeption des Praktikums werden von der Auswahl des Praktikumsgebietes maßgeblich bestimmt. Auswahlkriterien sind: Das Gebiet sollte möglichst nicht weiter als 100 km von der Schule entfernt sein. Es sollte landschaftsästhetisch motivierend wirken und ein vielgestaltiges Georelief, unterschiedliche Bodentypen und verschiedenartige, naturnahe und anthropogen stark veränderte Vegetation aufweisen. Die geoökologischen Funktionszusammenhänge sollten einfach sein. Eine Umweltproblematik, die nicht spektakulär sein muß, sollte erkennbar sein. Das Gebiet sollte in geoökologisch gleichartige Teilgebiete für die Geländearbeit der Schülergruppen aufgeteilt werden können. Die Teilgebiete sollten nicht größer als 2 bis 3 km^2 sein und dicht beieinander liegen.

Die Praktikumskonzeption wird bei weitreichender Offenheit von Schülern und Lehrer(n) gemeinsam erarbeitet und während des Praktikums ergänzt. Dabei dürfen fehlerhafte, später korrigierbare Ansätze gemacht werden. Die intensive Beteiligung der Schüler hilft, eine wissenschaftliche Überfrachtung der Arbeitsansätze zu vermeiden, und führt mit allgemeinverständlichen Fragestellungen direkt an die vorhandenen Umweltprobleme heran. So kann ein eigenes Urteil ohne vorgegebene Bewertungen entstehen, das auch Kritik an der Fachwissenschaft herausfordert.

Für die Konzeptionserstellung ist die Klärung einiger Fragen erforderlich:
- Welche Umweltprobleme gibt es im Gebiet und wie lassen sie sich näher erfassen?
- Welche Parameter der Geoökosysteme sollen erfaßt werden?
- Welche inhaltliche und methodische Schwerpunktsetzung wird vorgenommen und welche Hilfsmittel sind dafür erforderlich?
- Welche Arbeitsstruktur und welches Arbeitsprogramm sind bei der inhaltlichen Zielsetzung angemessen?
- Welche „Experten" werden zum Praktikum hinzugezogen?
- Was soll nach dem Praktikum als Arbeitsertrag entstehen?

Die Ergebnisse der Klärung dieser Fragen fließen in die Praktikumskonzeption ein, die ein bis zwei Wochen vor Beginn der Arbeit vorliegen muß.

Die Praktikumskonzeption enthält folgendes:
- *Die Zielsetzung,*
- *den Arbeitsplan,*
- *die Kartieranleitung,*
- *einen Katalog mit übergeordneten Fragestellungen zu relevanten Umweltproblemen,*
- *ein methodisches Raster zur Daten- und Informationserhebung und*
- *einen Plan für Ziel und Inhalt der Auswertung mit Terminangaben.*

Das Praktikumskonzept muß berücksichtigen, daß Inhaltliches und Methodisches gleichrangig sind. Wichtig ist, daß die Detailbezogenheit bei der Geländearbeit so in Grenzen gehalten wird, daß übergeordnete Fragestellungen nicht aus den Augen verloren werden.

4.3.4.2 Geländepraktikumskonzeption für das Modellgebiet Rehburger Berge-Steinhuder Meer (siehe Kap. 2.2.5)

a) Zielsetzung
- Erfassung wesentlicher Eigenschaften aller Ökosysteme/Ökotope des Arbeitsgebietes. Dabei Ermittlung der Funktionsweisen und der Belastungen der Ökosysteme. Erarbeiten von graphischen Darstellungen der Funktionszusammenhänge in Form von Geoökosystemprofilen.
- Vorschläge für Maßnahmen zur Renaturierung der Wiesen und Wälder
- Einüben der landschaftsökologischen Arbeitsweisen im Gelände und eigene Ergänzungsvorschläge zur Verbesserung der Arbeit
- Kooperation mit anderen Arbeitsgruppen.

b) Arbeitsplan
- Arbeiten vor Praktikumsbeginn
Sichtung aller verfügbaren Gebietsunterlagen, Erstellung von Hilfsmitteln (Georelieftypenkarte, Folie mit Grenzen der geologischen Einheiten und der Naturpotentialareale [siehe Abb. 2.2.5/ 1 a/b]), Kartierbuch mit Kartieranleitung und Feldbuch bereitstellen, Topographische Karte 1 : 2 500/ 1 : 5 000 für die Geländearbeit vorbereiten, Ausrüstung zusammenstellen, Arbeitsteilung in den Gruppen vornehmen.
- Arbeiten während des Praktikums
1. Tag: Vorbereitung der Untersuchungen
- Bereitstellen der Praktikumsunterlagen im Quartier, Erläuterung der Handhabung der Materialien
- Übersichtsbegehung
- Organisationsbesprechung.

2. Tag: Georeliefuntersuchung
– Georeliefkartierung der Neigungen, Wölbungen, Expositionen und Bodenerosionsschäden nach der Kartierlegende bzw. Korrektur und Ergänzung der vor dem Praktikum erstellten Georelieftypenkarte
– Ermittlung der Besonnungssummenwerte
– Festlegen der repräsentativen Standorte für die weitere Untersuchung
– Installation der Klimameßgeräte (Regenmesser, Thermometer in 5 cm Tiefe, an der Bodenoberfläche, Minimum-Maximum-Thermometer in 1 m Höhe etc.)
3. und 4.Tag: Bodenuntersuchung
– Aufnahme der Bodenmerkmale aller Repräsentativstandorte ins Kartierformblatt (Abb. 4.3.4/1 und 4.3.4/2)
– Arbeit an den Bodengruben der Universität Hannover. Auswertung der Bohrstockprofile und der Spatenaufgrabungen des Auflagehumus und der geringmächtigen Böden.
– Informationen an den Meßfeldern der Universität über Stoffumsatzprozesse im Boden, Bodenversauerung, Nährstoffversorgung, Abbauaktivität.
5. und 6.Tag: Wasser- und Vegetationsuntersuchung
– Ermittlung wasserhaushaltlicher Kennwerte aus den Bodendaten
– Einführung in die Wasseruntersuchung durch die „Wassergruppe", eigene Fortführung der Wasseruntersuchung im Gelände
– Vegetationskartierung und Ermittlung der Zeigerwerte der Pflanzen nach *Ellenberg* 1991 unter Verwendung des Erfassungsbogens zur Vegetationsaufnahme (Abb. 4.3.4/3 und 4.3.4/4)
– Gespräch mit Geographen der Universität Hannover an deren Meßfeldern/Information über Wasserhaushaltsdaten und Bodenfeuchtebilanzen
– Waldbegehung mit den zuständigen Forstbeamten
– Informationsgespräch mit Vertretern des lokalen Naturschutzes über Renaturierung von Feuchtwiesen, Mooren und Forsten und über Landschaftsschutz und touristische Erschließung
7. Tag: Funktionszusammenhänge der Geoökosysteme der Standorte/Information über die Arbeitsergebnisse der Gruppen
– Erarbeiten wichtiger Funktionszusammenhänge der einzelnen Standorte
– Ökologische Bewertung der Untersuchungsergebnisse im Hinblick auf Renaturierung relevanter Gebietsteile
– Erläuterung der Ergebnisse der einzelnen Arbeitsgruppen an ausgewählten Standorten
Zur Vervollständigung der ökologischen Daten müssen jeden Abend die Minimum-Maximum-Thermometer und Regenmesser abgelesen werden. Windmessungen sind mit dem Handanemometer an windreichen Tagen an allen Standorten in rascher Folge durchzuführen. An den Standorten werden die Bodenoberfächen- und Humustemperatur regelmäßig gemessen.

c) Auswertung der Praktikumsergebnisse/Praktikumsbericht
Jede Arbeitsgruppe legt innerhalb von sechs Wochen einen Praktikumsbericht vor, der die Auswertung der Ergebnisse der praktischen Geländearbeit enthält.
Der Bericht umfaßt folgende Teile:
• Dokumentation der Geländeaufnahme in Erfassungsbögen (Abb. 4.3.4/1 und 2, Abb. 4.3.4/3 und 4), im Feldbuch und in Feldkarten
• Standortangabenblätter (Abb. 4.3.4/5a und b, ausgefüllte Standortangabenblätter siehe auch in Kap. 2.2.5 Abb. 2.2.5/3a und b)
• Geoökosystemprofile zu den standörtlichen Funktionszusammenhängen (in Anlehnung an Abb. 2.2.5/4–7)
• Profil mit standorträumlicher Gliederung (nach Abb. 2.2.5/8)
• Kartenteil ggfs. zu Georelief, Boden, Vegetation, Wasserhaushalt, Geländeklima und Landschaftsschäden
• Textteil zur Darlegung der Ergebnisse zu den Zielsetzungen in der Praktikumskonzeption und zu den thematischen Schwerpunkten der Geländearbeit.

FLORA

Name:	Datum:	Lfd. Nr.:

RELIEF

	Ebene	Plateau	Tal	Talung	Talboden	Talaue	Talschluss	Talmundung	Neigung in °	0 - 2	2 - 5	5 - 10	10 - 20	20 - 30	30 - 45	> 45
									in %	0 - 3	3 - 9	9 - 17	17 - 36	36 - 58	58 - 100	> 100
	Hang	Terrasse	Rücken	Kuppe	Mulde	Pfanne	Delle	Quellmulde	Bezeichnung	eben	schw. geneigt	mäßig geneigt	stark geneigt	steil	schroff	sehr schroff

EXPOSITION

N	NNO	NO	ONO	O	OSO	SO	SSO	S	SSW	SW	WSW	W	WNW	NW	NNW

AUFLAGEHUMUS

Hori-zont	Mächtig-keit cm	Material z. B. Fi - Streu Graswurzelfilz	Gefüge	Durchwurzelung	HUMUS-FORM			
			krümelig / locker / schichtig / dicht / brechbar / kant. brechbar / fehlt	sehr schwach / schwach / mittel / stark / Wurzelfilz	Typischer Rohhumus	Humusartiger Moder	Typischer Moder
L					Mullartiger Moder	F-Mull	L-Mull
Of							
Oh							

MINERALBODEN ANSPRACHE

Ausgangs-gestein	Boden-art	Skelett-Raum %	Farbe MUNSELL oder Beschreibg.	Hori-zont	Tiefe cm	Ab-grenzung	Humus %	Gefüge	Lage-rungs-dichte	Durch-wurzelung Feinwurzeln dm²	Carbonat-Ca CO₃	pH	Sonstiges
Art des Gesteins Entsteh. Schichtg.	S/uS/tS tS/U/sU tU/sU/uL tL/sT/lT=uT T	< 1 x1, g1. gr1 1-10 x2, g2, gr 2 10-30 x3, g3, gr3 30-50 x4, g4, gr4 50-75 x5, g5, gr5	F gefleckt B gebändert A geadert	A (i,p,h,e,l) B (v,t,h,s) C (v,n,c) G (o,r) S (w,d) R,M,T,P,Y II, III...	6	gerade / wellig / zungen-förmig / unter-brochen / Über-gangszone	-1 / 1-2 / 2-5 / 5-10 / 10-15 / 15-30 / 30	(h) ein kit koh ns sau shi kru sub por pri pla fra	1 sehr locker / 2 locker / 3 mäßig locker / 4 dicht / 5 sehr dicht	1-2 sehr schwach / 2-5 schwach / 5-10 mittel / 10-20 stark / 20-50 s. stark / 50 Wurzelfilz	c'' / c' / c / c̄ / c̄ / c		Konkretionen Rostfleckigkeit Bleichung Staunässe Grundwasser ...
1	2	3	4	5	0	7	8	9	10	11	12	13	14

GESAMTBEURTEILUNG

Substrattyp	
Humusform	

Bodentyp		Gründigkeit in cm Durchwurzelbarkeit	< 15 sehr flachgrd.	15 - 30 flachgründig	30 - 60 mittelgründig	60 - 100 tiefgründig	> 100 s. tiefgründig
Bodenbildungsprozeß	Humusbildg. Entkalkung Gefügebildg. Verbraunung Tonverlagerg. Podsolierung Pseudovergl.		Vergleyung	Vertorfung			

Bodenform						
	sehr schwach	schwach	mäßig	gut	reichlich	die Beurteilung richtet sich ...
N-Versorgung						nach Humusvorrat und C/N-Verhältnis (Humusform)
P-Versorgung						nach Ausgangsgestein. Reliefposition. Erosion bzw. Sedimentation
K-Versorgung						nach Tonmineral (Illit?) und Tongehalt
Ca-Versorgung						nach pH
Sonstiges z. B. Bodenbearbeitung Melioration Streunutzung Waldweide?						

Abb. 4.3.4/1
Formblatt zur Bodenkartierung
(aus: *K. Windolph* 1986, S. 86)

STANDORT III					
Name: WINDOLPH		Datum: 30.06.92	Lfd. Nr.:		

FLORA — DICHTER ROTBUCHENBESTAND MIT SCHWACH AUSGEBILDETER KRAUTSCHICHT

RELIEF

	Ebene	Plateau	Tal	Talung	Talboden	Talaue	Talschluss	Talmündung	Neigung in °	0 - 2	2 - 5	5 - 10 ✗	10 - 20	20 - 30	30 - 45	> 45
									in %	0 - 3	3 - 9	9 - 17 ✗	17 - 36	36 - 58	58 - 100	> 100
	Hang ✗	Terrasse	Rücken	Kuppe	Mulde	Pfanne	Delle	Quellmulde	Bezeichnung	eben	schw. geneigt	mäßig geneigt	stark geneigt ✗	steil	schroff	sehr schroff

EXPOSITION

N ✗	NNO	NO	ONO	O	OSO	SO	SSO	S	SSW	SW	WSW	W	WNW	NW	NNW

AUFLAGE-HUMUS

	Horizont	Mächtigkeit cm	Material z. B. Fi - Streu Graswurzelfilz	Gefüge (krümelig/locker/schichtig/dicht)	Durchwurzelung		HUMUS-FORM	Typischer Rohhumus	Humusartiger Moder	Typischer Moder
	L	0,5		✗	✗					
	Of	0,5		✗	✗		HUMUS-FORM	Mullartiger Moder	F-Mull ✗	L-Mull
	Oh	–								

MINERAL-BODEN / ANSPRACHE

Ausgangsgestein	Bodenart	Skelett-Raum %	Farbe MUNSELL oder Beschreib.	Horizont	Tiefe cm	Abgrenzung	Humus %	Gefüge	Lagerungsdichte	Durchwurzelung Feinwurzeln dm²	Carbonat-Ca CO₃	pH	Sonstiges
HANG-LEHM	t'L	–	dunkel-braun	Ah	-3		h	fra-sub	1	schwach		3,9	
HANG-LEHM	s'L	x₂	hell-braun ockerig	Bv		–		Sub	3	schwach		3,6	
HANG-LEHM	StL	x₂	hell-braun ockerig	Sw	50	–		pol	3	–		3,5	Mn-Konkretionen schwach marmoriert
HANG-LEHM	t°L	x₂	hellbraun-ockerig grau	Sd		–		pol	3	–		3,4	Mn-Konkretionen stark marmoriert
plattiger BLÄTTER-TONSTEIN T	x₄-x₅		dunkelgrau-blau	Cv	100	–		pla	2	–		3,3	

GESAMT-BEURTEILUNG

Substrattyp	HANGLEHM über BLÄTTERTONSTEIN						
Humusform	F-MULL						
Bodentyp	BRAUNERDE - PSEUDOGLEY	Gründigkeit in cm Durchwurzelbarkeit	< 15 sehr flachgrd.	15 - 30 flachgründig	30 - 60 mittelgründig	60 - 100 tiefgründig ✗	> 100 s. tiefgründig
Bodenbildungsprozeß	Humusbildg. ✗ Entkalkung Gefügebildg. ✗ Verbraunung ✗ Tonverlagerg. Podsolierung Pseudovergl. ✗		Vergleyung	Vertorfung			
Bodenform	LEHM - BRAUNERDE - PSEUDOGLEY						

	sehr schwach	schwach	mäßig	gut	reichlich	die Beurteilung richtet sich ...
N-Versorgung						nach Humusvorrat und C/N-Verhältnis (Humusform)
P-Versorgung						nach Ausgangsgestein, Reliefposition, Erosion bzw. Sedimentation
K-Versorgung						nach Tonmineral (Illit?) und Tongehalt
Ca-Versorgung						nach pH
Sonstiges z. B. Bodenbearbeitung Melioration? Streunutzung Waldweide?						

Abb. 4.3.4/2
Ausgefülltes Formblatt zur Bodenkartierung für einen Standort im Modellgebiet Rehburger Berge/Steinhuder Meer
(Entwurf: K. Windolph)

ERFASSUNGSBOGEN ZUR VEGETATIONSANSPRACHE

| Standort-Nr.: | Aufnahme-Nr.: | Verweis auf Karten-Nr.: | Datum: | Fundort: |

Höhe über N.N.: m Exposition: Hangneigung: ° Größe der erfaßten Fläche: m²

Bodenart: Bodentyp: Sonstige Angaben:

SCHICHTUNG UND HÖHE DER VEGETATION

Veg. Schicht	Höhe (cm)	Deckung (%)	Schichtung (%) 20 40 60 80 100
B 1			
B 2			
Str			
Kr			
M			

ZUSAMMENFASSENDE STANDORTBEURTEILUNG

DOMINANZ – ARTENLISTE der Baumschicht + Strauchschicht

Veg. Schicht	Art	Deckung (r bis 5)

DOMINANZ – ARTENLISTE der Krautschicht + Moosschicht

Zeigerwerte (nach Ellenberg 1991)

Veg. Schicht	Art	Deckung (r bis 5)	Ökologisches Verhalten L T K F R N S	Lebensform Leb B	soziol. Verhalten Gr K O V U	Gefährdung (0–4)

MITTELUNG :

| Summe : |
| Mittel : |
| Tendenz : |

Abb. 4.3.4/3
Erfassungsbogen für die Vegetationsansprache
(Entwurf: *K. Windolph*)

307

ERFASSUNGSBOGEN ZUR VEGETATIONSANSPRACHE

Standort-Nr.: III	Aufnahme-Nr.: 17	Verweis auf Karten-Nr.:	Datum: 08.07.1985	Fundort: Rehburger Berge
Höhe über N.N.: 80 m	Exposition: N	Hangneigung: 6-8°	Größe der erfaßten Fläche: 200 m²	
Bodenart: Lehm		Bodentyp: Braunerde-Pseudogley		Sonstige Angaben: Bearbeiter V. Prasuhn

SCHICHTUNG UND HÖHE DER VEGETATION

Veg. Schicht	Höhe (m)	Deckung (%)	Schichtung (%)
B 1	15-20	75	
B 2	10-15	05	
Str	--	--	
Kr	0-0,3	10	
M			

ZUSAMMENFASSENDE STANDORTBEURTEILUNG

Der Standort ist von lichtbedürftigen Pionierpflanzen (Aufforstung 1984) und eher charakteristischen Schattenpflanzen geprägt (L=5,5 wenig aussagekräftig). Auf dem Standort wachsen mäßig-wärmezeigende, für den submontan-temperaten, ozeanisch-subozeanischen Bereich ME typische Pflanzen. Die Pflanzen des Standortes weisen auf den ökologischen Feuchtegrad frisch-mäßig feucht, eine mäßig-saure Reaktion u. gute N-Versorgung hin.

DOMINANZ – ARTENLISTE der Baumschicht + Strauchschicht

Veg. Schicht	Art	Deckung (r bis 5)
B1	Rotbuche (Fagus sylvatica)	4
B2	Rotbuche (Fagus sylvatica)	1

DOMINANZ – ARTENLISTE der Krautschicht + Moosschicht

Veg. Schicht	Art	Deckung (r bis 5)	L	T	K	F	R	N	S	Leb	B	soziol. Verhalten Gr K O V U	Gefährdung (0-4)
Kr	Efeu (Hedera helix)	r	(4)	5	2	5	x	x	0	Z,Pu	I	x	--
Kr	Schmalblättriges Weidenröschen (Epilobium angustifolium)	r	8	x	5	5	5	8	0	H	S	6.2 1	--
Kr	Gemeiner Frauenfarn (Athyrium felix-fem.)	r	3	x	3	7	x	6	0	H	S	x	--
Kr	Gemeiner Wurmfarn (Dryoteris filix-mas.)	r	3	x	3	5	5	6	0	H	S	8.4 3	--
Kr	Stechender Hohlzahn (Galeopsis tetrahit)	r	7	x	3	5	x	6	0	T	S		--
Kr	Flattergras (Milium effusum)	r	4	x	3	5	5	5	0	H	W	8.4 3	--
Kr	Rotbuche (Fagus sylvatica)	r	(3)	5	2	5	x	x	0	P	S	8.4 3 1	--
Kr	Eberesche (Sorbus aucuparia)	r	(6)	x	x	x	4	x	0	P,N	S	x	--
Kr	Stiel-Eiche (Quercus robur)	r	(7)	6	6	x	x	x	0	P	S	8.	--
Kr	Busch-Windröschen (Anemone nemorosa)	+	x	x	3	5	x	x	0	G	V	x	--
Kr	Vogelsternmiere (Stellaria media)	+	6	x	x	x	7	8	0	T	W	3.3	--
Kr	Himbeere (Rubus idaeus)	+	7	x	x	x	x	6	0	n	S	x	--
Kr	Flatterbinse (Juncus effusus)	+	8	5	3	7	3	4	0	H	S	5.4 1	--
Kr	Einjähriges Rispengras (Poa annua)	+	7	x	5	6	x	8	1	T,H	W	x	--
Kr	Segge (Carex spec.)	+	x	x	x	x	x	x	x				--
Kr	Rasen-Schmiele (Deschampsia cespitosa)	+	6	x	x	7~	x	3	0	H	W	x	--
Kr	Einblütiges Perlgras (Melica uniflora)	+	3	5	2	5	6	6	0	G,H	S	8.4 3	--
MITTELUNG: Summe		82	26	40	67	35	66	1					
MITTELUNG: Mittel		5,5	5,2	3,3	5,6	5,0	6,0	0,1					
MITTELUNG: Tendenz		6	5	3	6	5	6	0			8.4 3		

Prn '92

Abb. 4.3.4/4

Ausgefüllter Erfassungsbogen für die Vegetationsaufnahme für einen Standort im Modellgebiet Rehburger Berge/Steinhuder Meer
(Entwurf: *K. Windolph* unter Verwendung einer Vegetationsaufnahme von *V. Prasuhn* 1986)

308

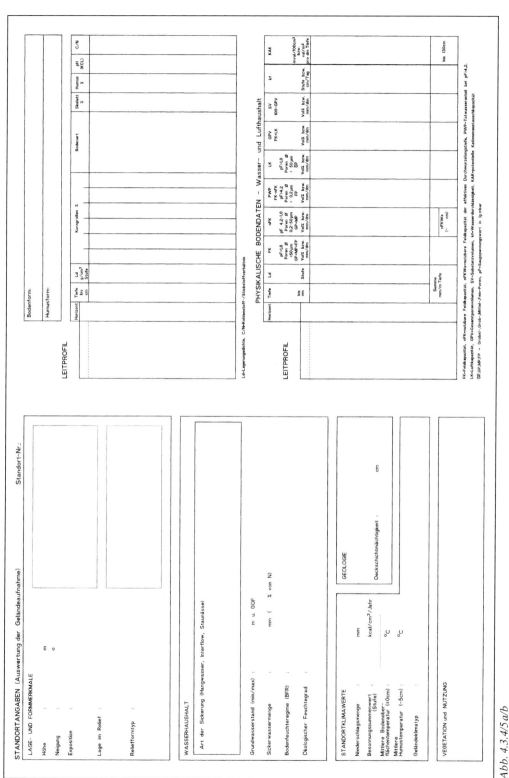

Abb. 4.3.4/5 a/b

Formblatt zur geoökologischen Charakterisierung eines Standorts, der ein Geoökotop repräsentiert
(Entwurf *K. Windolph*, formal orientiert an *T. Mosimann* 1990)

4 3.4.3 Methode und Inhalt der Geländeaufnahme

Die Geländeaufnahme wird nach den Teilkomplexen Georelief, Geländeklima, Boden, Bios und Wasserhaushalt gegliedert. Was alles erfaßt werden kann, zeigen die folgenden Maximallisten für das Modellgebiet Rehburger Berge – Steinhuder Meer. Es empfiehlt sich, die Geländearbeit auf die geoökologisch besonders aussagefähigen Parameter (mit * markiert) zu konzentrieren und deren Aufnahme besonders sorgfältig vorzunehmen. Die Auswahl der Parameter richtet sich selbstverständlich nach den Gegebenheiten des Praktikumsgebietes und nach der Zielsetzung des Praktikums.

Erfassung der Ausstattungsmerkmale und Funktionszusammenhänge des Modellgebietes „Rehburger Berge-Steinhuder Meer"
(sehr stark verändert nach *Windolph* 1986)
*   geoökologisch besonders aussagefähige Parameter
+   beonderes wichtige Praktikumsmethoden
+   für die Erfassung der ökologischen Funktionszusammenhänge von herausragender Bedeutung

a) *Georeliefuntersuchung* (ist teilweise durch Auswertung der topographischen Karte ersetzbar)

Merkmale	Methode	Ökologische Aussage
Höhe* Neigung* Exposition* Wölbung Lage im Georelief* Georeliefformtyp* Bodenerosion	Kartierung und Messung mit Meßlatte, Neigungswinkelmesser, Kompaß Erste grobe Einschätzung der ökologischen Standortortabfolge+ Festlegung der relevanten Standorte für die weitere Geländearbeit+ Synthese zu Geomorphotopen	Korrelationsvariablen für Erosion und Akkumulation, Korrelationsvariablen für Wasserhaushaltsprozesse. Mikro- und mesoklimatische Situation+ Ökosystemare Bedeutung des Reliefs Schäden durch Bodenerosion

b) *Mikro- und Mesoklimauntersuchung* – auch ohne Geräteeinsatz Aussagen möglich –

Merkmale	Methode	Ökologische Aussage
Minium-Maxtemperatur (1 m)* Bodenoberflächentemperatur* (0 cm) Humustemperatur (– 5 cm)* Besonnungssummenwert* Evapotranspiration* Niederschlag* Interzeption Relative Feuchte Windstärke/Windrichtung* Frostgefährdung Kaltluftbahnen Warme Hangzonen Geländeklimatyp*	Ableitung von klimatischen Gegebenheiten aus der Charakteristik des Georeliefs+ Genormte Aufstellung der Meßgeräte. Zeitliche Augenblicksmessungen an den Standorten	Bodenfaunistische Aktivität, Borkenkäferbefall, Intensität und Artenspektrum der Flora, Grad der Waldschädigung, Schäden durch Frost und Kaltluft Klimatische Beeinflussung der Abbauaktivität+ Auswirkungen von Bestands- und Freilandklima

c) *Bodenuntersuchung* – von zentraler Bedeutung –

Merkmale	Methode	Ökologische Aussage
Horizonte* Humusform* Bodenart (Tonanteil)* Substrattyp Humusgehalt* Skelettanteil* Gefüge Lagerungsdichte* Durchwurzelung* Karbonatgehalt* pH-Wert* Kationenaustauschkapazität* Feldkapazität* nutzbare Feldkapazität* Luftkapazität* Gesamtporenvolumen* Totwasseranteil* Substanzvolumen* Bodenform* Bodentyp* C/N-Verhältnis Bodenfeuchte Substanzvolumen*	Kartierung mittels spezieller Ansprechmethoden: Fingerprobe, pH-Bestimmung, Anspracherahmen für die anderen Bodenmerkmale+ Benutzung von Tabellen, Formeln, Graphiken etc+ Pürckhauer-Bohrung+, Aufschluß, detaillierte Bodenansprache in der Bodenprofilgrube Bodenfeuchtebestimmung im Feldlabor Kennzeichnung der Bodenformen und Pedotope Errechnen physikalischer Bodendaten des Wasser- und Lufthaushaltes+	Bodenprozesse im Landschaftshaushalt (Podsolierung, Pseudovergleyung, Vergleyung, Entkalkung, Versauerung, etc.)+ pH-Absenkung und veränderter Stoffkreislauf+ Nährstoffsituation und Waldwachstum+ Nährstoffaustrag im Gewässernetz+ Relevante Parameter für den Boden-Luft- und Wasserhaushalt+

d) *Biosuntersuchung* – wichtig: Bestimmung der Pflanzenarten/Zeigerwerte nach *Ellenberg* 1991 –

Merkmale	Methode	Ökologische Aussage
Vegetation/Flora: Arten* Deckungsgrad* Zeigerwerte nach Ellenberg* Biomasse Fauna: Arten Abundanz	Bestimmung der Arten+ Auswertung nach Ellenberg+ Biomassebestimmung im Labor Biomassebestimmung im Labor Erfassung der Fauna	Abschätzung der Standortbedingungen Biomasse in den trophischen Ebenen und Aussagen über Primärproduktion des Ökosystems Ökologische Zeigerwerte der der Pflanzen+ Natürlichkeit und Qualität des Bestands

e) *Wasserhaushaltsuntersuchung* – meist ohne direkte Messungen ableitbar aus Bodendaten und Zeigerwerten der Planzen –

Merkmale	Methode	Ökologische Aussage
Oberflächenabfluß* Staunässe* Interflow* Hangwasser* Grundwasserstand* Bodenwassergehalt Sickerung* Durchlässigkeit* Bodenfeuchteregime* Ökologischer Feuchtegrad*	Beobachtung Ableitung aus anderen Ökosystemkomponenten Berechnung aus Bodendaten+ Bestimmung der Bodenfeuchtezahlen nach *Ellenberg* 1991+ Bestimmung der Bodenfeuchteregime+ Bestimmung des Ökologischen Feuchtegrades+ Gesamteinschätzung des Wassserhaushaltes+	Stofftransport Zusammenhänge Boden-Georelief-Wasser Spezifische Wuchsbedingungen Beeinflussung der Abbauaktivität+ Funktionszusammenhänge Bodenfeuchte+

*Ökosysteme, Ökotope, Standorträumliche Gliederung, Bewertungsversuche, Landschaftsschutzmaß-
nahmen im Modellgebiet „Rehburger Berge – Steinhuder Meer" (siehe Kap. 2.2.5)*

f) *Ansprache der Standortökosysteme, Abgrenzung der Ökotope, Prognostik für die Landschafts-
entwicklung*
– Nur kleine Ausschnitte des Ökosystemmodells füllbar –
– Bescheidene Bewertungsansätze –
– Grobübersicht der standortsräumlichen Gliederung –

– Bedeutung der Merkmale der Ökosystemkomponenten+
– Erkennen standorträumlicher Funktionszusammenhänge+
– Konkretes Ökosystemmodell+
– Erfassung der standorträumlichen Gliederung
– Beurteilung von Landschaftsplänen/Maßnahmenplanungen zum Schutz der Landschaft
– Ideenansätze für die Lösung gebietsspezifischer Umweltprobleme+

Die genormte Erfassung der geoökologisch relevanten Parameter macht nur einen Teil der Prakti-
kumsarbeit aus. Die Orientierung im Gelände, das Arbeiten mit dem Höhenlinienbild und anderen
wichtigen Angaben der topographischen Karte, der fachgerechte Einsatz von Geräten, die präzise
Handhabung von Kartiermethoden, der effiziente Einsatz der Kartierunterlagen und die gezielte
Beobachtung und deren Dokumentation sind einige der weiteren wichtigen Tätigkeiten während des
Praktikums. Beim analytischen Arbeiten mit Maß und Zahl darf der Blick fürs Ganze nicht verstellt
werden. Beobachtungen komplexer Sachverhalte in der Landschaft sollten in der Arbeitsgruppe
gründlich besprochen und schriftlich festgehalten werden.
*Im Mittelpunkt der Geländeaufnahme stehen relativ umfassende Boden- und Vegetationsanspra-
chen.* Viele ökologisch wichtige Kennwerte (Wasser- und Lufthaushalt, Nährstoffversorgung, Abbauaktivität, Bodenfeuchtegang) lassen sich aus den „Kartierungen" des Bodens und der Vegetation
ableiten oder errechnen. Die Boden- und Vegetationsaufnahme erfolgt mit Kartierbögen
(Abb. 4.3.4/1, Abb. 4.3.4/3), die an den ausgewählten Standorten ausgefüllt werden. Bei der Vegetationsaufnahme werden zunächst nur die Arten und ihre Deckungsgrade notiert und anschließend die
Zeigerwerte aus *Ellenberg* 1991 ermittelt. Die Aufnahmebeispiele in den Abb. 4.3.4/2 und
Abb. 4.3.4/4 sind dem Modellgebiet Rehburger Berge-Steinhuder Meer Standort III entnommen
(siehe Kap. 2.2.5).
Eine aufwendige und schwierige meßtechnische *Georeliefanalyse* (Kartierung der Wölbungsarten,
der Neigungsklassen, der Exposition und der rezenten Morphodynamik auf der räumlichen Basis
der Reliefelemente) unterbleibt meist. Sie kann durch eine gründliche Auswertung des Höhenlini-
enbildes der topographischen Karte (Maßstab möglichst größer als 1 : 5 000) ersetzt werden. Auch so
können die unterschiedlichen Georeliefareale nach Wölbung, Neigung und Exposition typisiert werden. So lassen sich bereits vor dem Praktikum georeliefabhängige Einschätzungen des Geländeklimas (Besonnungswerte, Kaltluftgebiete, warme Hangzonen, lokale Windsysteme etc.) vornehmen.
Diese Erkenntnisse können dann im Gelände überprüft, korrigiert und ergänzt werden.
Direkte meßtechnische *meso- und mikroklimatische Datenerfassung* ist im Geländepraktikum eher
sekundär, da die möglichen Meßzeiträume für die Gewinnung aussagefähiger Erkenntnisse zu kurz
sind. Die geländeklimatische Standortbewertung erfolgt indirekt über die Zeigerwerte der charakteristischen Pflanzenarten des Standortes, aus den Georeliefgegebenheiten und einer gezielten Standortbeobachtung. Die Messung der Humustemperatur, der Bodenoberflächentemperatur, der Mini-
mum- und Maximumtemperatur, der Niederschläge, der Besonnungssummenwerte und der potentiellen Evaporation (Tankevaporimeter) können ergänzend erfolgen.
Die *Erfassung des standörtlichen Wasserhaushaltes* erfolgt weitgehend durch Ableitung aus den physikalischen Bodendaten (Abb. 4.3.4/5, s. auch Kap. 2.2.5 Abb. 2.2.5/3a und b) und aus den Daten der

Bodenaufnahme (Abb. 4.3.4/2). Die gewonnenen Erkenntnisse können mit den Feuchtezahlen nach *Ellenberg* (Abb. 4.3.4/4) aus der Vegetationsaufnahme überprüft werden. Unerläßlich ist eine gezielte wasserhaushaltliche Standortbeobachtung. Eine meßtechnische Untersuchung des Wasserhaushaltes entfällt in der Regel. Wasserchemische Aspekte können jedoch im Bedarfsfalle untersucht werden.

Instrumentelle Voraussetzung für die Geländearbeit ist lediglich eine einfache ökologische Grundausstattung, wie sie *Windolph* (1986, S. 34) zusammengestellt hat. Dort findet sich auch eine umfassende Kartieranleitung, die jedoch der Ergänzung durch Kartierhandbücher bedarf. Unentbehrlich für jede Arbeitsgruppe ist die Bodenkundliche Kartieranleitung (BKA) der Arbeitsgruppe Bodenkunde (1982) und die Zeigerwerte von *Ellenberg* (1991). Außerdem werden meist in der Schule vorhandene Pflanzenbestimmungsbücher benötigt. Zum Nachschlagen weiterer Kartieranleitungen und Landschaftsbewertungen sollten *Leser/Klink* (1988) und *Marks/Müller/Leser/Klink* (1989) verfügbar sein.

Bei der Auswertung des Geländepraktikums (s. Praktikumskonzeption 4.3.4.2 c) *werden die Standortangaben nach Abb. 4.3.4/5 a und b zusammengefaßt (ein Beispiel für die Standortangabenerfassung in Kap. 2.2.5 Abb. 2.2.5/3 a und b).*

Die Standortangaben werden in charakteristischen Funktionszusammenhängen gewichtet und in Geoökosystemprofilen graphisch dargestellt (Beispiele s. Kapitel 2.2.5 Abb. 2.2.5/4–7).

Die standorträumliche Gliederung kann in Anlehnung an das Beispiel in Abb. 2.2.5/8 erfaßt werden (s. dazu auch das Modellprofil in Abb. 4.1/2).

Die Auswertung des Praktikums muß in den Unterricht integriert werden. Sie wird projekthaft in Gruppenarbeit organisiert; gerade in dieser Arbeitsform kommt ihr eine ganz erhebliche Bedeutung zu. Die Teamarbeit am eigenen Arbeitsertrag der Geländearbeit, das intensive Durchdenken ökologischer Kausalitäten auf der Basis von Geländekenntnis und Datenerfassung, der Entwurf von Karten, Graphiken, Texten und Tabellen und landschaftsplanerische Überlegungsansätze sind Aspekte hoher Arbeitsqualität von nachhaltigem Wert.

4.3.5 Projekt Einsiedeln (Kanton Schwyz, Schweiz) – Landschaftsökologie in einer offenen Lernform *(Sibylle Reinfried)*

4.3.5.1 Begründung und Zielsetzung

Im Mittelpunkt landschaftsökologischer Betrachtung im Geographieunterricht steht der Mensch, der seinen Lebensraum verändert, neu schafft oder zerstört. Ziel des landschaftsökologischen Geographieunterrichts ist es, den Schüler zu befähigen, die wechselseitigen Abhängigkeiten zwischen Natur, Mensch und Umwelt zu verstehen. Mit der Behandlung landschaftsökologischer Probleme in der Schule soll auch die Bereitschaft der Jugend gefördert werden, selber zur Vermeidung von Umweltproblemen beizutragen und an der Lösung bestehender Umweltprobleme mitzuarbeiten (*Leser* 1991, S. 548 ff.).

Am wirkungsvollsten geschieht dies situationsbezogen, handlungsorientiert und fächerübergreifend (*Aerni* und *Staub* 1982, S. 53 ff.). Die geeignete unterrichtliche Organisationsform dafür ist der Projektunterricht (*Haubrich* et al. 1988, S. 178, *Ittermann* 1992, S. 4–9) oder die Projektmethode (*Frey* 1990). Projektunterricht stellt eine Form des ganzheitlichen Lernens dar, in der nicht nur Wissen, sondern auch Können und Handeln, ganz im Sinne von Pestalozzis Ideal vom „Lernen mit Kopf, Herz und Hand" vermittelt und gefördert werden. Projektlernen in lebensweltlichen Zusammenhängen geht somit über das engere Fach hinaus.

Landschaftsökologische Projekte im Geographieunterricht sollten daher aus methodischen und didaktischen, wie notwendigerweise auch aus sachlichen Gründen, immer fächerübergreifend angelegt sein.

Inhaltlich werden sie sich häufig auf lokale konflikthafte Formen der Flächennutzung im weitesten Sinne mit ihren Auswirkungen auf Naturraum und Lebensqualität beziehen (*Ittermann* 1992, S. 6). Landschaftsökologische Fragen können gerade am Beispiel des überschaubaren ländlichen Raumes exemplarisch bearbeitet werden. Deshalb wurde für dieses Projekt das Dorf Einsiedeln im Kanton Schwyz (Schweiz) ausgewählt (vergleiche Abb. 4.3.5.3/1). Dieser berühmte Wallfahrtsort im Voralpengebiet, nahe einem Stausee gelegen, befindet sich mitten in einem von Pilgern (jährlich ca. 200 000), Touristen (jährlich 300 000) und Landwirten gleichermaßen beanspruchten Raum, was einige landschaftsökologisch interessante Fragen erwarten ließ. Die Untersuchungsthemen sollten sich an aktuellen, ökologisch-geographischen Problemen und planungsrelevanten Fragen orientieren. Die Schüler sollten erkennen lernen, daß landschaftsökologische Themen oftmals von gesellschaftspolitischer Relevanz sind und auch Fragen des verantwortungsvollen Umgangs mit der Natur aufwerfen. Ebenfalls angesprochen werden sollte die affektive Dimension, indem die Schüler die Umweltprobleme des sicht- und erlebbaren Raumes mit konkretem Verhalten des Menschen in Beziehung setzen. So kann Betroffenheit ausgelöst und die Grundlage dafür geschaffen werden, eigenes Verhalten aufgrund von Einsichten zu ändern. Auch können Beispiele außerhalb des eigenen Erfahrungsbereiches dann besser verstanden werden. Schließlich sollte der ganzheitliche Ansatz dieses Projekts das integrative Denken fördern.

4.3.5.2 *Planung und Durchführung des Projekts*

Das Ziel des ,Projekts Einsiedeln' war es, Schülern aus der Stadt und Agglomeration Zürich Entwicklungen und Probleme des ländlichen Raumes am Beispiel der Gemeinde Einsiedeln näherzubringen. Um der Forderung nach Handlungsorientierung gerecht zu werden, sollten die Schüler Themen bearbeiten, welche für das Dorf von Wichtigkeit und Nutzen sind.

Am ,Projekt Einsiedeln' nahmen fünf Geographiestudenten der Zürcher Hochschulen (Universität und Eidgenössisch Technische Hochschule Zürich) teil. Ziel dieser Zusammenarbeit zwischen Hochschule und Gymnasium war es, die Praxisrelevanz der universitären Ausbildung zu erhöhen, eine Idee die vom Institut für Geographie in Wien (*Vielhaber* Hrsg. 1989) schon seit einigen Jahren erfolgreich praktiziert wird. Die angehenden Geographielehrer, die ihre Kenntnisse über projektorientierten Unterricht in der Praxis verbessern wollten, erhielten den Auftrag, je eine Schülergruppe eigenverantwortlich bei der Vorbereitung und Durchführung des Projekts zu begleiten.

Nach Kontaktaufnahme mit der Gemeindebehörde Einsiedeln wurden bei einem ersten Gespräch Themenvorschläge gesammelt, Möglichkeiten der Kooperation mit der Gemeinde und Vorgehensweisen bei der Materialbeschaffung diskutiert (vergleiche Abb. 4.3.5.2/1).

Die Themenvorschläge, die der Leiterin unterbreitet wurden, stammten überwiegend aus dem Bereich Landschaftsveränderungen und den daraus resultierenden Nutzungskonflikten. In der Klasse (Gymnasiasten der Sekundarstufe II) bildeten sich spontan fünf Arbeitsgruppen, die fünf der Themenvorschläge zur Weiterbearbeitung auswählten. Eine Gruppe beschäftigte sich mit dem Landschaftswandel im Bezirk Einsiedeln in den letzten 100 Jahren, eine andere erstellte je ein Bachinventar eines verbauten und eines unverbauten Zuflußes zur Alp (ein Bach, der durch Einsiedeln fließt) und verglich die Bäche miteinander. Die dritte Gruppe untersuchte die Nutzungskonflikte zwischen Landwirtschaft und Tourismus an den Ufern des Sihlsees, ein 1937 zu Energiegewinnungszwecken aufgestauter See in der Nähe des Dorfes. Die vierte Gruppe befragte Einheimische und Besucher nach ihrer Meinung zu einer Sperrung des Klosterplatzes in Einsiedeln für den Verkehr. Die fünfte Gruppe bearbeitete das Thema Einsiedler und Zürcher Jugendliche im Vergleich, wobei es vor allem um eine Gegenüberstellung des Freizeitverhaltens von Stadt- und Landjugend ging.

Die Schülerarbeitsgruppen wurden in der Vorbereitungsphase im Schulhaus und während der Arbeitswoche in Einsiedeln von den Studenten autonom betreut. Am Ende der Woche stellten die Ar-

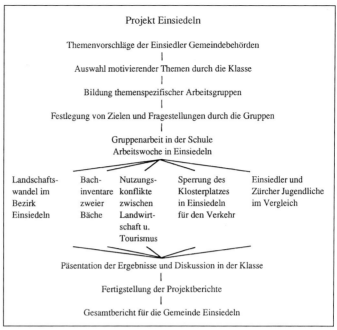

Abb. 4.3.5.2/1
Übersicht über die Projektstruktur
(Idee: *Hemmer* 1992, S. 31)

Projekt Einsiedeln

Themenvorschläge der Einsiedler Gemeindebehörden
|
Auswahl motivierender Themen durch die Klasse
|
Bildung themenspezifischer Arbeitsgruppen

Festlegung von Zielen und Fragestellungen durch die Gruppen
|
Gruppenarbeit in der Schule
Arbeitswoche in Einsiedeln

Landschafts-	Bach-	Nutzungs-	Sperrung des	Einsiedler und
wandel im	inventare	konflikte	Klosterplatzes	Zürcher Jugendliche
Bezirk	zweier	zwischen	in Einsiedeln	im Vergleich
Einsiedeln	Bäche	Landwirt-	für den Verkehr	
		schaft u.		
		Tourismus		

Päsentation der Ergebnisse und Diskussion in der Klasse
|
Fertigstellung der Projektberichte
|
Gesamtbericht für die Gemeinde Einsiedeln

beitsgruppen ihre Ergebnisse vor Vertretern der Einsiedler Gemeindebehörde, vor der Presse, der Klasse, der Klassenlehrerin, dem Rektor der Schule und Gästen vor. Sie beeindruckten durch ihre präzisen Analysen. Ihre Ergebnisse wurden sogar in einem halbseitigen Zeitungsartikel im „Einsiedler Anzeiger" veröffentlicht und gewürdigt. In der Nachbereitungsphase in Zürich verfaßte jede Arbeitsgruppe einen Projektbericht mit ihren Untersuchungsergebnissen. In einer anschließenden Evaluation beurteilten Schüler und Studenten das Projekt Einsiedeln. Aus den Projektberichten und den Evaluationen wurde abschließend ein Gesamtbericht verfaßt, der den Gemeindebehörden zur Diskussion übergeben wurde.

Der Zeitbedarf für das gesamte Projekt belief sich auf fünf Doppelstunden für die Vorbereitung, eine Arbeitswoche im Feld und eine Doppelstunde für die Evaluation. Außerdem trafen sich die Schülerarbeitsgruppen während der Planungsphase bis zu vier Mal am freien Schulnachmittag. Die Projektberichte erstellten die Schüler ebenfalls in ihrer Freizeit.

4.3.5.3 Ergebnisse und Erfahrungen

Die an lehrerzentrierten Unterricht gewöhnten Schüler hatten während der Vorbereitungsphase verschiedenste Anlaufschwierigkeiten, die sich in Passivität, Konsumhaltung, Unselbständigkeit, Unzuverlässigkeit oder fehlender Motivation äußerten. In der Arbeitswoche in Einsiedeln entwickelten sie aber ein kaum zu bremsendes Engagement und den Ehrgeiz, ein sinnvolles Ergebnis und ein gemeinsames Gruppenprodukt zu erarbeiten. Schüler, die sich zu Anfang eher passiv und lernunwillig gezeigt hatten, erbrachten beachtliche kognitive Leistungen und verhielten sich kooperativ (*Reinfried* 1993, S. 56 f.).

Das ‚Projekt Einsiedeln‘ verdeutlicht die Vorteile offener Lehr- und Lernformen bei der Behandlung landschaftsökologischer Fragen. Durch „Learning by doing" erwarben die Jugendlichen neues, praxisbezogenes Fachwissen. Die Erkenntnisse, die sie gewonnen haben, sind auf ihren Heimatort, aber auch auf den Fernraum übertragbar. Um zu Problemlösungen zu gelangen, mußten sie ganz im

Sinne des forschenden Lernens (*Gould* et al. 1991, S. 50) Verantwortung für ihre Arbeit übernehmen, nach geeigneten Arbeitsmethoden suchen, diese erproben, verbessern, anwenden und die Ergebnisse auswerten. Dabei machten sie die Erfahrung, daß die Erforschung umweltrelevanter und somit meist auch gesellschaftspolitischer Fragen mit Befriedigung und Spaß, aber auch mit frustrie-

Abb. 4.3.5.3/1
Landschaftsveränderungen im Gebiet von Einsiedeln von 1889 bis 1989 (Kartengrundlagen: Bundesamt für Landestopographie, *Siegfried Carten* von 1887/1937, Landeskarte von 1984)

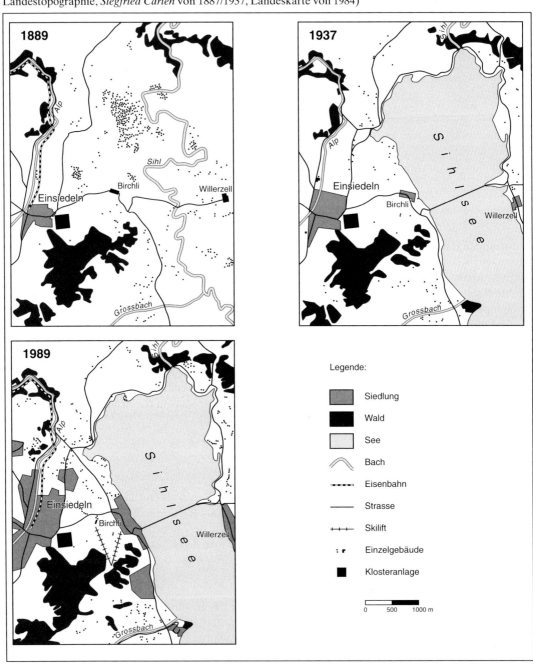

renden Erlebnissen (unfreundliche Behandlung durch die interviewten Personen, finanzielle Engpässe, Zeitnot) verbunden sein kann.

Im folgenden sind die Ergebnisse der Schülerarbeitsgruppen kurz zusammengefaßt. Das Thema Landschaftswandel wird etwas ausführlicher dargestellt, von den anderen Themen werden nur die wichtigsten Ergebnisse wiedergegeben.

Die Gruppe Landschaftswandel im Bezirk Einsiedeln hat mittels dreier Zeitschnitte die Landschaftsveränderungen von 1889 bis 1989 kartographisch und quantitativ festgehalten. Verglichen wurden die Siegfried-Karte 245 Einsiedeln von 1889 (erste Ausgabe), die Siegfriedkarte 245 Einsiedeln von 1937 (letzte Ausgabe) und die Landeskarte 1 132 Einsiedeln von 1989 (alle im Maßstab 1 : 25 000). Kartiert wurde nach der von *Kyburz-Graber* (1983, Textsammlung S. 60 ff.) vorgeschlagenen Methode. Außerdem wurden alte Fotos zusammengetragen, der Standpunkt des Fotografen festgestellt und auf einer Karte markiert. In der Feldwoche fotografierten die Schüler den selben Bildausschnitt vom gleichen Aufnahmestandort aus, von welchem er vor Jahrzehnten aufgenommen worden war, und verglichen anschließend alte und neue Bilder.

Das einschneidendste Ereignis in der ersten Hälfte des 20. Jahhunderts war die Stauung der Sihl zum Sihlsee im Jahr 1937 zur Erzeugung von Wasserkraft (Abb. 4.3.5.3/1). Der Stausee überschwemmte ein Hochmoor mit einer Fläche von 11 Quadratkilometern. Die Sihl, die früher im Talgrund mäandrierte, mündete von da an in den Stausee. Der See veränderte die Landschaft nachhaltig: Riedgebiete, Waldflächen, Bäche, Weiler, landwirtsachtliche Gebäude (hauptsächlich Torfschuppen),

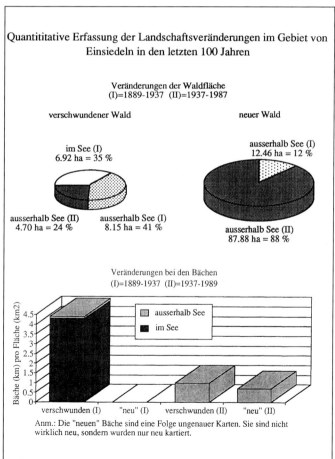

Abb. 4.3.5.3/2
Ergebnisse der Gruppe Landschaftswandel

Straßen und Wege wurden überspült, um den See baute man eine Uferstraße (Abb. 4.3.5.3/1). 107 Personen mußten umgesiedelt werden. Das östliche und westliche Seeufer wurden mit Brücken verbunden.

Die Veränderungen in der zweiten Hälfte unseres Jahrhunderts sind durch eine starke Zunahme der Besiedlung charakterisiert (Abb. 4.3.5.3/1 und 4.3.5.3/3). Das Dorf Einsiedeln vergrößerte sich im Alptal entlang von Straße und Bahn. Sein Gewerbe- und Industriegebiet wurde ausgebaut. Am Seeufer entstanden neue Siedlungen. In jenen Weilern, die erst aufgrund der Stauung an das Ufer des Sees zu liegen kamen, förderte der einsetzende Fremdenverkehr den Bau von Ferienhäusern und Campingplätzen. Östlich von Einsiedeln errichtete man sogar zwei Skilifte, obwohl hier auf 1000 m ü.d.M. keine sicheren Wintersportverhältnisse vorausgesetzt werden können. Im Zuge von Entwässerungen verschwanden auch viele kleine Bäche, die zusammen eine Länge von einem Kilometer ergeben. In 100 Jahren verkleinerte sich die Waldfläche außerhalb des überfluteten Talgrundes um ca. 13 ha zugunsten von Kulturland. Diesen Rodungen stehen jedoch beachtliche Aufforstungen und Wiederbewaldungen von über 100 ha gegenüber, die auf eine extensivere Nutzung der Agrarflächen schließen lassen. Die Veränderungen des Straßen- und Wegnetzes sind eine Folge des Siedlungswachstums (Abb. 4.3.5.3/2 und 4.3.5.3/3).

Der fotografische Vergleich der Landschaft vor und nach der Anlage des Sihlsees zeigte, daß viele Häuser ihre Funktionen zu Restaurants und Hotels wechselten. Neue Siedlungen außerhalb der Dörfer Birchli und Willerzell bestehen heute ausschließlich aus Ferienwohnungen (Abb. 4.3.5.3/1).

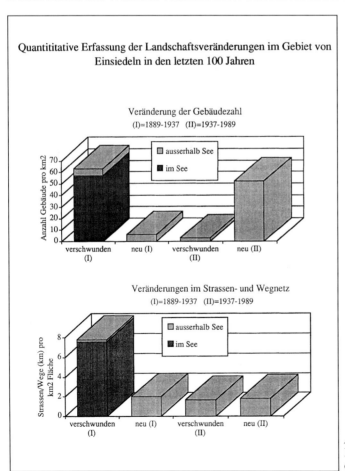

Quantititative Erfassung der Landschaftsveränderungen im Gebiet von Einsiedeln in den letzten 100 Jahren

Veränderung der Gebäudezahl
(I)=1889-1937 (II)=1937-1989

Veränderungen im Strassen- und Wegnetz
(I)=1889-1937 (II)=1937-1989

Abb. 4.3.5.3/3
Ergebnisse der Gruppe Landschaftswandel

Mit dem Tourismus nahm auch der Verkehr zu; denn, um schneller in das Erholungsgebiet zu gelangen, stieg der Bedarf an einem besseren Verkehrsnetz. Da sich in Einsiedeln der Verkehr staute, mußte eine Umgehungsstraße gebaut werden. Aus diesem Grund vermischt sich heute die traditionelle Bauart mit modernen städtischen Einflüssen, wie z. B. Parkplätzen, Umgehungsstraßen, Schienennetzerweiterungen und Straßenverbindungen quer über den See.

Der Kartenvergleich der Schüler zeigt eindrucksvoll, wie sich der Mensch in einem Zeitraum von nur 100 Jahren eine Landschaft nutzbar gemacht hat. Verbunden mit dieser „Inwertsetzung" ist auf der Kehrseite der irreversible Rückgang von Feuchtgebieten, offenen Bachläufen, Hecken und Feldgehölzen und dort lebenden Tier- und Pflanzenarten.

Auch das Ortsbild von Einsiedeln hat sich im Laufe der Jahre stark verändert. Manche Häuser wurden ausgebaut, andere renoviert oder abgerissen. Auf den freigewordenen Flächen wurden teilweise neue Gebäude erstellt, oder sie wurden zu Parkplätzen umgenutzt. Das heutige Ortsbild von Einsiedeln stimmte die Schüler eher traurig. Das Dorf hat zwar glücklicherweise seinen eigenen Charakter und Charme noch nicht ganz verloren; die vorhandene Idylle vermischt sich aber zusehends mit fremden Einflüssen (Abb. 4.3.5.3/4), die vor allem den Besucher- und Pilgerströmen zuzuschreiben sind. Der Andrang von ungefähr 500 000 Menschen pro Jahr, die mit Bussen und PKW anreisen, und der ganz normale tägliche Verkehr im Dorf führen zu einer erheblichen, von den Schülern als störend empfundenen Verkehrsbelastung. Der Klosterplatz, der das Zentrum von Einsiedeln bildet und auf dem einst Einheimische wie Besucher flanierten, dient heute zum größten Teil als Parkplatz, eine zur Zeit zwar notwendige, aber häßliche Umnutzung.

Die 17jährigen Schüler, denen in der Projektwoche die landschaftsverändernde Tätigkeit des Menschen und deren Folgen erstmals bewußt wurden, schlossen denn auch ihren Bericht mit den Worten: „Wir kamen, sahen und staunten über die krassen Veränderungen, die sich im Raume Einsiedeln im Laufe eines Jahrhunderts zugetragen hatten".

Die Gruppe Bachinventar verglich den weitgehend unverbauten Rotenbach mit dem durch Betonschwellen stark verbauten und kanalisierten Butzibach. Die Schüler empfanden den naturnahen Rotenbach als landschaftliche Bereicherung, während sie der begradigte Butzibach mit seinen versiegelten Uferzonen und kahlen Bachabschnitten mit der Zeit langweilte. Sie stellten fest, daß Flora und Fauna des Butzibaches bedeutend artenärmer sind als jene des Rotenbaches. Die naturnahen Verbauungen am Rotenbach beschränken sich heute noch ausschließlich auf Holzschwellen oder hölzerne Rinnen. Die Rücksichtnahme auf die Natur hat allerdings ihren Preis: Bei Hochwasser werden einerseits die Prallhänge und damit Kulturland erodiert; andererseits werden die Gleithänge überflutet und mit Geschiebe überdeckt, zum Nachteil der Landwirte, die das Gelände als Mähweiden nutzen. Die Landwirte fordern daher, daß der Rotenbach professioneller verbaut werden müsse, um Schäden am Kulturland in Zukunft einzudämmen. Die Schüler waren mit ihrem Thema mitten in

Abb. 4.3.5.3/4
Der Bahnhofplatz in Einsiedeln um 1910 (links) und 1992 (rechts)

die Problematik unterschiedlicher Nutzungsinteressen geraten: Einerseits erkannten sie die negativen Auswirkungen massiver Bachverbauungen auf das Geoökosystem. Andererseits hatten sie auch Verständnis für die Forderungen der Bauern nach wirksameren Schutzmaßnahmen, da ihnen bewußt geworden war, unter welch schwierigen Bedingungen die Landwirte hier ihren Lebensunterhalt erwirtschaften müssen.

Die Gruppe Nutzungskonflikte zwischen Landwirtschaft und Tourismus an den Ufern des Sihlsees kartierte zuerst die touristische Infrastruktur und Uferbeschaffenheit um den nördlichen Teil des Sees. Fortbewegungsmittel war das Fahrrad. Sie stellte fest, daß es rund um den See ca. 300 private Ferienhäuschen gibt, daß man als Spaziergänger jedoch fast überall – dank der vielen Wege – an das Ufer herankommt. Der See dient den Erholungssuchenden im Sommer zum Baden, Surfen, Segeln, Bootfahren und Fischen. Die Schüler fanden eine ganze Reihe echter Nutzungskonflikte. So wurde kritisiert, daß die Wassersportler ungehinderten Zugang zu den unter Naturschutz stehenden Schilfgebieten beim Seeausfluß haben. Die Mähweiden an den Ufern des Sees werden zum Leidwesen der Landwirte von den Erholungssuchenden als Kotplätze für Hunde und als Parkplätze mißbraucht. Auch werden dort nach dem sonntäglichen Picknick ganze Abfallberge zurückgelassen. Die Mähweiden und Kunstwiesen werden von den Bauern intensiv gedüngt, was dem Ufer des Sihlsees ein herrlich grünes Aussehen verleiht. Überschüssige Nährstoffe gelangen jedoch in den See und können zur Beeinträchtigung der Wasserqualität führen, was sich langfristig schädlich auf das Naturschutzgebiet und das Ökosystem im See auswirken könnte. Negativ fällt auch der Lastwagenverkehr ins Gewicht, der die Straßen rund um den See stark belastet und durch Lärm- und Abgasimmissionen sowohl dem Fremdenverkehr wie der Landwirtschaft schadet. Da die Touristenströme an den Ufern des Sihlsees in vorgegebene Bahnen gelenkt werden und bis heute erst eine sanfte, angepaßte touristische Erschließung des Gebietes erfolgt ist, scheinen die Konflikte, die die Gruppe gefunden hat, niemanden übermäßig zu beunruhigen. Einheimische und Touristen, die letztlich voneinander profitieren, leben mehrheitlich friedlich nebeneinander.

Die Gruppe, welche Einheimische und Besucher zu einer Verkehrssperrung des Klosterplatzes in Einsiedeln befragte, stellte fest, daß deren Meinungen in sich recht widersprüchlich sind. Vor allem die Einsiedler vermissen an Wochenenden und an Feiertagen freie Parkplätze. Trotzdem empfinden 62 % der Befragten den Fremdenverkehr und die vielen Pilger nicht als störend, schließlich profitiert man von ihnen. Obwohl für sie Autos auf dem Klosterplatz Fremdkörper sind, benutzen ihn 26 % der Befragten selber regelmäßig als Parkplatz. Zwei Drittel der Befragten glauben, daß es notwendig sei, den Klosterplatz als Parkplatz zu nutzen. Sie räumen aber ein, daß die Autos vom Klosterplatz verbannt werden sollten, sobald das geplante Parkhaus fertiggestellt ist.

Erstaunliches kam bei der Gruppe Einsiedler und Zürcher Jugendlichen im Vergleich heraus. Diese Gruppe hatte vor Arbeitsbeginn Hypothesen darüber aufgestellt, wie ihrer Meinung nach Jugendliche auf dem Land leben. Die Schüler nahmen an, daß die Einsiedler Jugend häufiger zur Kirche geht, möglichst bald nach Schulabschluß das ländliche Gebiet verlassen will und daß fast alle Jugendlichen in einem Verein organisiert sind. Nach Interviews mit Schülern der Sekundarstufe I und II und Lehrlingen im Alter von 15 bis 20 Jahren mußten sie zur Kenntnis nehmen, daß ihre Meinungen auf Vorurteilen beruhen. Die Einsiedler Jugendlichen unterscheiden sich prinzipiell nicht sonderlich von der Stadtjugend. Entgegen den Erwartungen der Zürcher Schüler ist man zufrieden mit dem ruhigen Landleben, freut sich über die saubere Luft und die grüne Umgebung mit den vielen Sportmöglichkeiten. Eine „Landflucht" war daher in Einsiedeln nicht festzustellen. Man wünscht sich zwar einmal einen befristeten Stadtaufenthalt, aber dauerhaft möchte man doch nicht von Beton, Streß und Hektik umgeben sein.

Am Präsentationsabend wurden schließlich die landschaftsökologischen Zusammenhänge zwischen den verschiedenen Gruppenarbeiten deutlich: Der Landschaftswandel hat dazu geführt, daß viele Elemente der ursprünglichen, naturnahen Landschaft verschwunden sind. Er findet auch heute noch statt, z. B. in Form von Bachverbauungen zugunsten von Agrarland, auf Kosten der Natur. Trotz die-

320

ser Veränderungen wird der Lebensraum von den Einsiedler Jugendlichen als noch so intakt empfunden, daß ein Leben hier attraktiver als in einer Stadtlandschaft erscheint. Zwei Nutznießer des Landschaftwandels, die moderne Landwirtschaft und der Tourismus, konkurrieren um die neu geschaffenen Flächen. Dort wo diese beiden Erwerbszweige intensiv betrieben werden, verursachen sie Umweltprobleme. Der Mensch mit seinen wachsenden Raumansprüchen verstrickt sich notgedrungen in Widersprüche, die sich aus ökonomischen Zwängen und ökologischen Notwendigkeiten ergeben.

4.3.5.4 *Beschreibung des Projekts aus der Sicht eines Studenten*

Ausgewählt wurde die Stellungnahme des Studenten, der die Gruppe Landschaftswandel im Bezirk Einsiedeln betreut hat. Der Text wird gekürzt wiedergegeben.
„Die Schüler untersuchten den Landschaftswandel im Bezirk Einsiedeln innerhalb der letzten hundert Jahre anhand von Kartenmaterial und Fotos. Der Landschaftswandel wurde kartographisch, fotografisch und schriftlich dokumentiert. Aus zeitlichen Gründen haben wir nicht den gesamten Bezirk Einsiedeln bearbeitet, sondern nur Teile davon. Die auszuwählende Region sollte möglichst viele Aspekte des Landschaftswandels miteinschließen, mußte aber das Dorf Einsiedeln und Teile des Sihlsees enthalten. Die Schüler lernten die Veränderung der Landschaft mittels verschiedener Techniken festzuhalten und deren Größenordnung und die damit verbundenen Auswirkungen abzuschätzen. Während der Feldarbeit wurde die Landschaft durch Betrachten und Erleben bewußt wahrgenommen und selber dokumentiert. Bei den Arbeiten sollte auch der Bezug zu den anderen Arbeitsthemen dieses Projektes erkennbar werden. Den Schülern sollte bewußt werden, daß der Mensch mit seinen Aktivitäten den natürlichen Lebenszusammenhang nachhaltig zu seinem Nutzen und zum Schaden der Natur verändert. Als Einführung ins Thema wählte ich die rund 20-minütige Dia-Schau ‚Die Landschaft im Wandel' des Schweizerischen Bundes für Naturschutz, die der Gruppe einen bildhaften Einstieg in ihr zukünftiges Arbeitsthema vermittelte. Anschließend forderte ich die Schüler auf, ihre Ideen und Überlegungen zur Bearbeitung des Themas darzulegen.
Die Schüler hatten keine genauen Vorstellungen über den Inhalt des von ihnen gewählten Themas und waren auch damit überfordert, Vorschläge zu dessen Erarbeitung im Rahmen einer Arbeitswoche zu machen. Sie waren zu diesem Zeitpunkt noch wenig für das Thema sensibilisiert und konnten dessen Bedeutung für ihren eigenen Lebensraum und Lebensstil kaum ermessen. Ihre Interessen beschränkten sich vor allem auf Fragen der Darstellung und Präsentation der von ihnen noch durchzuführenden Arbeiten. Hier entwickelten sie zahlreiche, teilweise etwas konfuse Ideen zum möglichen Einsatz von Informatikmitteln. Die Informatikbegeisterung aller Gruppenmitglieder bildete aber dann die Schnittstelle zwischen persönlichen und schulischen Interessen, woraus sich schließlich eine fruchtbare Dynamik entwickelte.
Mit dem Projekt Einsiedeln wurde die Klasse zum ersten Mal mit nichtlehrerzentriertem Unterricht konfrontiert. Deshalb waren die bisher überwiegend frontal unterrichteten Schüler mit der für sie unerwarteten Möglichkeit zur Selbst- und Mitbestimmung weitgehend überfordert. Als Betreuer mußte ich schließlich die Führung übernehmen und Vorschläge bezüglich Inhalten, Zielsetzung und Untersuchungsmethoden einbringen. Um die Selbständigkeit und Selbsttätigkeit der Schüler zu fördern, ließ ich die Jugendlichen im Verlaufe der Arbeiten jedoch immer dann selber entscheiden, wo sie dies auch konnten.
In der Gruppe war der Wunsch vorhanden, bereits im Vorfeld der Feldwoche einen Teil der Arbeit zu leisten, um die Zeit in Einsiedeln besser für die Feldarbeit nutzen und gleichzeitig die Woche ungezwungener erleben zu können. Diese Möglichkeit war von der Projektleitung auch vorgesehen und kann im Rückblick für die Gruppe Landschaftswandel als ideal angesehen werden. Da die Schüler trotz ihrer normalen schulischen Belastung motiviert dazu waren, einen Monat lang einmal pro Woche 75 Minuten zusätzlich für die Feldwoche zu arbeiten, bot diese Lösung die Möglichkeit,

den Landschaftswandel feldunabhängig kartographisch zu erfassen und somit auch eine Methode anzuwenden, die während der Woche infolge mangelnder Infrastruktur und relativ großem zeitlichen Aufwand wohl kaum sinnvoll in den Tagesablauf hätte integriert werden können.

Die Arbeitswoche konnte dann weitgehend nach Programm durchgeführt werden, auch wenn die Witterungsbedingungen für die vorgesehenen Arbeiten nicht gerade optimal waren. Für mich als angehenden Lehrer war es interessant, zu erleben, wie durch den Einsatz verschiedener Arbeitsmethoden die individuellen Stärken der einzelnen Schüler in der Vorbereitungs- und Durchführungsphase unterschiedlich zum Tragen kamen und dadurch auch soziales Lernen möglich wurde. Ich selbst erlebte mich in einer ganz neuen Lehrerrolle. Anstatt nur Informationen zu vermitteln, organisierte ich den Unterricht, regte die Schüler dazu an, sich Handlungsräume zu eröffnen, und beriet sie in methodisch-technischen Fragen.

Das ‚Projekt Einsiedeln' hat mir gezeigt, daß sich landschaftsökologische Themen besonders gut für den Unterricht außerhalb des Schulzimmers eignen. Am Beispiel eines komplexen Umweltsystems übten sich die Schüler vor Ort durch eigene Betrachtung im integrativen Denken. Deshalb sollten Projektwochen mit geographisch-ökologischen Inhalten zur festen Einrichtung des Geographieunterrichtes werden.“

Fazit:

Das ‚Projekt Einsiedeln' stellt einen echten Beitrag zur Umwelterziehung dar. Neben der kognitiven Lernzielebene „landschaftsökologisches Wissen“ traten verstärkt die Zielebenen „Einstellungen und Handeln bezüglich umweltrelevanter Fragen“. Die Feldarbeit ermöglichte den Schülern eine originale und ganzheitliche Begegnung mit dem sich verändernden Raum, durch welche sie für die landschaftliche Harmonie sensibilisiert wurden. Es wurde ihnen klar, daß auch die naturnahe Landschaft eine begrenzte Ressource darstellt, die durch jede Aktivität des Menschen verändert, ja sogar unwiederbringlich zerstört werden kann, weil sich die Einzelbelastungen addieren. Die Schüler überführten sich selbst als „Umweltsünder“, indem ihnen klar wurde, daß beispielsweise ihr eigenes unreflektiertes Raumverhalten (Skifahren, Surfen, Spritztouren mit dem Auto) der Beginn einer Ursachenkette sein kann, die zu Landschaftswandel und damit letztlich zum Aussterben von Tier- und Pflanzenarten führt. Diese Erkenntnis löste Betroffenheit aus. Es bleibt zu hoffen, daß diese Betroffenheit in ein kritisches Bewußtsein mündet, in Zukunft sorgsamer mit dem Raum umzugehen und einen umweltverträglicheren Lebensstil zu wählen.

4.4 Arbeitsweisen im geoökologischen Unterricht *(Hartmut Leser)*

Die Beispiele sollen zeigen, daß auch engbegrenzte Umweltsachverhalte aufgegriffen und sachgerecht abgehandelt werden können. Verbunden ist dies mit dem Kennenlernen einfacher Methoden, die zugleich auch Handwerkszeug der Praktiker sind, z. B. beim Boden (Kap. 4.4.1). Die Stundenskizzen haben eine methodische Doppelfunktion:

(1) Erfahren, daß Umweltschutz und Geoökosystemforschung keine Geheimwissenschaften sind, sondern daß es auf den Ansatz (Geoökosystemansatz) und die Arbeitsmethoden ankommt, ob man sich sachgerecht mit der Umwelt auseinandersetzt.

(2) Erfahren, daß die Methoden der Praktiker z.T. relativ einfach sein können, so daß sich die Schüler sowohl für den praktischen Umweltschutz (Beruf!) als auch – künftig – als kritische Bürger für die Umweltschutzidee motiviert sehen.

Die Stundenskizzen greifen drei Methoden auf:

– Die Flechtenmethode zur Erfassung der Luftqualität ist traditionelles Handwerkszeug des Umweltschutzes und didaktisch sehr attraktiv, weil sie sich – schulstufengerecht – vertiefen oder vereinfachen läßt.

– Die Wasserlinsen-Experimente erweisen sich als leicht durchführbar und sind vielfältig anwend- und auswertbar. Sowohl bei der Durchführung als auch bei der Auswertung kann inhaltlich und methodisch vereinfacht oder auch gesteigert werden.

– Gerade im geoökosystemzentrierten Unterricht darf die Naturwissenschaftlichkeit aufgelockert bis emotionalisiert werden. Dazu können die unterrichtlich und geoökologisch nie ganz ausgeschöpften Bildbetrachtungen dienen, die von der komplexen landschaftlichen Realität ausgehen.

4.4.1 Experimentieren – Boden als Ökosystem *(Janine Ackermann)*

4.4.1.1 Zielsetzung und Überblick

Sowohl das Thema Boden als auch dasjenige des Ökosystems (s. Kap. 2.1) umfassen einen komplexen Bereich.
So schließt das Thema ‚Boden‘ etwa folgende Aspekte ein:
• Bodenbildungsfaktoren wie Klima, Relief, Gestein, Tiere, Vegetation, Wasser und Mensch;
• Bedeutung des Bodens als Lebensraum für Mensch, Tier und Pflanze, als Grundlage für unsere Ernährung, als Bauland und Deponie für Abfallstoffe, als Wasserreiniger und Trinkwasserreservoir;
• Begrenztheit des Bodens;
• Boden als Speicher und Regler;
• Boden als eigenes (Öko)System.

Abb. 4.4.1.1/1
Strukturplan der Arbeit mit den Bodenexperimenten, zugleich Experimentiermodell, das die funktionalen Beziehungen im System darstellt
(Entwurf: *J. Ackermann*)

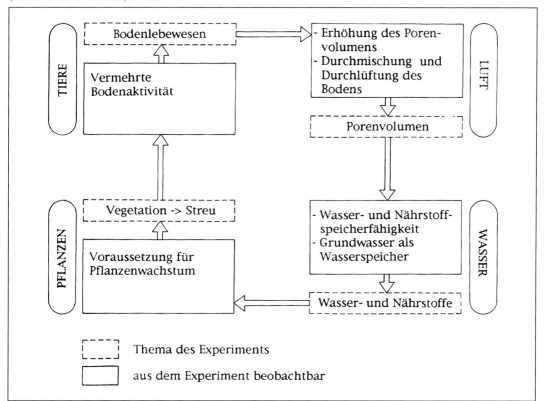

Mit dem Thema ‚Ökosystem‘ (i. w. S.) verbinden sich demgegenüber Aspekte wie:

- dreidimensionales, komplexes Wirkungsgefüge;
- Zusammenwirken von verschiedenen Teilsystemen wie Hydrosystem, Phytosystem, Zoosystem, Pedosystem;
- dynamisches Gleichgewicht.

Aus praktischen Gründen wird das thematische Schwergewicht im folgenden auf den Boden gelegt. Ausgehend von der Vermutung, daß Boden im landläufigen Sinn vielfach wohl als lebloser, brauner Dreck betrachtet wird, den man getrost überbauen und als Abfalldeponie benutzen kann, ist das Ziel dieser Einheit, den Schülerinnen und Schülern die Komplexität des Bodens sowohl als eigenes (Öko)System als auch als Bestandteil des übergeordneten (Gesamt)Ökosystems näherzubringen. Es ist von Vorteil, die folgende Unterrichtseinheit im achten oder neunten Schuljahr durchzuführen, weil zu diesem Zeitpunkt die geistige Entwicklung der Jugendlichen so weit vorangeschritten ist, daß neben den stofflichen auch die lernpsychologischen Voraussetzungen gegeben sind (*Burki* u. a. 1990, S. III). Zeitlich gesehen sollte man die Unterrichtseinheit im Sommer oder im Herbst behandeln, da dann Mikroorganismen und Regenwürmer aktiv und sichtbar sind. Vom Material her sind alle Experimente so konzipiert, daß, wo immer möglich, die Materialien aus dem Chemielabor durch Gegenstände aus dem Alltag ersetzt werden können.

Um dem Systemgedanken und dem *Bedürfnis nach eigener Erfahrung* gerecht zu werden, ist eine *Experimentierreihe* die geeignetste Methode. Sie stellt eine attraktive und einprägsame Lernform dar. Mittels vier Experimenten (Abb. 4.4.1.1/1) sollen die Schülerinnen und Schüler den Boden als lebende, essentielle und zum Ökosystem gehörende Substanz kennenlernen. Die Ergebnisse jedes einzelnen Experimentes stellen jeweils Voraussetzungen für das nächste Experiment dar, so daß deren direkter Zusammenhang ersichtlich wird. Die Ergebnisse des allerletzten Experimentes haben einen direkten Bezug zum ersten, so daß die Experimentierreihe einen Kreislauf bildet. Am Ende der Versuchsreihe hat jeder Schüler den Boden anhand von vier Faktoren kennen- und zu differenzieren gelernt und ihn zusätzlich als Bestandteil des Geoökosystems selbst erfahren.

4.4.1.2 Grobgliederung und Stundenaufbau

Bei der folgenden Beschreibung der Unterrichtseinheit wird von folgender Zeitplanung ausgegangen:
Einführung Ökosystem/Geoökosystem: zwei Stunden
Experimentierreihe: acht Stunden
Schlußbesprechung: zwei Stunden

a) Einführung
Zur Einführung sollte der *Standortregelkreis* des Geoökosystems besprochen oder aufgefrischt werden (s. Kap. 2.2.4.1 und 2.2.4.2). Dieser wird während der Experimentierreihe nur im Hintergrund eine Rolle spielen, d. h. der Zusammenhang zwischen den Experimenten rund um den Boden und dem Geoökosystem wird den Schülerinnen und Schülern erst am Schluß, wenn sie die Erfahrungen aus den Experimenten wie Bausteine zusammengesetzt haben, klar. Wichtig sind bei dieser Einführung vor allem die Begriffserklärung (s. Kap. 2.1) und das Aufzeigen der am Ökosystem bzw. Geoökosystem beteiligten Faktoren (Abb. 4.4.1.2/1). Dieses Arbeitsblatt kann als Überleitung zum Thema Boden benutzt werden. Die Schülerinnen und Schüler sollen sich überlegen (z. B. Brainstorming), was Boden für sie ist und was sie damit in Verbindung bringen, welche Funktionen des Standortregelkreises sich im und auf dem Boden abspielen und wie diese Tätigkeiten sichtbar werden. Mit Dias verschiedener Bodentypen und Bodenproben kann zudem phänomenologisch auf die Verschiedenartigkeit „des Bodens" aufmerksam gemacht werden.

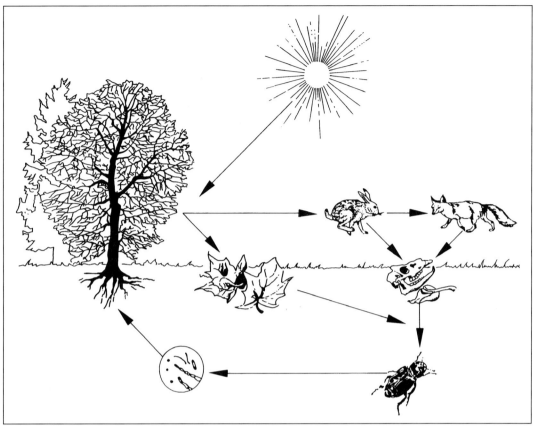

Abb. 4.4.1.2/1
Arbeitsblatt für die Einführung in das funktionsbezogene Ökosystem-Denken
(verändert nach *R. Kyburz-Graber* 1991, S. 77)

b) Experimentierreihe
Nun kann mit dem Hauptteil der Unterrichtseinheit begonnen werden: der Experimentierreihe. Sie
gibt den Schülern während den nächsten vier Doppelstunden einen Einblick in das *Bodensystem*.
Die genauen Angaben zu den Experimenten folgen im Kapitel 4.4.1.3.
Der Aufbau der einzelnen Experimentierstunden hängt im Detail davon ab, ob die Experimente zu
Hause als Hausaufgaben oder während der Schulstunde durchgeführt werden. Außer dem Experiment „Funktion der Poren", das direkt in der Stunde ausgeführt wird, müssen alle anderen zu Hause
oder in der vorausgehenden Stunde angesetzt werden .
Es gibt also drei Möglichkeiten:
– Experiment am Anfang der Stunde und anschließend die Besprechung;
– das neue Experiment am Schluß der Stunde ansetzen und in der nächsten Stunde (eine Woche
  später) beobachten und besprechen;
– ein Experiment den Schülern als Hausaufgabe aufgeben, damit sie den Prozeß über eine bestimmte Zeitdauer beobachten können (Experiment „Funktion von Wasser und Nährstoffen" sowie Experiment „Funktion der Streu").
Auf jeden Fall werden während des Unterrichts das Experiment und das Beobachtete besprochen.
Die Schülerinnen und Schüler lernen auf diese Weise, aus Beobachtungen Zusammenhänge selbst
zu erkennen. Anschließend sollte der Lehrer diese Erfahrungen mit Theorie ergänzen, den Stoff ein-

gehender behandeln. Hinweise und Beispiele dazu werden am Schluß jedes einzelnen Experiments gegeben. Zudem ist es wichtig, die bodenspezifischen Erfahrungen in das Geoökosystem zu übertragen, d. h. den Zusammenhang zwischen Boden und Gesamtsystem aufzuzeigen. Am Ende der jeweiligen Stunde sollte noch Zeit bleiben für das Ansetzen des neuen Experimentes oder für dessen Erläuterung, so daß es zu Hause durchführbar ist.

Damit die Schüler sich Gedanken darüber machen, wo welcher Boden anzutreffen und ob dieser auch für das Experiment geeignet ist, sollen sie für den ersten und den letzten Versuch die Bodenproben selbst besorgen. Sie werden dadurch auch vor die Aufgabe gestellt, den organismenreichsten Boden ausfindig zu machen. Ob ihnen dies gelungen ist, zeigt dann nicht nur das Experiment selbst, sondern auch der Erfahrungsaustausch und die Besprechung zu Beginn der nächsten Stunde.

c) Schlußbesprechung

Am Schluß sollte eine Diskussion über die neuen Erkenntnisse geführt werden, mit zusätzlichen Erklärungen des Lehrers. Nun muß auch der *Mensch* miteinbezogen werden. In Diskussionen oder anhand von Texten sollen sich die Schüler im Klassenverband oder in Gesprächsgruppen Gedanken dazu machen, wie der Mensch in die besprochenen Bereiche eingreift (z. B. Verdichtung des Bodens durch landwirtschaftliche Fahrzeuge, Düngung, Vergiftung des Grundwassers, Monokulturen, Einsatz von Herbiziden, Überbauungen usw.), wie sich diese Eingriffe auf das Ökosystem auswirken, welche Schäden dabei auftreten und wie man sie beheben oder vermeiden könnte.

4.4.1.3 Die einzelnen Experimente zu den bodenökologischen Funktionen

a) Funktion der Bodentiere

Die Funktion der Bodentiere wird im folgenden Versuch am Beispiel der Regenwürmer deutlich gemacht.

Material (immer pro Gruppe oder Schüler):
– ein höheres Glas (Pulverkaffee- oder Becherglas),
– dunkle Gartenerde,
– heller Sand,

Abb. 4.4.1.3/1
Experimentanordnung, um die Arbeit des Regenwurms zu erkennen
(verändert nach *R. Burki* u. a. 1990, S. 12)

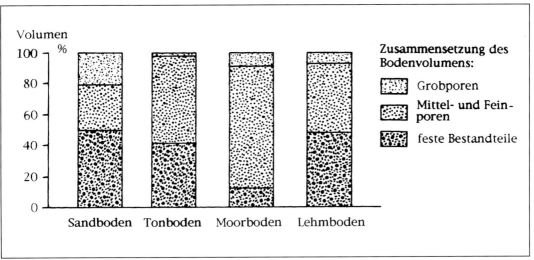

Abb. 4.4.1.3/2
Zusammensetzung der Bodenvolumina auf verschiedenen Ausgangssubstraten
(verändert nach *S. Jäggli* u. a. 1981, S. 35)

– Laubblätter,
– ca. 6–8 Regenwürmer,
– ein Tuch.
Anordnung: Das Glas wird ca. 8 cm hoch mit Gartenerde gefüllt. Darüber werden eine ca. 3 cm dicke
Sandschicht und schließlich oben drauf einige Laubblätter geschichtet. Zuletzt gibt man die Regenwürmer ins Glas. Das Wurmglas wird mit dem Tuch abgedeckt, damit die Tiere nicht durch einfal-
lendes Licht gestört werden, und an einem kühlen Ort gelagert. Es sollte immer genügend Feuchtigkeit vorhanden sein (Abb. 4.4.1.3/1).
Ziel: Nach einer Woche läßt sich bereits eine Durchmischung der drei Schichten beobachten. Außer-
dem werden am Glasrand Wurmgänge sichtbar. Hieraus folgt, daß die Regenwürmer (und weitere
Bodenorganismen) für die Durchmischung, Durchlüftung, den Nährstofftransport und vor allem für
das Porenvolumen des Bodens verantwortlich sind.
Zu behandelnde Theorie:
– Fein-, Mittel- und Grobporen (Grobporen als Luftkanäle; Mittelporen mit pflanzenverfügbarem
  Wasser; Feinporen mit Bodenhaftwasser);
– Ein „guter" Boden besitzt einen Porenanteil von 50 %;
– Zusammensetzung des Bodenvolumens (Abb. 4.4.1.3/2);
– mineralische und organische Zusammensetzung der Böden.
Zusammenhang mit dem Geoökosystem:
Tiere leben nicht nur auf, sondern auch im Boden. Durch ihre Aktivität durchwühlen sie den Boden,
mischen dessen Bestandteile, lockern das Bodengefüge auf und bilden durch Gänge Luft- und Was-
serröhren. Dadurch werden die Bedingungen für das Pflanzenwachstum verbessert.

b) Funktion der Poren
Erstes Experiment (Abb. 4.4.1.3/3)
Wie die Schüler im ersten Versuch erfahren haben, gibt es im Boden Hohlräume zwischen den Bodenteilchen. Diese sind entweder mit Luft oder mit Wasser gefüllt. Im folgenden Experiment sollen
sie mehr über das Porenvolumen und den Zusammenhang mit der Wasser- und Nährstoffspeicher-
fähigkeit erfahren.

Abb. 4.4.1.3/3
Experimentanordnung zur Wasserspeicherfähigkeit
(verändert nach *R. Burki* u. a. 1990, S. 22)

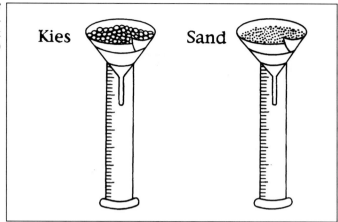

Abb. 4.4.1.3/4
Experimentanordnung zur Wasserzu-
fuhr aus dem Grundwasser
(verändert nach *R. Burki* u. a. 1990, S. 22)

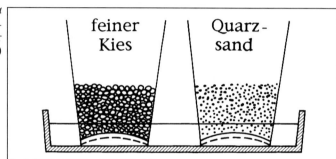

Material:
– 2 Kunststofftrichter,
– 2 Rundfilter (nicht zu klein),
– 2 Meßzylinder,
– trockener Kies,
– trockener Flußsand.

Anordnung:
Der Trichter, mit einem Filter versehen, wird in den Meßzylinder gestellt. Der erste Trichter wird nun zu drei Vierteln mit Kies, der zweite mit Sand gefüllt. Durch beide Proben läßt man nun 50 ml Wasser hindurchlaufen. Die Flüssigkeit wird im Meßzylinder aufgefangen. Ergebnis?

Ziel:
Der Versuch soll einen Hinweis geben auf die unterschiedliche Wasserspeicherfähigkeit in den verschiedenen Bodensubstanzen: Flußsand speichert mehr Wasser als Kies. Ziel ist es, zu erkennen, daß das Wasserspeichervermögen vor allem vom Porenvolumen abhängt. Sand behält mehr Wasser zurück, weil in den kleinen Zwischenräumen Adhäsionskräfte besser wirken als im gröberen Kies.

Zweites Experiment (Abb. 4.4.1.3/4)
Wasser kommt nicht nur von „oben" in den Boden. In trockenen Zeiten vermag ein Boden seine oberen Schichten mit Wasser aus dem Grundwasser zu versorgen. Dies machen die Kapillarkräfte möglich.

Material:
– 2 durchsichtige Plastikbecher,
– 2 kleine Rundfilterpapiere (etwa die Größe des Becherbodens),

- 1 Eisennagel,
- 1 flache Schale,
- blaue Tinte,
- Quarzsand (im Plattenlegergeschäft erhältlich),
- feiner Kies (Korngröße 2 bis 3 mm),
- eine Uhr und eine Waage.

Anordnung:

Den Nagel erhitzen und damit je zehn Löcher in die Becherböden stechen (von oben nach unten).
Auf das auf den Becherboden gelegte Filterpapier füllt man ca. 4 cm hoch Quarzsand bzw. Kies ein.
Jeder Becher wird nun gewogen und sein Gewicht notiert. Anschließend werden die beiden Becher
in die Schale gestellt, die mit verdünnter Tinte ca. 1 cm hoch gefüllt ist. Nach 30 Sekunden werden sie
wieder herausgenommen. Beobachtung? Jetzt werden die Becher nochmals gewogen. Feststellung?

Ziel:

In feinporigen Böden steigt das Wasser höher als in grobporigen, d. h. es bildet sich ein höherer Ka-
pillarsaum. Dementsprechend vermag feinporiger Boden auch mehr Wasser aufzunehmen (Ge-
wichtskontrolle).

Zu behandelnde Theorie:

- Wasserhaushalt der Böden (ideales Porenverhältnis);
- Niederschläge und Bodenwasser (*Schroeder* 1992, S. 49);
- Kapillarwirkung (*Schroeder* 1992, S. 50);
- Wasserspannungskurve (*Scheffer* et al. 1992, S. 178) mit Begriffserklärungen (Welkpunkt, Tran-
  spiration, usw.).

Zusammenhang mit dem Geoökosystem:

Luft und Wasser spielen auch im Boden eine wichtige Rolle. Der Boden nimmt das Regenwasser
vorübergehend auf, bis er es an die Pflanzen, an Bäche und Seen über das Grundwasser oder an die
Atmosphäre durch Verdunstung wieder abgibt. Dadurch wird er zum Speicher und Regler.

c) Funktion des Wassers und der Nährstoffe

Die unterschiedlichen Wasser- und Nährstoffspeicherkapazitäten der verschiedenen Bodenarten
haben ihren Einfluß auf das Pflanzenwachstum. Im Wasser sind auch Nährstoffe gelöst. Jeder Boden
hat also nicht nur eine unterschiedliche Wasser-, sondern auch eine unterschiedliche Nährstoffspei-
cherkapazität. Das nächste Experiment dreht sich damit um die Abhängigkeit der Pflanze von im
Wasser gelösten Nährstoffen (Abb. 4.4.1.3/5).

Abb. 4.4.1.3/5
Experimentanordnung zur Abhängigkeit der Pflanzen von den Nährstoffen
(stark verändert nach *R. Burki* u. a. 1990)

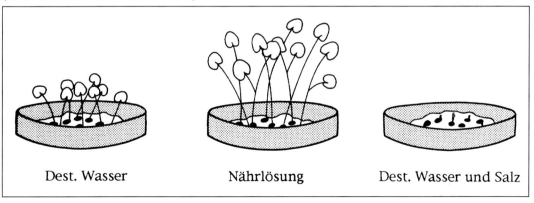

Dest. Wasser   Nährlösung   Dest. Wasser und Salz

Material:
- Klee-, Kresse- oder Radieschensamen,
- 3 Unterteller oder kleine Schälchen,
- 3 Watterondellen,
- destilliertes Wasser,
- etwas Flüssigdünger,
- Kochsalz.

Anordnung:
Die drei Watterondellen werden auf die Teller oder Schälchen gelegt, die erste mit destilliertem Wasser getränkt, die zweite mit einem Wasser-Dünger-Gemisch (ca. sechs Tropfen Flüssigdünger auf einen Deziliter destilliertes Wasser), und die dritte mit einer starken Salzlösung (ca. einen Teelöffel auf einen Deziliter). Nun werden überall etwa gleich viele Samen darauf verteilt. Es ist wichtig, darauf zu achten, daß die Anordnung nie austrocknet, aber auch nie in der Flüssigkeit schwimmt (morgens und abends sollte jeweils etwas nachgegossen werden).

Ziel:
Die Samen im destillierten Wasser und in der Nährlösung keimen schon nach zwei drei Tagen, diejenigen mit der Salzlösung hingegen überhaupt nicht, da durch die osmotische Wirkung dieser Lösung den Samen jegliches Wasser mitsamt den Nährstoffen entzogen wird (die Samen bleichen aus). Nach etwa einer Woche sollten die Keimlinge in der Nährstofflösung höher gewachsen sein als jene, die aus dem destillierten Wasser keine zusätzliche Nahrung erhalten haben. Dieser Versuch soll den Zusammenhang zwischen dem Pflanzenwachstum und dem Wasser- und Nährstoffgehalt eines Bodens aufzeigen, der ja auch vom Porenvolumen abhängt.

Zu behandelnde Theorie:
- Wachstumssteigerung durch Dünger;
- Bodenerosion bei fehlender Pflanzendecke (s. Kap. 3.1.1);
- Stickstoff- und Wasserkreislauf (s. Kap. 2.2.4.1 und 3.1.3);
- Pflanzen als Bioindikatoren (*Weber* 1991).

Zusammenhang mit dem Ökosystem:
Die Pflanzen, deren Wachstum von der Bodenbeschaffenheit abhängt, sorgen für den lebensnotwendigen Sauerstoff. Die Nährstoffe, die sie aus dem Boden aufnehmen, speichern sie und bilden somit die Nahrungsgrundlage für Mensch und Tier. Durch die sehr unterschiedlichen Bodenarten mußten sich die Pflanzen an die gegebenen Bedingungen anpassen, wodurch eine große Artenvielfalt entstanden ist. Mit dem Absterben der Pflanze und dem Laubfall werden die Minerale und Nährstoffe dem Boden zurückgegeben, von der Bodenfauna aufgespalten und zersetzt.

d) Streuverarbeitung
Jeden Herbst kann beobachtet werden, wie die Bäume dem Boden reichlich Material in Form von Blättern zuführen. Aber auch abgebrochene Äste liegen auf dem Boden. Im Frühjahr ist davon meist nichts mehr oder nur noch sehr wenig zu sehen. Was ist da geschehen?
Mit diesem Experiment (Abb. 4.4.2.3/6) schließen wir den Kreis: Wir sind wieder bei den Bodentieren und Mikroorganismen angelangt.

Material:
- Dreifuß,
- großes, weitmaschiges Sieb (Teigwarensieb, Maschenweite bis 5 mm) oder große Dose (in den Boden von innen her möglichst viele Löcher mit 100er Nagel schlagen),
- Glas- oder Kunststofftrichter,
- schwarzes Papier,
- 4 bis 5 cm hohe Petrischale oder Becherglas,
- Löschpapier oder Filterpapier,

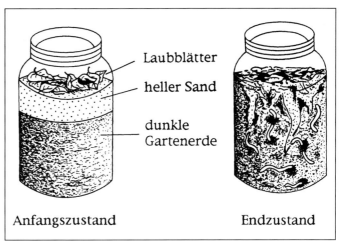

Abb. 4.4.1.3/6
Experimentanordnung zur Erfassung
der streuverarbeitenden Bodentiere
(verändert nach *R. Burki* u. a. 1990, S. A3)

Laubblätter

heller Sand

dunkle
Gartenerde

Anfangszustand   Endzustand

– Lampe mit 40-W-Birne,
– verschiedene Bodenproben.

Anordnung:
Gemäß Abb. 4.4.1.3/6 wird der Trichter von außen her mit schwarzem Papier abgedeckt und in den
Dreifuß gesteckt. In den Trichter wird das Sieb gelegt, das zu zwei Dritteln mit einer Bodenprobe ge-
füllt ist. Diese Anordnung wird nun unter die Lampe gestellt (Abstand ca. 20 cm). Von Licht und
Wärme gestört, verkriechen sich allfällig vorhandene Tierchen nach unten und fallen durch das Sieb
in die bereitgestellte Schale.

Ziel:
Als Ergebnis sollte herauskommen, daß die Bodenproben von Standorten, die nur sehr wenig oder
gar keine organischen Abfälle erhalten (z. B. Englischer Rasen, „Alleebaumquadrate"), kaum Tierchen aufweisen, im Gegensatz z. B. zu Waldböden. Die Schüler sollen die Tierchen beobachten und
zu bestimmen versuchen (*Burki* et al. 1990, S. 13). Danach sollten die Tiere wieder freigelassen werden.

Zu behandelnde Theorie:
– Zusammenhang Streu – Bodentiere: Streu wird durch im Boden lebende Tiere und Mikroorganis-
  men abgebaut;
– Abbauvorgang führt zu Humusbildung;
– Bodentiere als Indikatoren für „gesunden" Boden;
– Kennenlernen der wichtigen Bodentiere.

Zusammenhang mit dem Ökosystem:
Die Pflanzen wachsen auf dem Boden, entziehen diesem Nährstoffe. Die abgestorbenen Pflanzen
werden von Kleinsttieren zerkleinert und durch die Bioturbation unter das übrige Erdreich ge-
mischt. Dadurch werden dem Boden die ihm entzogenen Nährstoffe wieder zugeführt und erneut für
die Pflanzenwelt zur Verfügung gestellt.

4.4.1.4 Schlußbesprechung und Weiterführung des Themas

Die Klasse soll versuchen, die Verbindungen zwischen den Experimenten bzw. deren Faktoren (Bodentiere, Bodenluft, Bodenwasser, Vegetation) herzustellen. Gemeinsam wird also das Modell vom
Boden im Geoökosystem rekonstruiert. In diesem Modell sollten die Schüler das in der Einführung
kurz besprochene Geoökosystem wiedererkennen. Wichtig ist bei dieser Besprechung, daß die Be-

ziehung zwischen Boden und Ökosystem/Geoökosystem deutlich wird. Hier kann man noch einmal das Arbeitsblatt für die Einführung ins Ökosystem (Abb. 4.4.1.2/1) hervornehmen und mit der Experimentierreihe vergleichen. Es sollte klar werden, daß alle Faktoren des Ökosystems mit dem Boden in Berührung kommen, mit ihm verbunden sind, und daß der Gesamtkreislauf ohne Boden nicht funktionieren würde.

Weiterführend sollte man auf jeden Fall den Menschen ins Spiel bringen. Eine Möglichkeit dafür ist, direkt am Modell anzusetzen und zu fragen: „Wie wirkt der Mensch auf die in den Experimenten besprochenen Geoökofaktoren ein? Und was hat dies für die anderen Faktoren zur Folge? Was wirkt in der Natur den menschlichen Einflüssen entgegen? Wie versucht der Mensch selbst, eigenen begangenen Fehlern entgegenzuwirken?"

Man kann den Zusammenhang Mensch – Boden – Ökosystem auch innerhalb verschiedener Themenbereiche diskutieren, z. B.:

- Landwirtschaft (Bodenfruchtbarkeit, Düngung, Überweidung, Verdichtung durch landwirtschaftliche Fahrzeuge),
- Wasserverschmutzung,
- Überbauungen,
- Industrie- und Autoabgase,
- Entstehungsbedingungen und Nutzungsmöglichkeiten verschiedener Bodentypen.

Als Vorbereitungslektüre ist das Buch „Boden-Kultur" von *Häberle* (1992) zu empfehlen.

Doch dies sollen nur Gedankenanstöße sein. Die Vielfalt, in der der Mensch mit Boden und Ökosystem in Zusammenhang steht, ist unermeßlich und dementsprechend komplex. Am wichtigsten ist, daß die Schülerinnen und Schüler erkennen lernen, wie lebensnotwendig der Boden mit all seinen Funktionen auch für uns Menschen ist.

Fazit:
Hauptziel der Experimentierreihe ist die Förderung des zusammenhängenden, vernetzten Denkens. Dies ist die Grundvoraussetzung, um Systeme zu begreifen. Der Boden bildet ein eigenes System, ist aber als solches auch ein Teil des Gesamtgeoökosystems. Die Schülerinnen und Schüler lernen einerseits die Faktoren Tiere, Luft, Wasser und Pflanzen kennen und erkennen durch die zusammenhängenden Experimente, wie diese Faktoren miteinander verknüpft sind. Die Schüler sind damit in der Lage, das Bodenökosystem zu verstehen, das sie in einem zweiten Schritt im Gesamtgeoökosystem, das durch die gleichen Faktoren und Prozesse bestimmt wird, wiederfinden.

4.4.2 Gewässer als Beispiele für die Systemerfassung *(René Sollberger)*

Das Denken in Systemzusammenhängen, d. h. das raumbezogene, funktionale und prozeßorientierte Denken, ist eines der Grundprinzipien der Geoökologie (s. Kap. 1.3, 2.4.1, 4.1 und 4.2) und gleichzeitig auch eine didaktische und methodische Realität an der Oberstufe (Sekundarstufe II.). Schon lange werden Problemkreise in ihrer Vernetzung dargelegt. Aber die aufgezeigten Systemzusammenhänge werden häufig in fernen exotischen Räumen anhand spektakulärer Großprojekte (z. B. Assuan-Staudamm und seine Folgen) oder aktueller Umweltkatastrophen (z. B. Versalzung, Dürre im Sahel) entwickelt und bleiben meist auf den kognitiven, vielleicht noch affektiven Lernzielbereich beschränkt. Was häufig fehlt, sind ein direkter Bezug zu Erfahrungsräumen der Schüler/innen und eine praktische Tätigkeit im Unterricht.

Im folgenden soll gezeigt werden, wie mit einem handlungsorientierten Unterricht mit einfachen Experimenten für die Sekundarstufe I, aber auch für die Sekundarstufe II, Prozesse in einem erarbeiteten Modell eines Gewässers, zum Beispiel des Schulteiches oder eines Feucht- bzw. Gewässerbiotopes in der Umgebung, simuliert werden können.

Ausgangspunkt ist dabei ein Systemmodell (Abb. 4.4.2/1), das mit Hilfe einfacher Kreisprozesse im Klassengespräch an der Wandtafel entwickelt wird und mögliche kausale Wirkungsfaktoren auf-

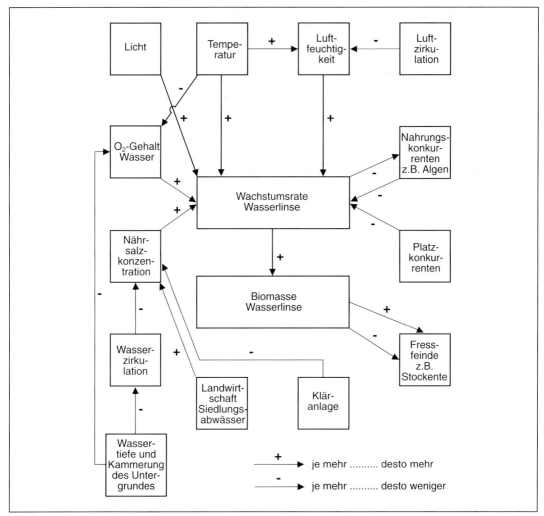

Abb. 4.4.2/1
Wasserlinsen im Ökosystem eines Sees – Funktionsschema als Tafelskizze während des Unterrichtsgesprächs
entwickelt
(Entwurf: *R. Sollberger* 1992)

zeigt. Im Klassenzimmer wird nun mit einfachen Experimenten versucht, dieses abstrakte Funktionsdiagramm für die Schüler/innen begreifbarer zu machen. Außerdem wird eine gewisse Quantifizierung der oft nur rein qualitativ darstellbaren Systemzusammenhänge erreicht.
Ausgangspunkt der Experimente sind Bechergläser, die mit Wasser- oder Teichlinsen (Lemna spez. oder Spirodela polyrrhiza) bestückt werden. Dies sind die kleinsten Samenpflanzen, die als schwimmende grüne Decke häufig auf Teichen, schwachfließenden Gewässern oder auch in Aquarien zu finden sind, und die sich vegetativ durch Knospung sehr rasch und deutlich sicht- und zählbar vermehren. Dadurch eignen sie sich besser als Algen für Versuche, bei denen es darauf ankommt, quantitative Beziehungen herauszufinden.
Zuerst wird unter konstanten Bedingungen (z. B. Teichwasser mit Bodensatz, Zimmertemperatur, Südfenster und Glasdeckel) die Wachstumsrate der ausgewählten Wasserlinsenart ermittelt, indem die Vermehrung einer kleinen Anzahl Pflanzen (z. B. 10 zweiblättrige Individuen) im Becherglas

über mehrere Tage von Unterrichtsstunde zu Unterrichtsstunde aufgezeichnet wird, bis die gesamte Wasserfläche des Versuchsgefäßes bedeckt ist. Dabei wird auch gleichzeitig das Zählen der neuge-bildeten Blätter in der Klasse geeicht. Es hat sich gezeigt, daß es am einfachsten ist, diejenigen Knospenstadien als neue Blätter zu zählen, die man ohne Lupe gut von der Mutterpflanze unterscheiden kann. Die Ergebnisse werden zusammengetragen, graphisch dargestellt und dienen als Eichkurven für die nun folgenden oder parallel laufenden Schüleruntersuchungen. Bei diesen werden die verschiedenen Regelfaktoren einzelnen Schüler/innen (-gruppen) zur Bearbeitung übergeben, die in Reihenuntersuchungen nun jeweils einen Faktor ändern und so natürliche und anthropogene Geofaktorenveränderungen simulieren. Immer ein Gefäß wird mit den konstanten Ausgangsbedingungen als Blindprobe weiter beobachtet:

– Mit Verdünnungsreihen einer Nährlösung aus Wasser und einer im Blumenhandel erhältlichen Düngermischung werden verschiedene Nährsalzkonzentrationen hergestellt und jeweils die Wachstumsraten der Wasserlinsen bestimmt.
– Mit einer Heizplatte wird die Temperatur um wenige Grade verändert.
– Mit einer Aquarienpumpe wird Luft in ein Becherglas geleitet.
– Mit Magnetrührern unterschiedlicher Drehzahl werden Turbulenzen simuliert.
– Mit unterschiedlicher Belichtungsdauer und/oder unterschiedlicher Belichtungsintensität wird der Lichtfaktor untersucht.
– Mit oder ohne Glasdeckelauflage wird die Luftfeuchtigkeit variiert.
– Mit zwei Gläsern unterschiedlicher Grundfläche kann bei sonst gleichbleibenden Bedingungen der Frage der Platzkonkurrenz nachgegangen werden.
– Durch die Zugabe von Algen soll eine Nahrungskonkurrenzsituation simuliert werden.
– Durch weitere Untersuchungen, bei denen mehr als ein Faktor verändert wird, können auch Synergismuseffekte aufgezeigt werden.

In der begleitenden Diskussion mit der Klasse wird die Problematik der Extrapolation dieser gewonnenen Erkenntnisse auf eine größere räumliche Dimension angesprochen. Dadurch werden die Schüler für die Frage sensibilisiert, ob das Ganze wirklich nur als die Summe seiner Teile und Teilprozesse beschrieben werden kann.

Mit den in diesen kleinen Experimenten gewonnenen Einsichten können in der Folge leicht Querverweise in andere Räume und Raumdimensionen gemacht werden: Auswirkung der Temperaturerhöhung des Wassers in einem Flußsystem als Folge der Kühlwasserzuleitung von Kraftwerken; Folgen der Nährstoffablagerung hinter Staustufen von Flußkraftwerken; Folgen einer geologischen Kammerung des Seebeckens für das limnische Ökosystem (Bsp. Euthropierung des Luganersees) ...

> **Fazit:**
> Durch die Veränderung der Wachstumsbedingungen von Teichlinsen in Bechergläser werden reale Eingriffe in Fließgewässer simuliert. An einem überblickbaren Systemmodell werden damit im Klassenzimmer durch einfache Experimente und Beobachtungen die komplexen Systemzusammenhänge eines Gewässers den Schülern begreifbarer.

4.4.3 Erfassung der Luftqualität durch Flechtenkartierung *(René Sollberger)*

4.4.3.1 Zielsetzung

Daß sich mit steigenden Bevölkerungs- und Industrieballungen die Luft- und damit auch die Lebensqualitäten verschlechtern, zeigen uns immer wieder die Meßwerte der Luftschadstoffe in der Tagespresse. Diese Erkenntnis ist auch für die Schüler/innen nicht neu. Nur sind die Meßstationen, die einem dieses Bild vermitteln, wohl nie am eigenen Wohnort und ohnehin an einer extrem befahrenen Straße aufgestellt. Daß aber auch der eigene Wohnort, die eigene, vielleicht kleine Nebenstraße abseits von den Hauptverkehrsachsen Luftqualitätseinbußen zeigen, diese Erkenntnis – nicht in einem für den Jugendlichen bezugsfremden Raum, sondern in seiner Wohn- und Aufenthaltsumgebung gewonnen – wird mit der Flechtenkartierung eine selber erfahrene Realität.

Die beschriebene Unterrichtseinheit hat damit neben den inhaltlichen Zielen eine klare umwelterzieherische Komponente, hat es sich doch gezeigt, daß das „Umdenken" nicht nur für Schüler vor allem dort erfolgt, wo die Aufklärung problem- und handlungsorientiert und mit einem direkten lokalen Bezug geschieht. Darüber hinaus erlernen die Schüler eine einfache Methode, mit der sie sich jederzeit auch an anderen Orten ein Bild von der Luftqualität und möglichen menschlichen Einflüssen am Standort machen können.

Außerdem kann das Beispiel dieser empfindlichen Doppelorganismen Flechten zeigen, daß Ökosysteme nicht einfach kippen, daß also die (in gewissem Maße bequeme) Vorstellung, daß geringe Belastungen keine Veränderungen im landschaftlichen Haushaltsgefüge verursachen, sondern erst ab einer bestimmten Belastungsschwelle (die ja ohnehin – wie viele meinen – nie erreicht wird) das System plötzlich kollabiert, nicht richtig ist. An der abnehmenden Flechtendichte zu den Agglomerationszentren hin kann die langsame, sukzessive Zerstörung der Flechtenflora offenkundig und nicht selten mit Erstaunen erlebt werden. Zur Verbesserung der Luftqualität kann durch bewußtes Handeln auch jeder der Jugendlichen mithelfen, so daß aus der gewonnenen Erkenntnis und Betroffenheit auch verantwortungsbewußtes eigenes Handeln resultiert.

Während der Untersuchungen muß eine Diskussion um Belastungsgrenzwerte geführt werden. Sind Grenzwerte zu setzen, die die vollkommene Zerstörung eines Ökosystems verhindern sollen, oder muß aus der gewonnenen Erkenntnis heraus nicht schon bei wesentlich geringeren Anzeichen von Belastung ein Grenzwert festgesetzt werden? Es wird auch die Frage auftauchen, was denn mit den heutigen Luftreinhaltekonzepten zu schützen sei – Menschen, landwirtschaftliche Erträge, Bäume oder ob auch empfindliche Tiere und Pflanzen und damit auch Flechten vor dem Sterben durch die vom Menschen verursachte Luftverschmutzung bewahrt werden sollen? Damit werden mit den Jugendlichen spontan aus ihrem Erleben heraus und auf konkrete Weise die zentralen, aber auch sehr schwierigen und abstrakten Fragen der Belastbarkeit des Naturpotentials in der Schule angegangen.

4.4.3.2 Methodik

Flechten kann der Mensch als Zeigerorganismen einsetzen, weil sie integrativ alle wirkungsrelevanten Schadstoffe und ihre Gemische registrieren. Dabei beobachtet man vor allem Schadstoffwirkungen bei Immissionen von SO_2, O_3, HF, Schwermetallen und Staub. Zudem erlauben Flechten, Luftverschmutzungen in einer mit technischen Meßgeräten nie zu erreichenden Raumdichte zu erfassen, weil

- die zu untersuchenden Baumflechten ihre Nährstoffe und Wasser aus der Luft oder aus dem Stammabflußwasser beziehen und damit auch die darin enthaltenen Schadstoffe aufnehmen;
- Flechten als eine Symbiose zwischen Pilzen und Algen, in der sich beide Arten gegenseitig wohl unterdrücken, aber ebenso wohl auch Vorteile aus der Lebensgemeinschaft ziehen, in einem labilen Gleichgewicht stehen, das durch äußere Einflüsse wie z. B. Schadstoffe leicht gestört wird;
- Flechten nur geringe morphologische Abwehrvorrichtungen besitzen, die sie vor Immissionen schützen können;
- der Stoffwechsel der Flechten das ganze Jahr aktiv ist;
- Flechten nicht wie die Laubbäume im Herbst die Möglichkeit haben, einmal aufgenommene Schadstoffe durch Blattfall wieder loszuwerden;
- Flechten weit verbreitet und standorttreu sind.

Flechten verfügen über eine lange Tradition als Zeigerorganismen der Luftverschmutzung. Da für die Artbestimmung Flechten eine recht schwierige Gruppe pflanzlicher Organismen sind, war die

Anwendung in der Schule bislang nur sehr vereinzelt in der Oberstufe erfolgt. Erst mit dem Projekt Flechtenkartierung 1988 im Schweizerischen Mittelland wurde eine praktikable Methode geschaffen, die eine Anwendung auch im Rahmen des Unterrichtes an der Mittelschule erlaubt. Dabei werden Artenzahl und Flächendeckung der folgenden Baumflechten an ihrem natürlichen Standort quantitativ erhoben:

Candelariella xanthostigma (Ach.) Lettau	Gelbpulverflechte
Evernia prunastri (L.) Ach.	Pflaumenflechte
Hypogymnia physodes (L.) W. Watson	Blasenflechte
Parmelia sulcata Taylor	Runzelflechte
Parmelia tiliacea (Hoffm.) Ach.	Lindenflechte
Xanthoria parietina (L.) Th. Fr.	Gelbblattflechte

Für die Übertragung auf Gebiete mit anderen klimatischen Verhältnissen, und damit einem anderen Flechtenartenspektrum, müssen Anpassungen in der Artenkombination und in der Auswahl der Trägerbäume gefunden werden. Die beschriebene Methode eignet sich von der Interessenlage her eher für ältere Schüler/innen, kann aber je nach Vorbereitung und Betreuung auf beiden Sekundarstufen angewandt werden. Für Planung, Durchführung und Auswertung der Arbeit sind etwa 12 bis 16 Unterrichtsstunden einzusetzen.

4.4.3.3 Vorgehensweise

a) Einstieg in Problemstellung

Als Einstieg in den Problemkreis werden den Schülern aktuelle Meßwerte der jeweiligen städtischen Luftqualitätsmeßstation gezeigt. Anschließend werden die Schüler gefragt, wie sie die Luftqualität an ihrem eigenen Wohnort in der Agglomeration einschätzen. Auf einer topographischen Karte im Maßstab 1 : 25 000, die an einer magnetischen Rückwand angeheftet ist, tragen die Schüler/innen mit verschieden farbigen Magnetknöpfen ihre Luftqualitätsbeurteilung für ihren Wohnort ein. Damit liegt eine subjektive Luftqualitätskarte der Umgebung den Schülern vor, die es jetzt zu überprüfen gilt.

b) Bestimmung der Zählgebiete und -bäume

Es werden nun immer zwei Schüler/innen, die nahe beieinander wohnen, Rasterquadrate in ihrer Umgebung zugewiesen, die sie zu bearbeiten haben (je nach Zeitaufwand pro Gruppe zwei oder mehr solche Quadratkilometerflächen). In diesen Quadraten müssen sie dann anschließend vier geeignete Flechten-Trägerbäume aussuchen, möglichst im Zentrum der zugewiesenen Fläche gelegen. Geeignet sind die Baumarten Spitzahorn, Esche und die Eichen- und Lindenarten mit einem Stammumfang von 90 bis 280 cm. Zudem müssen sie freistehend und ihr Stamm gerade sein. Sie dürfen keine Wucherungen, Wunden oder Stammreiser haben und sollten nicht von Efeu oder Moosen bewachsen sein. Damit die Schüler die Arten sicher, rasch und richtig bestimmen können, ist von der Jahreszeit die Periode vom späten Frühjahr bis in den Herbst vor dem Laubfall am geeignetsten. Gerade in landwirtschaftlich intensiv genutzten Räumen und in gewissen neuen Wohnüberbauungen und Einfamilienhaussiedlungen ist das Finden der vier geeigneten Trägerbäume ein großes Problem, das häufig nur durch Ausweichen auf Nachbartestquadrate gelöst werden kann.

c) Festlegung der Zählmethode

Nach der definitiven Festlegung der Untersuchungsbäume wird für jede Gruppe ein Flechten-Zählrahmen in etwa zwei Unterrichtsstunden nach Anleitung in Abb. 4.4.3/1 selber hergestellt. Dieser Zählrahmen wird nun jeweils auf der flechtenreichsten Seite der Testbäume mit Unterkante bei 120 cm über dem Boden angesteckt und das Auftreten der Testflechten in den zehn Teilfeldern des

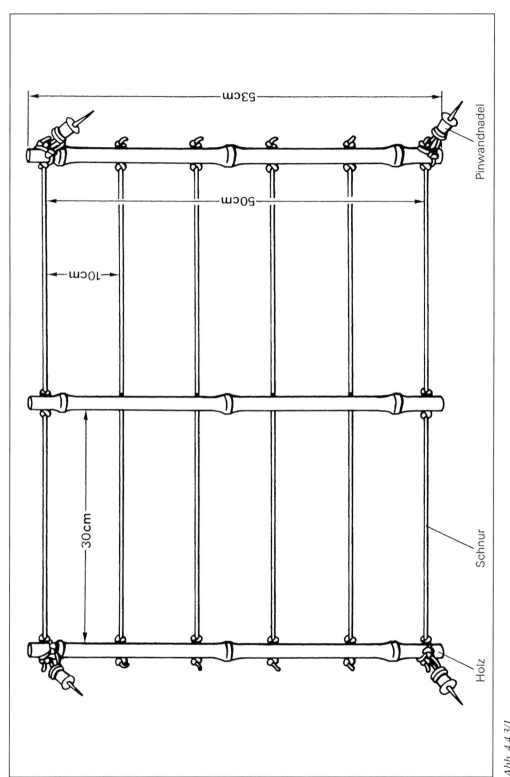

Abb. 4.4.3/1
Konstruktionsplan für einen Flechten-Zählrahmen
(aus: *K. Weber* 1991, S. 63)

Gitters mit Hilfe einer Lupe ausgezählt (= Flechten-Frequenzwerte) und dann die Anzahl der erhaltenen Frequenzwerte aller sechs Flechten durch Addition als Flechten-Frequenzsumme des Testbaumes ermittelt.

Beispiel: Baum Nr. 2/4 Esche Standort: Klosterfiechten

Zeigerflechten	Flechten – Frequenzwert
Blasenflechte	–
Gelbblattflechte	–
Gelbpulverflechte	–
Lindenflechte	4
Pflaumenflechte	3
Runzelflechte	4
Flechten-Frequenzsumme	11

Aus den vier Flechten-Frequenzsummen der Testbäume in einem Quadrat wird dann das arithmetische Mittel berechnet und damit ein quantitativer Kennwert für die Luftbelastung in diesem Quadranten erzielt, der mit den folgenden Luftbelastungskategorien korreliert:

Gemittelte Flechte-Frequenzsumme	Ausmaß der Luftbelastung
0 – 12	hohe Luftbelastung
> 12 – 24	mittlere Luftbelastung
> 24	geringer Luftbelastung

Eventuell drängt sich in städtischen Untersuchungen eine weitere Aufteilung der Bewertungsklassen in „Flechtenwüste mit sehr hoher Luftbelastung" und in „Gebiete mit hoher Luftbelastung" auf oder in ländlichen Gebieten eine weitere Unterteilung der Klasse mit geringer Luftbelastung.

d) Vorbereitungen
Zum Kennenlernen der Zeigerflechten wurden vorgängig in einem von Luftschadstoffen wenig belasteten Raum Proben von jeder Art an dürren Ästen, Zaunpfählen oder abgestorbenen Baumstämmen gesammelt, die dann bestimmt, beschriftet und in einem durchsichtigen „Zeigerkästchen" geordnet werden. Sie dienen beim Kartieren als Vergleichshilfe. Zur Bestimmung der Flechten dienen den Schüler/innen Flechtenbestimmungsbücher mit Text- und Bildbeschreibung. Die Schüler/innen erleben im Vergleich zwischen unterschiedlich belasteten Räumen sehr deutlich die aktuelle und akute Bedrohung der einzelnen Flechtenarten. Aus diesem Grund sollte das Sammeln oder Beschädigen der Flechten an den Flechtenträgerbäumen unbedingt unterlassen werden.
Trotz dieser Vorbereitung ist es für die Schüler/innen nicht immer leicht, die Arten im Felde richtig zu bestimmen. Es erfordert viel Zeit, Betreuung und Übung, bis eine sichere Ansprache der Arten durch die Teilnehmer garantiert ist.

e) Chemisch-physikalische Begleituntersuchungen
Parallel zur Flechtenuntersuchung werden einfache chemisch-physikalische Untersuchungen durchgeführt, um gewisse lokale Eichwerte zu erhalten. Eine komplexere anorganische Analyse der Luftgüte kann im Bereich der aktuellen Grenzwerte (z. B. der schweizerischen Luftreinhalteverordnung oder der deutschen TA Luft) nicht mit einfachen chemisch-physikalischen Methoden, wie sie Schulen zur Verfügung stehen, erreicht werden. Auch fehlt dazu die erforderliche Zeit. Nach dazu eventuell vorhandenen Unterlagen muß auf den einschlägigen Ämtern nachgefragt werden.

– Schwefeldioxidgehalt in Borken

Die Borke von Laubbäumen ergibt in wässriger Lösung pH-Werte, die von der Baumart und von der Höhe der durchschnittlichen Immissionsbelastung abhängen. Insbesondere konnte die Absorption von Schwefeldioxid durch die Borke gezeigt werden. Zudem wurde eine lineare Abhängigkeit zwischen pH-Wert und Schwefelgehalt der Borke von Laubbäumen ermittelt (*Köhm* und *Lötschert* 1972/1973).

Von den Testbäumen in den einzelnen Untersuchungsquadraten werden zu diesem Zweck artgetrennt jeweils 0,2 bis 0,5 cm dicke Borkenstücke mit den Maßen 2 cm x 10 cm sorgfältig abgelöst, ohne den Baum im lebenden Rindenteil zu verletzen. Die Borkenproben werden anschließend zerkleinert und in einen Erlenmeyerkolben mit 100 ml Wasser gebracht, dessen pH-Wert vorgängig gemessen wurde (mit Indikatorstäbchen oder -streifen). Dieses Gefäß wird fest verschlossen, mehrmals kräftig geschüttelt und ca. 24 Stunden stehen gelassen. Danach wird erneut der pH-Wert der wässrigen Lösung bestimmt. Je größer die Schwefeldioxidbelastung im Untersuchungsgebiet ist, desto niedriger fällt der pH-Wert aus.

– pH-Werte der Niederschläge

Niederschlagswasser zeigt normalerweise keine neutrale Reaktion bei der pH-Messung, da einige Wassermoleküle sich mit dem CO_2 der Luft zu Kohlensäure H_2CO_3 verbinden, die den pH-Wert leicht sauer werden läßt. So ist ein pH-Wert von 5 bis 6 für Regenwasser in unbelasteten Gebieten durchaus üblich. Durch Luftverunreinigungen, vor allem Schwefeldioxid und Stickstoffoxide, entstehen aber weitere Säuren in der Atmosphäre, die den pH-Wert der Niederschläge deutlich senken können. So werden zur Identifikation dieser Immissionen in behelfsmäßigen Niederschlagsauffangeinrichtungen (sauber gereinigte Flaschen mit aufgesteckten, genormten Auffangtrichtern) in den einzelnen Testquadraten über einen Monat die Niederschläge gesammelt. Bis zur Untersuchung werden die Proben beschriftet und tiefgekühlt. Die pH-Werte werden dann mit einem pH-Meßgerät bestimmt und mit der nötigen Vorsicht ausgewertet.

– Staubniederschlag

Die in der Luft enthaltenen festen Teilchen in der Größe von 500 nm bis 1 mm werden als Staub bezeichnet. Durch die epiphytische Lebensweise sind Flechten besonders dem Staubniederschlag ausgesetzt. Der Staubbelag auf dem Flechtenthallus kann z. B. die Photosynthese empfindlich stören.

In den einzelnen Untersuchungsquadraten werden an niederschlaggeschützten Orten (z. B. Terrasse, Gartenlaube) Glasplättchen (z. B. Objektträger für die Mikroskopie) ausgelegt. Darauf werden zugeschnittene Klebstreifen oder -folien mit der nichtklebenden Seite nach unten befestigt. Dabei darf die Klebfläche nur an den überstehenden Enden berührt werden. Diese werden umgeklappt und mit ihnen der Streifen auf der Glasplatte befestigt. Je nach Intensität des Staubniederschlags werden diese Teststreifen einen Tag bis eine Woche am Untersuchungsort belassen und anschließend die Klebfläche auf dem Objektträger befestigt, um eine weitere Verunreinigung zu verhindern. Mit Hilfe des Mikroskopes werden bei 100-facher Vergrößerung die Staubpartikel auf 1 mm^2 Fläche (mit Netzmikrometerokular oder einer transparenten Milimeterfolie unter dem Objektträger) mehrmals (durch verschiedene Schüler/innen) ausgezählt und die Resultate gemittelt.

f) Synthese der Ergebnisse

Als Abschluß der Untersuchungen werden alle erhaltenen Resultate der einzelnen Testquadrate auf eine Abdeckfolie über der topographischen Karte eingetragen. Es werden dann die Ergebnisse mit der jeweiligen subjektiven Einschätzung zu Beginn der Arbeit verglichen, die anorganischen und organischen Arbeitsweisen in einer Methodendiskussion einander gegenübergestellt und mögliche Konsequenzen auf das eigene Verhalten besprochen.

Fazit:

Flechten, welche ihre Nahrung fast ausschließlich aus der Luft beziehen, werden so wichtige Zeigerorganismen für die Bestimmung der Luftqualität auch an Orten, die keine Meßstation aufweisen. Die Schüler kommen mit der vorgestellten Flechtenkartiermethode zu einer Grobbeurteilung der Luftqualität aufgrund des Vorkommens von ausgewählten Flechten auf Stämmen von Laubbäumen. Mit einfachen begleitenden chemisch-physikalischen Untersuchungen innerhalb der Tesfflächen kann zudem eine grobe Quantifizierung der allgemeinen Luftbelastung erreicht werden. Die Resultate der Flechtenkartierung und der Messungen können mit entsprechenden Farbmarkierungen und Symbolen in einer topographischen Karte eingetragen werden. Nachfolgeuntersuchungen im gleichen Testgebiet in späteren Klassen können Veränderungen des Flechtenbewuchses aufzeigen.

4.4.4 Geoökologische Bildbetrachtung *(René Sollberger)*

Nicht immer kann und darf die sachlich-faktisch gewichtete Problembetrachtung im Geographieunterricht im Vordergrund stehen, will man nicht riskieren, daß die Schüler/innen die durch die doch wohl meist negativen Fallbeispiele hervorgerufenen Emotionen auf das Fach als Ganzes übertragen oder daß der Unterricht monoton wird.

Als Ausgleich zur angewandten, praktischen geoökologischen Arbeit und auch als ideale Beobachtungs- und Formulierungsübung bietet sich die – sagen wir einmal – „geoökologische Bildbetrachtung" an. Diese Übung eignet sich nicht nur für die Sekundarstufe I. Auch auf der weiterführenden Stufe kann sie mit Gewinn und zur Freude der Schüler eingesetzt werden. Denn häufig wird auf allen Schulstufen im Unterricht immer noch einzelgeofaktorenweise vorgegangen, um so eine gewisse Systematik und das Rüstzeug für die spätere geoökologische Betrachtung zu erarbeiten. Durch diese Bildbetrachtung können auf spielerische Weise das vernetzte Denken und die Sicht auf geoökologische Zusammenhänge immer wieder geschult werden.

Als Bilder eignen sich datierte Bildfolgen, z. B. vom selben Standort aus über das ganze Jahr verteilte Aufnahmen von Landschaftsausschnitten, die gleichzeitig verschiedene Wetterlagen, den Aspektwechsel der Vegetation oder das Landwirtschaftsjahr zeigen (s. Abb. 4.4.4/1). Die Bilder werden entweder in Lehrbüchern, auf Farbfolien für den Tageslichtprojektor, als Schulwandbild oder eventuell als Dias den Schülern gezeigt. Wichtig ist, daß sie die ganze Bildfolge immer gleichzeitig sehen können. Die Unterrichtenden müssen gründlich vorbereitet sein und über relativ viel Hintergrundwissen verfügen.

Durch gezielte Lehrerfragen, oder später auch durch Schüler, werden nun die Beobachter aufgefordert, die Himmelsrichtung des Aufnahmenblickwinkels oder die Tageszeit der Aufnahme herauszufinden. Sie sollen versuchen, wenn nicht bereits erfolgt, die Bilder nach den Jahreszeiten zu ordnen, Angaben über die Höhe über dem Meer, über klimatische Verhältnisse, über das Georelief und die Bodenbeschaffenheit zu machen. Geschult werden muß zunächst die akribische Beobachtung des Schattenwurfs von Bäumen oder Gebäuden, von Rauhreif oder Schneeresten, des Sonneneinfallwinkels, der Vegetationsformationen von Farbveränderungen und Skelettgehalt der Ackerkrume. Mit Hilfe vorhandener Kenntnisse über die Fruchtfolge, die Verteilung der einzelnen Nutzungsarten, des Arbeitsablaufes der Feldbestellung etc. können die Schüler/innen kombinierend denken, erworbenes Wissen über einzelne Geofaktoren und Geofaktorenzusammenhänge (z. B. Catena-Prinzip) konkret lokal anwenden. Derartige Beobachtungen können die Schüler dann mit Erkenntnissen aus der eigenen unmittelbaren Erfahrung ihres Wohnortes vergleichen und gelangen so im Klassengespräch innerhalb einer Unterrichtsstunde zu einer ganzheitlichen Betrachtung dieses Raumausschnittes, den der Lehrer anschließend auch noch exakt regional einordnen kann.

Sind die Bilder auch nur zweidimensionale Abbildungen der räumlichen Realität, so erleben die Schüler/innen sie doch als dreidimensionales Wirkungsgefüge und erfahren dabei auch den umfassenden, ökologischen, d. h. holistischen Ansatz häufig noch eindrucksvoller, als bei größeren praktischen geoökologischen Arbeiten, die aus Zeitgründen in der Schule immer eine Reduktion der Un-

Abb. 4.4.4/1
Bildsequenz „Die Landschaft im Jahresverlauf" als Grundlage einer geoökologischen Bildbetrachtung
(aus: *O. Bär* 1984, S. 39)

tersuchungsmethoden und -faktoren verlangen und sich zudem gleichwohl über mehrere Einzelstunden erstrecken.

Fazit:
Mit der vorgestellten Spielart einer Bildbetrachtung lernt der Schüler, im Unterricht besprochene geoökologische Gesetzmäßigkeiten in einer gerafften Form anzuwenden. Er wird dadurch geschult, landschaftliche Geofaktorengefüge räumlich zu erkennen und kann gleichzeitig auf spielerische Art zahlreiche Einzelaspekte seines geographischen Wissens repetieren.

4.5 Basteln und Spielen, Experimentieren *(Hartmut Leser)*

Es gibt mittlerweile eine fast unüberschaubare Zahl von Büchern und Spielen, die sich auf verschiedenen Altersstufen mit der Umwelt beschäftigen. Sie leiten zum Basteln, Spielen und Experimentieren an. Diesem Angebot soll hier keine Konkurrenz gemacht werden. Das Kapitel 4.5 zielt eher in Richtung „Erinnerung": Es soll darauf hingewiesen werden, daß sich Umweltsachverhalte, Umweltschutz und Geoökologie auch anders als im Stil einer Vorlesung, Unterrichtsstunde oder Projektwoche vermitteln lassen. Es geht – einmal mehr – um das Komplementäre, das Ergänzende, das Bereichernde.

– Beispiel 1 zeigt, daß sich mit ganz einfachen Mitteln das Modell eines Geoökosystems basteln läßt. Allein das Konzipieren und manuelle Herstellen vermittelt zahlreiche Erkenntnisse. Nach Fertigstellung ist das Modell universell einsetzbar; das bedeutet, Einsatz nicht nur beim Thema „Ökosystem an sich", sondern auch bei umweltschützerischen, raumbezogenen und ökofunktionalen Einzelthemen des Unterrichts (Klima, Wasser, Boden, Vegetation etc.), die ohne Anschauung nicht immer leicht den Transfer zum Ökosystemgedanken finden lassen. Das Modell ist ausbaufähig (für andere Klimazonen, sich ändernde Nutzungsformen der Landschaft, andere Geoökosystemkonstellationen). Auf diese Weise kann es einen Kurs oder eine Klasse langfristig – auch über Jahre hinweg – begleiten. Es muß lediglich ständig verfügbar sein.

– Beispiel 2, eine studentische Gruppenarbeit mit Langzeitcharakter soll als Anregung verstanden werden, nicht nur Exkursions- und Schulreiseberichte als Spiel zu konzipieren, sondern auch Umweltsachverhalte auf allen Schulstufen spielerisch zu erfahren und darzustellen. Die sich leicht verflüchtigenden Planspiele ließen sich ja auch als Brettspiel konzipieren! Damit wird den Kindern und Jugendlichen aus dem Unterricht im wahrsten Wortsinne etwas mit nach Hause gegeben. Das vorgelegte Beispiel ist sehr komplex und stellt die Obergrenze dessen dar, was Studenten im 3. bis 5. Semester leisten können. In der Unterstufe sollte man damit beginnen, ein einfaches Brettspiel – aus einem Planspiel oder aus einem konkreten Umweltereignis (Störfall, Klimawechsel, Planungsentscheid, Naturereignis, Meliorationsmaßnahme etc.) heraus zu entwickeln.

– Beispiel 3 soll noch einmal auf das Experimentieren hinweisen, wie es bereits im Kap. 4.4 unter den Arbeitsweisen erfolgte. Hier wird der im Geographieunterricht als didaktisches Instrument zu wenig beachtete und demzufolge auch kaum eingesetzte Boden aufgegriffen und seine Stellung im Geoökosystem klargemacht. Durch die Handlungsorientierung lassen sich attraktive Stunden und Projekte gestalten. Wie schon bei den „Stundenskizzen" erwähnt wurde, hat stufenspezifische Anpassung zu erfolgen. Straffen oder Ausbauen des experimentellen und des theoretischen Teils sind Sache der einfallsreichen und kompetenten Lehrperson.

4.5.1 Wir basteln ein Ökosystem *(Monika Suter)*

4.5.1.1 Einleitung

Von den in der Schweiz gebräuchlichen Lehrmitteln für Geographie behandelt gerade eines alle großen Ökosysteme der Erde und geht auf einige Grundprinzipien von Ökosystemen ein. Dies illustriert deutlich die Probleme, die auftauchen, wenn man den Schülerinnen und Schülern dieses Thema näher bringen will. Zwar gibt es umfangreiche Literatur zu den Bereichen „Ökologie" und Umweltschutz, aber es werden meist nur Einzelaspekte wie Luftverschmutzung oder Verkehr behandelt. Ökologisches Denken, integratives Denken, Denken in komplizierten Modellen etc. kommen dagegen zu kurz. Die nachstehend beschriebene Bastelarbeit soll daher ein Vorschlag sein, wie das Thema Ökosystem mit Kindern ganzheitlich und auf anschauliche Art und Weise behandelt werden kann.
Als Beispiel eines Ökosystems dient der mitteleuropäische Wald. Dies ist ein den Kindern vertrauter Lebensraum, in dem sie schon eigene Erfahrungen gemacht haben. Am Beispiel Wald sind die Probleme veränderter und zerstörter Ökosysteme zudem leicht darzustellen. Das Waldsterben oder die Abholzung tropischer Regenwälder sind in der Öffentlichkeit viel behandelte Themen, und kranke Bäume oder eine abgeholzte Fläche sind für jeden einzelnen gut zu erkennende Veränderungen in der Landschaft.
Die Bastelarbeit ist für ca. 12- bis 13-Jährige gedacht. Mit entsprechenden Änderungen ist das Konzept aber auch leicht für andere Altersklassen zu verwenden. Konzeption und Durchführung der Bastelarbeit gliedern sich in drei Teile:

(a) Einführung in den Systembegriff
Obwohl der Begriff Ökosystem erst am Schluß behandelt werden soll, wird der Schulklasse zu Beginn eine kurze Einführung in die Grundprinzipien von Systemen an sich gegeben. Erwähnt werden sollte, daß ein System aus mehreren Teilen besteht, die miteinander in Verbindung stehen und Einfluß aufeinander ausüben. Diese gegenseitigen Einwirkungen sind gesetzmäßig und für das System typisch. Sie repräsentieren die Systemstruktur. Das System ist mehr als die Summe seiner Elemente, weil durch ihr Zusammenwirken neue Eigenschaften entstehen. Systeme können sehr klein (Bakterium) oder sehr groß (Erde) sein. Jeder Teil eines Systems stellt wiederum ein Subsystem dar. Systeme sind offen, weil sie mit ihrer Umwelt sowohl Energie als auch Stoffe austauschen. Mit Beispielen aus dem Alltag können diese komplexen Zusammenhänge schon Kindern im Alter von 12–13 Jahren in vereinfachter Form leicht veranschaulicht werden (vgl. Kyburz-Graber 1983).

(b) Basteln der Kompartimente

(c) Zusammensetzen des Modells und Erklärung des Ökosystems
Auf die beiden letzten Schritte soll in den folgenden Kapiteln ausführlicher eingegangen werden.

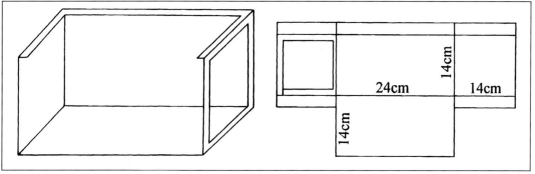

Abb. 4.5.1.2/1
Maße und Gestaltung der Kartonbox für das Ökosystemmodell
(Entwurf: *M. Suter*)

4.5.1.2 Basteln der Kompartimente

Als Beispiel eines Ökosystems wird – wie schon erwähnt – unser Wald behandelt. Gemäß der Tatsache, daß Ökosysteme aus Subsystemen bestehen, soll die Klasse in Gruppen aufgeteilt werden, die je ein Kompartiment des Systems Wald basteln. Dies sind:
– Grundwasser
– Sandboden
– Tonboden
– Laubwald
– Fichtenforst
– Atmosphäre
– Tierwelt.
Am Schluß werden die einzelnen Teile zusammengesetzt, so daß ein dreidimensionaler Ausschnitt eines Waldes entsteht.
Als Bastelmaterialien werden verschiedene Papier- und Kartonarten verwendet. Grundeinheiten sind Kartonboxen, die nach vorne und oben offen sind, und in die hinein die verschiedenen Kompartimente von je einer Gruppe gebastelt werden. Die Kartonboxen müssen später aufeinanderpassen. Werden nicht schon vorgefertigte Schachteln verwendet, muß eine genaue Anleitung zur Herstellung gegeben werden (s. dazu Abb. 4.5.1.2/1).
Bevor mit der Bastelarbeit begonnen wird, soll sich jede Gruppe überlegen, was sie alles über ihr Subsystem weiß. Der Lehrer oder die Lehrerin erarbeitet gemeinsam mit jeder Gruppe die für das jeweilige Subsystem wichtigen Kennzeichen.

a) Das Grundwasser
• Hauptkennzeichen:
Als Grundwasser wird dasjenige Wasser bezeichnet, das sich in den Hohlräumen der Lockersedimente oder des Festgesteins befindet. In den Boden eindringender Niederschlag wird zum Teil von den Bodenhorizonten selbst aufgefangen, zum Teil sickert das Wasser weiter in den Untergrund bis zu einer undurchlässigen Schicht, oberhalb derer es sich sammelt. Die stauenden Schichten bestehen aus sehr feinkörnigem und daher undurchlässigem Material wie Ton oder Mergel. Die wasserleitenden Schichten setzen sich aus gröberen Anteilen wie Sand oder Kies zusammen. Wechseln verschiedene durchlässige und undurchlässige Schichten ab, entstehen mehrere Grundwasserstockwerke. Durch Unterbrüche in den stauenden Schichten findet ein Austausch zwischen den verschieden Etagen statt. Bei schrägstehenden Schichten kann es auch zu Grundwasserströmen kommen. Dadurch,

daß das Wasser langsam durch die Schichten des Untergrunds sickert, wird es gefiltert und gereinigt und dient teilweise als wichtiges Trinkwasserreservoir.

• Hauptbestandteile im gebastelten Kompartiment:
Stauende Schicht, leitende Schicht, Stockwerke

• Bastelanleitung:
Das Kompartiment Grundwasser wird mit zwei Boxen dargestellt, von denen die eine eine horizontale und die andere eine schräge Schichtung enthält. In der linken, bzw. der rechten Seitenwand wird ein Fenster ausgeschnitten damit nicht der Eindruck der Abgeschlossenheit der einzelnen Komparti-mente entsteht. Aus dem gleichen Grund soll darauf geachtet werden, daß die Schichten der beiden Boxen auf gleicher Höhe zusammentreffen (s. dazu Abb. 4.5.1.2/2a und b). Bei je einem Drittel Höhe wird eine stauende Schicht aus Karton angebracht. Die untere Schicht kann ein Loch enthal-ten, die obere soll weniger lang sein als die untere damit der Austausch sichtbar wird. Die Zwi-schenräume, also die leitenden Schichten, werden mit unterschiedlich großen Papierkügelchen aus zerknäueltem Seidenpapier aufgefüllt.

b) Der Boden
• Hauptkennzeichen:
Der Boden hat eine zentrale Stellung in fast allen Ökosystemen der Erde (s. dazu Kap. 4.4.1). Auf und in ihm berühren sich die verschieden Teilbereiche der Landschaftssphäre, nämlich Biosphäre,

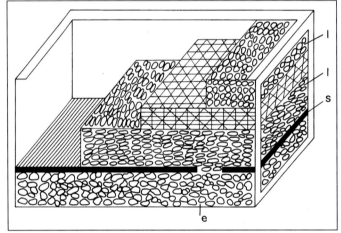

Abb. 4.5.1.2/2a
Modellteil für den Grundwasserkörper bei horizontaler Schichtlagerung (Entwurf: *M. Suter*)

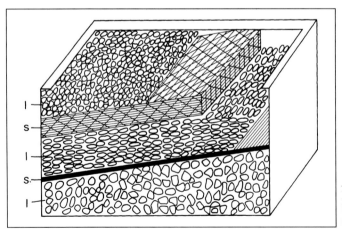

Abb. 4.5.1.2/2b
Modellteil für den Grundwasserkörper bei geneigter Schichtlagerung (Entwurf: *M. Suter*)

344

Hydrosphäre, Atmosphäre und Lithosphäre. Die Bodenbildung wird durch die Faktoren Gestein, Georelief, Klima, Vegetation, Tierwelt, Zuschußwasser, Bewirtschaftung durch den Menschen und Zeit verursacht.

Ein Boden besteht aus verwitterten Mineralien und mehr oder weniger umgewandelten organischen Substanzen. Durch chemische und physikalische Verwitterungsprozesse werden die Materialien zu neuen Verbindungen ab- und umgebaut, die zum Teil verlagert werden. Auf diese Weise differenzieren sich im Laufe der Zeit typische Bodenprofile mit im allgemeinen drei Horizonten heraus: der A-Horizont mit einem hohen Anteil an organischem Material, der B-Horizont mit verwitterten, neugebildeten und verlagerten mineralischen Substanzen, und der C-Horizont, das Ausgangsgestein.

Der Boden ist mit Luft, Wasser und Lebewesen durchsetzt. Luft- und Wassergehalt sind weitgehend durch die Porengröße, und diese wiederum durch die Korngröße bestimmt. Ein Sandboden enthält wenige große Poren und Zwischenkornhohlräume, die das Wasser schnell ableiten. Ein Tonboden besitzt viele kleine Poren, in denen das Wasser lange und fest gehalten wird. Die Luftkapazität ist deshalb bei einem Sandboden höher als bei einem Tonboden.

Die Bodenlebewesen sorgen für den Abbau des organischen Materials zu den mineralischen Ausgangssubstanzen. Eine weitere wichtige Rolle spielen sie bei der Durchmischung und Lockerung des Bodens. (Aus praktischen Gründen werden die Bodentiere für das Modell mit den anderen Tieren zusammen gebastelt, obwohl sie sonst zum Boden selbst gezählt werden.) Aufgrund seiner Fähigkeit, Substanzen an den Bodenteilchen zu adsorbieren, erfüllt der Boden wichtige Filter- und Pufferfunktionen.

• Hauptbestandteile in den gebastelten Kompartimenten:
Humus/Auflage, Poren, drei Horizonte, Tiergänge, Korngröße
• Bastelanleitung:
Sandboden: In die Grundbox mit rechtsseitigem Fenster werden durch den Boden feine Löcher gestochen und Papierröhrchen hindurchgesteckt. Die ganze Schachtel wird mit Papierkügelchen gefüllt. Im untersten Viertel werden grobe Teile (ungefähr dieselbe Größe wie beim Grundwasser zuoberst) verwendet. In die nächsten beiden Viertel werden etwas feinere Kügelchen gefüllt. Zuoberst kommen ebenfalls kleinere Kügelchen, vermischt mit unregelmäßigen Papierschnipseln (Darstellung des organischen Materials). Dazwischen sollen einige Papierröhrchen als Leitungsbahnen und Tiergänge angebracht werden (s. dazu Abb. 4.5.1.2/3a).
Tonboden: Im Prinzip gleich wie der Sandboden. Die Papierkügelchen sind aber feiner, die Leitungsbahnen dünner und zahlreicher, und das Fenster befindet sich auf der linken Seite (s. dazu Abb. 4.5.1.2/3b).
Bei beiden Boxen ist aus basteltechnischen Gründen darauf zu achten, daß sich die Poren, zumindest im oberen Teil, eher auf der rechten Seite befinden.

c) Der Wald
• Hauptkennzeichen:
Ein Wald erfüllt wichtige lebensnotwendige Funktionen für den Menschen: prägendes Landschaftselement, Schutz vor Naturgewalten (s. dazu Kap. 3.2.2), Filterung der Luft, um nur einige zu nennen. Ein Wald stellt eine Lebensgemeinschaft von Pflanzen und Tieren dar. Er gliedert sich in eine Baum-, Strauch-, Kraut-, und Moosschicht. Nicht nur die Pflanzen und die Tiere stehen funktional miteinander in Verbindung, auch unter den Pflanzen selbst gibt es vielfältige Beziehungen: durch die Schichtung entstehen unterschiedliche Lichtverhältnisse, abgestorbene oder auch noch lebende Pflanzen dienen anderen als Lebensgrundlage, durch feine Pilzfäden werden die Wurzeln der Bäume miteinander verbunden etc.
Im Gegensatz zum Laub- oder Mischwald, der noch als quasinatürlich bezeichnet werden kann, und der noch relativ viele Arten enthält, stellt eine Fichtenmonokultur eine stark verarmte und einseitige Lebensgemeinschaft dar.

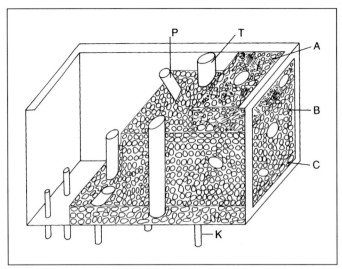

Abb. 4.5.1.2/3 a
Modellteil für einen Sandboden mit
Grobporen
(Entwurf: *M. Suter*)

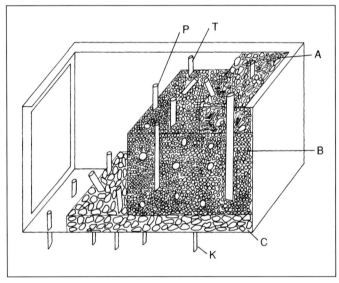

Abb. 4.5.1.2/3 b
Modellteil für einen Tonboden mit Fein-
poren
(Entwurf: *M. Suter*)

Laubmischwald:
• Hauptbestandteile im gebastelten Kompartiment:
Baum-, Strauch-, Krautschicht, Streu/Blätter am Boden, zwei Bäume mit Wurzeln, liegender Stamm
• Bastelanleitung:
Die Grundschachtel wird folgendermaßen verändert: Die Höhe beträgt 24 cm. Die rechte Seiten-
wand wird weggelassen, und auf der rechten Seite wird ein Fenster in den Boden geschnitten, um den
Boden/Streu -Austausch sichtbar zu machen. Die Pflanzen werden nach Belieben gebastelt (Beispiel
Baum: Stamm aus einer Papierröhre, Krone aus zwei kreuzweise ineinandergesteckten Halbkar-
tons). Es ist nur darauf zu achten, daß die drei Etagen der Baum-, Strauch- und Krautschicht deutlich
erkennbar werden. Mindestens ein Baum sollte ein Nadelbaum sein. Bei zwei Bäumen, die eher auf
der linken Seite der Schachtel plaziert sein sollten, wird ein Loch in den Boden geschnitten, um die
Wurzeln basteln zu können: ein Laubbaum erhält ein längeres, ein Nadelbaum ein kürzeres Wurzel-
werk. Der Boden der Box wird mit Papierschnipseln bedeckt, die Blätter und andere Pflanzenteile

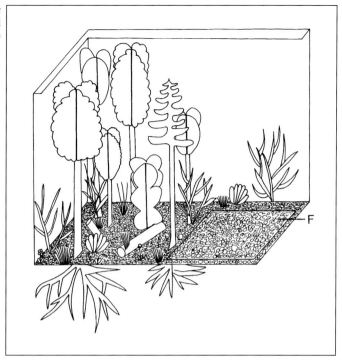

Abb. 4.5.1.2/4a
Modellteil mit dem Laub-Mischwald
(Entwurf: *M. Suter*)

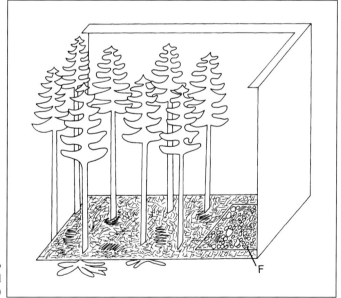

Abb. 4.5.1.2/4b
Modellteil mit dem Nadelwald
(Entwurf: *M. Suter*)

darstellen. Auch ein liegender Stamm, auf dem sich neue Pflanzen ansiedeln, sollte vorhanden sein.
Alle Teile müssen so angebracht werden, daß dazwischen noch Platz für die Tiere bleibt (s. dazu
Abb. 4.5.1.2/4a).
Nadelwald:
• Hauptbestandteile im gebastelten Kompartiment:
nur Fichten, nur Baum- und Moosschicht, Nadeln am Boden

- Bastelanleitung:

Die Schachtel wird auf die gleiche Weise vorbereitet wie beim Laubwald, außer daß die linke Seitenwand weggelassen wird. Die Nadelbäume werden in Reihe und Glied angeordnet. Auch hier werden im linken Teil zwei Bäume mit Wurzeln gebastelt, die allerdings flacher sein müssen als im Laubwald. Der Boden wird mit einer dicken Nadelschicht bedeckt. Einige Moose können vorhanden sein (s. dazu Abb. 4.5.1.2/4b).

d) Die Atmosphäre

- Hauptkennzeichen:

Die Bedeutung der Lufthülle unserer Erde ist offensichtlich, brauchen doch fast alle Lebewesen Sauerstoff zum atmen (s. dazu Kap. 3.1.2 und 3.2.1). Die Luft besteht aus Stickstoff (78 %), Sauerstoff (20 %), Kohlendioxid (0,03 %), Wasserdampf (im Durchschnitt 1,3 %), Argon (0,9 %) und weiteren Edelgasen sowie Ozon und Wasserstoff. In den untersten Luftschichten können noch relativ große Mengen an festen Schwebeteilchen (Staub, Ruß etc.) dazukommen.

Der Sauerstoffgehalt der Luft ist sehr konstant. In Gegensatz dazu verändert sich der Kohlendioxidgehalt regional und zeitlich. Der ebenfalls kleine Wasserdampfgehalt schwankt stark von 0 % bis 4 %. Eine weitere wichtige Rolle spielt das Ozon, das vor allem in einer Höhe über 10 km zu finden ist. In dieser Höhe bietet es einen Schutz vor UV-Strahlen, in tieferen Schichten ist es chemisch aggressiv. Neben diesem Gemisch von Gasen und gasförmigen Elementen ist als wichtiger Prozeß in der Atmosphäre die Kondensation von Wasserdampf zu nennen, die zur Bildung von verschiedenen Wolkenformen führt.

Abb. 4.5.1.2/5
Modellteil der Atmosphäre mit verschiedenen Wolkenformen
(Entwurf: *M. Suter*)

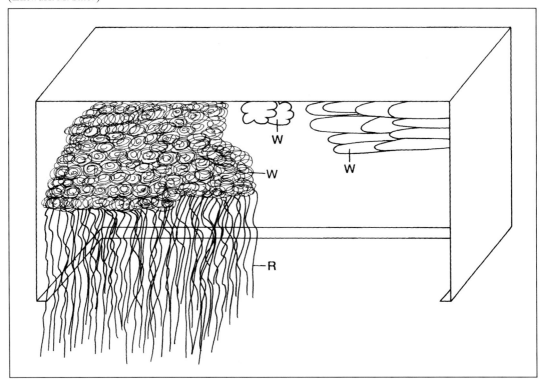

• Hauptbestandteile im gebastelten Kompartiment:
verschiedene Wolkenformen, Niederschlag
• Bastelanleitung:
Die Kartonbox ist doppelt so lang wie die vorherigen und gleich hoch wie die Boxen für das Kompartiment Wald (24 cm). Statt eines Bodens hat sie einen Deckel.
In einem Teil werden typische Schönwetterwolken angebracht. Im anderen Teil sollen Regenwolken mit Niederschlag vorhanden sein. Vorschläge zur Gestaltung: Ausgeschnittene Wolkensilhouetten werden mit einem umgeknickten Ende an der „Decke" angeklebt; aus Papierkügelchen werden Haufenwolken zusammengeklebt; Regen wird durch dünne Papierstreifchen symbolisiert (s. dazu Abb. 4 5.1.2/5).

e) Die Tierwelt
• Hauptkennzeichen:
Im Konzept der trophischen Ebenen werden die Tiere aufgrund ihrer Ernährungsweise in Primär- bis Quartärkonsumenten eingeteilt.
Primärkonsumenten (Pflanzenfresser, z. B. Hasen) ernähren sich direkt von den Pflanzen. Zu ihnen gehören auch die Streuverwerter. Bezüglich ihrer Artenvielfalt und ihrer Masse sind sie den Konsumenten höheren Grades überlegen. Die Sekundärkonsumenten (Kleinräuber und Wirbellosenfresser, z. B. Marder oder gewisse Insekten) ernähren sich vorwiegend von Primärkonsumenten und sind weniger zahlreich als die Pflanzenfresser. Tertiäre und quartäre Konsumenten (Großräuber, z. B. Fuchs) führen die Nahrungskette an und reagieren sehr empfindlich auf Störungen. Sie fressen sämtliche Konsumenten unterer Ordnungen. Zu erwähnen sind noch die Allesfresser, die sehr anpassungsfähig an Umweltveränderungen sind. Statt von Nahrungsketten spricht man besser von Nahrungsnetzen, stehen die verschiedenen Konsumenten doch in sehr verzweigter Form miteinander in Verbindung.

Abb. 4.5.1.2/6
Gestaltungsmuster für Waldtiere
(Entwurf: *M. Suter*)

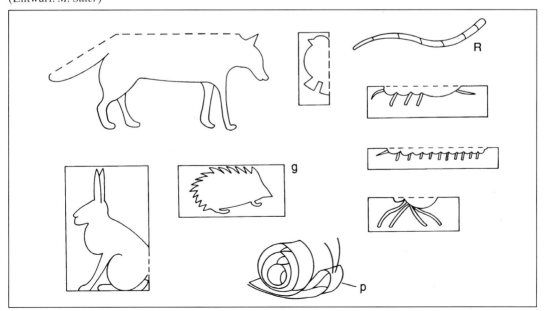

Die Bodenfauna wird nach der Größe der Organismen in Mikro- (z. B. Fadenwürmer), Meso- (z. B. Milben) und Makrofauna (z. B. Regenwürmer) unterteilt.

• Hauptbestandteile im gebastelten Kompartiment:
Bodentiere (für Abbildungen *Wagner*, 1989, S. 69), Pflanzenfresser (Schnecken, Hasen, Eichhörnchen, Vögel), Konsumenten höherer Ordnungen (Igel, Fuchs, Raubvögel)

• Bastelanleitung:
Die Tiere werden nicht in eine Schachtel hineingebaut, sondern separat hergestellt und erst am Schluß in das fertige Ökosystem eingefügt. Dies entspricht viel eher den realen Verhältnissen, da Tiere mobile Elemente im Ökosystem sind. Vorschläge zur Gestaltung: Tiere aus Papierstreifen zusammenfügen; aus einmal gefalteten Papieren werden Tiersilhouetten ausgeschnitten (s. dazu Abb. 4.5.1.2/6).

4.5.1.3 *Zusammensetzen des Modells und Erklären des Ökosystems am Beispiel des Wasserkreislaufs*

Bisher wurden alle Bastelarbeiten so ausgeführt, daß das Papier und der Karton unbemalt blieben. Da anschließend näher auf den Wasserkreislauf eingegangen werden soll, werden in den fertigen Kompartimenten alle Elemente, die Wasser darstellen oder enthalten, blau gefärbt.

Nun stellt jede Gruppe ihr Kompartiment vor. Zum Beispiel anhand der obigen Texte kann erklärt werden, was die einzelnen Elemente bedeuten und welche Funktionen sie erfüllen. Danach wird das Ökosystem gemäß Abb. 4.5.1.3/1 zusammengesetzt. Mit dem vollständigen Ökosystem als Demonstrationsmodell (Abb. 4.5.1.3/2) kann die Lehrerin oder der Lehrer nun auf die Beziehungen innerhalb des Systems eingehen (s. dazu Kap. 2.2, 2.2.1, 2.2.2, 2.2.4.1 und 2.2.4.2). Am Beispiel des Wasserkreislaufes soll dies erläutert werden.

a) Der Wasserkreislauf – in das Modell hineingedacht
In Form von Niederschlägen gelangt das Wasser aus der Atmosphäre zur Erdoberfläche. Je nach dem, wie dicht das Kronendach des Waldes ist oder wieviele Schichten vorhanden sind (vergleiche Wald-Forst), dringt der Niederschlag schneller und stärker bis zum Boden vor.

Von der Art der Bodenauflage sowie der Größe und der Anzahl der Poren hängt es ab, wieviel und wie schnell das Wasser in den Boden eindringen kann. Im Boden selbst verhält es sich je nach Bodenart anders. Im Sandboden läuft das Wasser schnell durch, so daß er rasch austrocknet. Der Tonboden saugt viel Wasser auf und hält es zurück. So bleibt er zwar lange feucht, unter Umständen ist das Wasser aber so fest gebunden, daß es den Pflanzen trotzdem nicht zur Verfügung steht. Auch das Vorhandensein von Tiergängen, in denen das Wasser abfließen kann, ist von Bedeutung.

Hat das Wasser die Bodenhorizonte passiert, ohne von den Pflanzen verbraucht worden zu sein, gelangt es ins Grundwasser, von wo es unter Umständen aus einer Quelle wieder ans Tageslicht tritt. Ein Teil des Wassers steigt dank den Kapillarkräften erneut zum Boden hinauf, wo es von den Pflanzen durch die Wurzeln aufgenommen wird. Diese Aufnahme ist wiederum von der Bodenart abhängig: Im trockenen Sandboden müssen die Wurzeln tiefer reichen, um genügend Wasser zu bekommen. Im nassen Tonboden beschränken sie sich auf die oberen Bereiche, weil der Boden unten zu naß ist und sie keine Luft mehr bekommen.

In den Leitungsbahnen der Pflanzen steigt das Wasser bis in die höchsten Wipfel empor. Ein Teil wird für die Photosynthese benötigt, der Rest verdunstet durch die Spaltöffnungen der Blätter und gelangt so wieder in die Atmosphäre. Dort bilden sich durch Kondensation neue Wolken.

Allgemein wirkt ein Wald ausgleichend auf den Wasserkreislauf. Er sorgt für eine Wasserreinigung, -rückhaltung und Grundwasserneubildung. Etwa drei Viertel des jährlich auf einen Wald fallenden Niederschlags werden in den Waldpflanzen oberirdisch gespeichert. Das restliche Viertel wird vom Waldboden, der mit einem Schwamm verglichen werden kann, gefiltert und an das Grundwasser ab-

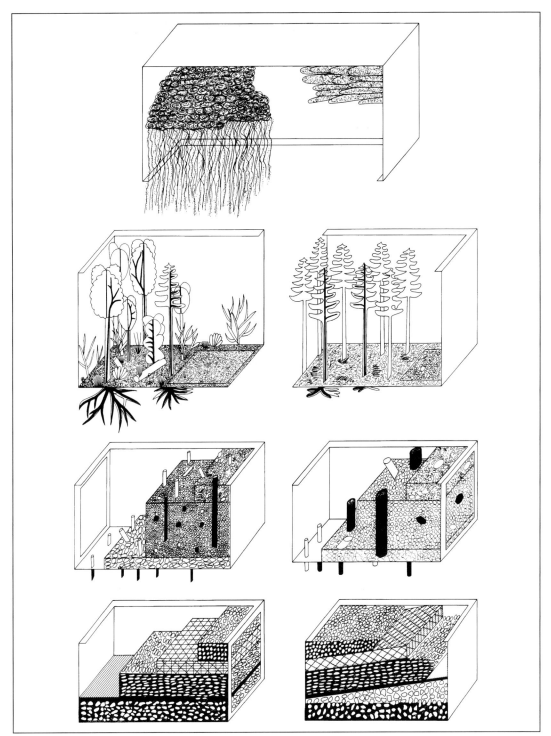

Abb. 4.5.1.3/1
Alle Modell-Kompartimente des „vollständigen" Ökosystems einzeln
(Entwurf: *M. Suter*)

Abb. 4.5.1.3/2
Das Ökosystemmodell – komplett zu-
sammengesetzt und arbeitsfertig
(Entwurf: *M. Suter*)

gegeben. Vor allem diese unterirdischen Prozesse verhindern in Verbindung mit der Pflanzendecke
(Vergleich Wald-Forst einsetzen), daß das Wasser an der Oberfläche abfließt. Bei einem starken
Oberflächenabfluß kommt es einerseits zu Überschwemmungen, andererseits wird das Grundwasser
nicht mehr aufgefüllt, so daß in trockenen Perioden kein Wasser mehr nachgeliefert werden kann.
Durch die oberflächliche Abschwemmung wird wertvolles Bodenmaterial mitgerissen, was zur Erosion führt (s. dazu Kap. 3.1.1). Ein dichter Wald, verbunden mit einem guten Boden, sorgt dafür, daß
dies auch bei einem starken Regen nicht passiert. (Im Modell kann dies demonstriert werden, indem
die beiden Waldboxen herausgenommen werden und der Niederschlag direkt auf den nackten Boden trifft.)
Wälder wirken auch ausgleichend auf das Klima (s. dazu Kap. 3.1.2). Durch ihre hohe Verdunstung
regulieren sie die Luftfeuchtigkeit, wobei auch die Wasser- und Schneerückhaltung auf den Blättern
eine große Rolle spielt. Letztlich führen Waldgebiete in ihrer nahen und fernen Umgebung zu mehr
Niederschlag. Werden sie abgeholzt, geht die Wasserversorgung zurück.
Ein weiterer erwähnenswerter Punkt ist der Saure Regen. Aus Schwefeldioxid und Stickoxiden entstehen in feuchter Luft Säuren, die mit dem Regen zur Erdoberfläche gelangen und zum Waldsterben beitragen.

b) Darstellung weiterer ökologischer Beziehungen

Neben den Auswirkungen des Wassers in den einzelnen Subsystemen lassen sich noch viele andere Wechselwirkungen nennen. Das Modell ist so aufgebaut, daß diese – vielleicht in einer späteren Phase – auch aufgezeigt werden können. Dazu noch einige Anregungen:

- Atmosphäre und Vegetation:
  - Kohlendioxid- und Sauerstoffaustausch
  - Windwirkungen
  - Reinigung der Luft
  - Abholzung verändert Rückstrahlung
  - Abbrennen erhöht Kohlendioxidgehalt.
- Atmosphäre und Tiere:
  - Luft zum Atmen
  - Schutz vor gefährlicher Strahlung
  - Schadstoffproblematik.
- Atmosphäre und Boden:
  - Zersetzung der organischen Substanz benötigt Sauerstoff
  - Oxidation von Metallen
  - Stickstoffeintrag
  - Schwermetallbelastung.
- Vegetation und Tiere:
  - Nahrungsgrundlage
  - „Übernutzung" durch Tiere (z. B. Verbiß und Tritt durch Wild)
  - Tiere bestäuben Pflanzen
  - Verbreitung der Samen
  - Schädlingsproblem (Borkenkäfer, Fichtenforst)
  - tote Tiere liefern Dünger.
- Vegetation und Boden:
  - Schutz vor Winderosion
  - Streu wird zu Humus
  - Wurzeln halten Boden zusammen
  - Wurzeln lockern Boden auf
  - Versauerung (Fichtennadeln)
  - Bedeutung der Bodenflora
  - Schadstoffakkumulation.
- Tiere und Boden:
  - Tiere liefern organisches Material
  - Tiere zersetzen organisches Material
  - Lockerung des Bodens
  - Regenwürmer bilden neue Verbindungen (Ton-Humus-Komplexe).

4.5.1.4 Methodische Schlußüberlegungen

Ein Mangel dieses Modells ist, daß es den Wald als ein nach außen völlig abgeschlossenes System darstellt. Aus dieser Not kann eine Tugend gemacht werden, indem der Lehrer oder die Lehrerin die Klasse mit einer entsprechenden Frage darauf aufmerksam macht und die verschiedenen Beziehungen thematisiert. Einige Beispiele sind schon im Text genannt (Klimaregler, Luftreinigung).
Der Mensch selbst ist im gebastelten Modell nicht vorhanden. Durch das Kompartiment Fichtenforst sind seine Aktivitäten trotzdem repräsentiert. Gleichzeitig kann damit gezeigt werden, daß die

Gleichung „Ökosystem = natürlich" nicht stimmt. Auch eine vom Menschen gestaltete Pflanzendecke ist ein Ökosystem. Meist sind solche Ökosysteme aber einfacher aufgebaut, enthalten weniger vielfältige Beziehungen und sind störanfälliger. Im übrigen wird der Einfluß des Menschen bei der Besprechung der Beziehungen der einzelnen Subsysteme deutlich.

Selbstverständlich kann das Modell – gerade auch mit älteren Kindern – beliebig ausgebaut werden. Anregungen dazu sind z. B.:

– Anstelle eines flachen Reliefs einen Hang einbauen, um die Reliefwirkung zu veranschaulichen.
– Ein angrenzendes Ökosystem bauen (z. B. eine Wiese).
– Ein zusätzliches Element Stadt/Dorf mit entsprechend anderen Kompartimenten eingliedern: abgesenktes Grundwasser, verdichteter Boden, verschmutzte Luft.
– Das Modell bleibt über längere Zeit im Schulzimmer stehen und wird begleitend zu den behandelten Themen nach und nach weiter angemalt: Bodenhorizonte in passenden Farben, Schadstoffakkumulationen markieren, Energieflüsse kennzeichnen etc.

Fazit:
Die Form eines „Baukastenmodells" ist eine gute Möglichkeit, um ein Ökosystem darzustellen: Die Elemente können nicht beliebig weggenommen oder anders angeordnet werden, ohne daß die Gefahr besteht, daß das ganze Modell zusammenbricht. Trotzdem ist bei entsprechend sorgfältigem Vorgehen ein gewisser Austausch bzw. eine Neuanordnung und Erweiterung des Modells möglich. Dadurch, daß zuerst Gruppenarbeiten durchgeführt und danach die einzelnen Ergebnisse zu einem Ganzen zusammengefügt werden, wird der Charakter von Ökosystemen als von Subsystemen aufgebauten größeren Einheiten deutlich. Als Idealvorstellung zu wünschen wäre natürlich ein Modell, das „echt" funktioniert, denn ein Modell in dem etwas „passiert", ist sicher attraktiv für Kinder. Dies wäre aber mit einem erheblich größeren Bastelaufwand verbunden. Zudem ist es fraglich, ob mit einem funktionierenden Modell mehr Erkenntnisse und eine größere Sensibilisierung zu erreichen sind als mit einem „statischen" Modell.

4.5.2 Das Naxos-Spiel – eine andere Form des Exkursionsberichtes *(Louis Degen)*

4.5.2.1 Das Umwelt-Brettspiel als didaktisches Instrument

Es gibt inzwischen zahlreiche Umwelt-Gesellschaftsspiele in der Art des Brettspiels, kombiniert mit Figuren, Karten oder sonstigem Zubehör. So gesehen könnte das Naxos-Spiel nur ein weiteres unter den Umweltspielen sein, verbänden sich damit nicht spezielle didaktische Ziele.

Mit diesem Spiel soll eine Anregung für „einen anderen Geographieunterricht" gegeben werden, wobei der Ausgangspunkt eine Schullandheimwoche, eine Auslandsschulreise oder auch eine Mehrtagesschülerfahrt sein kann. Gewöhnlich wird ein Bericht oder Aufsatz geschrieben, die als didaktischer Schlußstrich unter einem Erlebnisunternehmen unbefriedigend erscheinen. Hier wird eine Idee präsentiert, die als Anregung für ähnliche oder auch völlig andere Spielkonzepte gedacht ist. Es soll nur gezeigt werden, „wie" man etwas Derartiges tut, wo es beginnt und welche Schwierigkeiten auf die Bearbeiter, Student oder Schüler – warten. Es wird also kein perfektes Unterrichtskonzept präsentiert, sondern eine geographiedidaktische Möglichkeit, die Lehrern als Basis verschiedener Themenbereiche dienen kann.

Die Idee der Ökologie bzw. des ökologischen Umweltdenkens, schonend zu nutzen und entsprechend zu entscheiden, stützt sich nun der Rahmen des Naxos-Spiels auf sechs folgende thematische Grundpfeiler:

GES   Gesellschaft
FAM   Familie
LWS   Landwirtschaft
GTI   Gewerbe, Tourismus und Industrie

BTV   Boden, Tiere und Vegetation
AWE   Abfall, Wasser und Energie

Das Spiel soll ökologisch gewichtete Aufgaben stellen, die eigenverantwortlich und wohlüberlegt zu lösen sind, indem „ökologisch sinnvolle" Entscheidungen getroffen werden. Hier ergibt sich sowohl für die Vorbereitung der Schullandheimwoche oder der Exkursion etc. als auch für die Konzipierung des Spiels in deren Nachbereitung eine große Palette von Möglichkeiten des Nachdenkens und Diskutierens darüber, was eigentlich „ökologisch" ist.

Die Karte der Insel als Spielbrett zu verwenden ist nicht nur eine Möglichkeit zur Vermittlung topographischen Sachwissens, sondern soll auch die gegebene Verortung ökologischer Sachverhalte im Raum bzw. die integrative Verortung planerisch-ökologischer oder sozioökonomischer Entscheidungen im Raum bewußt machen. Denn Ökologie bzw. Geoökologie sind nach wie vor Raumwissenschaften!

Ein weiterer didaktischer Gedanke ist der holistische, also ganzheitliche Ansatz der Ökologie, den das Spiel verdeutlichen soll. Das Zusammenspiel von naturbürtigen Faktoren im Geoökosystem und darin agierenden Menschen steht thematisch im Mittelpunkt. Dabei lassen sich verschiedene Organisationsebenen der Ökosysteme im Raum diskutieren. Wichtiges Lernziel ist dabei, daß auch bei gesellschaftlichen Entscheidungen im Raum der funktionale Gesamtzusammenhang aller Geoökofaktoren in Rechnung zu stellen ist. Die Verortung kann übrigens auf verschiedenen Dimensionsebenen möglich sein, im Fall des Naxos-Spiels sind dies die lokale und die regionale Ebene (s. dazu Kap. 2.1, 2.2 und 2.2.3).

Ökologisches Verständnis auf der Schulebene läßt sich vor allem am räumlich begrenzten Beispiel vermitteln. Ein Ort (s. Kap. 4.3.5) oder ein überschaubarer Raumausschnitt (s. Kap. 2.2.5) sind dafür sehr gut geeignet. Ideal ist allerdings eine Insel, weil sie ein abgeschlossenes Areal darstellt, also eine natürlich begrenzte ökologische Raumeinheit, deren „geschlossener" Systemcharakter Schülern einleuchtet und eine ökologisch einfache Politik ermöglicht. Auf der Insel laufen selbstverständlich permanent ökologische und gesellschaftliche Prozesse ab, die man unmittelbar bei einem Aufenthalt nur als Momentaufnahme erfassen kann. Didaktisch genügt ein Hinweis darauf, methodisch ist dies nicht von Belang.

So gesehen stellt auch das Naxos-Spiel „nur" eine Zustandsdarstellung der Insel – in diesem Fall – aus dem Frühjahr 1991 dar. Anhand der unmittelbaren Erfassung dieses Zustandes und aufgrund sonstiger Kenntnisse (Literatur- und Zeitungsstudium) haben sich gleichwohl Lösungsvorschläge und Verbesserungsideen für Mißstände und Probleme der Insel Naxos ergeben, wofür das Spiel Antworten bereithält. Sowohl auf der Insel selbst, also bei der Feldarbeit, als auch bei der Spielkonzipierung erkannten die Bearbeiter rasch, daß für die Umwelt und ihre Ökosysteme nicht immer das Vernünftigste und Sinnvollste getan wird, wobei gerade der wirtschaftende Mensch oft ökonomisch mit ökologisch verwechselt.

Dieses politisch-ökologische Handeln kann im Naxos-Spiel spielerisch erfolgen, indem sich jede einzelne Gemeinde ein Umfeld schafft, das durch diverses Zusammenarbeiten unter den Gemeinden der Insel zu einem ökologisch gewichteten Gesamtinselkonzept führen kann. Dies wird im Spiel realisiert, indem die Gemeinden der Insel den Spielern zugeordnet werden. Der einzelne spielt also nicht für sich, sondern im Auftrag einer Gemeinde – und im Hinblick auf den Gesamtzustand der Insel. Dabei trägt er Verantwortung für alle Einwohner des Dorfes – ein umwelterzieherisches Ziel unseres Spielkonzeptes.

4.5.2.2 Das Naxos-Spiel selber

Spielidee:
Beim Naxos-Spiel geht es darum, daß sich die Spieler mit den sozialen, wirtschaftlichen und ökologischen Problemen der Insel auseinandersetzen. Ziel des Spieles ist es, für jede Gemeinde sowie für

die ganze Insel eine ökologisch ausgeglichene Entwicklung mit nachhaltiger Nutzungsmöglichkeit der Insel zu erreichen. Oberstes Ziel ist ein ausgeglichener Umweltzustand der Insel – ein quasi „natürliches" landschaftsökologisches Gleichgewicht.

Der Spielablauf:

Das Spielbrett stellt die Insel Naxos dar. Die sechs Gemeinden (Naxos-Chora, Koronos, Filoti, Apiranthos, Apollonas und Mikri Vigla) sind durch einen vorgegebenen Spielpfad miteinander verbunden. Der Pfad geht rund um die Insel. Als Ausnahme kann der Bergpfad oder der Klosterpfad benutzt werden. Jeder Spieler repräsentiert im Spiel eine Gemeinde und bewegt seine Spielfigur mit Würfeln auf dem Pfad in vorgegebener Richtung. Gewisse Felder auf dem Pfad sind markiert. So gibt es:

– Ereignisfelder
– Gemeindefelder
– Ökotatfeld
– Orkanfeld
– Richtungsfeld: Feld, das die Spielrichtung umkehrt
– Schicksalsfeld: Feld, das zum Kloster führt
– Wetterfeld
– Schiffeld
– Verzweigungsfeld

Trifft ein Spieler mit seiner Figur auf ein Ereignisfeld, so wird ihm von einem Mitspieler ein Kärtchen vorgelesen. Dabei wird eine Situation der Insel geschildert. In den meisten Fällen muß der Spieler sich für eine der drei vorgegebenen Antworten entscheiden oder aber er muß lediglich das beschriebene Ereignis ausführen. Zunächst werden einige Beispiele genannt, bei denen die Spieler nur ausführen können. Die Abkürzungen der sechs Sparten LWS, FAM, GES, GTI, AWE und BTV wurden im vorhergehenden Kapitel erklärt:

• Dein alter Esel ist auf dem Heimweg vom Feld gestrauchelt und hat sich dabei ein Bein gebrochen. Du mußt in der nächsten Zeit zu Fuß auf Deine Äcker gehen:

Setze einmal aus!

Oder:

• Eine Kälteperiode, die nur alle Jahrhunderte in diesen Breitengraden der mediterranen Subtropen vorkommt (wie z. B. 1991/1992), überrascht Naxos sogar mit Schneefall. Dies wirkt sich negativ auf viele kälteempfindliche Pflanzen aus:

Alle Spieler: LWS – 1.

In den meisten Fällen müssen sich die Spieler nach bestem Wissen und Gewissen für einen der drei vorgegebenen Lösungsvorschläge entscheiden. Je nach der Entscheidung erhalten die Spieler in einigen der sechs Sparten Punkte. Der finanzielle Aufwand richtet sich nach den Lösungsvorschlägen. Die Einheit „Kouros" ist speziell für dieses Spiel geschaffen worden.

• In Deiner Gemeinde befindet sich ein seltener Stechwacholderwald.

a) Da dieses Gebiet schützenswert ist und es viele Touristen anzieht, machst Du es zu einem Naturschutzgebiet. Der Aufwand beträgt zwei Kouros.

b) Du richtest in diesem Gebiet einen Campingplatz ein. Der Aufwand beträgt drei Kouros.

c) Du überläßt das Gebiet den Ziegenherden als Weideland.

a) FIN – 2	BTV + 3	GTI + 1	AWE + 1
b) FIN – 3	GTI + 2	BTV – 1	AWE – 1
c) BTV – 1	AWE – 1		

• Deine beiden Söhne (acht und elf Jahre) helfen jeden Abend in Deiner Taverne mit, damit das Geschäft läuft. Neue Richtlinien verbieten jedoch die abendliche Arbeit von Kindern.

a) Du ignorierst die Richtlinien, denn Du benötigst unbedingt die Mithilfe der Kinder. Du riskierst eine Strafe. (Auswürfeln)

b) Anstatt die Kinder einzuspannen, arbeitest Du nun noch mehr und läßt notfalls die Touristen etwas warten.

c) Du stellst eine weitere Arbeitskraft ein. Der Aufwand beträgt zwei Kouros.

a) GTI + 2   FAM – 1   GES – 1   Würfeln: < 3 FIN-2

b) FAM + 1   GTI – 2   GES + 2

c) FIN – 2   GTI + 2   GES + 3   FAM + 2

• Das umstrittene Flughafenprojekt auf Naxos soll vergrößert werden.

a) Du unterstützt den Flughafenbau finanziell.

b) Du stellst Dich nach wie vor gegen den Bau und organisierst den Widerstand.

c) Der Streit um den Flughafen interessiert Dich überhaupt nicht.

a) FIN – 2   GTI + 2   BTV – 1   AWE – 1

b) BTV + 1   AWE + 1

c) keine Punkte

Die erhaltenen Punkte der jeweiligen Sparten GTI, BTV, AWE, SOZ, FAM und LWS decken die Spieler auf der Gemeindekarte in den entsprechenden Sparten ab. Das Kärtchen kommt zurück in den Stapel, und der nächste Spieler würfelt.

Ziel und Zweck liegen ja nun darin, möglichst „ökologisch" zu spielen. Das heißt, die Spieler sollten in allen Sparten Punkte sammeln. Es gewinnt derjenige, der mit all seinen Sparten-Punkten die erforderliche Punktezahl erreicht hat. So wird verhindert, daß Spieler ihre Interessen nur vereinzelten Sparten widmen. Die Spieler sind gezwungen, sich im Interesse der Gemeinde zu verhalten. Man entscheidet nicht nur in Landwirtschaftsfragen, sondern auch über Gewerbe, Boden, Familie, Wasser usw.

Das Ziel, eine ökologisch handelnde und wirtschaftende Gemeinde zu gestalten, hat sich sinnvoll in das Spiel integriert. Alle Mitspieler werden nicht nur ganz bewußt auf die Probleme der eigenen Gemeinde achten, sondern sie werden auch die Probleme der anderen Gemeinden – und damit die Insel-Gesamtperspektive – beobachten. So können ähnliche Situationen in der eigenen Gemeinde richtig eingeschätzt und dementsprechend ökologisch richtig beantwortet werden.

Durch langes Ausprobieren des Spielkonzepts stand das Spiel irgendwann einmal auf eigenen Füßen. In diversen Spielabenden wurden das Punktesystem angepaßt und die Inhalte der Kärtchen verbessert.

Wie ist es nun um das Geld bestellt? Das Naxos-Spiel sollte kein zweites Monopoly werden. Das Spiel soll ja ökologisch und nicht ökonomisch gewichtet sein und auch bleiben. Trotzdem sahen die Bearbeiter mit dem Einsetzen des Spielmittels Geld mehr Möglichkeiten für das Spiel. So wurden die entsprechenden Antworten auf den Kärtchen mit Kosten verbunden. Der Spieler bzw. seine Gemeinde kann nun nur noch nach den entsprechenden finanziellen Möglichkeiten handeln. Dadurch wird das Spiel „farbiger", d. h. vor allem lebhafter.

Ein wichtiger Grundgedanke des Spieles ist, daß man sich mit den sozialen, wirtschaftlichen und ökologischen Problemen der Insel gründlich, d. h. im Zusammenhang auseinandersetzt. Nun weiß man aber auch, daß ein ausgeglichenes Ökosystem weit mehr darstellt als lediglich eine gut funktionierende Gemeinde. Mit dem zuletzt geschaffenen „Insel-Ökometer" wird die sozio-ökologische Politik der Gemeinden auf die gesamte Insel ausgedehnt. Die Spieler – also die Gemeinden – erhalten neben der passiven Möglichkeit, auf Fragen nur antworten zu können, nun auch die Freiheit, sich aktiv am Spielgeschehen zu beteiligen.

Das Insel-Ökometer ermöglicht den Spielern (Gemeinden) das Vollbringen von Ökotaten zur Inwertsetzung ihres Geldes und zur Verbesserung ihres persönlichen Punktestandes. Die fünf Bereiche (FAM + GES wurde zu SOZ zusammengelegt) können mittels der vor liegenden Ökotaten zugunsten der gesamten Insel und der Gemeinden verbessert werden.

Es gibt zwei Möglichkeiten für die Gemeinden, das vorhandene Kapital zu investieren:

– Ein Spieler zieht ein Ereigniskärtchen, mit dem allein oder zusammen mit anderen eine Ökotat vollbracht werden kann. Der Preis für die gewählte Ökotat steht jeweils auf dem Ereigniskärtchen (Ereignis).

– Ein Spieler kommt auf eines der drei Ökotatenfelder. Dieses Feld ermöglicht das Vollbringen einer Ökotat und zwar allein (Einzelprojekt oder Gemeindeprojekt) oder zusammen mit anderen (Inselprojekt). Dazu wählt er ein Inselökometer-Kärtchen aus (Offerte).

Alle Beteiligen erhalten die Punkte, die diese Ökotat abwirft. Die erforderliche Geldsumme ist größer, wenn eine Gemeinde eine Ökotat allein durchführt. Man möchte auf diese Weise vom Individualismus weglocken und zeigen, daß Ökologie im weiteren Sinne nicht von einzelnen Personen oder Gemeinden betrieben werden kann – und daß sie sich lohnt. Gemeindeübergreifende Projekte sind oft nicht nur ökologisch, sondern auch ökonomisch sinnvoller. Die vollbrachte Tat – Gemeindeprojekt oder Inselprojekt – wird dann auf dem Insel-Ökometer abgedeckt und dient am Schluß des Spieles dazu, den sozioökologischen Zustand der Insel aufzuzeigen. Man kann erkennen, welche Sparten auf der Insel zu kurz kommen und welche unter den Gemeinden rege Unterstützung finden.

Es folgen nun einige Beispiele aus dem Angebot der Inselökometer-Kärtchen:

• Inselökometer
Inselprojekt Abfallentsorgungskonzept (Ereignis)
Der Abfallberg wird auf der Insel immer größer. Man versucht nun, das Problem gemeinsam in möglichst vielen Gemeinden zu lösen. Das geplante Abfallentsorgungskonzept sieht die Trennung von Glas, Aluminium, Papier, Weißblech und organischen Abfällen vor. Der Aufwand beträgt pro Gemeinde 4 Kouros. Wenn alle Gemeinden mitmachen, reduzieren sich die Kosten auf 3 Kouros pro Gemeinde.
AWE + 3   BTV + 2

Abb. 4.5.2.2/1
Der Terrassenbau verhindert Bodenerosionsprozesse. Auf den ebenen Flächen entsteht kaum oberflächlicher Abfluß, das Wasser kann versickern (Foto: *Alena Wehrli*, 1991)

- Inselökometer

Inselprojekt Landwirtschaftsschule (Offerte)

Seit einiger Zeit wird auf der Insel der Bau einer landwirtschaftlichen Schule diskutiert. Aus eigener Erfahrung weißt Du, daß die unzureichende Ausbildung viele junge Leute dazu bewogen hat, die bäuerliche Tätigkeit aufzugeben und nach Naxos-Chora oder sogar aufs Festland abzuwandern. Du versuchst deshalb, in persönlichen Gesprächen, andere Gemeindevorsteher zur finanziellen Unterstützung der Schule zu bewegen. Der Aufwand beträgt pro Gemeinde 4 Kouros (mindestens die Hälfte aller Gemeinden muß sich beteiligen). Wenn alle mitmachen, reduzieren sich die Kosten auf 3 Kouros pro Gemeinde.

LWS + 3   GTI + 3   GES + 3

- Inselökometer

Gemeindeprojekt Genossenschaft für den Terrassenbau (Ereignis)

Einige Bauern und Bäuerinnen haben sich bei Dir beklagt, daß sie weder Zeit noch Geld hätten, die dringend notwendigen Renovationen ihrer Ackerterrassen vorzunehmen. Du kommst auf die Idee, eine – von der Gemeinde unterstützte – „Genossenschaft für den Terrassenbau" zu gründen. Diese soll die Terrassen nach und nach in Gemeinschaftsarbeit instandstellen. Aufwand 5 Kouros.

FIN – 5   LWS + 3   AWE + 3   GES + 3   BTV + 3   GTI + 2

- Inselökometer

Gemeindeprojekt Dammbau (Offerte)

Durch den Bau von kleinen Dämmen versuchst Du, in Deiner Gemeinde den Abfluß an der Erdoberfläche zu verhindern und damit der Bodenerosion Einhalt zu gebieten. Aufwand 5 Kouros.

FIN – 5   AWE + 3   BTV + 2

4.5.2.3 Das Begleitheft zum Naxos-Spiel

Das Spiel-Begleitheft enthält Hintergrundtext und Erklärungen zu den vorkommenden Fachausdrücken. Mit Hilfe des Heftes kann sich der Spieler schnell einen guten Überblick über Griechenland und die Insel Naxos verschaffen. Er findet kurze Lagebeschreibungen von Griechenland und der Insel, eine Abhandlung über die Geologie, das Klima, den Boden und die Vegetation. Es folgen Texte zur Wirtschaft, zum Tourismus, zum sozialen Teil und am Schluß auch die Darstellung einiger wichtiger Umweltprobleme der Insel.

Der Text wurde in einfacher Sprache verfaßt. Fotos sollen nicht nur den Text illustrieren, sondern zugleich auch ein Bild vom Leben auf Naxos vermitteln. Um den Charakter des Begleitheftes zu verdeutlichen, werden hier aus zwei Kapiteln Textauszüge abgedruckt.

Überblick über Naxos

(aus dem Kapitel „Überblick über Griechenland und Naxos")

„Eine erste Unterteilung von Griechenland in das Festland, den Peloponnes, die Insel Kreta und den Schwarm der Kykladen zeigt auch ein Blick in den Atlas. Naxos gehört zu der Inselgruppe der Kykladen. Sie bilden eine politische Verwaltungseinheit, einen Nomos, mit dem Hauptort Ermoupolis auf Siros. Die größte Insel der Kykladen ist Naxos mit einer Fläche von 442 km². Von den vielen Kykladeninseln sind lediglich 24 bewohnt. Die Insel Naxos wird von einer Nord-Süd Gebirgskette durchzogen. Die höchsten Gipfel sind der Koronos im Norden mit 907 m NN. und weiter südlich der Zeus mit 1 001 m NN. Im Westen der Gebirgskette wird hauptsächlich Landwirtschaft betrieben, und an den Küsten kommen mehr und mehr touristische Infrastrukturen auf. Auf der Ostseite fallen die Gebirgszüge zum Teil steil zum Meer ab. Das Leben auf Naxos selbst ist ganz auf Naxos-Chora ausgerichtet. Naxos-Chora verfügt über den wichtigsten Hafen der Insel. Durch die Fährverbindungen mit den anderen Inseln und mit Athen erhielt Naxos-Chora für die Insel eine zentrale Bedeutung."

Ausbildung und Information
(aus dem Kapitel „Wirtschaft")
„Traditionellerweise werden die landwirtschaftlichen Kenntnisse in der Familie von Generation zu Generation weitergegeben. Eine eigentliche Landwirtschaftsausbildung gibt es nicht. Auf Naxos existiert allerdings seit zehn Jahren ein Landwirtschaftszentrum mit einer Schule, die für alle Kykladeninseln gedacht ist. Dort werden mit staatlicher Unterstützung wenige Tage dauernde Kurse zu land- und hauswirtschaftlichen Themenbereichen angeboten. Spezielle Kurse mit ökologischen Inhalten gibt es nicht. Die Kurse stoßen bei jüngeren Männern und Frauen auf reges Interesse. Im Zentrum stehen außerdem eine Bibliothek und eine staatliche Bauernberatungsstelle zur Verfügung. Daneben gibt es auf Naxos ein privates Ökozentrum (Kentro Oikogikon Ereynon Naxoy), das den Bauern beratend zur Seite steht.

Beim Austausch von Informationen sind die persönlichen Kontakte unter den Bauern selber und zwischen den Beratern und den Bauern nach wie vor viel wichtiger und wertvoller als Kurse, Bücher oder Zeitungen und Radios. Leider ist der wirtschaftliche Druck auf die Bauern meist so groß, daß neue und weitsichtige Ideen kaum aufgenommen und dringend nötige Maßnahmen nicht durchgeführt werden können.

Genossenschaften sind im üblichen Landwirtschaftssystem von Griechenland kaum entwickelt, obwohl sie eine sinnvolle Einrichtung zur Lösung vieler Probleme wären. Sie werden erst seit wenigen Jahren vom Staat gefördert. Produktionsgenossenschaften sind unbedeutend, die genossenschaftlich organisierte Verarbeitung und Vermarktung sind erst im Entstehen begriffen. Gemeinsame Anschaffungen werden – wenn überhaupt – eher auf privater Basis getätigt."

Abb. 4.5.2.3/1
Der Tourismus bietet zahlreiche Beschäftigungsmöglichkeiten und vielfältige Einnahmequellen (Foto: *Alena Wehrli*, 1991)

Für die Bearbeitergruppe gehört das Begleitheft zum Spiel. Es erfüllt jedoch nicht die Funktionen für den Geographieunterricht, wenn das Naxos-Spiel (oder ein ähnlich strukturiertes) im „Spielenden Unterricht" eingesetzt werden soll. Daher entstand ein spezielles Begleitheft für Lehrer. Zweck ist natürlich auch, das Spiel an den Schulen bekannt zu machen und damit den zugrunde liegenden Ökologie-Gedanken zu propagieren. – Um den Einstieg und die vielfältigen unterrichtlichen Möglichkeiten des Naxos-Spieles aufzuzeigen, werden mit dem Lehrerbegleitheft einige didaktische Hinweise gegeben. Geographie im Schulunterricht ist in vielen Belangen auch Lebens- und Umweltkunde (s. dazu Kap. 1.2 und 1.3). So gesehen kann man Geographie als Schul- oder Hochschulfach nicht nur als fachspezifisches Medium betrachten.

Die Breite geographisch relevanter Themen erfordert eine umfassende Betrachtungsweise. Daher darf auch ein Spiel – hier das Naxos-Spiel – keinesfalls nur aus dem Blickwinkel der Geographie betrachtet werden. Die Basis des Spieles bildet bekanntlich der Ökosystemansatz und der Gedanke vom Schutz unserer Umwelt. Dieser Ansatz soll allen einen Einblick in das komplizierte Funktionsgefüge unserer Umwelt vermitteln und zu einem integrativen Denken in der Schule, aber auch außerhalb dieser, anregen.

Das Naxos-Spiel möchte nicht als geographiespezifisches Spiel verstanden werden, sondern als Anregung dazu, fächerübergreifend zu denken, zu lehren und zu lernen. Entsprechend soll es interdisziplinäres Handeln und Arbeiten fördern. Der Phantasie sind beim Einsatz fast keine Grenzen gesetzt. Auch im Zeitplan kann man flexibel sein: Es kann mit dem Spiel von der Einzelstunde bis zu einer Projektwoche gearbeitet werden. Weitere Einsatzmöglichkeiten sind Rollenspiele, Diskussionen, Herstellung einer dreidimensionalen Version des Spieles im Werken, Neugestaltung eines Spielbrettes im Fach Zeichnen/Kunstunterricht mit einem neuen Thema etc.

Im Geographieunterricht selber, sei es als Schul- oder als Hochschulfach, gibt es zahlreiche Themen, die sich im Spielkonzept direkt oder indirekt wiederfinden und am begrenzten Raum der Insel Naxos spielerisch aufarbeiten lassen: Tragfähigkeitsprobleme, Entwicklungsländerproblematik, Naturkatastrophen, Klimawandel, Übernutzung von Weideflächen, Migrationsprobleme, Bevölkerungswachstum, Altlasten und Umweltschäden. Man kann auch mit eher klassischen Unterrichtsmethoden wie Länderkunde von Griechenland oder Mittelmeerländern einsteigen. Weitere Möglichkeiten zeigen sich in den Bereichen der allgemeinen Geographie mit Ökologie, Bevölkerungs- und Sozialstrukturen, Politische Geographie etc.

Der Inhalt des Lehrerbegleitheftes wird anschließend kurz dargestellt:

---

1 Umfeld

1.1 Schulstufen

Das Spiel eignet sich grundsätzlich für folgende Schulstufen:
– Mittelstufe (Sekundarstufe I) 12–16 Jahre
Spielen steht im Vordergrund

– Oberstufe (Sekundarstufe II) 17–20 Jahre
Wissen steht im Vordergrund

Besonders für die Mittelstufe wird den Lehrer empfohlen, die Ereigniskärtchen kurz durchzulesen und zu schwierige oder zu komplexe Themenkärtchen in einer ersten Spielphase wegzulassen. Das Spielerische am Spiel soll im Vordergrund stehen und beim Schüler indirekt das integrative Denken fördern. Auf der Sekundarstufe II soll diskutiert, verhandelt und nach Lösungen gesucht werden.

1.2 Fächer/Themen

Das Spiel eignet sich für den interdisziplinären bzw. fächerübergreifenden Unterricht. Eine grobe Übersicht der aufgegriffenen Themen liefern die im Spiel benützten Abkürzungen, die für die folgenden sechs Themenkreise stehen:

FAM   Familie
GES   Gesellschaft
LWS   Landwirtschaft
GTI   Gewerbe, Tourismus, Industrie
AWE   Abfall, Wasser, Energie
BTV   Boden, Tiere, Vegetation

Das (allgemeine) Begleitheft des Spiels gibt Informationen zu den behandelten Themen und deren Zusammenhänge. Zusätzlich können noch wissenschaftliche Literatur und Material aus den Massenmedien herbeigezogen werden.

Das Naxos-Spiel kann für den Unterricht in folgenden Fächern speziell empfohlen werden:
– Geographie
– Biologie
– Geschichte

Die Fächer Physik, Chemie, Werken, Zeichnen und Hauswirtschaft eigenen sich für eine interdisziplinäre Zusammenarbeit.

1.3 Lehrplan

Innerhalb der verschiedenen Fachlehrpläne ist das Naxos-Spiel z. B. in den Bereichen Länderkunde, Ökologie, Umweltprobleme, Gesellschafts- und Sozialstrukturen und ähnlichen anwendbar. Zudem sind in den heutigen Rahmenlehrplänen wichtige Spielelemente wie „Freiheit", „Selbstverwirklichung", „Wahrnehmung", „Denken", „Entscheiden", „Handeln" etc. häufig genannte und zentrale Bildungsziele.

2 Von der Leitidee zum Lernziel

Das Naxos-Spiel führt zum vernetzten Denken. Durch das Aufzeigen der Wechselwirkungen in einem System wird das Bewußtsein gefördert, daß alle Elemente eines Systems miteinander verknüpft sind. Aus diesen Erfahrungen wird das eigene Handeln auf Grundsätze der Ökologie, der Raum(planungs-)wissenschaften und der Kybernetik eingestellt.

Das Kapitel „Von der Leitidee zum Lernziel" zeigt auf, wie von der Leitidee des vernetzten Denkens und Handelns Richtziele abgeleitet werden, die schließlich zu konkreteren Grobzielen überleiten (vgl. Schema).

Das vernetzte Denken und Handeln wird durch das Wahrnehmen, Beurteilen, Treffen von Entscheidungen und Ausüben von Einfluß bestimmt und äußert sich schließlich in der Beziehung des Menschen zu seiner Mitwelt (und Umwelt) und umgekehrt.

Leitidee „Vernetztes Denken und Handeln"

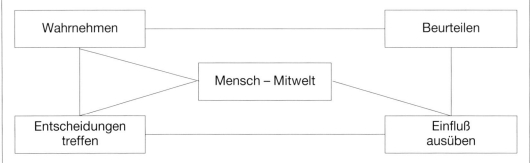

Den Richtzielen, welche Einstellungen, Haltungen, Gewohnheiten und Fähigkeiten der Schüler fördern, werden kognitive (1), instrumentale (2) und affektive (3) Lernziele, die schülerorientiert sind, zugeordnet. Von den Richtzielen wird jeweils ein Grobziel für die Mittelstufe und Oberstufe abgeleitet, wobei die Grobziele einer Unterrichtseinheit entsprechen.

Richtziele
(1) Ich erkenne ökologische Probleme, decke deren Ursachen auf und finde Lösungswege.
(2) Ich lerne durch aktives Gestalten das Umsetzen von Ideen.
(3) Ich erfahre solidarisches und tolerantes Verhalten im sozialen Umfeld.

<u>Grobziele Sek. I</u>
(1) Die Schüler lernen die qualitative (Verschmutzung) und quantitative (Klima) Limitierung des Wassers und die damit verbundenen Auswirkungen für die Inselbewohner kennen.
(2) Die Schüler entwickeln ein ökologisches Spiel, das einem logischen Spielverlauf folgt.
(3) Die Schüler interviewen ausländische Schulkollegen zum Alltag in deren Heimatland.

<u>Grobziele Sek. II</u>
(1) Die Schüler verstehen die Komplexität der Bodenerosion (Anbauformen, Bevölkerungsabwanderung, Geo-ökofaktoren).
(2) Die Schüler verwirklichen auf der Grundlage einer topographischen Karte der Insel ein dreidimensionales Modell des Spielraumes.
(3) Die Schüler versetzen sich in die Rolle von Inselbewohner und simulieren eine Gemeindeversammlung.

3 Das Spiel im Unterricht

Das Naxos-Spiel eignet sich ausgezeichnet für eine Integration in den Unterricht. Im ersten Unterkapitel werden Unterrichtsformen vorgestellt, welche in die Themenkreise des Spieles einführen. Danach werden mögliche Varianten innerhalb des Naxos-Spiels diskutiert, wobei die Beispiele die Kreativität und Phantasien der Schüler anregen sollen. Das letzte Unterkapitel zeigt Übertragungs- und Verarbeitungsmöglichkeiten, welche das Umsetzen von sozialen und ökologischen Verhaltensmustern in die Welt der Schüler erleichtern.

3.1 Einstiegsmöglichkeiten

• Normaler Länderkunde-Unterricht: Einführung in das Thema „Mittelmeerraum" mit Atlas, Lehrbuch, Dias etc.
• Fall-Unterricht: Vom Lehrer wird zum ausgewählten Thema Informationsmaterial zur Verfügung gestellt. In Diskussionen, Rollenspielen, Vorträgen u. ä. werden anschließend von den Schülern die verschiedenen Problemkreise herausgearbeitet und verarbeitet. (Variation: Das Informationsmaterial wird von den Schülern selbst beschafft.)
• Projekt-Unterricht:
a) Das Naxos-Spiel stellt eine „Station" innerhalb eines größeren Projektes dar.
b) Die Herstellung eines (Naxos-)Spiels ist das Projektthema.
• Konferenz-Unterricht: In einer simulierten Konferenz wird frei über ausgewählte Probleme diskutiert. Hier wäre allerdings eine Einführung in das Thema, z. B. Länderkunde der Insel Naxos, notwendig.

3.2 Das Naxos-Spiel mit Variationen

Das Naxos-Spiel ist so aufgebaut, daß sich innerhalb des eigentlichen Spiels viele Variationsmöglichkeiten ergeben, ohne daß der ursprüngliche Sinn verlorengeht. Durch das Verändern der Spielregeln können neue Spielverläufe simuliert und kann gleichzeitig das kreative Umgestalten eines bestehenden Konzeptes vorgenommen werden. Einige dieser Varianten werden im folgenden aufgezählt:
Routen:
Durch das Sperren gewisser Routen kann der Sinn der einzelnen Wege überprüft werden. So ist es möglich, den Klosterpfad und/oder die Bergroute und/oder den Schiffsweg nicht miteinzubeziehen.
Spielfelder:
Es besteht die Möglichkeit, einige der leeren Spielfelder mit neuen Funktionen zu belegen. Dabei sind eigene Ideen gefragt, wie z. B. ein „Versammlungsfeld". Auf diesem Feld wird über den Gesamtzustand der Insel diskutiert und festgelegt, welche Bereiche als nächstes gefördert werden sollen.
Ereigniskärtchen:
– Die Punkteverteilung auf den Ereigniskärtchen wurde von der Hersteller-Gruppe mehrmals diskutiert, es stellte sich heraus, daß die Bepunktung immer davon abhängt, welche Wertvorstellungen den Entscheidungen zugrunde liegen. Es wäre deshalb eine gute Übung, einmal die Bepunktung der Ereigniskärtchen zu diskutieren oder diese gleich selbst neu zu bepunkten.
– Es können von den Schülern selbst neue Ereigniskärtchen kreiert werden.
Geld:
Es besteht die Möglichkeit, mehr oder weniger Startgeld zu verteilen, was entscheidende Auswirkungen auf den ganzen Spielverlauf hat. Weiterhin können auch die Kosten für Ökotaten pauschal verändert werden. Dies bietet eine gute Gelegenheit zur Diskussion über ökonomische Zwänge.

Inselökometer:

Sehr interessant ist das Spiel ohne Inselökometer. Dabei stellt sich z. B. die Frage, inwieweit die normalen Ereigniskärtchen einen positiven ökologischen Effekt ermöglichen und ob sich die Spieler noch sozial und ökologisch verhalten können.

Spielende:

Die meisten Varianten ergeben sich beim Einführen eines anderen Spielschlusses. Zu denken ist an eine zeitliche Beschränkung der Spieldauer. Das Spielende kann auch vom Benutzen des Inselökometers abhängig gemacht werden, indem z. B. zehn vollbrachte Ökotaten das Ende des Spieles bedeuten. Im weiteren kann das Spiel auch nach dem fünften Orkan enden, etc.

Rollenspiel:

Jede Gemeinde wird statt nur von einem Mitspieler von mehreren Spielern vertreten. Die einzelnen Spieler verkörpern jeweils eine Interessengruppe innerhalb der Gemeinde (Tourismus-Gewerbe, Kirche, Bäuerinnen, Frauengruppe, Umweltschutzverband, etc.). Im Mittelpunkt steht die Diskussion – als Rollenspiel – innerhalb dieser Gemeindegruppen. Hier empfiehlt sich aus Zeitgründen, nur drei bis vier Gemeinden ins Spiel einzubeziehen. Die einzelnen Rollen können – vor dem Spiel – schriftlich festgelegt werden.

Die aufgeführten Beispiele zeigen nur einen Teil des Spektrums von möglichen Variationen. Es wird klar, daß das Erfinden von neuen Varianten immer wieder neue Farbe in das Spielgeschehen bringt.

3.3 Übertragen – Umsetzen – Verarbeiten

Spielplan:

Die Schüler können nach eigenen Ideen einen neuen (evtl. dreidimensionalen) Spielplan gestalten (Sandkasten, Pappmaché, Modelliermasse, Ton etc.).

Neues Spiel (vgl. 3.1):

Während einer längeren Unterrichtseinheit, einer Projektwoche oder als Semesterarbeit, kann selbständig ein Naxos-Spiel hergestellt werden. Es eignet sich dafür auch manch anderer geographischer Raum mit seinen spezifischen Problemen.

Ereigniskärtchen (vgl. 3.2):

Die Schüler können zusätzlich zu den vorhandenen neue Ereigniskärtchen entwerfen oder alle Ereigniskärtchen durch neue ersetzen, wobei auch neue Themenkreise ins Spiel aufgenommen werden können.

Spielkritik:

Eine Spielkritik (bzgl. Spielprinzip, Ereigniskärtchen, etc.) eignet sich auch als Beurteilung des von den Schülern erworbenen Wissens bzw. als Feedback für die Lehrer.

Resultate:

Die gewonnenen Erkenntnisse können z. B. auch in einem Workshop oder in einer Zukunftswerkstatt mittels Plakaten, Theater, Rollenspiel u. a. dargestellt werden.

Griechen in der Schweiz (in Deutschland, in Österreich):

Im Gespräch mit Griechen wird versucht, ihre Sichtweise der Probleme in Griechenland, aber auch ihre Probleme als Ausländer in einem mitteleuropäischen Land zu erarbeiten.

Themenübertragung:

Induktive Themenübertragung in mitteleuropäische Länder, z. B. Bodenerosion, Entsorgung, Naxos bzw. Schweiz und EG, Tourismus, Naturraumpotential.

Utopia:

Das Umsetzen des Naxos-Spieles soll das Phantasieren anregen, indem die Schüler utopische Ideen für eine beliebige Insel entwickeln.

Das Spiel vermittelt nicht einfach „Ökologie", sondern führt in gesellschaftlich bewußtes, umweltzentriertes Denken, Lernen und Handeln ein. Es scheint, daß die schulischen Möglichkeiten eines solchen Spieles noch lange nicht ausgenutzt sind.

5 Literatur

GR = Geographische Rundschau

Achenbach, H.: Natürliche Standort- und Risikofaktoren der Landwirtschaft im Mittelmeerraum. Ztschr. f. Agrargeographie (1983) 1, 299–312.

Adam, K.: Das Ökosystem Stadt. *Adam, K./Grohe T.* (Hrsg.): Ökologie und Stadtplanung u. a., Köln 1984, 29–78.

Adam, K.: Die Stadt als Ökosystem. GR 37 (1985), 214–225.

Adam, K.: Stadtökologie in Stichworten. Unterägeri: Hirt 1988.

Aerni, K./Staub, B.: Landschaftsökologie im Geographieunterricht. Geographica Bernensia, Geogr. Institut Univ. Bern 1982, 8.

Aerni, K.: Geographie im Wandel unserer Zeit. Geographers in Switzerland, Basel 1988, 26–32.

Aerni, K./Hasler, M./Kaufmann, U.: Arbeitsblätter für die Geographie. Lehrerkommentar und Ergänzungsmaterialien. Geographica Bernensia S. 6., Bern 1993.

Albrecht, W. (Hrsg.): Exkursionsführer Mecklenburg-Vorpommern. Braunschweig: Verlags-GmbH Höller und Zwick 1991.

Aleksandrova, V. G.: The Arctic and the Antarctic: Their division into geobotanical areas. Cambridge 1980, 1–247.

Amelang, N.: Untersuchungen zu Problemen der Winderosion auf Ackerflächen im küstennahen Jungmoränengebiet der DDR. Dissertation, Univ. Greifswald 1986.

Anneler, H./Anneler, H.: Lötschen – Landes- und Volkskunde des Lötschentales. Bern 1917.

Arbeitsgemeinschaft Geographisches Institut der Universität Basel: Jugendliche im Gundeldinger Quartier – Bewegungsräume, Mobilität, Freizeitverhalten. Bericht zu Handen des sozialpädagogischen Dienstes der Stadt Basel. Basel 1989 (als Mskr. vervielfältigt).

Arbeitsgruppe Bodenkunde: Bodenkundliche Kartieranleitung [= BKA]. Hannover 1982.

Bachmann, F.: Blatten im Lötschental: die traditionelle Kulturlandschaft einer Berggemeinde. Bern 1984.

Bähr, J.: Chile. Länderprofile. Stuttgart 1979, 1–204.

Barner, J.: Experimentelle Landschaftsökologie. Stuttgart 1983.

Barsch, H.: Landschaft und Landschaftsnutzung – ihre Abbildung im Modell. Zeitschrift für den Erdkundeunterricht 23 (1971), 88–97.

Barsch, H./Bürger, K.: Naturressourcen der Erde und ihre Nutzung. Gotha 1988.

Barsch, H./Billwitz, K. (Hrsg.): Physisch-geographische Arbeitsmethoden. Gotha 1990.

Bartels, D.: Zur wissenschaftstheoretischen Grundlegung einer Geographie des Menschen. Erdkundl. Wissen, H. 19 (Geogr. Ztschr., Beihefte), Wiesbaden 1968, 1–225.

Bätzing, W.: Geographie als integrative Umweltwissenschaft. Skizze einer wissenschaftstheoretischen Standortbestimmung der Geographie in der postindustriellen Gesellschaft. Geographica Helvetica, 46. Jg., H. 3 (1991), 105–109.

Baumann, L.: Die Zyklizität in der Plattentektonik und in den zugehörigen metallogenetischen Prozessen. Ztschr. f. geolog. Wissenschaften 12, H. 2 (1984).

Baumann, L./Tischendorf, G.: Einführung in die Metallogenie. Leipzig 1986.

Beck, H.: Umweltschutz im Geographie-Unterricht. Köln 1980.

Becker, A.: Der kanalisierte Bach. Erleben, erfassen und renaturieren. PG 6 (1991), 20–23.

Becker, G. E.: Planung von Unterricht. Handlungsorientierte Didaktik. Teil I. Weinheim und Basel 1984.

Becker, L./König, G./Magnus, H.: Exkursionsführer für Halle. Teil I Biologie. Halle/Saale (als Mskr. vervielfältigt [o. J.]).

Beven, K. J./Warren, R./Zaoui, J.: SHE: Towards a methodology for physically-based distributed forecasting in hydrology. Hydrological Forecasting 1980. (IAHS Publication 129), 133–137.

Billwitz, K.: Rezente Geomorphodynamik im Jungmoränengebiet Vorpommerns und Wege ihrer Erkundung. Z. Geomorph. N. F., Suppl. Bd. 89, Berlin/Stuttgart 1991, 7–20.

Billwitz, K.: Oberflächennahe Substrate und Böden in Mecklenburg-Vorpommern. Manuskript 1992.

Billwitz, K./Mehnert, A.: Morphoskulptur und landschaftsökologische Differenzierung in Beispielgebieten in Vorpommern. Bonner Geograph. Abhandlungen, Bonn 1992.

Billwitz, K./Fandrich, K./Fritsche, K.: Landschaftsökologische Erkundung und kartographische Darstellung in der topischen Dimension. *K. Billwitz/K.-D. Jäger/W. Janke* (Hrsg.): Jungquartäre Landschaftsräume. Aktuelle Forschungen zwischen Atlantik und Tienschan. 1992.

Bjelanovic, M.: Meteorologie in ihrer Bedeutung für das Leben allgemein; mit Beispielen aus dem Saarland. Der Minister für Umwelt, Raumordnung und Bauwesen (Hrsg.): Das Klima in der Landschaft – Schriftenreihe der Obersten Naturschutzbehörde. Saarbrücken 1978.

Blume, H.: USA – Eine geographische Landeskunde II. Die Regionen der USA. Wissenschaftliche Länderkunden, Band 9/II (130–148 Region 4: Kalifornien). Darmstadt 1988, 2. Auflage

Blüthgen, J./Weischet, W.: Allgemeine Klimageographie. Lehrbuch der Allgemeinen Geographie, Berlin 1980.

Böhme, G.: Natürlich Natur. Über Natur im Zeitalter ihrer technischen Reproduzierbarkeit. Frankfurt/M. 1992.

Bork, H.-R.: Bodenerosion und Umwelt. Landschaftsgenese und Landschaftsökologie, Heft 13, Braunschweig 1988.

Bramer, H.: Geographische Zonen der Erde. Gotha–Leipzig 1977 (= Studienbücherei Geographie für Lehrer, Bd. 15)

Bremer, M.: SimEarth-Benutzerhandbuch. MAXIS, Moraga, CA., 1990.

Bründl, W./Mayer, H./Baumgartner, A.: Stadtklima Bayern. Abschlußbericht Forschungsvorhaben Nr. 8272-VI/46-7106 des Bayer. Staatsminist. f. Landesentwicklung und Umweltfragen, München 1986.

Budyko, M. I.: Global Ecology. Moskau: Progress Publishers 1980.

Bundesamt für Landestopographie: Siegfriedkarten Blatt 245 Einsiedeln von 1889 (erste Ausgabe), 1 : 25 000.

Bundesamt für Landestopographie: Siegfriedkarten Blatt 245 Einsiedeln von 1937 (letzte Ausgabe), 1 : 25 000.

Bundesamt für Landestopographie: Landeskarte Blatt 1 132 Einsiedeln von 1989, 1 : 25 000.

Bundesminister für Raumordnung, Bauwesen und Städtebau (Hrsg.): Regionale Luftaustauschprozesse und ihre Bedeutung für die räumliche Planung. Bonn 1979.

Bunge, W./Bordessa, R.: The Canadian Alternative. Survival, Expeditions and Urban Change. Geographical Monographs No. 2 Atkinson College, York University, Toronto 1975.

Buringh, P.: Potentials of World Soils for Agricultural Production. Review of Soil Research in India. Part. I. 12th Internat. Congress of Soil Science, New Delhi 1982.

Burki, R./Maeder, P./Riesen, K.: Lehrerheft. Interkantonale Lehrmittelzentrale Luzern, 1990.

Chandler, T. J.: The Climate of London. Hutchinson 1965.

Dahlke, J.: Der westaustralische Wirtschaftsraum. Aachener Geogr. Arbeiten, Aachen 1975.

Day, P. u. a. (Hrsg.): Umwelt und Handeln, Werkhefte der Universität Tübingen, Reihe B: Geisteswissenschaften, Festschrift *G. Kaminski*, Tübingen 1985.

DeBano L. F./Conrad C. E.: The Effect of Fire on Nutrients in a Chaparral Ecosystem. Ecology 59/3 (1978), 489–497.

DiCastri, F./Mooney H. A. (eds.): Mediterranean Type Ecosystems: Origin and Structure. Ecological Studies 7, Berlin 1973, 1–405.

DiCastri, F./Goodall, D. W./Specht R. L. (eds.): Mediterranean-Type Shrublands. Ecosystems of the World 11, Elsevier Scientific Publishing Company, Amsterdam 1981, 1–643.

Diercke Weltatlas: Ausgabe 1988. Braunschweig 1988.

DIN 19663: Wildbachverbauung; Begriffe, Planung und Bau. Deutscher Normenausschuß, Berlin 1985.

Dolch, J.: Grundbegriffe der pädagogischen Fachsprache. München 1971.

Downs, R. M./Stea, D.: Kognitive Karten: Die Welt in unseren Köpfen. New York: UTB 1126 1982.

Durell, L.: Gaia. Atlas zur Rettung unserer Erde. Frankfurt a. M. 1987.

Ellenberg, H.: Ökosystemforschung. Berlin–Stuttgart–New York 1973.

Ellenberg, H.: Grundlagen der Vegetationsgliederung. 2. Teil: Vegetation Mitteleuropas mit den Alpen in kausaler, dynamischer und historischer Sicht. Stuttgart 1963.

Ellenberg, H.: Zeigerwerte der Gefäßpflanzen Mitteleuropas. Scripta Geobotanica 9 (1974), 1–97.

Ellenberg, H. et al.: Zeigerwerte von Pflanzen in Mitteleuropa. Scripta Geobotanica 18 (1991).

Emonds, H.: Das Bonner Stadtklima. Arb. z. Rhein. Landeskunde (1954), H. 7.

Enquete-Kommission „Schutz der Erdatmosphäre" des Dt. Bundestages: Klimaänderung gefährdet globale Entwicklung. Zukunft sichern – jetzt handeln. Bonn/Karlsruhe.

Ericksen, W.: Beiträge zum Stadtklima von Kiel. Schriften d. Geogr. Inst. d. Univ. Kiel 1964, Bd. 22, H. 1.

Eriksen, W.: Probleme der Stadt- und Geländeklimatologie. Darmstadt 1975.

Ernst, M.: Bodenversiegelung und Grundwasser. Ein stadtökologisches Projekt. PG 6 (1991), 38–42.

Eschenhagen, D./Kattmann, U./Rodi, D.: Handbuch des Biologieunterrichts, Sekundarbereich I. Bd. 8. Köln 1989.

Ewald, K.: Der Landschaftswandel. Zur Veränderung Schweizerischer Kulturlandschaften im 20. Jahrhundert. Eidgenössische Anstalt für das forstliche Versuchswesen, Berichte Nr. 191, Birmensdorf 1978.

Fechner, Ch.: GREEN (Global River Environmental Education Network). Ein weltweites Flußuntersuchungsprogramm. PG 6 (1991), 28–31.

Fezer, F./Seitz, R.: Klimatologische Untersuchungen im Rhein-Neckar-Raum. Studien für die Regional- und Siedlungsplanung. Heidelberger Geogr. Arbeiten, Heidelberg 1977, H. 47.

Finke, L.: Landschaftsökologie. Das Geographische Seminar, Braunschweig 1986.

Flohn, H.: Singuläre Vorgänge und Katastrophen in der Klima-Entwicklung. Nova acta Leopoldina NF 62, Nr. 270 (1989).

Forrester, J. W.: Principles of Systems. Cambridge, Mass. 1968.

Forrester, J. W.: World Dynamics. Cambridge, Mass. 1971, 1–142

Freise, G.: Methodisch-mediales Handeln im Lernbereich Natur. Ezyklopädie Erziehungswissenschaften, Bd. 4 (1985), 280–306.

Freise, G.: Umwelt und Pädagogik – Grundzüge einer didaktischen Konzeption. *Jochen Schweitzer* (Hrsg.): Bildung für eine menschliche Zukunft. Weinheim 1986.

Freise, G.: Argumente und Vorschläge für die Begründung eines fächerübergreifenden Lernbereichs Natur. Westermanns Pädagogische Beiträge, H. 3 (1987).

Freise, G.: Über die Bedeutung von Natur, Kultur und Naturwissenschaften im naturwissenschaftlichen Unterricht der Sekundarstufe I. (1988) Unveröffentlicht.

Freise, G.: Naturwissenschaftliche Forschung: Folgen für die Kultur. *H. Cornel* und *V. Knigge* (Hrsg.): Dokumentation der Kulturpolitischen Gesellschaft 34, Hagen 1990.

Freise, G.: Probleme der Übernahme wissenschaftlicher Erkenntnisse der Landschaftsökologie in die Konzeption eines Lernbereiches „Natur-Kultur-Gesellschaft". Verhandlungen des 48. Deutschen Geographentages Basel 1991, Wiesbaden 1993, 452–454.

Frey, K.: Die Projektmethode. Weinheim 1990.

Fröhlich, J./Dräyer, D./Huber, M.: GIS-Methoden in der landschaftsökologischen Raumbewertung mit einem Beispiel zur Bestimmung der Bodenerosionsgefährdung. Die Erde 125 (1994),1–13.

366

Fuhrer, U.: Das Konzept „Behavior Setting": Überlegungen zu seiner für Psychologie relevanten „Aufbereitung"; in: *Day, P. u. a.* (Hrsg. 1985), 239–261.

Fuhrer, U.: Handeln-Lernen im Alltag. Stuttgart/Toronto 1990.

Ganssen, H.: Trockengebiete – Böden, Bodennutzung, Bodenkultivierung, Bodengefährdung. Mannheim/Zürich 1968.

Geiger, M.: Der Einfluß von Kaltluftströmen auf den Ertrag von Reben. Eine Studie im Weinbaugebiet zwischen Landau und Neustadt in der Pfalz. Wein-Wissenschaft Jg. 30, Wiesbaden 1975, 129–143.

Geiger, M.: Veränderungen des Mesoklimas durch Siedlungen im Raum Neustadt/Weinstraße. Erdkunde Bd. 31, Bonn 1977, 24–33.

Geiger, M.: Das Geländeklima an der Weinstraße und im Vorderpfälzischen Tiefland. *Fezer, F./Seitz, R.* (Hrsg.): Klimatologische Untersuchungen im Rhein-Neckar-Raum. Heidelberger Geogr. Arb. H. 47, Heidelberg 1977, 105–134.

Geiger, M.: Schulrelevante Arbeitsweisen der physischen Geographie. Dargestellt an Beispielen der Klimageographie. Hefte zur Fachdidaktik der Geographie Jg. 2, Kastellaun 1978, 60–80.

Geiger, M.: Geländeklima – Untersuchungen für die Landschaftsplanung an der Weinstraße. *Dörrer, I./Fezer, F.* (Hrsg.): Umweltprobleme im Rhein-Neckar-Raum, Mannheimer Geogr. Arbeiten, Mannheim 1983, H. 14.

Geiger, M.: Weinstraße – Geländeklima. Diercke-Weltatlas, 47 und Diercke-Handbuch, 54–55, Braunschweig 1988, 1989.

Geiger, R.: Das Klima der bodennahen Luftschicht. Lehrbuch der Mikroklimatologie, Braunschweig 1927[1], 1961[4].

Gerold, G. et al.: Geoökologische Standortanalyse und -bewertung des glazifluviatilen Physiotopgefüges bei Rehburg/westliches Steinhuder Meer. Analysen und Ergebnisse des Hauptpraktikums. Manuskript Geographisches Institut Hannover 1985.

GHO: Verzeichnis hydrologischer Fachausdrücke mit Begriffserklärung. Arbeitsgruppe für operationelle Hydrologie, Mitt. Nr. 2, Landeshydrologie und -geologie, Bern 1982.

Giovannini, G./Lucchesi S./Giachetti M.: Effects of heating on Some Soil Chemical Parameters Related to Soil Fertility and Plant Growth. Soil Science, Vol. 149/6 (1990), 344–350.

Gisi, U.: Bodenökologie. Stuttgart/New York 1990.

Goldammer, J. G.: Feuer in Waldökosystemen der Tropen und Subtropen. Basel 1993.

Goßmann, H.: Radiometrische Oberflächentemperaturmessung und Thermalbild als Hilfsmittel der Umweltforschung. Beiheft Geogr. Rd. H. 3, Braunschweig 1977, 101–112.

Goßmann, H./Lehner, M./Stock, P.: Wärmekarten des Ruhrgebietes. GR 33 (1981), H. 12, 556–562.

Goßmann, H.: The Influence of Geography on Local Environment as Inferred from Night Thermal Infrared Imagery. Remote Sensing Reviews (1986), Vol. 1, 249–275.

Goßmann, H.: Satelliten-Fernerkundung – Stand und Perspektiven. GR 1989, 674–680.

Gould, P./White, R.: Mental Maps. London 1974.

Gould, P.: The Geographer at Work. London 1985.

Gould, J. R. et al.: Teaching Geographie in Higher Education. The Institut of British Geographers, Special Publication Series Vol. 24, Oxford: Basil Blackwell 1991.

Grebner, D./Richter K. G.: Gebietsniederschlag, Ereignisanalysen 1987 und Abhängigkeitscharakteristiken. Ursachenanalyse der Hochwasser 1987, Ergebnisse der Untersuchungen. Mitt. des Bundesamtes für Wasserwirtschaft, Nr. 4, Mitt. der Landeshydrologie und -geologie, Nr. 14, EDMZ Form.-Nr. 804.304, Bern 1991, 23–40.

Gregory, K. J./Walling D. E.: Drainage Basin Form and Process – A geomorphological approach. London 1973, 1–458.

Haase, G.: Zur Methodik großmaßstäbiger landschaftsökologischer naturräumlicher Erkundung. Wiss. Abh. Geogr. Ges. DDR, Bd. 5, (1967), 35–128.

Haase, G. et al.: Naturraumerkundung und Landnutzung. Geochorologische Verfahren zur Analyse, Kartierung und Bewertung von Naturräumen. Beiträge zur Geographie, Bd. 34, Berlin 1991.

Habermas, J.: Erkenntnis und Interesse. Frankfurt 1968.

Habrich, W.: Umweltprobleme, Umweltplanung und Umweltschutz als curriculare Elemente des neuzeitlichen Erdkundeunterrichtes. Ratingen et al. 1975.

Habrich, W.: Probleme der Umweltsicherung und der Umweltgestaltung im Curriculum der Geographie. *LOB, R. E.* & *H.-W. Wehling* (Hrsg.): Geographie und Umwelt. Kronberg 1977, 182–201.

Haeberli, W./Rickenmann, D./Zimmermann, M./Rösli, U.: Murgänge. Ursachenanalyse der Hochwasser 1987, Ergebnisse der Untersuchungen. Mitt. des Bundesamtes für Wasserwirtschaft, Nr. 4, Mitt. der Landeshydrologie und -geologie, Nr. 14, EDMZ Form.-Nr. 804. 304, Bern 1991, 77–88.

Häberli, R.: Boden-Kultur. Zürich 1992.

Haeckel, E.: Generelle Morphologie der Organismen. Bd. 1: Allgemeine Anatomie der Organismen. Bd. 2: Allgemeine Entwicklungsgeschichte der Organismen. Berlin 1986.

Häfner, M.: Das Öko-Testbuch. Analysen und Experimente zur Eigeninitiative. Niedernhausen/Ts. 1986.

Hagel, J.: Geographische Aspekte der Umweltgestaltung. GR 1972, 20–29.

Hagel, J.: Zur Behandlung der Umweltprobleme im Geographieunterricht. GR 1974, 446–452.

Hagel, J.: Umweltprobleme. Der Erdkundeunterricht 23. Stuttgart 1976.

Härle, J.: Das geoökologische Defizit der Schulgeographie. GR 32 (1980), 481–487.

Härle, J.: Naturnahe Bäche erleben, erhalten und gestalten. PG 6 (1991), 16–19.

Härle, J.: Menschen verändern Fließgewässer. GS (1992), H. 75, 14–22.

Hartge, K. H.: Böden als Teile von Systemen. Catena Band 10, Braunschweig 1983, 105–114.

Hasse, J.: Der Wahrnehmungsansatz in der Geographiedidaktik: Beispiel Geoökologie. – In: *Leser, Hartmut* (Hrsg.): Tagungsband zum 18. Deutschen Schulgeographentag 1982, Basel, 318–332.

Hasse, J.: Kinder und Jugendliche heute. Eine geographiedidaktische Fragestellung. PG 29, H. 6 (1990), 6–8.

Hasse, J.: ... und sie wenden sich ab. Zur Rekonstruktion des Mensch-Natur-Verhältnisses durch den Sanften Tourismus. Freizeitpädagogik 1992, H. 1–2, 48–57.

Hasse, J.: Heimat und Landschaft. Zur Aktualisierung zweier Utopien. Passagen Philosophie, Wien 1993.

Haubrich, H. et al.: Didaktik der Geographie konkret. München: Oldenbourg Verlag 1988.

Hausmann, W.: Umwelterziehung im Erdkundeunterricht. – In: *Schaffer, F.* (Hrsg.): Geographie und Umweltgestaltung. Neusäss-Augsburg 1979. 75–89.

Haydn, R./Volk, P.: Erkennung von Umweltproblemen im Luft- und Satellitenbild. GR 1987, 316–323.

Heeb, J.: Haushaltsbeziehungen in Landschaftsökosystemen topischer Dimensionen in einer Elementarlandschaft des Schweizerischen Mittellandes. Modellvorstellungen eines Landschaftsökosystems. Physiogeographica, Basler Beiträge zur Physiogeographie, Bd. 14, Basel 1991, 1–198.

Hemmer, I.: Freizeitmöglichkeiten und Freizeitverhalten von Jugendlichen im Landkreis Neu-Ulm. PG 22, H. 7/8 (1992), 31–34.

Hempel, G.: On the biology of polar seas, particularly the Southern Ocean. Gray, J. S./Christiansen, M. E. (eds.): Marine biology of polar seas and effects of stress on marine organisms. New York 1985, 3–33.

Hendinger, H.: Landschaftsökologie. Westermann-Colleg, Raum und Gesellschaft, H. 8, Braunschweig 1977.

Hendinger, H.: Geoökologie als Beitrag zur Umwelterziehung. Beiheft, GR (1978), 5, 194–195.

Hermsmeyer, D./Kucz, B./Mosimann, Th.: Landschaftsschutz und touristische Erschließung auf Naxos. Maßnahmenkonzept für den Küstenstreifen Agia Anna-Mikri Vigla (Gemeinden Agersani und Tripodes). Eine Fallstudie. Geosynthesis. H. 3, Hannover 1992.

Herweg, K.: Die Geomorphologische Karte (GMK) als Instrument bei der Bodenerosionsbekämpfung. Natur und Landschaft 62 (1987), 434–439.

Herweg, K.: Bodenerosion und Bodenkonservierung in der Toscana, Italien (Testgebiet Roccatederighi, Provinz Grosseto). Physiogeographica, Basler Beiträge zur Physiogeographie, Bd. 9, Basel 1988, 1–175.

Herz, K.: Strukturprinzip der Landschaftssphäre. Geogr. Berichte 19/2, Leipzig/Gotha 1974, 100 bis 108.

Heyer, E. et al.: Arbeitsmethoden in der physischen Geographie. Berlin 1968.

High Performance Systems: Stella II, Users Guide, High Performance Systems, Hannover 1990, NH.

Hofmeister, B.: Wesen und Erscheinungsformen der Transhumance. Erdkunde 15 (1961), 121–132.

Huggett, R.: Systems analysis in geography. Oxford 1992.

IPCC (Intergovernmental Panel on Climate Change). Bericht der WMO/UNEP 1990.

Ittermann, R.: Projektlernen im Nahraum – Prinzipien, Modelle, Hilfen. PG 22, H. 7/8 (1992), 4–9.

Jaeggli, S./Jaeggi, W./Furrer, O. J.: Bodenkunde. Leitfaden für landwirtschaftliche Fachschulen und für die Praxis. Aarau 1981.

Jendritzky, G./Nübler, W.: A Model Analysing the Urban Thermal Environment in Physiologically Significant Terms. Arch. Met. Geophys. Bioklim. Ser. (1981), Bd. 29, 313–326.

Jendritzky, G.: Zur räumlichen Darstellung der thermischen Umgebungsbedingungen des Menschen in der Stadt. Freiburger Geographische Hefte (1991) 32, 1–18.

Jüdes, U./Kloehn, E./Nolof, G./Ziesemer, F. (Hrsg.): Naturschutz in Schleswig-Holstein. Ein Handbuch für Naturschutzpraxis und Unterricht. Neumünster 1988.

Jungfer, E./Lambert, K.-H.: Einführung in die Klimatologie. Stuttgart 1985 (S. II Geowissenschaften).

Kaminski, G.: Ordnung und Variabilität im Alltagsgeschehen. Göttingen u. a. 1986.

Kempel-Eggenberger, C.: Risse in der geoökologischen Realität. Chaos und Ordnung in geoökologischen Systemen. Erdkunde 47, H. 1 (1993), 1–11.

Kienholz, H.: Gefährliche Geomorphologische Prozesse als Unterrichtsgegenstand. Regio Basiliensis XXVI/2, Basel 1985, 117–132.

Kienholz, H./Hunziker, G./Lehmann, Ch.: Systemstabilität und Systemänderung in Wildbächen, ein Vergleich des Verhaltens von 2 Wildbächen anläßlich der Unwetterereignisse 1987. Interpraevent, Tagungspubl., Bd. 3, Forschungsgesellschaft für vorbeugende Hochwasserbekämpfung, Klagenfurt 1992, 49–64.

Kirkby, M. J./Naden, P. S./Burt, T. P./Butcher, D. P.: Computer Simulation in Physical Geography. Chiester: John Wiley 1987.

Klafki, W.: Didaktische Analyse als Kern der Unterrichtsvorbereitung. Hannover 1964.

Klaus, D.: Systemanalytischer Ansatz der geographischen Forschung. Karlsruhe 1980.

Klaus, D.: Allgemeine Grundlagen des systemtheoretischen Ansatzes. GS (1985), H. 33, 1–8.

Klimm, E./Schneider, K. G./Wiese, B.: Das südliche Afrika – I: Republik Südafrika-Swasiland-Lesotho. Wissenschaftliche Länderkunden, Bd. 17, Darmstadt 1980, 1–307.

Klink, H.-J.: Geoökologie und naturräumliche Gliederung – Grundlagen der Umweltforschung. GR 24 (1972), 7–19.

Klink, H.-J.: Geoökologie und naturräumliche Gliederung. Grundlagen der Umweltforschung. GR 24 (1972), 7–19.

Klink, H.-J.: Geoökologie, Versuch einer konzeptionellen und methodologischen Standortbestimmung. GS 1980, H. 8, 3–11.

Klink, H.-J.: Physisch-geographische und geoökologische Landesforschung. Stand und Weiterentwicklung als Aufgabe der Landeskunde. Ber. z. dt. Landeskunde (1982), Bd. 56, 87–112.

Klug, H./Lang, R.: Einführung in die Geosystemlehre. Darmstadt 1983.

Knoch, K.: Die Landesklimaaufnahme. Wesen und Methodik. Ber. Dt. Wetterdienst Nr. 85, B 1. 12, Offenbach 1963.

Köck, H.: Geoökologie. GS (1980), H. 8.

Köck, H.: Systemdenken – geographiedidaktische Qualifikation und unterrichtliches Prinzip. GS 33 (1985), 15–19.

Köck, H.: Grundlagen des Geographieunterrichts. Handbuch des Geographieunterrichts, Bd. 1, Köln 1986, 352 S.

Köck, H.(Hrsg.): Städte und Städtesysteme. Handbuch des Geographieunterrichts, 1992, B. 4.

Köck, H.: Der Geographieunterricht – ein Schlüsselfach. GR 44 (1992), 183–185.

Koella, E.: Zur Abschätzung von Hochwassern in Fließgewässern an Stellen ohne Direktmessungen. Eine Untersuchung über Zusammenhänge zwischen Gebietsparametern und Spitzenabflüssen kleiner Einzugsgebiete. Mitt. Nr. 87 der VAW-ETH, Zürich 1986.

Köhm, H.-J./Lötschert, W.: pH-Wert und S-Gehalt der Baumborke als Indikator für Luftverunreinigungen in urban-industriellen Ökosystemen um Frankfurt a. M.. Verhandlungen der Gesellschaft für Ökologie, 1 (1972), 142–152.

Kortmann-Niemitz, I.: Einfache Experimente zur Umwelterziehung im Erdkundeunterricht. Stuttgart: Terra 1990.

Krippendorf, J.: Die Ferienmenschen – Für ein neues Verständnis von Freizeit und Reisen. Zürich 1984, 1–241.

Kruse, L.: Räumliche Umwelt. Berlin/New York 1974.

Kugler, B.: Probleme der landeskulturellen Entwicklung der Helme-Unstrut-Niederung. Staatsexamensarbeit Geogr. Inst .Math.-Nat. Fak. Univ. Leipzig 1969, (als Mskr. vervielfältigt).

Kugler, H.: Geographie, Lehrbuch für Klasse 9. Berlin 1990.

Kummert, R./Stumm W.: Gewässer als Ökosysteme. Grundlagen des Gewässerschutzes. Zürich 1989.

Kuttler, W.: Stadtklima. Struktur und Möglichkeiten zu seiner Verbesserung. Geogr. Rundschau 37 (1985), H. 5, 226–233.

Kuttler, W.: Stadtklimatologie. Westfalen im Bild. Grundlagen und Probleme der Ökologie, H. 4, Landesverband Westfalen-Lippe 1987.

Kuttler, W.: Lufthygienische und stadtklimatologische Aspekte des Rhein-Ruhr-Raumes. Geogr. Rd. H. 7–8, Braunschweig 1988, 56–62.

Kuttler, W.: Spatial and Temporal Structures of the Urban Climate – A Survey. – In: *Grefe, K./Löbel, J.* (Hrsg.): Environmental Meteorology, Dordrecht: Kluwer Academic Publishers 1988, 305–333.

Kyburz-Graber, R.: Die Landschaft im Wandel. Lehrerheft/Textsammlung für Lehrer und Schüler. Schweizerischer Bund für Naturschutz, Basel 1983.

Kyburz-Graber, R./Marfurt, F./Portmann, J.: Integrierte Naturlehre. Ein Handbuch für den Unterricht. Zürich 1991.

Landolt, E.: Ökologische Zeigerwerte zur Schweizer Flora. Veröff. geobot. Inst. ETH Zürich, Stiftung Rübel, 49 (1977), 1–208.

Landsberg, H.: The Urban Climate. Int. Geophys. Ser. Vol. 28, New York: Academic Press 1981.

Larcher, W.: Ökologie der Pflanzen. Stuttgart 1984. 1–403.

Leser, H.: Physiogeographische Untersuchungen als Planungsgrundlagen für die Gemarkung Esslingen am Neckar. GR 25 (1973), 308–318.

Leser, H.: Landschaftsökologie. Stuttgart 1976.

Leser, H.: Landschaftsökologie als hochschuldidaktischer Gegenstand. Beiheft, GR (1976), H. 3, S. 64.

Leser, H.: Landschaftsökologie. Stuttgart: UTB 521 1978, 2. Auflage.

Leser, H.: Der geoökologische Ansatz in der Umweltforschung: Prinzip und Methodik. MAB-Mitteilungen, 6, Bonn 1980, 40–90.

Leser, H.: Gelände- und Stadtklima der Pfalz. Alter, W. (Hrsg.): Pfalzatlas – Karte 99, Textband III H. 33, Speyer 1982, 1298–1306.

Leser, H.: Die Landschaft der Basler Region und ihre naturräumlichen Gliederungsprobleme. Regio Basiliensis (1982), XXIII, 2–24.

Leser, H.: Geoökologie. GR 35 (1983), 212–221.

Leser, H.: Bodenerosion als geoökologische Prozedur. Hallesches Jahrbuch 1986. (Notiz HLe).

Leser, H./Klink, H.-J. (Hrsg.): Handbuch und Kartieranleitung Geoökologische Karte 1 : 25000 (KA GÖK 25). Forschungen zur Deutschen Landeskunde 228, Trier 1988.

Leser, H.: Die GÖK 25 – Konzept und Anwendungsperspektiven der Geoökologischen Karte 1 : 25000. Geogr. Rd. H. 5, Braunschweig 1988, 33–37.

Leser, H.: Landschaftsökologie. Ansatz, Modelle, Methodik, Anwendung. Mit einem Beitrag zum Prozeß-Korrelations-Systemmodell von Thomas Mosimann. Stuttgart [3] 1991 a (4. Auflage 1997).

Leser, H.: Ökologie wozu? Der graue Regenbogen oder Ökologie ohne Natur. Berlin 1991 b.

Leser, H. et al: DIERCKE-Wörterbuch der Allgemeinen Geographie. Bd. 1: A–M und Bd. 2: N–Z. dtv 3417 und 3418, München/Braunschweig 1993 a, 7. Aufl..

Leser, H. et al.: DIERCKE-Wörterbuch Ökologie und Umwelt. Bd. 1: A–M und Bd. 2: N–Z. dtv 3419 und 3420, München/Braunschweig 1993 b.

Leser, H. et al.: Methoden- und Datenübersicht der Forschungsgruppen der Geowissenschaftlichen Spitzbergenexpeditionen 1990 und 1991 zum Liefdefjorden („Datenband"). Materialien zur Physiogeographie 15, Basel 1993 c.

Lieth, H.: Versuch einer kartographischen Darstellung der Produktivität der Pflanzendecke auf der Erde. (Geographisches Taschenbuch 1964/65).

Lorenz, E.: Deterministic Nonperiodic Flow. Journal of Atmospheric Science, (1963), 20, 130–141.

Lötschert, W./Köhm, H.-J.: Baumborke als Anzeiger von Luftverschmutzungen. Umschau, H.13 (1973), 403–404.

Lovelock, J. E.: Das Gaia-Prinzip: Die Biographie unseres Planeten. Zürich/München 1991.

Luder, R.: Wie sich in 12 Jahren die Lenker Landschaft verändert. Der Bund, 5. 3. 1992, Nr. 54, Bern 1992.

Luhmann, N.: Soziale Systeme. Frankfurt/M. 1984.

Lükenga, W.: Wetter und Klima. Unterricht Geographie. Modelle. Materialien – Medien. Köln 1990.

Lüscher, P./Burri, Ch.: Hochrheintal bei Basel. Arbeitsblätter für die Geographie. 8. Bundesamt für Landestopographie. Vertrieb: Geographica Bernensia, Bern 1991.

Markow, K. K. et al.: Einführung in die allgemeine physische Geographie. Gotha/Leipzig 1971.

Marks, R./Müller, M. J./Leser, H./Klink, H.-J. (Hrsg.): Anleitung zur Bewertung des Leistungsvermögens des Landschaftshaushaltes (BA LVL). Forschungen zur Deutschen Landeskunde Bd. 229, Trier 1989.

Martyn, D.: Climates of the World. Developments in Atmospheric Science 18, Warszawa 1992, 1–435.

Mattig, F./Messerli, P.: Touristische Entwicklung im inneralpinen Raum – Konsequenzen, Probleme, Alternativen. Fachbeiträge zur schweizerischen MAB-Information Nr. 2, Bern 1979.

Maurer, G.: Unsere Umwelt. Wien/München 1983.

Meincke, R.: Geographische Feldarbeit im Heimatraum. Zeitschrift für den Erdkundeunterricht 43/10, Berlin 1991, 342–346.

Meincke, R.: Gruppenunterricht im Gelände. PG 21, H.4, (1991) 36–39.

Merriam, G./Henein, K./Stuart-Smith, K.: Landscape Dynamics Models. *Turner, M. G. & R. H. Gardner* (Hrsg.): Quantitative Methods in Landscape Ecology, (Ecological Studies 82), Berlin 1991, 399–416.

Messerli, B.: Umwelt im Wandel. Dynamik und Risiken von der lokalen bis zur globalen Ebene. GR 44 (1992).

Messerli, P.: Mensch und Natur im alpinen Lebensraum. Risiken, Chancen, Perspektiven. Zentrale Erkenntnisse aus dem schweizerischen MAB-Programm. Bern 1989.

Meynen, E./Schmithüsen, J. (Hrsg.): Handbuch der naturräumlichen Gliederung Deutschlands. 2 Bde., Bad Godesberg 1953–1962.

Moebius, K.: Die Austern und die Austernwirtschaft. Berlin 1877, 1–126.

Mohr, B.: Deutsche Grenzgänger in der Nordwestschweiz. Schriften der Regio 9.1., Basel 1986.

Molt, W.: Die Behavior Settings Straßen. – In: *Kaminski, G.* (1986), 83–126.

Molter, T.: Wasserhaushalt und Bewässerungsfeldbau im Kapland. Geographische und historische Grundlagen unter Berücksichtigung der Boden- und Vegetationszerstörung. Kölner Geogr. Arbeiten, Köln 1966.

Morgen, A.: Die Besonnung und ihre Verminderung durch Horizontbegrenzung. Veröff. d. Meteo. und Hydrolog. Dienstes. DDR 12 (1957), 1–17.

Mosimann, Th.: Boden, Wasser und Mikroklima in den Geosystemen der Löss-Sand-Mergel-Hochfläche des Bruderholzgebietes (Raum Basel). Physiogeographica 3 und Kartenband, Basel 1980.

Mosimann, Th./Luder, P.: Landschaftsökologischer Einfluß von Anlagen für den Massenskisport. I. Gesamtaufnahme des Pistenzustandes (Relief, Boden, Vegetation, rezente Morphodynamik) im Skigebiet Crap Sogn Gion/Laax GR). Materialien zur Physiogeographie. Bd. 1, Basel 1980.

Mosimann, Th.: Landschaftsökologischer Einfluß von Anlagen für den Massenskisport. II. Bodenzustand und Bodenzerstörung auf planierten Skipisten in verschiedenen Lagen (Beispiel Crap Sogn Gion, Laax). Materialien zur Physiogeographie. Bd. 7, Basel 1983.

Mosimann, Th.: Landschaftsökologische Komplexanalyse. Stuttgart 1984.

Mosimann, Th.: Landschaftsökologische Komplexanalyse. Wiesbaden 1984, 1–116.

Mosimann, Th.: Landschaftsökologischer Einfluß von Anlagen für den Massenskisport. III. Ökologische Entwicklung von Pistenflächen. Entwicklungstendenzen im Erosionsgeschehen und beim Wiederbewuchs planierter Pisten im Skigebiet Crap Sogn Gion/Laax GR. Materialien zur Physiogeographie, Bd. 9, Basel 1985.

Mosimann, Th.: Ökotope als elementare Prozeßeinheiten der Landschaft. Konzept zur prozeßorientierten Klassifikation von Geoökosystemen. Geosynthesis. H. 1, Hannover 1990.

Mosimann, Th.: Ökotope als elementare Prozeßeinheiten. Ein Konzept zur prozeßorientierten Klassifikation von Geoökosystemen. Geosynthesis. Veröff. Abtlg. Phys. Geogr. u. Landschaftsökologie am Geogr. Inst. d. Univ. Hannover (1990) 1, 1–31.

Mosimann, Th. et al.: Erosionsbekämpfung in Ackerbaugebieten. Ein Leitfaden für die Bodenerhaltung. Liebefeld-Bern 1991.

Mosimann, Th.: Prozeß-Korrelations-System des elementaren Geoökosystems. – In: *Leser, H.:* Landschaftsökologie. Stuttgart[3] 1991.

Muggli, H./Falter, F./Heim, H.: Geographie von Basel und seiner Region. Lehrmittelverlag des Kantons Basel-Stadt, Basel 1989. (Dieser Ordner enthält eine umfangreiche Materialsammlung und ein ausführliches Inhaltsverzeichnis).

Müller-Hohenstein, K.: Die Landschaftsgürtel der Erde. Stuttgart 1979 (Teubner Studienbücher Geographie).

Müller-Hohenstein, K.: Die Landschaftsgürtel der Erde. Stuttgart 1981, 2. Aufl. (Teubner Studienbücher Geographie).

Müller-Wille, W.: Gedanken zur Bonitierung und Tragfähigkeit der Erde. Westfälische Geogr. Studien 35, Münster/Westfalen 1978, 25–56.

Naveh, Z.: Fire in the Mediterranean – a Landscape Ecological Perspective. – In: *Goldammer, J. G. & M. J. Jenkins:* Fire in Ecosystem Dynamics: Mediterranean and Northern Perspectives. SPB Academic Publishing, The Hague 1990, 1–20.

Naveh, Z./Liebermann, A. S.: Landscape Ecology – Theory and Application. Springer Series on Environmental Management, New/York/Berlin/Heidelberg/Tokyo 1984.

370

Neef, E.: Die theoretischen Grundlagen der Landschaftslehre. Gotha/Leipzig 1967.

Neef, E.: Analyse und Prognose von Nebenwirkungen gesellschaftlicher Aktivitäten im Naturraum. Abh. d. Sächs. Akad. d. Wiss. zu Leipzig, Math.-nat. Kl., Bd. 50, H. 1, Berlin 1979.

Nehring, B.: Fließgewässer im Heimatkunde-, Sach- und Erdkundeunterricht. GS (1992) H. 75, 22–34.

Niederer A.: Alpine Alltagskultur zwischen Beharrung und Wandel. Ausgewählte Arbeiten aus den Jahren 1956 bis 1991. Hrsg. von K. Anderegg und W. Bätzing. Bern 1993.

Niedermeyer, R.-O./Kliewe, H./Janke, W.: Die Ostseeküste zwischen Boltenhagen und Ahlbeck. Ein geologischer und geomorphologischer Überblick mit Exkursionshinweisen. Geographische Bausteine, N. R. Heft 30, Gotha 1987.

Nolzen, H.: Die Aufgabe der Schulgeographie bei der Behandlung von Umweltschutzfragen. Freiburger Geographische Mitteilungen (1972), H. 2, 25–48.

Nolzen, H.: Unterrichtspraktischer Teil. H. Nolzen (Hrsg.): Physische Geofaktoren, Handbuch des Geographieunterrichts, Bd. 10/1, Köln 1988, 194–241.

Nübler, W.: Konfiguration und Genese der Wärmeinsel der Stadt Freiburg. Freiburger Geographische Hefte (1979), 16.

Oberweger, H. G.: Flughafen München. Notwendigkeit und Problematik eines umstrittenen Großprojekts. PG 3 (1992), 44–48.

Oke, T.: The Energetic Basis of the Urban Heat Island. Quart. J. R. Met. Soc. 108 (1982), 1–24.

Oke, T.: Boundary Layer Climates. New York: 2. ed., Methuen 1987, 1–435.

Oldemann, L. R.: Guidelines for General Assessment of the Status of Human-induced Soil Degradation. Working Paper and Preprint. Internat. Soil Reference and Information Centre, Wageningen 1988.

Parlow, E.: Thermal Infrared Satellite Images and Their Application in Regional Planning. Geografiska Annaler 67 A, Stockholm 1985, 285–293.

Parlow, E.: LANDSAT-Thematic Mapper und SPOT – Fernerkundungssatelliten der 2. Generation. GR 4 (1985a), 194–198.

Parlow, E.: REKLIP – Klimaforschung statt Meinungsmache am Oberrhein. Regio Basiliensis (im Druck).

Parlow, E.: Faktoren und Modelle für das Klima am Oberrhein – Ansätze und Ergebnisse des Regio-Klima-Projektes REKLIP. GR 3 (1994), 160–167.

Petras, J./Kugler, H. et al.: Schülerexkursion Klasse 9 Biologie/Geographie Teil Geographie. Halle/Saale 1985 (als Mskr. vervielfältigt).

Philippson, A.: Land und See der Griechen. Bonn 1947, 1–40.

Plachter, H.: Naturschutz. Stuttgart/Jena 1991.

Prasuhn, V.: Vergleichende landschaftsökologische Standortanalyse des glazi-fluviatil gestalteten Physiotopgefüges bei Rehburg (Steinhuder Meer) unter besonderer Berücksichtigung der mikroklimatischen Bedingungen. Diplomarbeit Geographisches Institut Hannover 1986 (als Mskr. vervielfältigt).

Prasuhn, V.: Bodenerosionsformen und -prozesse auf tonreichen Böden des Basler Tafeljura (Raum Anwil, BL) und ihre Auswirkungen auf den Landschaftshaushalt. Physiogeographica, Basler Beiträge zur Physiogeographie, Basel 1991, Bd. 16, 1–372.

Reinfried, S. (Hrsg.): Das Projekt Einsiedeln – Bericht über ein Unterrichtsprojekt mit SchülerInnen des Freien Gymnasiums Zürich und Studierenden von ETH und Universität Zürich 1992. Als Mskr. vervielfältigt.

Remmert, H.: Arctic animal ecology. Berlin/Heidelberg/New York 1980.

Rempfler, A.: Boden und Schnee als Speicher im Wasser- und Nährstoffhaushalt hocharktischer Geosysteme (Raum Ny-Ålesund, Broggerhalvoya, Nordwestspitzbergen). Materialien zur Physiogeographie 11, Basel 1989.

Richter, H.: Naturräumliche Ordnung. Wiss. Abh. Geogr. Ges. DDR 5 (1967) 129–160.

Richter, H.: Beitrag zum Modell des Geokomplexes. Ernst-Neef-Festschrift/Landschaftsforschung. Pet. Mitt. Erg., H. 271 (1968), 39–48.

Richter, H.: Einfluß der Flächennutzung auf die Landschaftsgürtel des Festlandes. Geographische Berichte, 23. Jg. (1978), H. 4.

Riedel, W./Heintze, U. (Hrsg.): Umweltarbeit in Schleswig-Holstein. Ein Leitfaden mit Grundinformationen und Anleitungshilfen. Neumünster 1987.

Rikli, M.: Das Pflanzenkleid der Mittelmeerländer. 3 Bände, Bern 1943–1948, 1–1418.

Rohr, W./Mosimann, T./Bono, R./Rüttimann, M./Prasuhn, V.: Kartieranleitung zur Aufnahme von Bodenerosionsformen und Schäden auf Ackerflächen. Materialien z. Physiogeographie, Bd. 14, Basel 1990, 1–56.

von Rohr, G. H.-G.: Angewandte Geographie. Das Geographische Seminar, Braunschweig[2] 1990.

Rote Listen Sachsen-Anhalt: Ber. Landesamt f. Umweltschutz Sachsen-Anhalt, H. 1 (1991).

Rother, K.: Mediterrane Subtropen – Mittelmeerraum, Kalifornien, Mittelchile, Kapland, Südwest- und Südaustralien. Geographisches Seminar Zonal, Braunschweig 1984.

Sanchez, C. C.: Agricultura mediterranea. Revista Valenciana d'Estudis Autonomica, 14 (1992).

SBN – Schweizerischer Bund für Naturschutz (Hrsg.): Ein Fluß verbindet. Unterrichtseinheit für die Oberstufe zu einem Umwelterziehungs-Projekt an Bächen und Flüssen. Basel 1992.

Scheffer, F./Schachtschabel, P. et al.: Lehrbuch der Bodenkunde. 12. Auflage. Stuttgart 1989.

Schaub, D.: Bodenformen und Bodenformenkarte des Möhliner Feldes. Regio Basiliensis XXVIII/3 (1989), 199–211.

Schaub, D.: Die Bodenerosion im Lößgebiet des Hochrheintales (Möhliner Feld/Schweiz) als Faktor des Landschaftshaushaltes und der Landwirtschaft. Physiogeographica, Basler Beiträge zur Physiogeographie, Bd. 13, Basel 1989.

Scherhag, R./Lauer, W.: Klimatologie. Braunschweig 1982.

Schirmer, H.: Die räumliche Verteilung der Bänderstruktur des Niederschlags in Süd- und Südwestdeutschland. Forsch. z. dt. Landeskunde Bd. 205, Bonn-Bad Godesberg 1973.

Schmid, P.: Lötschental. Arbeitsblätter für die Geographie. Nr. 10. Bundesamt für Landestopographie. Bern 1991.

Schmidt, G.: Wandel und Entwicklung mediterraner Landschaften in ökologischer Sicht. Wiss. Veröff. d. Dt. Inst. f. Länderkunde, N. F. 23/24, Leipzig 1966.

Schmidt-Vogt, H.: Die Fichte. – Band II/2 Krankheiten, Schäden, Fichtensterben. Unter Mitarbeit von T. Keller, D. Klimetzek, S. Schönhar, M. Tesche & J.-P. Vite. Hamburg 1989.

Schmidt, R./Haase, G.: Globale Probleme der landwirtschaftlichen Bodennutzung und der anthropogenen Bodendegradierung. Geogr. Berichte 134, H. 1 (1990).

Schmithüsen, J.: Vegetationsforschung und ökologische Standortslehre in ihrer Bedeutung für die Geographie der Kulturlandschaft. Ztschr. Ges. f. Erdkunde, Berlin 1942, 113–157.

Schmithüsen; J.: Allgemeine Vegetationsgeographie. Lehrbuch der Allgemeinen Geographie. Berlin[3] 1968.

Schmithüsen, J.: Allgemeine Geosynergetik. Lehrbuch der Allgemeinen Geographie B. 12. Berlin/New York 1976.

Schönwiese, Ch.: Unterlagen der Sachverständigen zur Anhörung am 16./17. 1. 1992 in der Enquete-Kommission „Schutz der Erdatmosphäre" des Dt. Bundestages. Klimaänderung gefährdet globale Entwicklung. Zukunft sichern – jetzt handeln. Bonn/Karlsruhe 1992.

Schrader, K.: Die Akzeptanz von Maßnahmen zur Boden- und Wasserkonservierung auf der griechischen Insel Naxos. Materialien zur Physiogeographie, Heft 16, Basel 1993.

Schröder, D.: Bodenkunde in Stichworten. Berlin: Hirts Taschenwörterbuch[2] 1972.

Schröder, D.: Bodenkunde in Stichworten. Unterägeri[4] 1984.

Schröder, W.: Immissionsbelastungen und Umweltschäden: Gedanken zum Verhältnis von Ökologie und Umwelterziehung. Natur und Landschaft 67 (1992), 149–152.

Schulkarte Basel-Stadt und Basel-Land. Basel/Liestal 1988.

Schulkarte Wallis. Erziehungsdirektion des Kantons Wallis. Sitten, 1988.

Schultz, J.: Die Ökozonen der Erde. Stuttgart: UTB 1514, Eugen Ulmer 1989.

Schumm, S. A.: The Fluvial System. New York 1977.

Schwarz, R.: Reale Systeme. Karlsruhe 1980.

Schweiz. Konferenz der kantonalen Erziehungsdirektoren: Umwelterziehung in den Schweizer Schulen. Bern 1988.

Schwind, M.: Allgemeine Staatengeographie. Lehrbuch der Allgemeinen Geographie Bd. 8, Berlin/New York 1972.

Scultetus, H. R.: Klimatologie – Praktische Arbeitsweisen. Braunschweig 1969.

Seedorf, H. H.: Topographischer Atlas von Niedersachsen und Bremen. Neumünster 1977.

Semmel, A.: Grundzüge der Bodengeographie. Stuttgart 1977.

Siemonsen, K./Zauke, G.: Sicherheit im öffentlichen Raum. Zürich 1991.

Sigg, L./Stumm, W.: Aquatische Chemie; Eine Einführung in die Chemie wässriger Lösungen und in die Chemie natürlicher Gewässer. Stuttgart 1991.

Skandera, U.: Kartometrische sowie luftbildgestützte Erfassung und kartographische Modellierung des abspülrelevanten, insbesondere morphographischen Landschaftsinventars mit dem Ziel praxisorientierter Dispositionskennzeichnungen von Ackerflächen dargestellt am Beispiel des küstennahen Jungglazials. Diss. Univ. Greifswald 1989.

Spiegel Spezial: Alarm für die Umwelt. Europa ohne Grenzen. Hamburg 1992.

STABIS – Systematik der Bodennutzungen. Stand 1. 1. 1991. Statistisches Bundesamt.

Stebler, F. G.: Am Lötschberg – Land und Volk von Lötschen. Monographien aus den Schweizeralpen. Zürich 1907.

Stein, Ch.: Umwelterziehung statt Umweltschutz-Unterricht. PG (1983), H. 3, 6–11.

Stein, Ch.: Wo beginnt der Wasserhahn? PG 6 (1991), 32–33.

Stock, P./Beckröge, W.: Klimaanalyse Stadt Essen. Planungshefte Ruhrgebiet, Kommunalverband Ruhrgebiet, Essen: KVR 1985.

Stock, P.: Klimaanalysen für das Ruhrgebiet – dargestellt an ausgewählten Beispielen. Kommunalverband Ruhrgebiet (Hrsg.): Klima und Lufthygiene als Planungsfaktoren. Planungshefte Ruhrgebiet, Essen: KVR 1988, 11–22.

Stock, P.: Synthetische Klimafunktionskarte Ruhrgebiet. Kommunalverband Ruhrgebiet (Hrsg.): Arbeitshefte Ruhrgebiet A 040, Essen: KVR 1992, 1–68.

Stoddart, D. R.: Die Geographie und der ökologische Ansatz. Das Ökosystem als Prinzip und Methode in der Geographie. Wirtschafts- und Sozialgeographie. Neue Wiss. Bibl., 35, Köln-Berlin 1970, 115–124.

Stonehouse, B.: Polar ecology. Glasgow/London 1989.

Süsser, P.: Erosion – ein Programm zur Berechnung des mittleren jährlichen Bodenabtrags. Weihenstephan 1988.

Suter, B./Rohrer, Ch.: Wetter. Bausteine das Werken. Winterthur, 1982.

Tansley, A. G.: The Use and Abuse of Vegetational Concepts and Terms. Ecology (1935), 16, 284 bis 307.

Thannheiser, D.: Der westliche kanadische Arktis-Archipel und seine Menschen. Anglo-American Forum 29 (1987), 9–34.

Thannheiser, D.: Die Vegetationszonen in der westlichen kanadischen Arktis. Hamburger Geographische Studien 43 (1987), 159–177.

Thannheiser, D.: Eine landschaftsökologische Studie bei Cambridge Bay, Victoria Island, Canada. Beiträge zur Landschaftsökologie und zur Vegetationsgeographie. Mitteilungen der Geographischen Gesellschaft Hamburg (1988), Bd. 78, 1–51.

Thiemann, F.: Räume für Kinder. PG 20, H. 6 (1990), 9–11.

Thomas-Lauckner, M./Haase, G.: Versuch einer Klassifikation von Bodenfeuchteregimen. Al-brecht-Thaer-Archiv 11 (1967), 1 003–1 020.

Tichy, F.: An den Grenzen des Weinbaues innerhalb der Pfalz – eine gelände-klimatologische Studie. Mitt. der Pollichia III, Bad Dürkheim 1954, 7–35.

Tichy, F.: Italien – Eine geographische Landeskunde. Wissenschaftliche Länderkunden, Bd. 24, Darmstadt 1985.

Treude, E.: Die Arktis. H. Beck/M. Strässer (Hrsg): Problemräume der Welt (1991), Bd. 14, 1–39.

Troll, C.: Luftbildplan und ökologische Bodenforschung. Ztschr. d. Ges. f. Erdkunde, Berlin 1939, 241–298.

Troll, C.: Die geographische Landschaft und ihre Erforschung. Studium generale III (1950), 163–181.

Troll, C./Paffen, K.: Karte der Jahreszeitenklimate der Erde. Erdkunde 18 (1964), 5–28.

Trommer, G.: Leben in Ökosystemen. Braunschweig 1978.

Ueblagger, G.: Das systemare Verständnis der Gebirgsgewässer. Interpraevent, Tagungspubl., Bd. 1, Forschungsgesellschaft für vorbeugende Hochwasserbekämpfung, Klagenfurt 1988, 345–383.

Ueblagger, G.: Erkundung und Bewertung von Wildbacheinzugsgebieten. Informationsbericht, 4/89, Bayerisches Landesamt für Wasserwirtschaft, München 1989, 117–147.

Ueblagger, G.: Die systemar unterstützte Naturraumanalyse. Interpraevent, Tagungspubl., Bd. 3, Forschungsgesellschaft für vorbeugende Hochwasserbekämpfung, Klagenfurt 1992.

Uhlig, H.: Reisbausysteme und -ökotope in Südostasien. Erdkunde 37, H. 4, Bonn 1983.

UNESCO-FAO (eds.): Mapa mundial de suelos. Roma 1991.

Vavruch, S.: Bodenerosion und ihre Wechselbeziehungen zu Wasser, Relief, Boden und Landwirtschaft in zwei Einzugsgebieten des Basler Tafeljura (Hemmiken, Rothenfluh). Physiogeographica, Basler Beiträge zur Physiogeographie, Bd. 10, Basel 1988.

Vester, F.: Neuland des Denkens. Stuttgart (1984) (E).

Vester, F.: Ein Baum ist mehr als ein Baum. München[2] 1985.

Vester, F.: Ökolopoly-Handbuch. Studiengruppe für Biologie und Umwelt. München 1990.

Vester, F.: Unsere Welt – ein vernetztes System. München 1990.

Verheye, W. (eds.): Formation, Classification and Land Evaluation of Soils in Mediterranean Areas. With special reference to the Southern Lebanon. Gent 1973.

Vielhaber, Ch. (Hrsg.): Projektwoche Sellrain. Territoriale Verfügbarkeit als raumstrukturelles Gliederungsmerkmal. Materialien zur Didaktik der Geographie und Wirtschaftskunde Bd. 5, Instit. f. Geogr. Univ. Wien 1989.

Voigt, H.: Geoökologische Schüleruntersuchungen. Theorie und Praxis geographischer Feldarbeit im Unterricht. Paderborn 1980.

Volterra, V.: Variazioni e fluttuazioni del numero d'individui in specie animali conviventi. Memorie Accademie Lincei 1926, 6, 31–113.

Vorläufige Rahmenrichtlinie für den Geographieunterricht an Gymnasien in Sachsen-Anhalt. Halle/Saale/Magdeburg 1991.

Wagner, Ch.: Schlüssel zur Ökologie. Wien/New York 1989.

Walter, H.: Vegetationzonen und Klima. Stuttgart[6] 1990.

Weber, K.: Bioindikation. Lebewesen zeigen uns den Zustand unserer Umwelt. Zürich 1991.

Wiechhart, P.: Geographie im Umbruch. Ein methodologischer Beitrag zur Neukonzeption der komplexen Geographie. Wien 1975.

Weigt, E.: Die Geographie. Das Geographische Seminar, Braunschweig[5] 1979.

Weischet, W.: Chile – seine länderkundliche Individualität und Struktur. Wissenschaftliche Länderkunden, Bd. 2/3, Darmstadt 1970.

Weischet, W./Nüber, W./Gehrke, A.: Stadtklimatologische Konsequenzen von Line-Scanner-Aufnahmen der Oberflächentemperaturen im Tagesgang (Beispiel Freiburg i. Brsg.). Symposium Erderkundung, Köln-Porz: DFVLR 1975 (Hrsg.), 459–467.

Weischet, W.: Problematisches über die städtische Wärmeinsel und die Notwendigkeit einer Baukörperklimatologie. Siedlungsgeogr. Studien, de Gruyter, Berlin 1979, 407–423.

Weittaker, R./Likens, G. E.: Communities and ecosystems. New York 1975.

Weltkommission für Umwelt und Entwicklung: Unsere gemeinsame Zukunft. Bericht der Weltkommission für Umwelt und Entwicklung (BRUNDTLAND-Bericht). Berlin 1988.

Werner, R.: Geoökologische Modelle im Geographieunterricht der gymnasialen Oberstufe. Frankfurter geowissenschaftliche Arbeiten, Bd. 10 (1989), 219–233.

Wildermuth, H.: Natur als Aufgabe. Leitfaden für die Naturschutzpraxis in der Gemeinde. Basel 1978.

Wilhelm, F.: Stellung der Flüsse im Wasserkreislauf. GS (1992), H. 75, 2–13.

Windhorst, H.-W.: Geographie der Wald- und Forstwirtschaft. Stuttgart 1978.

Windolph, K. u. a.: Feldmethoden der Landschaftsökologie. Unterrichtshilfen für die Arbeit im Fach Erdkunde im Sekundarbereich II. NLI-Berichte 27, Hildesheim 1986.

Windolph, K.: Landschaftsökologische Geländearbeit als Grundlage der Konzeption eines praxisnahen Umweltunterrichtes. Verhandlungen des 48. Deutschen Geographentages Basel 1991. Wiesbaden 1993, 445–451.

Wischmeier, W. H./Smith, D. D.: Predicting rainfall erosion losses – a guide to conservation planning. Washington D.C. 1978: U.S. Dep. of Agricultur Handbook No. 537, 1–58.

Woltereck, R.: Über die Spezifität des Lebensraumes, der Nahrung und der Körperformen bei pelagischen Cladoceren und über die ökologischen Gestaltsysteme. Biol. Zbl. 1928, 48, 521–551.

Wüthrich, Ch.: Die Bodenfauna in der arktischen Umwelt des Kongsfjords (Spitzbergen). Versuch einer integrativen Betrachtung eines Ökosystems. Materialien zur Physiogeogr. Heft 12, Basel 1989, 1–133.

Wüthrich, Ch.: Landschaftsökologische Umweltforschung: Beiträge zu den Wechselwirkungen zwischen biotischen und abiotischen Faktoren im hocharktischen Ökosystem (Spitzbergen). Die Erde 122 (1991), 335–352.

Wüthrich, Ch.: Vorlesungsskript der Kurse Polarökologie I (Einführung, Forschung und Naturschutz) und Polarökologie II (Umweltprobleme der Polargebiete) für Studenten der Geographie und Biologie am Geographischen Institut der Universität Basel. Stand 1993. [unveröffentlicht].

Wüthrich, Ch.: Arctic Birdcliff Ecosystems (Svalbard and Northern Norway): Ecological patterns and pollution. 6th Europ. Ecol. Congr., Mesogee, Bull. Mus. Hist. Nat. Marseille 52 (1992), 1–31.

Wüthrich, M.: Modelling the Thermal Structures of Basle (Switzerland): A Combined Approach Using Satellite Data and GIS-Techniques. Proceedings of EARSeL-Symposium Graz 1991, Paris: Joanneum Graz/EARSeL 1991, 298–304.

6 Glossar

Das Glossar wurde zusammengestellt vor allem nach dem Wörterbuch „DIERCKE-Wörterbuch der Allgemeinen Geographie", herausgegeben von H. Leser (dtv 3417 und 3418). – Weiterhin wurden Standardlehrbücher und einzelne Fachwörterbücher als Quelle benützt. Bei Unklarheiten gibt – auf Nachfrage – der Bandherausgeber Auskunft.

Agglomeration: die Ballung und/oder Verdichtung von Bevölkerung, Wirtschaft (besonders Industrie und Gewerbe) sowie technischer Infrastruktur im Raum.

Agrarraum: die durch Landwirtschaft gestaltete Erdoberfläche zum Zweck der Gewinnung pflanzlicher und tierischer Produkte für die Bedarfsdeckung des Menschen. Der A. ist ein Wirkungsgefüge landschaftsökologischer, ökonomischer und sozialer Parameter, die visuell und funktional die agrarräumliche Struktur ausmachen. Die A. können typisiert werden.

Angewandte Geographie: ein Teilgebiet der Geographie, das Grundlagenwissen zu raumbezogenen und raumfunktionalen Problemen des praktischen Lebens setzt.

Angewandte Ökologie: ein Teilgebiet der Ökologie, das sich mit der Umsetzung von Erkenntnissen der Bioökologie und Geoökologie beschäftigt. Anwendung erfolgt in Naturschutz, Umweltschutz, Raumplanung, Raumordnung und Regionalplanung sowie bei der Umweltverträglichkeitsprüfung.

Anleitung zur Bewertung des Leistungsvermögens des Landschaftshaushalts: ein Werk des „Arbeitskreises Geoökologische Karte und Leistungsvermögen des Landschaftshaushalts", das zusammen mit dem „Handbuch und Kartieranleitung Geoökologische Karte 1 : 25 000" für den Einsatz in der Praxis entwickelt wurde. Siehe auch Stichwort „Leistungsvermögen des Landschaftshaushalts".

Anthroposystem: ein Teilmodell des Landschaftsökosystems, das mit den Hauptsubsystemen Geosystem und Biosystem zusammen das Gesamtlandschaftssystem ausmacht. Das A. wird bisher separat modelliert, weil der sozioökonomische und historische Ansatz der Humangeographie (Anthropogeographie) zu Ergebnissen führt, die nicht direkt mit denen der naturwissenschaftlichen Teilsysteme des Landschaftsökosystems kompatibel sind.

Aridität: das Maß der Trockenheit eines Gebiets, also das Feuchtedefizit bei höheren Verdunstungs- als Niederschlagsmengen. Bei Vollaridität liegen dauernd trockene Klimabedingungen mit weniger als 100 mm Jahresniederschlag vor.

Ausstattungstyp: in geoökologischen Raumeinheiten liegt eine visuell sichtbare Ausstattung mit Geoökofaktoren (Georelief, Boden, Vegetation, gegebenenfalls Landnutzung) vor, die als A. bezeichnet wird und Bezugsbasis für die landschaftsökologischen Standort ermittelten Prozeßgrößen des Geoökosystems darstellt.

Baukörperklimatologie: ein Teilgebiet der Angewandten Klimatologie, das sich mit den physikalischen Merkmalen von Bauwerken beschäftigt, die als Speicher und Regler des Stadtklimasystems vor allem thermische und aerische Wirkungen entfalten.

Biogeozönose: dem Geoökosystem verwandte Funktionseinheit von Biozönose und abiotischen Faktoren, die eine einheitliche formale Gestaltung und darauf bezogene Wechselwirkungen aufweist.

Bioklima: jene Eigenschaften und Merkmale des Klimas, die für die Existenz von Lebewesen fördernd, hemmend oder begrenzend sind.

Biom: ein Begriff der Landschaftsökologie und Bioökologie für großräumige Lebensräume, die als Ökosysteme funktionieren.

Biomasse: die Menge der lebenden organischen Substanz in einer Raumeinheit bzw. auf einer Flächeneinheit zu einem bestimmten Zeitpunkt. Die B. kann in Phytomasse (Pflanzen und Mikroorganismen) und Zoomasse (Tiere) unterteilt werden.

Biomassenproduktion: die Produktion von lebender Substanz, in der Regel in Gramm pro Quadratmeter als Frisch- oder Trockengewicht dargestellt. In der praktischen Forschung wird die Phytomasse und die Zoomasse unterschieden und gewöhnlich getrennt bestimmt. Die B. gilt als Ausdruck der Leistungsfähigkeit bzw. Produktivität eines Ökosystems, die aber unbedingt die qualitative Zusammensetzung der Biomasse mitberücksichtigen müßte.

Biometeorologie: ein Teilgebiet der Meteorologie, vor allem aber der „Klimatologie der bodennahen Luftschicht", die sich mit den Klimawirkungen im Ökosystem auf Lebewesen beschäftigt. Schwerpunkt der B. ist jedoch die Klimawirkung auf den Menschen.

Bioökologie: die Nachbarwissenschaft der Geoökologie und der Biogeographie verwandt, die sich mit dem System Leben-Umwelt aus biologischer Sicht beschäftigt. Gegenstand ist das Bioökosystem.

Bioökosystem: die Funktionseinheit pflanzlicher und tierischer Lebensgemeinschaften, welche im Bioökotop zusammenwirken, in welchem sie ein sich selbst regulierendes Wirkungsgefüge bilden, das als ein stets offenes stoffliches und energetisches System mit einem dynamischen Gleichgewicht bezeichnet werden kann, das zu wesentlichen Teilen von den abiotischen Faktoren des Geoökosystems geregelt wird.

Bios: vereinfachte Bezeichnung für die biotischen Faktoren, also die belebten Ökofaktoren, die im Modell des Landschaftsökosystems das Subsystem des Biosystems bilden.

Biozönose: ein Populationssystem von Tieren und/oder Pflanzen, das als Gemeinschaft an einem bestimmten, auf besondere Weise ausgestatteten Standort lebt, wobei sich zwischenartliche Wechselbeziehungen abspielen.

„Black-Box"-Modell: ein Modell, das ein System lediglich aufgrund der Ein- und Ausgangssignale – ohne Berücksichtigung der internen Funktionsweise – beschreibt.

Boden: Bestandteil des Oberflächennahen Untergrundes und die an der Erdoberfläche entstandene, mit Luft, Wasser und Lebewesen durchsetzte Verwitterungsschicht aus mineralischen und organischen Substanzen, welche sich unter Einwirkung aller Umweltfaktoren gebildet hat, die als Bodenbildungsfaktoren bodenbezogen definiert werden.

Bodenatmung: die Bildung von CO_2 durch die Atmung der Wurzeln und die Tätigkeit aller im Boden vorkommenden Organismen (Edaphon). Von dem ausgeschiedenen CO_2 entfallen bis 10% auf die Wurzelatmung, der Rest auf das Edaphon.

Bodendegradation: Verschlechterung des landwirtschaftlich genutzten Bodens durch natürliche, quasinatürliche oder anthropogene Einflüsse, vor allem aber durch zu intensive Nutzung und fehlende kulturtechnische Maßnahmen.

Bodenerosion: die Abtragung des Bodens durch Wasser und Wind, die über den Umfang natürlicher Abtragungsprozesse hinausgeht und welche durch die Bodenbewirtschaftung begünstigt oder ausgelöst wird. B. vermindert nicht nur die Bodenfruchtbarkeit, sondern kann auch zur Vernichtung der Bodensubstanz überhaupt führen.

Bodenfauna: die Tiere im Boden, die man nach ihrer Größe in drei Gruppen ordnet (Mikrofauna, Mesofauna, Makrofauna).

Bodenprofil: eine charakteristische Abfolge von Bodenhorizonten, die in ihrer Gesamtheit einen Bodentyp repräsentieren. Das B. ist in der geoökologischen Realität ein senkrechter Anschnitt im Oberflächennahen Untergrund, der den Bodenaufbau von der Erdbodenoberfläche bis zum unverwitterten Ausgangsmaterial zeigt.

Bodenwasserhaushalt: die Veränderungen der Bodenwassergehalte in ihren jahreszeitlichen Schwankungen und der Tiefenverteilung von frei beweglichem Wasser, Haftwasser und Totwasser sowie die Umsätze von Bodenwasser durch Verdunstung und Sickerung.

Catena: als Bodencatena eine regelhafte Abfolge von Böden an einem Hang, die durch Umlagerungsprozesse differenziert wurden oder eine Vergesellschaftung von Vegetationseinheiten in einer charakteristischen räumlichen Abfolge.

Chore: allgemeine Bezeichnung für einen Erdraum oder für eine Raumeinheit einer bestimmten Stufe der Dimensionen naturräumlicher Einheiten, die sich aus den niedrigerrangigen Topen zusammensetzen und die sich zu höherrangigen Meso-, Makro- und Megachoren aggregieren, die wiederum die Zonen der Landschaften der Erde (Landschaftsgürtel) bilden.

chorische Dimension: Bestandteil der „Theorie der geographischen Dimensionen" in der Betrachtung von Landschaftsökosystemen, um die Raummuster an landschaftsökologischen Grundeinheiten, den Topen, zu erfassen und zu systematisieren. Für die Choren wird auf deren Dimensionsebene ein homogener Inhalt gefordert, der dann gegeben ist, wenn das Areal eine gleiche oder ähnliche Topenstruktur und ein gleiches oder ähnliches Wirkungsgefüge aufweist, so daß die Chore als übergeordnete naturräumliche Einheit definiert werden kann. Zunehmend spielen bei der Chorendefinition auch chorisch wirksame Prozesse eine Rolle, z. B. Kaltluft- oder Grundwasserströme.

Deterministisches Modell: ein Modell, das auf physikalisch begründeten Ansätzen beruht und infolgedessen ohne empirische Parameter auskommt. Umweltmodelle, die große Systeme beschreiben, sind nie rein deterministisch, sondern mehr oder weniger empirisch.

Differentialanalyse: das Vorgehen der landschaftsökologischen Forschung zur Charakterisierung der landschaftlichen Partialkomplexe.

Diversität: 1. in der Bioökologie das Art-Individuen-Muster. Die D. dient zur Kennzeichnung des Lebensraumes, für den nicht nur die Artenzahl, sondern auch die Individuenmenge von Bedeutung ist. – 2. in der Geoökologie die Vielfältigkeit der Struktur eines Ökosystems. In der Theorie der Landschaftsforschung wird an die hohe ökologische D. die Stabilität der Ökosysteme geknüpft, obwohl hierbei kein gesicherter Zusammenhang besteht.

El-Niño-Phänomen: eine kurzfristige Veränderung der Luftdruckverteilung in den tropischen und subtropischen Bereichen des Pazifik, die in mehrjährigen Abständen für mehrere Monate bis über ein Jahr Dauer auftritt, woraus Klimaanomalien resultieren, die nicht nur den Pazifik, sondern auch andere klimageographische Bereiche der Erde betreffen. Das E. N. P. ist zwar ein atmosphärisches Phänomen, hängt aber eng mit den Meeresströmungen sowie Kaltwasser- und Auftriebseffekten im Meer zusammen.

Erosionswiderstand: ein Bestandteil des Leistungsvermögens des Landschaftshaushalts, der durch bestimmte Ökosystemzustände ausgemacht wird und eine über das natürliche Maß hinausgehende Abtragung von Boden und Oberflächennahem Untergrund durch Wasser, Wind oder mechanische Prozeße verhindert.

Experiment: praktische Untersuchung eines Phänomens im Rahmen eines bestimmten Versuchsaufbaus mit kontrollierten Versuchsbedingungen.

Fernerkundung: Sammelbezeichnung für jene Techniken, mit deren Hilfe biotische und abiotische Phänomene im Landschaftsökosystem aus der Luft (Ballon, Flugzeug, Satellit) erkundet werden, wobei die registrierten bildhaften Phänomene terrestrische Merkmale zugewiesen bekommen, die dann landschaftsökologischen, geographischen und sonstigen raumwissenschaftlichen Auswertungen zugeführt werden. Die F. bezieht sich aber nicht nur auf die feste Erdoberfläche, sondern bezieht auch Wasserflächen (Flüsse, Seen, Meere) und die Atmosphäre (Wolken) in Methodik und Auswertung mit ein.

Flechtenkartierung: die Kartierung der Flechtenverbreitung in städtischen oder industriellen Ballungsräumen mit Immissionsbelastung. Unterschieden werden Flechtenwüste, Innere, Mittlere und Äußere Zone sowie Frischluftzone. Von der Flechtenwüste zur Frischluftzone nehmen die Arten- und Individuenzahl zu.

Fließgleichgewicht: 1. stationärer Zustand („Nichtgleichgewichtszustand") in offenen Systemen, der stationär (d. h. zeitunabhängig) und stabil gegenüber kleinen Störungen ist. – 2. als Homöostase der „quasistationäre" Gleichgewichtszustand biologisch-ökologischer Systeme (Individuen, Populationen, Ökosysteme), die aus ihrer Umgebung Stoffe und Energie aufnehmen, umsetzen und verändert wieder an die Umgebung abgeben. Der jeweilige Zustand des mehr oder weniger vollkommenen Fließgleichgewichts wird durch Regulationsvorgänge (Rückkopplungen) aufrecht erhalten.

Flurbereinigung: freiwillig oder im Anordnungsverfahren durchgeführte Um- bzw. Zusammenlegung von unwirtschaftlichem, weil zu kleinem oder verstreut liegendem ländlichem Grundbesitz. Aus vielen kleinen auseinanderliegenden Feldern eines landwirtschaftlichen Betriebs entstehen durch die F. ein oder mehrere große Blöcke.

Freizeitpark: geplant angelegtes Parkgelände, das auch landschaftsarchitektonisch gestaltet sein kann, das intensiver Freizeitnutzung unterliegt und bedeutende Infrastruktureinrichtungen umfassen kann, wie z. B. Vergnügungsparks und die Disneyländer.

Fremdenverkehr: umschreibt alle Erscheinungen und Wirkungen, die mit der Reise von Personen an einen Ort, der nicht ihr Wohn-, Arbeits- oder Versorgungsort ist, sowie mit dem – meist längerfristigen – Aufenthalt an diesem Ort zusammenhängen. Nicht zum F. gehören Pendel-, Einkaufs- und Naherholungsverkehr.

„Gaia-Theorie": ein holistisches Konzept vom System „Gesamterde", das sich die Erde bzw. die Ökosphäre als „Körper" bzw. Organismus vorstellt, d. h. als quasi geschlossenes System, das eine physiologische („geophysiologische") Betrachtung zu erfahren habe. Die G.-T. geht damit über eine naturwissenschaftliche Betrachtung des Phänomens Gesamterde hinaus und bezieht ethische Komponenten in die Betrachtung mit ein, so daß sich neue Regeln für die Nutzung und Gestaltung der Erde durch den Menschen ergeben, die nicht am Raubbaukonzept orientiert sein sollen.

Geländeklima: die durch die Reliefgestalt und die Oberflächenbeschaffenheit (Bewuchs, Nutzung, Siedlung) lokal abgewandelten regionalen Klimamerkmale. Das G. zeigt lokal sehr starke Abwandlungen vieler wichtiger Klimafaktoren und schafft deshalb für das Vegetationswachstum und viele Nutzungsarten differenzierte Standortbedingungen.

Geobiosphäre: allgemeine Bezeichnung für den Gesamtlebensraum Erde und Hauptbestandteil der Landschaftshülle, der in seiner räumlichen Struktur von der Biogeographie und in seiner Funktion von der Geoökologie und der Bioökologie untersucht wird. Gesamtbetrachtungen erfolgen transdisziplinär, z. B. mit dem Modell des Bioms, des Ökosystems, des Landschaftsökosystems oder der Landschaftszone.

Geographische Realität: ein Begriff aus der Theorie der Geographie, der besagt, daß die G. R. in Substanz, Dynamik und Entwicklung von Natur und Gesellschaft bestimmt ist. Daher setzt sich die geographische Landschaftsforschung in erster Linie mit dem aktuellen Zustand der Landschaft – also in seiner anthropogenen Veränderung – auseinander.

Geographische Zonen: jene Landschafts- und Geoökofaktorenzonen der Erde, die – letztlich durch die Strahlung der Sonne bedingt – sich in gürtelförmigen Bändern an der Erdoberfläche ausbilden. Dabei stellen die Klima-, Vegetations-, Wasserhaushalts-, Boden- und andere Zonen lediglich Teilmodelle der gesamthaft auftretenden Landschaftsgürtel der Erde dar. Auch die Nutzungszonen der Erde, wie Weidewirtschafts- oder Ackerbauzonen, gehören zum Konzept der G. Z.

Geoökofaktor: einer der Landschaftshaushaltsfaktoren im Geoökosystem bzw. Landschaftsökosystem, auch als „Naturfaktor" bezeichnet, besser jedoch als „naturbürtig", weil die „Natur"faktoren Klima, Wasser, Boden etc. anthropogen verändert sind.

Geoökologie: das Nachbargebiet der Bioökologie, das sich aus geowissenschaftlich-geographischer Sicht mit dem Landschaftshaushalt beschäftigt. Das zugrunde gelegte Betrachtungsmodell ist das Geoökosystem.

Geoökologischer Arbeitsgang (GAG): der GAG ist ein Strukturkonzept für landschaftsökologisches bzw. geoökologisches Arbeiten. Es basiert sowohl auf der Theorie der geographischen Dimensionen als auch auf der Ökosystemtheorie. Konkret geht der GAG von einem Konzeptmodell aus, das sich graphisch im Regelkreis des Landschaftsökologischen Standorts repräsentiert. Somit repräsentiert der GAG einen Arbeitsplan für feldbezogenes bzw. raumbezogenes ökologisches Arbeiten.

geoökologische Raumeinheiten: eine Sammelbezeichnung für klein- bis großräumig modellierte Gebiete, denen auf der jeweiligen Hierarchiestufe, die man mit der „Theorie der geographischen Dimensionen" definiert, ein homogener, komplexer Rauminhalt zugeordnet wird. Damit können Tope, Choren, Regionen oder auch Zonen als g. R. modelliert werden.

geoökologisches Modellgebiet: für die geoökologische Feldarbeit werden – mehr oder weniger zweckgerichtet (Forschung, Lehre, Praxis) – Gebietsausschnitte verwendet, wobei man abgeschlossene Kleineinzugsgebiete, die auch als geoökologische Elementarlandschaften bezeichnet werden, bevorzugt. Die Kleineinzugsgebiete erweisen sich in topischer Dimension oft als homogen im Hinblick auf Oberflächennahen Untergrund, oberflächliche Deckschichten, Bodenformen, Hangneigungsverhältnisse und/oder Nutzung. Damit lassen sich Beziehungen zwischen Stoffbilanz und Ausstattung des Gebietes herstellen. Die g. M. müssen keineswegs „natürlich", also anthropogen unbeeinflußt sein, sondern stellen Ausschnitte aus der vom Menschen veränderten ökologischen Realität der Landschaften dar.

Geoökosystem: das G. ist die Funktionseinheit eines real vorhandenen räumlichen Ausschnitts der Geobiosphäre, des Geoökotops, die ein selbstregulierendes Wirkungsgefüge abiotischer und darauf eingestellter biotischer Faktoren bildet, das als ein stets offenes stoffliches und energetisches System mit einem dynamischen Gleichgewicht funktioniert. In der landschaftlichen Realität sind die Geoökosysteme anthropogen stark verändert, besonders in nutzungslabilen Regionen, wie den Alpen oder dem Sahel, sowie in den Siedlungs- und Wirtschaftsschwerpunktbereichen der Industrie- und Entwicklungsländer.

Geos: vereinfachte Bezeichnung für die abiotischen Faktoren, also die unbelebten Ökofaktoren, die im Modell des Landschaftsökosystems das Subsystem des Geosystems bilden.

Geosphäre: der dreidimensionale Landschaftsraum der Erdoberfläche mit seinen Funktionsbeziehungen zur Atmosphäre, Hydrosphäre und Lithosphäre.

geosphärische Dimension: bei den Dimensionen landschaftlicher Ökosysteme die planetarisch-zonale bzw. planetarisch-kontinentale Größenordnung, d. h. die geographischen Zonen bzw. Georegionen bis hin zur gesamten Geosphäre.

Gewässer: die Hauptgruppe bilden Meere und Binnengewässer. Die Binnengewässer kann man einteilen in 1. unterirdische Gewässer mit Grundwasser und Höhlengewässern; 2. oberirdisch fließende Gewässer mit Quellen, (kleinen) Bächen im Gebirge und (großen) Flüssen; 3. oberirdische stehende Gewässer mit Seen, Weiher, Teichen, Tümpeln und Mikrogewässern.

Globalmodell: eine verbal-beschreibende bis mathematisch-beschreibende Gesamtdarstellung von Zuständen der Erde, wobei in der Regel nur Einzelsphären (Geobiosphäre, Atmosphäre, Pedosphäre etc.) modelliert werden. Der Begriff G. bezieht sich überwiegend auf sogenannte „Weltsystemmodelle", die eine integrative Betrachtung von Naturraumpotentialen, menschlichen Aktivitäten im Raum und gesellschaftlichen Phänomenen anstreben. Das Ziel ist, die Wirkung der sozialen und der technischen Systeme auf die Umwelt zu verstehen und gegebenenfalls die Perspektiven der Tragfähigkeit der gesamten Erde auszumachen. Viele der G. gehen, selbst in Gestalt von Einzelfaktorenmodellen (z. B. globale Erosionsbilanzen, Wasserbilanzen, Phytomassebilanzen, CO_2-Bilanzen etc.) von unzureichenden Datengrundlagen aus, um überhaupt das Problem aus globaler Sichtweise rechenbar definieren zu können.

Grenzschicht: 1. im Modell des Geoökosystems die Geoökologische G., ein Bereich von wenigen Metern bis einigen Dezimetern, in dem die für das stoffliche, biotische und energetische Geschehen an der Erdoberfläche wichtigen Regler-, Speicher- und Prozeßwirkungen spielen. – 2. in der Klimaökologie und Klimatologie die 2.1. Sammelbezeichnung für verschiedene G. an Oberflächen (Gebäuden, Straßen, Vegetationskörpern, Gewässern), die spezielle klimatologische Prozesse (energetische, hygrische, thermische) aufweisen bzw. 2.2 das Klima der bodennahen Luftschicht im Sinne des Mikroklimas, das zugleich ein Subsystem der Geoökologischen Grenzschicht ist.

Grüne Revolution: eine Innovation beim Anbau von Nutzpflanzen, mit dem Ziel einer Steigerung der Nahrungsmittelproduktion in der Dritten Welt durch die Verwendung von neuen ertragreichen Saatgutsorten, mineralischem Dünger, Schädlingsbekämpfungsmitteln und dem Bau von Bewässerungsanlagen, aber auch durch Schulung der bäuerlichen Bevölkerung.

Hauptnährelemente: die lebenswichtigen, von der Pflanze in Ionenform aufgenommenen Elemente, welche in größerer Menge benötigt werden (Stickstoff, Phosphor, Schwefel, Kalium, Calcium und Magnesium). Zu den in großen Mengen benötigten Elementen gehören zudem der substanzaufbauende Wasserstoff, Sauerstoff und Kohlenstoff, welche sich aber stofflich anders verhalten (Aufnahme als H_2O und CO_2) als die Ionennährelemente und deshalb konventionell getrennt behandelt werden.

Hochgebirge: komplexe Bezeichnung der Geo- und Biowissenschaften, auch der Kulturgeographie, für eine größere Vollform, die sich bedeutend über den Meeresspiegel erhebt und über spezielle ökologische Merkmale verfügt. Dazu gehören u. a. ein Steilrelief mit aktiven Halden von Hangschutt und Hangneigungen von >30°, Gebirgszugcharakter, d. h. die Vollform ist aus Voll- und Hohlformen zusammengesetzt, und der Höhenunterschied gegenüber der Umgebung beträgt >1 500 m. Außerdem sollte eine rezente Vergletscherung vorhanden sein oder Spuren von Vereisungen aus dem Pleistozän. In der Periglazialen Höhenstufe kommen rezente Erscheinungen des Frostbodens, Frostschutt und Frostsprengungen vor, ebenso Solifluktion. Periglazialerscheinungen können auch eine vorzeitliche Periglaziale Höhenstufe belegen. H. zeichnen sich gegenüber der Umgebung durch ein kühleres und feuchteres Klima aus (Hochgebirgsklima). Außerdem sind Höhenstufen der Vegetation, des Klimas, der Böden und der Landnutzung und Siedlung ausgebildet.

holistischer Ansatz: ein ganzheitlicher („gesamthafter") Ansatz, der bei der Ökosystemforschung, speziell bei der Erforschung der Landschaftsökosysteme sowie der Mensch-Umwelt-Problematik, auf allen Stufen der geographischen Dimensionen als theoretische und methodische Leitlinie dient. Für viele landschaftsökologische und sonstige Umweltmodelle dient der h. A. als theoretische Grundlage. Die praktische Realisierung des h. A. scheitert aber an der Komplexität der realen ökologischen Wirkungsgefüge und/oder am Mangel der für deren Beschreibung notwendigen Daten.

Hypsometrischer Formenwandel (Höhengliederung landschaftlicher Erscheinungen)**:** Entsprechend der Abnahme der Temperatur mit der Höhe (vertikaler Temperaturgradient) und einer Zunahme des Niederschlags mit der Höhe ergibt sich eine Differenzierung der landschaftlichen Erscheinungen, die sich in Höhengrenzen bzw. Höhenstufen dokumentieren. Neben dem H. F. biotischer Faktoren zeigt sich ein entsprechender Wandel im abiotischen Bereich vor allem bei den Bodenbildungs- und den Reliefformungsprozessen.

Input: die Eingabe bzw. Aufnahme von Materie, Energie oder Information in ein System.

Kartieranleitung Geoökologische Karte (KA GÖK)**:** ein Produkt des „Arbeitskreises Geoökologische Karte und Leistungsvermögen des Landschaftshaushalts", das das Ziel hat, mit relativ einfachen Verfahren die Fülle der geoökologischen Realität auf der Arbeitsebene der Regional- und Umweltplanung zu erfassen. Die Geoökologische Karte (GÖK) ist deswegen für den Maßstab 1 : 25 000 als Baukastensystem konzipiert. Die Weiterentwicklung erfolgt in Richtung einer Digitalen Geoökologischen Karte (DIGÖK).

Kleine Eiszeit: ein Abschnitt der jüngsten Klimageschichte des Holozäns, in dem Gletscher weit über das heute eingenommene Areal hinausgestoßen sind. Die K. E. wird für die Alpen auf rund 300 bis 500 Jahre angesetzt, mit einem

Ende um 1850/1860. Während der K. E. kam es auch zu umfangreichen Veränderungen der Kulturlandschaft, wobei sich vor allem in den Hochgebirgen der Erde die Höhengrenzen der Nutzung massiv nach unten verlagerten und so den Lebens- und Wirtschaftsraum des Menschen einschränkten.

Kleinlandschaft: unscharfer Begriff für kleinste oder kleinere naturräumliche Einheiten, oft für landschaftsökologische Grundeinheiten gebraucht.

Klimaelemente: die meßbaren Einzelerscheinungen der Atmosphäre, die in ihrem Zusammenwirken das Klima ausmachen. Die wichtigsten K. sind Strahlung, Luftdruck, Luftfeuchtigkeit, Temperatur, Wind, Verdunstung, Niederschlag und Bewölkung.

Klimaschutz: unscharfe Bezeichnung für Schutzmaßnahmen, die im Rahmen der Klimamelioration in Stadt und Freiland durchgeführt werden, um die Klimafunktion im Leistungsvermögen des Landschaftshaushaltes zu steigern.

Kompartiment: 1. allgemein ein „Inhaltsraum", eine Abteilung, die durch Inhalt und dessen Struktur definiert ist. – 2. im allgemeinen Sinne in der Systemtheorie ein Bestandteil des Systems im Sinne des Systemelements. – 3. in der Ökologie bzw. Landschaftsökologie eine für Forschungszwecke ausgegrenzte Teilfunktionseinheit des Ökosystems bzw. Landschaftsökosystems, die für sich allein oder im Zusammenhang mit anderen K. untersucht wird.

Komplexe Standortanalyse (KSA): ein Bestandteil der Methodik der Landschaftsökologischen Komplexanalyse, mittels der an dem für eine geoökologische Raumeinheit repräsentativen Standort geoökologische Prozeßgrößen in ihrem vertikalen Funktionszusammenhang ermittelt werden. Der Meßplatz ist die Tessera. Das Meßziel ist die Ermittlung der gegenseitigen Bedingtheit, der wechselseitigen Beeinflussung und der umgesetzten Stoff- und Energiemengen. Art und Maß ihrer Korrelation werden mit der Diffentialanalyse auf die Fläche übertragen und gelten somit für den gesamten Geoökotop.

Kontinentaldrift (Kontinentalverschiebung): seit A. Wegener Auffassung von der Verdriftung der Kontinente, verständlich durch den Schalenbau der Erde, nach dem die aus dem spezifisch leichten Sial aufgebauten Kontinente auf dem dichteren Sima „schwimmen", so daß horizontal Lageveränderungen möglich sind.

Landschaft: Fachbegriff der Geo- und Biowissenschaften sowie Bezeichnung der Umgangssprache für einen „Erdraum". In der Geographie wird L. als Landschaftsökosystem definiert, um auf den erdräumlich relevanten Funktionszusammenhang von Geosphäre, Biosphäre und Anthroposphäre hinzuweisen, der sich als ein Wirkungsgefüge im Raum repräsentiert und unterschiedlichen Betrachtungsmöglichkeiten unterliegen kann, z. B. als „Naturlandschaft" oder als „Kulturlandschaft".

Landschaftsbewertung: aus naturwissenschaftlichen bis sozioökonomischen Perspektiven erfolgende Aussage, um eine möglichst objektive Grundlage für die konkreten Maßnahmen der verschiedenen Planungsbereiche zu haben. Die L. dient der Ermittlung der Bedeutung und des „Wertes" eines konkreten Landschaftsraumes für die Nutzung durch den Menschen, insbesondere für wirtschaftliche Zwecke.

Landschaftsfaktoren: alle Bestandteile der Landschaft, d. h. sowohl die naturbürtigen Geoökofaktoren als auch alle Faktoren der Kulturlandschaft, also Siedlung, Landnutzung, Industrie, Verkehr, Soziofaktoren etc.

Landschaftsgürtel (Landschaftszone): naturlandschaftlicher Großraum der Erde, dessen Existenz und Funktion auf dem Strahlungshaushalt beruht, der die großen Klimazonen der Erde schafft, in denen sich großräumig klimakonforme Ökosystembedingungen einstellen. Das Zonenmodell der Landschaften der Erde gehört nach den Dimensionen naturräumlicher Einheiten in die globale „geosphärische" Dimension. Bei weltweiter Betrachtung können auch globale Nutzungszonen erkannt werden, welche sich an diese „natürlichen" L. anlehnen.

Landschaftsökologie: jener Fachbereich, der sich mit den Wechselwirkungen zwischen den Faktoren beschäftigt, die im Landschaftsökosystem zusammenwirken und die sich funktional – mehr oder weniger auch visuell wahrnehmbar – in der Landschaft repräsentieren. Wegen der Vielfalt der Aspekte der Landschaft, die sich in der sehr komplexen Territorialstruktur ausdrücken, wird die L. von mehreren Fachgebieten aus betrieben, die unterschiedliche Interessensphären haben. Sie können daher immer nur mehr oder weniger umfassende Teilausschnitte des Landschaftsökosystems untersuchen. Das geschieht teils für wissenschaftliche, teils für praktische Zwecke. Solche Fachbereiche sind Geographie, Angewandte Landschaftsökologie, Raumplanung, Regionalplanung, Umweltschutz u. v. a.

Landschaftsökologische Komplexanalyse (LKA): ein Forschungsprinzip der Landschaftsökologie und Geoökologie zur Analyse geographisch-ökologischer Komplexe in elementaren Landschaftseinheiten, deren Funktion und Struktur mit Hilfe eines Pakets von Kartier- und Meßmethoden, die an den Partialkomplexen des Geoökosystem- bzw. Landschaftsökosystemmodells ansetzen und versuchen, deren Wirkungsgefüge in der geographischen Realität der Landschaft als Funktionseinheit zu modellieren und möglichst weitgehend quantitativ darzustellen.

landschaftsökologische Vorerkundung: im Rahmen des geoökologischen Arbeitsganges vorbereitender Akt der landschaftsökologischen Erkundung mit Ermittlung wichtiger Grundlagen für die Landschaftsökologische Komplexanalyse.

Landschaftsphysiologie: der Versuch, das Zusammenwirken physischer, biotischer und anthropogener Seinsbereiche im Sinne des klassischen Landschaftskonzeptes zu erklären. Der Ansatz beschränkt sich also nicht auf den (Natur-)Landschaftshaushalt im Sinne der Geoökosysteme, sondern betrachtet an sich die komplexen Landschaftsökosysteme. Die L. ist Bestandteil der klassischen Landschaftskunde.

Landschaftsplanung: ein Bestandteil der Landschaftspflege in der Landespflege. In der L., die in Landschaftsplänen, Landschaftsrahmenplänen und landespflegerischen Begleitplänen sowie anderen Planformen ihren Ausdruck findet, geht es um die Darstellung landespflegerischer Absichten und Maßnahmen. Die Gegenstände der L. sind die Freiflächen, also die nichtüberbauten Flächen in der Kulturlandschaft und deren Naturhaushalt sowie das Leistungsvermögen des Landschaftshaushaltes.

Landschaftswandel: eine Sammelbezeichnung für die natürliche und /oder anthropogene Veränderung der Landschaft. Ein natürlicher L. geht auf die klimabedingten Veränderungen der Geoökofaktoren zurück, z. B. durch den Klimawandel des Postglazials. Der Kulturlandschaftswandel wird vom wirtschaftenden Menschen bedingt, der durch Landnutzungsmaßnahmen sowie Infrastrukturbauten, einschließlich der Siedlungen, weltweit beträchtliche Eingriffe in die natürlichen Landschaftsökosysteme der Erde verursachte. Damit stellt der Kulturlandschaftswandel zugleich auch ein Wandel der Ökofaktoren dar, wie die Bodenerosion oder die Desertifikation belegen.

Lebensraum: 1. der gesamte Raum, auf dem sich das Dasein eines Organismus abspielt. – 2. in politisch-geographischem und insbesondere geopolitischem Sinn das Territorium, das einem Volk zur Nutzung und staatlichen Entfaltung zur Verfügung steht. Der L. ist somit Gegenstand der Raumordnung, der Regional- und Stadtplanung. – 3. in der Biologie der von einer Lebensgemeinschaft besiedelte Raum.

Leistungsvermögen des Landschaftshaushalts (Landschaftshaushaltliches Leistungsvermögen): ein Begriff der Landschaftsökologie für die praktische Kennzeichnung des Dargebots der Landschaft, wie es sich aus Beschaffenheit, Struktur, Funktion und Dynamik der Landschaftsökosysteme und seiner Teilfunktionen für Existenz und Nutzung durch den Menschen und andere Lebewesen darstellt. Das L. d. L. wird nicht generell bestimmt, sondern es werden für praktische Zwecke der Raumplanung und Landschaftsplanung, Einzelfunktionen aufgenommen, bewertet und dargestellt, z. B. Naturschutzfunktion, Klimafunktion, Erlebnis- und Erholungspotential, Biotisches Ertragspotential etc.

Linearität: typische Verhaltensweise von sehr einfachen Systemen. Der Begriff beinhaltet einerseits die zeitliche Unveränderlichkeit von Systemparametern und -gleichungen und andererseits die Eigenschaft, daß sich das Verhalten eines Systems aufgrund des Verhaltens seiner Teilsysteme durch reine Überlagerung (Addition) ergibt. Die Linearitätsannahme wird oft getroffen, um die mathematische Beschreibung eines Systems zu vereinfachen.

Mediterrane Subtropen: ein Landschaftsgürtel, der jedoch keine geschlossene Landschaftszone darstellt, sondern der sich auf den Festlandsflächen auf mehrere Gebiete der Alten und Neuen Welt verteilt. Die M. S. repräsentieren nur einen kleinen Teil der Subtropen. Bezieht man die angrenzenden Meeresflächen in die Betrachtung mit ein, erweisen sich auch die M. S. als ein strahlungsbedingter Gürtel, der sich zwischen 40° und 30° Nord sowie 30° und 40° Süd erstreckt. Hauptrepräsentant der M. S. ist der Landschaftsraum des europäischen Mittelmeergebietes. Die M. S. können demzufolge nicht nur als Naturlandschaftsraum betrachtet werden, sondern auch als kulturlandschaftliches Phänomen, wie vor allem die Landnutzung in den M. S. zeigt.

mikrobieller Abbau: erfolgt durch Kleinstlebewesen im Boden, um die abgestorbene pflanzliche oder tierische organische Substanz zu anorganischem Material abzubauen. Es entstehen CO_2 und Pflanzennährstoffe (Mineralien). Je nach Klimazone bzw. Kalt- oder Trockenzeiten wird der m. A. gehemmt oder kommt zum vollständigen Erliegen. Daraus resultiert eine Anreicherung organischer Substanz ("Humus") im Oberboden. Beispiel für Anreicherung organischer Substanz stellen die humusreichen Steppenböden der kühl-gemäßigten Klimate der Steppenzonen dar.

Mikroklima (Klima der bodennahen Luftschicht): das Klima bodennaher Bereiche bis 2 m Höhe über dem Erdboden und funktional in das Mesoklima eingebettet. Das M. weicht vom Makroklima ab, weil die geoökologische Regler Georelief, Bodenbedeckungszustand, Bodenbeschaffenheit (Farbe, Feuchtezustand, Materialtyp) und andere Faktoren eine lokale Abwandlung des Klimas bewirken. Es zeichnet sich durch größere Schwankungen und ausgeprägtere Extrema, vor allem der Temperatur und der relativen Luftfeuchte, aus. Das M. bedingt ein eigenständiges, vom Normalklima abweichendes Standortklima, das für Flora und Fauna bzw. Kulturfrüchte spezielle Wuchsbedingungen schafft.

Mikroorganismen: kleinste, gewöhnlich nur unter dem Mikroskop sichtbare Lebewesen, wie Viren, Bakterien, Strahlenpilze, gewisse Kleinstpilze und Kleinstalgen sowie Urtierchen. Die M. sind Untersuchungsgegenstand der Mikrobiologie, spielen aber auch makrobiologisch und makroökologisch eine große Rolle, z. B. bei vielen Vorgängen der Bodenbildung.

Mittelgebirge: vom Hochgebirge durch geringere relative Höhen, in Mitteleuropa bis etwa 1 500 m, und die Reliefformgestalt unterschieden, die von gerundeten, eher breiten und konvex gewölbten Flach- und Bergformen beherrscht wird, denen die meist steileren und zugeschärften Hochgebirgsformen fehlen, z. B. Grate.

Mittelmeergebiet: der landschaftliche Hauptrepräsentant der Mediterranen Subtropen, der wegen der starken orographischen Gliederung der Mittelmeerküsten sehr unterschiedlich abgegrenzt werden kann. Es gibt naturlandschaftliche bis kulturlandschaftliche Abgrenzungen. Eine integrative Abgrenzung kann durch die Verbreitung der Ölbaumkulturen (Oliven) vorgenommen werden. Die Olivengrenze schließt damit große Teile der Küsten des westlichen, nördlichen und östlichen Mittelmeerraumes ein.

Modell: eine abstrakte Abbildung eines Ausschnittes der Realität. Modelle können als Wort-, Bild- oder als mathematische Modelle formuliert werden. Sie dienen der Darstellung von Ideen über das Funktionieren eines Systems und gestatten Aussagen über das Verhalten des Systems unter veränderten Gegebenheiten.

Modellkalibrierung: Eichung eines Modells für eine spezifische Situation (Ort, Zeit).

Murgang: ein schnell fließendes Gemisch von Lockermaterial und unterschiedlichen, meist jedoch eher geringen Anteilen von Wasser, und daher auch als Geröllawine oder Rüfe bezeichnet.

Nachböschungsvorgang: ein Abtragungsprozeß in den Uferböschungen und an Hängen von Gerinnen. Dieser Prozeß ist primär eine Reaktion auf Eintiefung der Gerinnesohle (Tiefenerosion) und Unterschneidung (Tiefen- und Seitenerosion), aber auch selbständiger Hangprozeß (z. B. Rutschung).

Nationalpark: großräumig abgegrenzte, in Deutschland mindestens 1 000 ha große Naturschutzgebiete, die besonders schöne oder seltene Naturlandschaften oder naturnahe Kulturlandschaften umfassen, in denen strenge Schutzbestimmungen gelten, um die vorhandene vielfältige Flora und Fauna in ihrem natürlichen oder quasinatürlichen Lebensraum zu erhalten und vor anthropogenen Eingriffen zu schützen.

Naturgefahr: potentieller und schließlich real wirkender Prozeß, der durch Relief, Eis, Schnee, Wasser und/oder Substrat bzw. Boden bedingt, ausgelöst oder gefördert wird und der das natürliche Gleichgewicht von Landschaftsökosystemen bzw. Geoökosystemen bedroht, wobei der Prozeß naturgesetzlich abläuft. Mensch, Siedlung und Wirtschaft können durch die N. zeitweise oder dauernd bedroht sein.

Naturraumgliederung: ein Sammelbegriff für verschiedene Formen geographisch-landschaftsökologischer bzw. geoökologischer Raumgliederungen, die sich in Ansatz und Methodik voneinander unterscheiden. Zur Naturraumgliederung gehören die Naturräumliche Gliederung, die Naturräumliche Ordnung und die landschaftsökologische Raumgliederung.

Naturräumliche Gliederung: ein Verfahren zur Ausscheidung von Landschaftsräumen, die in Typen dargestellt und nach der Theorie der geographischen Dimensionen hierarchisch geordnet werden. Die N. G. geht von naturräumlichen Grundeinheiten aus, die überwiegend nach visuell wahrnehmbaren Geoökofaktoren (z. B. Georelief, Oberflächennaher Untergrund, Boden, Oberflächenwasser, Vegetation), manchmal auch unter Verwendung von Einzelmerkmalen dieser (z. B. Hangneigung, Bodenfeuchte, Natürlichkeitsgrad der Vegetation), ausgeschieden und begründet werden. Der Ansatz basiert auf dem physiognomischen Prinzip, wonach bestimmte Geoökofaktoren und -merkmale Ausdruck des landschaftshaushaltlichen Geschehens sind, ohne daß dies quantitativ ermittelt wird. Die N. G. steht als Methodik im Gegensatz zur Naturräumlichen Ordnung, mit deren Grundeinheiten sie aus methodischen Gründen nicht immer übereinstimmt.

Naturräumliche Ordnung: ein Verfahren zur Ausscheidung von Arealen, die auf den verschiedenen Stufen der geographisch-ökologischen Betrachtungsdimensionen geographisch homogene ökologische Funktionseinheiten repräsentieren, die dann über einen für sie spezifischen Stoff- und Energiehaushalt – im Sinne der Landschaftsökosysteme – verfügen. Die N. O. geht von landschaftsökologischen Grundeinheiten aus, die man induktiv ermittelt, wobei die inhaltliche Charakterisierung durch die Bestimmung der landschaftsökologischen Hauptmerkmale Bodenwasserhaushalt, Boden und Vegetation aufgrund von weiteren haushaltlichen Kennzeichnungen erfolgt.

Oberflächenabfluß: jenes Niederschlagswasser, das auf der Boden- oder Gesteinsoberfläche abfließt und direkt in den Vorfluter gelangt. Der O. hängt ab vom Feuchtezustand, der Infiltrationskapazität und der Durchlässigkeit von Boden bzw. Oberflächennahem Untergrund.

Ökogeographie: 1. ein Teilgebiet der Synökologie, das die Pflanzen- und Tierverbreitung in Beziehung zur geoökologischen Ausstattung der Umwelt setzt. – 2. eine Betrachtungsperspektive der Geographie, die sich mit dem Gesamtzusammenhang des Realitätsbereiches Natur-Technik-Gesellschaft beschäftigt und die die Umwelt als Funktionssystem im Sinne des Landschaftsökosystems modelliert.

ökogeographischer Ansatz: im Sinne der Ökogeographie ein holistischer Ansatz für die Betrachtung des Systems Mensch-Umwelt, um dessen Zustand und Veränderungen zu charakterisieren und die dahinterstehenden naturgesetzlichen Kräfte und Prozesse sowie die von Mensch und Gesellschaft bewirkten Änderungen in der Landschaft zu erfassen.

Ökologie: die Wissenschaft, die sich mit den Wechselbeziehungen zwischen den Organismen untereinander, zu ihrer Umwelt und deren Geoökofaktoren beschäftigt. Untersucht werden die Ökosysteme, die sich räumlich in den Ökotopen oder anderen naturräumlichen Einheiten der ökologischen Raumgliederung repräsentieren.

Ökologische Planung: sie berücksichtigt die Wirkungszusammenhänge der Einzelbestandteile der belebten und unbelebten Natur bzw. Umwelt, um künftige räumliche und funktionale Realitäten daran zu messen, ob sie nicht nur den Menschen nützen, sondern auch mit den Naturgesetzen in Einklang stehen. Die Ö. P. muß als integrierte Planung erfolgen, d. h. Fachplanungen dürfen nur innerhalb einer integrativen Umwelt(gesamt)planung betrieben werden, worauf auch die Verwaltungs- und Entscheidungsstrukturen abzustellen wären.

Ökologische Politik: eine Politik, deren Entscheidungen sich auf die Ergebnisse der Ökologischen Planung gründen, wobei die Bedeutung des landschaftsökologischen Ansatzes bei der Betrachtung der Umweltsysteme als Lebens- und Wirtschaftsraum des Menschen anerkannt und von der Ökologischen Planung bereitgestellte ökologisch begründete Entscheidungsgrundlagen akzeptiert werden.

ökologischer Ansatz: in der Bioökologie, Landschaftsökologie, Geographie und Geoökologie verwandter Ansatz. Er betrachtet den Untersuchungsgegenstand als Ökosystem, in welchem Faktoren, Kräfte und Regler zusammenwirken. Der ö. A. dient nicht nur dazu, auch kleinere Kompartimente des Systems zu erkennen, sondern vor allem dazu, die zwischen ihnen ablaufenden Prozesse herauszuarbeiten, somit die ökologische Struktur.

Ökosystem: allgemein die Modellvorstellung eines vielfältigen Wirkungsgefüges biotischer und abiotischer Faktoren, die in den einzelnen Fachgebieten der Ökologie („Ökologien") ganz verschieden konzipiert wird. In der Regel wird von den Fachwissenschaften immer nur ein Teil des Modells „Ö." bearbeitet. Nach den Eingriffen oder Nichteingriffen des Menschen kann man primäre und sekundäre Ö. unterscheiden.

Ökotop: ein weitgehend einheitlich ausgestatteter (meist) kleiner Lebensraum, in welchem abiotische und biotische Faktoren (Ökofaktoren) ein Wirkungsgefüge im Sinne des Ökosystems bilden.

Ökozonen: eine Verstärkung des Begriffs Zone aus Sicht des ökogeographischen bzw. holistischen Ansatzes, die besagt, daß die Landschaftsgürtel der Erde ganzheitliche ökologische Funktionsgefüge sind, die auf Naturgesetzen beruhen, wobei die Strahlung die Hauptursache für die Ausprägung der zonalen ökologischen Wirkungsgefüge der Erde ist.

Output: die Ausgabe bzw. der Austrag von Materie oder Energie aus Systemen, z. B. durch Prozesse des Ökosystems.

Parameter: charakteristische Regelgröße eines Systems, die konstant sein oder von anderen Systemeigenschaften abhängen kann.

Partialkomplexanalyse: auf der Stufe des Partialkomplexes angelegte landschaftsökologische Untersuchung im Rahmen der Komplexen Standortanalyse, mit der die P. nicht verwechselt werden darf. Im Gegensatz zu dieser steht bei der P. die Erfassung des einzelnen Partialkomplexes als bodengeographische, klimageographische, hydrogeographische usw. Einheit im Mittelpunkt der Arbeit. Ökofunktionale Aspekte treten bei der Untersuchung des Partialkomplexes noch weitgehend zurück.

Permafrost: ständige Bodengefrornis, die in der Eiszeit, besonders im Gebiet des Periglazials, eine große Rolle spielte. In den Alpen kommt fossiler, vorzeitlicher P. vor. Darüber befinden sich in der Regel Blockgletscher oder Gletscher. Dieser P. ist – gegenüber jenen des Eiszeitalters oder der heutigen polaren und subpolaren P.-Gebiete – deutlich geringmächtiger.

Phänologie: jener Wissenszweig der Klimatologie, der sich mit der jährlichen Wachstumsentwicklung (Eintrittszeiten der Wachstumsphasen) der wildwachsenden und kultivierten Pflanzen in Abhängigkeit von Witterung und Klima befaßt. Ausgeschieden werden phänologische Phasen und Phänologische Jahreszeiten.

Phytomasse: neben der Zoomasse, welche die Sekundärproduktion an Biomasse umfaßt, jene Menge lebender pflanzlicher organischer Substanz in einer Raumeinheit bzw. auf einer Flächeneinheit zu einem bestimmten Zeitpunkt, welche die Primärproduktion darstellt.

Plattentektonik: geotektonische Theorie über den Krustenbau der Erde sowie die Entwicklung der Kontinente und Ozeane, der sowohl die Theorie der Kontinentalverschiebung als auch die Unterströmungstheorie zugrunde liegen. Danach ist die Erdkruste in verschieden große, relativ starre Platten von bis zu 100 km Dicke gegliedert, die mit vielen Grenzzonen entlang ozeanischer Rücken und Gräben aufeinanderstoßen und sich auf Grund von Störungsprozessen im Erdmantel langsam passiv bewegen. Dabei werden magmatische bzw. vulkanische Prozesse aktiv, die sich auch formbildend im Vulkanismus auswirken.

Potentiell natürliche Vegetation: besteht dort, wo die Schlußgesellschaft noch nicht oder nicht mehr durch anthropogene Eingriffe realisiert ist. Es handelt sich also um die an einem Standort unter regulären Klimabedingungen nach Durchlaufen der entsprechenden Sukzessionen sich einstellende Vegetation, die sich im Gleichgewicht mit den aktuellen Geoökofaktoren ihrer Lebensumwelt befindet. Unberücksichtigt bleibt dabei der Einfluß des Menschen.

Praxis: für jedes wissenschaftliche Fachgebiet jener Bereich, in dem die Anwendung und Umsetzung der fachspezifischen Forschungsergebnisse erfolgt. Für die Geographie, Geoökologie und Landschaftsökologie ist dies einerseits die Angewandte Geographie („berufliche Praxis"), andererseits die Schulgeographie („didaktisch-schulische Praxis"). Umgangssprachlich wird „die" Praxis der „Theorie" gegenübergestellt, wobei man übersieht, daß auch die Praxis, wenn sie wissenschaftliche Ergebnisse nutzt und anwendet, von praxiseigenen Theorien ausgeht. Außerdem stellt sich „die" Praxis als ein vielfältiges Feld von Einzelsach- und Einzelfachgebieten dar, die sich oft gleichzeitig mehreren fachwissenschaftlichen Disziplinen verbunden wissen, beispielsweise die Kulturtechnik und Landespflege, die auf Ergebnisse aus der Geographie, Geoökologie, Wasserbau, Kulturtechnik, Bodenkunde etc. zurückgreifen.

primäres Milieu: bezeichnet den Zusammenhang der Geoökofaktoren im Geoökosystem als Basis für die Nutzung der Landschaft durch den Menschen im sekundären Milieu.

Primärproduktion: jene Biomassenmenge, die von den grünen Pflanzen aus anorganischen Verbindungen z. B. während eines Jahres aufgebaut wird, oder – energetisch gesprochen – die Rate der Energiefixierung durch Photosynthese.

Produktionsökologie: ein Teilgebiet der Synökologie bzw. Ökosystemforschung, das Energie- und Stoffflüsse untersucht, sowie den Zuwachs der Biomasse von Populationen oder Lebensgemeinschaften über die Zeit.

Projektarbeit: bezeichnet an Schule und Hochschule zeitlich und räumlich limitierte, sach- bzw. themenbezogene Untersuchungen im Sinne des Fallbeispiels, an dem Arbeitstechniken und Methodiken ausprobiert werden und besondere didaktische oder wissenschaftliche Probleme demonstriert werden sollen.

Prozeß: in Bio- und Geosystemen sowie anderen Ökosystemen bzw. Umweltsystemen werden Stoffe und/oder Energie durch P. umgesetzt, wobei die P. die Kompartimente des Systems miteinander verbinden und dabei Input-Output-Beziehungen schaffen. In verschiedenen Bereichen der Ökologie, des Umweltschutzes und verwandter Fachgebiete, wie z. B. auch dem Strahlenschutz, werden stochastische und nichtstochastische P. voneinander unterschieden.

Prozeß-Korrelations-Systemmodell: ein Modell zur Darstellung von Geoökosystemen und großen Teilen der Landschaftsökosysteme in Form eines umfangreichen Regelsystems, das wesentliche Teilaspekte der ökologischen Wirklichkeit abbildet. Das P.-K.-S. versucht, Energie-, Wasser- und Stoffumsätze des Geoökosystems theoretisch und experimentiell darzustellen. Das P.-K.-S. zeigt als Kompartimente die bodennahe Luftschicht, die Pflanzendecke und den Bereich Humus-Boden. Das P.-K.-S. geht von einem Schichtmodell der ökologischen Realität aus.

Raum: in räumlich bezogen arbeitenden Gebieten von Wissenschaft und Praxis ein dreidimensionales Gebilde im Bereich der Erdoberfläche mit in der Vertikalen und Horizontalen unterschiedlich großen Ausdehnungen.

Region: in der Geographie ein konkreter dreidimensionaler Ausschnitt aus der Erdoberfläche, unabhängig von dessen Größe bzw. eine größere geographische Raumeinheit, die mehrere Landschaften umfaßt, ohne daß hinsichtlich Größe und Inhalt der R. besondere Forderungen gestellt werden.

Regionische Dimension: ein Bestandteil der Dimensionen landschaftlicher Ökosysteme. Sie beschreibt Makrochoren, d. h. Großverbände naturräumlicher Einheiten, die als Großreliefeinheiten bzw. Landschaftssubzonen erdräumlich in Erscheinung treten.

Regler: ein Bestandteil des Regelkreises, der durch die Regelgröße mitgeteilte Informationen zu Befehlen verarbeitet, welche als Stellgröße auf die Regelstrecke zurückwirken.

Ressourcen: 1. in der Landschaftsökologie das Leistungsvermögen des Landschaftshaushaltes repräsentierende nutzbare stoffliche Substanzen und Energie, einschließlich aller chemophysikalischen und biologischen Prozesse. Die R. entsprechen damit den Naturgütern. – 2. in der Umweltforschung, der Wirtschaft und der Öffentlichkeit werden R. im weitesten Sinne von allen natürlichen Produktionsmitteln und Hilfsquellen repräsentiert. Es sind dies im wesentlichen Rohstoffe sowie produkions- und lebensbedeutsame Umweltgüter für die wirtschaftliche Tätigkeit des Menschen. – 3. im engeren geowissenschaftlichen Sinne sind R. Anreicherungen von Werteelementen in der Erdkruste, für die eine wirtschaftliche Gewinnung möglich ist.

Runse: eine eher kleine, in der Regel steile, meist nur sporadisch wasserführende Rinne, die dem Haupt- oder Seitengerinne Feststoffe zuführen kann.

„Sanfter Tourismus": nicht zu verwechseln mit Intelligentem Tourismus, obwohl beide ähnliche Ziele haben, nämlich die negativen Äußerungen und Wirkungen des Tourismus zu korrigieren. Der S. T. enthält eine Reihe passiver Elemente, wobei seine Ursprungsidee fast ausschließlich ökologisch gewichtet war. Der S. T. verzichtet weitgehend auf Technik und möchte vor allem die lokalen Ressourcen nutzen, ohne sie durch „Entwicklung" und „Erschließung" zu verfälschen.

Satelliten-Fernerkundung: jener Bereich der Fernerkundung, der vom Satelliten aus durchgeführt wird und der vor allem zu großräumigen, aber zugleich kleinmaßstäbigen Aussagen führt. Inzwischen besteht jedoch auch durch technische Bearbeitung der Satellitendaten die Möglichkeit, größermaßstäbige terrestrische Aussagen vorzunehmen. Die S. umfaßt alle Bereiche der geographisch-landschaftsökologischen Sachverhalte, soweit diese durch Satellitendaten „abbildbar" sind.

Saurer Regen: neben dem Sauren Nebel eine andere Art der Sauren Niederschläge. Der S. R. gelangt auf den Boden, wo er an sauren Reaktionen beteiligt ist (Bodenversauerung). Der S. R. ist ein weitverbreitetes Phänomen. Regenwasser ohne Luftverschmutzung hat einen pH-Wert von 5.6. Ein Absinken des pH-Wertes kann für die letzten 30 Jahre nachgewiesen werden. Er liegt dann bei pH 4 oder niedriger. Es bestehen jedoch ziemlich bedeutende regionale Unterschiede, da z. B. kalkhaltiger atmosphärischer Staub als Puffer wirkt. Die Wirkung des S. R., insbesondere auf das Waldsterben, ist generell unbestritten, jedoch im einzelnen unklar.

Schadstoffe: jene Stoffe in der Umwelt, die in den vorkommenden Konzentrationen für Individuen oder Ökosysteme schädlich sind.

Schulgeographie: Anwendung von Geographie im didaktisch-schulischen Bereich, früher auch als Erdkunde bezeichnet. Die S. hat die Aufgabe, die Erkenntnisse der Allgemeinen Geographie und der Regionalen Geographie zur Beschreibung und Erklärung der Umwelt für den Schulunterricht pädagogisch umzusetzen. Inzwischen vollzog sich ein Wandel von der Länderkunde zum allgemeingeographisch-exemplarisch-thematischen Unterricht mit Schwerpunkten auf Raumplanung, Geoökologie und Wirtschafts- sowie Sozialgeographie.

Schuttkegel: kegelartige, von Nebenflüssen in das Tal des Vorfluters geschüttete Sedimentmasse.

Schutzstreifen: eine Sammelbezeichnung für anthropogene Landschaftspflege- und Landschaftsschutzmaßnahmen. Zu den S. gehören Schutzwaldstreifen, die dem Windschutz dienen, oder Schutzwald, der klimaökologische oder geomorphologische Funktionen erfüllen soll. Zu den S. gehören auch die Randstreifen der Flüsse und Bäche, von denen man sich bodenökologische Schutzwirkungen erhofft. Die S. können auch bioökologische Schutzfunktionen erfüllen, vor allem um Infrastruktureinrichtungen wie Straßen, Bahnen und Siedlungen.

Schwemmkegel: kegelförmige Ablagerung von vorwiegend feinkörnigen Feststoffen im Unterlauf eines Baches.

Simulation: eine Modellrechnung zur Nachbildung der Wirklichkeit, wobei geeignete Start- und Randbedingungen sowie Modellparameter vorgegeben werden. Simulationsmodelle beruhen auf numerischen, seltener analytischen Lösungen der Modellgleichungen.

Skala: typische zeitliche oder räumliche Länge eines Phänomens. Die Skala eines Modells, eines Experiments oder einer Messung muß mit der des Untersuchungsobjekts übereinstimmen.

Speicher: 1. in der ökologischen Systemtheorie ein Kompartiment, in dem vorübergehend Stoffe oder Energie zurückgehalten werden. Die S. sind in die Funktionen und Prozesse der Ökosysteme durch Input- und Output-Vorgänge eingebunden. Wird in dem S. längerfristig oder endgültig Materie zurückgehalten, handelt es sich um eine Senke. – 2. in der Landschafts- und Bodenökologie wird der Boden bzw. der Oberflächennahe Untergrund als ökologischer S. für anorganische und organische Substanz betrachtet.

Spurenelemente: jene Nährelemente, die von den Lebewesen nur in geringen bis geringsten Mengen benötigt werden, die aber für Stoffwechselfunktionen lebensnotwendig sind. S. kommen nur in kleinsten Mengen in den Organismen vor. Häufig sind sie Bestandteile von Wirkstoffen, vor allem von Fermenten.

städtische Wärminsel: umschreibt den thermischen Stadteffekt, der sich durch Wärmespeicherung und -abgabe durch das „Energiesystem Stadt", das mit externer Energie arbeitet, gegenüber dem kühleren Umland ergibt. Der Effekt der s. W. drückt sich in einer höheren Jahresmitteltemperatur der Stadt (0,5 bis 2,0 °C) gegenüber dem benachbarten Freiland aus. Der Temperaturunterschied kann bei austauscharmem Strahlungswetter in der Nacht über 10 °C betragen. Die s. W. ist sowohl horizontal als auch vertikal differenziert. Die horizontale Verbreitung ist identisch mit der Verbreitung städtischer Überbauung.

Stadtklima: lokales Klima, welches sich in kleineren und größeren Städten, sonstigen geschlossenen stadtartigen Überbauungen und in Ballungsräumen entwickelt. Das S. wird durch den geringen Anteil bewachsener Flächen, die zusätzliche Wärmeproduktion der Stadt und den verunreinigungsbedingten Dunst (Smog) geprägt. Das S. zeichnet sich durch relative Sommerhitze (geringerer latenter Wärmestrom durch herabgesetzte Verdunstung), relative Wintermilde (Wärmeproduktion), häufigeren Dunst oder Nebel (hohe Konzentration an Kondensationskernen durch Luftverunreinigungen), etwas geringere Einstrahlung und Belastung der Luft mit Staub, Rauch und Abgasen aus. Die sommerlichen und winterlichen Temperaturunterschiede zum Freiland können in Abhängigkeit von der Größe der Städte bis über 10 °C ausmachen.

Standort: 1. in der allgemeinen Bedeutung der räumlich begrenzte Bereich des Vorkommens eines geo- oder biowissenschaftlichen Phänomens, das in der Regel von eben diesem S. und seinem „Angebot" bedingt oder abhängig ist bzw. Beziehungen zum S. aufbaut. – 2. in der Geoökologie und Bioökologie die Gesamtheit der Ökofaktoren, die den S. prägen.

Standortregelkreis: graphische Repräsentation des Prozeß-Korrelations-Systemmodells und somit Arbeitsinstrument der Landschaftsökologie und Geoökologie zur Datengewinnung an der Tessera und damit am Landschaftsökologischen Standort, aber im Hinblick auf eine Aussage in der topischen Dimension.

stochastisches Modell: ein Modell, das entweder bei den Modellgleichungen oder bei den Parametern zufällige Komponenten berücksichtigt. Infolgedessen besteht im Gegensatz zu deterministischen Modellen kein eindeutiger Zusammenhang zwischen Modelleingabe und -ausgabe.

Stoffbilanz: in der Umweltforschung übliche Methodik, mit deren Hilfe die bei dem im Ökosystem ablaufenden ökologischen Prozessen umgesetzten Nährstoffe und Schadstoffe mengenmäßig charakterisiert werden. Auf Grund von S. sind raumzeitliche Vergleiche von Einzugsgebieten, Ökosystemen oder sonstigen Standorten möglich.

Stoffhaushalt: Haushalt eines Ökosystems bzw. Landschaftsökosystems, der vom Stoffaustausch bestimmt wird. Dabei vollzieht sich ein Kreislauf, bei dem Umsätze erzielt werden, die man als Stoffbilanz darstellen kann. Bei den Stoffen handelt es sich um organische und anorganische Substanzen, die für die Funktion der verschiedenen ökologischen Systeme sehr unterschiedliche Bedeutungen haben (können). Geoökologie, Bioökologie, Pedoökologie oder andere Umweltwissenschaften untersuchen den S. aus disziplinärem Blickwinkel, so daß meist nur Teilbilanzen für den S. des Gesamtökosystems aufgestellt werden. In den verschiedenen Ökologien wird der S. teils energetisch, teils stofflich betrachtet.

Stoffkreislauf: allgemein die Kreislaufprozesse in Ökosystemen, die den Auf- und Abbau von Substanzen einschließen, die den Stoffhaushalt ausmachen und in Stoffbilanzen dargestellt werden. Der Motor des S. ist die Sonnenstrahlung, die im S. in Form eines Energiedurchflusses in Erscheinung tritt. In den S. sind alle Sphären – Biosphäre, Atmosphäre, Pedosphäre, Hydrosphäre und Lithosphäre – einbezogen.

Subsystem: eine größere Funktionseinheit in einem System, die aus forschungspraktischen Gründen für sich allein modelliert wird. Im Modell des Geoökosystems wäre das Pedosystem oder das Morphosystem ein solches S.

System: 1. ganz allgemein der Zusammenhang von Dingen, Vorgängen und/oder Teilen, die eine Funktionseinheit bilden, die – gewissen Regeln folgend – zugleich ein geordnetes Ganzes darstellt. – 2. in einer wissenschaftlichen Disziplin die systematisch geordneten Fachinhalte bzw. Teilfachgebiete, die auf allgemein anerkannten fachlichen Grundsätzen basieren. – 3. in der Ökologie die von den jeweiligen Disziplinen modellierten Teile der realen Umwelt, d. h. das Bioökosystem der Bioökologie, das Geoökosystem der Geoökologie oder das Landschaftsökosystem der Landschaftsökologie.

Systemanalyse: auf die Ganzheit eines Systems gerichtete Untersuchungsmethode, die auf Ausschnitte der Realität angewandt wird und diese in „Schichten", also Kompartimente, gliedert, die wiederum in Teile zerlegt werden. Die S. versucht, die Wechselbeziehungen zwischen den Systemelementen zu erfassen, d. h. Prozesse, Speicher und Regler zu erkennen, die das System zusammensetzen und zugleich in Gang halten. Die S. will aber auch die Ordnung erkennen, in die das System eingebunden ist. Die S. geht von einer hierarchischen Ordnung der zu untersuchenden Systeme aus.

Systemelement: 1. allgemeine Bezeichnung für Bestandteile eines Systems, in der Regel mit den Faktoren des Systems gleichgesetzt. – 2. auch andere Bestandteile eines Systems, wie Regler und Prozesse stellen im allgemeinsten Sinne S. dar. – 3. aus ganzheitlicher Sicht können auch große Funktionsteile eines Systems, die man als Subsystem bezeichnet, als S. ausgewiesen werden. – 4. man kann auch Kompartimente ganz allgemein als S. bezeichnen.

Systemhierarchie: setzt sich aus mindestens zwei, meist aber mehreren Systemen zusammen, so daß sich eine Vor- und eine Nachordnung ergibt. Das dabei übergeordnete System kann dann als System höherer Ordnung betrachtet werden, das wiederum mit gleichrangigen zu Systemen noch höherer Ordnung gekoppelt sein kann. Die Struktur der S. setzt jedoch schon auf einem niedrigeren Niveau an: Die Systemelemente treten zu den Kompartimenten zusammen, die wiederum Subsysteme oder ein System bilden.

Tessera: in der Landschaftsökologie ein Beobachtungs„punkt" auf einer kleinen Fläche, an der die Meßgeräte für die repräsentative Erfassung der Dynamik im Geoökosystem – nach der Methodik der Landschaftsökologischen Komplexanalyse – installiert sind. Die Fläche befindet sich im Bereich eines Landschaftsökologischen Standorts und liefert Angaben, die für den umgebenden Geoökotop mit seinem Geoökosystem repräsentativ sind.

Theorie der geographischen Dimensionen : basiert auf der Erkenntnis von den unterschiedlichen Dimensionen landschaftlicher Ökosysteme, die für die Betrachtungen der Landschaften als Systeme insofern eine große Rolle spielen, als die Dynamik und die Prozesse in den Landschaftsökosystemen unterschiedlich modelliert werden können. Die T. d. g. D. besitzt sowohl für die geographischen Raumgliederungen (Naturräumliche Gliederung, Naturräumliche Ordnung) als auch für die stofflich und energetisch orientierte Landschaftsökosystemforschung Bedeutung.

Top: 1. allgemeine Bezeichnung für eine ökologische Standorteinheit. – 2. in der Geoökologie und Landschaftsökologie sowie der Bioökologie eine räumliche Grundeinheit mit geographisch homogenem Charakter der Merkmale und des stofflichen und energetischen Haushalts dieser Grundeinheit. Der T. ist Grundbestandteil der ökologischen Raumgliederung. Gearbeitet wird in der topischen Dimension, also gemäß der „Theorie der geographischen Dimensionen".

topische Dimension: in der „Theorie der geographischen Dimensionen" um landschaftsökologische Grundeinheiten – im Sinne der Topen – auszuscheiden. Für sie wird ein homogener Inhalt gefordert, der dann gegeben ist, wenn ein Areal gleiche Struktur und gleiches Wirkungsgefüge aufweist und somit über einen einheitlichen Mechanismus des stofflichen und energetischen Haushaltes verfügt.

Torrente: ein Fließgewässer, das nur zeitweise Wasser führt, z. B. unter subtropisch-mediterranen Klimabedingungen, wobei es in der Regenzeit zu schießendem Abfluß kommt, bei dem große Materialmengen transportiert werden. Es ist oft Schutt, der nur wenig bearbeitet wird, also nicht in guter Rundung vorliegt. Die Bezeichnung T. wird in der Geomorphologie inzwischen weltweit auf alle Fließgewässer mit torrentiellem Abfluß übertragen, also auch auf andere Klimazonen als die mediterran-subtropischen.

Tracer: eine Sammelbezeichnung für Stoffe, die Reaktionen in Organismen oder in der Umwelt bzw. Wanderrichtungen von Stofftransporten aufklären helfen. Je nach Einsatzgebiet (Wasser, Boden, Bios) wird mit unterschiedlichen T. gearbeitet. – In der Boden- und Grundwasserhydrologie wird mit Farben, Salzen, Pollen sowie radioaktiven Substanzen gearbeitet. Sie werden zur Markierung eines Stoffes bzw. Materials in ein System eingegeben, um den Weg des markierten Stoffes zu verfolgen.

Treibhauseffekt: der T. ist Ausdruck des Wärmehaushalts der Erde und zugleich Hinweis auf anthropogene Eingriffe in diesen. Der T. beschreibt die Rolle, die Kohlendioxid, Wasserdampf, Wolken usw. im Strahlungshaushalt der Erde spielen, indem sie einen Teil der kurzwelligen Sonnenstrahlung durchlassen, die langwellige terrestrische Ausstrahlung jedoch absorbieren bzw. davon wiederum einen Teil zum Erdboden zurückstrahlen und den anderen Teil in den Weltraum abgeben. Der T. ist für die Wärmebilanz der Erdoberfläche bedeutsam. Im globalen Rahmen könnte der CO_2-abhängige T. eine langfristige Erhöhung der Temperatur und damit Klimänderungen bewirken.

Treibhausgase: bezieht sich auf den an sich natürlichen Treibhauseffekt in der Atmosphäre der Erde. Die T., vor allem Wasserdampf und CO_2, bewirken, daß die Jahresmitteltemperatur der Erde nicht +15 °C, sondern –18 °C betragen würde. Andere T., die geringere thermische Effekte als Wasserdampf und Kohlendioxid entfalten, sind das bodennahe Ozon, Distickstoffoxid, Methan sowie andere Gase. Durch anthropogenen Anstieg des CO_2-Anteils unter den T. kann sich jedoch die seit 1750 erkennbare Erwärmung der Atmosphäre weiter erhöhen, d. h. ein an sich natürlicher Erwärmungsvorgang wird – vor allem seit Beginn des Industrie-, Stadt- und Technikzeitalters – anthropogen verstärkt.

Troposphäre: die unterste, 8 km (Polargebiet) bis 17 km (Tropen) mächtige Schicht der Atmosphäre. In der T. befindet sich die atmosphärische Luftfeuchtigkeit. Hier spielt sich das gesamte Wettergeschehen durch Umlagerung von Luftmassen (Atmosphärische Zirkulation) ab. Die T. wird in erster Linie von der Wärmeausstrahlung des Erdbodens und nicht von der Sonnenstrahlung direkt erwärmt. Die Temperatur nimmt deshalb nach oben hin mit einem Gradienten von etwa 0.6 °C pro 100 m ab (vertikaler Temperaturgradient) und erreicht an der Obergrenze der T. (Tropopause) –50 °C.

Umwelt (Milieu)**:** 1. allgemeine Bezeichnung für Lebensumwelt von Organismen und damit jenen Bereich charakterisierend, in dem sich Leben (Tier, Pflanze, Mensch) abspielt. – 2. biozentrische Definition: die U. ist die gesamte Umgebung eines Organismus oder einer Organismengruppe, die von einem Wirkungsgefüge abiotischer, biotischer und anthropogener Faktoren ausgemacht wird, zu denen der Organismus (die Organismen) in direkten und indirekten Wechselbeziehungen steht (stehen), deren Qualität für die Existenz und das Wohlbefinden des/der Lebewesen(s) entscheidend ist. – 3. umweltzentrische Definition: die U. ist das Milieu, in dem sich Lebewesen aufhalten und zu dem sie in vielfältigen Wechselwirkungen stehen oder auf das sie einseitig intensiv einwirken können, so daß es zu unerwarteten Reaktionen der U. kommt. Das Wirkungsgefüge der U. kann als System betrachtet werden, so daß man von Umweltsystem(en) sprechen kann.

Umwelterziehung: etwas unscharfe Bezeichnung für eine ganzheitliche Betrachtungsweise von Leben und Umwelt, um eine „ökologische Mündigkeit" bzw. „ökologische Verantwortung" bei Schülern, Schülerinnen und Bürgern, Bürgerinnen zu entwickeln, damit – über das Sachwissen in Schulfächern hinaus – ganzheitliche Aspekte des Wirkungsgefüges Natur/Technik (technologischer Standard)/Gesellschaft erkannt, weiterentwickelt und im praktischen Leben – außerhalb der Ausbildung – realisiert werden, so daß eine von hohen ethischen Grundsätzen getragene Betrachtungs- und Umgangsweise mit der Umwelt zu einem allgemein akzeptierten und praktizierten Grundsatz wird.

Umweltforschung: eine Sammelbezeichnung für Fachbereiche der Natur-, Wirtschafts- und Sozialwissenschaften, die sich mit der Umwelt des Menschen, der Umweltbeeinflussung und den daraus resultierenden ökologischen, ökonomischen und sozialen Folgen beschäftigen. Wegen der großen Komplexität der Umwelt und den zahlreichen möglichen Betrachtungsperspektiven wird zwar ein integrativer Ansatz angestrebt, aber forschungspraktisch aus methodischen Gründen meist nur selten verwirklicht. Ziel der U. ist die Erkenntnis vom Funktionieren der Umwelt, Gefahren für die

Umwelt zu erkennen und Abwehrmaßnahmen auszuarbeiten sowie Normen und Wertvorstellungen zu entwickeln, die der Umwelt als Lebensraum des Menschen gerecht werden.

„Umwelt-Monitoring": eine etwas unscharfe Sammelbezeichnung für Einzeltechniken oder ganze Methodiken zur Dauerbeobachtung der Geoökofaktoren in der Umwelt, speziell auch von anthropogenen Umweltveränderungen. Das U.-M. wird in der Regel zweckgerichtet betrieben. Beispielsweise gehört die weltweite Gewinnung der Wetterdaten ebenso zum U.-M. wie eine regionale Dauerüberwachung der Nordsee oder eines Fließgewässers.

Umweltschutz: die Gesamtheit der Maßnahmen und Verhaltensweisen von Mensch und Gesellschaft, die der Erhaltung, Sicherung und Verbesserung seines Lebensraumes, der natürlichen Lebensgrundlagen und der Gesundheit des Menschen – einschließlich ethischer und ästhetischer Ansprüche – vor schädigenden Einflüssen von Landnutzung und Technik dienen. Somit zielt der U. auf die Erhaltung der Regenerationsfähigkeit der Landschaftsökosysteme sowie der Erhaltung des Leistungsvermögens des Landschaftshaushaltes.

Umweltsystem: entsprechend dem Modell des Landschaftsökosystems ein komplexes, quasi allumfassendes System, das jedoch in Forschung, Praxis und Politik unterschiedlich differenziert und kompartimentiert wird, was vom jeweilig eingesetzten Begriff Umwelt abhängt.

Umweltverträglichkeitsprüfung (UVP): ein präventives Instrument der Umweltpolitik, um Umweltschutz zu praktizieren. Es soll alle denkbaren Umweltauswirkungen von Planungsmaßnahmen zeigen und ökologisch begründete Alternativen darstellen. Die UVP arbeitet mit planerischen, sozioökonomischen und landschaftsökologischen Methoden. Die UVP dient also der Entscheidungsvorbereitung von Maßnahmen, die eine Veränderung der Umwelt bewirken.

Variable: veränderliche Größe in einem System. Zu unterscheiden sind abhängige und unabhängige Variablen. Typische unabhängige Variablen sind Ort und Zeit. Variablen, die von diesen unabhängigen Größen abhängen, sind die Zustandsgrößen des Systems. Sie werden als abhängige Variablen bezeichnet (z. B. Konzentrationen eines Stoffs, Temperatur, Organismenzahl u. a.).

Wasserkreislauf: der stetige Umsatz von Wasser vom Meer zum Land und wieder ins Meer zurück, die in den drei Teilphasen Verdunstung, Niederschlag und Abfluß stattfindet. Wasser verdunstet über den Meeresflächen in die Atmosphäre, wird mit den Luftströmungen auf Festlandflächen getragen, gelangt nach der Kondensation als Niederschlag auf die Erdoberfläche, von wo aus es z. T. wieder verdunstet, z. T. versickert, über Grundwasserkörper zu den Quellen gelangt und in offenen Gerinnen dem Meer zufließt.

Wattenmeer: vom Meer überspültes Watt, das durch Nehrungen oder niedrige Inseln vom offenen Meer abgetrennt ist und dessen Dynamik des Wassers, der Sedimente und der subaquatischen Formen von den Gezeiten bestimmt wird. Je nach Hinterland sind diese Prozesse auch von den einmündenden Flüssen geregelt.

Wildbach: oft tief eingeschnittener, steiler Gebirgsbach mit streckenweise schießendem Abfluß und ruckhafter, nach Regenfällen sehr stark zunehmender Wasserführung. W. haben außerordentliche Erosionskraft und transportieren viel Geschiebe, das sie beim Austritt in ein größeres Tal in mächtigen Schuttkegeln ablagern. Nach Starkniederschlägen ausbrechende W. gefährden Mensch, Tier, Infrastruktureinrichtungen und verwüsten Kulturland. Große W. wurden deshalb oft durch umfangreichen Wildbachverbau gesichert (Mure).

Windschur: ein Windschaden, bei dem durch mechanische Bearbeitung Büsche, Sträucher und Bäume durch stetige, heftige und richtungskonstante Winde asymmetrisch geformt werden, wobei die Windfahne zur windabgewandten Seite zeigt. W. kann vor allem im Kammbereiche von Gebirgen oder an Küsten sowie auf windoffenen Höhen niedriger Mittelgebirge beobachtet werden.

Zeigerpflanze: eine Form der Standortzeiger, basierend auf den Zeigereigenschaften der Pflanzen und überwiegend bezogen auf Bodeneigenschaften wie Kalk-, Stickstoff-, Säure-, Schwermetall-, Humus- und Feuchtigkeitsgehalt. Die Z. lassen einen ersten Hinweis auf den Bodenhaushalt zu, können aber direkte Messungen der chemischen und physikalischen Bodeneigenschaften nicht ersetzen, da das ökophysiologische Spektrum auch relativ exakt ansprechender Pflanzen verhältnismäßig groß ist und die Pflanzen im übrigen zugleich meist auf mehrere Eigenschaften reagieren.

Zone: geowissenschaftlicher Begriff, basierend auf dem Planetarischen Formenwandel, der zur Ausbildung von letztlich strahlungsklimatisch bedingten Landschaftszonen bzw. Z. einzelner Geoökofaktoren (z. B. Vegetationszonen, Bodenzonen) der Erde führt, auf welche auch die Landwirtschaftszonen eingestellt sind.

Zonobiom: die ökologische Füllung der einzelnen Klimazonen der Erde, die zonale Großlebensräume im Sinne des Bioms darstellen.

Register

Ackermann, Janine, Dipl.-Geogr.
Laupenring 169, CH-4054 Basel

Aerni, Klaus, Professor Dr.
Geographisches Institut der Universität Bern,
Abt. Kulturgeographie, Hallerstraße 12, CH-3012 Bern

Billwitz, Konrad, Professor Dr. rer. nat.
Geographisches Institut, Ernst-Moritz-Arndt-Universität
Greifswald, Ludwig-Jahn-Straße 16, D-17489 Greifswald

Degen, Louis, Dipl.-Geogr.
Geographisches Institut der Universität Basel,
Klingelbergstraße 16, CH-4056 Basel

Geiger, Michael, Dr. rer. nat.
Institut für Geographie, Universität Koblenz-Landau,
Abt. Landau, Im Fort 7, D-76829 Landau

Gießner, Klaus, Professor Dr.
Lehrstuhl für Physische Geographie,
Katholische Universität Eichstätt,
Ostenstraße 26–28, D-85072 Eichstätt

Haase, Günter, Professor Dr. rer. nat.,
Selnecker Straße 3, D-04277 Leipzig

Hasler, Martin, Dr. phil.
Geographisches Institut der Universität Bern,
Hallerstraße 12, CH-3012 Bern

Hasse, Jürgen, Professor Dr. rer. nat. habil.
Institut für Didaktik
der Johann Wolfgang von Goethe-Universtität
Frankfurt/Main
Schumannstr. 58, D-60054 Frankfurt/Main

Hosang, Jürg, Dr. phil. II.
Geographisches Institut der Universität Basel,
Abt. Physiogeographie und Landschaftsökologie,
Spalenring 145, CH-4055 Basel

Kienholz, Hans, Dr. phil.
Geographisches Institut der Universität Bern,
Hallerstraße 12, CH-3012 Bern

Köck, Helmuth, Professor Dr. rer. nat. Dr. phil. habil.
Universtität Koblenz-Landau, Abt. Landau
Institut für Geographie
Im Forst 7, D-76829 Landau

Kugler, Brigitte, Diplomlehrerin
Wacholderweg, D-06118 Halle/Saale

Leser, Hartmut, Professor Dr. rer. nat.
Geographisches Institut der Universität Basel,
Abt. Physiogeographie und Landschaftsökologie,
Klingelbergstraße 16, CH-4056 Basel

Meincke, Rolf, Prof. Dr. paed.
Geographisches Institut, Ernst-Moritz-Arndt-Universität
Greifswald, Ludwig-Jahn-Straße 16, D-17489 Greifswald

Parlow, Eberhard, Professor Dr. rer. nat.
Geographisches Institut der Universität Basel,
Abt. Meteorologie und Klimaökologie,
Spalenring 145, CH-4055 Basel

Reinfried, Sibylle, Dr. rer. nat.
Geographisches Institut der ETH Zürich,
Winterthurer Str. 190, CH-8057 Zürich

Rempfler, Armin, Dipl.-Geogr. und Oberlehrer
Hombergstr. 68, CH-4612 Wangen b. Olten

Schaub, Daniel, Dr. phil. II
Geographisches Institut der Universität Basel,
Abt. Physiogeographie und Landschaftsökologie,
Spalenring 145, CH-4055 Basel

Schrader, Kai, lic. phil.
Geographisches Institut der Universität Basel,
Abt. Physiogeographie und Landschaftsökologie,
Klingelbergstr. 16, CH-4056 Basel

Sollberger, René, Dipl.-Geogr. und Oberlehrer
Nufenenstraße 18, CH-4054 Basel

Suter, Monika, cand. geogr.
Moosjurtenstr. 33, CH-4132 Muttenz

Thannheiser, Dietbert, Prof. Dr. rer. nat.
Institut für Geographie, Universität Hamburg,
Bundesstr. 55, D-20146 Hamburg

Windolph, Klaus, Studienrat
Nedderntor 1, D-30989 Gehrden

Wüthrich, Christoph, Dr. phil. II.
Geographisches Institut der Universität Basel,
Abt. Physiogeographie und Landschaftsökologie und Abt.
Polarökologie, Spalenring 145, CH-4055 Basel